触法精神障害者の処遇

町野　朔
中谷陽二 編
山本輝之

信山社

「はしがき」にかえて

　われわれは，①平成11年度，12年度厚生科学研究費補助金による「精神障害者の他害行為への対応とその防止に関する法政策の研究」（研究代表：辻伸行上智大学法学研究科教授），②平成13年度，14年度文部科学省科学研究費補助金による「刑事司法と精神医療─刑罰・医療・保安処分」（研究代表：町野朔上智大学法学研究科教授），③平成15年度，16年度文部科学省科学研究費補助金による「『心神喪失者等医療観察法案』後の刑事司法と精神医療─精神障害者，薬物中毒者の処遇─」（研究代表：町野朔上智大学法学研究科教授）と，6年間にわたって研究会を組織し，触法精神障害者の処遇のあり方などについて研究を行ってきた。

　まず，①では，精神障害者が犯罪を犯した場合について，被害者の保護と精神障害者の権利の擁護という観点から，刑事司法，精神医療，民事不法行為の現状とその問題に関する研究を行った。また，それを引き継いだ②では，「触法精神障害者」の保安処分の是非とその具体的内容を明らかにすることを目的として研究を開始したが，しばらくして池田小学校事件が発生し，政府による心神喪失者等医療観察法案が急遽作成され，国会に提出されるという事態の展開があった。そこで，研究会としてもそれへの対応を迫られ，触法精神障害者問題一般の研究に加えて，数多くの国内外の精神医療施設・行刑施設の訪問・視察をも行った。さらに，③では，②での成果を踏まえて，引き続き，国内外の多数の精神医療施設を訪問・視察し，触法精神障害者，処遇困難者の処遇の有るべき姿を研究し，(1)心神喪失者等医療観察法の下で行われるべき具体的処遇の内容，(2)犯罪を行なった精神障害者でありながら，この法律の対象となっていない者，具体的には，責任能力に問題のない他害行為を行った精神障害者，他害行為を行っていない精神病院内の処遇困難者，精神障害を持つ受刑者，精神医療も刑罰も対応が不十分な薬物中毒者への処遇のあり方などについて，具体的な提言を行ってきた。

　研究会は，これからも継続する。

　本書は，これらの研究会に所属していたメンバーが，これまでにさまざまな形で発表してきた論稿を一書にまとめたものである。その際，現在の立場

「はしがき」にかえて

から手をくわえたものもあるが，そうでないものもある。海外のデータなど，古くなっているものもある。何よりも，殆どの論稿は心神喪失者等医療観察法が成立する前に書かれたものであり，今の段階では，時機を失しているかに見えるものもあろう。それでも，長期間に亘り，継続的に，精神科医と法律研究者とが研究会の場で意見を交換しながら，国内外の多くの場所に足を運び，そこの施設，法制度を丹念に勉強した成果としての本書は，依然としてかなりの意義を持つと思う。何よりも，臨床現場で日々問題に直面している精神科医と，距離をとりながら机上から問題を見てきた法律研究者との連帯が，実際に可能であることを示したものである。

　平成15年7月に，触法精神障害者に適切な医療を施し，その社会復帰を目指すことを理念とする心神喪失者等医療観察法が制定・公布された。本法については，精神障害者の犯罪は予測可能なのか，この法律は精神障害者を危険視し，彼らに対する偏見と差別を助長するものではないかという批判がなされてきた。また，検察段階での心神喪失・心神耗弱の判断のあり方，起訴・不起訴の判断基準，処遇裁判所における医療の必要性の判断，地域処遇ネットワークのあり方，精神保健福祉法との関係，医療情報の保護とその共有，処遇を受ける精神障害者の権利擁護のあり方など，法律の施行に関する多くの問題点も指摘されている。われわれは，今後もこれらをはじめとする，わが国の精神医療と司法が抱える多くの問題について思索を重ねていかなければならない。

　本書の作成にあたっては，多くの方々の御協力をいただいた。とりわけ，本書の編集の実務を担当された，国立精神保健研究所研究員・柑本美和氏，上智大学大学院博士後期課程・水留正流氏，信山社出版編集部・渡辺左近氏，同・横内豪氏には，大変お忙しい中，論稿・写真の再収集，校正のチェックなど，きわめて困難な作業を献身的に行っていただいた。これらの方々に心から感謝を申し上げる。

　本書が，わが国の精神医療と司法が抱えている多くの問題の解決に少しでも寄与することができれば，望外の喜びである。

　　　平成17年5月

町 野　　朔
中 谷 陽 二
山 本 輝 之

目　次

第1部　触法精神障害者と処遇困難者 …………… 1

第1章　基本的問題
1. 触法精神障害者の処遇 ……………………………平野龍一… 3
2. 「精神障害」と刑事責任能力：再考・再論 ………町野　朔… 12
3. 触法精神障害者に関する臨床精神医学的研究 ……中谷陽二… 28
4. 被害者の遺族は精神障害をもつ加害者にどのような感情を抱いているか──犯罪被害者相談の経験から── ……小西聖子… 33

第2章　触法精神障害者の処遇をめぐる諸問題
──特に措置入院をめぐって──
1. 栃木県の精神科緊急医療システムの整備が措置入院患者の特徴に及ぼす影響……………中村研之・堀　彰・辻　恵介… 40
2. 措置診察における二人の指定医間の項目評価一致率
   ………………堀　彰・中村研之・島田達洋・平澤俊行… 48
3. 自傷他害防止監督義務の廃止と保護者の損害賠償責任
   ………………………………………………………辻　伸行… 62
4. 最高裁判決を通して「措置入院」を考える ………犬尾貞文… 80
5. 触法精神障害者の処遇とわが国における司法精神医学の課題
   ………………………………………………………五十嵐禎人… 90
6. 「措置入院」──精神医療と刑事司法に関するメモ──
   ………………………………………………………町野　朔… 113
7. 触法精神障害者と措置入院制度の問題点 ………長尾卓夫… 120

目　次

第3章　施設での処遇

1　精神科保護病棟の長期在棟者についての臨床的研究
　　――いわゆる「処遇困難例」との関連で――………中谷陽二…128

2　医療刑務所における精神科医療の現状と問題点
　　………………………………………………………黒田　治…154

3　北九州医療刑務所・岡崎医療刑務所
　　………………………………町野　朔・水留正流…171

第4章　心神喪失者等医療観察法をめぐって

1　精神医療と重大な犯罪行為を行った精神障害者
　　………………………………………………………山本輝之…190

2　医療の視点からみた触法精神障害者問題　………中谷陽二…203

3　保安処分問題の回顧と展望　………………………町野　朔…214

4　心神喪失者等医療観察法案と触法精神障害者の治療を
　　受ける権利　………………………………………町野　朔…229

第2部　諸外国における触法精神障害者の処遇決定システム………………………………244

第1章　韓　国

1　韓国における触法精神障害者の医療システム　…趙　晟容…247

2　韓国における司法精神医療　………………………五十嵐禎人…319

第2章　ド　イ　ツ

1　ドイツの保安処分制度とその運用　………………辰井聡子…344

2　シュトラウビング司法精神科病院　………………辰井聡子…353

3　ハール司法精神科病棟　……………………………東　雪見…356

第3章　フィンランド・スウェーデン

1　フィンランドの精神病院収容手続　………………趙　晟容…361

2　司法精神医療の実態——ニウバンニエミ精神科病院・ラピンラーデン精神科病院・ヘルシンキ中央刑務所—— ……趙　晟容…373
　　3　スウェーデンの刑法と精神障害者の処遇 ……辰井聡子…384

第4章　フランス
　　1　フランスの刑事裁判と精神医療 ……………近藤和哉…394
　　2　フランスにおける触法精神障害者処遇システムの現状と問題点 ………………………………………田口寿子…418

第5章　オランダ
　　1　オランダにおける触法精神障害者対策の現状と課題 ………………………………………………平野美紀…433
　　2　オランダの触法精神障害者処遇システム ……辰井聡子…451
　　3　ピーター・バーン・センター ……………柑本美和…461
　　4　オルデンコッテ・クリニック ……………廣幡小百合…467

第6章　イギリス
　　1　イギリスにおける司法精神医療 ………………柑本美和…475
　　2　ブロードモア病院 ………………………………中村　恵…525
　　3　グレンドン治療刑務所 …………………………柑本美和…531

第7章　カナダ
　　1　ケベック州の司法精神医療 …………中谷陽二・小泉義紀…538
　　2　カナダ連邦，ブリティッシュ・コロンビア，ケベックの触法精神障害者処遇法 …………中谷陽二・山本輝之・東　雪見…554

第8章　ニューヨーク
　　1　ニューヨークの触法精神障害者処遇 …………近藤和哉…578
　　2　ニューヨーク州の司法精神医療 ………………辰井聡子…594
　　3　セントラル・ニューヨーク精神医療センター …辰井聡子…604
　　4　カービー司法精神医療センター・サウスビーチ医療センター

目次

　　　　…………………………………………………………柑本美和…609
　　5　クリードモア精神医療センター　…………………東　雪見…620

第9章　カリフォルニア
　　1　カリフォルニアの触法精神障害者処遇制度　……柑本美和…625
　　2　各施設における処遇…………………小西聖子・柑本美和…654

第10章　イタリア
　　1　日本の精神科臨床から見たイタリアの精神医療
　　　　……………………………………………………松原三郎…668
　　2　イタリア精神医療の背景と思想　………………中谷陽二…681
　　3　イタリアの保安処分制度と精神医療
　　　　――地域化と一般精神医療化の流れ――………柑本美和…693
　　4　G. B. Grassi 病院内「診断と治療のための精神科部門」
　　　　Servizio Psichiatrico di Diagnosi e Cura（SPDC）…廣幡小百合…715
　　5　トリエステの地域精神医療――精神保健センター（Centre
　　　　di Salute Mentale ; CSM）の視察を中心に――……林　志光…723
　　6　モンテルポ・フィオレンティーノ司法精神病院
　　　　……………………………………寺本　靖・水留正流…733
　　7　レビッビア刑務所（新混合区画）………寺本　靖・水留正流…744

初出一覧

＊執筆者名は〔初出時著者名（初出時掲出順）〕（本書における著者名）で示した。

第1部
　第1章
　　1　ジュリスト1233号（2002年）102―106頁（平野龍一）
　　2　内田文昭先生古稀祝賀論文集（青林書院，2002年）141―156頁（町野朔）
　　3　2000年度厚生科学研究補助金（傷害保険福祉総合研究事業）「精神医療事故の法政策的研究」分担研究報告書（中谷陽二）
　　4　精神医学レビューNo.19　精神鑑定（ライフ・サイエンス，1996年）113―117頁（小西聖子）
　第2章
　　1　精神医学43巻（2001年）87―91頁（中村研之・堀　彰・辻　恵介）
　　2　精神医学44巻（2002年）743―751頁（堀　彰・中村研介・島田達洋・平澤俊行）
　　3　書き下ろし（辻　伸行）
　　4　日本精神病院協会雑誌17巻2号（1998年）16―21頁（犬尾貞文）
　　5　現代刑事法40号（2002年）51―63頁（五十嵐禎人）
　　6　ジュリスト1208号（2001年）2―5頁（町野朔）
　　7　日本精神病院協会雑誌17巻2号（1998年）12―15頁（長尾卓夫）
　第3章
　　1　原題「精神科保護病棟の長期在棟者についての臨床的研究――いわゆる処遇困難例との関連で（第1報）」精神医学33巻（1991年）351―358頁〔大木進・中谷陽二・山田秀世・岩波　明〕,「精神科保護病棟の長期在棟者についての臨床的研究――いわゆる処遇困難者との関連で（第2報）」33巻（1991年）471―478頁〔中谷陽二・大木　進・山田秀世・岩波　明・藤森英之〕（中谷陽二）
　　2　精神医療26号（2002年）8―21頁（黒田　治）
　　3　原題「医療刑務所の現状――北九州医療刑務所・岡崎医療刑務所」日本精

vii

初出一覧

　　神科病院協会雑誌 22 巻 3 号（2003 年）67—77 頁（町野　朔・水留正流）
第 4 章
　1　ジュリスト 1230 号（2002 年）6 —13 頁（山本輝之）
　2　刑法雑誌 42 巻 2 号（2003 年）253—265 頁（中谷陽二）
　3　原題「第 2 回法務省・厚生労働省合同検討会　重大な犯罪行為をした精神障害者の処遇決定及び処遇システムの在り方などについて」（2001 年 3 月 8 日）における報告（町野　朔）
　4　社会正義紀要 22 号（2003 年）85—94 頁（町野　朔）
第 2 部
第 1 章
　1　書き下ろし（趙　晟容）
　2　書き下ろし（五十嵐禎人）
第 2 章
　1　原題「ドイツの司法精神医療　ドイツの保安処分制度」日本精神病院協会雑誌 19 巻 10 号（2000 年）35—38 頁〔辰井聡子・東　雪見〕（辰井聡子）
　2　原題「ドイツの司法精神医療　地域での司法精神医療——バイエルンの場合　シュトラウビング司法精神病院」日本精神病院協会雑誌 19 巻 10 号（2000 年）38—40 頁〔辰井聡子・東　雪見〕（辰井聡子）
　3　原題「ドイツの司法精神医療　地域での司法精神医療——バイエルンの場合　ハール司法精神科病棟」日本精神病院協会雑誌 19 巻 10 号（2000 年）40—42 頁〔辰井聡子・東　雪見〕（東　雪見）
第 3 章
　1　原題「フィンランドの司法精神医療」日本精神病院協会雑誌 19 巻 10 号（2000 年）52—54 頁〔近藤和哉・趙　晟容〕（趙　晟容）
　2　原題「司法精神医療などの実態」日本精神病院協会雑誌 19 巻 10 号（2000 年）55—60 頁〔近藤和哉・趙　晟容〕（趙　晟容）
　3　書き下ろし（辰井聡子）
第 4 章
　1　書き下ろし（近藤和哉）
　2　原題「触法精神障害者対策の現状と問題点（4・完）——フランス編——」現代刑事法 43 号（2002 年）86—93 頁（田口寿子）
第 5 章

初出一覧

 1　書き下ろし（平野美紀）
 2　書き下ろし（辰井聡子）
 3　書き下ろし（柑本美和）
 4　書き下ろし（廣幡小百合）

第6章
 1　書き下ろし（柑本美和）
 2　原題「イギリスの精神医療　各施設の処遇　ブロードモア病院」日本精神病院協会雑誌19巻10号（2000年）45―48頁〔中村　恵・柑本美和〕（中村　恵）
 3　原題「イギリスの精神医療　各施設の処遇　グレンドン治療刑務所」日本精神病院協会雑誌19巻10号（2000年）48―50頁〔中村　恵・柑本美和〕（柑本美和）

第7章
 1　日本精神病院協会雑誌20巻12号（2001年）63―71頁（中谷陽二・小泉義紀）
 2　書き下ろし（中谷陽二・山本輝之・東　雪見）

第8章
 1　書き下ろし（近藤和哉）
 2　日本精神科病院協会雑誌21巻1号（2002年）53―58頁〔町野　朔・辰井聡子〕（辰井聡子）
 3　日本精神科病院協会雑誌21巻1号（2002年）58―61頁〔町野　朔・辰井聡子〕（辰井聡子）
 4　日本精神科病院協会雑誌21巻1号（2002年）61―66頁〔小西聖子・柑本美和〕（柑本美和）
 5　日本精神科病院協会雑誌21巻1号（2002年）67―69頁〔町野　朔・東　雪見〕（東　雪見）

第9章
 1　原題「カリフォルニア州の犯罪者に対する精神医療　第1部　カリフォルニア州の治療処分制度」日本精神病院協会雑誌20巻9号（2001年）84―91頁〔小西聖子・柑本美和〕（柑本美和）
 2　原題「カリフォルニア州の犯罪者に対する精神医療　第2部　各施設の処遇」日本精神病院協会雑誌20巻9号（2001年）91―98頁（小西聖子・柑本

ix

初出一覧

　　　美和）

第 10 章

　1　日本精神科病院協会雑誌 24 巻 1 号（2005 年）37—44 頁（松原三郎）
　2　日本精神科病院協会雑誌 24 巻 1 号（2005 年）44—50 頁（中谷陽二）
　3　書き下ろし（柑本美和）
　4　日本精神科病院協会雑誌 24 巻 2 号 61—65 頁（2005 年）〔廣幡小百合・林志光・中谷陽二〕（廣幡小百合）
　5　日本精神科病院協会雑誌 24 巻 3 号 97—102 頁（2005 年）〔林　志光・廣幡小百合・中谷陽二〕（林　志光）
　6　書き下ろし（寺本　靖・水留正流）
　7　書き下ろし（寺本　靖・水留正流）

＜執筆者紹介＞ (執筆順，＊は編者，所属は 2005 年 6 月 1 日現在)

平野龍一	東京大学名誉教授
＊町野　朔	上智大学法学研究科教授
＊中谷陽二	筑波大学大学院人間総合科学研究科教授
小西聖子	武蔵野大学人間関係学部教授
中村研之	中村メンタルクリニック院長
堀　彰	栃木県立岡本台病院院長
辻　恵介	武蔵野大学人間関係学部助教授
島田達洋	栃木県立岡本台病院医師
平澤俊行	東京医科歯科大学大学院精神行動医科学分野医師
辻　伸行	上智大学法学研究科教授
犬尾貞文	いぬお病院院長
五十嵐禎人	東京都精神医学総合研究所研究ディレクター
長尾貞夫	高岡病院院長
黒田　治	東京都立松沢病院医師
水留正流	上智大学大学院法学研究科博士後期過程
＊山本輝之	名古屋大学大学院法学研究科教授
趙　晟容	牧園大学法学部非常勤講師
辰井聡子	横浜国立大学大学院国際社会科学研究科助教授
東　雪見	成蹊大学法学部専任講師
近藤和哉	神奈川大学大学院法務研究科教授
田口寿子	東京都立松沢病院医師
平野美紀	東京都精神医学総合研究所研究員
柑本美和	国立精神保健研究所研究員
廣幡小百合	池田病院医師
中村　恵	東洋大学法学部講師
小泉義紀	八王子医療刑務所技官
松原三郎	松原病院院長
林　志光	筑波大学大学院人間総合科学研究科博士課程
寺本　靖	鹿島病院医師

第1部　触法精神障害者と処遇困難者

第1章　基本的問題

1　触法精神障害者の処遇

平　野　龍　一

　Ⅰ　いわゆる触法精神障害者の処遇についての法律案が，「心神喪失等の状態で重大な他害行為を行った者の医療及び観察等に関する法律」として作成され，国会に提出された。長くこの問題に関心を持ってきた者としては，やっとここまできたかという感慨を禁じえない。これまでの議論の跡を振り返るとともに，この法案について2，3の注文を述べてみたい。

　Ⅱ　はじめて精神障害者の保安処分の問題に直面させられたのは，昭和30年代だったと思う，精神神経学会がこの問題をとりあげ，報告者の1人に招かれたときであった。そのときは学会全体としても賛成論が強く，私は「いろいろと難しい問題があるので，慎重に議論する必要がある」という押さえの側に回るほどだった。
　会議をリードされたのは，主として中田修氏その他犯罪学の研究もやっている人達であった。そしてその論理は概ね次のようなものだった。重大な触法行為をした者が責任能力がないとして無罪になると，釈放されるかあるいは措置入院になる。措置入院になっても病院はこれを処遇しきれないから早期に退院させがちである。それで拘禁しておく必要を認める裁判所は責任能力を厳格に解して有罪とし，刑務所に収容しがちである。保安処分を設けて保安施設に収容できるようにすると，責任能力も適正に判断されるようになるだろう。もっともわが国の責任能力の判断が厳格すぎていたかどうかは確かでない。そうは思わないという精神医学者も多いし，同感だという精神医学者もいる。中田氏等の所説は氏等の責任無能力観とも関係しているかもしれないが，豊富な精神鑑定の経験に基づくものでもあったであろう。

第1部　触法精神障害者と処遇困難者

Ⅲ　その後，精神医学界の空気は大きく変った。反精神医学等のラディカルな考え方は別としても，ノーマライゼーションという旗印に基づいて，精神病院を開放化し精神医療を地域医療化することは，学界の大きなうねりとなった。そして精神病院で治療処分を行うことは，この開放化・地域社会化を妨げると考えられた。精神病院の純化のために触法精神障害者は刑事司法で処理すべきだという意見もあった。

刑法改正の刑法改正草案は法務省管理の施設で治療処分を行うことにした。厚生省管轄の精神病院が受取を拒んだからである。これも司法化の一態様である。しかしそうなると治療による触法行為の防止よりも拘禁による防止に重点が置かれるおそれがある。それで私は，ドイツやイギリスのように「精神病院に収容する案」を作成し，法制審議会に提出した。第一次案ではA案と並べてB案として採用されたが，法制審議会最終案ではA案が採用され，B案は採用されなかった。今度の法律案は厚生労働省管轄下の精神病院に収容しようとするものである。その点ではB案の趣旨を引き継いだものであり，厚生労働省としては，政策の大転換である。この転換は後に述べる道下案作成のときになされたと解することができるであろう。

団藤重光博士は，法制審議会では第一小委員会の委員長をされていたから，保安処分を議論した第三小委員会には出席の権限がなかったのであるが，是非出席したいといわれるので，厚生省の精神衛生審議会からのオブザーバーという形で出席していただいた。博士は，精神病院の開放化を妨げるという理由で，B案に反対しA案を主張された。しかし私はひそかに精神病院の開放化の先駆であるイギリスのように，特別病院または保安病棟に収容するならば一般病棟の開放化を妨げはしないだろう，と思ったことであった。

刑法改正案に対する反対の焦点の1つは保安処分反対であった。これはB案も含む保安処分全体に対する反対であったのかもしれない。しかし私はA案に対する反対だと受け取った。少なくとも法律家の反対はそうであったであろう。裁判所が責任無能力または限定責任能力の触法精神障害者に対して精神病院への入院命令を出すことは，外国で広く認められているところだからである。私どもが作った刑法改正代案は，B案と同じものを含んでいる。しかしこれに対しては，少なくとも会員のなかにはとくに異論はなかった。

IV　A案とB案の違いは，退所制限の有無にもある。A案では，行政官庁の許可がなければ仮退所させることができない。B案にはこの制限はない。病院長の判断で退所させることができるわけである。行政官庁の許可が必要だとすると，医学的にみて退院が適当な場合でも退院させることができない場合も出てくるようにも思われるし，患者のことは，病院長が一番よく知っているはずだからである。もっともその当時のスウェーデン法は院長は保護観察官の意見を聴かなければならないとしていたように思う。たしかに，情報としては病院の中で得られるものでは不十分で，退院後の人間関係など保護観察官などから得る情報が重要であろう。しかし，最終的な判断は病院長がするのが適当だと思われた。

　なお，A案では保安施設を仮退所後，保護観察官が療護観察をすることになっている。B案の場合もそうしたいと思い，法務省の保護局の方に相談したところ，厚生省の病院を退院した者を法務省の者が観察するわけにはいかない，と断られた。今回の法案では，入退院に裁判所が介入するとはいえ，保護観察官が入院させないで，または退院後精神保健観察をすることができることになっている。これは，官僚の縦割り主義を打破した点で重要な意味を持つ。この精神保健観察官は，薬を飲ませたり，病院に通わせたりなど，「医療を継続」させるだけでなく，家庭や職場での人間関係の調整をも行うことになるだろう。こういう仕事は厚生労働省の人がやったほうがいいかもしれない。しかしさしあたり頼むべき適当な人がいない。保護観察官は難しい仕事を引き受けたことになるが，その活動は期待されている。

V　精神障害者の処遇の司法化を主張する人のなかには，責任無能力を認める制度自体が差別であって，精神障害者も一般人と同じく処罰すべきである。精神障害者の治療のためにもそのほうがいいという人もある。たしかに精神医学者は入所・退所の判断には直接関与せず，治療に専念できるという長所はある。しかしある精神医学者に「こんなことをいう精神医学者もあるが，どう思うか」と聴いたところ，言下に「それは刑務所を知らない人のいうことだ」という答えだった。たしかに刑務所での精神医療は改善を必要とする。しかし改善したからといって，精神病院のような治療的な雰囲気にはなりにくい。刑務所は，やはり刑務所である。

八王子医療刑務所の所長であった精神医学者のU氏は，私の中学の後輩である関係もあって，度々話を伺い，医療刑務所を見学させていただき，また刑法改正準備会で話をしてもらった。氏は刑務所での精神医療についてペシミスティックな考えを持っておられるようだった。刑務所では精神障害はなかなかよくならない。刑期が満了して出所し，措置入院で病院に入れられるとたちまちよくなることさえある。しかも精神障害者は仮釈放になりにくいので，刑務所滞在期間が長くなる。現に私が八王子医療刑務所に見学に行ったとき，30年を超える在所者が4人もいた。

刑法改正作業が進行中の頃だったと思う。精神神経学会が，また保安処分についての大会を開き私に報告を依頼された。しかし学会の空気はまったく変っていた。強烈な保安処分反対になっていた。刑法改正案を吊し上げるために呼ばれたようなものだった。ここで私は「精神障害者の脱刑務所化」という題で報告した。その頃「脱サラリーマン化」ということばがはやっていたので，それをもじったのである。大会ではこの点についての反論はなかった。

何の会だったか忘れたが，学士会館分館で広い範囲の人達に保安処分の話をしたことがあり，質問のなかには次のようなものもあった。「精神障害者の問題は社会福祉の問題である。司法や刑法が介入するのはよくないのではないか。」私は次のように答えた。たしかに，責任無能力で無罪になるときは，措置入院になるであろうから，強いて裁判所が介入して入院命令を出す必要はないかもしれない。しかし限定責任能力の場合刑の執行に代えて病院に入れるのであるから，裁判所ひいては刑法の介入が必要である。

今回の法案は責任無能力者に焦点をあてている。これは少し焦点がずれているのではなかろうか。限定責任能力のときは検察官が起訴猶予にしたときに限って，入院の審判の請求ができることになっている。これは事案自体が軽微で起訴猶予が適当な場合に限る趣旨であろう。そうでないとしても，検察官が公訴を提起したときは，裁判所が限定責任能力で，刑の執行に代えて入院させたほうがいいと考えたときでも，入院の請求はできない。検察官は処遇の選択について専議権（先議権ではなく）を持つことになる。少年法では刑罰が少年院かという処遇の選択権は裁判所が持ち，検察官は持たない。年長少年について検察官に先議権を与えようとした少年法改正案は，通らな

かった。ドイツでは治療処分は責任無能力の場合にも限定責任能力の場合にも認められ，限定責任能力の場合は治療処分が先に執行され，事情によっては刑の執行は猶予できることになっている。イギリスの Mental Health Act は有罪のときだけ Hospital Order を出すことができるようになっている（責任無能力で無罪のときは，Criminal Procedure Act で，裁判所は Admission Order を出さなければならない）。ここで大幅の脱刑務所化がなされることになる。今度のわが国の法案には脱刑務所化という発想はないように思われる。

VI 昭和62年に精神衛生法が大改正されて，精神保健法（現在の「精神保健及び精神障害者福祉に関する法律」）と名称が変った。これによって，精神病院の開放化が進んだ。その後の改正で医療の地域社会化も進んだ。この精神保健法制定のとき，問題になったのは，いわゆるリーガル・モデルを取るか，メディカル・モデルを取るかという点であった。ヨーロッパ大陸諸国およびアメリカでは，精神障害者を強制入院させるには，裁判所の審理および判断が必要である。アメリカの州には陪審裁判を受ける権利を保障しているところもある。これに対してイギリスでは，2人の精神科医師の診断で入院させることができ，不服があれば，精神医療審査会に不服申立てができる。リーガル・モデルは事前の法的判断を要求するが，メディカル・モデルは事後的な法的判断を必要とする。リーガル・モデルは法的保護に手厚いが，入院させるかどうかを法廷での弁論で決めるというのは，医療ということに馴染まない恨みがある。法廷で決着がつくまで治療を始められないのも，どうであろうか。精神保健法はメディカル・モデルをとった。2人の精神科医の鑑定に基づく知事の措置入院を認め，これを審査する医療審査会を作った。今回の法案は裁判所が入院を命じることになっている。一応リーガル・モデルということができるであろう。そこに転換がある。裁判所が入院を決めるという制度にいいところがないわけではない。刑事裁判所ではなく民事裁判所で判断することにしたのは，あまり刑罰的にならないように配慮したものであろう。ドイツでは，検察官が責任無能力と考えたときでも起訴して入院命令を求めることができるが，わが法案はそこまではいかなかったわけである。逆にかつてのアメリカ・ミシガン州では，責任無能力だという判決をした刑事裁判所が引き続いて入院命令を出すのは憲法違反で，かならず民事手

続に移して入院命令を出さなければならない，とされ，わが法はこの趣旨に合致するであろう。触法事実および責任能力を正確に認定してもらいたいという要求はますます精神障害者のなかにも，強くなってきているようであるし，被害者にとってはとくにそうであろう。精神障害の治療にとっても，事実をはっきりさせることは意味があるかもしれない。しかし刑の執行に代えて入院させることを認めるのならともかく，そうでなく入院だけのために，法廷で弁論をするのは，医療に馴染まない感を免れない。なお，従来の措置入院は残っている。二元主義なわけである。入院自体簡単な措置入院という法的手続でいいが，特別の病棟への入院には慎重な法的手続が必要だというのも，ややチグハグな感じがする。また法廷で決着がつくまでは，治療が始められないという欠点もある。民主党の提案では各都道府県に判定委員会を作り，措置入院，およびその退院は，この委員会の判断によらなければならないとしている。特別病棟に収容するかどうかも，この委員会が命令またはリコメンドすることになるだろう。この方が現在の医療体系にマッチするように思われる。

　なお，今度の法案は，審判機関は裁判官と精神医学者とで構成することになっている。これは，精神医学者の意見を尊重する趣旨であろうが法的にも，実際的にもいろいろ問題がある。しかし，ここではこれ以上触れない。

　この特別病棟への入院をメディカル・モデルで認めようとしたのが，道下案である。平成3年に「処遇困難患者対策に関する中間意見」として公衆衛生審議会を通過し，私も委員として賛成した。イギリスでは，ブロードムァなどのいわゆる特別病院（現在の「高度保安病院」）は Maximum Security で，一般病院と差が大きすぎる。それで，地方病院のいくつかに，Medium Security の Secure Unit という病棟を作り，ブロードムァなどから患者を移した。この Secure Unit だけを作ろうというのが，道下案である。治療に必要な限度で，物的にあるいは要員的に介護を厳しくする。介護を厳しくするのがその目的ではない。かつこの厳格化は他の病棟には及ばない。その意味で，この制度は精神病院の開放化に消極的には役立つのである。ここでは処遇チームによる治療が行われる。このチームには精神医学だけでなく犯罪学の知識を持ち，できれば外国で研修を受けた精神医学者，保護観察官またはソーシャル・ワーカーなどで構成されるであろう。この病棟で処遇されるこ

とに不服があれば精神医療審査会に不服を申し立てることができる。病状によっては一時，一般病棟に移すこともできるであろう。ただ保安処分という言葉の響きがよくないので，道下案では処遇困難者という語が用いられた。しかし処遇困難者とは，病院の中で，規則に従わず他人に迷惑をかける者をいい，触法者は必ずしもそうではない。したがって対象者をとりちがえている，という批判があった。これは制度の由来を無視した言葉の表面的な批判である。しかしこの案に対しては，暴力的な反対もあった。そのため，この案はつぶれてしまったのである。

　今度の法律案は，裁判所が命令した入院者を，特別の病棟に入院させることにしている。これは道下案のいうような処遇チームを備えた病棟をいうのであろう。その意味で道下案は受け継がれたのである。しかし，裁判所の命令によるということになると，触法行為の種類によって一律にこの病棟に収容されることになるし，一度収容されると病状によって一般病棟に移すなどのフレキシビリティはなくなるかもしれない。円滑な運用を期待する。

　町野朔氏らの「精神医療事故研究会」は法律学者だけでなく，かなりの数の精神医学者・臨床家，さらには法務省・厚生労働省の担当者なども出席され，毎月1回開催されてきたが，毎回有益な報告と討論が展開されている。そこで，精神医学の人は，以前から入退院とくに退院を医師だけで判断するのは負担過重だ，法律家も共同して判断してもらいたい，という要求があった。私はB案の立場で，患者のことは医者が一番よく知っているのであり，法律家が介入すると医師が退院させたいときでも退院させられなくなるおそれがあるのではないか，と主張した。しかしこれは少し単純な考えであったようである。入退院には種々の考慮が働く。こんな重大な触法行為をしておきながら，入院もしないあるいはこんなに早く退院していいのか，というそれ自体は筋の通らない主張も圧力としてあることは否定できない。これでは入院期間が刑期より長くなってしまうではないか，という圧力も同じである。退院後面倒を見る人がいないかやむをえず入院を続けるいわゆる社会的入院の責任を医師にかぶせるわけにはいかない。また，外出させた患者が傷害事件を起こしたとき，外出を認めた医師に民事賠償責任を認めた判例のもとでは，退院を認めた医師も民事責任が認められる可能性がある。しかし患者の治療のためには，ある程度危険であっても，退院を認め地域医療に委ねるほ

うがいい場合もあるかもしれない。もともとどの程度の危険性があるときに，入院という自由制限が許されるかは1つの社会的価値判断なのである。これらの判断を全部医師だけでやれというのには無理があるだろう。

今度の草案は民事裁判所で，裁判官と精神科の医師の2人の合議体でやれと規定している。たしかに刑事裁判所でするよりはいいかもしれない。しかし，入院させるかどうかを，法廷の弁論で決めるというのは医療ということにそぐわない感じを免れない。また，退院をいちいち裁判所が判断するというのもどうであろうか。こういう判断は法律家を交えた判定委員会で判断し，不服のある者は精神医療審査会に不服申立てができるようにした方がよかったようにも思われる。

Ⅶ 法案は再犯のおそれがあることを，入院の要件にしている。これに対して，たとえば再び殺人をするであろうかは，科学的には判断できないことであり，このようなことを要件とするのは不当だという批判がある。たしかに，精神障害者の再犯の原因は複雑で個性的であるから，いくつかの要素で統計的に確率を示すことはむずかしい。かりに確率を示すことができたとしても，この人はその例外に属しているかもしれないのである。しかしこの場合の危険性とはこのような事実の予測をいうのではない。人を殺す確率が50％程度ある人が自由に歩き回ったのでは，一般の人は外出できなくなる。その危険性が問題なのである。五十嵐氏は前者を dangerousness，後者を risk とことばを使い分けておられるが，適切であろう。この50％を10％に減少させるために強制入院という強制が認められるのである。その確率の減少は病気の治療，社会復帰の促進などの方法で行われる。その際には患者の意志は最大限尊重しなければならない。しかしわれわれは他人に迷惑をかけない限り病気になる自由を持っているのであり，強制的治療は憲法違反だという州もあることに注意しなければならない。強制入院の正当根拠はポリス・パワーであって，パターナリズムではない。

問題はもっと現実的なところにある。いわゆる人格障害・行為障害の者には，危険な者もいるだろう。イギリスでは，いわゆる精神病質者の強制入院は，治療可能な場合に限っているが，わが国では明文がない。イギリスでは，入院命令があっても，病院は受け取らないことがある。入院させても治療の

方法はない。ただ入院させておくことになってしまう。他方，入院を拒否できるとしただけで，放置したのでは，無責任だという非難を免れないであろう。イギリスのグレンドンのような特別の刑務所やドイツのように行刑法によって社会治療施設にするのも1つの方法であろう。イギリスでは新たな立法が考えられているようである。触法精神病者については，各国，国によって多少の違いはあるが，その処遇の方法は概ね定まっている。わが国は遅ればせながら今度の立法でまがりなりにもこれに追いついたことになる。これから，本当に困難な問題，人格障害の問題と取り組まなければならない。

2 「精神障害」と刑事責任能力：再考・再論

町 野　　朔

I Konvention の凋落と安定

　精神障害の類型から，ほぼカテゴリカルに，責任能力の有無・程度，その判断の方法を決めるべきだという考え方は，ドイツ司法精神医学における Konvention（裁判所と精神医学鑑定人との間の取り決め）が前提とするものであった。そして，これは，責任無能力となるべき精神障害の範囲を，かなり広範に認めるものでもあった。わが国で早くからその導入を主張された中田修博士は，グルーレを次のように紹介された。

　　　すべての大精神病においては，行為と人格との関係を問題にすることなく責任無能力を認める。精神病が治癒していた場合にも，その行為が発病前のものとは違っているときには責任無能力とすべきである。それ以外の器質性精神病，精神薄弱の場合には，その程度に応じて責任無能力，限定責任能力，完全責任能力が認められる。精神病質的反応が心因性精神病にまでなっているときには例外的に責任無能力が認められるが，精神病質，神経症はせいぜい限定責任能力である[1]。

　平野龍一博士も，Konvention ということばこそ使わなかったが，次のように主張されておられた。

　　　進行麻痺，アルコール中毒，老人性痴呆などの外因性精神病も，統合失調症，躁鬱病などの内因性精神病も，「原則として無条件で」責任無能力とすべきであろう。「無条件」というのは，強いて心理的要素の分析を必要としないということであり，「原則として」というのは，その精神病が発病期でまだ軽い場合および寛解期である場合などには，例外的に，行為との心理的結びつきが検討されなければならない，ということである[2]。

　しかし，このような広範な責任無能力の概念は，日本の司法がそのまま採用するところとはならなかった。心神喪失・心神耗弱の意義を定義した大審院のリーディング・ケース[3]は，統合失調症の亢進状態にあり，妄覚，被

害念慮があった行為者が，耕地の境界線をめぐって争いのあった被害者の行動を誤解して激昂し，これを襲って傷害を与えたという事案についてのものであるが，「普通人ノ有スル程度ノ精神作用ヲ全然缺如セルモノニアラス唯其ノ程度ニ比シ著シク減退セルモノナリ」として心神耗弱を認めるにとどまっていた。さらに最高裁は，統合失調症の寛解期にあった被告人が，結婚の申し込みを断られた後，その家族，無関係な者など5人を殺し2人に重傷を与えたという事案について，心神喪失とする鑑定は，統合失調症即責任無能力という立場であって採用することはできないとして，心神耗弱とした原判決を，正当として是認している[4]。最高裁調査官の解説によると，この最高裁決定は「統合失調症＝責任無能力」という見解を採用せず，統合失調症患者の責任能力についても個々の事案ごとに総合的に判断するという，これまでの下級審判例の動向を是認したものである[5]。そして，法律家[6]も，精神科医[7]も，これらの具体的結論を支持するかは別にして，Konvention はそのまま維持できないと考えるようになっている。

　だが，実務においても学説においても，精神障害の種類，重大性を基礎として責任能力の有無・程度を決定するという方法は，依然として維持されている。ただ，それは Konvention のように，広範に責任無能力を認めるという結論にまで至らないというだけである。「精神病即責任無能力」という思想は凋落したが，責任能力論は「精神障害」という基盤の上で停止し，安定を保っているということができよう。本稿は，責任無能力・限定責任能力における精神障害の意義を検討することにより，再度[8]，刑事責任能力論への接近を試みようとするものである。

II　混合的記述方法の意義

1　法律的判断と医学的判断

(1)　心神喪失とは「精神ノ障碍ニ因リ事物ノ理非善悪ヲ弁識スル能力ナク又ハ此ノ弁識ニ従テ行動スル能力ナキ状態」，心神耗弱とは「精神ノ障碍未タ上叙ノ能力ヲ缺如スル程度ニ達セサルモ其ノ能力著シク減退セル状態」を，それぞれいうとする上記の大審院判例[9]は，その後の実務に引き継がれ，学説もこの公式に反対する者は殆どない。精神障害は生物学的（biologisch）要素，弁識・制御能力は心理学的（psychologisch）要素であり，以上のよう

な責任能力の記述方法は，両要素による「混合的方法」(gemischte Methode) であるといわれている[10]。だが，身体的・器質的特徴のない多くの意識障害（情動行為，神経症，知能障害，など）も，古くから精神の障害に含められているのであるから[11]，これを「生物学的要素」というのは，若干不正確である[12]。近時のドイツでは，現在用いられている混合的記述方法は，「精神的・規範的」(psychisch-normativ) あるいは「心理的・規範的」(psychologisch-normativ) なそれだとされている[13]。

しかし，後に検討するように，心神喪失は，弁識能力・制御能力を阻却するような精神障害が存在するとき，心神耗弱は，それを著しく限定するような精神障害が存在するときに，それぞれ認められるのであり，このような判断は，精神医学的診断に刑法的考慮が加えられることによって得られるものであるから，「精神医学的・刑法的」方法と呼ぶ方がより適切だと思われる。

(2) 責任能力の概念が法律的なそれであることについても，現在では争いはない。最高裁判例によれば，「被告人の精神状態が刑法39条にいう心神喪失又は心神耗弱に該当するかどうかは法律判断であって専ら裁判所にゆだねられるべき問題であることはもとより，その前提となる生物学的，心理学的要素についても，右法律判断との関係で究極的には裁判所の評価にゆだねられるべき問題である」[14]。また，上記の最高裁判例[15]は，「被告人の精神状態が刑法39条にいう心神喪失又は心神耗弱に該当するかどうかは法律判断であるから専ら裁判所の判断に委ねられているのであって，原判決が，所論精神鑑定書……の結論の部分に被告人が犯行当時心神喪失の状況にあった旨の記載があるのにその部分を採用せず，右鑑定書全体の記載内容とその余の精神鑑定の結果，並びに記録により認められる被告人の犯行当時の病状，犯行前の生活状態，犯行の動機・態様等を総合して，被告人が本件犯行当時精神分裂病の影響により心神耗弱の状態にあったと認定したのは，正当として是認することができる」としている。

古い刑法学説には，生物学的要素の認定は経験的に行われる記述的活動だが，心理学的要素のそれは，法律的観点から行われる規範的活動であるとするものもあった[16]。しかし，両者とも経験的事実を基礎として，その法的概念への当てはめが問題となることにおいては変わりはないのであり，最高裁が，法律判断との関係で，両要素とも，究極的には裁判所の評価にゆだね

もっとも，その法律的判断の前提をなす精神医学的事実の認定は基本的には鑑定人に委ねられているのであるから，裁判所が鑑定の認定事実を排斥することには，自由心証主義のもとでの合理的制約が存在する。例えば，統合失調症という鑑定に対して詐病であるとし[17]，統合失調症という鑑定ではなく非定型精神病という鑑定を採用する[18]などするときには，鑑定の基礎とされた資料・事実に誤りがあったなどの理由がなければならない。そして，裁判所がある鑑定の認定を退けたときにも，裁判所の認定に沿う他の鑑定が存在している場合が大部分であるという。また，鑑定の法律的結論を採用しない場合でも，それが基礎とした精神医学的診断に基づいて法律判断を行っている[19]。わが国の実務が鑑定を尊重していることは，一般に認識されているところである[20]。

　(3)　このことは，弁識・制御能力の存否についても当てはまらなければならない。しかし，行為者が行為の不法性を弁識しえなかったのか，その認識に従って行動しえなかったかを精神医学的に認定すること自体が，かなり困難である。また，弁識不能・制御不能が実際に精神の障害に起因するものであったのかの認定は，さらに困難であろう。

　これは特に制御能力についていえることである。制御能力の有無は，行為者が自由意思を濫用して犯罪を行ったかという形而上学的問題ではなく，行為が精神障害に支配されていたかという，原理的には，経験的に解答可能な問題である。しかし，当該精神障害が行為者が当該犯罪行為にいかなる程度寄与したか，当該精神障害がなければ当該犯罪を行わなかったといえるかを，精神医学的に明確に解答することは，おそらく不可能であろう。そのために，わが国では裁判所も制御能力に関する判断に消極的な傾向があるといわれる[21]。他方では，制御不能が安易に認められ，責任無能力とされてしまう範囲が広くなり過ぎるのではないかともいわれる。ヒンクリーによるレーガン大統領暗殺未遂事件（1981年）が，制御能力を要求する「模範刑法典テスト」のもとで「責任無能力による無罪」という評決を受けた後，合衆国連邦刑法などが，制御能力を削除した「修正模範刑法典テスト」，実質的には「修正マクノートン・テスト」を採用するに至ったことには，このような事情がある[22]。

しかし，それが犯罪であることを認識することが可能であったが，精神障害のために行為に出ることを抑止することができなかった者を，健常人と同じように扱うことは，やはり不当であろう。制御能力は，責任能力の要素とすべきであり[23]，制御不能をもたらす精神障害が存在するときには責任無能力としなければならない。

2 精神医学的・刑法的方法

このようにして，責任能力の有無の判断は，精神障害の重大性によって判断されることになる。すなわち，行為者には，行為時に，弁識能力・制御能力を阻却し，あるいは著しく侵害するような精神障害が存在したかを判断するのである。林（美）教授が，「心理学的要素は生物学的要素の重大性の指標」であるとされ[24]，吉岡教授が，精神障害の存否を中心にすることは安定した事実の解明を可能とするから，具体的犯行と精神障害との間の因果性を明示的に要求すべきでないとされる[25]のも，この意味で理解しうる。ここでは，「①刑法上意味のある精神障害の存否，それによる，②刑法的意味での弁識能力・制御能力の存否」という2段階の判断が行われるのではなく，「刑法的に弁識能力・制御能力に影響を持つ精神障害の存否」という1段階の，「精神医学的・刑法的方法」による判断が行われるのである。裁判所は，精神医学的鑑定を参照しながら，被告人の精神医学的所見，その精神状態を詳細に認定したあとで，そこから，その弁識能力・制御能力に関する結論を導くのが通例であるが，これは，以上のような責任能力判断の構造が実務の前提とするものであることを意味するものである[26]。

近時の学説には，制御主体が欠如するとき（ブレーキの故障）には直ちに心神喪失を肯定すべきであり，そのときの判断は，病的部分が正常な部分を圧倒・支配しているかという，精神医学的診断を基礎とした「事実の規範的把握」であるが，存在する制御主体が当該犯罪への衝動を抑止しえたか（ブレーキが効き得たか）という制御可能性の判断は，当該主体の能力の損傷と衝動の大きさとを考慮した「すぐれて規範的な問題」である，前者においては部分的（相対的）責任能力は否定され，後者においては肯定されるべきだとするものがある[27]。しかし，原理的にこのような区分があるとは思われない。制御能力を含めた責任能力の判断は，すべて，精神医学的・刑法的方法による「事実の規範的把握」であり，具体的な犯罪行為の関係で判断され

III 精神障害の概念と責任能力

1 特別の責任阻却事由としての責任無能力

(1) 心理学的要素である弁識能力は、規範的な責任要素である違法性の意識の可能性に、同じく制御能力は、やはり適法行為の期待可能性という規範的責任要素に、それぞれ対応する。だが、これら規範的責任要素の欠如が精神障害に起因しない場合においては違法性の意識の不可能性、期待可能性の欠如は具体的な行為事情の特殊性を考慮して、それぞれ例外的にのみ認められる責任阻却事由にとどまる。また、最高裁はまだ明示的にこのような超法規的責任阻却事由を認めるに至っていない。これに対して刑法39条は、規範的責任要素の欠如が精神障害に由来する場合に関する法規的責任阻却事由である。

例えば、犯罪的環境の中で生育されたために、違法性の意識の可能性あるいは適法行為の期待可能性が欠如していたから責任がない、という抗弁をそのまま認めることは困難である。しかし、精神障害のためにそうなったときには、刑法39条1項によって責任阻却を認めなくてはならない。さらに前項で述べたように、行為時に、人に弁識不能・制御不能をもたらしうる精神障害が行為者に存在していたことが証明されれば、当該行為に出たことについて、彼が弁識・制御不能であったことの厳密な証明がなくても、責任の阻却を認めることになる。心神喪失は、まさに、実定法によって特権化された責任阻却事由であるということになる。

(2) 学説には、異常な素質による責任阻却である責任無能力と、異常な環境による責任阻却である期待可能性の不存在とは内容的に違いがないとし、ただ、責任阻却の範囲が無限定に流れ、法的安定性を害することを避けるために、精神障害という「生物学的要素」が必要とされているのだとするものがある[28]。

しかし、精神障害者にも、そうでない者にも同一範囲で責任阻却を認めるべきだとするなら、前者には類型的に責任阻却を認め、後者にはそうしないというのは、法の下の平等に反する事態である。それは「安定」ではあろうが、「差別の固定」である。アメリカでは、責任無能力制度 (insanity defense）を廃止し，精神障害者の責任も通常の意思責任（mens rea）存否の範囲で考えるべきだとする傾向がある[29]。ここには精神障害者を特別扱いするのは不当であるという立場からの，論理一貫した考えがある[30]。「精神障害による」という限定を削除した「純粋心理学的方法」による責任能力の記述方法は，まさに，このような水平化を実現しようとするものであり，実質的に責任無能力制度を廃止することなのである。

2 精神病概念の変化と責任能力

(1) それでは，「精神障害」によって責任能力を論じることが，どうして必要なのであろうか。

いくつかの症状が一つのセットになって，ある病名を持つ精神障害が存在する。例えば，「妄想分裂病」〔現在は，妄想統合失調症〕（paranoide Schizophrenie）は次のようなものだとされる。

> 「幻覚妄想を主としてその他の分裂病症状（能動性減退，感情鈍麻，自閉性，対人的接触に関する障害など）がみられないか，あっても軽度のもの。……妄想型分裂病の主症状は文字通り妄想・幻覚であるが，最も多いのは被害妄想であって，要するに『周囲がグルになって』自分を監視しており，自分だけが『聾桟敷におかれている』と考える。……この被害妄想はなんらかの意味で自分が特別の存在であるという確信によって裏打ちされており，この側面が発展すると自分を殉教者，救済者，政治的使命をもった重要な人物などとする誇大妄想……となる。人格解体の著しくない場合ほど，一般に妄想は体系化され，周囲の些細な出来事や過去の事件をその体系の中にとりこんでいく。人格解体が進むとともに，次第に妄想内容は非合理的な面を増し，例えば宇宙的蒼古的な内容を混じえるようになり，やがて荒唐無稽なものになる。最後には，妄想は消失しないが，しかしもはやかつてのようにそれを苦悩することがなく，妄想に対し無関心になってしまう。幻覚としては『語りかけられる』言語性幻聴が最も多く，体感幻覚，幻触，幻味もあるが，幻視は少ない」[31]。

このような精神障害の診断は患者の医療のために行われる臨床的判断であり，患者の意思能力，責任能力判断を直接の目的として行われるものではない。しかし，ある精神障害に罹患した行為者が犯罪を行ったときには，当該精神障害が一般に呈する諸症状から見て，その具体的犯罪がその症状の一つであり，行為者はそれによって弁識・制御能力が侵害され犯罪を行ったとい

う判断を行うことが可能になる。このようにして，被告人が行為当時罹患していた精神障害がどのような病気であったかは，その責任能力の存否・程度に大きな意味を持つことになる[32]。

　Konventionは，統合失調症などの大精神病に罹患している者であれば，彼には弁識・制御能力が失われているので，ただちに責任無能力とすべきだとしたのであった。上述のように「統合失調症即責任無能力」という結論はわが国の実務が採用するところはならなかった。また，統合失調症などの精神病は脳が破壊されたために起こるものであり，統合失調症患者の人格全体は崩壊していく非可逆的な過程の中にあるというKonventionを支えていた医学的認識は，現在では維持し難いとされている[33]。たしかに責任能力の存否・程度が精神障害の存在だけで決められる場合は，Konventionの支持者が考えていたほど多くないのであり，行為者の現実に罹患していた精神障害の態様，行為者人格，さらには行為時の状況などの追加情報が必要となる場合が，むしろ多いのかも知れない。しかし，それでも，精神障害の診断，疾患単位を出発点として，被告人の責任能力を判断しているのである。

　(2)　さらに，精神病は，まだ経験的に確定されてはいないが，その存在が推定される脳の病変という生物学的基礎を有している，それ故，胃潰瘍などの身体病と同様に，精神病の精神症状はその器質的病変に由来するものであるという，クレペリン，クルト・シュナイダーらのドイツ精神医学の体系は，今日では支持し難いともいわれている。フロイト，ジャネに始まり，アドルフ・マイヤーによって発展させられた力動精神医学は，病気をこのように固定的に，身体論的に見ることはなく，患者の心理ダイナミズムを考慮するものであり，心因論的に精神障害を考察するとされる。その延長線上には，R. D. レインらの反精神医学がある。そこでは，精神病と神経症との間の質的な相違は存在しないことになる[34]。そして，もし，精神障害自体の存否ではなく，当該行為に関する心理状態だけしか問題にすべきでないとするなら，精神障害を基盤とした責任能力の判定もなしえないことになる。これは，責任能力の記述に関する「純粋心理学的方法」に回帰することであり，既に述べたように，責任無能力概念の実質的否定にほかならない[35]。福島教授は，WHOによるICD（International Classification of Disease）[36]も，APA（アメリカ精神医学会）によるDSM（Diagnostic and Statistical Manual of Mental Disorder.

精神疾患の診断・統計マニュアル）[37]が，症状群・状態像による，より操作的な記述方法を用いていることを指摘され，既に過去のものとなった精神医学の体系を基礎とするKonventionは維持しえないとされる[38]。だが，精神障害は精神症状だけから成り，その背後には精神障害という実態は存在しないとするなら，Konventionにとどまらず，現在行われている方法での責任能力の判断もなしえないことになろう。例えば，「妻が自分に毒を盛ろうとしている」「親戚も自分を殺して財産をとろうとしている」などという妄想の存在を理由として，行為者に統合失調症を肯定し，就寝中の妻を絞殺した被告人の行為はその影響によるものだから，心神喪失を認める[39]，という論理はとれなくなろう。

確かに，各種の統計，薬物の治験のために診断基準の統一が必要であったことから，ICD, DSMが作成されたということはあろう[40]。しかし，それによって，精神障害が疾患だという立場が放棄されたということではない。ただ，かつてのように，単純に器質的障害を考えるだけでは十分ではなく，人々と患者との関わり，治療の必要性という「社会性」「治療性」も疾患概念を観念するときに必要とされるようになったに過ぎない[41]。DSM-Iにおいてはアドルフ・マイヤーの影響の下に「反応」という用語が使われていたが，それはDSM-IIで姿を消し，DSM-IIIではドイツ流の「記述精神医学」を取り入れたといわれる[42]。ここには，診断基準の背後に精神障害が存在するという認識が，依然として存在する。例えば，「精神分裂病，妄想型」に関するDSM-IV-TRの記述と診断基準は[43]，これまでの「妄想型精神分裂病」に関する記述[44]と質的に異なるものではない。

以上のようにして，Konventionのような包括的な条項を認めるのではないにしても，また，DSM-IVの診断に当てはまることが責任能力に関して決定的でないにしても[45]，責任能力の判断は，これからも精神障害を基礎として行われなければならないのである。

IV　精神障害，刑罰，責任能力

1　刑罰と責任能力

(1)　以上のように，「弁識・制御不能をもたらす精神障害」「弁識・制御能力を著しく減退させる精神障害」が，それぞれ心神喪失による責任無能力，

心神耗弱による限定責任能力であるとした場合,「弁識能力・制御能力」とはいかなる能力であり,いかなる事態になったら,それが阻却され,あるいは減退させられたことになるのか。また,どのような種類の精神の異常が,「精神障害」として認められるのか。——これらの問題は,刑法的な価値観点の下で決定されるべきことであり,究極的には,刑事責任能力をどのようなものと考えるかに帰着する。最高裁は,既に見たように,「鑑定書全体の記載内容とその余の精神鑑定の結果,並びに記録により認められる被告人の犯行当時の病状,犯行前の生活状態,犯行の動機・態様等を総合して」,被告人の責任能力に関して判断を下した原判決を,正当なものとして是認している[46]。しかし,どのように「総合」するのか,総合して「何を」判断するのかは,まったく明らかでない。責任能力の概念を明らかにすることなく,その存否を判断する基準を定位することは原理的に不可能なことである。

　犯罪成立要件としての責任は,刑罰賦課によって犯罪行為を抑止しうる行為者の心理状態として理解されるべきである。弁識能力は行為の可罰性の認識可能性であり,制御能力は刑罰威嚇が反対動機となりうる心理状態である。そして,行為者のこれらの能力を侵害する彼の精神の異常が,刑罰による抑止効果を期待することを不適切なものとする態様のものであるとき,責任無能力を認めるべき「精神障害」が存在することになる[47]。刑法上の責任は刑罰の要件である以上,刑法上の責任能力の内容も,法秩序一般の命令に従う能力という意味での「規範への応答可能性」(normative Ansprechbarkeit)[48]では十分ではなく,「刑法規範への応答可能性」が必要である。刑罰威嚇による犯罪抑止の動機付けがおよそ無意味と思われる心理状態が責任を阻却するのであり,現実に犯罪を抑止しえなかったということだけで責任の阻却を認めるのではない。

　(2)　以上のような抑止刑論による規範的責任要素と責任能力の理解に対しては,責任能力などの規範的責任要素は伝統的な非難可能性の観点から構成されるべきであるという,高山助教授の見解がある[49]。それによると,非難する側である市民と非難される側である行為者との間に対等性,互換可能性があるとき非難が可能となる。「自分が行為者であったしたら,法に従って動機づけられた」と言えるのが非難可能性である。責任無能力者との間にはこのような互換可能性がなく,彼の行為を非難することができない。非難

21

可能性は，その存在が刑罰を導く概念なのではなく，刑罰の発動を阻止することにより個人の自由を保障するための概念である，とされるのである。

　しかし，やはり，責任能力概念を刑罰の犯罪抑止機能から切り離すことは妥当とは思われない。これによって，責任無能力の概念も精神障害から切り離されて，無限定なものとなってしまう。

　わが国の判例が，行為者の行為が健常人のそれと質的に異なっているかを責任能力の判断基準にする傾向があり，そのために，行為が「了解可能」であるときには，その責任能力を肯定しようとするものであることは，すでに多くの論者が指摘するところである(50)。裁判官は，行為者の精神障害の重大性ではなく，その心理の理解可能性から，責任能力の有無を判断することになる。それは裁判官が，鑑定人の精神医学的診断を独自の観点から解釈し直すことを許容するもの(51)であり，「精神病理学的な法則性よりも，個々の事例ごとの（ときに常識的，非専門的な）解釈が優先される。『過剰な可知論』ともいえる傾向である」(52)。通常人と行為者との間の立場の互換可能性を援用される高山助教授の見解は，このような考え方に至るものである。

2　精神医療と責任能力

（1）刑罰による威嚇，刑罰的処遇が犯罪の抑止のために意味があるときに刑事責任能力を肯定すべきであるとしても，刑罰の賦課が当該行為者に現実に意味を持ちうるかは，かなり不確かである。このようなことから，精神障害による犯罪に刑罰をもって臨むことには抑制的であるべきであり，特に，非刑罰的な精神医療による処遇が適切と思われるときには，そちらを選ぶべきことになる(53)。これは，責任能力論と無関係に刑事政策的要請が侵入しているからなのではなく，責任能力論が刑事政策論の適用だからである(54)。刑法の謙抑性を認めず，あるいは，積極的一般予防論の立場から国民の規範意識を尊重すべきだとする(55)なら，このような考慮はなされないことになる。

　以上のようにするなら，治療を要しない精神障害，治療の不可能な精神障害には責任能力を肯定しなければならなくなる，このような考え方は治療・改善処分が存在しないわが国では成り立たない，という批判(56)もある。確かに，治療的処遇方法の存在は責任能力判断に意味を持つ。しかし，それが存在しないときにも，刑罰が無意味なときには責任能力を肯定することがで

　　　　　　　　　　　　　　　　　　　　　　　　　　第1章　基本的問題

きないのである。
　(2)　現在の精神医学においては，統合失調症も治癒可能であり，その進行を阻止し得る疾患になっているのであるから，それと逆の疾病観・治療観を前提とし，統合失調症患者の犯罪を一律に免責すべきだとしていたKonventionは維持できないという考え方(57)もある。しかし，精神障害が固定した病気でないことは，責任能力を肯定する理由にはならない。一過性の情動行為でも，病的酩酊なども責任無能力を導きうるのである。
　他方，精神医学が進歩したことにより，統合失調症などの精神障害が「軽症化」する傾向にあるといわれる。たしかに，実際に精神医療によって統合失調症が軽症化していたときには，責任無能力とされないこともありうるだろう。しかし，以上は，これとは別の問題である。精神障害の治療観が変わることが，直ちに責任能力の範囲に影響を与えるわけではない。

（1）　中田修「司法精神医学と精神鑑定」秋本波留夫ほか編・日本精神医学全書（第6巻）（1965年，金原出版）228頁（本文中の紹介は要約であって，原著における叙述と，文言的に同じではない）。なお，同・犯罪精神医学（1972年，金剛出版）80～81頁参照。博士は，わが国でも責任能力判断の指導原理としてKonventionを維持すべきであると，繰り返して主張されておられる。最近では，中田修「精神鑑定とは──その現在的課題」中田修ほか編著・精神鑑定事例集（2000年，日本評論社）12～14頁。
（2）　平野龍一・刑法総論II（1975年，有斐閣）290頁（本文中の紹介は要約であって，原著における叙述と，文言的に同じではない）。平野博士はライプツィガー・コンメンタール9版におけるランゲの叙述（Richard Lange, Strafgesetzbuch. Leipziger Kommentar, Bd. I, 9. Aufl., 1974, §51 Rnr. 65）を引用されるが，それは8版におけるメツガーの，大要，次のような叙述（Edmund Mezger, Strafgesetzbuch (Leipziger Kommentar), Bd. I, 8. Aufl., 1957, §51 Anm. 10）を，そのまま引き継いだものである。
　　　真正の精神病には，無条件に，例外はなくはないが，責任無能力を認めるべきである。それ以上心理学的要素を分析することを要しないという意味で無条件であり，特に軽い場合には例外もありうる。これに対して，他の精神の異常の場合には，包括的・全面的に心理学的要素の検討が行われて，初めて，例外的に責任無能力が認められる。
　　因みに，Burkhard Jähnke, Strafgesetzbuch. Leipziger Kommentar, 11. Aufl., 1993, §20にはこのような記述は存在しなくなっている。
（3）　大判昭和6年12月3日刑集10巻682頁。

第 1 部　触法精神障害者と処遇困難者

（4）　最決昭和 59 年 7 月 3 日刑集 38 巻 8 号 2783 頁（元自衛官殺人事件第 2 次上告審決定）。
（5）　高橋省吾「判解」最高裁判例解説刑事篇昭 59 年度 358 ～ 359 頁。
（6）　例えば，前田雅英・刑法総論講義（1998 年，第 3 版，東京大学出版会）268 頁・270 頁。
（7）　例えば，福島章・精神鑑定　犯罪心理と責任能力（1985 年，有斐閣）17 ～ 19 頁・74 ～ 123 頁，同「刑事責任能力と精神鑑定——法曹と精神医学の協同と統合をめざして」現代刑事法 36 号（2002 年）64 ～ 66 頁。
（8）　筆者の旧稿として，町野朔「精神障害者の責任能力の診断学——法学の立場から」季刊精神科診断学 4 巻（1993 年）31 頁，同「責任能力制度の問題」書研所報 41 号（1996 年）1 頁。
（9）　大判昭和 6 年 12 月 3 日刑集 10 巻 682 頁（前掲注(3)）。
（10）　町野朔「精神障害者の責任能力の診断学」前掲注(8)も，このような表現を維持している。
（11）　判例の状況については，島田仁郎＝島田聡一郎・大コンメンタール刑法（第 3 巻）〔大塚仁ほか編〕（1999 年，第 2 版，青林書院）389 ～ 411 頁参照。特に，健常人の情動行為もその責任能力を阻却しうることに関しては，林美月子・情動行為と責任能力（1991 年，弘文堂）参照。なお，「病的な精神障害」のほかに，「強度の意識障害または精神遅滞もしくは重大な他の精神的変性」をあげるドイツ刑法 20 条は，この趣旨を明確にしたものである。以前のドイツ刑法 51 条の「精神活動の病的障害」の概念について，クルト・シュナイダーらは身体的基礎を有する精神病に限られるべきだという「精神医学的疾患概念」を主張していたが，連邦通常裁判所（BGHSt 14, 32）は，すべての精神活動の障害がこれに含まれるという「法律的疾患概念」をとり，それが現行法に結論的に引き継がれたのである。Justus Krümpelmann, Die Neugestaltung der Vorschriften über die Schuldfähigkeit, ZStW 88 (1976), S. 6; Wolfgang Schild, Nomos Kommentar zum Strafgesetzbuch, Bd. I, 2001, §20 Rn 16-20 参照。
（12）　辰井聡子「責任能力（39 条）」法教 261 号（2002 年）20 頁。
（13）　Claus Roxin, Strafrecht. Allg. T., Bd. I, 3. Aufl., 1997. S. 756 m. w. N.
（14）　最決昭和 58 年 9 月 13 日判時 1100 号 156 頁。本判例以前の最高裁判所にこれを明言したものは見られなかったものの，心神喪失とする鑑定の結論部分を採用せず，心神耗弱を認めても経験則違反とはいえないとする最決昭和 33 年 2 月 11 日刑集 12 巻 2 号 168 頁は，このことを前提にしたものと理解しうる。
（15）　最決昭和 59 年 7 月 3 日刑集 38 巻 8 号 2783 頁（前掲注(4)）。
（16）　Edmund Mezger, a. a. O.（Anm. 2），§51 Anm. 10。団藤重光・刑法綱要総論（創文社，第 3 版，1990 年）281 頁注(8)は，これを支持する。
（17）　東京高判昭和 44 年 3 月 26 日判時 571 号 87 頁参照。
（18）　東京高判昭和 59 年 9 月 2 日刑月 12 巻 9 号 831 頁参照。

(19) 髙橋省吾「精神鑑定と刑事責任能力」小林允＝香城敏麿編・刑事事実認定（上）——裁判例の総合的研究（1992年，判例タイムズ社）448〜459頁，472〜474頁参照。
(20) 池田修「精神鑑定について」刑法雑誌36巻（1996年）56〜57頁は，結論部分についても裁判所と鑑定人との不一致は少ないものと推察する。最高裁判所の判例（前掲注(4)・(14)）に批判的な福島教授も，裁判所は鑑定人の判断を重視しているとする。福島章「刑事責任能力と精神鑑定」前掲注(7)62頁，参照。
(21) 中谷陽二「精神障害者の責任能力の診断学——精神医学の立場から」季刊精神科診断学4巻（1993年）49〜50頁，安田拓人「制御能力について」金法40巻2号（1998年）102〜106頁参照。
(22) 林美月子・前掲注(11)233〜251頁，岩井宜子・精神障害者福祉と司法（1997年，尚学社）144〜152頁参照。墨谷葵・責任能力基準の研究（1980年，慶應通信）219〜236頁は，以上のような理由から，制御能力要件を削除した修正マクノートン・テストを，わが国の心神喪失の判断基準として用いるべきだとする。
(23) 近時では，安田拓人「制御能力について」前掲注(21)103頁。
(24) 林美月子「責任能力判断の検討」刑法雑誌36巻（1996年）62頁。
(25) 吉岡一男「刑事責任における責任能力要件」産大法学32巻（1998年）695〜696頁。
(26) 以上については，なお，町野朔「精神障害者の責任能力の診断学」前掲注(8)36〜37頁，同「責任能力制度の問題」前掲注(8)15〜18頁参照。
(27) 安田拓人「制御能力について」前掲注(21)101頁，同「責任能力の判断基準について」現代刑事法36号（2002年）36頁。
(28) 団藤重光「責任能力の本質」刑法講座3（1963年，有斐閣）36頁・45〜46頁。最近では，安田拓人「責任能力の判断基準について」前掲注(27)35〜36頁。なお団藤博士は，責任無能力による責任阻却の場合には保安処分に繋がりうることも，混合的方法が優れていることのもう一つの理由であるとされていた。
(29) 岩井宜子・前掲注(22)157〜193頁，林美月子・前掲注(11)233〜353頁，同「責任無能力抗弁廃止のその後——アイダホ州及びモンタナ州の判例を中心として」神奈川大学法学研究年報15号（1996年）103頁，参照。日本でも，佐藤直樹「責任能力判断の『心理学的』再構成」九大法学56号（1988年）265〜282頁が同趣旨を主張していた。
(30) 町野朔「精神障害者の責任能力の診断学」前掲注(8)33頁参照。
(31) 笠原嘉「妄想分裂病」加藤正明ほか編・精神医学事典（1993年，新版，弘文堂）771頁。
(32) 「元自衛官殺人事件」（最判昭和53年3月24日刑集32巻2号408頁〔第1次上告審判決〕，最決昭和59年7月3日前掲注(4)〔第2次上告審決定〕）においては，複数の鑑定が相互に対立する診断を呈示し，「破瓜病の欠陥状態」「緊張病の寛解状態」などとされた。諸鑑定を精神医学的に詳細に検討し，診断のいかんが心神喪

第 1 部　触法精神障害者と処遇困難者

　　　失・心神耗弱・完全責任能力の判断に結びついていることを明快に解き明かしたものとして，西山詮・精神分裂病者の責任能力——精神科医と法曹との対話（1996年，新興医学出版社）参照。なお，林美月子「責任能力の認定——元自衛官強盗殺人事件を素材として」産大法学32巻（1998年）527頁参照。本事件の鑑定については，さらに，中谷瑾子＝野阪滋男＝保崎秀夫「精神分裂病者の責任能力をめぐって——最高裁昭和59年7月3日第三小法廷決定を契機として」判タ550号（1985年）23頁も参照。
(33)　最近では，例えば，中谷陽二「責任能力論と治療観」分裂病犯罪研究（1996年，金剛出版）165〜180頁。中谷教授は，ドイツの精神科医の見解を紹介されつつ，それでも，ドイツで統合失調症患者の責任能力が肯定される範囲は日本より狭いことを指摘される。
(34)　精神医学と精神障害の概念の変遷については，台弘＝土居健郎編・精神医学と疾病概念（1975年，東京大学出版会），松本雅彦・精神病理学とは何だろうか（1996年，増補改訂版，星和書店），参照。
(35)　平野博士も，力動精神医学の行き着くところは，あるいは責任無能力の否定ではないか，という感想を持たれたということである。平野龍一「精神医療と法——精神衛生法改正の背景」精神医療と法（1988年，有斐閣）22頁。
(36)　現在は，1992年のICD-10が最新版である。融道男ほか監訳・ICD-10 精神および行動の障害―臨床記述と診断ガイドライン（1993年，医学書院）。
(37)　現在は，2000年のDSM-IV-TRが最新版である。高橋三郎ほか訳・DSM-IV-TR 精神疾患の診断・統計マニュアル（2002年，医学書院）。
(38)　福島章・精神鑑定・前掲注(7)19頁・98〜121頁。
(39)　岐阜地判昭和33年5月26日一審刑集1巻追録1344頁参照。
(40)　松本雅彦・前掲注(34)211〜212頁参照。
(41)　加藤正明「国際疾病分類と精神疾患概念」台弘＝土居健郎編・前掲注(34)219〜221頁参照。
(42)　松本雅彦・前掲注(34)209〜210頁参照。
(43)　高橋三郎ほか訳・前掲注(37)306頁参照。
(44)　前出本文18頁参照。
(45)　高橋三郎ほか訳・前掲注(37)28〜29頁参照。
(46)　最決昭和59年7月3日・前掲注(4)。
(47)　町野朔「精神障害者の責任能力の診断学」前掲注(8)34〜36頁，同「犯罪論と刑罰論」犯罪論の展開 I（1989年，有斐閣）18〜21頁参照。
(48)　Roxin, a. a. O.（Anm. 13），740.
(49)　髙山佳奈子・故意と違法性の意識（1999年，有斐閣）267〜272頁・386〜393頁。同書は，心理的責任要素は特別予防によって，規範的責任要素は非難可能性によって，それぞれ理解されなければならないという，責任概念の二元的理解を背景に，随所に注目すべき解釈論的提言を含むものである。

(50) 近時では,例えば,林美月子「責任能力と法律判断」松尾浩也先生古稀祝賀論文集(上巻)(1998年,有斐閣)314〜316頁。
(51) 近藤和哉「責任能力判断における『了解』について」(1)・(2・完)上法39巻2号(1995年)97頁・39巻3号(1996年)125頁。
(52) 中谷陽二・前掲注(21)45頁。
(53) 町野朔「精神障害者の責任能力の診断学」前掲注(8)35〜36頁,同「責任能力制度の問題」前掲注(8)14頁。
(54) 福島章・精神鑑定前掲注(7)275〜276頁・306頁参照。
(55) 前田雅英「責任能力判断と『規範的評価』」産大法学34巻(2000年)554〜557頁。
(56) 安田拓人「責任能力の判断基準について」現代刑事法36号(2002年)35頁。
(57) 中谷陽二・前掲注(33)168〜173頁参照。

3 触法精神障害者に関する臨床精神医学的研究

中 谷 陽 二

I 研究目的

　筆者は，これまでに行った研究結果をもとに，以下の点を明らかにしてきた。(1)触法精神障害者の多くは，社会復帰の支援の欠如，治療動機付けの欠如，長期的危険性予測の困難など，重複する問題をもつ，(2)病院内での治療がむずかしい，いわゆる処遇困難患者は異種的な集団からなり，触法経験をもつ者はその一部に過ぎない，(3)これら2つは概念として明確に区別すべきであり，触法精神障害者対策を処遇困難者対策と混同してはならない，(4)対策において，集中的治療施設の設置が優先されるべきではなく，基準や手続きの厳密な設定がもっとも重要である。以下では(4)に関して具体的に検討し，提言を行う。

II 研究方法

　触法精神障害者対策に関して文献的に検討し，アルコール・薬物関連障害との関連についても考察した。
　また，倫理面への配慮から精神障害者の個人情報に直接触れなかった。

III 研究結果と考察

1 視点

　筆者は，我が国での対策は精神保健システムの枠内での改革として進められることが現実的であると考える。すなわち，触法精神障害者対策を精神保健システムの中に組み入れ，対象者に対して適切な精神保健サービスを供給することが目標とされる。その際とくに重視されるのは，対象者を選択するための法的，精神医学的な基準と手続きの慎重な設定である。対策が拠るべき具体的指針としては以下の事項があげられる。(1)諸外国のシステムを参考にしながらも，我が国の現状に即し，実現が可能な方策であること，(2)基準

を厳密に設定することにより対象者を限定し，システムの濫用を予防すること，(3)対象者の個人的特性に応じた柔軟な処遇方式を設けること。

2　現状分析

　システムを具体化するための不可欠の前提は，それが対象とすべき精神障害者の実態の把握であるが，これまで十分には調べられていない。我が国で触法精神障害者に関する系統的研究としては山上らの報告[1]があるので，以下その調査データを参照したい。これは1980年の1年間に精神障害者であることを理由に不起訴処分あるいは裁判所で刑の減免を受けた946例を対象とした調査である。疾患別では統合失調症が542例（57.3％）と過半を占め，ついでアルコール中毒124例（13.1％），躁鬱病73例（7.7％）の順である。統合失調症の中で〔殺人，放火，強盗，強姦，強制猥褻〕があわせて43.4％である。1992年までの11年間の再犯事例（再犯時に完全責任能力として処理された者を含む）は207例，事件総数は487件である。再犯罪名の割合（件数）は，〔殺人，放火，強盗，強姦・強制猥褻〕が7.6％，粗暴犯が25.7％，財産犯が32％，その他が34.7％である。前回罪名が〔殺人，放火，強盗，強姦・強制猥褻〕のいずれかである者による同種の再犯は12件（再犯総件数の2.5％）である。再犯群の疾患は，統合失調症40.6％，アルコール中毒18.4％，薬物中毒（覚醒剤および他の薬物）17.4％の順に多い。前回罪名ごとの再犯率（人員）は，〔殺人，放火，強盗，強姦・強制猥褻〕では11.3％，〔恐喝・傷害，暴行，器物損壊〕では25.5％，〔窃盗，詐欺〕では32.2％，〔覚取法違反，銃刀法違反，その他〕では34.6％である。疾患別の再犯率（全罪名）は，統合失調症では15.5％，アルコール中毒では30.6％，薬物中毒では64.3％であり，躁鬱病は11％にとどまる。再犯罪名が〔殺人，放火，強盗，強姦・強制猥褻〕である者に限ると，再犯率は統合失調症では3.9％，アルコール中毒では3.2％，薬物中毒では1.8％である。

　以下，山上らの調査データをもとにして筆者の私見を述べる。触法精神障害者を「精神障害を理由として不起訴もしくは無罪の対象とされる者」と定義すると，現行システムのもとで，次のような傾向を指摘し得る。

　(1)　触法精神障害者の過半を統合失調症患者が占め，またその4割強は〔殺人，放火，強盗，強姦・強制猥褻〕という重大な暴力行為である。

　(2)　しかし統合失調症患者の再犯率は相対的に低く，〔殺人，放火，強盗，

強姦・強制猥褻〕を行い，その後何らかの再犯を行う者は少数である。躁鬱病の再犯率はさらに低い。

(3) それに対して，アルコール・薬物中毒患者では再犯率が高い。

(4) 全体として，比較的軽微な犯罪の場合に反復される傾向が高い。

(5) このことから，触法精神障害者の主要な部分をなす統合失調症患者については，重大犯罪を行った者の多数は現行の医療システムのもとで再犯が抑止されている，言い換えれば，通常の医療モデルでの対応が再犯抑止効果をもつと推定される。一方，少数については抑止が不十分であった可能性があり，この群がシステムの整備の主たる対象となる。

3　指　　針

触法精神障害者対策は適切な精神保健サービスの提供を通して社会的に危険な行為を防止することを目的とするが，これには2つの場合が考えられる。

(1) 初犯の予防：触法歴のない未治療もしくは治療中の患者が危険な行為に至ることを防止する。

(2) 再犯の予防：触法行為を行った患者の将来の再犯を予防する。

このうち(1)は初期介入，救急医療，地域ケアなどを整備し，精神科医療の一般的水準を向上させることで対応がなされるべきものである。従って(2)が狭義の触法精神障害者対策であり，再犯を防止しながら社会復帰を可能にする方策が求められる。

(1) 統合失調症等の患者の中で重大な行為を反復するリスクをもつ少数の群と，反復のおそれのない群を鑑別するためのアセスメントが重要である。そのさい false positive すなわち実際にはリスクの低い患者を対象に含めてしまう危険があり，慎重なアセスメントが求められる。

(2) 高度のセキュリティを必要とする対象者は少数と考えられる。

(3) 再犯防止においてアルコール・薬物依存症対策が大きな比重を占める。提供すべき精神保健サービスの質が統合失調症等の精神障害の場合と異なるため，別個の方策が必要となる。

4　試　　案

現行システムを補完するためのシステムの試案を示す。これは精神保健福祉法の枠内で，措置入院とは別個に，例外的な手段として設定されるものである。適用が無制限に拡大されないためのセーフガードが重要である。特に

懸念されるのは不起訴処分の増加であり，この点に関しては刑事司法側に配慮を求めたい。

試案は，誰を〔対象者〕，誰が〔審査機関〕，どのように〔審査の基準〕，どこへ〔利用施設〕，という軸により構成される。

(1) 対象者：精神保健福祉法第25条の通報に該当する者の中から，当該行為がある程度重大である者に限って下記の審査に付する。

(2) 審査機関：法的評価と精神医学的評価を行う審査機関とする。精神医療審査会を準用する方法もあるが，本審査会は医療の適正性の審査と人権保護を任務とするので，触法精神障害者の選別と治療の命令には馴染まない。従って新たな機関を設ける必要があるだろう。

(3) 審査基準：上記の審査対象者の中から，病状と触法経歴等をもとにして再犯リスクを評価，予測することにより選択する。評価は継続して行い，解除に関しても審査機関が責任を負う。選択の基準は，通常の措置要件である「自傷他害のおそれ」とは異なるものでなければならない。リスクの評価，予測に関しては吉川の報告[2]があるが，今後さらに実証的研究が蓄積され，基準が具体化される必要がある。

(4) 利用施設：利用すべき施設は対象者の特性に応じて柔軟に選定する。高度のセキュリティを備えた施設への集中的収容は患者にラベリングを付与し，地域社会への復帰を阻害する弊害をもつ。現状分析から推定すると，高度のセキュリティを必要とする対象者はかなり少数である。従って，既存の施設をある程度整備することにより対応が可能と考えられる。一方，施設外治療を有効に行うため，入院に替えて，あるいは退院後の一定期間において，義務的な通院の制度を設けることが検討されるべきである。

アルコール・薬物関連障害については別個に方策を講ずる。アルコール精神病，異常酩酊，覚せい剤精神病など，精神病状態での犯罪によって心神喪失・心神耗弱を理由に不起訴処分もしくは無罪とされた者がここで問題となる。中毒性の精神病状態はほとんどの例では一過性であり，精神保健福祉法の通報がなされても要措置と判定されないか，判定されても，精神病状態の消退にともない短期間で措置解除がなされる例が多いと推測される[3]。アルコール，薬物いずれの場合も再犯予防のためには依存症の除去が不可欠であるが，現行システムでは義務的な依存症治療は保証されていない。従って，

不起訴もしくは無罪とされた依存者に対して，司法機関が依存症の専門治療施設に委託し，一定期間の治療を命令する方式が考えられる。治療は入院に限らず，義務的な通院あるいは自助グループへの参加なども含む柔軟な方式を採る。この方式は司法手続の改変および専門家治療体制の整備を前提とするため，法的，医学的側面からなお十分検討される必要がある。

IV 結　論

上記の試案は概括的，暫定的なものであり，実証研究に基づいて修正，具体化されなければならない。実証研究として，山上らの報告は法務省のデータに基づくもので，直接の医療データを含んでいない。そのため，追跡調査期間内に再犯に至らなかった対象者の経過は把握されていない。そこで今後，次のような調査がさらに必要であろう。精神保健福祉法第25条の被通報者に関して，通報のもととなった触法行為の分析とともに，通報後の治療状況を調査する。調査範囲が刑事司法と医療の両面にわたるため，実施に際しては法務省と厚生労働省の協力が必須である。資料の利用において被調査者のプライバシーの保護に関する十分なセーフガードを要する。この調査から，現行システムがどこまで有効で，どこに限界があるかが明らかにされるだろう。

（1）　山上皓＝小西聖子＝吉川和男＝井上俊宏＝謝麗亜「触法精神障害者946例の11年間追跡調査（第一報）――再犯事件487件の概要――」犯罪学雑誌61巻5号（1995年）201頁-206頁，1995。
（2）　吉川和男「精神分裂病殺人犯に見る再犯の予測要因と予測可能性」犯罪学雑誌61巻6号（1995年）216頁-234頁。
（3）　中谷陽二「薬物依存・中毒者に関する医療と司法の重なりについての研究」平成12年度厚生科学研究費補助金，薬物濫用・依存等の疫学的研究及び中毒性精神病患者等に対する適切な医療のあり方についての研究（主任研究者：和田清），研究報告書。

4 被害者の遺族は精神障害をもつ加害者にどのような感情を抱いているか
——犯罪被害者相談の経験から——

小 西 聖 子

I はじめに

　ほんの数年前までわが国の司法手続きにおいて被害者の地位はほとんど考慮されてこなかった。犯罪と刑罰は国家と犯罪者の間の問題であって，被害者は事件の端緒として，あるいは証人としての役割をもつにすぎない。もちろん精神鑑定においても，被害者の供述は重要な資料となるが，それはあくまで，被疑者ないし被告の精神状況に関する情報を与える役割を果たしているからであって，被害の当事者として関与するわけではなかった。

　しかし，被害者の協力を当然とし，当の被害者の立場について顧みることのなかった司法の専門家の立場は，1990年代後半から被害者の心理が明らかになり被害者の権利が主張されるようになって，大きな変更を余儀なくされたと言えよう。突然犯罪にまきこまれる被害者は，当初は司法は自らの被害回復，応報感情を代理してくれるものとして，素朴に期待している。しかし，実際には刑事司法システムにおいては被害者は当事者ではないため，ほとんどの被害者は幻滅を味わうことになる。

　特に精神障害をもつ加害者によって，被害を受けたり家族を失った場合，加害者が不起訴や無罪になることによって，被害そのものが司法から無視される状況にあった。不起訴になるということや無罪になるということは事件が消滅することではないし，被害がなくなることでもない。このような単純な事実を，とりあえず強調し叫ばなければならないほど，この問題は無視されてきた。精神障害者による殺人などの重大犯罪について，断片的な被害者ないし遺族の声が聞こえてくることがあっても，それが特殊な例であるのか，広範な被害者の声であるのかさえ知るすべがなかった。

II　事例提示

　1992年より1999年まで東京医科歯科大学難治疾患研究所犯罪精神医学研究室に設置された犯罪被害者相談室において，著者は犯罪被害者相談を行い，その後は所属大学の心理臨床センターで被害者のカウンセリングを行っている。主たる対象は殺人事件，交通事故等の遺族と，性犯罪の被害者などである。

　被害者遺族の中には，精神障害者を加害者とする事件を経験した人も多い。犯罪被害者の相談事例の中から，触法精神障害者との関わりを拾ってみることにする。

　触法精神障害者というテーマの中で被害者カウンセリングの事例から考察を行うことについて，著者はやや戸惑いを覚える。精神鑑定を受ける加害者と被害者相談に現れる被害者は犯罪行為という直接の接点をもっているのだが，精神鑑定と被害者相談の背景とする領域は互いにあまりにも遠いところにあり，多くの法制度，社会問題が両者の間に存在するからである。事例を紹介する前に，ここでは問題を次のように限定したい。

　「殺人・傷害致死事件の遺族は，加害者が，精神障害を理由に刑罰を受けないことについてどのような感情を抱くか，それは遺族の精神状況にどのように影響を及ぼすか。」

　以下，加害者が精神鑑定により不起訴になった遺族の2事例について述べる。

■**事例1**：49歳，主婦（傷害致死事件遺族）

　3年前，相談者の夫は新聞販売店勤務中に近所に住む統合失調症の男性に背後から包丁で刺され，救急病院集中治療室に運ばれたが，出血多量により意識が戻らないまま，1カ月後に死亡した。加害者は夫婦喧嘩の末，包丁を握って家を飛び出し，新聞販売店で働いていた被害者を刺したという。初回相談時の，相談者の加害者に対する言及は以下のようであった。

> 　精神病のため刑務所には送られず，病院に行った。「罪にも問われず，それでは死んだ者はどうなるのか」と警察で訴えたが，「決まっていることだからしょうがない」と言われた。それでは被害者の気持ちはまったく無視されていると思う。

警察や検察からは何の連絡もなく，夫の労災保険をもらうために行った役所で犯人が1カ月で病院を退院したことを知り，何ともいえない悔しい気持ちになった。子どもも同じ気持ちで「じゃあ，自分が犯人を殺したら罪に問われるのか」と言ったりしていた。

事件後地元に居たたまれなくなり，転居した。アルバイトをしたこともあるが，頭から事件のことが離れず，体の調子も悪く続かなかった，「もう忘れなさい」と人に言われるが，忘れられず，働くこともできない自分はおかしいと思ったりする。犯罪被害救援基金の機関紙に投稿するときもあるが，その時には「がんばっています」と書く，悪いことは書かない。ただ「犯人を赦す」と書く人の気持ちは自分には分からない。

■**事例2**：主婦（殺人事件）

被害者は相談者の息子である。本事例はカウンセリングは行っておらず，この相談の後，訴訟に関する援助を行ったケースである。5年前に隣家にすむ29歳の男性に自宅庭で大学1年生の息子を刺殺された。犯行は統合失調症の妄想に基づくものであり，精神鑑定により加害者は不起訴処分となって精神病院に入院した。その後，加害者の両親より示談の話が持ちかけられたが，不調に終わり，相談者夫妻は民事訴訟を起こした。加害者とその家族に対する怒りは強く，相談者からの手紙には次のように書かれている。

息子が呼吸をひきとる時に「なんであほな」と凄絶な無念のことばを残し，突然の死は本人はもとより私共両親もこの世の終わりとさえ思いました。

加害者の家族は不起訴ということになったせいか，「気違いのしたことだからわびる必要がない」「泣き寝入りせよ」「かわいそうなのは自分たち（加害者側）だ」と人間らしからぬ態度に……（中略），あまりにひどい人たちですので今は憎しみばかりです。

III 被害者は加害者への厳罰によって回復するのか

両例とも刑事手続きのみならず，その後の加害者の処遇に関しても強い不満を抱いている。確かに被害者・遺族は，カウンセリングの場面で加害者に対する怒りをあらわにし，応報感情を表現することが多い。特に孤立し，サポートをどこからも受けていなかった被害者は，長期間のうちに強い「恨み」「復讐」の感情をもつことがある。恨みをもちつづけることでしか自分を支えていけないところにまで追い込まれる。というのが正確な表現であろ

う。被害者・遺族の少なからぬ人が、できたら加害者を死刑にしたい、病院に入るなら一生入っていてもらいたいと望んでいるのは現実である。

2事例を見る限り、精神障害を理由とした刑の減免は被害者にさらに打撃を与えているように見える。

まず、精神障害者に対しては、十分な治療を望むという要望が高いのは当然と言えよう。「病気が原因で、責任がとれないと言うなら、せめてその十分な治療を」と言う主張は多くの人から聞かれる。しかし、事例の1でもまた2でも、そのような治療が行われたという認識を被害者遺族は持っていない。また、2度と犯罪を行わないと言うだけでなく、自分の犯した犯罪について加害者が理解し悔悟することを、ほとんどの遺族は望んでいる。矯正施設において、また治療が必要な者は医療機関において、治療の後に、罪についての真摯な反省が行われることを望んでいるのである。

もちろん、被害者の態度も多様であり、個々にはこのように考えない人もいる。しかし、多くの司法の専門家が机上で思うよりも、被害者の声は厳しく、また触法精神障害者の治療や矯正教育の日本の現実とかけはなれていることは事実であると思う。

まとめれば、被害者遺族の加害者への要望は、犯した罪に合いふさわしいような刑罰を求めることと、自分のなしたことについて直面し反省することの両局面から、基本的には構成されるといえよう。

では加害者に厳罰を与えることが被害者の回復への本道なのだろうか。

ここでは筆者は厳しい問題に突き当たるのを感じる。被害者遺族の直接の代弁者となるのであれば、この質問はおおむね肯定される。筆者は、遺族のグループなどに参加する時、矯正の現場で行われていること——筆者はそれも、多くの関係者の努力の上で行われていることを知っているが——待遇の改善や職業教育など——のことを伝えることを躊躇してしまうことがある。そのような情報がどのくらい遺族の感情を逆なでするか経験的に知っているからである。「人を殺した上に、三食つきで生活の心配もなく教育を受けているなんて許せない。うちの子どもは本当に苦しんで死んでいったのに。私たちはそのためにずっと苦しんでいるのに。」という激しい言葉をこれまでに何度も聞くことがあった。

しかし、心理的回復を図ると言う立場から考えるならば、ちがった答えが

ある。あえて言うと，どのような刑罰であろうとも，金銭的な賠償であろうとも，司法における処分の決定は，失われた者が再生することはなく被害は決して回復できないことを，あらためて被害者に突きつけるのである。被害者・遺族が民事訴訟を起こしたときも同じである。慰謝料がどのような額であっても，決定そのものに被害者・遺族が満足することはほとんどない。

　被害者・遺族が，判決の後にこれでよかったと思うときがあるとしたら，それは犯人が死刑になったときではない，自分は死者のために何かをすることができた，死者のためにできるだけのことはしたと思える時である。そのためには，被害によって傷ついた self esteem が回復されている必要があるし，遺族における深い自責感をはじめとする特有の悲嘆反応が軽減している必要がある。

　言葉を変えれば，心理的にも十分にサポートされてはじめてこのような気持ちをもつことができるのである。精神的な傷が回復されないまま法的な争いを行っている場合には，喪失に関わる感情がすべて裁判の場に投射されることもある。このような遺族は新たな傷を受けやすく，非常に痛々しいという印象を受ける。

　専門的なカウンセリングによる援助を行う場合には著者らは積極的な法的な支援は行わない。むしろ，他の専門家の力を借りつつ，被害者・遺族が自分の意志で民事訴訟等を行い，それと平行して心理カウンセリングやサポートグループを行っていくことが多い，援助の終結と判決の時期はそれぞれ人によって違うが，このような場合には，「裁判が終わって，結果にはまったく満足できないけれども，私はやれるだけのことはやったんだと思える。一応の区切りがついた」という被害者・遺族の述懐を得ることがある。

IV　情報の不足

　この2例だけでなく，司法手続きの進行に関する情報がない，ということについては多くの犯罪被害者・遺族が不満を示している。殺人事件や傷害致死事件で家族を失った遺族は，加害者がどのような人間であるのか，加害者が刑事手続きの中で，何を話し，どのように評価され，どのように処分されたのかについて，非常に強い関心を持っている。捜査，逮捕，起訴，裁判全般にわたってそれらがどのように進行しているのか多くの犯罪被害者・遺族

は知りたがっている。被害者への通知制度ができて，公判期日などは通知されるようになったし，被害者や遺族の意見陳述も不十分ではあるが行われるようになった。裁判における被害者の権利の無視の問題への改善策は，まだ満足にはほど遠いが，かなり急速に実行されてきたのは確かだろう。それでも，加害者に精神障害があるとされ，不起訴になれば，ほとんどのことがわからずじまいになることには変わりがない。また，「無罪」と言う言葉にも，触法行為自体がなかったかのような扱いにも，遺族は打撃を受ける。自分の家族がどの様に亡くなったのか知りたいと思うのはあまりにも当然のことだと筆者には思える。また釈放の通知などは，通知制度はできても，事務的で被害者の要望にこたえていない。不満を述べる遺族を複数経験している。

　遺族にとっては，加害者に責任能力があろうとなかろうと，また殺人であろうと業務上過失致死であろうと，突然かけがえのない家族を失ったという打撃には変わりがない。したがって，加害者に加えられる罰が不当に軽いと感じられる場合には，加害者や司法機関，法制度に対する憤りは強くなる傾向がある。加害者が精神障害を認定され無罪となる場合も，また少年犯罪などの場合もこれに当てはまる。あまりにも短かすぎる入院，不完全な治療なども同様である。

　事例のように加害者が不起訴になった場合，裁判さえ行われずに処遇が決定し，被害者にとっては，「犯人がいつのまにかどこかに入院し，いつのまにか退院している。また戻ってくるかもしれない」という事態になることもある。結局犯罪の責任を誰もとっていないと被害者には思われる状況である。

　被害者・遺族にとってやりきれない状況の場合にこそ，正確な情報の伝達と心理的なサポートが必要であるが，実際にはそうなっていないケースがほとんどである。加害者の人権保護のため，あるいは捜査上の問題から，情報を伝えることができない場合でも，その伝えられない理由を述べ，また情報を知りたいと思う被害者遺族の心情を思いやることはできるはずであるが，事例1のように紋切り型の対応をされたという印象が被害者・遺族の中には強い。また事例2のように，やりきれなさに対してサポートが行われるどころか，さらに傷つけられたと感じる者も多い。加害者に対する配慮だけがなされて被害者・遺族については無視されることもある。また事例1では正規の司法機関から情報がなかっただけでなく，他の場所で突然加害者の情報を

聞かされたことも打撃を大きくしている。

このような情報は感情的にも伝えにくいものである。伝えにくい情報を正確に伝えるためには，技術が必要であり，被害者心理の知識，サポートのスキルなどが必要である。

V　おわりに

被害者の権利の問題にこれまで手がつけられてこなかった理由のひとつには，被害者の権利の主張が加害者バッシングに結びつくのではないかという懸念が存在するせいもあっただろう。しかし，被害者援助の実践の経験から，被害者の権利はあまりにもないがしろにされているし，被害者はその被害に見合った援助を受けていないのは確かであると著者は考える。加害者の権利とのせめぎあいに至る以前の多くの課題が，わが国の被害者援助においては解決されていない。

十分な被害者サポートのないところでは被害者は孤立化し，社会の共感を得にくい恨みを貯めこんでいく。自分自身が傷つき癒されていない被害者・遺族に，精神障害も含めて加害者の苦しみを理解せよというのは無理な話である。そのためには，まず被害者・遺族が法的，社会的，経済的，精神的，すべての面からサポートされる状況を作らなければならないと考える。

〈参考文献〉

* 1　小西聖子「犯罪被害者の精神的援助について――犯罪により心的外傷を受けた被害者への援助の研究の歴史と実践――」犯罪誌61巻3号（1995年）108頁-121頁。
* 2　小西聖子「犯罪被害者のカウンセリング」犯罪と非行105巻8号（1995年）102頁-121頁。
* 3　田口守一「被害者の地位」松尾浩也＝鈴木茂嗣編・刑事訴訟法を学ぶ（1993年，有斐閣）。
* 4　諸澤英直編「犯罪被害者――その権利と対策――」現代のエスプリNo.336（1995年，至文堂）。
* 5　Yamagami A : The Current State of Homicide Victlmology and Victim Support in Japan. 8th international Symposium on Victimology, 21-26 August. Adelaide, 1994

第2章　触法精神障害者の処遇をめぐる諸問題
　　　──特に措置入院をめぐって──

1　栃木県の精神科緊急医療システムの整備が措置入院患者の特徴に及ぼす影響

中　村　研　之・堀　　　　　彰
辻　　　恵　介

I　はじめに

　栃木県は関東地方の中で最も面積が広く，最も人口の少ない県である。県民200万人に対して，29の精神病院と精神科病床を有する病院が宇都宮を中心に県内全域に分布している。山地の多い県北部には病院数が少なく，人口の多い都市部により多くの病院が存在している。その内訳は1つの県立病院である岡本台病院と22の民間病院，2つの大学病院と4つの総合病院精神科である。精神科の総病床数は，5,714床で，100床から300床程度の小〜中規模の病院がほとんどである。こうした状況の中で，栃木県の精神科緊急医療は1984年の「宇都宮病院事件」を契機として，1985年から精神科緊急システムの整備に着手し，現在，岡本台病院を中心としたシステムが構築されてきている。
　今回我々は，栃木県で1985年度から始められた精神科緊急医療システムの実施が，措置入院の件数および内容に及ぼす影響を調査し，興味ある結果が得られたので報告する。

II　方　　　法

　調査は入手可能であった岡本台病院および栃木県の資料に基づき，1975年度から1998年度までの24年間の年次別の新規措置入院患者に関して行わ

第2章　触法精神障害者の処遇をめぐる諸問題

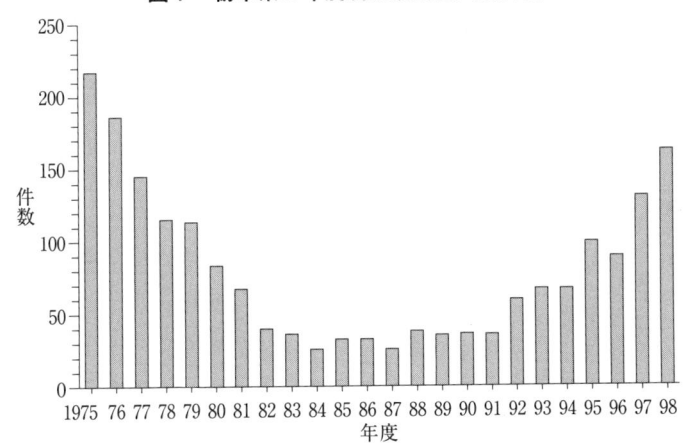

図1　栃木県の年度別新規措置入院件数

れた。最初に，各年度の新規措置入院件数および精神保健福祉法に基づく申請・通報・届出等の件数を調査した。次に西山*4の方法に従って，鑑定実施率と措置入院率を求めた。前者は，申請・通報・届出等の件数に対する精神保健鑑定件数の比で表され，後者は，鑑定件数に対する措置入院件数の比で表されるものである。

以下，各々の調査結果を踏まえて，その経時的変化を検討した。

Ⅲ　結　果

1975年度から1998年度までの24年間の栃木県における年次別新規措置入院件数を調査した結果をみると，1975年度には217件あった新規措置入院数が年々減少し，1984年には26件と最低値を示し，その後今日に至るまで着実に増加している（図1）。1998年度では161件と，最低の年度の6倍以上に達している。年度別の棒グラフから見て取れるように，1984年から1989年頃を最低値とし，その前後が上昇するU字カーブを描いている。

毎年の患者発生率そのものに大きな変動があるとは考えにくく，この新規措置入院件数の増減をもたらしている原因を検討するためには，同じ24年間の精神保健福祉法に基づく申請・通報・届出等の状況を明らかにする必要がある。申請・通報・届出等の総数は，1975年度に340件あったものが年々減少し，1984年で71件と最低となり，その後しばらく少ない時期が続いた

第1部　触法精神障害者と処遇困難者

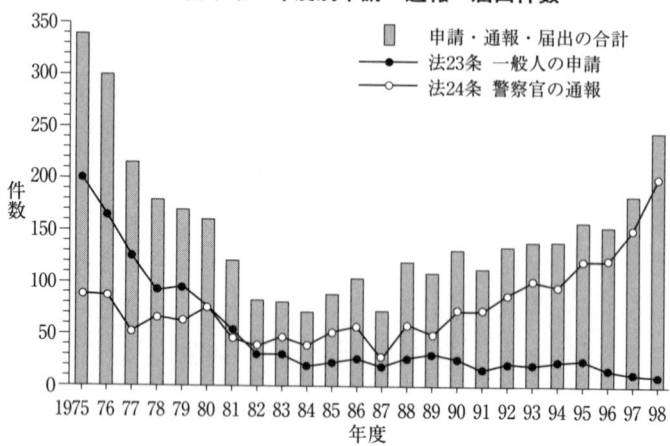

図2　栃木県の年度別申請・通報・届出件数

後，1988年頃より再び増加へと転じ，1998年度には総数246件にまで増加している（図2の棒グラフ）。

　1970年代後半は法24条以外の申請などが過半数を占めている。その内訳をみると，1975年度の時点で，203件が法23条の一般人の申請で一番多いことがわかる。次に法26条の2の精神病院長の届出，法25条の検察官の通報と続くが，その数は多くはない。法23条の一般人の申請は，1982年前後で法24条の件数と交差し，減少していることがわかる（図2の折線グラフ黒丸）。

　ところが反対に，法24条の警察官通報の件数は，1988年度までは明らかな増減傾向はみられていないが，それ以降は年々着実に増加している（図2の折線グラフ白丸）。

　つまり全体としてはU字カーブを描いて年次推移している精神障害者の申請・通報・届出等だが，その内容は，前半が法23条の一般人の申請が中心であったのに対して，後半は法24条の警察官通報がより多くを占めるように変化していることがわかる。

　精神障害者の申請・通報・届出等の年次推移は年次別新規措置入院件数の推移とほぼ同様のU字カーブを描くことが確認された。しかし実際に措置入院に至るまでには，保健所あるいは健康福祉センターが申請・通報・届出等を受けた後，実際に鑑定に回すか否か，そして鑑定が実施された場合，精神保健指定医の診察の結果，要措置になるか否か，の2段階を経る必要がある。

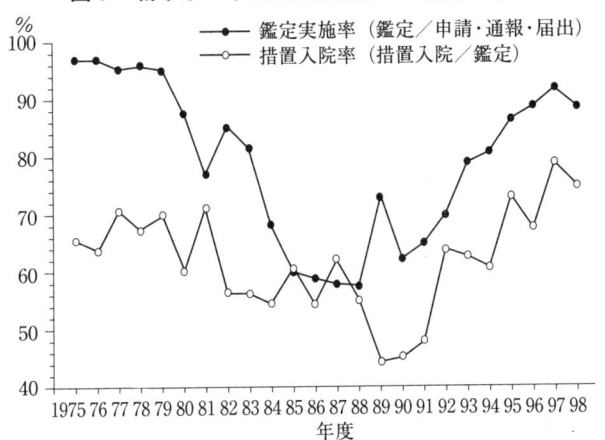

第2章　触法精神障害者の処遇をめぐる諸問題

図3　栃木県の年度別鑑定実施率と措置入院率

― 鑑定実施率（鑑定／申請・通報・届出）
○ 措置入院率（措置入院／鑑定）

西山[*4]の方法に従って，鑑定の要，不要の件数から鑑定実施率を，措置の要，不要の件数から措置入院率を求めた（図3）。鑑定実施率，措置入院率は，2つの折線グラフの最小時期は必ずしも一致せず，特に措置入院率においては各年ごとの変動が激しいが，前述の図1，図2のグラフ同様，1975年度からいったん減少して，再び1998年度に向かって増加するという，U字カーブを描いている。

以上，新規措置入院件数，申請・通報・届出等の件数，鑑定実施率，措置入院率の年次変化をみてきたが，各々の件数および割合にはある一定の年次的傾向が認められることがわかってきた。次に，こうした年次的変化に影響を与えたであろう要因について考察していこう。

Ⅳ　考　察

1　1985年前後の新規措置入院の減少およびその後の増加

1985年前後を中心として，新規措置入院の件数は明らかに減少している。この減少傾向は精神障害者の申請・通報・届出等についても同様に認められる。また，鑑定実施率，措置入院率も減少しているが，多少のばらつきがみられる。この減少の要因として考えられることの1つとして，1984年に栃木県で起こり社会問題にまで発展した「宇都宮病院事件」がある。この事件を契機として，精神衛生法改正を求める声が内外から強く示された。そして

精神障害者の人権に配慮した適正な医療および保護を図る観点から1987年，精神保健法が公布され，1988年7月より施行されたのは周知の通りである。この社会的事件，そして国による法改正が，1984年から1988年頃まで続く新規措置入院に抑止的に影響を与えたことは想像に難くない。

こうした事態に対して栃木県では1985年から，「精神障害者緊急医療確保対策事業」が実施された。これは県を県北，県央，県南の3ブロックに分け，各ブロックごとに月ごと輪番制の幹事病院制度とし，新規措置入院の対応に当たるものである。次いで地方精神衛生審議会による県立病院の見直しがなされ，1989年11月には岡本台病院に10床の緊急医療用ベッドが確保されるとともに，「精神科緊急医療実施要領」が制定された。この時期から，緊急措置入院の休日・夜間の対応は岡本台病院が引き受けるようになった。さらに1994年4月には「精神科緊急医療実施要綱」を制定し，休日・夜間の緊急措置入院，および平日昼間に県内で鑑定の結果，要措置となった患者すべてを原則として岡本台病院が受け入れ，1週間以内に県内3ブロックの輪番制幹事病院が後方病院として継続治療を行うこととした。このようにして，栃木県では新規措置入院に関しては，岡本台病院を中核として，緊急医療システムが整備された。

その後現在に至るまで，県内の緊急医療システムの円滑な運用とともに，新規措置入院件数は年々増加の一途をたどっており，1995年度の人口万対新規措置数は全国で第4位という実績を上げた[2]。ちなみに1位は東京都で，2位広島県，3位鹿児島県である。

2　法23条の減少と法24条の増加

これまで1985年前後の新規措置入院の減少について考察してきたが，この時期に相前後する新規措置入院の増加の内実は，前半が法23条を中心とするもの，後半が法24条を中心とするもの，というように異なっていたことは，すでに結果で示した通りである。この点に関して考察を進めてみたい。

まず，1982年頃まで多数を占めていた法23条の一般人の申請だが，県の統計資料を基にさらに時代をさかのぼると，申請・通報・届出等のピークは1963年度で1,025件であった。精神衛生法が1950（昭和25）年に制定され，在野の精神障害者に対する医療の導入が図られ，1960年には厚生省は措置入院強化を通達し，以後措置入院率は急上昇した。1961年に生活保護ある

いは同意入院から措置入院への切り替えが行われ，1963年には栃木県は措置率66％と，全国のトップとなる[1]。当時は必ずしも自傷他害の措置の要件を満たさぬ，いわゆる経済措置のケースが相当数含まれていたと考えられる。1964年にはライシャワー事件が発生し，これが1965年の精神衛生法の一部改正に拍車をかけることとなった。そうした影響も手伝って，栃木県でも精神病院ブームが起き，岡本台病院が開設された1959年には県内6病院であったのが，昭和40年代前半（1960年代後半）には22病院にまで急増した。こうした受け皿としての病院数，病床数の整備に伴い，入院患者数は大幅に増加を続け，措置入院患者数も引き続き1965〜85年代まで多くを占めていたものと推測される。しかしながら，年度ごとの新規措置入院の件数は，その後徐々に減少していった。これには医療技術の進歩や措置の抑制的運用による影響が考えられる[3]。

昭和50年代後半（1980年代前半）の，新規措置入院が減り始めた矢先に宇都宮病院事件が起こったわけである。その後の昭和60年代前半（1980年代後半）からの新規措置入院の増加は，法24条の警察官通報によるものが中心だが，これには警察官通報を包括する，栃木県の精神科緊急医療体制の整備が大きな要因となっているだろう。先にも記したように，受け皿としての岡本台病院の緊急病床の整備と後方病院制度の導入，また保健所，警察等，関連諸機関との連携を含む医療システムが整って初めて，実際の新規措置入院の増加につながったものと考えられる。このことは，法24条の件数の増加のみならず，鑑定実施率，措置入院率が増加していることからもうかがい知れる。

3　「精神科緊急医療」から「精神科救急医療」へ

ところで近年の法24条の警察官通報の増加は，栃木県のみならず，東京都においても急激な伸びを示していることが知られている。この法24条通報の増加に伴う新規措置入院の増加については，東京都も栃木県同様，精神科救急医療体制の整備と関連しているという[4]。そして実際の新規措置入院患者の内実だが，近年の緊急医療体制のより円滑な運用とともに，それまで精神科医療に導入困難であった，自傷他害の要件は満たすが，その程度は必ずしも強くないケースも容易に緊急医療のルートに乗せられるようになってきた。つまり自傷他害を要件とする措置入院を中心とした「精神科緊急医

療」から，自傷他害の程度は必ずしも強くないものの，緊急に精神科治療を必要とする「精神科救急医療」のケースを包含しつつあるような印象を持つ。具体的には，家族らのみの同伴では，患者を医療機関に連れて行けなかったケースが，警察官の保護のもと，より円滑かつ安全に病院を受診させることが可能になったと考えられる。

　ここで言う精神科救急医療とは，身体科救急に準じた概念と見なされ，以下のように分類される。つまり一次救急は，入院を要せずコンサルテーションまたは外来で対応可能なもの，二次救急は，自発入院・非自発入院を要するもの（任意入院と医療保護入院がこれに当たる），三次救急は，医学的・社会的緊急性が高くかつ非自発的入院を要するもの（措置入院がこれに当たる），である。これまで栃木県で行われてきた精神科緊急医療は，このうちの三次救急に当たったわけだが，最近は二次救急の一部が含まれてきた可能性がある。

　以上，ここ24年間の栃木県の新規措置入院の年次推移をみてきたが，最近の新規措置入院の増加は，過去のものとはまったく性格を異にし，精神科救急医療の役割を併せ持っていることが推測された。

　栃木県では2000年4月，精神科救急医療システムの実施を開始したばかりだが，実質的には法24条による通報を中心とした，ある種の精神科救急医療はすでに始まっていたとみることもできよう。

V　まとめ

　我々は，栃木県の1975年度から1998年度まで24年間の新規措置入院の年次変化を検討した結果，新規措置入院は1985年前後にいったん減少し，最近再び増加傾向にあることがわかった。

　精神障害者の申請・通報・届出等の別をみると，以前は法23条の一般人の申請が多かったのに対し，1980年代後半以降は法24条の警察官通報の増加が著明であった。

　また，鑑定実施率，措置入院率とも最近着実に増加しており，栃木県では1984年の「宇都宮病院事件」以降，岡本台病院を中心として推進された緊急医療体制の整備の結果が反映していると思われた。

　新規措置入院の増減には社会や国，県，および受け皿としての病院と，そ

れらを連携する医療体制によって大きな影響を受けることが推測されるが，近年の新規措置入院の増加には，栃木県も東京都同様，警察官通報を主とする緊急医療システムの充実が大きくかかわっていると推測された。そして，最近の新規措置入院の中には，措置症状のみならず，緊急に精神科治療を必要とする，いわゆる「精神科救急医療」のケースを包含している可能性があると思われた。

　稿を終えるにあたり，数多くの資料の提供にご協力いただいた栃木県庁の健康増進課に謝意を表します。
　なお，本稿の要旨は「法と精神科臨床研究会」第5回例会において発表した。

〈参考文献〉

* 1　新井進「日本精神医学風土記――第4回栃木県」臨床精神医学16巻（1987年）785頁―790頁。
* 2　磯村大＝犬尾貞文＝井上俊広他「新規措置入院の現状―― 1995年度都道府県新規措置調査報告」精神経誌101巻（1999年）392頁―401頁。
* 3　厚生省精神保健福祉法規研究会監修・精神保健福祉法詳解（1998年，中央法規）12頁。
* 4　西山詮「大都市の措置入院――救急措置入院の展開と基準」精神経誌101巻（1999年）727頁―736頁。

2 措置診察における二人の指定医間の項目評価一致率

堀　　　　彰・中　村　研　之
島　田　達　洋・平　澤　俊　行

I　はじめに

　我々は栃木県の精神科救急医療システムの整備が措置入院患者の特徴に及ぼす影響を検討し，新規措置入院は1985年前後にいったん減少し，最近再び増加傾向にあること，それは1984年の「宇都宮病院事件」以降，県立岡本台病院を中心として推進された緊急医療体制の整備の結果が反映していると考えられること，近年の新規措置入院の増加には，警察官通報を主とする緊急医療システムの充実が大きくかかわっていることを報告した[8]。磯村ら[2]は1995年の全国の新規措置入院の現状を分析し，精神保健法成立後の措置入院に対する指導・強化が全国的に新規措置入院の増大をもたらし，その増加は警察官通報経由の新規措置の増加分ときれいな重なりを示すことを報告している。岩尾[3]は1999年までの措置入院について検討し，新規措置入院が1980年以降に増加した地域では，大都市での基幹病院を中心とした救急医療システムの整備が大きく関与していることを報告している。このように最近の新規措置入院の増加には国による政策や各自治体における救急医療を中心としたシステムの整備が大きな影響を与えていると考えられる。

　措置入院とは法律では「精神障害者であり，且つ，医療及び保護のために入院させなければその精神障害のために自身を傷つけ又は他人に害を及ぼすおそれがあると認めたときは，その者を国若しくは都道府県の設置した精神病院又は指定病院に入院させることができる。入院させるには，二人以上の指定医の診察を経て，各指定医の診察の結果が一致した場合でなければならない」と規定されている[11]。このように法律で規定された措置入院による新規措置入院が，前述したように国による政策や各自治体のシステムの違いなどにより影響を受けるということは，措置入院の実施・運用が適切に行わ

れているかどうかという問題を提起している。

　措置入院では申請・通報・届出の段階，指定医診察の必要性を判断する段階，指定医診察により措置入院の要否を決定する段階が区別される。措置入院が適切に実施されているかを検討する場合には，各々の段階について調査することが必要である。しかし，指定医診察により措置入院の要否を決定する段階は，措置入院制度の中でも重要な段階と考えられる。我々は措置入院に関する診断書を資料として入手し，ここに焦点を絞って検討することが最初に必要であると考える。

　指定医診察により措置入院の要否を決定する段階では，まず診察の対象となった症例の特徴を検討する必要がある。これは措置入院という同一制度でありながら，都道府県によって精神保健福祉担当所管課の行う申請などの調査に大きな格差が推測されるという批判[2]などからしても重要な検討事項である。しかし，これに関する実証的な報告は，西山による1978～1980年に東京都で緊急鑑定を受けた110例の鑑定書記載を分析した報告しかない[9]。

　指定医診察においては，精神障害であること，医療および保護が必要であること，自傷他害のおそれがあること，これらについて二人以上の指定医の一致が必要とされている。法律で指定医の判断の一致が必要と定められている理由は，措置入院という最も拘束力の強い強制入院を最小必要限に絞るためであり，指定医の判断の不一致を尊重することが必要である。しかし，医学的には精神障害の診断，医療保護の必要性や自傷他害のおそれの判断に不一致が多い場合には，その判断自体の信頼性に疑問が生じる[10]。このことから指定医の判断の一致の程度を明らかにし，判断の信頼性を検証することは重要な課題であるが，実証的に二人の指定医の一致について検討した報告はほとんどない。京都大学医学部精神医療研究会は1960年代に，精神鑑定書に基づいて問題行動の有無の一致率について検討し，一致率が低いことを報告している[6]。しかし，彼らは各症例ごとに，一致率＝共通したチェック数の総和／両鑑定書のチェック数の総和，として計算し，個々の問題行動の一致率は検討せず，また，一致率を計算する場合に偶然の一致を差し引いていないという方法論上の問題もある。西山は1978～1980年に東京都で緊急鑑定を受けた110例の鑑定書記載を分析し，一致は88.0%と報告している[9]。しかし，ここでの一致率は緊急鑑定の診断と後追鑑定の診断の一致

を検討したものであり，措置入院の要否を決定する段階での二人の指定医の一致を検討したものではない。

そこで，我々は措置入院が適切に実施されているかを検討するために，指定医診察により措置入院の要否を決定する段階に焦点を絞って，指定医診察が必要と判断された症例の特徴，および二人の指定医の項目評価の一致率について実証的に調査を行った。

II 対象および方法

対象は1994年4月1日から1997年3月31日までの3年間に，栃木県で措置入院のために二人の指定医の診察を受けた332例である。なお，診察を実施した指定医の総数は69名である。

方法は措置入院に関する診断書の記載に基づいて，指定医診察を受けた患者の特徴と二人の指定医間の項目評価の一致率を検討した。措置入院に関する診断書は，栃木県個人情報保護条例第7条に基づき，保健福祉部が保有する診断書を，もっぱら学術研究または統計の作成のために利用した。一致率に関してはBase Rate（特定の項目が少なくとも一人の指定医により「あり」と判定された症例の全症例に対する比率）を計算し，それが5％以上の項目について一致率をCohenのKappaで計算した[1]。CohenのKappaは0.8以上はほぼ完璧な一致，0.6～0.8は十分な一致，0.4～0.6は中等度の一致，0.4未満は一致率に問題ありと考えられている[7]。

主たる精神障害として取り上げたのは，332例の664診断書で3％以上に出現したものである。なお，覚醒剤中毒，有機溶剤中毒，アルコール中毒はそれぞれの薬物による精神と行動の障害すべてを含み，感情障害は躁病，うつ病，躁うつ病を含んでいる。精神分裂病，非定型精神病，人格障害はそのように診断されたもの，幻覚妄想状態，妄想状態は状態像診断のみのものである。なお，精神分裂病は統合失調症と表記した。

III 結 果

対象患者の平均年齢は39歳（13～82歳），性別は男性261例（78.6％），女性71例（21.4％）であった。申請・通報・届出別では，一般人申請48例（14.5％），警察官通報258例（77.7％），検察官通報19例（5.7％），矯正施設

長通報3例（0.9%），精神病院管理者届出4例（1.2%）であった。緊急措置入院の有無では，緊急措置入院後に72時間以内に二人の指定医による診察となったもの221例（66.6%），緊急措置入院なしに二人の指定医による診察となったもの111例（33.4%）であった。最終的に指定医診察の結果，措置入院となったものは256例（77.1%）であった。

表1 主たる精神障害のBase Rateと指定医間の一致率（332例の664診断書）

主たる精神障害	Base Rate	Cohen's Kappa
覚醒剤中毒	5.1%	0.68
有機溶剤中毒	3.6%	
アルコール中毒	7.5%	0.80
統合失調症	48.8%	0.76
非定型精神病	4.5%	
感情障害	9.0%	0.81
人格障害	7.2%	0.57
幻覚妄想状態	9.3%	0.19
妄想状態	9.0%	0.34

表1に主たる精神障害のBase Rateと指定医間の一致率を示してある。Base Rateが高値を示したのは主たる精神障害の統合失調症のみであり，他の精神障害は10%未満であった。しかし，覚醒剤，有機溶剤およびアルコール中毒を合計した薬物中毒は16.2%であった。CohenのKappaの高い順に並べると，感情障害（0.81），アルコール中毒（0.80），統合失調症（0.76），覚醒剤中毒（0.68）であった。CohenのKappaが0.4未満の項目は，幻覚妄想状態と妄想状態であった。

表2に問題行動のBase Rateと指定医間の一致率を示してある。Base Rateの高い順に並べると，これまでの問題行動では暴行（63.3%），器物損壊（50.0%），脅迫（38.9%），徘徊（33.7%），傷害（28.6%），自傷（21.1%），今後おそれのある問題行動では暴行（67.5%），器物損壊（50.6%），脅迫（38.3%），徘徊（34.3%），傷害（34.0%），自傷（24.4%）であった。Base Rateはこれまでの問題行動と今後おそれのある問題行動でほぼ同じ値であった。CohenのKappaの高い順に並べると，これまでの問題行動では放火または弄火（0.81），自殺企図（0.74），窃盗（0.68），器物損壊（0.65），暴行（0.61），今後おそれのある問題行動では放火または弄火（0.72），自殺企図（0.69），窃盗（0.69）であった。CohenのKappaはこれまでの問題行動に比較し今後おそれのある問題行動で低値となったものが多かった。CohenのKappaが0.4未満の項目は，これまでの問題行動では脅迫，不潔，侮辱，徘徊，今後おそれのある問題行動では不潔，侮辱，徘徊，無断離院であった。

表2　問題行動の Base Rate と指定医間の一致率
(332例の664診断書)

問題行動	A(これまでの) Base Rate	A Cohen's Kappa	B(今後おそれのある) Base Rate	B Cohen's Kappa
1. 殺人	2.4%		2.7%	
2. 傷害	28.6%	0.57	34.0%	0.51
3. 暴行	63.3%	0.61	67.5%	0.57
4. 脅迫	38.9%	0.39	38.3%	0.45
5. 自殺企図	17.5%	0.74	19.6%	0.69
6. 自傷	21.1%	0.44	24.4%	0.59
7. 不潔	15.7%	0.39	15.1%	0.38
8. 放火または弄火	11.4%	0.81	12.0%	0.72
9. 器物損壊	50.0%	0.65	50.6%	0.55
10. 窃盗	8.4%	0.68	8.7%	0.69
11. 侮辱	7.2%	0.32	7.5%	0.34
12. 強盗	0.9%		0.9%	
13. 恐喝	3.6%		3.9%	
14. 徘徊	33.7%	0.31	34.3%	0.34
15. 家宅侵入	19.0%	0.52	19.3%	0.48
16. 性的異常行動	0.9%		0.9%	
17. 風俗犯的行動	2.0%		1.2%	
18. 無断離院	2.1%		5.7%	−0.04
19. 無銭飲食	3.3%		4.8%	
20. 無賃乗車	1.8%		2.1%	

　表3に現在の病状または状態像の Base Rate と指定医間の一致率を示してある。Base Rate の高い順に並べると，妄想 (74.4%)，幻覚 (59.3%)，思考形式の障害 (56.9%)。興奮状態 (51.5%)，衝動行為 (46.4%)，硬い表情・姿勢 (38.9%)，滅裂思考 (34.3%)，著しく奇異な行為 (28.3%) であった。Cohen の Kappa の高い順に並べると，薬物依存／有機溶剤 (0.65)，アルコール症 (0.65)，多弁・多動 (0.61)，高揚気分 (0.60) であった。Cohen の Kappa が0.4未満の項目は，内的不穏，焦燥・激越，抑うつ状態／睡眠障害，躁状態／睡眠障害，させられ体験，思考形式の障害，著しく奇異な行為，滅裂思考，硬い表情・姿勢，興奮状態，衝動行為，自傷，人格障害／衝動性，欠陥状態，無為の15項目であった。

表3 現在の病状または状態像の Base Rate と指定医間の一致率
(332例の664診断書)

現在の病状または状態像	Base Rate	Cohen's Kappa	現状の病状または状態像	Base Rate	Cohen's Kappa
Ⅰ．抑うつ状態			Ⅵ．意識障害		
1．抑うつ気分	6.3%	0.54	1．意識混濁	1.2%	
2．内的不穏	8.7%	−0.04	2．(夜間)せん妄	1.8%	
3．焦燥・激越	5.4%	0.34	3．もうろう	0.9%	
4．精神運動制止	1.2%		4．錯乱	2.7%	
5．罪責感	2.4%		Ⅶ．知能障害		
6．自殺念慮または企図	8.7%	0.52	A．精神遅滞		
7．睡眠障害	6.6%	0.35	1．軽度	5.1%	0.57
8．食欲障害または体重減少	2.7%		2．中等度	1.5%	
Ⅱ．躁状態			3．重度	0.0%	
1．高揚気分	11.7%	0.60	B．痴呆		
2．多弁・多動	15.1%	0.61	1．全体的	1.5%	
3．行為心迫	6.9%	0.49	2．まだら(島状)	0.9%	
4．思考奔逸	7.8%	0.57	3．仮性	0.0%	
5．易怒性・被刺激性亢進	19.6%	0.49	Ⅷ．人格の病的状態		
6．睡眠障害	10.2%	0.30	A．人格障害		
7．誇大性	6.6%	0.46	1．妄想性	4.2%	
Ⅲ．幻覚妄想状態			2．衝動性	14.2%	0.26
1．幻覚	59.3%	0.57	3．演技性	1.2%	
2．妄覚	74.4%	0.53	4．回避性	0.3%	
3．させられ体験	16.3%	0.32	B．残遺性人格障害		
4．思考形式の障害	56.9%	0.23	1．欠陥状態	6.3%	0.29
5．著しく奇異な行為	28.3%	0.19	2．無関心	4.8%	
Ⅳ．精神運動興奮状態			3．無為	6.3%	0.15
1．滅裂思考	34.3%	0.22	Ⅸ．その他		
2．硬い表情・姿勢	38.9%	0.34	A．性心理的障害		
3．興奮状態	51.5%	0.21	1．フェティシズム	0.0%	
4．衝動行為	46.4%	0.27	2．サド・マゾヒズム	0.3%	
5．自傷	7.2%	0.13	3．小児愛	0.0%	
Ⅴ．昏迷状態			B．薬物依存		
1．無言	3.0%		1．覚醒剤	7.5%	0.51
2．無動・無反応	1.2%		2．有機溶剤	6.0%	0.65
3．拒絶・拒食	4.2%		3．睡眠薬	0.9%	
			C．アルコール症	11.7%	0.65

　医学的総合判断の Base Rate と指定医間の一致率については，要措置の Base Rate は 84.0%，Cohen の Kappa は 0.78 であった．

IV 考　察

1　指定医診察が必要と判断された症例の特徴

措置入院のために指定医診察を受けた患者は，平均年齢39歳で男性が多く（78.6%），警察官通報が多く（77.7%），措置入院となったものが多かった（77.1%）。

表4に全項目のBase Rateをまとめて示してある。主たる精神障害でBase

表4　全項目のBase Rate（332例の664診断書）

	40%以上	20～40%	10～20%	5～10%
主たる精神障害	統合失調症			覚醒剤中毒 アルコール中毒 感情障害 人格障害 幻覚妄想状態 妄想状態
これまでの問題行動	暴行 器物損壊	傷害 脅迫 自傷 徘徊	自殺企図 不潔 放火または弄火 家宅侵入	窃盗 侮辱
今後おそれのある問題行動	暴行 器物損壊	傷害 脅迫 自傷 徘徊	自殺企図 不潔 放火または弄火 家宅侵入	窃盗 侮辱 無断離院
現在の病状または状態像	幻覚 妄想 思考形式の障害 興奮状態 衝動行為	奇異な行為 滅裂思考 硬い表情・姿勢	高揚気分 多弁・多動 易怒・被刺激性 躁状態/睡眠障害 させられ体験 人格障害/衝動性 アルコール症	抑うつ気分 内的不穏 焦燥・激越 自殺念慮または企図 うつ状態/睡眠障害 行為心迫 思考奔逸 誇大性 自傷 精神遅滞/軽度 欠陥状態 無為 薬物依存/覚醒剤 薬物依存/有機溶剤
医学的総合判断	要措置			

Rate が高値を示したのは統合失調症のみであったが，覚醒剤中毒，有機溶剤中毒およびアルコール中毒を合計した薬物中毒は 16.2% であった。これまでの問題行動と今後おそれのある問題行動の Base Rate はほぼ同じであり，Base Rate が 40% 以上の項目は，これまでのあるいは今後おそれのある問題行動の暴行，器物損壊であった。現在の病状または状態像では，Base Rate が 40% 以上の項目は，幻覚妄想状態を構成する幻覚，妄想，思考形式の障害，精神運動興奮状態を構成する興奮状態，衝動行為であった。医学的総合判断での要措置の Base Rate は 84.0% であった。

　以上の結果から，措置入院のために指定医診察を受けた患者の特徴は，平均年齢 39 歳で男性が多く，主たる精神障害では統合失調症と薬物中毒が多く，問題行動では暴行，器物損壊という他害行為があり，状態像では幻覚妄想状態と精神運動興奮状態を呈し，医学的総合判断では大部分が要措置と判断された，と要約できる。西山は 1978 〜 1980 年に東京都で緊急鑑定を受けた 110 例の鑑定書記載を分析し，対象患者は平均年齢 35 歳で男性が多く，診断名では統合失調症と中毒性精神病が多く，問題行動では暴行，自傷，器物損壊が多く，状態像では幻覚妄想状態，精神運動興奮および昏迷が多いことを報告し[9]，これらの所見は我々の結果を支持するものである。すなわち，精神科救急の三次救急（措置入院，緊急措置入院，応急入院）のシステムが確立されている場合には，申請・通報など，主として警察官通報により指定医診察が必要と判断された症例には，時期や地域により大きな差異はないと結論しても良いと考えられる。

2　二人の指定医の項目評価一致率

(1)　主たる精神障害

　表 5 に全項目の指定医間一致率をまとめて示してある。主たる精神障害でほぼ完璧あるいは十分な一致をみた診断はアルコール中毒 (0.80)，感情障害 (0.81)，覚醒剤中毒 (0.68)，統合失調症 (0.76) の 4 つで全体の 57.1% であった。中等度の一致をみた診断は人格障害 (0.57) で全体の 14.3%，一致率に問題のある診断は幻覚妄想状態 (0.19)，妄想状態 (0.34) の 2 つで全体の 28.6% であった。

　診断一致率を検討するために行われた研究では，1980 年代前半の症例要旨法による北村らの結果では，十分な一致をみた診断は統合失調症 (0.75)，

第1部　触法精神障害者と処遇困難者

表5　全項目の指定医間一致率 (332例の664診断書)

	ほぼ完璧な一致	十分な一致	中等度の一致	問題あり
主たる精神障害	アルコール中毒 感情障害	覚醒剤中毒 統合失調症	人格障害	幻覚妄想状態 妄想状態
これまでの問題行動	放火または弄火	暴行 自殺企図 器物損壊 窃盗	傷害 自傷 家宅侵入	脅迫 不潔 侮辱 徘徊
今後おそれのある問題行動		自殺企図 放火または弄火 窃盗	傷害 暴行 脅迫 自傷 器物損壊 家宅侵入	不潔 侮辱 徘徊 無断離院
現在の病状または状態像		高揚気分 多弁・多動 薬物依存/有機溶剤 アルコール症	抑うつ気分 自殺念慮または企図 行為心迫 思考奔逸 易怒・被刺激性 誇大性 幻覚 妄想 精神遅滞/軽度 薬物依存/覚醒剤	内的不隠 焦燥・激越 抑うつ状態/睡眠障害 躁状態/睡眠障害 させられ体験 思考形式の障害 奇異な行為 滅裂思考 硬い表情・姿勢 興奮状態 衝動行為 自傷 人格障害/衝動性 欠陥状態 無為
医学的総合判断		要措置		

うつ病＋抑うつ神経症 (0.73), 中等度の一致をみた診断は人格障害 (0.54), 妄想状態 (0.45), 一致率に問題のある診断は躁病 (0.22) であった*4。さらに, 1980年代後半の同席面接法による北村らの結果では, ほぼ完璧な一致をみた診断は統合失調症 (0.90), 躁病 (0.80), 十分な一致をみた診断はうつ病 (0.75) であった*4。症例要旨法で研究用診断基準を用いた須賀らの結果では, ほぼ完璧な一致をみた診断はアルコール症 (0.96), 躁病 (0.95), 定型うつ病 (0.89), 統合失調症 (0.80) であった*12。

　我々の結果とこれらの報告を比較すると, 感情障害とアルコール中毒の一

致率はほぼ完璧であったが，須賀らの報告よりもやや劣っていた。統合失調症の一致率は十分であるが，1980年代後半の北村らの報告，須賀らの報告よりも良くなかった。人格障害の一致率は中等度であるのは，北村らの報告と同様であった。我々の指定医診察の診断では69名の指定医が332症例について，保健所による調査書と大部分が同席面接により，診断基準を用いないで実施したものである。しかし，主たる精神障害の一致率は，アルコール中毒，感情障害ではほぼ完璧，覚醒剤中毒，統合失調症では十分，人格障害では中等度，状態像診断では問題があるという結果であった。

(2) 問題行動

表5に示すように，これまでの問題行動でほぼ完璧あるいは十分な一致をみた項目は放火または弄火，暴行，自殺企図，器物損壊，窃盗の5項目で全体の41.7%であった。中等度の一致をみた項目は傷害，自傷，家宅侵入の3項目で全体の25.0%，一致率に問題のある項目は脅迫，不潔，侮辱，徘徊の4項目で全体の33.5%であった。今後おそれのある問題行動で十分な一致をみた項目は自殺企図，放火または弄火，窃盗の3項目で全体の23.1%であった。中等度の一致をみた項目は傷害，暴行，脅迫，自傷，器物損壊，家宅侵入の6項目で全体の46.2%，一致率に問題のある項目は不潔，侮辱，徘徊，無断離院の4項目で全体の30.8%であった。

これまでの問題行動でほぼ完璧あるいは十分な一致をみた項目は41.7%であったが，その原因としては「これまで」をどの程度の期間と考えるかに，指定医間で違いがあったためかもしれない。なお，1961年に厚生省が発表した「精神障害者措置入院および同意入院取扱要領について」では「これまでの問題行動については，最近数か月内に問題行動があったとき」とされている*10。次に，前述したようにこれまでの問題行動と今後おそれのある問題行動のBase Rateはほぼ同じであった。しかし，一致率には違いがみられ，これまでの問題行動と比較し今後おそれのある問題行動の一致率はやや不良であった。今後おそれのある問題行動に関しては，法律では「入院させなければ自傷他害を及ぼすおそれがある」と規定されているだけで，「今後」がどの程度の期間なのかについての規定はなく指定医の判断に任されている。一致率がやや不良であった理由は，第一に「今後」をどの程度の期間と考えるか指定医によって判断が異なっていた可能性があり，第二に「おそれ」に

関しては予測という困難を伴うためと考えられる。

(3) 現在の病状または状態像

表5に示すように，現在の病状または状態像で十分な一致をみた項目は，高揚気分，多弁・多動，薬物依存／有機溶剤，アルコール症の4項目のみで全体の13.8%であった。中等度の一致をみた項目は10項目で全体の34.5%，一致率に問題のある項目は15項目で全体の51.7%で，現在の病状または状態像の一致率は不良であった。

北村と島は同席面接において診断と各症状の一致率を検討し，診断に比較して症状の一致率が全体的に低いことを指摘している[*5]。各症状の一致率を我々と同様に区分すると，ほぼ完璧な一致23症状（27.4%），十分な一致25症状（29.8%），中等度の一致13症状（15.5%），一致率に問題あり23症状（27.4%）となる。診断の一致率に比較して症状の一致率が低くなる理由については，症状ありと判断される症状は診断にとって重要なものだけが選択される傾向があるためである。しかし，我々の結果は，北村と島の報告に比較しても一致率は不良であった。その原因は現在をどの程度の幅を持って考えるか指定医によって判断が異なっていたためかもしれない。我々が対象とした患者の大部分（66.6%）は，緊急措置入院となり精神科的治療が行われた後に二人の指定医の診察を受けている。そのために入院前・入院時と診察時の病状には大きな変化がある可能性が強いので，現在をどの時点と考えるかで病状または状態像の一致率は大きな影響を受けると考えられる。

医学的総合判断での要措置のCohenのKappaは0.78であり，十分な一致と考えられる。このような指定医診察の結果，措置入院となったものは256例で，措置入院率（措置入院件数／指定医診察件数）は77.1%であった。しかし，我々の結果は緊急措置診察で不要措置となった10例と一人の指定医診察で不要措置となった39例は除外してあるので，それらを加えると措置入院率は67.2%（256/381）となる。この数値は，磯村らが1995年度の全都道府県の措置入院率を72.5%(2,957/4,080)と報告しているが[*2]，これとほぼ同様あるいはやや下回るものであった。すなわち，栃木県における措置入院率は他の都道府県と比較し，特に高いということはなかった。

以上，各項目の指定医間一致率の結果は以下のようにまとめることができ

る。(1)主たる精神障害の一致率は，アルコール中毒，感情障害ではほぼ完璧，覚醒剤中毒，統合失調症では十分，人格障害では中等度，状態像診断では問題があった。(2)これまでの問題行動でほぼ完璧あるいは十分な一致をみた項目は41.7%で一致率は比較的良好であったが，今後おそれのある問題行動の一致率はやや不良であった。(3)現在の病状または状態像の一致率に問題のある項目は15項目で全体の51.7%であり，一致率は不良であった。(4)医学的総合判断での要措置の一致率は十分なものであった。

　これらを指定医診察により措置入院の要否を決定する段階での，精神障害であること（疾病性基準），医療および保護が必要であること（必要性基準），自傷他害のおそれがあること（危険性基準）と対応させてみると，少し機械的であるが，疾病性基準では主たる精神障害の一致率は比較的良好，必要性基準では要措置の一致率は十分，危険性基準では今後おそれのある問題行動の一致率はやや不良であった，と要約できる。すなわち疾病性基準と必要性基準の一致は比較的良好であるが，危険性基準の一致はやや不良であると結論される。

　措置入院という最も拘束力の強い強制入院を最小必要限に絞るため，精神保健福祉法では指定医の判断の一致が定められており，医学的にはその判断の信頼性を実証的に検討することは重要な課題である。しかし，本研究の問題点は，措置入院に関する診断書という本来指定医の判断の一致の評価を目的としていない資料を用いて，一致率を検討したことである。そのために各々の指定医の評価が独立して実施されたのか，診断書には各々の項目の定義や評価の時期が明示されていないので，信頼できる評価が得られるのかなどの問題点がある。しかし，実際に指定医の判断の一致を検討するためには，措置入院に関する診断書の記載に基づくしか方法がない。さらに，この方法によって得られた結果には考察に述べたような問題点もあるが，大筋では比較的妥当なものと考えられた。

V　まとめ

　措置入院が適切に実施されているかを検討するために，指定医診察が必要と判断された症例の特徴，および二人の指定医の項目評価の一致率について検討し以下の結果を得た。

措置入院のために指定医診察を受けた患者の特徴は，平均年齢39歳で男性が多く，主たる精神障害では統合失調症と薬物中毒が多く，問題行動では暴力，器物損壊という他害行為があり，状態像では幻覚妄想状態と精神運動興奮状態を呈していた。

　各項目の指定医間一致率に関しては，主たる精神障害の一致率は，アルコール中毒，感情障害ではほぼ完璧，覚醒剤中毒，統合失調症では十分，人格障害では中等度，状態像診断では問題があった。これまでの問題行動の一致率は比較的良好であったが，今後おそれのある問題行動の一致率はやや不良であった。現在の病状または状態像の一致率は不良であった。医学的総合判断での要措置の一致率は十分なものであった。

　指定医診察を受けた患者の特徴については，これまでに報告のある精神科救急の三次救急のシステムが確立されている他の自治体同様，申請・通報など，主として警察官通報により指定医診察が必要と判断された症例と共通な所見を有しており，このことから指定医診察の必要性を判断する段階には大きな問題はないと考えられた。

　各項目の指定医間一致率に関しては，疾病性基準と必要性基準の一致は比較的良好であるが，危険性基準の一致はやや不良であった。今後は自傷他害の予測という困難な課題を解決することが必要であるが，現時点では，危険性基準の一致率がやや不良であることを個々の指定医が認識し，さらに慎重に判断することが重要であると考えられた。

〈参考文献〉

* 1　Cohen J : A coefficient of agreement for nominal scales. Educ Psychol Meas 20 : 37-46, 1960
* 2　磯村大＝犬尾貞文＝井上俊宏他「新規措置入院の現状——1995年度都道府県新規措置調査報告」精神経誌101巻（1999年）329頁－401頁。
* 3　岩尾俊一郎「地域差からみた措置入院」精神科治療学16巻（2001年）769頁－774頁。
* 4　北村俊則「精神疾患診断の問題点と操作診断の必要性」精神科診断学11巻（2000年）191頁－218頁。
* 5　北村俊則＝島悟「感情病および精神分裂病用面接基準（SADS）と研究用診断基準（RDC）の評価者間信頼度」精神医学28巻（1986年）41頁－45頁。
* 6　京都大学医学部精神医療研究会「強制措置入院の状況」精神医療2巻4号

(1973年) 65頁－75頁。
* 7 Landis JR, Koch GG : The measurement of observer agreement for categorical data. Biometrics 33 : 159-174, 1997
* 8 中村研之＝堀　彰＝辻恵介「栃木県の精神科緊急医療システムの整備が措置入院患者の特徴に及ぼす影響」精神医学43巻（2001年）87頁－91頁（本書40頁－47頁）。
* 9 西山詮「堅い精神科救急（緊急鑑定）の実態と改革」精神経誌86巻（1984年）89頁－119頁。
* 10 西山詮「精神保健法の鑑定と審査――指定医のための理論と実際」（1991年，新興医学出版社）
* 11 精神保健福祉研究会・改訂精神保健福祉法詳解（2000年，中央法規）
* 12 須賀良一＝森田昌宏＝伊藤順一郎他「操作的診断基準の信頼性とその問題点――Ⅰ．症例要旨法による研究用診断基準（RDC）の評価者間信頼度検定」精神医学29巻（1987年）373頁－378頁。

3 自傷他害防止監督義務の廃止と保護者の損害賠償責任

辻　伸　行

I　はじめに

　精神保健及び精神障害者福祉に関する法律（以下，精神保健福祉法という）は，精神障害者のための保護者の制度を定め（同法20条以下），平成11年の法改正前はこの保護者に，精神障害者に治療を受けさせること，自傷他害が生じないように監督すべきこと，精神障害者の財産上の利益を保護すべきこと，診断が正しく行われるように医師に協力すべきこと，医療を受けさせるに当たって医師の指示に従うべきこと，退院する患者を引き取るべきことを義務づけてきたが（旧同法22条，41条参照），平成11年の同法の改正において保護者のこれらの義務のうち自傷他害防止監督義務が除かれることになった[1]。

　ところで，改正前の裁判例の中には，自傷他害防止監督義務を根拠にして民法714条1項に基づく保護者の損害賠償責任を肯定したものや，傍論として肯定したものがあり[2]，また，学説の多くも，自傷他害防止監督義務を根拠に，保護者は民法714条1項の法定監督義務者に当たるとして，損害賠償責任を負うと解してきた[3]。そこで，保護者の自傷他害防止監督義務がなくなった今日，この義務の廃止が保護者の損害賠償責任にどのような影響を与えるかが問題になる。すなわち，精神障害者による他害事故について保護者は被害者に対して損害賠償責任を負うことは一切なくなったのか，それとも損害賠償責任を負うことはあるのか，負うとすれば，どのような場合にどのような論拠により損害賠償責任を負うことになるのか。これらの点は，改正法施行以降に発生した他害事故について保護者の損害賠償責任の存否が争点となった裁判例がいまだ現れていないこともあって，これまで十分な検討が行われてきたとはいえないように思われる。そこで，本稿では，どのような経緯から自傷他害防止監督義務の廃止に至ったのか，また，その際どの

ような議論がなされたのかを概観・検討し、ついで、これを踏まえて、自傷他害防止監督義務が規定から削除されたことにより、保護者の損害賠償責任はどのように解されるべきかについて検討することとする。

II 保護者の自傷他害防止監督義務の廃止の経緯・趣旨とその問題点

1 自傷他害防止監督義務の廃止の経緯および趣旨

(1) 自傷他害防止監督義務の廃止に関する実質的な質疑は、公衆衛生審議会精神保健福祉部会や参議院国民福祉委員会および衆議院厚生委員会ではなされておらず、もっぱら精神保健福祉法に関する専門委員会でなされた。そこで、同委員会における審議の議事録と報告書[4]をもとに自傷他害防止監督義務が廃止された趣旨やそれに至る議論を概観することにする。

(2) 平成11年の法改正[5]により保護者の義務内容の見直しがなされた社会的な背景としては、周知のように保護者が高齢化しているという実態[6]があり、保護者に過度の義務を負担させることは実情に合わなくなっていたことと、保護者に過度の負担をかけないように自傷他害防止監督義務等の義務を廃止すべきであるとの要望や意見が、かねてより全国精神障害者家族会連合会や日本弁護士連合会などの各種団体から出されていたこと[7]がある。

(3) 専門委員会報告書の内容と担当課長補佐の説明

(a) 報告書はその「基本的な考え方」の中で、「精神障害者の自己決定権を尊重するとともに、保護者が高齢化している実情や成年後見制度の見直しの動きを踏まえ、保護者制度の在り方について見直しを行うべきである。」とし[8]、これを受けて、その「具体的な施策の方向」で保護者の義務について、「精神障害者の自己決定を尊重していく中で、保護者の義務について検討する必要がある。その中でも、自傷他害防止監督義務については、保護者としては、病状が悪化した場合に医療を受けさせることしかできず、実質上は医療を受けさせる義務と同一である。この条項を維持することによりかえって保護者に過度の負担をかけるおそれがあるため廃止すべきである。」と述べている[9]。精神障害者の自己決定の尊重と自傷他害防止監督義務の廃止とが理論的にどのように結びつくのか必ずしも明らかでないが、高齢化する保護者に過度の負担をかけるべきでないという趣旨でまとめられている

(b) ところで，保護者の義務の見直しを実質的に主導してきた旧厚生省の課長補佐（以下，担当課長補佐という）は，改正法の解説[10]の中で自傷他害防止義務を廃止した趣旨を次のように説明している。すなわち，「精神衛生法制定当初は，自傷他害のおそれのある精神障害者に対する措置として，精神病院に入院させる以外に，保護者に保護拘束の権限が認められていた。／したがって，当時の自傷他害防止義務は，自傷他害のおそれのある精神障害者を直ちに入院させることができない場合に，保護者が適正に保護拘束することを求めるとともに，当該状態にある精神障害者が行方不明になった場合に警察等に届けることを義務付けたものであるといわれている。／しかしながら，同条項はすでに廃止されており，独自の拘束権限等を有していない保護者が自傷他害防止監督義務を果たすためには，症状が悪化している精神障害者を適切に治療につなげることしかできない。すなわち，現在の自傷他害防止義務の性格は『治療を受けさせる義務』を社会防衛的な観点から言い換えたものであり，この二つの義務は，実質上同じものとなっていると考えられる。しかしながら，現在あえて自傷他害防止監督義務にこだわることは，精神障害者の一面を不当に強調するものであり，保護者の心理的負担を増すだけであることから，今回廃止することとしたものである。」という。

担当課長補佐による改正法の内容説明は，専門委員会での議論を踏まえてのことであろう。そこで，専門委員会での議論はどのようなものであったかを次にみることにする。

(4) 専門委員会における議論

保護者の自傷他害防止監督義務についての審議は，平成10年5月13日に開催された第4回精神保健福祉法に関する専門委員会でなされている。その議事録によりながら議論の流れをみることにする。

(a) 担当課長補佐の説明

担当課長補佐は，「検討メモ」[11]に基づいて説明を行っている。この説明をまとめれば，次のようなものとなる。すなわち，①自傷他害防止監督義務を設けている理由は，「重度の精神障害者については，自らの利益に反した行為をするおそれがあることから，その者の人権を擁護し，適切な医療・保護の機会を提供する」ことにある。②「そもそも精神障害者の自傷他害につ

いて予測することは専門の精神科医でも困難であると言われており，また，保護者といえども精神障害者を保護拘束することは禁じられている」ことから，保護者が自傷他害防止監督義務を果たすためには，精神障害者に医療を受けさせることしか実際には考えられない。③したがって，自傷他害防止監督義務は，精神障害者に治療を受けさせる義務と実質的には同じである。「言いかえれば，精神症状を有し，入院治療を必要とするまでに至っている精神障害者に対して，『治療を受けさせる』といった保健医療的な観点からとらえたのが『治療を受けさせる義務』で」あり，「治療を受けさせないことによって自傷他害行為が起こるのを防止するという社会防衛的な観点からとらえたのが『自傷他害防止義務』と言える」。④しかし，自傷他害防止義務は，民法714条の監督義務者の責任という問題とつながっていることも重要な問題である。現在の判例の傾向を総合すると，保護者が監督責任を問われるのは，専門家により精神障害の診断がなされていることを前提として，(i)現在明らかに危険が切迫した状態にあること，(ii)著しい病的状態が認められること，(iii)過去にも同様の状態があったこと，のいずれかの状態があるにもかかわらず，実行可能な対応行動をとらなかった場合である。この場合の実行可能な対応とは，医師との連絡や相談，警察や保健所等への連絡をいう。⑤しかし，精神保健福祉法の性格を考えると，精神障害者に治療を受けさせるという保健医療に関する機能で十分であり，異常な状態を察知して，警察等に連絡することまでを保護者に要求するのは過大な負担ではないかという議論がある。⑥そこで，「基本的考え方」として，自傷他害防止監督義務については，この条項を維持することによりかえって保護者に余分な経済的負担をかけるおそれがあるため，義務の軽減または廃止について検討するべきである。

(b) 自傷他害防止監督義務廃止と民法714条に関する質疑としては，議事録によれば次のようなやりとりがあるだけである。

(i) 守屋裕文委員から，前回の法改正（平成5年改正）のときに，自傷他害防止義務を外すべきであるとの議論がかなりあったが，民法714条の監督義務者の問題が非常なネックになってこれを外せなかったと記憶している，今回は「前回と大分考え方が変わってきていると理解してよろしいですね。」，との発言があったのに対して，担当課長補佐はこれに直接答えていない。

(ii) 佐伯仁志委員から，自傷他害防止義務が民法714条の監督義務と同視されてしまうから，保護者に過度の負担をかけることになるのでこの義務を削除すべきであるというのならよく分かるが，民法714条があるから自傷他害防止義務が外せなかったというのはどういう意味か，との疑問が提示された。しかし，これに対する意味のある応答はなされなかった。

(iii) 池原毅和委員から，「自傷他害防止の点について，私の理解では，一部の民法の不法行為の教科書では，精神保健福祉法の自傷他害防止義務というのが，いわゆる法定の監督義務者の，法律で定めた監督義務なのだというふうに説明をして，それを前提にして民法714条の保護者の損害賠償責任が成立するという説明のされ方がしているので，そういう意味でいうと，この時点で起こっていると，非常に714条が発動しやすいというか，そういう傾向があるだろうと思うんですね。」との発言があった。

(iv) 佐伯委員は，この池原委員の発言を受けて，「池原先生のおっしゃったことに，私も同感なんですが，ただ，その前提として，自傷他害防止義務を法律から外したとしても，一般の作為義務は残りうる。これを外したからといって保護者が全く義務を負わなくなるわけではないという理解でいいんでしょうか。」との意見が出された。

(v) 佐伯委員から，自傷他害防止義務を外すことは検討に値するが，ただ，自傷他害防止義務はすべて治療を受けさせる義務に含まれてしまうとみるのは疑問であるとの主張がなされた。すなわち，「例えば漠然とした危険で何かしなければいけないというのは行き過ぎだと思いますけれども，まさに現に，例えば自殺しようとしているとか，あるいは他人を傷つけようとしているとかいう場合で，かつ，容易に防止できる場合，やはり防止義務が保護者に負わされてもいいと思います。したがって，自傷他害防止義務は，すべて治療を受けさせる義務に入るからなくていいのだという説明は適切ではないと思います。」これに続けて，「むしろ，この規定を置いておくと，先ほど池原先生がご説明になったように，民法714条の監督義務者と同視されて，あれは無過失責任に近いと一般に言われていますので，適切でないという理解であれば，私も削除に賛成するのにやぶさかではありません。ただ，そういう理解を防ぐためだけであれば，……努力義務のような形で残すのも，可能性としてはあるかなと思います。」と述べている。

(vi)　最後に，吉川武彦座長から，「自傷他害の問題に関しましては，民法第714条の問題の解釈をめぐって，お二方それぞれ違ったご意見がありましたけれども，むしろ自傷他害防止義務を法の中に書き入れることはもう〔必要？〕ないのではないかという議論が強かったような気がいたします。」とのまとめがなされて，自傷他害防止監督義務廃止に関する審議は終わっている。

2　自傷他害防止監督義務廃止の議論の問題点と評価

　専門委員会での以上のやりとりをみると，議論が煮詰まらないまま自傷他害防止監督義務の廃止が決まったように思えてならない。ことに保護者の損害賠償責任という視点から専門委員会での保護者の義務の議論をみた場合，疑問点が少なくない。

　(1)　担当課長補佐の説明や報告書では，自傷他害防止監督義務を廃止する論拠として，保護者が高齢化していることから保護者の負担の軽減が必要であることと，自傷他害防止監督義務は実質上治療を受けさせるべき義務と同一であることがあげられている。しかし，保護者が高齢化している実情があることが保護者の自傷他害防止監督義務を廃止する理由となるか疑問であるし，また，義務の実質的同一性の意味が不明確であり，ことに自傷他害防止監督義務の廃止の論拠として義務の実質的同一性をあげたことは理解に苦しむ。すなわち，

　(a)　保護者が高齢化しているから自傷他害防止監督義務を廃止して保護者の負担を軽減すべきであるという論法は，議論が逆さまではないだろうか。保護を必要としている精神障害者のために保護者にどのような義務を負わせ，どのような役割を担わせるかという議論が保護者制度の要否の議論を含めてまずなされ，その上で，保護者が高齢化している現状をふまえて，保護者がその義務や役割を遂行できるようにどのような支援がなされるべきかとか，義務や役割を遂行できる能力がある者が保護者になるような制度に改めるべきであるとの議論がなされるべきものであろう。保護者が高齢化したから負担を軽減するというのでは，そもそも保護者の義務や役割は何であったのかということとなろう。

　(b)　自傷他害防止監督義務と治療を受けさせるべき義務は実質上同一であると説明されているが，このことが自傷他害防止監督義務廃止の議論を不明

確にしたように思う。

　(i)　これまで，一般に二つの義務は実質上同じであると解されてきたのであろうか。従来そのように論じられてこなかったし，自傷他害防止監督義務は医療を受けさせる範囲以上の義務であると理解されてきたように思う。すなわち，自傷他害防止監督義務には，保護拘束することは含まれないものの，警察への通報，保健所への届出や相談をすることが含まれるものであり，治療を受けさせるべき義務よりも保護者のなすべき範囲が広かったのではないか[12]。もっとも，有力な学説として，適切な医療を受けさせることを通じて他害防止に努めれば，自傷他害防止監督義務を尽くしたことになるとする見解（監督義務制限説）[13]がある。しかし，この見解も自傷他害防止監督義務が治療を受けさせるべき義務と実質上同一であるとはいっていない。結局，義務の実質的同一性の主張は，専門委員会での独自の見解であったということになるように思われる。

　(ii)　次に，この二つの義務が実質上同一であるという点について，はたしてそういえるか疑問がある。適切な治療を精神障害者に与えるという点では同じでも，二つの義務の保護目的は異なるであろう。すなわち，担当課長補佐の説明によれば，治療を受けさせるべき義務は保健医療の観点から捉えたものであり，自傷他害防止監督義務は社会防衛的な観点から捉えたものであるとされる。これによれば，他害防止の監督義務の保護目的は他害事故を防止することによる社会防衛・保安にあり，他害防止の監督義務は精神障害者に直接向けられていないということになる。これに対して，治療を受けさせるべき義務は精神障害者の保護を目的にしているのである。この違いは，他害事故の被害者に対する損害賠償責任に端的に現れてくるであろう。すなわち，自傷他害防止監督義務を損害賠償責任の根拠にすることは理論上受け入れられやすいが，これに対して，治療を受けさせるべき義務は精神障害者に対する義務であって第三者（被害者）に向けられた義務ではないから，理論上直ちにこの義務を損害賠償責任の根拠にすることはできないというべきである。このように，二つの義務を事実上同一のものとみることはできないように思われる。

　(iii)　二つの義務が実質上同一であるとみた結果，これまでに廃止の議論があった自傷他害防止義務を廃止してもよいということになった。しかし，二

つの義務が実質上同一のものであるとみるから，自傷他害防止監督義務を廃止しても，保護者の義務の内容に実質的な変更はないということになり，保護者の負担は理論的にみて軽減されることにはならない。ここに専門委員会での議論の矛盾が露呈することになる。すなわち，保護者の高齢化により保護者の負担の軽減をはかるべきであるという前提があるために，自傷他害防止監督義務の廃止により保護者の負担が軽減することを強調しなければならない。しかし，二つの義務が実質上同じものであるとみるから，自傷他害防止監督義務を廃止しても保護者のどのような負担を軽減するのかを説明することができないのである。その結果として，担当課長補佐の「検討メモ」では「余分な経済的負担」とし[14]，報告書では「保護者に過度の負担」とし[15]，また，改正法の解説では「心理的負担」といい[16]，説明が二転三転することになったとみることができるであろう。具体的にどのような負担を軽減することになるのかを説明できず，また，保護者が精神障害者に治療を受けさせなかったことによって発生した他害事故についてその被害者に対して損害賠償責任を負うかについても議論されないままに終わっているのである。

(2) 自傷他害防止監督義務の廃止をめぐっては，義務の実質的同一性が問題なのではない。自傷他害防止監督義務を根拠にして保護者に民法714条1項の監督義務者責任を負わせることが保護者に過度の負担を与えることになる点，保護者に社会防衛的（保安的）役割を担わせることはもはや適当でない点，そしてまた，他害事故を起こす精神障害者は精神障害者全体からみればきわめてわずかであるにもかかわらず[17]，他害事故を強調して防止監督義務を保護者に負わせることは，精神障害者一般が危険であるかのような，精神障害者に対する偏見を助長するものである点が，自傷他害防止監督義務に関する最大の問題点であったのである。このことは専門委員会でも共通の認識になっていたはずである。そうだとすると，これらの点を直截に示して自傷他害防止監督義務の廃止の必要性を説くべきであったように思う。

このような視点から自傷他害防止監督義務の廃止を捉えるならば，この義務の廃止は保護者の義務内容の大きな転換を意味するはずであるし，そのような位置づけをすべきものであろう。

(3) 専門委員会の審議や報告書では，自傷他害防止監督義務を廃止した後

の保護者の負担，とくに精神障害者に適切な治療を受けさせなかった結果として発生した他害事故に対して保護者が損害賠償責任を負うかについて，何も触れられていない。わずかに，その審議のなかで，すでに紹介したように，佐伯委員から，自傷他害防止監督義務が廃止されたとしても，一般の作為義務は残りうるのではないかとの指摘がなされたにとどまる。この点は，民法の解釈・適用の問題であるから，踏み込んだ議論がなされなかったのであろうとの推測もできるが，損害賠償責任を負担するか否かは保護者の負担軽減にとって重要な問題の一つである以上，基本的考え方が議論されてよかったように思われる。ともあれ，この問題は民法の立場から検討すべき課題であるといえよう（Ⅲで検討する）。

Ⅲ　治療を受けさせるべき義務と保護者の損害賠償責任

1　序

自傷他害防止監督義務が廃止されたことにより，精神障害者による他害事故が発生しても，民法714条1項に基づくにせよ民法709条に基づくにせよ，この義務を根拠にして保護者に損害賠償責任を負わせることはもはやできなくなった。それでは，精神障害者が治療を受けないまま放置されていたために他害事故が発生したという場合，保護者は治療を受けさせるべき義務に違反したことを根拠にして被害者に対して損害賠償責任を負うことになるのであろうか。保護者の賠償責任を考える場合，まず検討しなければならないのは，精神障害者に治療を受けさせるべき義務がどのような性質のものであり，どのような内容のものであるかである。

2　治療を受けさせるべき義務の性質と内容

(1)　保護者の義務は公法的義務であるとみる見解もあるが[18]，これに違反しても行政上何らの処分もないし，また，この義務が行政による調査・報告請求・勧告などの権限の根拠となるものでもない。また，治療を受けさせるべき義務に違反しても，これに対する罰則規定はない。そのため，努力義務などといわれることがあるが，条文の規定の仕方からして努力義務規定というものではないであろう[19]。治療を受けさせるべき義務は，保護者の他の義務とともに，保護者の職務ないし任務の内容を示したものとみるほかなく，損害賠償責任を負うか否かの問題を除けば，せいぜいその職務を行えな

い保護者については保護者の変更がありうるという効果が生ずるだけであるように思う（精神保健福祉法20条2項但書，21条参照）。

(2) 治療を受けさせるべき義務は精神障害者に向けられたものであるとみることには，おそらく異論はあるまい。精神障害者に治療を受けさせるべき義務は，精神障害者の利益保護のためのものであって，他害のおそれのある精神障害者に治療を受けさせ社会防衛を図るという目的をもった義務ではない。

3　保護者の損害賠償責任
(1)　序

精神障害者に治療を受けさせるべき義務の性質および内容を以上のように理解した場合，精神障害者に適切な治療を受けさせなかったために発生した他害事故について，保護者は被害者に対して損害賠償責任を負うことがあるであろうか。保護者の損害賠償責任を考えた場合に，その法律構成としては保護者が民法714条1項の責任を負うか[20]，それとも一般の不法行為である民法709条の責任を負うかである。前者の責任においては，保護者が監督義務者としての地位にあることが要件となるし，また，後者の責任においては，精神障害者に治療を受けさせなかったという不作為が問題になるから，この不作為が不法行為となるためには，一般の不法行為の要件のほかに保護者に作為義務があり，この作為義務に違反していたことが必要になる。

(2)　民法714条の監督義務者の責任

民法714条の監督義務者責任は，家長が家族共同体の構成員の不法行為について絶対的責任を負うというゲルマン法的団体主義の思想に由来し，親権者や後見人など，被監督者の生活全般にわたって監督と保護を与え，全人格的に指導教育を行うべき義務を負う者が，被監督者の加害行為についてその監督義務違反を理由に責任を負うとする制度であると解されている。したがって，治療を受けさせるべき義務をすでに述べたような内容の義務であると解するならば，保護者がこの義務を負うことを理由にして，保護者を民法714条1項の法定監督義務者に該当するとみることは無理であろう[21]。従来ほとんどの不法行為の教科書で，精神保健福祉法の保護者が民法714条1項の法定監督義務者の例示としてあげられてきたが，平成11年の改正により，もはや民法714条1項の法定監督義務者とはならなくなったというべき

であろう。

(3) 一般的な不法行為の責任

(a) すでに述べたように、治療を受けさせるべき義務は精神障害者の利益保護だけを目的とした精神障害者に向けられた義務であり、いかなる意味でも保安目的をもったものではない。たしかに、治療を必要としている精神障害者を適切な医療に繋げることにより他害防止の結果をもたらすことはあろう。しかし、それはあくまで医療に繋げたことの反射的結果にすぎないのであって、治療を受けさせるべき義務そのものが他害防止を目的としていることを意味するものではない。

(b) そこで、このような治療を受けさせるべき義務が不作為の不法行為の前提をなす作為義務となるか否かが問題になる。作為義務は基本的には損害の発生を防止することを直接目的にした義務でなければならないとみるべきであろう。子供を預かっている保育士や幼稚園の教諭は、その子供の生命や身体の安全をはかるべき義務（損害発生を防止すべき義務）を負っているから、子供を放置した結果としてこの子供が死亡したり負傷したときは、この作為義務違反としてこの子供に対して不法行為責任（民法709条）を負うことになる。これと同様に、保護者の治療を受けさせるべき義務についても、保護者が精神障害者に適切な治療を受けさせなかった結果、精神障害者の病状が回復の見込みがないぐらいに重篤になったとかこれが原因で負傷したという場合には、保護者は治療を受けさせるべき義務を作為義務として精神障害者に対して損害賠償責任（民法709条）を負うことが考えられる。しかし、精神障害者に治療を受けさせなかった結果として他害事故が生じたという場合には、治療を受けさせるべき義務が精神障害者の利益保護を目的とした義務であって、他害事故の防止（被害者の利益保護）を直接目的とした義務ではないから、この義務を他害防止を目的とした作為義務とみて保護者に被害者に対する損害賠償責任を負わせることはできないであろう。

(c) ところで、たとえば、①親権者や保育士・幼稚園教諭など監督義務者ないし代理監督者は子供に対する監督義務（子供に向けられた義務）（民法820条ないし契約上の監護教育義務）を負うにすぎず、この義務は第三者の利益保護を直接の目的としていない。それにもかかわらず、責任能力がない子供（被監護者）が第三者に対して加害を行った場合には、この加害行為につい

て監督義務者・代理監督者は，この義務を怠っていなかったことを証明することができなければ，被害者に対する損害賠償責任を負うことになる（民法714条）。また，②判例によれば，責任能力ある未成年者が第三者に対して加害を行った場合にも，監護義務違反と当該未成年者の加害行為との間に相当因果関係を認めうるときは，親権者は民法709条に基づく損害賠償責任を負うとされる（最判昭和49・3・22民集28巻2号347頁）。①と②は，いずれも第三者保護を直接目的としていない義務を基礎にしてその義務者に損害賠償責任を負わせるものである。しかし，まず，①は民法714条の趣旨から政策的に監督義務者や代理監督者に重い損害賠償責任を負わせようとするものであり，不作為の不法行為というよりも代位責任の一種とみて，作為義務を問題にしない特殊な不法行為として問題が処理されてきたものである。また，②は親権者が未成年者に対して十分な監護教育をしてこなかったという不作為について，親権者の監護義務を前提にしてその義務違反を理由に民法709条の不法行為の成立を認めるものであり，一見すると第三者の利益保護を目的としていない義務（加害行為を防止することを目的とするのでなく，未成年者の利益保護を目的とする未成年者に向けられた義務）を作為義務とみて不法行為の成立を認めているようにみえる。しかし，責任能力のある未成年者の加害行為について親権者の監護義務の懈怠を理由に民法709条の損害賠償責任を肯定するのは，次のような特殊な事情があるからであり，不作為の不法行為一般において同様に解することは適当でないであろう。すなわち，責任能力を有する未成年者の加害行為については，加害未成年者にのみ責任を負わせ，監督義務を懈怠した親権者が責任を負わないというのでは，加害未成年者には通常資力がなく被害者の救済に欠けるから，加害未成年者に責任能力がある場合にも親権者に損害賠償責任を負わせるべきである（責任能力の有無で区別する合理的な理由はない）との価値判断がある。しかし，民法714条がそのようになっていないために，この立法上の欠陥を埋めるために監護義務違反を根拠に親権者に損害賠償責任を負わせようとするものなのである。したがって，一般の不作為の不法行為とは異なるというべきである[22]。

(d) そうすると，保護者の治療を受けさせるべき義務が精神障害者の利益保護を目的とした義務である以上，これが直ちに作為義務となることはないと解すべきであろう。しかし，治療を受けさせるべき義務そのものから直ち

に作為義務が生じないにしても，精神障害者による他害の具体的な危険が差し迫っていて，一番身近にいる保護者もそのことを認識していながら，医療に繋げる方策（保健所や病院への相談，緊急を要するのであれば警察への連絡（＝医療に繋げる前提をなす行為）など）をとることができるのに，それでもなおこれをせずに漫然とその状態を放置し，その結果として他害事故が発生した場合には，作為義務違反を理由に不作為による不法行為（民法709条）の成立を認め，保護者に被害者に対する損害賠償責任を負わせてよいのではなかろうか。このような状況においては，保護者は単なる隣人や通行人など現場に居合わせた一般人とは違い，精神障害者を医療に繋げる方策をとることを期待されているであろうから，他害事故を防止するためにこのような方策をとることを要求してよいように思われる。この場合には，保護者の治療を受けさせるべき義務と他害事故が発生する際の保護者の置かれた状況から，条理による作為義務が認められるであろう。

(e) 保護者の損害賠償責任を以上のように捉えた場合，従来の裁判例にみられた保護者の損害賠償責任と比べると，かなりの程度，損害賠償責任が軽減されることになろう。

(i) 第一に，従来の裁判例において，保護者は民法714条1項の責任を負うとされていたのに対して，改正後においては，かなり限定された状況においてのみ民法709条に基づく不作為の不法行為による責任を負うことになる。したがって，従来の裁判例においては，保護者が監督義務を懈怠していないことを証明しない限り損害賠償責任を負うというように，その責任はいわゆる中間責任であったのに対して，改正後においては，被害者の側が保護者に作為義務があることと，その作為義務に違反したことを証明しなければ責任を追及しえないことになる。この作為義務は，治療を受けさせるべき義務から当然に生ずるものでなく，前述のように，具体的な危険がきわめて差し迫った状況において条理から生ずるものであるから，作為義務の存在の証明はそれほど容易でなく，保護者の責任は限定されることになろう。

(ii) 第二に，裁判例の判示内容と改正後における本稿の立場とでは，義務違反（監督義務違反ないし作為義務違反）となるか否かについても，実際上大きな違いがあるとみるべきであろう。すなわち，前掲注(2)仙台地判平成10・11・30は，被害者に対する殴打と継続的嫌がらせにより医療保護入院

したことのある精神障害者Aが治療中断中にその被害者を刺殺したという事例において，保護者Yには，「最低限Aによる自傷他害の具体的な危険を予見して，関係機関に相談に行くべき義務があったと考えられる。Aの状態は，その後も改善しないどころかますます悪化していったと認められ（る。）……それにもかかわらず，Yは，……東北会病院に行った後は警察，保健所，病院を始め，いかなる関係機関にも相談すらしていなかったのであるから，……監督義務を尽くしていたとは到底認められない。」と判示した。また，前掲注(2)高知地判昭和47・10・13は，わずかの所持金しかもたずに出かけたまま帰宅しなかった精神障害者Aが他害事故を起こした事例において，その父親Yは保護義務者と同一視される地位にあるとして，次のように判示して，Yに民法714条の責任を負わせている。すなわち，「Yとしては，単にAの友人宅に聞き合わせたり，Aの自殺を恐れてその旨警察に連絡をとるに止まらず，当然，発病のおそれがあること，および，その際凶暴になるおそれがあることにも思慮をめぐらせ，これを前提とする警察への依頼，自ら捜索に当たることなど，さらに積極的に出て，無残な結果を未然に防止することにつとめるべきであった」という。さらに，前掲注(2)福岡地判昭和57・3・12は，精神障害者Aと同居し世話をしていた父親Y（75歳）について保護義務者と同一視できるとした上で，YはAの性格および行動を熟知していたのであるから，「Aが再退院後発病して凶暴な行為に出るおそれがあり，かつ，Yにおいて，これを容易に予測することができたというべきである。……Aが右常軌を逸した行動を示した時点で，自ら病院に連絡してAを入院させるか，そうでなければ，本法23条所定の保護申請の手続を履践して被告町の適切な保護措置の発動を求めさえすれば，本件事故の発生を未然に防止し得たものであ」る，と判示してYの民法714条による損害賠償責任を肯定した。これに対して，前掲注(2)最判昭和58・2・24は，精神障害者と同居する両親Y₁・Y₂の民法714条の責任を否定した原審判決を支持して，次のように判示した。「本件傷害事件が発生するまで同人が他人に暴行を加えたことはなく，その行動にさし迫った危険があったわけでない。……Y₁は，右事件当時76歳で視力損失による1級の身体障害者であり，Y₂は，65歳で日雇をしているところ，……Aが成人した後においては同人を監護していたことは未だかつてなかったが，食事のこと等で同人から乱暴されたりして，

本件事件発生前（昭和53年5月ごろ）に娘らと共に警察や保健所にAの処置について相談に行ったりしたもので」あるなどの事実の認定を是認した。また，前掲注(2)東京地判昭和61・9・10は，精神障害者の父母Yらも保護義務者に準ずる監督義務を負うとした上で，しかし，「少なくともYら両名が，Aが精神分裂病に罹患していることを知りながら，病院に入院させる等の適切な措置をとらずに放置していたという事情，あるいは右罹患の事実及びAの行動に本件犯行を犯すようなさし迫った危険があることをきわめて容易に認識しえたという事情が存することが必要である」が，そのような事情がないとして，Yらの責任を否定した。

　これらの裁判例において保護者ないしそれと同視できる者の責任の有無を左右しているのは，他害事故発生の危険があったかどうか，その危険を予見すべきなのにそれを怠ったかという点である。しかし，他害事故発生の危険があったか否かの判断や予見すべきであったか否かの判断は，現実問題としてきわめて難しいにもかかわらず，保護者に自傷他害防止監督義務が課されていたためにこのような危険を予見すべきであったか否かが問題とされてきたといえよう。しかし，自傷他害防止監督義務が廃止された後において，治療を受けさせるべき義務から他害事故を回避する作為義務が当然に生ずるものでないとする本稿の立場からすれば，保護者がさし迫った他害事故発生の危険を実際に予見していたとか，他害事故発生の端緒となる事実が保護者の眼の前で発生していたという場合にはじめて，保護者に他害防止の作為義務が生じるのであるから，裁判例が肯定してきた保護者の責任とは大分異なってくることになる。また，他害事故発生を回避すべき具体的措置も，本稿の立場では精神障害者を医療に繋げる方策（医療に繋げる前提行為を含む）をとることに限定され，この点でも従来の裁判例において保護者に要求されている措置とやや異なる内容になるであろう。

IV　むすび

　これまで，自傷他害防止監督義務を廃止するに至った経緯や専門委員会での議論，および改正法の解説内容を概観し，その問題点を検討するとともに，これを踏まえて，自傷他害防止監督義務廃止後の保護者の他害事故に対する損害賠償責任について論じてきた。最後に，次の二点に言及してむすびとし

たい。
　(1)　第一は，すでに紹介したように，自傷他害防止監督義務がほとんど的を外したとしか思えない趣旨説明と煮詰まらない議論を経て廃止されるに至ったことである。保護者制度の中で重要な保護者の義務の見直しがこのようにしてなされたことに，驚きを禁じえない。さらに，あえていうならば，立法は，いうまでもなく政策決定の問題であるから，既存の制度における問題点の的確な調査と提示を行い，また，立法によって何がどのように変わり，だれの利益がどのように保護され，反面だれのどのような利益が不利に扱われるのかについて，十分な分析と議論が必要なのである。先進国を自認するわが国においては，疎かにされてはならない点である。
　(2)　第二に，本稿の立場によれば，改正後の精神保健福祉法のもとでは，他害事故について保護者が被害者に対して損害賠償責任を負うのは，とくに保護者に作為義務が認められ，その作為義務に違反したという稀な場合である。保護者が損害賠償責任を負わないとなると，被害者の救済をどのように図るのかという問題に直面することになる。しかし，保護者に損害賠償責任を負わせたにしても，高齢化し収入が少ないため，支払い能力のない保護者が多いというのが実態である以上[23]，被害者の救済が十分に行われるという保証はそもそもないのであり，被害者の救済は従来より十分ではなかったといえるのである。被害者の救済は，民事責任規範に頼るのではなく，犯罪被害者等給付金支給法など，社会全体で損失を負担していくような社会保障的な損失補償制度によって図られるべきであり，そのための立法的拡充が望まれるのである。

　　(1)　改正前の精神保健福祉法22条1項は，「保護者は，精神障害者に治療を受けさせるとともに，精神障害者が自身を傷つけ又は他人に害を及ぼさないように監督し，かつ，精神障害者の財産上の利益を保護しなければならない。」と規定していた。これに対して，改正後の同条項は，「保護者は，精神障害者（第22条の4第2項に規定する任意入院者及び病院又は診療所に入院しないで行われる精神障害の医療を継続して受けている者を除く。以下この項及び第3項において同じ。）に治療を受けさせ，及び精神障害者の財産上の利益を保護しなければならない。」と規定している。
　　(2)　保護者が民法714条1項の法定監督義務者にあたるとして保護者の損害賠償責任を肯定した裁判例が現れたのは，実は比較的近時のことであり，仙台地判平成10・11・30判時1674号106頁，判タ998号221頁がそれである（この判決の評釈・

第 1 部　触法精神障害者と処遇困難者

解説として，山口純夫「判批」私法判例リマークス 21 号（2000 年）65 頁以下，前田泰「判批」年報医事法 15 号（2000年）137 頁以下，白石弘巳「保護者の自傷他害監督防止義務──1 億円損害賠償請求事件の検討」法と精神科臨床 3 巻（2000 年）13 頁以下がある）。この裁判例が現れる前は，保護者でない近親者の民法 714 条 1 項の責任の有無が問題になった事案において，その傍論で保護者が民法 714 条 1 項の法定監督義務者に当たる旨を判示したり，これを当然の前提にしている裁判例があるだけであった（最判昭和 58・2・24 判時 1076 号 58 頁，高知地判昭和 47・10・13 下民集 23 巻 9 = 12 号 551 頁，福岡地判昭和 57・3・12 判時 1061 号 85 頁，判タ 471 号 163 頁，東京地判昭和 61・9・10 判時 1242 号 63 頁，鹿児島地判昭和 63・8・12 判時 1301 号 135 頁）．

（3）　改正前における保護者の損害賠償責任に関する学説については，辻伸行「精神障害者による殺傷事故および自殺と損害賠償責任（5・完）──精神病院・医師の責任および保護者・近親者等の責任に関する裁判例の検討──」判例評論 448 号（1996 年）7 頁以下およびそこに引用された文献を参照されたい。

（4）　専門委員会報告書の内容は，平成 10 年 9 月に出された精神保健福祉法に関する専門委員会報告書（案）6 頁以下（大臣官房障害保健福祉部精神保健福祉課・公衆衛生審議会精神保健福祉部会精神保健福祉法に関する専門委員会審議資料集（1998 年）所収）に掲載されている。なお，精神保健福祉法に関する専門委員会における審議の議事録については，http://www.1.mhlw.go.jp/shingi/s9805/txt/s0513-2txt を参照されたい。

（5）　精神保健福祉法の平成 11 年改正の手順については，杉中淳「精神障害者の人権に配慮した精神科医療，緊急時の移送制度，地域に密着した在宅福祉の確立」時の法令 1603 号（1999 年）8 頁以下参照。

（6）　医療保護入院患者の保護者の年齢に関する平成 9 年の統計資料によると，当該保護者群の 16.51 パーセントが 71 歳以上であり，また，23.35 パーセントが 61 歳から 70 歳であった。前掲注(4)資料集 333 頁参照。なお，保護者のおかれている実情について，池原毅和「保護者の実務」判タ 944 号（1997 年）79 頁以下参照。

（7）　池原・前掲注(6)81 頁，前掲注(4)資料集 253 頁の資料 1「医療保護入院及び保護者制度に関する論点について」参照。

（8）　前掲注(4)報告書（案）12 頁。

（9）　前掲注(4)報告書（案）16 頁以下。

（10）　杉中・前掲注(5)23 頁。

（11）　前掲注(4)資料集 259 頁以下の資料 4「保護者の義務について（検討メモ）」参照。

（12）　前掲注(2)の裁判例参照。

（13）　町野朔「精神医療」唄孝一編・医療と人権（明日の医療⑨）（中央法規出版，1985 年）264 頁など。なお，辻・前掲注(3)14 頁以下参照。

（14）　前掲注(4)資料集 261 頁の資料 4「保護者の義務について（検討メモ）」の中の

第 2 章　触法精神障害者の処遇をめぐる諸問題

「基本的な考え方」。
(15)　前掲注(4)報告書（案）17 頁。
(16)　杉中・前掲注(5)23 頁。
(17)　池原・前掲注(6)81 頁参照。
(18)　山下剛利・精神衛生法批判（1985 年，日本評論社）61 頁以下，171 頁，176 頁。
(19)　努力義務規定であれば，「……に努めなければならない。」あるいは「……に努めるものとする。」という文言になるのが通常であるが（このような例は無数にあるが，たとえば，精神保健福祉法 22 条の 3，環境基本法 8 条 3 項，18 条など，消費者契約法 3 条参照），精神保健福祉法 22 条の規定はそのような文言になっていない。なお，専門委員会でも担当課長補佐から自傷他害防止義務などの義務を定めた文言が努力義務規定であるとの説明があった。これに対して，佐伯委員から，この義務は法的な義務であり，ただ罰則がついていないだけであるとの指摘がなされ，結局その後，公表された資料 4 から「努力義務規定であるが」という文言が削除された。前掲注(4)資料集 261 頁の資料 4「保護者の義務について（検討メモ）」の中の「基本的な考え方」参照。
(20)　親権者や後見人が保護者となった場合には，親権者または後見人として精神障害者に対して監護義務ないし療養看護義務を負うから（民法 820 条，857 条，858 条），これらの保護者は親権者または後見人として民法 714 条 1 項の損害賠償債務を負うことはありうる。したがって，ここで問題となる保護者の損害賠償責任は，保護者として責任を負うかである。たとえば，保佐人，配偶者あるいは扶養義務者が保護者になった場合に問題になるであろう。
(21)　これに対して，自傷他害防止監督義務は治療を受けさせるべき義務の一部であるとの理解の下に，法改正後も従来と同様に保護者は自傷他害防止監督義務を負い，民法 714 条 1 項の責任を負うとみる見解がある（金子晃一・他編・精神保健福祉法（2002 年施行）（2002 年，星和書店）143 頁（池原毅和）。しかし，保護者の治療を受けさせるべき義務の内容をこのように捉えることは，すでに述べたところから明らかなように適切でない。また，責任無能力者を人的危険源とみて，民法 714 条の監督義務者の責任を一種の危険責任と捉える見解がある（四宮和夫・事務管理・不当利得・不法行為下巻（1985 年，青林書院）670 頁）。筆者としてはこの見解に賛成できないが（辻伸行「精神障害者による殺傷事故および自殺と損害賠償責任(4)——精神病院・医師の責任および保護者・近親者等の責任に関する裁判例の検討——」判例評論 447 号（1996 年）21 頁注(43)参照），かりにこの立場に立ったとしても，保護者は治療を受けさせるべき義務を負うにすぎず，危険源を支配・管理する地位にはないから，保護者にこのような危険責任を負わせることは妥当でない。
(22)　四宮・前掲注(21)672 頁，平井宜雄・債権各論Ⅱ不法行為（1992 年，弘文堂）215 頁以下は，②における親権者の損害賠償責任について民法 709 条と 714 条が合体した特殊な責任規範によるものであると解している。
(23)　保護者となる家族の収入の実態について，池原・前掲注(6)79 頁参照。

4 最高裁判決を通して「措置入院」を考える

犬　尾　貞　文

Ⅰ　はじめに

　平成8年9月3日，最高裁において措置入院中の精神分裂病患者が起こした事故について，我が国で初めての判決が下された。今後の精神医療のあり方に多大な影響を及ぼすものであろう。この判決（資料は判例時報1594号32頁以下）を検討しつつ，これからの医療現場へのひとつの提言を述べたい。

Ⅱ　事　例

　A（昭和24年生）は，昭和43年3月に高等学校を卒業したが，そのころ，叔父から祖父は戦前北海道で朝鮮人をいわゆるタコ部屋で酷使していたことを聞き，自分が不幸なのは酷使されて殺された朝鮮人の呪いがかかっているためと思い込むようになった。Aは，高等学校卒業後，建具職人，牧童等として働き，昭和51年ころからは東京の山谷，横浜の寿町，大阪の釜ヶ崎といったいわゆるドヤ街を転々としながら，日雇労働者として働くようになったが，この前後から社会的適応機能が著しく低下し，破瓜・緊張混合型の精神分裂病が進行し始め，昭和53年ころからは，叔父らの家へ押しかけ，お金を要求したり，赤ペンキを庭にまいたり門柱にかけたりするなどの奇妙な行動をとるようになった。Aは，昭和55年4月ころからは窃盗をして生活をするようになり，同年7月には窃盗罪で逮捕され，執行猶予付きの懲役刑の有罪判決を受けたが，釈放後も以前と同様に窃盗を繰り返すとともに，職務質問を受けた警察官を崖から突き落としたり，叔父らの家の風呂場に「朝鮮人の怨念，北海道のタコ部屋より」と書いた張り紙をして物置に放火したりなどして逮捕され，窃盗，公務執行妨害，脅迫，銃砲刀剣類所持等取締法違反（登山ナイフの所持）で懲役刑に処せられた。Aは，上記裁判で，精神分裂病による心神耗弱と認定され，八王子医療刑務所に服役していたが，昭和58年12月29日，満期出所と同時に岩手県立北陽病院に措置入院となった。

なお，Aは昭和51年8月にも銃砲刀剣類所持等取締法違反（刃渡り約30cmの短刀所持）で罰金刑に処されている。
　Aは，北陽病院入院当初は，イライラ感，不眠を強く訴え，発明妄想，親族に対する被害妄想，復讐心も強い状態であり，昭和59年2月ころから症状はやや軽減したものの，同年4月からそれまでの閉鎖病棟における作業療法と並行して開放的かつ集団的な中央作業療法を行うようになると病状が再び悪化したため，中央作業療法を中止し，攻撃性を抑制するための薬物を増量投与するようになった。Aの症状が軽減したため，昭和60年3月から再び中央作業療法が開始されたが，Aは，同年6月，上記療法実施中に，エンジンキーを付けたまま病院内に駐車していた自動車を盗んで無断離院をし，離院中に窃盗をしたり，叔父に暴力をふるったりし，警察官に病院に連れ戻された。連れ戻されたAの症状は再び悪化しており，薬物が増量されたほか作業療法も閉鎖的な環境で行う病棟作業療法に変更され，病院ではAについての看護目標を離院防止においた。Aの離院傾向はその後しばらく顕著であり，他の患者に「東京に逃げる」旨いい触らすなどの行動が見受けられたため，院外での作業療法を中止する措置がとられた。しかし，同年10月ころからAは次第に無断離院のそぶりをみせなくなり，その傾向が続いたことから，昭和61年2月からは病棟作業療法の一環として院外散歩に参加させるようになった。
　昭和61年4月19日，Aは，院外散歩中に本件の無断離院をしたのであるが，散歩に参加した患者はAを含めて25名であり，看護士1名，看護助手2名（以上はいずれも男性），准看護婦1名の合計4名が引率したが，引率者の役割分担は特に決められていなかった。散歩の途中，患者の1人の体調が悪くなって遅れたため，散歩の行列が3つの集団に分かれた。先頭集団の後方にいたAは，道路脇にエンジンキーを付けたままで止めてあったライトバンに乗り込み，エンジンをかけて発進させたが，引率者はそれまでAの行動に気付かなかったため，ライトバンを止めることはできなかった。その後Aは無賃乗車で列車を乗り継いで同月21日早朝，横浜市内に到着し，かねてから盗みに入ろうと計画していた家へ行ったが，同家には大きな番犬がいたことから同家へ盗みに入ることを断念し，ナイフで人を脅かすか殺すかしてお金を奪おうと考え，翌22日，腕時計を入質した金で登山ナイフを買った

が，当日は眠かったので市内のホテルに投宿したものの，病院で常用していた睡眠薬がないこともあってイライラして眠れず，金持に対する憎しみの念がつのり，山手地区で通行人を殺害してお金を奪うことを決意するに至り，翌23日午前8時20分ころ，お金を強取する目的で，信号待ちをしていた被害者の腹部，背部，胸部等を突き刺し，同人を失血死させた。Aは，このため強盗殺人罪等で懲役13年に処せられているが，犯行当時の心神耗弱が認定されている。

Ⅲ 経過

この結果のもと，被害者の遺族は病院側に対し，国家賠償法1条に基づき損害賠償を請求した。一審横浜地裁，二審東京高裁とも結果発生の予見可能性，結果回避義務違反及び無断離院と殺人との因果関係を肯定し，病院側の損害賠償義務を認めたため（病院側敗訴），それをふまえ病院側が上告していた。

最高裁判決：（主文）本件上告を棄却する。

Ⅳ 解説（判例時報より要約）

精神病患者が他人を殺傷するなどの事故を起こしたことにより，病院や医師などの責任が問題にされる事例が近年増加している。多くは病院内での事故であるが，本件のように病院外での事故もある。精神病患者の事故で留意すべきは，現在の精神医療に欠くことのできないとされている開放化医療のもとで，どこまで自傷他害の防止措置を医療側に要求することができるかということにあるとされる。開放的治療は閉鎖的治療よりも治療上はこのましいことはいうまでもないとされ，精神医療には未知の分野も多く，医師には患者の症状に応じた治療方法を選択するについて広い裁量があるとされている。もちろん，患者の人権も忘れられてはならない。本件は，他害のおそれがあるとして措置入院となった患者が事故を起こしたケースであるが，措置入院患者においても，基本的には上記の点において一般の患者と異なるところはないものと思われる。しかし，他方，措置入院は自傷他害のおそれが要件となっており，それゆえにこそ患者本人の意思に反しても入院させ得ることを考慮すると，自傷他害の事故を起こす蓋然性の高さは常につきまとうこ

とも否定できない。医療側はまさに治療と自傷他害事故の防止とのジレンマに立たされるのであるが，医療側には他害等のおそれのない一般の患者とは異なる対応が求められることもやむを得ないことと思われる。したがって，特に他害のおそれがあるため措置入院となっている患者について，その精神病の内容，経歴，現状等からある程度具体性をもって，無断離院や離院した場合の危険の発生が予見し得る場合には，無断離院を防止し，他人が患者によって生命身体等を害されることを未然に回避すべき注意義務が医療側に課せられることになろう。

本判決も，原判決が認定したAの精神病の内容，生活歴，犯罪歴等の措置入院までの経緯，無断離院の前歴を含めた措置入院後の態度，病状などに照らせば，事故発生の予見可能性を肯定できることを前提とし，患者の治療，社会復帰のために開放的治療が必要であるとしても，無断離院のおそれがある患者に開放的処遇を実施するについて特別の看護態勢を定めなかった県立北陽病院の院長，院外散歩に参加させるに当たり引率する看護士らに何ら特別の指示を与えなかった担当医師及び散歩中Aに対して格別な注意を払わなかった看護士らには，Aが無断離院して他人に危害を及ぼすことを防止すべき注意義務を尽くさなかった過失があると判断したものである。

かくして，病院側の賠償すべき金額，1億2,500万円は決定した。

さて，この裁判の審理内容を改めて点検してみる。

（問題点）

1．無断離院の予見ならびに予防が可能だったか。
2．殺人事件の予見が可能だったか。
3．無断離院と殺人事件発生との因果関係をどのように考えるか。

以上の問題点に対する上告理由書を点検して，病院側の主張をまとめてみる。

V　上告理由

（総論）

結果論からいえば，院外散歩を実施しなければ事件は発生しなかった。このような損害賠償責任を避けるためには院外散歩をしなければいい。しかし，現実の医療の第一の目的は患者の隔離ではなく治療，社会復帰である。

医療の潮流として，第2次世界大戦後の国際社会における精神医療は，治安維持による社会防衛ではなく患者の保護，社会復帰にあることが明確に位置付けられており，1991年国連総会において明確にされている。我が国においては，昭和40年代以降，立ち遅れた閉鎖的拘束性の強すぎる精神医療が批判され，日本精神神経学会を中心に患者に適切な医療を提供しようと努力されている。本件のような事故の医療側の責任をどのように判断するかという問題は国際社会における我が国の医療をどのような位置付けにするかという極めて重要な問題と結び付いている。院外散歩の実施→無断離院→殺人事件の発生の一連の動きを具体的予見可能性が存在し，本件はそれを逸脱していると証明されなければ医療側の責任は認められない。もし，医師が予見できないことまで裁判所が予見可能であったと判断するならば，医師は，責任回避するため国際的批判の対象となろうとも，治療にマイナスであろうとも患者に対する管理を強化し，開放療法を控え，閉鎖的な病棟で拘束することが適当であると判断せざるを得なくなる。本件において裁判所は十分に審理を尽くし，適切妥当な結論を出さねば，我が国の精神医療は，明治・大正の汚辱の時代に逆もどりし，国際的批判に晒されることになる。

(各論)

1．無断離院は被害妄想によるものか

原判決（二審高裁判決）は，Aは親族に対する被害妄想と自由願望が無断離院の動機であると断定しているが明らかに間違いである。本件では，刑事事件として福島章氏（上智大教授）により精神鑑定が行われ，鑑定書及び証人尋問調書が存在する。それによると福島氏は，本件無断離院は被害妄想を動機とした離院であることを否定しているし，また，前回の離院は，被害妄想を動機としていたのに対し，今回は自由願望を動機としている点において異なると明言している。

2．自由願望を理由とする本件無断離院に対し，北陽病院には過失責任があるのか

精神病院の本来の目的は，患者を社会復帰させることである。病院には離院防止の義務があるならば，離院することにより病状が悪化する場合である。しかし，本件無断離院のように，通常の人間心理から説明可能な自由願望を動機とする離院を医療施設は防止しなければならない法的義務はない。控訴

審において，笠原嘉氏（日本精神神経学会理事長）は，鑑定意見書において主治医のこの無断離院の予見可能性に次のように述べている。

　Aが無断離院する可能性が皆無でなかったとしても，当時の彼の病院内での行動から離院を疑う根拠を見出すことは困難である。特に患者の治療を重視する立場である主治医には，予見は困難であった。

① 幻覚，妄想といった危険な症状がなかったこと。
② 近々，半年の治療経過は良好であった。

3．本件殺人事件は被害妄想によるものか

　もともとAに認められた被害妄想は親族のみに限定されている。本件殺人事件の被害者は，みず知らずの第三者である。この点について福島章氏は，本件殺人事件が被害妄想によってなされたものではないと明言している。

4．本件殺人事件の動機は何か

　福島章氏は，単純な金銭欲と金持に対する敵意を動機と判断している。しかし，原判決でAは分裂病の欠陥状態で感情の冷却，鈍麻，思考障害だけをとりあげているのは，予断，偏見である。

5．本件無断離院時，Aは，殺人を犯す具体的な危険性を有する人間だったのか

1）措置入院であれば，不特定の殺人の可能性があると判断することは根拠がない。当時，主治医は，措置解除されなかった理由として，Aの親族への被害妄想を見極める必要があったと判断している。

2）離院前に親族に対する恨みや加害を公言しており，以前，叔父を殴りに行っているが，それは，第三者に対する殺人を犯す危険性とは評価されない。

3）原判決は，Aの前科や病院内の行動を理由に，Aが第三者に対する加害行為に心理的抵抗が少ない人物と判断している。しかし，具体的事実を検討するならば，その判断は独善である。

① 昭和51年，上野駅で職務質問された時，30cmの包丁を持っていたが護身用であった。
② 昭和56年，職務質問された時，12.2cmの登山ナイフを持っていたが窃盗の道具であった。この時警官を突いて崖から落としているが，その時は窃盗をした直後であり，発覚をおそれ逃げるためだった。

4）Aが病院内で7回他患へ暴力行為に出たことがあるが，それは必ず肩に触れたなど，7回とも具体的理由があり，理由もなく他患を殴る人物と判断するのは杜撰である。

5）原判決ではAが離院すると向精神薬が切れて症状が悪化し殺人事件を犯す予見可能性肯定の理由にしているが，福島章氏はAの病院での処方薬は治療上，控えめなものであり，犯行時，妄想知覚，妄想気分など病的状態は起こっていないと断言している。

なお，この第三者殺人予見可能性について，笠原鑑定においても，Aが無断離院時に精神分裂症状により，第三者を殺害する具体的危険性はなかった。またそれを主治医が予見することは困難であったと鑑定されている。

6．無断離院予防に際し病院側に義務違反があるか

離院は妄想によるものではなく，自由願望が動機であり，治療目的の病院の役割からは義務違反と評価できない。院外散歩の実施方法も，24名に対し4名の看護者を付け，しかるべき場所を選んでおり妥当である。

原判決では，散歩を二度に分けて実施すべき，また隊列が伸びすぎてAに対し注意散漫であったと判示しているが，現実の医療の立場からは非常識な判断である。

7．Aの行った無断離院と殺人事件との間には相当因果関係があるか

Aの症状は妄想が認められない程度に軽快していた。叔父に対する復讐心で離院したのならば，横浜ではなく叔父の居住地に向かうはずである。Aは殺人に至る4日間他人に対し暴力行為はなく，ナイフを購入したのは人を脅してお金を奪うためであり，殺人を前提ではない。Aが殺人の意思を確定したのは3日後の夜であり，金を持っていそうな通行人を脅すだけでは騒がせてしまうから，殺して奪う方が確実と考えた。

Aは殺人行為の際，責任能力を欠いていたものではなく，刑事裁判において強盗殺人罪，懲役13年で現在服役中であり，精神分裂ではなく自由意思による事件である。すなわち，Aは病院から抜け出したい一心で離院し，以前行ったことのある横浜に出てきたが，数日のうちに所持金がなくなり，宿泊する所や食べ物にまで不自由となり金品奪取の意思を抱き，さらに強盗殺人の意思を有するに至ったものである。Aの殺人事件は離院とは無関係にAの自らの意思のもとで行った故意行為であり，離院と殺人事件とは因果関係

はない。

（結論）

　本件は，精神医療のあり方が現在及び未来にわたって問われる重大な事件である。被上告人（被害者遺族）は，「措置入院制度は精神障害者の野放し状態を防止し，これらの精神障害者から国民の生命，身体ならびに財産等を保護することを目的とし社会防衛の性格を有するものである」と判定しており，原判決の結論はこの主張に傾いている。しかしながら，精神医療の第一義的目的は患者に対する治療，社会復帰である。精神科医は，患者を前にして自殺のおそれ，他害のおそれがあっても漠然とした不安で患者を社会から遠ざけてはならないと使命を背負っている。医師は，日々，治療義務と不測の結果の回避注意義務との間で悩み苦しみ，専門的知見のもとで結論を下さねばならないのである。原判決は，この医療現場の苦悩に対する考慮に欠けた被上告人の主張に安易にのり，予見と偏見のもとで行っている。もしこのような司法判断が確定判断として残るならば，我が国の精神医療は混乱し，また，国際社会に対し，我が国のアナクロニズムな姿勢を晒すことになる。

　以上の理由により，是非とも最高裁の厳正な判断を仰ぎたく上告理由を提出する。

（以上，上告理由書の要約）

　病院側は以上のような上告理由書を提出しているが，これには「精神障害者の再犯予測に関し，刑法学会，精神医学会，犯罪学会において，それは不可能であるとの結論に至っている」という論文をはじめ本邦における膨大な証拠をあげ，原判決の矛盾点を指摘している。我々，医療側の視点からみると，これ以上主張することは残っていないと思えるような精緻な上告内容である。しかし，その判決は先に述べたように「上告棄却」であった。その判決の理由文を抜粋すると「原審の判断は正当として是認することができる。原判決に所論の違法は認められない。（上告文の）論旨は原審の専権に属する証拠の取捨判断，事実の認定を非難するか，又は独自の見解に立って原判決を論難するものであって採用することはできない。よって，裁判官全員（5名）一致の意見で主文のとおり判決する」となっている。

　さて，この最高裁判決を点検して，まずの感想，「呆れて発する言葉もな

い。裁判というものはそれぞれの立場から自らの意見を述べ証拠を提出しそれをつきあわせ，公平な裁判官のもとで十分な審理を尽くし，しかるべき結果が出るものと理解していたが，これは，素人レフリーの感情的なジャッジでしかない。ボクシングも成立していない！　民事裁判と刑事裁判とは別だとはいえ，刑事裁判で心神耗弱が認定されたといえども懲役13年に処せられたということは，それなりの責任能力がある人物ということになる。そのような人物が起こした結果を，民事裁判では全面的な病院側の責任とする判決には納得できない」。

　この感想を，毎年私の病院に実習にくる司法修習生の諸君にぶつけてみた。「院長の気持ちはわかるけれど，被害者救済という民事裁判の性質を考えるとこの判決も仕方がないと思う」という反応が多かった。まわりの医師たちに，この判決を伝えると「これからは，措置患者には外出，外泊は許可が出しにくい。措置は早めに解除して退院させたほうが無難でいい。解除が早過ぎて事故を起こしたら，また，訴えられるだろうか」というのが大方の反応であった。

　いずれにしても，この最高裁判決を前にして，これからの毎日の医療，特に措置入院にはどう対処すればいいのかわからない，途方にくれるというのが現場の素朴な感想ではなかろうか。

　さて，冷静にこの裁判の特徴をいくつか抜き出してみる。
* 我が国初めての措置入院患者の他害行為に対する最高裁判決である。
* 場所は県立病院であり，人員，設備とも我が国の平均的水準以上の施設で発生している。
* 患者は，かなり落ちついた病像であっても，元々は医療刑務所からの触法精神障害の措置入院である。
* 措置入院制度は，精神障害者から国民の生命，財産を守ることを目的とし，社会防衛的性格を有するものとし，措置患者の処置は他の一般患者と異なるべきと判断している。

　これまでの精神科医療を振り返ってみると，現場では，措置入院といえども多大の配慮のもとで一般患者と基本的には同じ土俵で治療優先で対応してきたといえよう。そして，どうにか対応できていたようにみえる。しかし，よくみつめてみると，その背後に，何年も危険なため保護室から出せない人

第 2 章　触法精神障害者の処遇をめぐる諸問題

がいたり，逆にトラブルメーカーの措置患者を厄介払いの目的で無責任な措置解除退院の形へもっていった場面がみえてくる。いずれにしても，我々は，通常の医療体制では支えきれない精神科医療の分野をかかえてきたと思うが，それを我々は直視してこなかったのではないか。今回の事件は，上述した特徴を考慮するならば，この曖昧さの中で発生し，社会（最高裁判決）は，善意だけの医療では通用しないことを示していると受け止められないだろうか。この現実を前にして，これからの医療が委縮せず本来の道を歩むため，いくつかの提言をあげたい。

　① 措置入院制度を 2 種類に分ける。
・特別措置入院：措置要件が，殺人，傷害など重大犯罪であり，検察官通報などによるもの
・一般措置入院：従来の一般的な措置入院
　② 特別措置入院の解除に際し，司法関係者も参加した現在の精神医療審査会のような公的機関で審査する。
　③ 特別措置入院は原則として国公立病院で対応する。

このような提言をすると，新しい問題が発生する。特別措置と一般措置の線引きの実際はどうするか？　受け皿の施設の具体的なソフト，ハードの整備は？　医療の分断化ではないか，保安処分ではないか？　精神科医療と司法との接点をどうするか？

次々に難しい問題がみえてくるが，いずれにしても，今回の最高裁判決は，今まで，我々精神科医療関係者が本音では知っていながら，国民に対し，正面でテーマにすることを避けてきた精神科医療の辛い部分，暗い部分すなわち触法精神障害者問題にいかに対応するかを我々に問いかけていると受け止められないだろうか。

「精神障害者に対する偏見をなくしましょう。今はノーマライゼーションの時です。障害を持った人々と共に生きましょう」とスローガンを掲げるならば，最高裁判決が問いかけていることに我々がきちんとした回答ができていなければ国民は信用してくれまい。触法精神障害者問題は難しいから避けるのではなく，1 つの回答にたどりつく道のりは大変であっても，それを求めて動き出すべき時がきているのではないだろうか。

5 触法精神障害者の処遇とわが国における司法精神医学の課題

五十嵐 禎人

I はじめに

昨年（2001年）6月の大阪・池田小学校における不幸な事件以来，触法精神障害者の処遇が再びクローズ・アップされるようになった。種々の議論を経て，本年（2002年）3月18日政府は「心神喪失等の状態で重大な他害行為を行った者の医療及び観察等に関する法律案」を国会に提出し，現在審議が進められている。新法に対する賛否を別として，この間の触法精神障害者の処遇をめぐる種々の議論の多くに共通する指摘は，わが国における司法精神医学の研究・研修体制の不十分さ，触法精神障害者に対する治療技法や治療施設の不十分さ，現行の精神鑑定（特に起訴前簡易鑑定）やそこでの責任能力判定のあり方に対する疑義，入退院決定に関する第三者機関（裁判所ないし行政委員会）の関与の必要性などである。従来のわが国における触法精神障害者の処遇に関しては，法的枠組みと専門治療施設の欠如による問題が指摘されてきたが，今回の一連の議論においても法的枠組みと専門治療施設の新設の適否が論議の的であるのは確かである[1]。

周知のように，ほとんどの欧米諸国では，殺人，放火などの重大な触法行為を行った精神障害者は，通常の民事手続とは異なる手続による強制入院制度によって処遇されている[2]。また，欧米諸国には，充実したマンパワーと高い保安度を有する司法精神医学専門病院が存在しており，触法精神障害者を中心とした他害の危険性の高い患者に対する専門的な治療を行っている。しかし，こうした触法精神障害者に関する特別な法規定や専門治療施設がすでに整備されている欧米諸国においても，近年，司法精神医学・司法精神医療の整備・充実は重要な課題とされている。わが国より先に脱施設化政策が推進された欧米諸国においては，触法精神障害者の処遇はわが国以上に議論の的となっている。

本稿では、まず、今、なぜ、触法精神障害者の処遇が問題とされているのかについて、欧米諸国の動向も視野に入れつつ検討し、ついで、わが国の司法精神医学の課題についていくつかのトピックをめぐって検討し、最後にこれらの検討を踏まえて、政府提案の新法について若干のコメントを述べることとしたい。

II 問題の所在——今、なぜ、触法精神障害者の処遇が問題とされるのか——

精神科受診歴のある者が大きな事件をおこすたびに、一般公衆から、精神科医療、特に近年のコミュニティ・ケア、脱施設化政策に対する批判がおこるのは何もわが国に限ったことではない。特に重大事件の行為者（犯人）が責任無能力者として免責された場合にはより大きな批判がおこり、それが時には法制度の改変にまでつながることは米国における Hinckly 事件の経緯をみても明らかである。近年、欧米諸国の多くで一般精神病床の削減の一方で、司法精神医学専門病床は増床されている。また、イギリス、ドイツなどでは司法精神医学専門コミュニティ・ケアサービスの整備が進められており、いまや欧米諸国における司法精神医学専門医療は、従来の入院治療中心主義からコミュニティ・ケアへとサービスの幅を広げつつある。そして、こうした傾向を反映して行状監督制度や外来治療義務付け制度 out-patient commitment などの新たな法的枠組みが導入されつつある。こうした動向の背景には、1950年代頃からのノーマライゼーション運動による障害者観の変化、さらにそれに伴う精神科医療の変革があるように思われる。以下、精神分裂病[3]を中心にノーマライゼーション運動が精神科医療や触法精神障害者の処遇に与えた影響について考えてみよう。

1 ノーマライゼーション運動以前の精神科医療

近代精神医学が確立し、精神分裂病の概念が確立されるのは、19世紀後半から20世紀にかけてのこととされる。1896年に Kraepelin は進行麻痺をモデルとして早発性痴呆の概念を提唱し、これをもとに1911年 Bleuler が精神分裂病という病名を提唱し、精神分裂病概念が確立された。

当時は、精神分裂病は重篤な判断能力の障害と人格破壊を伴う不治の病であると考えられていた。精神分裂病者は、通常の社会生活を送ることが不可

能であり，全面的にその能力（行為能力）を剥奪することによって社会から保護する必要があると考えられており，また病院という保護的環境へ収容して適切な治療・ケアを与える必要があると考えられていた[4]。実際，当時の社会保障，社会福祉的施策が不十分な社会においては，多くの精神分裂病者は精神障害であることすら理解されず，何の治療もケアも提供されずに社会の中で放置されていた。当時の精神科医療の課題は，治療もケアもなしに社会の中で放置されている精神分裂病者をいかにして精神科医療の対象とするか，すなわち精神分裂病であることをきちんと診断し，病院に収容して治療・ケアを提供することであった。精神分裂病の症状がたとえわずかであっても確実に存在するのであれば，その者は入院させる必要があると考えられ，その症状がたとえわずかでも残存する限りは継続して入院させておく必要があると考えられていた。患者を退院させることは，社会福祉的施策を欠く社会へ返すことであり，そのためには精神分裂病の症状が完全に寛解し，特別なアフターケアも必要とはされない状態にあるか，あるいは家族などによる監護によって病院と同じような保護的環境が保障されることが条件となる。必然的に入院は長期化し，また退院する患者はほとんどいないことになる。

つまり，精神分裂病という診断は，その者が全面的（行為）無能力者であることを意味しており，触法行為の有無を問わずに，長期にわたる入院によって社会から保護され，治療とケアを提供されるべき者であることを意味していた。被害者感情や刑事政策の面からみれば，社会から長期間隔離されるという点では病院も刑務所も大差はなく，再度危険な触法行為を起こさないように監護され，治療やケアが提供されているという点では，病院は刑務所よりもずっと優れた収容施設である。このような精神障害者観・治療観のもとでは，触法精神分裂病者に対して通常の患者と異なる特別な処遇は必要とされないのは当然である。

2 ノーマライゼーション運動と精神科医療の変革

第二次世界大戦後の人道主義，人権主義の高まりと精神医学の進歩は，こうした精神障害者観を根底から覆すことになる。ノーマライゼーション運動の出現である。ノーマライゼーションとは，1950年代に北欧でおこった知的障害者の処遇改善運動を嚆矢とする社会変革運動である。ノーマライゼーション原理の育ての親とされるニィエリは，「ノーマライゼーションの原理

とは，生活環境や彼らの地域生活が可能な限り通常のものと近いか，あるいは，全く同じようになるように，生活様式や日常生活の状態を，全ての知的障害者や他の障害をもっている人々に適した形で，正しく適用することを意味している。」[5] と定義している。障害者も社会の一員としてノーマルな生活を送る権利があるという考え方は，従来の父権主義的な能力剥奪による全面的な保護から，障害者の自己決定の尊重と残存能力の活用へという動きを生み出す。そして，障害者の処遇についても，病院や施設に収容して全面的に保護するのではなく，通常人と同様に可能な限り社会内で処遇（脱施設化）すること，そして，障害者が社会生活を送るために必要な援助体制の整備された社会へと社会自身が変革されることが求められるようになるのである。

　精神科医療との関係を考えるときこの運動が知的障害者を対象として始まったことは示唆的である。現在にいたるまで知的障害者の知的機能そのものを改善するような治療方法は未だ発見されてはいない。しかし，それにもかかわらず，ノーマライゼーション運動によって施設を出て社会内で生活できるようになった知的障害者の数は膨大なものである。現在ではそれらの知的障害者は，その人なりに社会の一員としての義務と責任を果たしつつ社会内で生活している。つまり，以前は，知的障害者は，知的能力障害のために判断無能力とされ，適切な保護とケアのためには社会から保護的施設へ収容する必要があると考えられていたが，ノーマライゼーション運動によって，知的能力障害が存在していても，それ以外の残存能力の活用と適切な援助によって社会で十分生活できることが実証されたのである。

　こうした変化は，障害者観の変化とそれに伴う能力概念の変化によっておこったのであり，精神科医療の進歩によって知的機能が改善されるようになったからではない。こうした状況の変化によって，従来のような知的機能障害の診断だけではなく，知的障害者の残存能力を見出し，その残存能力を活用するためにはどのような援助が必要であるかを考えることも精神科医療の役割とされるようになった。つまり，ノーマライゼーション運動以前は，障害者の健常者と異なる側面（病的側面）を発見し，社会から保護するために入院・入所させることこそが精神科医療の課題であったが，ノーマライゼーション運動以後は障害者の健常者と同じ側面（障害されていない，正常

な側面）を発見し，それを利用して社会での生活を送れるように援助することこそが精神科医療の課題とされるようになった。

こうした障害者観の変化は精神分裂病者の精神科医療についても当然変化を促すことになる。精神分裂病の症状が少しでも確実にあれば，入院させ保護的環境で治療とケアを提供すべきであるという考え方は，たとえ症状が残存していても日常生活に支障がないかぎりは社会の中で生活させるべきであるという考え方へとかわり，従来であれば退院不可能とされた患者の多くが，退院可能と考えられるようになった。そして，ほぼ同時期にはじまる脱施設化政策の影響もあり入院期間は大幅に短縮され，入院数自体も減少し，精神科医療は入院至上主義からコミュニティ・ケアの時代へと変革されることとなった。また，これに並行して精神病床の開放化が進められることとなった。こうした治療構造の変化とその実践によって，精神分裂病は従来考えられていたような重篤な判断能力の障害を伴う不治の病ではないことが明らかにされた。精神分裂病に伴う判断能力の障害は，病状による変化が大きく，精神分裂病といえども常に判断無能力ではないこと，また個人差も大きく，判断能力は個々の患者ごとに病状に応じて判定する必要があることが明らかとなった。

こうした傾向に拍車をかけたのが，精神科薬物療法の登場である。1952年のクロルプロマジンの登場にはじまる抗精神病薬療法によって，幻覚・妄想に対する効率的な治療が可能となった。幻覚・妄想をはじめとした精神病症状がある程度コントロール可能となり，また幻覚・妄想に基づく行動の異常は早期に改善するようになった。しかし，現在の抗精神病薬療法はあくまでも対症療法であって原因療法ではない。精神病症状の軽減とそれに伴う行動の異常の消退は，必ずしも精神分裂病の治癒・寛解を意味するものではない。実際，退院後の服薬中断を契機として再発・再燃し，再入院する患者が多いのは周知の事実である。

1970年代の米国にはじまる一連の強制入院制度改革による強制入院手続の厳格化（準司法化）によって，強制入院基準が厳格化されたことは，さらに入院数の減少と入院期間の短縮をもたらすことになった。

これら一連の精神科医療の変革によって，精神科医療における入院治療の役割は極めて限定化され，特に強制入院は，精神病症状などのために判断能

力が著しく障害され，日常生活に支障をきたすような行動の異常が存在する時期のみに限定されるべきであると考えられるようになった。しかし，すでに述べたように，行動の異常の消退は，必ずしも患者自身が自らの疾病を理解・認識し（病識をもつ），服薬をはじめとした再発・再燃予防のために必要な療養上の注意を守れる（コンプライアンス）ような状態まで回復したことを保証するものではない。強制入院要件の厳格化は，行動の異常が消退し日常生活に支障がなく，また差し迫った自傷他害の危険性もない患者は強制入院の対象とならないことを意味しており，病識が十分でなく，治療にコンプライアントでないことを理由に強制入院を継続することは許されないことになった。治療の必要性を十分認識していない患者は，しばしば退院後すぐに治療を中断し，その結果再発・再燃することも多く，頻回に入退院を繰り返す患者も多くみられるようになった（回転ドア現象）。ノーマライゼーション運動以前の退院患者の多くがもはや医療的ケアが不要な状態にあったのと対照的に，ノーマライゼーション運動以降の退院患者では退院後の治療継続が確保されることが必要不可欠な条件となった。

　こうした精神科医療の変革，障害者観の変化のもとでは，従来のような精神分裂病者はすべて責任無能力者であるという考え方は，精神科医療の面からも，障害者の人権擁護の面からも，そして被害者感情や刑事政策の面からも再考を迫られることとなる。事実，多くの欧米諸国では責任能力の判定基準はより厳格化の方向（免責の範囲を狭くする）へと向かっている。

3　近年の欧米諸国における司法精神医学研究の示すもの

　近年，欧米諸国において行われた精神障害者による触法行為についての大規模な研究の結果によれば，精神障害者による触法行為は一般人口と比較して決して少ないとはいえないこと[6]，また，ほぼ脱施設化政策が実行された時期を境として精神障害者による触法行為が増加していること[7]が示されている。大精神病（精神分裂病，大うつ病，双極性障害，妄想性障害など，中毒性精神病をのぞく）と犯罪との関係についてのこれまでの研究をレビューしたHodgins[8]は，1940年代半ば以降に出生し，脱施設化政策がとられた社会で大精神病を発病した者は，同じ社会の同世代の精神障害を発病しなかった者と比較して有罪判決を受けている率，特に暴力的犯罪によって有罪判決を受ける比率が高いとしている。また，アルコール・薬物乱用や反社会性人

格障害を合併している精神病者が暴力行為や犯罪を行う危険性が高いことは多くの研究の指摘するところである[9]。もちろん，これらの結果から，精神障害者＝犯罪の危険性が高い，あるいは脱施設化政策は誤りであり，以前のように精神障害者は入院させておけばよい，というように短絡的に結論付けることはできない。精神障害者による触法行為の増加には，社会一般における薬物乱用の増加や暴力的犯罪の増加，コミュニティ・ケア体制の不備，精神病床の開放化の進展に伴う閉鎖病床の減少により適時適切な入院医療への導入が困難になっていることなどの要因が影響していることは確実であり，また精神分裂病者による触法行為の増加は精神分裂病自体の影響というよりは合併する薬物乱用や人格障害の影響による可能性も高い。

こうした実証的研究の結果をみるまでもなく，刑事責任の減免を要するような精神状態で重大な触法行為を行った精神分裂病患者の場合，病状の再発・再燃は，最悪の経過をたどれば（精神状態が極端に悪化し，適切な治療的介入が行えない場合），再度同様の重大な触法行為に結びつく危険性が高いことは明らかである[10]。このような状況での，精神分裂病者による触法行為を予防するための最良の手段は，治療を継続し，その精神症状の安定化をはかることであり，適時適切な治療的危機介入を行うことである。そして，そのためには単に医療だけではなく，福祉，司法を含めたあらゆる機関が連携・協力することが重要である[11]。そして，一部の治療の必要性を十分に理解せず，また治療中断による精神症状再燃により他害の危険性が著しく高まる患者については，通常の医師—患者間の信頼関係による治療継続を図るだけでは不十分であり，法的に通院を義務付ける制度も必要とされてくるのである。

すでに，触法精神障害者に関する法的枠組みが存在し，専門治療施設を有する欧米諸国においても，今日，司法精神医学・司法精神医療の充実が要請されているのはまさにこのような一般精神科医療の変化と精神障害者による触法行為の増加のゆえである。現在の欧米諸国における司法精神医学の課題は，再発・再燃による精神症状の悪化によって重大な触法行為を行う危険性の高い患者をいかにして同定するか，そしてそうした患者のコミュニティにおける治療の継続をはかり，自傷・他害行為を防止するためにはどのような治療手段・治療的介入が有効であるかについてである。

触法精神障害者に関する特別な法的枠組みを欠き，司法精神医学・司法精神医療の専門性の全く確立していないわが国においては，こうした問題がより先鋭化するのは当然のことであり，今後の開放化・脱施設化の進展はより問題を深刻化させよう。

Ⅲ わが国における司法精神医学の課題

周知のようにわが国の責任無能力者に関する規定は1907年の現行刑法制定以来不変であり，責任能力の判断基準とされるのは1931年の大審院判決（大判昭和6年12月3日刑集10巻682頁）である。また，現在，触法精神障害者を精神科医療へ移送するための制度は，事実上，精神保健福祉法の措置入院制度しかないが，この措置入院制度は1950年の精神衛生法制定以来，多少の改変はあるもののその根幹は不変である。つまり，わが国の触法精神障害者に関する現行制度はほぼ半世紀前に確立されたものである。しかし，前述のように，この半世紀の間に精神科医療や精神障害者観は大幅に変化した。わが国における触法精神障害者の処遇の現状と問題点については別の機会に検討したので[12]，ここではわが国の司法精神医学の課題についていくつかのトピックをめぐって検討することとする。

1 責任能力判定をめぐって——時代に相応しい明確な責任能力の基準を——

以前から，精神鑑定のあり方や責任能力判断については種々の議論があった。重大事件の精神鑑定における精神科診断や責任能力判断の相違は精神医学に対する不信感をも招きかねない状況にある。特に起訴前簡易鑑定については，その非公開性とともに，わずか2—3時間の鑑定で責任能力を判断するのは安易であるという批判も強い。確かに，簡易鑑定の施行状況には大きな地域差がある。また，鑑定にあたる医師の選択にはかなりの偏りがあり，鑑定にあたる医師の技量やその責任能力判断に対する疑義（検察官の意向を先取りするような鑑定の存在）も指摘されているところである。しかし，簡易鑑定は，触法行為が軽微であり，明らかな精神病状態の者に限って適応されるのであれば，早期にかつ確実に触法精神障害者を治療につなげる手法としてはむしろ優れた制度であり，イギリスのCourt Diversion Scheme[13]などのように，近年の欧米諸国においても推進されている制度である。問題はこう

した制度が殺人などの重大な触法行為を行った者にも適用され，最終的な法的処遇が決定されている可能性があることにある[14]。そして，それ以上に混乱のもととなっていると思われるのは，責任能力判断についての統一された基準が，司法実務にも，司法精神医学にもない点である。

　精神障害者による犯罪は通常の者と同様には罰しないという概念は古来，文化・時代を問わず人類に共通するものであるとされる。そして，精神障害者免責制度の根底には，判断能力を欠く精神障害者は子供と同様に保護しケアされるべきであるというヒューマニズム思想がある。しかし，近代的な意味での精神障害者免責制度が確立するのは近代市民社会の確立による罪刑法定主義と責任主義を旨とする近代刑法の制定によるとされる。

　近代的な意味での責任能力概念が確立されたのは1843年のマクノートン・ルールが最初であるといわれるが，このマクノートン・ルールやイギリスにおける触法精神障害者に関する最初の立法となったCriminal Lunatics Act 1800の成立過程をみれば[15]，近代的な意味での精神障害者免責制度や触法精神障害者処遇制度を確立する必要が生じたのは単に近代市民社会が成立したためだけではなく，この時代に近代精神医学がようやくその歩みをはじめたからに他ならない。精神医学の進歩は，素人目にも精神障害で判断能力を欠いているとわかる者（すなわち素朴なヒューマニズムの観点のみで免責に合意が得られる者）以外に，素人目には通常人と何ら変わりがないようにみえても，その行動が病的妄想に支配されている精神障害者が存在していることを明らかにした。そして専門的知識をもった精神医学者の診察によって初めて精神障害と判定できるような者を免責とするためには，社会一般がその免責に合意できるような明確な責任能力判断基準や免責後の特別な処遇制度が必要とされたのである。その後のイギリスにおける触法精神障害者をめぐる立法や専門治療施設の変遷をみても，責任能力概念や触法精神障害者の処遇は，精神医学，精神科医療の進歩・発展に応じて変化すべきものであるといえよう。

　周知のように法学領域における，旧派・新派以来の論争同様に，わが国の司法精神医学の実務においても，可知論・不可知論に代表されるような学説の相違がある。わが国を代表する司法精神医学者である中田は，不可知論の立場にたち，ドイツでは精神医学と司法との間に慣例が成立しており，「真

の精神病者は常に責任無能力である」と主張する(16)。しかし，すでにみたようにノーマライゼーション以降の精神科医療の変革・障害者観の変化によって，もはやこのような責任能力観は社会一般にも，また一般臨床精神科医にも必ずしも受け入れられてはいないのである。判例分析を通して中田自身(17)がすでに指摘しているように，検察官による不起訴・起訴猶予の決定では責任能力は中田の主張するような「精神病は常に責任無能力」とする公理的原則に基づいて行われることが多いように思われるのに対して，裁判官による責任能力判断はそのような公理的原則に基づいていないことは明らかである。こうした社会一般や一般臨床精神科医の認識と精神鑑定（特に簡易鑑定）に従事する精神科医やそれに基づく検察官の責任能力判断とのずれは，結局のところ，わが国にはこれまで，診断学としての司法精神医学は存在しても，免責後の処遇や治療をも考慮した治療学としての司法精神医学が存在しなかったこと，そして，臨床からのフィードバックのないままに，精神科医療の体制や触法精神障害者に関する法制度の全く異なる海外の理論（特にドイツ精神医学）をそのまま直輸入する状況が続いたことによるのではなかろうか(18)。

　ノーマライゼーション運動以降の精神科医療の変革・障害者観の変化を十分考慮し，また社会一般が了解できるような，明確な責任能力基準を確立することこそ，わが国の司法精神医学における焦眉の急の課題といえよう(19)(20)。

2　限定責任能力者の問題

　わが国の現行刑法は制定当初より，限定責任能力者（心神耗弱者）に対する刑の減軽規定をもっている(21)。しかし，限定責任能力者はあくまでも責任能力者であり，軽微な触法行為の場合はともかく，重大な触法行為に関しては本来刑の減軽は認められても，完全な免責を認められるべきものではあるまい。ところで犯罪白書の統計(22)によれば，検察庁ならびに第1審裁判において心神喪失・心神耗弱が認められた精神障害者の28％は検察庁の段階で心神耗弱を理由に起訴猶予処分となった者でしめられている。公判の段階で心神耗弱とされて刑の減軽を受けた者のうち執行猶予とされた者がどの程度いるかは不明であるが，精神保健福祉法の検察官通報の対象となる触法精神障害者の約3割は限定責任能力者であることは注目されてよい。もちろ

んそうした限定責任能力者の触法行為の多くは軽微なものであろうが，しかし，いわゆる重大犯罪とされる，殺人，強盗，傷害，傷害致死，強姦・強制わいせつ，放火の6罪種で心神耗弱・起訴猶予処分となった者は検察庁の段階で不起訴・起訴猶予処分とされた触法精神障害者の14％をしめている。重大な触法行為を行った限定責任能力者が正式な裁判も行われずに免責され，その後は一般の精神障害者と全く同一に取り扱われている状況は欧米諸国にはみられないわが国における触法精神障害者処遇の問題点である[23]。そして，こうした限定責任能力者に対する処遇が，山上や井上[24]の指摘する，事件を繰り返し起こしては病院に逃げ込むように入院してくる患者，患者の病状や公共危険性についての厳正な評価を欠く早すぎる退院を生み出す原因となっているのではなかろうか。実際，山上ら[25]によれば，検察庁の段階で心神耗弱・起訴猶予とされた者には，心神喪失・不起訴とされた者より再犯が多くみられ，裁判例については無罪とされた者（＝心神喪失者）には再犯がみられず，実刑を受けた者（＝心神耗弱者）に再犯が多くみられたという。つまり，限定責任能力を理由に刑の減免を受けた触法精神障害者の処遇こそ，精神科医療の面からもまた刑事政策の面からも大きな問題であるといえよう。触法精神障害者の治療においては患者を指標犯罪に直面させることが重要である[26]が，こうした直面化は限定責任能力者の処遇上は特に重要であり，治療を保障しつつ触法行為への直面化を可能とするような法的枠組みが必要とされるところである[27]。

3 精神障害者の触法行為と治療の必要性

精神障害者による触法行為であっても，触法行為と精神障害との関係は一様ではなく，また個々の事例によって必要とされる治療も異なっている。以下のいずれも精神分裂病の事例についてこの問題を検討してみよう。

[**事例A**] Aは精神科治療を中断し，その6ヶ月後に活発な幻覚妄想に支配されて父親を悪魔の化身と考えて刺殺した。

[**事例B**] 元来犯罪・非行歴があり反社会的性格傾向が強かったBは幻覚妄想がほとんど消退した慢性期に抑制欠如から金品目当てに強盗殺人を行った。

[**事例C**] かねて隣人に被害妄想をいだいていたCは，警察にも隣人からの被害をしばしば訴えていたが相手にされていなかった。Cは隣人と警

察がグルであると確信し，この不正を暴くためには自ら事件をおこし，裁判を受け，その過程で隣人と警察の不正を暴くしかないと思い，隣人を刺殺した。

　Aの場合には触法行為は精神分裂病の症状と密接に結びついており，触法行為は精神分裂病という精神障害の結果に他ならない。Aが触法行為時に理非善悪の弁別を欠くことは明らかであり，責任無能力者として免責されることに異議を唱える人はいないであろう。抗精神病薬を中心とした薬物療法によって幻覚妄想が消退ないし軽減し，A自身が，自らの疾病を認識し，再発予防のための治療継続の必要性を十分に理解していれば，再犯の危険性は著しく低い。被害者感情に対する配慮[28]を除けば，Aの治療は通常の幻覚妄想状態の患者と大きくかわるところはない。

　Bの場合には精神分裂病による人格変化が元来の反社会的性格傾向を先鋭化させ，現実検討能力の低下や抑制の欠如といった障害を引き起こしており，この点は触法行為の一要因として考慮されるべきではある。しかし，Bの触法行為は精神分裂病の直接の結果とはいえない。近年の判例をみるかぎりBのようなケースに関して責任無能力が認められることはあまりなく[29]，社会一般の感情としても免責には異議が多いと思われる。仮にBが精神病院に入院したとしても，すでに幻覚妄想などは前景にはなく，問題となるのは精神分裂病による人格変化とそれに伴う抑制の欠如や暴力的傾向であり，こうした部分に対しては，薬物療法だけでは充分な効果は得られない。そしてBの再犯の予測は精神症状の推移をモニターするだけでは充分に行えない。一般に犯罪・非行歴が精神障害の発病に先行した患者には暴力的傾向が著しい者が多く，中には「精神障害であるから何をやっても罰せられない」と誤解している患者[30]もおり，安易な起訴猶予処分による免責は患者のこうした誤解を助長することにもつながりかねない。

　Cの場合も触法行為の動機は精神分裂病の症状と密接に結びついており，触法行為は精神分裂病という精神障害の結果に他ならない。しかし，Cが触法行為時に理非善悪の弁別を欠くか否かについては議論の余地がある。おそらくCは殺人が違法な行為であるということを認識していたであろう。しかし，Cは妄想のゆえに自らの殺人は隣人と警察の不正を告発するためのものであり道徳的には許されると誤解しており，その意味では理非善悪の弁別を

欠いていたといえよう。精神医学の立場からいえば責任無能力とすることが多いと思われるが，社会一般の感情としては免責に異議を唱える人もいることであろうし，また近年の判例では妄想に基づく触法行為であっても免責されないことは多い。しかし，刑務所に拘禁してもCの妄想が改善することはないし，妄想を軽減するためには強制的にでも妄想に対する治療を行うことが必要である。Cについても抗精神病薬による治療は一定の効果をあげることとは思われるが，その効果についてはAの場合のように楽観視はできない。Cが自らの疾患を認識し，治療継続の必要性を理解するためには，自らの触法行為が事実とは異なる妄想によるものであることを認識させることが肝要となるが，これは薬物療法のみでは達成しがたい。また，Cのような事例が検察庁の段階で不起訴処分とされ措置入院してきたとすれば，検察官が警察の不正をもみ消すためにこのような措置をとったとCが曲解する可能性も有り，かえってCの妄想を増強する結果にもなりかねない。裁判できちんと事実認定を行った上で，なぜ自らの触法行為が免責され入院しなければならないのかをCにきちんと宣告した方が，その後の治療は行いやすいであろう。

　以上，みてきたように同じ精神分裂病の事例であっても，精神障害と触法行為との関係はこのように複雑であり，必要とされる治療の内容や法的処遇にも大きな相違があるのである。しかし，精神分裂病の事例については抗精神病薬治療が一定の有用性を持っていることは確実であり，たとえ一時は強制的にではあっても抗精神病薬の服用を継続させることこそが，本人の利益でもあり，また公共の安全にも資するはずである。しかし，強制的な精神科治療がすべての精神障害に対して有効な訳ではない。

　[事例D]　Dはかねてより覚せい剤を乱用しており，これまでにも覚せい剤使用時に幻覚妄想状態になることがあり，精神科を受診し抗精神病薬を服用したこともあった。しかし覚せい剤使用を中止すれば幻覚妄想は速やかに消退していた。Dは覚せい剤を使用し警察官に追われているという追跡妄想に支配され逃走を続けていたが，たまたますれ違った警察官が自分を逮捕しにきたものと誤認して刺殺した。

　Dの場合も妄想に基づく触法行為であることはAやCと同じである。しかし，社会一般の感情としては免責に異議を唱える人の方がむしろ多いことであろう。これまでの既往を考えれば，Dの妄想がすみやかに消退することは

ほぼ確実であり，場合によっては精神科治療を行うまでもなく，逮捕・勾留中に自然に消退してしまうこともあろう。しかし，精神病状態が消退しても，Dが覚せい剤の乱用を続ける限り，Dの再犯の危険性は増しこそすれ減ることはない。覚せい剤が使用できないという点では，刑務所も精神病院も同じであるが，精神病症状消退は強制入院要件の消失を意味しており，Dを免責し精神病院へ入院させることは短期間での退院を意味することになる。覚せい剤乱用を止めさせるためには依存症治療が必要なことは確かであるが，現在の精神科医療では，依存症治療の対象となるのはあくまでも自発的な治療意思をもつ患者のみである。

　依存症や人格障害を伴う触法精神障害者の処遇の難しさはまさに，本人が自発的な治療意思をもつ場合にしか有効な精神科治療が行えない点にある。確かに，依存症にせよ人格障害にせよ一定の治療方法は確立されつつある。そして，治療の効率性はともかく，ただ刑罰に処するよりは治療を行った方が社会復帰後の再犯率が少ないことも多くのデータの示すところである。確かに欧米諸国においては，触法人格障害者に対して強制入院の枠組みで治療を行うことがある。人格障害者の精神病理の根底には衝動性コントロールの障害があることは多く，衝動的・発作的に自ら望んだ治療を投げ出してしまうこともある。任意入院であれば彼らの治療放棄は退院，治療の中断を意味する。しかし，自らの衝動的行動パターンに直面し，その結果を自ら引き受け，それに対する内省を行うことによってこそ彼らの治療は進展する。強制入院の枠組みで触法人格障害者を治療する場合があるのは，こうした彼らの衝動的・発作的な治療放棄を防止することにあり，一時の発作的な衝動がおさまれば再び彼らが治療意欲を取り戻す可能性が高いからでもある[31]。

　結局のところ，重大な触法行為を行った依存症者や人格障害者を安易に免責し，精神科医療へと移送することは，精神科医療の面からも，刑事政策の面からも，不適切であり，また本人の治療上も何ら利益とならず，むしろその衝動的・攻撃的行動パターンを助長するだけのものといえよう[32]。

　以上，みてきたように精神障害と触法行為との関係は複雑であり，精神科治療の必要性や治療のために必要な施設・技法も異なっている。触法精神障害者の処遇については，個々の事例の必要性に応じた処遇がなされる必要があり，中には精神科医療への安易な導入が不適切とされる事例も存在するの

第1部　触法精神障害者と処遇困難者

である。

4　再犯危険性の予測をめぐって――危険性の予測からリスク・マネージメントへ――

　かつての保安処分をめぐる議論でも，今回の新法をめぐる議論でも，再犯危険性の予測可能性は議論の的である。この問題について考えていく場合，危険性を dangerousness と risk とに分けて考えることが有用である。dangerousness とは，個人の性向，資質，経歴などを考慮して判定される危険性であり，あるかないかの二分法によって判定される。これに対して，risk とは，あくまでも一定の状況を仮定して，その状況に関連した種々の要因を考慮して行われる一種の確率（危険性が高い，30％の危険性があるというように判定される）的な危険性の判定である。

　精神科臨床における強制入院，退院，外出，外泊などの判断は臨床的な知見の積み重ねに基づく将来の予測によって行われており，そこには当然危険性の予測も含まれている。例えば，措置入院の診察を例にとれば，患者のこれまでの病歴や自傷他害行為の既往，診断，診察時の精神症状，さらにはケアする人の有無などを考慮し，措置入院という治療的介入を行わなかった場合に，再度自傷他害行為に及ぶ可能性があるか否かを検討し，自傷他害の危険性がある程度の蓋然性で認められる場合に措置入院が必要という判断を下しているのである。いいかえれば，種々の治療的介入方法（例えば，措置入院，医療保護入院，任意入院，外来治療など）を採用した場合の危険性を評価し，自傷他害行為を最も確実に回避できる治療的介入方法を採用しているのである[33]。つまり，精神科医が日常行っている臨床判断は実は risk の評価（リスク・アセスメント）の一種に他ならず，また自傷他害行為を防ぐための治療的介入は治療に伴う危険を最小限にするためのリスク・マネージメントに他ならない。それゆえ，今日の欧米においてはリスク・アセスメントやリスク・マネージメントをいかに効率的かつ正確に行うかは司法精神医学の大きな課題とされているのである。

　もちろん未来の予測には常に限界があり，特に種々の要因が複雑に影響する人間の行動については，リスク・アセスメントの手法がいかに進歩しようとも100％正確な予測を行うことは不可能である。予測すべき期間が長期間にわたればわたるほど予測の的中率が下がることも自明の理である。しかし，

今現在であるとか，1日，あるいは次の外来日までといった比較的短期間の病状予測は日常臨床でも行われており，多くの場合，それは成功している。そして，刑事責任能力の減免を要するような精神状態で行われる触法行為の多くが精神症状と密接に連関していることを考えれば，比較的短期間のリスク・アセスメントを綿密に行っていくこと，そして適時適切な治療的介入を行っていくことによって，リスク・マネージメントを行うことは可能なのである[34]。

リスク・マネージメントは，採りえる治療的介入の手段が多ければ多いほどより確実に行えるはずである。その意味では退院の可否についての第三者機関による審査や退院後の通院義務付け制度は，リスク・マネージメントの可能性を拡大するものといえよう。もちろん退院制限や通院義務付け制度が正当化されるためには，まず対象者に適切な医療が提供される必要があることはいうまでもあるまい。さらに，対象者には，本人の健康的な生活を維持するためには継続的にそして時には強制的にでも精神科的治療を受ける必要性があることが必須の要件といえよう。そして，少なくとも厳格な責任能力判定基準のもとで刑事責任能力の減免を必要とするような精神状態で重大な触法行為を行った精神障害者の多くが，このような治療継続の必要性を持っていることは明らかであろう[35]。

そして，リスク・アセスメントが100％正確にはできないからこそ，退院制限や通院義務付け制度を適用するにあたっては，医学的な判断だけでなく，裁判官による法的評価が必要とされるのであろう。医師によるリスク・アセスメントによって評価される危険性（risk）はあくまでも確率的な連続する概念であるが，特別処分を課すことが正当化されるだけの危険性（dangerousness）があるか否かの判定は，医学的に評価される連続する危険性（risk）のどこかに閾値を設けて判断するしかない。そして，どこに閾値を設定すべきかは，責任能力の判定と同様に，決して経験科学的には決定できず，患者の危険性（risk）や治療継続の必要性と自由の制限を課すことによる不利益，さらには被害者をはじめとした社会一般の感情をも考慮して裁判官が規範的に行うしかないのである。

Ⅳ 新法に対する若干のコメント

以上の議論から，筆者の新法に対する基本的なスタンスはおわかりいただけたことかと思うが，稿を終えるにあたって新法について若干のコメントを述べておきたい。

まず，今回の触法精神障害者をめぐる議論の背景には，ノーマライゼーション運動以後の精神科医療の変革と障害者観の変化があり，本来は責任能力概念や精神障害者免責制度のあり方についての再検討を行うことこそがまず行われなければならなかったはずである。

残念ながらこの点についての十分な検討はほとんど行われなかったように思われる。刑法や刑事訴訟法などの改正を全く伴わない今回の新法は，その意味ではあくまでも小手先の対策にすぎない。

その一方で，従来の措置入院制度とは異なる強制入院制度を創設したこと[36]や，これまで検察庁の段階で不起訴・起訴猶予処分とされていた大部分の触法精神障害者に対しても，司法の場（審判所）で場合によってはきちんと事実認定を行った上で，その治療の必要性を考慮して精神科医療機関へ移送するという法的枠組みができたことは，単に被害者感情の面からだけでなく，精神障害者自身の人権擁護の観点からも，また治療の面からも極めて有意義なことといえよう[37]。さらに，通院義務付け制度の導入は現代の脱施設化，コミュニティ・ケアの時代に相応しい制度であり，リスク・マネージメントの面からも有用な手段といえよう。

しかし，審判所による処分の決定が裁判官と精神科医の合議によるとされた点にはいささか疑問が残る。すでに指摘したように精神科医にとって可能なのはあくまでもriskの判定である。規範的判断であるdangerousnessの判定は精神科医の意見を徴収した上で裁判官が行うべきものである。審判の過程でこうした役割分担が可能か否かは具体的な審判の進め方が不明確な現段階ではなんともいいがたいところであるが，精神科医が規範的判断に携わることには，患者に対する奉仕を旨とする医師の職業倫理の面からは問題が生じることがあることは指摘しておきたい。また，審判所における判定が過度に保安的なものとならないためには，刑事訴訟手続と審判手続との間に一定の双方向性が確保されるべきであろう[38]。

第 2 章　触法精神障害者の処遇をめぐる諸問題

　新法制定を機に，わが国には従来になかった人員配置の十分整った新たな専門治療施設が設立されるようである。このような専門治療施設の整備はかねて望まれていたところであり，新法の制定と専門施設の新設によってはじめて，わが国においても治療学としての司法精神医学が今後確立されることになろう。しかし，専門治療施設と一般の精神科医療機関との連携がどのように構築されていくかについては現段階では不明確である。イギリスの触法精神障害者に関する法制度・施設の歴史が示すように[39]，通常の精神保健システムから孤立した法制度・施設は，結果として触法精神障害者を精神保健システムから排除し，また隔離・保安優先で十分な治療の行われない単なる収容施設を生み出しかねない。かつて欧米の司法精神医学専門治療施設が何度となくスキャンダルに見舞われたのは，こうした施設が一般精神科医療から全く孤立した存在であったからである。触法精神障害者に関する法制度・施設は精神保健システムの中に適切に位置付けられたものでなければならないのであり，触法精神障害者に対しては個々のニーズに適した医療とケアが保障されなければならないのである。

(1) 五十嵐禎人「触法精神障害者の処遇——その現状と問題点」風祭元＝山上皓編・臨床精神医学講座第19巻　司法精神医学・精神鑑定（1998年，中山書店）406頁－420頁。
(2) いわゆる保安処分や治療処分制度をもつ国は当然のことながら，1992年の刑法改正において保安処分制度の導入を見送ったフランスにおいても責任無能力として免訴・免責された患者の措置入院については通常の措置入院とは異なる退院手続を定めている。
(3) 精神分裂病については「統合失調症」への名称変更が提案されているが，現時点では学術用語として定着していないので，本稿では従来どおり精神分裂病と表記することとする。
(4) Kraft-Ebing（1872）の「現実に精神病であると認められれば，責任能力が喪失している」，「すべての精神病者は法律の埒外にある」ということばは当時の精神病観を象徴するものといえよう。
(5) ベンクト・ニィリエ（河東田博＝橋本由貴子＝杉田穏子＝和泉とみ代訳編）・ノーマライゼーションの原理〔増補改訂版〕（2000年，現代書館）21頁。
(6) 例えば，Swanson JW, Holzer CE 3rd, Ganju VK, Jono RT : Violence and psychiatric disorder in the community : evidence from the Epidemiologic Catchment Area surveys. Hospital and Community Psychiatry. 41, 761-70, 1990. によれば，過去 1 年

間に暴力行為を行った人の頻度は，精神障害の全くない者では2％であったのに対して，精神分裂病者では8％，物質乱用者では21％にのぼったという。
（7）　例えば，Rabkin JG : Criminal behavior of discharged mental patients : a critical appraisal of the research. Psychological Bulletin, 86, 1-27, 1979. によれば1965年以前にコミュニティへ退院した患者の犯罪率は一般人口とかわらなかったが，それ以降の退院者では犯罪率が高くなったという。また，Grunberg F, Klinger BI, Grumet BR : Homicide and community-based psychiatry. The Journal of Nervous and Mental Disease, 166, 868-874, 1978. によれば，殺人事件の被告人中の精神病者，特に精神分裂病者の比率は，コミュニティ・ケア開始前より開始後の方が高かったという。
（8）　Hodgins S : The major mental disorders and crime : Stop debating and start treating and preventing. International Journal of Law and Psychiatry 24, 427-446, 2001.
（9）　例えば，Steadman HJ, Mulvey EP, Monahan J, Robbins PC, Appelbaum PS, Grisso T, Roth LH, Silver E : Violence by people discharged from acute psychiatric inpatient facilities and by others in the same neighborhoods. Archives of General Psychiatry 55 : 393-401, 1998, Swanson他，前掲注（6）。
（10）　精神分裂病の病状悪化時の病像にはその人固有のパターンがあり，再発時の病像とその経過は比較的同一のパターンをとることが多い。
（11）　イギリスにおけるChristopher Clunis事件は，医療・福祉サービスと司法関係機関との間の連携の悪さによる危機介入の遅れが，結果として精神分裂病者による殺人事件を引き起こした経緯を示している。五十嵐禎人「イギリスの精神科医療から見た日本の精神科医療」精神医学レビューNo. 29（浅井邦彦編・日本の精神科医療──国際的視点から）（1998年，ライフ・サイエンス）77頁—88頁。North Easy Thames and South East Thames Regional Health Authorities : The Report of the Inquiry into the Care and Treatment of Christopher Clunis, HMSO, London, 1994 を参照のこと。
（12）　拙稿前掲注（1）。
（13）　五十嵐禎人「英国における触法精神障害者の司法から精神保健システムへの移送制度」臨床精神医学26号（1997年）399頁—407頁。
（14）　現行の簡易鑑定制度が責任能力ではなく訴訟能力判定の場として機能するのであればこうした問題は生じない。しかし，そのためには措置入院中は刑事手続を一時停止し，病状回復後に刑事手続を再開するような制度が必要とされよう。
（15）　五十嵐禎人「英国における触法精神障害者に関する法制度と触法精神障害者専門治療施設の変遷」法と精神科臨床1号（1997年）1頁—12頁。
（16）　ちなみに一般的な精神科臨床の場面を考えれば，精神分裂病の典型的な症状を呈している患者を精神分裂病と診断するのには1時間もかからない。中田のような立場をとるのであれば，2—3時間で行われる簡易鑑定でも，精神分裂病者の責任能力判定には何の問題もないことになる。

(17) 中田修「責任能力をめぐる最近の問題（覚せい剤中毒と精神分裂病）」懸田克躬他編・現代精神医学体系（年刊版'87-B）(1987年，中山書店) 309頁-332頁．
(18) ちなみに中田がしばしば引用するドイツにおいても，近年，精神分裂病者はすべて責任無能力であるとする考え方には疑義が提出されている．Nedopil N : Violence of psychotic patients : How much responsibility can be attributed? International Journal of Law and Psychiatry 20, 243-247, 1997.
(19) 筆者自身は現在の責任無能力者制度のような刑罰か治療かという二分法を脱却し，イギリスの治療処分制度のように責任能力の有無を問わずに（有罪の者に対しても）刑罰に代わる治療が保障されるような制度が導入されることを前提とすれば，ノーマライゼーションの時代に相応しい責任能力の判定基準はマクノートン・ルール（よく知られる，「精神異常の理由による抗弁が成立するためには，精神の疾患のために自分のしている行為の性質を知ることができず，または，それを知っていたとしても，自分は邪悪なことをしていると知りえないほど理性を欠いた状態にあったことが明確に証明されなければならない」という基準だけでなく，「精神異常者の責任について考える場合には，妄想に関する事実が実在した場合と同じように考えなければならない」という基準も含めて）であると考える．精神科医の立場からは，精神障害者に対して適切な治療が保障されることこそが重要であり，行為・人格の非難妥当性・可罰性としての責任能力の有無は本来，精神科医が考慮すべき問題ではない．もっとも死刑制度が維持される限りは，死刑判決が予測されるような重大事件については責任能力の問題は無視しえない課題となるであろう．ちなみに近年の判例をみると，裁判所による責任能力判断は事実上マクノートン・ルールに近いものとなりつつあるように思われるがいかがであろうか．
(20) なお，新法に対する賛否を問わず，精神鑑定の厳格化，責任能力判定の厳格化を求める意見は多い．そしてこうした責任能力判定の厳格化は，これまでは免訴・免責されていた触法精神障害者が刑事訴訟手続の流れにのることを意味し，必然的に矯正施設へ収容される精神障害者を増加させることにつながろう．確かに，逮捕・勾留中の者や矯正施設収容者に対しても適切な医療が保障されなければならないのは当然であり，一部の医療刑務所を除きわが国の矯正施設内での精神科医療は十分とはいいがたい現状にあるようである．矯正施設内での精神科医療を充実させることは今後の課題といえよう．しかし，こうした矯正施設内の精神科医療の充実のみで，増加する精神障害受刑者への対応が十分行えるとはいえまい．少なくとも精神病患者の一部は病識を欠き，自らに必要な精神科医療を拒否することがある．矯正施設という自由の制限を課されている場所で，治療を拒否する精神障害者に対してさらに強制的な精神科医療を行うことには，倫理的な問題がある．欧米諸国では精神科医療施設以外での強制的な精神科医療は，緊急時を除き許されないことは倫理的にも法的にも明確にされている．ちなみに，刑法改正時に触法精神障害者に対する特別な法制度を導入しなかったフランスでは，現在，刑務所内で治療を拒否する精神障害者の処遇をどのようにするかが大きな課題となっている．

第1部　触法精神障害者と処遇困難者

(21)　わが国刑法の心神耗弱者の規定は，限定責任能力者に対する刑の減軽を明文化した立法としてはきわめて早期のものと考えられる。ちなみにドイツでは，1933年の刑法改正（ナチ刑法）まで，フランスでは1992年の刑法改正まで限定責任能力者に関する明文規定はなかった（もっとも，1905年のChaumie回状によって限定責任能力概念自体は導入されていたが）。現在でも精神障害者免責制度の対象を責任無能力者に限定している欧米諸国は多い。

(22)　このように限定責任能力を理由とする免責が事実上行われているにもかかわらず，限定責任能力者の免責後の処遇規定がないのはわが国刑法のユニークな特徴ではなかろうか。周知のように，限定責任能力者の刑の減軽を明文化した1933年のドイツ刑法改正は保安処分制度の導入を伴っていたのである。

(23)　法務省法務総合研究所編・犯罪白書（平成13年版）（2001年，財務省印刷局）。

(24)　山上皓・精神分裂病と犯罪（1992年，金剛出版）井上俊宏「触法精神障害者の再犯についての多角的研究――触法精神障害者946例の11年間に亘る追跡調査結果の分析――」犯罪誌62巻6号（1996年）161頁－184頁。

(25)　山上皓＝小西聖子＝吉川和男他「触法精神障害者946例の11年間追跡調査（第一報）――再犯事件487件の概要――」犯罪誌61巻5号（1995年）201頁－206頁。

(26)　拙稿前掲注（1）。

(27)　責任無能力者の場合には刑法学上，犯罪行為そのものが存在しないので，免責後にさらに司法的処分を行うことは適切でないとされるが，限定責任能力者はあくまでも責任能力者であり，本来は刑罰の対象者である。限定責任能力者に対して免責後に一定の自由の制限を課すことにはそれなりの合理性があるのではなかろうか。触法精神障害者をめぐる議論は，法学領域においては対象を責任無能力者に限ったものが多いように思われるが，精神医学領域の議論では両者の区別が明確に意識されていないことが多い。これは，触法行為の有無や責任能力の有無は精神医学上の概念ではなく，責任無能力者と限定責任能力者とを明確に区別して治療する必要は医学的にはないからであり，また前述のように，わが国の現行制度では免責され精神科医療へ移送される限定責任能力者が少なくないからである。筆者の経験でも，精神科臨床の現場で処遇上大きな問題となるのは責任無能力者よりはむしろ限定責任能力者の方である。刑法学における議論と精神科臨床からの議論がかみ合いにくい原因の1つは，こうした両者における問題意識の相違があるように思われる。

(28)　ここでいう被害者に対する配慮とは，触法精神障害者自身が自らの触法行為の重大性を認識し，遺族・被害者に対する真の同情・謝罪の念をもつことである。筆者は刑事責任能力の減軽を要するような精神状態で行われた触法行為について，単に被害者の応報感情を満たすために厳罰化を行うことは適切とは思わないし，またそのような厳罰化を行うことによって被害者が本当に癒されるとも思えない。触法精神障害者自身が真の同情・謝罪の念をもつこと，そして精神障害と触法行為との関係を被害者にも納得のいくように説明することによってこそ，被害者感情は癒されるのではなかろうか。

(29) おそらく限定責任能力と判断される可能性が高いと思われる。ただし，起訴猶予処分とされる可能性を否定することはできないであろう。

(30) Drinkwater J, Gudjonsson GH : The Nature of Violence in Psychiatric Hospitals. Clinical Approaches to Violence, Howells K, Hollin CR (eds), pp 287-307, John Wiley and Son, Chichester (1989).

(31) もちろん，強制入院という枠組みが必要とされるのは，人格障害者にはしばしば衝動的な自傷行為や暴力行為がみられることがあり，重大な触法行為のために精神科治療が必要とされるような事例であれば，彼らの衝動的・攻撃的行動パターンが極めて深刻な事態を招く可能性も否定できず，行動の制限が必要とされる場合もありえるからでもある。

(32) むしろこうした患者に対しては矯正施設という枠組みの中で，十分な精神科医療を提供する方が適切なようにも思われる。イギリスにおける Grendon 刑務所やわが国の北九州医療刑務所における触法人格障害者や性犯罪者に対する先進的な取り組み（林幸司編著・司法精神医学研究　精神鑑定と矯正医療（2001年，新興医学出版社）を参照されたい。

(33) いうまでもなく治療的介入方法の選択にあたっては，できるだけ自由の制限を伴わない介入方法を採用すべきであるという基準（最小制限の原則）も考慮される。

(34) 今日欧米諸国においてリスク・マネージメントの重要性が強調され，通院義務付け制度の導入が推進されているのは，精神障害者による触法行為の一部には明らかに治療中断による病状悪化に起因するものがあり，治療の継続と適時適切な予防的危機介入によってそうした触法行為は確実に予防できると考えられているからである。ちなみに精神科治療中に殺人事件をおこした精神障害者の治療に関する審問委員会の報告書を分析した Munro ら（Munro E., Rumgay J.: Role of risk assessment in reducing homicides by people with mental illness. British. Journal of Psychiatry 176, 116-120, 2000）によれば，対象事例の 65% の殺人は防止可能と判定されていたという。

(35) ノーマライゼーションの時代においては，たとえ犯行時は責任無能力者であっても，回復し責任能力者として社会の一員として復帰する以上は，再度の病状悪化を防止し，再度同様の触法行為に至らないよう，自らの療養に専念する義務を課すことは正当化されてもしかるべきではないかとも思われる。

(36) 現行の措置入院制度では，重大な触法行為を行った精神障害者の治療や危険性の評価を十分に行えないことについては，拙稿前掲注(1)を参照のこと。

(37) なお，本来このような処分を課するためには，裁判の過程で対象者の触法行為に関する事実認定が厳格に行われていること，すなわち対象者が触法行為を行ったことに疑いの余地のないことが前提と思われる。その点，検察庁の段階で不起訴・起訴猶予処分とされた事例はこうした手続を経ておらず，対象者が触法行為を認めている場合はともかく，否認している場合については，必ず審判所において通常の裁判と同様の方法で事実認定を行うようにすべきである。

(38) 不処分の際の選択肢として，刑事訴訟手続への逆送が行えない場合，治療の必要性の判定が厳格に行われずに，単に再犯の危険性が高いという理由のみで本処分が行われる可能性を否定することはできないであろう。特に確定裁判後に審判の行われる事例についてはこうした危険性が高い。新法施行後も処分が行われることを前提とした責任能力判断が行われてはならないことを改めて指摘しておきたい。

(39) 拙稿前掲注(15)。

〈付記〉
1) 本稿掲載後の2002年8月日本精神神経学会総会において「精神分裂病」を「統合失調症」へと病名変更することを決議した。
2) 本稿に掲載されている新法に対するコメントとは，当初の政府提案による「心神喪失等の状態で重大な他害行為を行った者の医療観察等に関する法律案」に対するものである。周知のように，同法案については，その後修正案が提出され，最終的に2003年7月「心神喪失等の状態で重大な他害行為を行った者の医療観察等に関する法律」として成立した。成立した心神喪失等医療観察法では，本稿で指摘した課題のいくつかはすでに解決されている。しかし，議論の経過に関する資料的価値を考えて，ここではあえて修正することはしなかった。

6 「措置入院」——精神医療と刑事司法に関するメモ——

町　野　　　朔

　2001年6月8日に，大阪教育大付属池田小学校に侵入し児童8名の刺殺を含む20人以上の犠牲者を出した容疑者Aは，その2年以上前の1999年3月に，勤務していた伊丹市内の小学校でお茶に精神安定剤を混入させ，教諭4人が病院に運ばれる事件を起こしていた。被害はそれほど大きくはなかったが，その前年7月の「和歌山毒入りカレー事件」の余韻もさめやらぬ中で起こったこの事件は，マスコミで大きく報道された。傷害容疑で伊丹署に逮捕されたAは，神戸地検伊丹支部に送検されたが，検察官により，処分保留のまま，「精神保健及び精神障害者福祉に関する法律」（精神保健福祉法。以下，条文のみを示すときには同法のそれである）に基づいて兵庫県知事に通報（措置通報）され（25条），知事は，2人の精神保健指定医（指定医。一定の精神医療の経験のある医師で，研修を受けた者の中から厚生労働大臣が指定した者。18条）の診察の結果，「その者が精神障害者であり，かつ，医療及び保護のために入院させなければその精神障害のために自身を傷つけ又は他人に害を及ぼすおそれ」（自傷他害のおそれ）があると認め，彼を強制的に西宮市内の精神病院に入院させた（29条）。

　以上の精神保健福祉法の「都道府県知事による入院措置」は，「措置入院」と呼ばれている。その後，検察官はAを不起訴としている。池田小学校事件の後のマスコミ報道は，これは，Aは「心神喪失」であり刑事責任を問うことができない（刑法39条1項）という不起訴処分だったと理解したようであるが，刑事責任をあえて問う必要はないという「起訴猶予」（刑訴法248条）だったのかもしれない。実際のことは，現在まで，公式にはまだ明らかにされていない[1]。

　しかし，Aは40日過ぎてから退院した。それは，指定医による診察の結果，「入院を継続しなくてもその精神障害のために自身を傷つけ又は他人に害を及ぼすおそれがない」（措置症状の消退）と認められ，それを受けて兵庫

県知事が入院措置を解除（措置解除）したからである（29条の4・29条の5）。Aはその後，職を転々とするが，いくつかのトラブルを起こし，また，何回か精神病院に自分の意思で入院（任意入院。22条の3）していたという。Aが小学校に乱入したその日は，他の傷害事件に関して大阪地検に出頭の予定であったともいう。しかし，措置入院，任意入院のときの医師の診断，Aの精神症状など，医学的な詳細も，公式にはまだ明らかにされていない。

I 刑法39条，不起訴処分，措置入院，触法精神障害者，保安処分

(1) 人々は，毒物混入事件の犯人が精神障害者として起訴を免れ，短期間の措置入院の後完全に自由になり，2年後に，今度は白昼の小学校に侵入して，児童を次々と刺し殺したのだと理解して，激怒した。

ある人は，精神障害者への責任の追及を否定する刑法39条1項の責任無能力の制度は，被害者の人権を無視しているばかりでなく，精神障害者も自律的人格を有していることを認めないものであるから廃止されるべきであるとして，2年前の映画『刑法第三十九条』（森田芳光監督，大恋寿美男脚本，鈴木京香・堤真一主演）と同じことを主張した。また，精神障害者が重大犯罪を行ったら，検察官はそれを起訴すべきであり，無責任に医療にまかせるべきではない，精神障害者を不起訴処分にすることは，彼の裁判を受ける権利を否定するものでもある，という人もいた。

このようにまで主張しない人も，「触法精神障害者」（責任能力者の行為を「犯罪」と呼ぶことを避けるために，刑罰法令に触れる行為をした14歳未満の刑事未成年者［少年3条1項2号］が「触法少年」と呼ばれていることと対応させて，犯罪を行った精神障害者をこのように呼ぶことが一般化している）が責任無能力として刑事処分を受けないときには，彼を措置入院させるしかないという現行法制が問題だと考え，刑罰でも精神医療でもない，危険な精神障害者に対して犯罪予防のためにとられる新しい処分制度が必要であると考える人が多い。

古く，昭和49（1974）年の「改正刑法草案」には「保安処分」の1つとして「治療処分」の提案があり（いまひとつは薬物中毒者に対する「禁絶処分」であった），責任無能力・限定責任能力の精神障害者が，「禁固以上の刑にあ

たる行為をした場合において，治療及び看護を加えなければ将来再び禁固以上の刑にあたる行為をするおそれがあり，保安上必要があると認められるときは」，彼を，「保安施設に収容し，治療及び看護のために必要な処置を行なう」とされていた（草案97条〜100条）。また，保安処分の要件が存在するときは，検察官は行為者を起訴することなく，直接裁判所に対して保安処分の請求をすることができるという，「独立請求」も提案されていた（草案97条2項但書）。現在，触法精神障害者に対する新たな処分制度が問題とされるときにも，その内容が改正刑法草案のそれと同じでないときにも，しばしば「保安処分」と呼ばれることがある。

(2) その具体的内容にもよるが，新しい処分制度によって，どれだけの精神障害者の再犯が防止できるかは，実はさほど明らかではない。例えば，今回のAが，先に犯した傷害事件のときに改正刑法草案の「保安処分」が存在したとしても，それが実際に適用されたか，されたとしても2年以上経った今回の事件の時点まで彼が「保安施設」に拘禁されていて，このような犯罪が防止されたかは，かなり疑問である。そのことを一応措くとして，以下では，現行の措置入院制度が触法精神障害者への対応として，どの意味で不十分かについて，若干の検討を行うことにする。

II 精神医療と刑事処分の狭間で

(1) 検察官が精神障害者を不起訴処分としたとき，また，彼らが責任無能力（心神喪失）として無罪判決あるいは限定責任能力（心神耗弱）として執行猶予付きの有罪判決を受けたときには，検察官は知事に措置通報しなければならない（25条）。平成7〜11（1995〜99）年の累計で，総数3629名のうち，前者の例は3240名（平成11年には542名），後者の例は389名（同じく57名）である（『平成12年版犯罪白書』238頁）。検察官の不起訴処分に批判的な人たちは，「精神障害者（または，その疑いのある者）の90％が不起訴になっている」と批判することがあるが，起訴されて実刑判決を受けた精神障害者らの人数は，以上の総数3629名に最初から含まれていないのであるから，これは不正確である。

しかし，検察官の通報した者が必ずしも措置入院になるわけでないことも，確かである。

第1部　触法精神障害者と処遇困難者

　検察官の通報があっても，都道府県知事が調査の上必要がないと認めるときには，指定医の診察を受けさせる必要もない（27条1項。精神保健福祉研究会監修・改訂精神保健福祉法詳解（2002年，中央法規出版）198頁〜199頁参照）。公表された数字は存在しないようであるが，全国で平均約4分の1がこのように処理されていて，しかも，その数が増加しつつある地域があるという。このような精神障害者は，最初から措置入院から外されてしまうことになる。

　上記の3629名のうち，結果として措置入院となった者が2142名（59.0%），医療保護入院（33条）・任意入院（22条の3）となった者が720名（19.8%），入院しなかった者のうち「実刑・身柄拘束」を除いた数は279名（7.7%）である（不明が22名（6.1%）ある。『平成12年版犯罪白書』513頁。不起訴処分後と裁判後とを区別した数，年次毎の数は見あたらない）。以上から見るなら，完全に自由になった触法精神障害者はそれほど多くない。しかし，任意入院の場合は，退院は原則的に本人の自由である（22条の4）。医療保護入院は，措置入院とともに強制入院の一種ではあるが，精神病院側が入院の必要がないと判断し，保護者（20条・21条）が引き取りを承諾すれば退院させることができ，事後的に知事に届け出るだけで足りる（33条の2）。

　(2)　検察官は，被疑者等が精神障害者でないかと疑いを持っただけで，通報しなければならない（25条）。また，自傷他害のおそれという措置要件は検察官通報の要件ではない。従って，通報された者が精神障害者ではない，あるいは措置要件がないと指定医が判断することがあっても，当然のことであろう。

　しかし，問題の根はより深いところにあるようである。すなわち，精神医療側は，形式的には措置要件が存在するときにも，独自の医療的判断によって，通報を受けた触法精神障害者の患者を選別していると思われるのである。"触法精神障害者をすべて措置入院させていたら，医療中心で，保安に殆ど意を用いていない現在の日本の精神病院はパンクせざるを得ない。処遇の困難な精神障害者，例えば，覚せい剤中毒者，シンナー吸引者，人格障害者，重大犯罪を行った者，犯罪を繰り返す者などは，断固起訴するなどして，刑事司法が対応すべきである。彼らを精神病院で処遇することは不可能であるばかりでなく，精神医療の役割でもない。精神病院を触法精神障害者のたま

り場にしてはならない。保安は精神医療の役割ではない"，などといわれる。このようなことから，診察不要とされるケースも当然出てくることになる。

(3) 現在，措置入院となった触法精神障害者が，どれくらいすると措置解除になり退院するかは，よくわかっていない。検察官通報の場合についてはもちろん，措置入院一般の平均在院日数も，そのほかの入院形式のそれも，公表された数字の中には見あたらない（『我が国の精神保健福祉〔精神保健福祉ハンドブック〕平成12年度版』519頁～525頁参照）。しかし，通常は1月程度，殺人などの重大犯罪でも2年程度というように，あまり長くはないといわれる。

しばしばこれは，精神病院が，手のかかる精神障害者を「やっかいばらい」しているためだと非難される。しかし，精神科医たちの精神医療の役割についての考え方が，ここでも影響しているのであり，事情はそれほど単純なものではない。"触法精神障害者が入院してしばらくすると，症状も安定し，他害の著しい危険性はなくなるのが普通である。確かに，このような患者も，退院して社会に戻ったら，いつか，どこかで，また犯罪を行うかも知れない。しかし，これを予測することは精神医学的には不可能なことである。そして，このようなわずかな危険を根拠として精神障害者を拘禁することは，刑事司法の役割であっても，精神医療のそれではない。もちろん，退院させたらすぐ人を襲いそうな患者を退院させるようなことはしない。このような患者を処遇することは精神医療の役割なのであって，場合によっては10年以上退院できない人もいる。しかし，それは例外である"。

(4) このように，措置入院は，触法精神障害者の再犯防止のために「活用」されているわけではない。精神科医は，現在の精神病院で対応することが困難な精神障害者を受け入れることに消極的である。そして，検察官の起訴裁量権（刑訴247条・248条）と措置入院に関する精神医療行政の裁量権（29条1項は，措置要件を認めたときには，知事は「その者を……入院させることができる」としているにすぎない）の狭間のなかに，精神障害者の犯罪は消えて行く。

これが，再犯の防止のためにも，犯罪被害者の心の傷を癒すためにも，そして，精神障害者本人に適切な処遇を与えるためにも，不適切な事態であることを認めない人は，それほど多くはないだろう。

III　精神医療の役割

　保安処分の新設などより，措置入院の運用を改善すべきであるという意見もある。"認定不可能な再犯の危険性を根拠として精神障害者を拘禁することは，その権利の侵害である。それは，精神障害者は危険な存在だという偏見を助長するものである。問題は触法精神障害者に対する精神医療の充実によって解決されるべきであり，刑事司法と精神医療の棲み分けをしたうえで，現在の，触法精神障害者の処遇に消極的な精神医療を改善しなければならない。そのためには，精神医療を人的・物的に充実させ，困難な精神障害者にも対応できるようにすべきである。通院，コミュニティケアなど，措置解除後の医療についても考えるべきである。他方では，措置入院が適切に運用されるように，また，精神障害者の権利を保護するために，入院・解除において医師だけでなく法律家などの関与を考えるべきである"。

　確かに，「刑事司法」だといいさえすれば，保安のために危険な精神障害者を拘禁しうるということはない。しかし他方では，強制的精神医療の役割が以上で主張されているように狭いものだとすることも，必然とは思われない。再犯の高度の危険性は精神医学的に認定可能で，そのようにまで危険な精神障害者の強制医療は精神医療の役割であるということを認めるのなら，程度が低いとはいえ，同じ危険性の問題である将来の再犯のおそれに対応することはそうでない，ということはできないであろう。措置入院制度はまさにこのようなものだった筈である。現に，殆どの国では，精神医療が触法精神障害者を受け入れているのであり（その意味では，法務省所管の保安施設で対応するという改正刑法草案は国際的にも珍しいものであった），フランスのように，措置入院で対応している国もある。

　しかし，日本の精神医療が困難な触法精神障害者を受け入れる態勢にないことも確かである。これに，日本の精神医療において伝統的な反保安的思想とが合わさり，以上のように自己限定的な日本の精神医療ができ上がったのであろう。これから処遇の困難な触法精神障害者を日本の精神医療が受け入れ，処遇するためには，精神医療の基盤を整備することだけで足りるとは思われない。やはり，何らかの形で，法律関係者，ソーシャルワーカーなどが関与する新たな制度が必要でないか，単なる「棲み分け」でない，精神医療

と刑事司法の協力を可能とする制度を作らなければ，事態は改善されないのではないか，と思われる。

（1） その後，池田小学校事件公判の検察官冒頭陳述において，起訴猶予であったことが明らかにされた。

〈追記〉 ごく最近の文献として，加藤久雄「現行措置入院制度による触法精神障害者処遇の現状と課題について」現代刑事法29号（2001年）64頁。
　入り組んだ議論の状況は，2001年1月29日以後に開催されている「法務省・厚生労働省合同検討会」の議事録（法務省および厚生労働省のHP〔http://-www.moj.go.jp; http://www.mhlw.go.jp/〕で公開されている）で知ることができる。

7　触法精神障害者と措置入院制度の問題点

長　尾　卓　夫

　これまで日精協誌においても触法精神障害者に関して1991年9月号「犯罪を犯した精神障害者の処遇について」，1995年9月号「触法精神障害者の対応について」と特集を行ってきた。

　現在精神障害者のノーマライゼーションへの動きが漸く緒についたかと思われるようになってきている。精神科病院も閉鎖から開放へ，病院から社会へと徐々にではあるが流れつつある。この流れはゆっくりとはしているが止まることはないと思われる。しかし一方では精神障害者の社会参加には根強い誤解や偏見が厳然とあり，社会復帰施設の建設等についても反対運動が起こることは珍しくはない。精神障害者の社会参加は総論的には賛成ではあるが，自分の近くでは困るという各論反対が多い。このような誤解や偏見に基づく拒否的な態度を簡単に解きほぐして地域社会の同意が得られるにはまだまだ道は険しいと言わざるを得ない。

　その理由の1つとして精神障害者が時として大きなニュースとなるような事件を起こし，それが大々的に報じられることがある。そのため精神障害者は何をするかわからない。凶暴で恐ろしいというイメージが作られているように思われる。いくら精神医療関係者が精神障害者の犯罪率は一般と比べても低いですよ，精神障害者のほとんどはおとなしい人のいい方ですよと言ったところで分かってもらえない。それは確かに精神症状のために迷惑がられる行為をしたりする精神障害者がいることも事実であるし，また犯罪を犯す精神障害者が数は少なくともいることも事実であるからであろう。

　こうした中で社会の理解を得て精神障害者の社会参加を促していこうとするためには，精神障害者に対する誤解や偏見を解くための社会啓発活動が必要ではあるが，それとともに重要なことは精神障害者が犯罪を犯した場合にどのような処遇や治療がされているか，症状の再燃や再犯を防ぐためにどのようなことがされているかを明らかにすることにより，国民の不安を取り除くようにすることが必要不可欠なことである。それでは現在のわが国におけ

る触法精神障害者の処遇が広く国民に知られその同意が得られているのであろうか。また再燃や再犯を防ぐ処置が採られているのであろうか。答えはNOと言わざるを得ない。そのNOと言わざるを得ない触法精神障害者と措置入院の問題点について述べてみたいと思う。

I 措置入院に至るまでの問題

　犯罪を犯した精神障害者が措置入院に至る過程はいくつかある。ごく軽微な犯罪の場合には警察の段階で精神保健福祉法第24条の警察官通報によって精神保健指定医（以下，指定医）2名以上による精神保健診察（一般に鑑定と呼ばれていた）が行われ，各指定医の診察結果が措置該当で一致すれば措置入院となる。しかし大多数は警察から送検された後，検察の段階で精神障害もしくはその疑いのため起訴できるかどうかの判断がなされ，不起訴となると第25条の検察官通報による精神保健診察が行われる。また数は少ないものの起訴され裁判になったものの無罪判決が予想されるため，やはり25条により精神保健診察が求められることや矯正施設（刑務所，少年刑務所等）の長からの第26条による通報によるものがある。罪を犯すと原則として裁判によってその刑が決められることになるが，その罪を問うことは難しいと判断されると検察の段階で不起訴もしくは起訴猶予とされて裁判になることはなく釈放される。精神障害者の場合には，殺人，強盗，強姦，放火等の重大犯罪を犯しても90％近くが起訴されない形となっている。それではこの起訴するか否かの判断は何によってされているのか。検察官により精神障害が疑われる時には正式に精神科医に精神鑑定（起訴前鑑定）が依頼され，精神症状がどうであったかが詳細に診察の上鑑定されるが，正式な鑑定より遙かに多くが所謂簡易鑑定で済まされている。

　簡易鑑定は都道府県によって異なっているようであるが，大体は熟練した精神科医に依頼されているようである。しかし多くは一度だけの短時間の簡単な診察によって診断と精神状態の判断がなされており，問題がないとは言えない。重大な犯罪ではなかったが私が経験したケースでも簡易鑑定を参考に不起訴とされて精神保健診察になったものの，その時点では入院治療が必要と思われないことが二度程あった。付き添ってきていた検察事務官に聞くと不起訴と決まってきたので入院不要となっても今更刑法に戻すことはでき

ない，入院できなければ釈放しかないのですと言われ，当惑した記憶がある。逆に父親を撲殺した妄想型統合失調症では明らかな妄想に基づく犯行であったにもかかわらず起訴前鑑定がなされて責任能力ありとされたが，裁判の結果無罪となり，直後の精神保健診察でも著明な幻覚妄想状態にあり措置入院となった。このケースは起訴前鑑定の後裁判となり二度の司法鑑定が行われたこともあったと思うが，無罪が確定するまで無治療のままで拘置されていた。また，山上教授の調査（日精協誌10巻9号）によって重大な犯罪を犯しているにもかかわらず不起訴となり，精神保健診察は受けたのであろうが，その後入院治療も通院治療も受けていないケースが少なからずあることも判明している。このようなことは社会的にも許されることではないし，放置しておくわけにはいかない大きな問題である。

このように簡易鑑定だけでなく正式な鑑定に関わる我々精神科医の責任は重大であると共に，司法の領域から外れて精神保健福祉法の領域に移ってしまうと逆戻りは効かなくなるという法律の世界も考えなければならないものと思う。

現実に全ての触法精神障害者を裁判の場に判断を委ねることや簡易鑑定をなくしてしまうことは物理的にも不可能なことであろうが，少なくとも殺人等の重大な犯罪の場合には正式な精神鑑定を行い判断をするべきであり，可能な限り裁判にかけられるべきものであろう。また，この間の治療行為も行えるような措置を講じることも必要である。これらのことからわが国における司法か精神保健福祉法かの二者択一でなく両者の相互補完の方法を考えるべきでなかろうか。そうすれば不起訴になった重大触法精神障害者が入院不要とされた場合には司法の領域に差し戻されることもあろうし，裁判官の判断による措置入院が出てもよいであろうし，また裁判中にも治療的関わりを持つことも可能になるのではなかろうか。

II 措置入院処遇について

措置入院制度は行政による強制入院という最も重い人権の拘束による治療手段である。そのために6カ月に一度の定期病状報告を義務づけられ，精神医療審査会において審査されると共に，年に一度の実地面接審査も行われている。措置入院については国公立病院か各都道府県における指定病床を持つ

精神科病院において受け入れることとなっている。しかし現状は重度の触法精神障害者を含む措置入院患者を他の入院患者と別の病棟や病室を使用したり別の治療処遇をしたりすることは全くないことである。そのために重度の触法精神障害者や軽度の触法ではあっても治療抵抗性で対応の難しい措置患者が入院するとその病棟は看護者も他の入院患者も動揺してしまい通常の治療環境が壊れてしまい多大の労力を要求されるのである。指定病床を持つ民間精神科病院もできるだけ措置入院を受けるように努力しているが，現在の状況では国公立の精神科病院がより積極的にこのような重度の措置入院を受け入れるべきであると主張せざるを得ない。民間の受け切れない部分を受けてこそ土地代も建設費も別会計で賄い，更に赤字は税金で補填されている国公立病院の義務であろうと思う。ただ，現実的には今の日本でこのような重度の措置入院患者を多数入院させて十分に対応できる病院は国公立でもないのも事実である。このような重度の患者に現在の看護基準に則ったマンパワーでは対応し切れない。例えば10の力を持った子どもを抑えるには30の力を持った大人が15の力を出せば十分に余裕を持って対応できるのであるが，50の力を持った相手に50の力では余裕を持つことができず相手にダメージを与えかねないのである。それを避けようとすれば余分な隔離や多めの薬かもしくは少々早めの退院かということしかなくなる。

このようなことから重度の触法措置患者の人権を守りきちんとした治療を行うためにも十分な設備とマンパワーを備えた治療施設が必要であろう。それは第2第3の宇都宮病院や大和川病院を出さないためにも必要なのであると考える。

III 措置入院の保険優先について

平成7年の精神保健法の改正において公費負担が後退し，医療保険で措置入院の費用を賄うことが優先された。これは如何に財政事情が問題とされても保険を優先して使用しその自己負担分を公費で賄うということは論理的におかしいものである。それまでは所得に応じて自己負担を強いられていたこともおかしなことではあったが，本来的には行政による強制入院である措置入院の入院費は全額公費で賄うことが筋であろう。

またいま1つおかしな点は，措置入院であっても診療報酬上は入院が長引

けば入院期間によって入院時医学管理科が逓減されることである。精神症状が重いがために自傷他害の恐れがあり，措置入院という形態で入院しているにもかかわらず入院期間によって診療報酬が下がるのは論理的にも納得できるものではない。そもそも重度の精神症状により自傷他害の恐れがあり，それなりの医学的管理と看護が必要であるにもかかわらず措置入院費が一般の診療報酬と同額というのもおかしな話である。少し話は別になるが精神障害者を持つ家庭はどちらかと言えば裕福でない家庭が多く，生活保護にかかるほどではないが障害者年金があたらず入院費や小遣い・日用品費を捻出することが困難な家庭が存在することも事実である。そのために生活保護の条件の厳しい地方では数は少ないがどうしても経済上措置をはずすことが困難なところがある。同じ障害であっても制度上障害者年金にかからない問題も何らかの解決策を講じなければ真に措置入院制度を生かすことはできないと思う。

IV 措置解除について

現行の精神保健福祉法では自傷他害の恐れがなくなった時には指定医1名の判断によって他の入院形態に移行するか退院するためには措置解除を行わなければならない。現行法のもとではどのような重度の犯罪を犯した精神障害者であっても診察を行っている指定医が措置に該当する症状がないと認めれば措置解除を行い，また入院の要なしと判断すれば極端なことであるがたとえ入院1週間であっても退院できるのである。仮に措置解除によって退院した人が，退院して間もなくのうちに事件を起こしたとすると解除をした指定医や病院管理者の責任はどうなるのか。指定医は公務員としての役割を行っているので最終責任は知事が全てを負ってくれるのであろうか。このあたりは別に論じてもらえると思うのでそれを参照願いたい。

措置入院は精神保健福祉法のもとでの運用であることは当然である。しかし重度の犯罪を犯した措置入院患者については現行の精神保健福祉法だけでなく司法からの視点を組み入れ，ある程度の入院期間を定めてその期間満了の時に改めて入院が必要であるか否かを裁判官が決定することがよいのではなかろうか。もちろん指定医の意見を判断材料にするのではあるが。また，定めた期間内に病状が良くなり退院が望ましい時には裁判官が決定を下すこ

とになるが退院にあたっては保護観察的なシステムを作り通院の必要性や病状の把握のための定期的な報告を求めるべきであろう。現在のように退院した後は自主的に通院する以外にフォローの仕様が無いことは改めるべきである。

措置入院の入り口では2名以上の指定医の診察が決められているが，出口である措置解除では治療にあたっている指定医1名の判断に依っている。もし精神保健福祉法の改正だけで対応するとすれば，とりあえずは措置解除にあたっても2名の指定医（少なくとも1名は当該病院外）の判断が望ましいのではないか。現状では物理的に全ての措置解除に当該病院以外を含む2名の指定医の診察を求めることは困難と思われるので，重度の犯罪を犯した措置入院患者の措置解除にあたっては当該病院の指定医・管理者の申し出があった場合に当該病院外の複数の指定医が関与することが必要であり，その最終判断は第3者機関——現在では精神医療審査会が妥当であろうか——が行うことがよいと思われる。

V　おわりに

最後に，私が経験したというか現在でも関わりがあり唯一恐怖を感じているケースを紹介したい。

この人は妄想型統合失調症で事件の1年前に被害妄想のため東京で入院したが数日で脱院。その後郷里で暮らしていたが父親と弟を刺殺，昭和55年に当院へ措置入院となった。自分に関わった人を対象とした被害関係妄想が著明であり強固な妄想構築をなしていた。肉親を殺したことへの感情的な揺れも全くなく平然としていたが，ある程度は罪の意識もあってか当初は入院していることへの不満を言うこともなかった。しかし服薬後トイレに行ったり，口中に薬を隠したり，粉末薬に変更しても巧妙に取り除く行為などが見られた。こうしたことに看護者が注意をしたりそれとなく見ていても，じろっと睨みつけられると看護者が恐れを抱く状態であった。主治医からの注意は一応聞きしばらくは服薬を続けるがまた同様の行為が見られることが続き，抗精神病薬にもあまり反応せず妄想は持続。4〜5年経った頃から少しずつ退院希望を母親に漏すようになったが病状もあまり変化なく措置も継続のままであった。

第1部　触法精神障害者と処遇困難者

　昭和63年12月に3階の病室格子を金ノコで切って脱院。同室者も看護者も全く気がついていなかった。金ノコは外泊（仮退院）時に家から持ち込み，自分のロッカーの天井部分に張りつけていたのだった。この時は大阪の某弁護士のところに事件の経過を明らかにして欲しいと行った。弁護士から当院への電話に対して措置入院中のこういう病状で服薬中断で悪くなる可能性もあることなどを話したところ，流石に説得して2週間後に病院まで連れてきてくれた。その後退院の希望が強くなってきたこと，病状もやや病感が出てきて軽快してきたこと，母親も受け入れたいとの意向が出たこともあって措置解除を平成元年8月に行い退院した。
　平成2年に妄想が強まり本人も同意して6カ月の任意入院をした後は通院を行っている。しかし，途中から処方はされているが服薬をしていない様子で当初の妄想構築が表面化し，母親が毒を入れているとの被害妄想も出現，自分の腕を骨折するほど母親を殴ったこともある。3年ほど前に入院を勧めたことがあるが拒否，次の診察では妄想内容を話した後，先生も気をつけたほうがいいですよと暗に脅しをかけられた。丁度その頃から当院のある女子職員に好意を持ち何度か手紙を書き送り，それと共に当院や私も妄想の対象に入ってきたようである。1年前からは診察を分け合っていた主治医の副院長が亡くなり私1人への受診（診察というよりは妄想を話し，病院もしくは私への関係づけをしにきているようなもの）となってより気が重くなっている。
　この人は知能的には優れ，無理に医療保護入院にもって行ったとすると何か事を起こすと考えられ，第23条による一般の通報で精神保健診察までもっていくことも難しいし，もし措置入院となっても当院で管理してゆく自信はないので，その時には県立病院にお願いしたいと思っている。再び事件を起こさないことを願っているが，生前の副院長が呉々も気をつけてくださいよと言ってくれた言葉が今も耳に残っている。この人の場合には司法的意味合いのある保護観察の制度があり，治療者以外の公的第3者機関が定期的に判断し然るべき治療へ結びつけられればと思う。
　一般に法律を犯したものは法のもとに裁かれるのは古今東西同じことである。精神障害者も同じ法のもとに裁きを受ける権利と義務があるのは当然であろう。しかしその法を犯した行為に対して責任能力がないと判断された時には刑を逃れることができる代償としての治療処遇を十分に受けなければな

らない。日本では司法の手も精神保健福祉法の手も離れてしまうようなことさえありうる。このような矛盾点を解決しなければ国民のコンセンサスが得られるはずもない。

　精神保健福祉法の改正が目前に迫っているが，特に重度の犯罪を犯した触法精神障害者の処遇に関しては治療施設，フォローアップ体制など精神保健福祉法だけでは処し切れないと考えられる。

　ノーマライゼーションを進めるためにも触法精神障害者の処遇体制を整備しなければいけない時期にきている。

第3章　施設での処遇

1　精神科保護病棟の長期在棟者についての臨床的研究
――いわゆる「処遇困難例」との関連で――

中 谷 陽 二

第1部

I　はじめに

現在わが国の精神科医療では，精神障害者の開放的な治療と社会復帰のため，様々な努力がなされている。その中で，開放的な治療システムでは対応のむずかしい患者を精神科医療の中にどう位置づけるか，その対策が重要な課題のひとつとして浮び上がっている。しかし，そのような患者の実態や臨床的特徴についての検討はまだ十分ではない。

著者は，一公立精神病院の保護病棟に長期にわたって在棟した患者を対象として調査を行い，治療や処遇のむずかしさに関するいくつかの問題点を明らかにしたので報告する。

II　視　点

開放的処遇や治療関係の維持がとくに困難な精神障害者の特性に関しては，欧米とくにアメリカでかなり以前から論じられている difficult patient（むずかしい患者）の問題が参考となる[11]。その議論の端緒は，脱施設化を背景として1970年代から相次いでなされた，臨床場面での患者の暴力に関する報告[6,8,9,14,16]である。それらによって，病院内における患者の暴力が想像されていたよりもかなり多いことが明らかにされた。さらにそうした議論の延長上で，様々なタイプの difficult patient の存在が注目を集め，それとともに言葉の曖昧さや多義性が指摘された。たとえば Wong[17] は，「difficult patientとは何か」と問われても，単純な質問でありながら容易に答えられないと述べている。彼によると，反社会性人格者のような固有（intrinsic）なむずかしさをもつ患者の存在を強調する立場がある一方で，むずかしさは患者の属性ではなく，治療関係における相互作用ないし相互主観性の中にしか存在しないとする立場があるという。またNeill[*13]によれば，difficult patientとは，ある施設において非公式なブラックリストに載せられた患者であり，それ自体として特徴づけにくい奇妙な集団であるという。むずかしさの要因に関する治療者側の反応を，相互作用という力動的観点から分析した報告は多い。そのひとつはStamm[*15]のもので，彼は病院治療の中でdifficult patientをめぐって施設的規模で生じる逆転移について考察した。

著者の今回の研究と類似の方法で，特殊治療施設の収容者を対象としてdifficult patientの特性を論じた報告もみられる。Bluglass[*3]によれば，小規模の地域保安ユニットに収容された患者は，その大部分が，危険というよりも飲酒や規則違反などで統御が困難な非社会的（asocial）な患者であったという。またBassonら[*1]は，小規模の「保安―集中治療―司法病棟」の入院患者400例のうち，統合失調症についで異常人格の割合が高いこと，多くのものは短期間で開放施設に移せるが，少数の長期収容者が問題となることを明らかにした。さらにフランスの保安病棟を調べたBénézechら[*2]によれば，その収容者は全体としてみると，身体的攻撃性という点で危険（dangereux）な患者と，危険ではないがむずかしい（difficile）患者から構成される雑多（hétéroclite）な集団とみなされるという。その他にもdifficult patientの分類に関する報告があるが，第2部で紹介することにしたい。

以上で概観したように，difficult patientの問題は決して単純ではない。その主な理由は，「むずかしさ」の具体的な意味内容が多様であること，それが多かれ少なかれ治療システムとの相互作用の産物であること，さらにその評価が治療者の主観や恣意的判断で影響されやすいことである。そこでこれらの点を念頭に置き，精神科保護病棟の利用度を指標として得られた症例について分析を試みてみたい。

III 対象と方法

調査対象は，都立松沢病院の「男子新入院・保護病棟」の在棟患者である。

第 1 部　触法精神障害者と処遇困難者

表 1　疾患別分類

統合失調症	27例（69.2）
中毒性精神障害	10例（25.6）
アルコール	3例
覚せい剤	5例
有機溶剤	2例
精神遅滞	1例（ 2.6）
器質精神病	1例（ 2.6）
計	39例（100.0）

（　）内は%

1989年3月現在の松沢病院の男子病棟は，新入院患者を受け入れる病棟として「新入院・保護病棟」のほかに2病棟（計100床）があり，他に長期入院者の5病棟（237床），社会復帰のための1病棟（48床）がある。ここでいう「新入院・保護病棟」は，保護室（隔離室）18床と一般病室（4床室）16床からなり，濃厚な治療と観察が必要な新入院患者や，他の閉鎖病棟では管理が困難で危険性の予測される患者を収容するのが，おおまかな目的とされている（以下，単に「保護病棟」と呼ぶ）。収容患者の大多数は，急性症状の改善に伴って短期間で他病棟に移動するか，退院している（ちなみに1986年1～12月における保護病棟収容患者の平均在棟日数は29.5日であった）。したがって，この病棟の利用度の高い患者は，新入院または長期入院者を収容する一般病棟での対応がとりわけ困難であったと推測される。そこで次の2つの基準を設け，1979年4月から1988年3月までの9年間に保護病棟に在棟した708例を調べたところ，基準のいずれか，もしくは両方を満たす症例が39例得られた。

(1)　通算で1年以上にわたって在棟した。
(2)　合計で5回以上繰り返して在棟した。

この39例についてカルテと看護記録をもとに詳細な調査を行い，また1989年3月現在の状況についても調べた。

IV　結　果

1　診断（表1）

統合失調症27例（69.2%）と中毒性精神障害10例（25.6%）が大部分を占める。

統合失調症の病型は，妄想型4例，破瓜型ないし破瓜―緊張型15例，緊張型1例，単純型1例，統合失調―情動型3例，その他3例である。「その他」は，初診時の病名が統合失調症となっているが，その後の経過で他の疾患の可能性が指摘され，確定診断に至らない症例である。そのうち1例（初

診時25歳）は強度かつ慢性的な汎神経症性の症状にアルコール依存を合併し，人格障害（分裂病質）の可能性も考えられた。他の1例（初診時21歳）は，小児期から強迫症状と衝動性が顕著で，破瓜型統合失調症と発達障害または脳器質性障害との鑑別が問題となった。残る1例は，髄膜炎の既往，境界域知能，脳波異常が認められ，精神遅滞もしくは脳器質性障害の疑いがもたれた。なお破瓜―緊張型の1例では，極期での顕著な運動暴発と脳波異常のため，てんかん性精神病が疑われた。統合失調症で脳波異常の記録があるものは7例（25.9％）である。

中毒性精神障害の症例は，ほとんどの場合，精神病状態で入院している。主要な依存物質から分類すると，アルコール3例，覚せい剤5例，有機溶剤2例である。ただし，多くは複数の物質の乱用歴をもっており，アルコールの2例には過去に覚せい剤使用歴が，覚せい剤の3例にはアルコール依存がある。さらに，睡眠薬や鎮痛薬の乱用歴も若干例で見出される。またアルコールの2例と有機溶剤の2例では，著しい意識変容や爆発性，脳波異常のため，基盤に脳器質性の変化が推測されている。中毒性精神障害のすべての症例で何らかの人格障害が記載されている。

器質精神病の1例は，頭部外傷にアルコール依存を伴い，性格変化および挿間性の意識変容を示す。精神遅滞は，重度の遅滞で過去にロボトミーを受けた症例である。

2 背景と入院経路

以下の項目については，統合失調症群とそれ以外の疾患12例（「非統合失調症群」）とに分けて比較した。

(1) 入院時年齢

松沢病院への初回入院時の年齢は平均28.0歳であった。統合失調症群は平均26.7歳で，20～24歳：9名（33.3％）が多く，次いで15～19歳，25～29歳が各5名である。非統合失調症群は平均30.8歳で，25～29歳，35～39歳が各3名（25.0％），次いで30～34歳，40～44歳が各2名である。このように統合失調症群では20代の入院が過半数であるのに対し，非統合失調症群ではより高年齢に分布する傾向がみられた。

(2) 小児期養育者

両親に養育されたものは全体で24例（61.5％）で，統合失調症群では約7

表2 教育歴

	全体	統合失調症群	非統合失調症群
なし	1(2.6)	—	1(8.3)
小学校中退	1(2.6)	—	1(8.3)
中学校中退	3(7.7)	1(3.7)	2(16.7)
中学校卒業	13(33.2)	8(29.7)	5(41.7)
高校中退	6(15.4)	3(11.1)	3(25.0)
高校卒業	6(15.4)	6(22.2)	—
短大卒業	1(2.6)	1(3.7)	—
大学中退	3(7.7)	3(11.1)	—
大学卒業	5(12.8)	5(18.5)	—
計	39(100.0)	27(100.0)	12(100.0)

( )内は%

表3 反社会的経歴（重複あり）

	全体	統合失調症群	非統合失調症群
犯罪前科	12(30.8)	4(14.8)	8(66.7)
少年院歴	11(28.2)	3(11.1)	8(66.7)
刑務所歴	9(23.1)	3(11.1)	6(50.0)
暴力団歴	8(20.5)	2(7.4)	6(50.0)
殺人歴	13(33.3)	9(33.3)	4(33.3)

( )内は%

割であるのに対し，非統合失調症群では約4割で，後者に欠損家庭が多くみられた。

(3) 教育歴（表2）

両群でかなり差があり，統合失調症群では中学校卒業以下のものが9名，高校進学以上のものは18名であった。これに対して非統合失調症群では，高校に進学した3名はすべて中退者で，高校卒業以上のものはみられなかった。このように，教育歴は統合失調症群で明らかに高く，中学校卒業以下と高校進学以上で両群を比較すると，フィッシャーの直接確率法により危険率1%以下で有意差を認めた。なお学業成績については，統合失調症群では上位および中位のものが過半数を占めるのに対し，非統合失調症群では下位ないし最下位が過半数であった。

(4) 職　歴

入院前までの主な職歴は，統合失調症群では，自営1名，会社員・公務員7名，アルバイト5名，学生1名，暴力団関係2名，その他10名である。非統合失調症群では，自営1名，アルバイト2名，建築作業員1名，暴力団関係4名，その他4名であった。

(5) 反社会的経歴（表3）

入院までの犯罪前科（有罪として罰せられた経歴）は，統合失調症群の4名（14.8%）に対し，非統合失調症群では8名（66.7%）と多く，危険率1%で有意差が認められた。なお，統合失調症群では逮捕歴は6名に見出されたが，

うち3名は精神症状に基づく殺人であるため不起訴とされたものである。少年院・刑務所歴についてみると，統合失調症群の計4名（14.8%）に対して，非分裂病群ではいずれか一方を経験したも

表4　入院回数（松沢病院＋他院）

	全体	統合失調症群	非統合失調症群
1回	2(5.1)	2(7.4)	—
2回	1(2.6)	1(3.7)	—
3回	5(12.8)	4(14.8)	1(8.3)
4回	5(12.8)	5(18.5)	—
5〜9回	12(30.8)	11(40.8)	1(8.3)
10回以上	14(35.9)	4(14.8)	10(83.4)

（　）内は%

のが8名（66.7%）と高率であった。暴力団経歴をもつ者の割合も，非統合失調症群で明らかに高かった。

　殺人歴は全体の33.3%にあるが，両群で同一の割合であった。殺人と入院（他院を含む）の時期的関係では，統合失調症群では入院前5名，入院中3名，入院間（入院と入院のあいだ）1名で，非統合失調症群では入院前0名，入院中3名，入院間1名であった。殺人の被害者は，統合失調症群では計17名のうち隣人7名，入院中の他患者6名，家族2名，同僚と通行人が各1名であった。非統合失調症群では計4名のうち，家族1名，他患者3名であった。殺人で有罪とされたものは統合失調症の1例のみで，他はすべて不起訴処分とされている。なお，表に示した反社会的経歴のいずれももたない症例は19例，48.7%（統合失調症群17例，非統合失調症群2例）であった。

(6)　入院回数（表4）

　松沢病院と他院を合わせた入院回数は，統合失調症群では様々であるが，5回以上が過半数を越え，入退院を繰り返すものが比較的多いように思われる。非統合失調症群ではこの傾向はより明らかで，10回以上の入院歴をもつものが約8割を占めた。なお松沢病院のみに限ると，入院回数は平均4.5回であり，統合失調症群では平均3.6回，非統合失調症群では平均6.3回で，後者がやや多かった。

(7)　入院形態

　統合失調症群では，家族同意18名（66.7%）に次いで措置8名，市区長同意1名であった。非統合失調症群では，措置7名（58.4%）に次いで家族同意4名，市区長同意1名であった。前者では家族同意が，後者では措置が高い割合であった。

表5 入院の動機 (重複あり)

	全体	統合失調症群	非統合失調症群
本人の希望	2(5.1)	2(7.4)	―
家族の希望	14(35.9)	12(44.4)	2(16.7)
福祉事務所の紹介	1(2.6)	1(3.7)	―
警察の保護	9(23.1)	3(11.1)	6(50.0)
他院からの依頼	13(33.3)	9(33.3)	4(33.3)
その他	4(10.3)	4(14.8)	

( ) 内は%

(8) 入院時の生活状況

松沢病院への入院時の職業は,無職が統合失調症群で21名(77.8%),非統合失調症群では全員であった。統合失調症群の無職でなかったもの6名の内訳は,会社員1名,アルバイト3名,ビル清掃員1名,学生1名であった。婚姻状況は,統合失調症群では24名 (88.9%) が未婚で,残りは既婚2名,離職1名であった。非統合失調症群では既婚者はなく,9名 (75.0%) が未婚で,離婚2名,その他(妻殺し)1名であった。入院時に同居家族を有していたものは,統合失調症群で19名 (70.4%),非統合失調症群で5名 (41.7%) であった。

(9) 入院経路 (重複あり)

統合失調症群では,「他院の紹介」が最も多く11名 (40.7%),次いで「通院を経て」8名,「精神衛生鑑定を経て」5名,警察保護2名,直接来院と「福祉事務所の紹介」が各1名,その他4名であった。非統合失調症群では,警察保護が5名 (40.7%) で最も多く,「他院の紹介」4名,「精神衛生鑑定を経て」2名,直接来院,「通院を経て」,「福祉事務所の紹介」が各1名であった。

(10) 入院直前の治療状況

統合失調症群では通院中9名,他院入院中8名,治療中断6名,未治療と退院直後が各1名,その他が2名であった。非統合失調症群では,退院直後5名,他院入院中4名,治療中断2名,未治療1名であり,通院中のものはなかった。

(11) 入院動機 (表5)

松沢病院への入院の動機は,統合失調症群では「家族の希望」が12名 (44.4%) と最も多かった。それに対して,非統合失調症群では「警察の保護」が6名 (50.0%) と最も多かった。「他院からの依頼」は両群で33.3%と差がなかった。

⑿ 入院契機となった問題行動(重複あり)

表6　保護病棟を必要とした理由 (重複あり)

	全体	統合失調症群	非統合失調症群
患者への暴力	14(35.9)	10(37.0)	4(33.3)
職員への暴力	9(23.1)	8(29.6)	1(8.3)
器物損壊	7(17.9)	2(7.4)	5(41.7)
放火	2(5.1)	—	2(16.7)
自傷・自殺企図	7(17.9)	5(18.5)	2(16.7)
無断離院	3(7.7)	—	3(25.0)
威嚇・暴言	15(38.5)	6(22.2)	9(75.0)
精神状態が不良	6(15.4)	6(22.2)	—
危険行動の予測	5(12.8)	4(14.8)	1(8.3)
その他	15(38.5)	9(33.3)	6(50.0)

( ) 内は%

統合失調症群では「家庭内の暴力」が10名(37.0%)と最も多く, 次いで「家庭外の暴力」9名, 「他院での問題行動のための転院」8名, 威嚇・暴言5名, 器物破壊と自傷・自殺企図が各2名, 住居侵入1名などであった。非統合失調症群では「他院での問題行動」「家庭外の暴力」, 威嚇・暴言が各5名 (41.7%) と多く, 次いで器物破壊, 家庭内の暴力, 自傷・自殺企図の各3名などであった。

3　保護病棟を必要とした理由 (表6)

保護病棟が使用される経路としては, (1)入院に際して保護病棟が適当と判断される場合, (2)他の病棟 (閉鎖または開放) に入院中の患者について管理・治療上の問題が生じた場合, の2つがある。いずれの場合も, 一般の病棟では対応が困難な要因が存在したと考えられる。カルテ・看護記録から保護病棟の使用理由を分析すると, 全般的には, 威嚇・暴言 (身体に及ばない言語的暴力), 他患者や病棟職員への身体的暴力などが多い。統合失調症群では「患者への暴力」10名 (37.0%), 「職員への暴力」8名 (29.6%) という身体的暴力が最も多く, 次いで威嚇・暴言と「精神状態が不良」(特別な問題行動は起きていないが, 症状が激しく厳重な観察が必要な場合) がともに6名, 自傷・自殺企図5名, 「危険行動の予測」(過去に重大犯罪などの経歴があり, 再犯が予測される場合) 4名, 器物損壊2名, 拒食・拒薬などである。一方, 非統合失調症群では威嚇・暴言が9名 (75.0%) で最も多く, 次いで器物損壊5名, 「患者への暴力」4名, 無断離院3名である。「その他」は自傷・自殺企図, 無断外出, 飲酒, 他患者へのたかり, 扇動行為などである。

4　経　　過

　調査対象の1989年3月末現在における状況は，統合失調症群では「当院の保護病棟以外の病棟に入院中」が11名（40.7%），「当院外来に通院中」が7名（25.9%），「保護病棟入院中」が5名（18.5%）の順で，その他は自殺2名，死亡1名，不明1名であった。非統合失調症群では，「保護病棟以外の病棟に入院中」が3名（25.0%），「当院外来に通院中」と死亡が各2名の順で，その他は保護病棟入院中，他院入院中，他院通院中，刑務所服役中，不明が各1名であった。統合失調症群では生存者中95.8%が何らかのかたちで松沢病院での治療を継続していたのに対し，非統合失調症群のその割合は60.0%と低かった。

V　考察とまとめ

　著者が取り上げた対象は，地域の医療での中核的役割を備えた一公立精神病院において，隔離室を主とする保護病棟の利用度がとくに高かった患者群である。今回の調査で見出された特徴としては，まず疾患別の割合があげられる。すなわち，7割を統合失調症が占め，他方でアルコール・薬物依存による中毒性精神障害も少なくないが，躁うつ病，心因性疾患あるいは境界例などの人格障害は含まれていない。ただしこの傾向は，統合失調症圏が主要部分を占める単科精神病院での調査であることや，長期・頻回の在棟という基準の取り方にも規定されていると思われる。

　このうち中毒性精神障害は，頭部外傷にアルコール依存を合併した器質性精神病の1例を含めると，全体の3割近くとなる。これら中毒性精神障害の症例はかなり目立つ共通点を示している。すなわち，多剤乱用歴，基盤にある顕著な人格障害，頭部外傷などの器質的要因が見出されやすいことで，これら異質な病因が複合して治療をむずかしくしていることは容易に想像しうる。

　一方，統合失調症の症例の特徴は，病像が非定型であったり診断確定が困難な症例が少なくないことである。それには，統合失調―情動型の3例，単純型ないし類破瓜病の1例，長い経過においても他の疾患（人格障害，発達障害，精神遅滞，脳器質性疾患など）との鑑別がいまだ確定的でない3例，破瓜―緊張型であるが極期ではてんかん性精神病が疑われた1例がある。また

27例中の7例に，脳波所見や臨床症状から何らかの脳機能異常の存在が推測されたことに留意すべきである。Colsonら[*5]は，治療の極端に困難な患者群を詳しく検索すると器質性脳機能障害（organic brain dysfunction）がしばしば見出されることから，この機能障害と精神病理との相乗作用が治療のむずかしさの要因ではないかと推論している。

以上，臨床症状のレベルでの治療のむずかしさの要因としては，異なる病因の複合や病像の非定型性といった特徴が注目される。

次に，保護病棟の長期・頻回在棟者となる過程については，疾患群によってその背景が異なることが予想される。そこで，「統合失調症群」とそれ以外の「非統合失調症群」に分け，生活経歴や保護病棟への入院経路について比較した。

まず生活史的背景は，様々な面において非統合失調症群が不良である。つまり非統合失調症群では欠損家庭で養育されたものが多く，教育歴は低く，成績は不良という傾向がみられ，さらに入院前に単身生活を送っていたものが多かった。職業的にも，定職をもたないか無職のものが多く，社会適応がもともと不良であったことを推測させる。この傾向はとりわけ反社会的経歴に突出してみられる。前科，少年院・刑務所歴，暴力団経歴の比率はいずれも非統合失調症群で明らかに高い。このような社会不適応がアルコール・薬物乱用と密接に関連していることはいうまでもないし，それが非統合失調症群のほとんどの症例で治療の契機となっている。

受療状況に関しても非統合失調症群では特徴的な傾向が見出される。この群では，松沢病院への初回入院前に外来通院中であったものが皆無であった反面，他院を含めた合計入院回数が10回以上のものが4分の3以上を占め，通院継続が困難で頻回入退院を繰り返す傾向が顕著であった。とくに入院によって不安が急速に軽減する覚せい剤精神病の症例では，治療動機づけが形成されにくく，症状が再燃するたびに病院や福祉機関に安易に頼るという好ましくないパターンが作られやすい[*10]。一方，統合失調症群では家庭内での暴力などのため家族の希望で入院する場合が多いのと対照的に，非統合失調症群では家庭外での粗暴行為（無銭飲食，住居侵入など）のため警察の保護で入院する例が少なくなかった。こうした傾向は，非統合失調症群の入院が，しばしば疾患それ自体の悪化と触法行為とが絡み合って起こるという厄

介な事情を示唆している。

　さらに，入院後に一般病棟でなく保護病棟が必要とされた理由についても両群に差が認められた。統合失調症群では他患者や病棟職員への身体的暴力が最も多い。これに対して非統合失調症群では，むしろ威嚇・暴言，器物損壊など身体に直接及ばない粗暴行為や，飲酒，無断離院など病棟規則の違反が目立つ。とくにアルコール・薬物依存の症例は功利的な感覚が鋭く，入院して急性状態から回復すると，徒党を組む，治療スタッフを操作するなどの行為で病棟秩序を撹乱しやすい。また保護病棟の中で行動を枠づけされている限りはそれほど問題はないが，自由な病棟に移されるとたちまち逸脱を繰り返すようになる場合が稀でない。こうしたアルコール・薬物依存の症例に特徴的な言語的攻撃，巧妙な規則違反，集団化などは，反社会的な行動パターンを病院生活に持ち込むことで環境に対処しようとする態度と解釈することができる。つまりここでは，患者（patient）となる以前から逸脱者（deviant）であったという彼らの経歴が重要である*12。

　環境への適応という面では，統合失調症群は別の問題点をもつようにみえる。保護病棟の使用理由には他患者や病棟職員への暴力が多いが，これは入院契機の中で家庭内での暴力が多いという事実と対応すると考えられる。Bökerら*4の多数例の調査によれば，統合失調症患者の暴力では，患者と密接なつながりをもつ人が対象に選ばれやすいという。著者らの調査でも，統合失調症群では反社会的経歴が全体に乏しいにもかかわらず，殺人の経歴は27名中9名と少なくなく，その大部分は家族，隣人，同室の他患者を被害者としたものである。このような点からみると，統合失調症群での入院治療のむずかしさに関しては，心理的にも空間的にも対人関係が過密とならざるをえない病院環境が無視できない要因であるように思われる。

　さて，今回対象とした症例は，近年の病院精神医療で「処遇困難例」と呼ばれるような事例の特徴をかなり典型的に表すものと推測される。一般に「処遇困難例」という言葉は，重大な犯罪歴をもつ患者，病院内で暴力行為や規則違反を反復して治療関係を損なう患者などを指して用いられているようである。これは，欧米でいう difficult patient に相当するものと考えられるが，その定義や意味内容は，現時点ではきわめて曖昧で漠然としている。処遇のむずかしさとは本来，特定の疾病や病態そのものを指すわけではなく，

加藤[*7]のいう事例性（caseness）として理解すべきものであろう。すなわち，何らかの疾病を基盤としながら，環境要因や治療システム，周囲の認識との相互関係の中で析出してくる現象とみなすことができる。そもそも「処遇困難例」への関心が，精神保健法の施行を軸とする最近の医療改革つまり開放化の過程に即応して現れたという事情が，このような本質を示唆している。

著者は今回，「統合失調症群」と「非統合失調症群」という2つの群に分け，それぞれの臨床像の特徴を分析したうえで，生活背景，入院経路，保護病棟の必要性に関する相違を明らかにした。これらの相違点は，病態や背景の異なる対象者を「処遇困難例」という漠然としたカテゴリーで一括し，専門施設などの対策を講じることが果たして有効であるのか，再考を促すものと思われる。保安対策と濃厚治療という二重の機能をもつユニットが，異質の患者群を収容することになるという現実については，前述したようにいくつかの指摘がなされている。

以上の知見を手がかりとして，第2部では「むずかしさ」のさらに詳細な分析と分類を行うことにしたい。

〈参考文献〉

*1　Basson JV, Woodside M : Assessment of a secure/intensive care/forensic ward. Acta Psychiat Scand 64 ; 132, 1981.

*2　Bénézech E, Vankeirsbilck D, Addad M, et al : Les malades mentaux difficiles et/ou dangereux. Enquête criminologique sur 547 sujets placés d'office de 1967 à 1976 au service de sûreté de Cardillac. Ann Méd Psychol 135 ; 641, 1977.

*3　Bluglass R : Regional secure units and interim security for psychiatric patients. Br Med J 25 ; 489, 1978.

*4　Böker W, Häfner H : Gewalttaten Geistesgestörter. Springer, Berlin-Heidelberg-New York, 1973.

*5　Colson DB, Allen JG : Organic brain dysfunction in difficult-to-treat psychiatric hospital patients. Bull Menninger Clin 50 ; 88, 1986.

*6　Edelman SE : Managing the violent patient in a community mental health center. Hosp Community Psychiatry 29 ; 460, 1978.

*7　加藤正明「事例になるということ（事例性）」社会と精神病理（1976年，弘文堂）134頁。

*8　Lion JR, Snyder W, Merrill G : Underreporting of assaults on staff in a state hospital. Hosp Community Psychiatry 32 ; 497, 1981.

* 9　Madden DJ, Lion JR, Penna MW : Assaults on psychiatrists by patients. Am J Psychiatry 133 ; 422, 1976.
* 10　中谷陽二＝坂口正道＝藤森英之「覚せい剤精神病の頻回入院例について」精神医学 29 ; 1327（1987 年）
* 11　中谷陽二「患者の暴力にどう対処するか」精神科治療学 3 ; 745（1988 年）
* 12　中谷陽二「覚せい剤依存の現況と治療」臨床精神医学 17 ; 1007（1988 年）
* 13　Neill JR : The difficult patient : Identification and response. J Clin Psychiatry 40 ; 209, 1979.
* 14　Phillips P, Nasr SJ : Seclusion and restraint and predection of violence. Am J Psychiatry 140 ; 229, 1983.
* 15　Stamm I : Countertransference in hospital treatment : Basic concepts and paradigms. Bull Menninger Clin 49 ; 432, 1985.
* 16　Whitman RM, Armao BO, Dent OB : Assault on the therapist. Am J Psychiatry 133 ; 426, 1976.
* 17　Wong N : Perspectives on the difficult patient. Bull Menninger Clin 47 ; 99, 1983.

第 2 部

I　はじめに

　転換期を迎えている精神科医療の中で，開放的な治療システムでは対応がむずかしいとされる患者への対策が関心を集めている。著者は第 1 部の報告で，精神科保護病棟の長期在棟者を対象として，その臨床的特徴および長期在棟者として事例化する過程について分析した。その結果，それらの中には，病態や臨床経過，生活史的背景に関してかなり異質な患者が含まれており，それぞれの症例の特性に応じて「むずかしさ」の質を理解すべきであることが示唆された。そこで第 2 部では，「むずかしさ」の具体的内容を手がかりとして臨床的な分類を試み，治療の要点にも触れてみたい。

II　対象と分類

　方法については第 1 部で説明したので概要のみ述べる。症例は，都立松沢病院の「男子新入院・保護病棟」（以下，「保護病棟」と略）に 1979 年から 1988 年まで在棟した 708 例のうち，(1)通算 1 年以上にわたり在棟，(2)計 5 回以上繰り返して在棟，のいずれかの条件を満たした 39 例である。診断別では，統合失調症 27 例，中毒性精神障害 10 例（アルコール 3，覚せい剤 5，有

第3章 施設での処遇

表7 保護病棟長期在棟者の「5A分類」

類型	統合失調症	アルコール	覚せい剤	有機溶剤	精神遅滞	器質精神病	計
攻撃-衝動型 Aggressive-impulsive type	9	1		1		1	12
反社会-操作型 Antisocial-manipulative type		2	4				6
激越-情動不穏型 Agitated-unstable type	5		1	1	1		8
自閉-解体型 Autistic-disorganized type	11						11
問題経歴型 Antecedent-related type	2						2

機溶剤2），精神遅滞1例，器質精神病1例であり，初回入院時の平均年齢は28.0歳であった。

　保護病棟の必要性，言いかえれば一般の精神科病棟での治療の限界と密接に関連する症状—行動特性を基準として表のように分類し，頭文字をとって「5A分類」と名づけた。これは疾病学的な分類ではないが，表7に示されるとおり，個々の類型と疾病とのあいだにある程度の親和性が見出される。またひとりの患者が複数の特性を示すことが当然予想されるが，ここでは主要な特性に基づいて症例数を示した。以下，代表的な症例を提示する。

III　症　例

〈症例1〉　初診時18歳　統合失調症（攻撃—衝動型）

　4歳で実父母が離婚した。中学2年，父が継父であることを知ってから不良グループと付き合うようになり，一時はシンナーを吸引した。工業高校を2年で中退し，鉄工所に勤めた。1年後から仕事中に茫乎としたり，意味不明の言動や母親への暴力がみられるようになった。手首自傷のため精神科に通院したが，独語，弄火，呼吸を止めるなどの奇異な行動が頻繁となり，松沢病院への初回入院となった。院内では普段は寡黙でおとなしいが，たびたび突発的に暴力を振るい，保護病棟に収容された。すなわち，新聞を読んでいる他患者に向って「殴られたいですか」というなり殴打する，レクリエーション中に前触れなく看護者の顔面にパンチを浴びせる，ナースステーショ

141

ンにつかつかと歩み入り，無言で看護者に背後から殴りかかる，面接中に急に身体を硬くさせて担当医の胸を突くなど，周囲からほとんど予測しえない行為がみられた。暴行の理由を問われると，「胸の中から『殴れ』と響いた」，「自分が曖昧になった」，「脳味噌がなくなって皆に動かされた」，「心が他人に知られた」，「先生の声が聞こえた」など，幻聴や作為体験を思わせる体験を口にしたが，一貫性に乏しく，はっきりした動機の説明は得られなかった。さらに「他人の霊が移って自分の能力になった」，「自分が世界中の人を楽しませている」など，多彩な自我障害が見出された。また，硬く無表情な昏迷様の状態と，自然な笑顔のみられる状態とが目まぐるしく入れ替わるという変化も観察された。ある程度の寛解に達して退院したが，まもなく再発し，4回の入退院を繰り返した。とくに最後の入院では，唐突な暴力に加え，硬貨を呑み込むなど動機不明の異物嚥下もみられ，隔離が非常に長期となった。

〈症例2〉 初診時23歳 統合失調症（攻撃―衝動型）

両親，姉との4人暮しで，家庭環境にとくに問題はない。高校2年の時，自己臭恐怖で耳鼻科を受診し，その頃から次第に生活がだらしなく不活発となった。受験に失敗し，浪人中は予備校に行かず，自室にこもりがちであった。その当時，隣家の人に対し被害念慮を抱くことがあった。翌年に大学に入学したが，いっそう孤独で怠惰となった。家族との接触を嫌い，3年の時希望して下宿に移り住んだ。まもなく，上の部屋に住む人が物音を立てるといい，執拗に抗議した。相手がたまりかねて引っ越すと，そのことで家主が自分を悪く思い，嫌がらせをするという被害妄想をもった。自室に鍵を何個もつける，隣家に物音がうるさいといって怒鳴り込む，実家で両親と姉に向って「ぶっ殺す」と脅すなど，異常行動が目立った。家族が受診を勧めたところ，かえって本人は不信感を募らせ，強く拒否した。4年の秋，就職試験で焦りが強まり，「隣のテレビの音で神経が逆なでされて気が狂う」という体験をきっかけに，家主と隣家の人の計5名を刺殺した。精神鑑定で破瓜型統合失調症と診断されて不起訴となり，松沢病院へ措置入院とされた。

初診時は無気力，不活発で深みがなく，情意鈍麻が前景にみられた。病的体験は明らかではなく，しばらくして保護病棟から一般の閉鎖病棟へ移った。ところが，いびきや歌など，同室の患者が立てる音に敏感で，嫌がらせと解釈し，病室を変わるたびに同室者を妄想の対象とした。「雰囲気がザワザワ

しておかしい，対人関係で疲れてしまう」という異常な圧迫感や，夜間に寝込みを襲われる恐怖を訴え，個室を希望した。対象とみなした患者への暴行，護身用のナイフの所持，「静かな場所（保護病棟）に行きたい」という動機による短絡的な手首自傷などを起こした。保護病棟では不安は薄らぐが，一般病棟に戻ると被害妄想が容易に再燃した。入院5年目頃から病的体験は徐々に背景に退き，感情の平板化がより顕著となり，以来約2年間は一般病棟でとくに問題なく過ごしている。

〈症例3〉　初診時41歳　覚せい剤精神病（反社会―操作型）

　13歳で父が病死し，母の行商で暮した。中学時代から暴力団に関係し，定職に就かず，少年院と刑務所を経験した。27歳で結婚したが，まもなく別れた。18歳頃からハイミナールと一緒に大量飲酒を始めた。30歳から覚せい剤を連用し，33歳の時幻聴と追跡妄想が出現して初めて入院した。それ以来覚せい剤は使用していないというが，主に飲酒が誘因とみられる不安，幻覚，妄想の再燃のため，15カ所の病院に計19回入院した。規則違反や粗暴行為のためしばしば強制退院とされ，福祉事務所を通じての入院要請が20数カ所の病院で断られたという記録もある。さらにその間，傷害事件による1年の服役を2回繰り返し，また2人目の妻に暴行を加えて死亡させ，措置入院となったことがある。結局，処遇困難という理由で民間病院から松沢病院へ転院となり，保護病棟に収容された。初診時には，「死ね」という妻の声の幻聴や被害関係妄想が認められたが，数日で消退した。一般病棟へ移ったところ，レクリエーションや外出のさい隠れて飲酒して千鳥足で帰る，ニンニクで酒臭を消す，他患者を脅して飲酒代を払わせる，飲食店で酩酊して店主にからむ，自室に酒ビンを隠匿して仲間と酒盛りをする，などの脱線行為を繰り返した。職員に注意されると開き直り，「火をつけてやる」などとすごみ，反抗的で険悪な態度となるため，たびたび保護病棟との間を往復した。親分気取りで，暴力団経歴をもつ患者を手下にグループを作り，対立する患者から逆に暴行されたこともある。1年で退院したが，3カ月後，路上で酩酊し，警察官に「松沢に行きたい」といって保護され，再入院した。2年で退院したところ，1週間も経たないうちに「幻覚がひどい」と福祉事務所に助けを求め，3度目の入院となった。

第1部　触法精神障害者と処遇困難者

〈**症例4**〉　初診時33歳　アルコール依存（反社会―操作型）

　同胞7人の第4子で，家庭環境はとくに不良ではない。中学卒業後，運送店などに勤めた。21歳の時肺結核で半年間，通院治療を受け，その後タクシー運転手となった。23歳頃より運転手仲間に勧められ覚せい剤を注射し始めた。23歳交通事故で数時間の意識消失を起こした。24歳から2回，肺結核で入院し，27歳頃からは喘息発作があった。27歳の時覚せい剤注射後に胸内苦悶と幻聴が現れ，数カ所の外来を受診した。それ以来，覚せい剤は中止し，大量飲酒が習慣的となり，仕事は休みがちとなった。30歳で胃潰瘍の手術を受け，その後，アルコール依存と低栄養状態で精神科に何回か入院した。33歳，大量飲酒を契機に幻聴と被害妄想が強まり，松沢病院の救急病棟に入院した。病的体験は速やかに消失したが，抗不安薬への依存が目立った。約2週間で退院し，生活保護で暮した。その後も飲酒を続け，12回の入院を繰り返すことになった。多くの場合は不眠，不安，幻覚あるいは喘息発作を訴えて自ら入院を強く希望し，時には夜間に当直医に対して入院を強要した。保護病棟から一般病棟に移ると，外泊中に飲酒して家族を脅す，女子患者にいたずらするなどの問題を起こし，入院を重ねるに従い治療態度が悪化し，虚言，意志薄弱が目立った。退院の際は表面的に反省するものの，規則的な通院や就労への意欲はみられなかった。患者仲間と交通事故の当たり屋をして，示談金の分配でその仲間とトラブルを起こしたこともある。38歳の時アパートの自室で病死しているのが発見された。

〈**症例5**〉　初診時24歳　統合失調症（激越―情動不穏型）

　父親が躁うつ病に罹患した。病前性格は几帳面，凝り症，完全癖。1年浪人し，その間に「意地悪される」といって予備校の寮から帰宅したことがある。20歳の時両親が離婚し，母とふたり暮しとなった。23歳，一時的に軽躁状態となり，次いで父親の入院を誘因として抑うつ的となって通院治療を受けたが，その間に服薬自殺を図った。半年後に再び軽躁状態となり，無賃乗車や脱線行為で警察沙汰を起こして松沢病院を受診し，入院となった。入院直後は，独語，空笑，幻聴，思路弛緩，語呂合せ，突発的な興奮が認められた。脱抑制が著しく，終夜大声をあげてドアをたたき続ける，服薬拒否，病棟内の電話線を引きちぎる，他患者や病棟スタッフに対する横柄で尊大な態度，スタッフにコップの水や空の食器を投げつける，などの粗暴行為が頻

発し，保護病棟に約1年在棟した。その後も，より短期間であるが，同様の状態で入院を反復した。ときに抑うつ的となることもあり，4度目の入院は，卒業試験の勉強がはかどらず，服薬自殺を企図したためである。28歳，同級生の女性の家を夜中に突然訪れたり，父方の実家で暴れるなど脱線行為がひどくなり，郷里の病院に2カ月入院した後，松沢病院に5回目の入院となった。約3週間で言動が落ち着いたため保護病棟から一般病棟に移り，復学を目指して治療を続けたが，10日後に電車への飛込み自殺を遂げた。

〈症例6〉 初診時25歳　覚せい剤精神病（激越―情動不穏型）

父は職人で酒癖が悪かった。不良仲間と付き合って高校を1年で中退し，飲食店などで働いた。15，6歳からシンナーと鎮痛剤を，また23歳から2年間は覚せい剤を連用した。25歳の時不眠，易怒，興奮，亜昏迷，被害追跡妄想が出現し，松沢病院へ初回入院となった。3カ月で軽快退院したが，その後も服薬中断や覚せい剤の再使用のため頻繁に症状が再燃し，家族への乱暴などをきっかけに10回の入院を繰り返すことになった。急性期は躁的な色彩を伴う興奮状態であり，爽快―高揚気分，せかせかとして落ち着きのない多弁―多動の傾向，脱抑制，易怒―刺激性，独語，空笑，るいそうが顕著であった。「偉い人が憑いた」「サタンの声が聞こえる」「超能力がある」など，誇大的，宗教的な体験がうかがわれた。態度は横柄，尊大で荒々しく，ひっきりなしにドアを蹴ったり，看護者を呼んで怒声を発した。気分の変化が目まぐるしく，愛想よく上機嫌であるかと思うと，急に不機嫌なとげとげしい態度に変わった。服薬，注射，食事を拒否するため，急性期のたびに保護病棟での治療が必要となった。1，2週間という比較的短い期間で穏やかとなり，引き続いて寡黙，無気力，好褥的な状態が数週間みられた。その間，とくに誘因なく昏迷が数日間にわたって再燃することがあった。しかし，いったん急性期を脱すると特別な問題行動はみられず，一般病棟での治療に困難はなかった。入院を反復するに従い，幻聴が固定・遷延化する傾向があった。

〈症例7〉 初診時32歳　統合失調症（自閉―解体型）

病前性格は勤勉，内気，孤独。大学を卒業し，養護学校の教諭を務めた。26歳，職員会議で「監視される」というなど異常な言動がみられた。通院と短期入院，休職を繰り返した。次第に茫乎として不活発となり，32歳で

退職を余儀なくされ，松沢病院を受診した。以来，自発性低下，無関心，「金星から電波がくる」などの病的体験の増悪により入院を重ねた。3度目と4度目の入院の際は，昏迷状態で刃物による自傷を起こした。「自分は宇宙人で，家族は金星にいる」，「24年前に女の子にいたずらしたのでソビエトに銃殺される」など，荒唐無稽な妄想や罪責感が目立つようになった。48歳の5度目の入院中，「宇宙人の声で死に追い込まれる」という体験で不安が募り，ベルトを首に巻きつけ，その時期から保護病棟に長く在棟することになった。「頭の中に宇宙人が見え，逐一命令したり，自殺の仕方を指定してくる」という体験が活発であり，大声の対話調の独語，頭から水をかぶる，何時間も正座するなど，奇妙な儀式的行為を日課のように繰り返した。「怒鳴りかえすと宇宙人が静かになる」，「きちんと水をかぶらないと宇宙人に文句をいわれる」と述べ，また宇宙人との戦いは「おしくらまんじゅう」のようで，自殺に追いやられないため必死に防戦しなければならないと語った。硬貨を呑み込む，寝間着の紐やズボンを首に巻くという自傷行為が数回みられた。「個室のほうが安心できる」，「大声でテレパシーと闘っても他の患者に迷惑をかけない」という理由で，隔離室を容易に離れようとしなかった。保護病棟に収容されてから1年8カ月後，初めて単独で外出したことがきっかけで，ようやく病的体験と距離がとれるようになった。約3年半で慢性病棟に移ったが，人格荒廃がかなり顕著となっている。

〈症例8〉 初診時29歳 統合失調症（自閉—解体型）

同胞7人の第4子として裕福な家庭で育てられた。元来内気で，小心，臆病な性格であった。中学2年から登校しなくなり，いくつかの病院を受診して統合失調症といわれたが，時に外来を受診するのみで，家で無為・自閉の生活を送った。22歳から23歳にかけて短期間の入院を3回繰り返した。その後就職したが長続きせず，28歳で4度目の入院となった。意欲低下が著しいため，作業療法を受ける目的で松沢病院へ転院した。初診時は病的体験は認められず，無関心，緩慢な動作が目立った。作業療法の効果はみられず，2カ月で家族の希望で退院した。その後は通院を続け，仕事は時に家業を手伝う程度であった。42歳の時不眠，幻聴，支離滅裂，精神運動興奮の緊張病症状が急激に現れ，松沢病院へ再入院となった。幻聴に支配されて大声を出す，突然椅子を振り上げるなどの行為のため，保護病棟に収容された。当

初は怒声と共に物を投げつける，看護者に暴力を振るうという粗暴行為が頻繁であったが，1カ月目頃から次第に興奮はおさまった。その後は，周囲に無関心にしゃがみ込んでいたり，独語，徘徊がたびたびみられた。疎通性はきわめて悪く，便失禁や弄便のため不潔であり，種々の向精神薬によっても状態の改善はほとんどみられなかった。時に不機嫌となって他患者につかみかかったり，隔離室内でドアをたたくことがあり，保護病棟には6年間在棟した。48歳で慢性病棟に移り，人格荒廃の顕著な状態が続いている。

〈症例9〉　初診時28歳　統合失調症（問題経歴型）

父は建具職人で酒癖が悪く，貧困家庭で同胞10名の末子として育った。小学校から盗癖，猫をいじめるなどの粗暴行為，異様な般若の面を彫る，入れ墨に興味をもつなど奇妙な嗜好が目立った。中学卒業後，店員やプレス工をしたが飽きやすく，窃盗，傷害など非行を重ね，少年院に入った。20歳頃には暴力団に加わり，入れ墨を入れた。21歳，刑務所服役中に幻聴が現れたが，自然に消退した。24歳，2度目の服役の際に幻聴が強まり，26歳の出所と同時に民間病院に入院した。半年後，外泊中に通行人の女性から金を脅し取ろうとし，騒がれたため刺殺した。不起訴となり，措置入院とされて別の民間病院へ移された。さらに半年後，院内で他患者を「うるさいので腹が立つ」という動機で絞殺したが，悪びれた様子はうかがえず，精神状態に何ら変化はみられなかったという。措置入院のまま，処遇困難という理由で松沢病院に転院した。感情の冷たさが特徴的で，罪責感や反省は全くうかがわれなかった。転院の理由を問われると，「殺人をしましたから」と表情ひとつ変えずに答え，犯行の模様を淡々と説明し，入院治療を「刑期の代り」と認識していた。稀に，行為を批評する幻聴，「4次元にいる宇宙人が体に入って尿を出にくくさせる」という被影響体験を語り，空笑と独語が気づかれることがあった。ふだんは寡黙で孤立的であるが，年に1，2回，多動傾向の他患者を殴打したり，怒鳴りつけることがあった。状態像は入院以来ほとんど不変で，保護病棟には10年間在棟している。

IV　考　察

開放的な治療システムのもとでは対応や治療関係の維持がむずかしい患者，いわゆる「処遇困難例」と呼ばれる患者の分類の報告は日本ではまだみられ

ないが,これに関連して,海外では次の2つが参考になる。

Groves[7]は,hateful patient すなわち「重い依存性とそれに関連した様々な行動によって,たいていの医師に対して陰性感情を刺激する患者」を以下のように分けた。

1. 依存的でまといつく人 (dependent clingers)
2. 権利要求者 (entitled demanders)
3. 巧妙な援助拒否者 (manipulative helprejectors)
4. 自己破壊的否認者 (self-destructive deniers)

一方,Colsonら[6]は,患者が治療スタッフによって difficult patient と認知される場合,その要因として次の4つを影響の強い順にあげた。

1. 精神病性退却 (withdrawn psychoticism)
2. 重い性格病理 (severe character pathology)
3. 自殺―抑うつ行動 (suicidal-depressed behavior)
4. 暴力―激越 (violence-agitation)

これらはいずれも,治療関係におけるスタッフ側の認知や反応を基準に選択された患者についての分類である。これに対して著者らの分類は,特定施設すなわち保護病棟の利用度(在棟の期間と回数)という,より外面的な基準に基づく選択から出発している。そのため,保護病棟のスタッフからは処遇がとくにむずかしいと認知されなくなっても,適当な受入れ病棟がないなどの理由で長期間在棟する結果となった患者が含まれていることが予想される。逆に,在棟期間は短いが,その間の対応がきわめてむずかしかったような患者が除外された可能性がある。したがって,著者らの対象が,どちらかというと慢性,再発性の病態に偏っていることは否定しえない。

なお,著者の知る限りでは特定施設の収容者を対象とした分類はないが,小規模の保安的な病棟に関するいくつかの報告[1,2,3]では,暴力の危険性をもつグループと,危険ではないが非社会的な逸脱行為を特徴とするグループとの異質性が指摘されている。

以下,提示した症例を参考にしながら,それぞれの類型の症状―行動特性を説明し,実際の治療の要点にも触れてみたい。

1 攻撃―衝動型 (aggressive-impulsive type)：衝動的な対人暴力の傾向をもつ者

統合失調症9例，アルコール依存，有機溶剤依存，器質精神病が各1例である。これらのうちの8例に殺人の経歴があることが注目される。統合失調症群ではすべて病前に犯罪歴はなく，殺人の犯行は発症に伴う病的動機に基づくものとみられる。被害妄想に支配されて殺人を犯した4例では，症例2に典型的に示されるように，その後の治療経過でも身近な患者やスタッフに対して被害的関係づけを形成しやすく，報復的な暴行もしくはその準備行為を行っている。この傾向は，緊迫した (spannungsreich) 対人関係が分裂病患者の暴力を誘発しやすいというBökerら[4]の指摘に一致する。攻撃行動の根底に重篤な統合失調症性の症状があるという点は，他の症例でも同様である。症例1では多彩な自我障害の症状が認められ，自他の境界の混乱が唐突な暴力を誘発したようにみえる。そのほか，緊張病状態での運動暴発によって無差別的な暴力と自傷行為を反復した症例などがある。一方，非統合失調症群の3例では，人格障害に器質性の変化が重なったと考えられ，刺激性亢進や気分変調の状態で，他患者や病棟スタッフとの些細なトラブルをきっかけに，統御不能の爆発的暴力や器物損壊を起こしている。

このタイプの患者への対応では，攻撃性の根底にある精神病理と予告徴候の把握による治療的介入と共に，暴力の引き金となる，病棟スタッフや他患者との対人的緊張を緩和するための配慮が必要である。

2 反社会―操作型 (antisocial-manipulative type)：反社会的な行動パターンが顕著で，規則違反や巧妙な対人操作によって病棟秩序を攪乱する者

すべて中毒性精神障害（アルコール2，覚せい剤4）であり，著しい依存・乱用歴をもつ。非行・犯罪歴や暴力団経歴が豊富で，社会的逸脱と生活破綻のすえに医療に接触している。全例が頻回入退院のかたちをとり，中毒性精神病の再燃と絡んで，しばしば生活不安からの逃避の願望が入院の動機となる[8]。攻撃―衝動型でみられる直接的な対人暴力よりも，暴力団のミニチュアともいえるグループ形成，一般の患者に対する寄生的行為（ゆすり，たかり），背後からの扇動，短絡的な逸脱行為（隠れ飲酒，無断離院）が特徴である。対人態度に裏表があり，病棟スタッフに迎合するため，問題行動が死角に入りやすい。自己顕示と虚勢の反面では弱気と甘えがあり，そのため，

症例3，4にみるように，医療と福祉機関に対して容易に依存的な関係を作る。社会病質・反社会性人格における脆弱な自己愛という観点からBursten[5]のいう操作人格（manipulative personality），Wolman[10]のいう自己愛—寄生人格（narcissistic-parasitic personality）の特徴が見出される。

　酩酊や軽犯罪に際して安易に入院など医療的保護を与えると，医療・福祉機関への依存的関係を助長する。そして，病院を一時的な住いとして利用する傾向さえ生じる。したがって，逸脱行為への対処に関してlegalとmedicalという2つの範囲の境界を明確にしておくことが必要と思われる。

　3　激越—情動不穏型（agitated-unstable type）：情動面の著しい不安定により，喧噪，治療拒否，ときに自殺への傾向をもつ者

　これには統合失調症5例，覚せい剤精神病，有機溶剤依存，精神遅滞の各1例がある。対人暴力は起きたとしても偶発的である。統合失調症群の3例は統合失調—情動型であり，反復する躁状態において高揚気分，脱抑制と共に滅裂な言動が著しく，昼夜を分かたず喧噪を巻き起こした。うち症例5および他の1例は，躁状態から回復し，保護病棟から一般病棟に移った後に自殺を遂げたことが特筆される。統合失調症群の他の2例は，誇大的で人格水準低下が目立つ妄想型，感情の動揺が著しい破瓜型である。中毒性の症例6および他の1例では，覚せい剤に特有な高揚状態および有機溶剤酩酊下の脱抑制，精神運動興奮，易刺激性が著しく，短期間であるが，暴言，治療拒否，反抗的態度を呈した。高度の精神遅滞の1例では気分易変と衝動性がみられ，盗食，小暴力，器物損壊が頻繁であったが，精神遅滞の専門病棟に移されて治療が維持されている。この精神遅滞例を除けば，保護病棟の使用は，短期間で一般病棟に移動する「通過型」のパターンをとっている。

　喧噪や治療拒否で病棟の治療環境が乱されることにのみ注意が向い，必要以上の鎮静手段がとられたり，潜在する自殺傾向が見逃される危険に留意すべきである。

　4　自閉—解体型（autistic-disorganized type）：自閉と人格解体，およびそれらに起因する異常行動のために集団的処遇が困難な者

　これは11例すべてが統合失調症で，かなり長く保護病棟に在棟した患者ばかりである。自閉がより顕著な症例と，解体がより顕著な症例とに区別することができる。前者は孤立，回避，対人過敏などのため隔離された空間に

閉じこもりやすい。また後者では，症例8で典型的なように，人格の解体を基礎として行動面での統制喪失と退行がみられ，日常生活での自立が困難となり，集団的な治療（生活指導や作業・レクリエーション療法）が妨げられる。症例8および他の4例は，早期に発症し，すでに人格荒廃が進んだ破瓜型ないし破瓜－緊張型である。その他，解体の程度は比較的軽いが，対人場面の緊張で幻覚が増強する破瓜型の2例，症例7のように想像上の迫害に抵抗する手段として保護的空間を求める例などがみられる。また若干の症例では，保護病棟に長く滞在した積極的理由が見出せず，自発性低下や無関心のため治療のレールに乗りにくく，結果的に長期に在棟することになったと推測される。

　治療上の問題は，患者自身が隔離空間に安住し，自閉空間に沈潜する傾向をもつため，保護病棟がいっそう孤立化を助長し，一種の閉鎖性の強い慢性病棟として使用されてしまうことである。したがって可能な限り，より開放的な環境への順応，現実との接触を図るべきである。

　5　問題経歴型（antecedent-related type）：現時点においては著しい問題行動はみられないが，過去に重大な犯罪歴をもつため，将来の危険性を否定しえない者

　今回の調査では統合失調症の2例のみが該当したが，いわゆる「処遇困難例」にかかわる重要な問題を孕んでいると考えられるため，独立の類型とした。症例9は単純型統合失調症で，古典的概念では類破瓜病の病像を示す。早期からの非行・犯罪歴に加えて，過去2回，治療中に殺人事件を起こしており，民間病院から転院の要請がなされたものである。独特な人格変化と感情の鈍麻・冷却が前景にみられる。「攻撃―衝動型」の傾向も見出されるが，転院後の経過においては対人暴力は散発的である。破瓜型統合失調症である他の1例は，精神遅滞との鑑別がむずかしかった症例である。やはり殺人歴があり，さらに入院先の病院でスタッフに対して動機不明の傷害事件を起こしたため，転院の処置がとられた。しかしその後は，洗浄強迫のような異常行動は盛んであったが，対人暴力はみられず，3年半で保護病棟から一般病棟に移ってからも危険な行動は起こしていない。

　これら2例で長く保護病棟が使用された要因は，その時点での問題行動よりも，過去に重い暴力が反復された経緯があること，そのため再犯が懸念さ

れたことにあると推測される。つまり，現状よりも将来の危険性という不確定要素が「むずかしさ」の本質であると解釈しうる。両例とも，病識欠如に加えて，過去の行為の重大性に関する洞察と罪責感が欠如していたこと，長い経過でも初診時とその後の状態像にほとんど変化がみられなかったことが，治療者にとっての不安材料となり，危険性予測をいっそう困難にしたと考えられる。同じく殺人歴をもつ場合でも，「攻撃—衝動型」に含めた症例では経過中に状態像の変化がみられ，その推移に応じて危険性評価がある程度可能であった点が異なっている。

このように重大な犯罪を契機として医療に導入され，その後の経過ではとくに危険な行動がみられない場合，いつ開放的治療に移すかという判断が問題となる。その判断は，縦断的な臨床経過と横断面の病像を統合しても，きわめて微妙である。その際，犯罪歴の有無と実際の治療場面での「むずかしさ」とが往々にして混同されること[*9]に留意すべきである。

V　ま　と　め

開放的な治療システムでは対応がむずかしく，より隔離的，保護的な処遇が必要とされる患者は，一括して「処遇困難例」という曖昧な言葉で呼ばれることが多い。しかし，これまでの検討から明らかなように，実際には「むずかしさ」の内包と外延は非常に多様であると推測され，また精神科治療に内在する様々な局面が問題になると思われる。この点を著者らの類型に即していえば，以下のように要約される。攻撃—衝動型：治療の場における他者の安全。反社会—操作型：治療の場における社会規範。激越—情動不穏型：円滑な治療と看護および患者自身の安全。自閉—解体型：集団的な治療構造。問題経歴型：将来の行動予測の問題。したがって，「処遇困難例」への対応では，あくまで個々の症例の特性に応じて治療指針が立てられ，問題解決の糸口が探られるべきであろう。

　稿を終えるにあたり，ご校閲いただきました松沢病院加藤伸勝元院長に厚く感謝いたします。

〈参考文献〉

* 1 Basson JV, Woodside M : Assessment of a secure/intensive care/forensic ward. Acta Psychiat Scand 64 ; 132, 1981.
* 2 Bénézech E, Vankeirsbilck D, Addad M, et al : Les malades mentaux difficiles et/ou dangereux. Enquête criminologique sur 547 sujets placés d'office de 1967 à 1976 au service de sûreté de Cardillac. Ann Méd Psychol 135 ; 641, 1977.
* 3 Bluglass R : Regional secure units and interim security for psychiatric patients. Br Med J 25 ; 489, 1978.
* 4 Böker W, Häfner H : Gewalttaten Geistesgestörter. Springer, Berlin-Heidelberg-New York, 1973.
* 5 Bursten B : The manipulative personality. Arch Gen Psychiatry 26 ; 318, 1972.
* 6 Colson DB, Allen JG, Coyne L, et al : Patterns of staff perception of difficult patients in a longterm psychiatric hospital. Hosp Community Psychiatry 36 ; 168, 1985.
* 7 Groves JE : Taking care of hateful patient. N Engl J Med 298 ; 883, 1978.
* 8 中谷陽二＝坂口正道＝藤森英之「覚せい剤精神病の頻回入院例について」精神医学29；1327（1987年）
* 9 中谷陽二「精神障害者の刑事事件——精神鑑定と入院治療」精神科看護30；99（1989年）
* 10 Wolman BB : The sociopathic personality. Brunner/Mazel, New York, 1980.

〈付記〉　なお，本論文は東京都立松沢病院での大木進氏，山田秀世氏，岩波明氏，藤森英之氏との共同研究によるものである。

2 医療刑務所における精神科医療の現状と問題点

黒 田 　 治

I　はじめに

わが国では平成12年12月31日現在、5万人余りの受刑者が刑務所に収容されている[*10]。法に触れる行為をしたとして警察や検察に認知されてから、裁判で懲役などの刑を受けて刑務所に収容されるまでの間に、相当数の触法精神障害者が、警察による逮捕・取調（精神保健福祉法24条）、検察による勾留（刑事訴訟法248条、精神保健福祉法25条）、あるいは公判の段階（刑法39条、精神保健福祉法25条）で刑事司法システムから精神保健システムに移行している。それでもなお、これらのフィルターをくぐり抜けた多くの精神障害犯罪者が受刑者として刑務所に収容されている。法務省の資料[*10]によれば、平成12年に刑務所に新たに収容された受刑者のうち、「精神障害者」と認知された者の割合は4.4%（1200人）であり、平成12年12月31日現在、450人の受刑者（全受刑者の0.9%）が「精神障害者」として「専門的治療処遇」を受けている。このように受刑者として刑務所に収容されている精神障害者に対する精神科医療の現状とその問題点について、医療刑務所に勤務する精神科医（執筆当時）の視点から概観するのが本小論の目的である。

II　刑務所内の医療体制

刑務所は法務省矯正局の管轄下にあり、受刑者の処遇は監獄法（明治41年法律第28号）、監獄法施行規則（明治41年司法省令第18号）、訓令や通達によって規定されている。刑務所は、国家が刑罰権を行使する目的で受刑者を拘禁し、懲役受刑者の場合には彼らに所定の作業を行わせることを通じて、①犯罪に対する報復を遂げて正義の実現に寄与する、②受刑者を社会から隔離して一般社会を防衛する、③受刑者の矯正により社会復帰を図る、という目的をもった施設である。受刑者の約99%が懲役刑を宣告されている現

状*10では，精神障害受刑者の大部分も「監獄に拘置」されて「所定の作業」を行う法的義務を負っており，仮に裁判で心神耗弱を認められたとしても，彼らが浴する恩恵は単に刑務所に収容されている期間が短縮されることだけであり，刑期の間は懲役受刑者として過ごすことを期待される。

　刑務所は高い塀によって一般社会から隔絶され，出入りには許可が要る。内部の生活空間は，舎房，工場，入浴場，病舎，廊下，運動場などに限られ，刑務官によって常時監視される。各区域の境界は施錠されていて，受刑者が自由に移動することは許されない。毎日の生活は厳密に決められたタイムスケジュール通りに進んでいく。生活の中身は，食事，労働，休息，運動，入浴，余暇，教育，娯楽などに限定されている。衣食住に関しては無償ではあるが一律で，所持品の種類や量，余暇時間の過ごし方，歩き方，寝方など生活の細部に至るまで規則によって決められ，違反すれば懲罰を課せられる。通信や面会の自由も制限されている*22。

　このように受刑者の生活のほぼすべてが監獄法などの関連法規によって規定されており，医療も例外ではない。監獄法の中で医療に関する条項は，第8章「衛生及ヒ医療」の39条から44条までである。これらの条項の大半は伝染病に関連するものであり，刑務所内での精神科医療について言及されてはいないため，同法40条（［病囚の処置］）の「在監者疾病ニ罹リタルトキハ医師ヲシテ治療セシメ必要アルトキハ之ヲ病監ニ収容ス」との規定が，精神障害受刑者に対する医療にも適用されている。受刑者の疾病を治療する義務は，国家とその行政庁である刑務所長が負う。

　刑務所内での精神科医療の必要性についての公の規定は，筆者の知る限り，「精神障害被収容者の取り扱いについて（平成8.1.5矯医2矯正局長通達）」だけである。その中で，各施設に対して

① 入所時の分類調査により被収容者の精神障害の早期発見に努めること
② 専門医の診察や分類技官の調査を通じて「精神障害が認められる被収容者」に対する適切な処遇指針を策定すること
③ 精神障害被収容者に対する居室や作業の指定への配慮，「綿密な行動観察」や「専門医の診察，分類技官の再調査」の励行，精神障害被収容者に対する保安上の措置に関して「専門医の診療を受けさせ……助言を求めること」

第1部　触法精神障害者と処遇困難者

④　出所時に医療及び保護の便宜を図ること（精神保健福祉法26条に基づく通報；被収容者の帰住地または施設の所在地の都道府県庁担当部署，保護観察所，病院等との密接な連絡；出所直前に帰住地最寄りの矯正施設に移送し，その施設から出所させること）

⑤　精神障害者保健福祉手帳の申請について助言・指導すること

を求めている。

　一方，精神保健福祉法は，43条において，第5章「医療及び保護」の規定は，「精神障害者又はその疑いのある者について，刑事事件……の処理に関する法令の規定による手続きを行い，又は刑……の執行のためこれらの者を矯正施設に収容することを妨げるものではない……第25条，第26条及び第27条の規定を除く外，この章の規定は矯正施設に収容中の者には適用しない」とし，医療刑務所を含め矯正施設に収容されている精神障害者には精神保健福祉法が適用されないことを明示している。

　それぞれの刑務所にはその規模や業務内容に応じて，医療部，医務部または医務課などが置かれ，医師や看護師，その他の医療職員が配置されている。拘置所を含めた行刑施設全体での医療職員の定員は，常勤医師226名，看護師252名などである[*10]。原則的に，受刑者の治療はその施設の医師が行うことになっているが，すべての施設に精神科医が配置されているとは限らないため，必要に応じて施設外の精神科医が招聘されたり，施設外の医療機関へ受刑者を連行して治療を受けさせる（「外医治療」：監獄法施行規則117条）。専門的に医療を行う施設として，4ヶ所の医療刑務所（158頁参照）が設置されている。また，6ヶ所の刑務所（札幌，宮城，府中，名古屋，広島，福岡の各刑務所）が医療重点施設として指定され，医療職員や医療機器が集中的に配置されている[*10]。医師による診断の結果，「専門的治療処遇」を必要とする患者は，これらの医療刑務所または医療重点施設に移送される。

　「精神病」などの疾病に罹患している受刑者で，刑務所内で「適当ノ治療ヲ施スコト」ができないと認められた場合には，刑務所長は「情状」によってその受刑者を施設外の病院に移送することができる（「病院移送」：監獄法43条）。移送にかかる費用は国が負担する。刑務所長は「病院移送」について法務大臣に報告する義務を負う（監獄法施行規則114条）。「病院移送」された受刑者は「在監者」とみなされるため，移送期間中も刑期は進行する。

「病院移送」中の受刑者の身柄を管理する権限は移送先の病院側にあり，刑務所長は刑務官に毎日その状況を視察させるだけでその義務を果せる（監獄法施行規則115条）が，入院中の受刑者の逃亡などを防ぎ，身柄を確保できるだけのセキュリティーを備えた病院はわが国にはないため，事実上，複数の刑務官が24時間体制で監視せざるを得ないことになり，刑務所側に多大な人的，経済的負担を強いる。また，病院側においても，その患者の周辺が「刑務所化」してしまうことへの心理的抵抗が生じる可能性がある。

これとは別に，刑事訴訟法は，受刑者が「心神喪失の状態に在るときは……検察官の指揮によって，その状態が回復するまで執行を停止」（同法480条）し，「監護義務者又は地方公共団体の長に引き渡し，病院その他の適切な場所に入れさせなければならない」（同法481条）と規定している。さらに，同法482条では，「刑の執行によって，著しく健康を害するとき，又は生命を保つことのできない虞があるとき」や「年齢70歳以上のとき」，「刑の執行によって回復することのできない不利益を生ずる虞があるとき」などに，「検察官の指揮によって執行を停止することができる」とされている。平成10年から12年までに刑の執行停止を受けた受刑者数は毎年50〜80人で推移しているが，内訳は示されておらず[*10]，精神障害を理由にした執行停止の運用状況は不明である。刑の執行停止は，受刑者への適切な医療の提供という側面からはきわめて重要な規定であるが，単に刑の執行が病状回復後に先送りされるだけであり，執行停止期間が長期に及んだ場合には受刑者に不利益を与える可能性もある[*14]。

Ⅲ　刑務所内の精神障害者

刑務所内で受刑者の精神障害が認知されるパターンには主に，(1)新入時や定期の医師による健康審査，「分類調査」のための心理技官による面接や心理検査の際に，受刑者が自覚症状を自ら申し出たり，医師や心理技官によって症状に気づかれる，(2)刑務官などの日常的に受刑者に接している刑務所職員が受刑者の異常な言動に気づく，(3)「分類調査」で過去の精神科治療歴や公判での精神鑑定などの情報が明らかになる，という3通りがある。

このうち「分類調査」とは，「受刑者分類課程（昭和47年矯医訓557法務大臣訓令）」に基づいて，新たに刑が確定して刑務所に入所した受刑者に対し

て，収容すべき施設や処遇の内容を決めるために心理技官や医師によって施行されるものである。施設や区画を区分する基準は「収容分類級」と呼ばれ，「性，国籍，刑名，年齢及び刑期」や「犯罪傾向の進度」，「身体上の疾患又は障害」による分類級とともに，「精神障害者」という分類級がある。「精神障害者」はさらに，「知的障害者」，「精神病質者（狭義の精神病は認められないが，性格上のかたよりが大であるため，社会生活上著しい支障がある者……）」，「精神病者（統合失調症，そううつ病などの狭義の精神病にかかっている者），精神病の疑い……強度の神経症……拘禁性反応，薬物（や）……アルコールによる中毒症又はその後遺症」の3級に分けられる。これらと並んで，刑務所内での処遇の重点方針を区別する基準（処遇分類級）もあり，「職業訓練」や「教科教育」，「生活指導」，「特別な養護的処遇」などを要する者という分類級と並んで，「専門的治療処遇を必要とする者」という分類級がある。これらの「分類級」の組み合わせによって，受刑者は特性や処遇の必要性に関して比較的等質なグループに振り分けられ，処遇される。この「分類級」は流動的なものであり，途中で受刑者に精神障害が認められれば，「再調査」の結果，変更される。このような分類調査の結果，「精神障害者」であり，かつ「専門的治療処遇を必要とする者」と分類された場合に，医療刑務所への移送が検討される。移送に関する協議は施設長間で行われ，移送協議が開始されてから実際に医療刑務所へ移送されるまでに通常，数週間を要する[23]。

Ⅳ 医療刑務所での精神科医療

わが国で「医療刑務所」という名称が最初に使われたのは，昭和26年に城野医療刑務所と八王子医療刑務所が正式に医療刑務所として指定されたときであるが，これらの2施設は，それぞれ，北方刑務所，八王子少年刑務所という名称でそれ以前から精神障害受刑者の収容施設として機能していた[12][19]。現在，八王子医療刑務所（収容定員約130人*，女子の精神障害受刑者も受け入れる），岡崎医療刑務所（収容定員約180人，主に知的障害者を受け入れる），大阪医療刑務所（収容定員約30人*），北九州（元の城野）医療刑務所（収容定員約150人）の4つの医療刑務所がある（*身体疾患受刑者の収容定員は含まれていない）。

医療刑務所で精神科医療の果たすべき役割について，糸井は，医療刑務所

は「一般刑務所で受刑させることが困難で「専門的医療と処遇」が必要な精神障害受刑者を集禁し治療して、その治療期間も刑期に参入することで一日も早く罪の償いを終わらせる（ための）施設」[*15]であり、「矯正精神科医の職務は刑事訴訟法480条にいう心神喪失者を執行停止にすることなく行刑施設内で精神科医療を施し……その状態から脱せしめることにある」[*14]と述べている。「専門的医療と処遇」が必要とされるのは、「一般刑務所で自傷・自殺企図、拒食、拒薬、暴行」などの問題行動を起こし、それが「精神障害によると精神科医に判断された」場合であり、裁判で心神耗弱と認められても一般刑務所で処遇可能な場合は医療刑務所には移送されない[*15]。実際、昭和63年から平成4年までの間、当時の城野医療刑務所に収容されていた精神障害受刑者のうち、判決で心神耗弱が認められた者の割合は約10%に過ぎなかったという[*15]。治療の目標について糸井は、「一般刑務所で服役できるところまで治」すことで、彼らの「犯罪傾向まで治すことは要求されていない」と述べている[*15]。石川[*11]も、矯正施設内での精神科医療の役割について、第一に「精神障害のために矯正施設での集団処遇が困難になっている被収容者を、薬物療法などでその不適応状態から脱却させ……矯正施設内の医療施設に別途収容するなどして、円滑に刑の執行を継続させるようにすること」をあげているが、これに加えて、「精神障害が犯罪と密接に結びついていた」ような事例において、精神障害の治療を通じて「再犯の防止」を図ることを指摘している。糸井ら[*16]も、「施設側は、彼の犯罪または非行傾向を収容期間中に矯正、除去すべく努力し、かつ、家族関係などの保護環境を調整し、彼が再び犯罪または非行を繰り返すことのないよう指導する」よう配慮しなければならないとしている。つまり、医療刑務所の精神科医療において最優先されているのは、精神障害受刑者の精神障害や問題行動を一般刑務所で処遇できる程度まで改善し、刑の執行を全うさせるという目的である。刑の執行の目的には、受刑者の社会復帰を促進することも含まれるとはいえ、それは刑罰を通じてのことであり、「精神障害者の医療及び保護を行い、その社会復帰の促進及びその自立と社会経済活動への参加の促進のために必要な援助」を行うことをその唯一の目的としている精神保健福祉法の精神とは異質なものである。

医療刑務所での精神科医療の対象者は、狭義の精神病に限らず、人格障害

や精神遅滞，あるいは痴呆などの器質性精神障害も含めて何らかの精神障害に起因する行動異常のために一般刑務所で処遇困難な者すべてとなりうる。一般刑務所の処遇や医療提供の能力は施設ごとで差があるため*22，移送されてくる受刑者の精神障害の性質や程度もさまざまである。緊急性の程度によって移送の優先順位についての選別は受けるものの原則的に受け手側である医療刑務所の医師が患者を選択することはない。治療期間は刑期に限定され，刑期が終了すれば治療途中であっても釈放される。

医療刑務所の建築構造は，「一般の精神病院に近い形態をとっている」*11と言われる。例えば，八王子医療刑務所では，長細い廊下の中央に看護師勤務室と診察室があり，廊下の両側に多くの個室（独居房）と大部屋（雑居房）が配置されている。個々の部屋にはベッドまたは畳が置かれ，窓には鉄格子がはまっており，部屋の広さや壁の厚さなどの基本的構造は刑務所のものと同様である。室内には，規則で認められた所持品を置くことができる。これらの居房とは別に精神病院の隔離室にあたる特別房が男子受刑者用に6房，女子受刑者用に2房用意されている。一般の精神病院とのもっとも大きな違いは，すべての部屋が原則的には24時間施錠されていて，鍵を所持できるのが刑務官に限られていることである。医療職員は刑務官の許可なく患者と接触をもつことはできない。患者が開放されるのは診察などの医療業務が行われている間，あるいは運動や入浴，レクリエーション，作業などのために部屋を離れる時だけであり，部屋を離れている間も常時，刑務官の監視や指導を受ける。精神病院でよく目にするような，デイルームや廊下などの共有空間で複数の患者が自由に寛いで，談笑しているといった光景は医療刑務所では見られない。

医療刑務所で精神科医療に携わる医療職員は通常，精神科医，看護師，心理技官の3職種である。精神保健福祉法が適用されないとはいえ，精神科医は医療法（昭和23年法律第205号）および医師法（昭和23年法律第201号）の，また看護師は医療法および保健師助産師看護師法（平成13年法律第153号）の規定，さらにそれぞれの職種の倫理規範にしたがって，専門的知識と技能に基づき，それぞれが置かれた状況で可能な範囲で最善を尽くして医療，看護業務に携わる。心理技官は，分類調査や心理検査などを通じて得られた精神障害受刑者に関する心理社会的情報を精神科医や看護師に提供し，面接で

精神障害受刑者に心理社会的なサポートを与える。さらに，彼らの家族や関係者との連絡の窓口になったり，釈放時には精神保健福祉法 26 条通報に関連して都道府県担当部署との連携や外部の医療機関との交渉にあたるなど，ソーシャルワーカーとしての役割も担っている。しかし，精神障害受刑者が医療刑務所に移送されても「受刑者」という法的立場は変わらず，精神保健福祉法ではなく，監獄法の規定によって処遇されるのであるから，日常，受刑者にもっとも近いところで彼らに接し，生活全般を監視し，必要な指示を与える刑務官も必然的に直接的，間接的に医療に関わることになる。刑務官のもっとも主要な業務は施設内の規律維持であり，受刑者が施設の規律に反し，秩序を乱すような行為，例えば，逃走，自己や他人の生命，身体に危害を及ぼすような行為をするのを予防し，また，そのような行為をした場合には，受刑者の身柄を確保し，安全や秩序を回復させなければならないという任務を負っている。石川*11は，一般に医療職員が精神障害受刑者を「患者」として見るのに対して，刑務官は彼らを「受刑者」として見ようとすると指摘している。このような刑務官の態度は，医療者からは「治療よりも保安重視」*21していると見えがちであり，医療職員と刑務官との間で精神障害受刑者の治療や処遇に関して齟齬や対立が生じる可能性もある*11。刑務官の存在によって看護師の業務は制約される。また，精神科医による診察も刑務官の許可なく行うことはできず，その受刑者が前記のような行為に及ぶおそれが高い場合には刑務官の立会いを求められるといった状況は，精神障害者の医療情報に関する守秘義務という面からも重要な問題をはらんでいる*4。しかし，逆に，現行の法制度や施設の体制の中では，医療刑務所での刑務官の関与は不可欠であり，刑務官も非常に重要な医療職員の構成員となりうるとの認識に立てば，治療上有益な場合も多い*1 *24。

このように医療刑務所という特殊な状況に起因するいくつかの制約はあるが，そこで行われる診断や治療の内容については，一般の精神病院でのそれとさほど大きな隔たりはない。CT スキャンや脳波検査，心理検査を含め，診断のために通常必要とされる検査は施行でき，必要であれば外部医療機関で MRI 検査を行うこともできる。薬物療法についても，医師が治療のために必要と判断した薬剤は使用できる。しかし，いずれの場合も，検査や治療にかかる費用は全額国が負担することになるため，その選択に際しては，適

応性や侵襲性だけでなく費用対効果という経済性の観点からも慎重に吟味されなければならない。電気けいれん療法については，行われることは非常にまれであるが，適応があると判断された場合には，患者または患者の家族の「インフォームド・コンセント」を得た後，麻酔医による全身管理のもとで無痙攣で施行する。精神外科治療は一切行われていない。精神科医による個人精神療法は日常的に行われ，さらに能力や意欲に恵まれた精神科医のもとでは，生活技能訓練や集団精神療法，行動療法もある程度効果的に行われうる[1][7]。現在のところ医療刑務所に作業療法士は配置されていないが，刑務官の指導によって紙細工や窯業，園芸などの軽作業に就いている者も少なくない。医療刑務所に収容されている精神障害受刑者のほとんどは裁判で懲役刑を科されているが，これらの作業は，「治療の一環」であり，「感情を発散させ，自発性や活動性を刺激し，集団生活への適応能力を高めることが第一の目標」[16]であるとされ，作業の内容や適否については受刑者の病状や特性を考慮して担当医が判断する。家族療法も含めた家族による治療への関与については，家族が頻繁に面会に来るような受刑者では，担当医が家族と面接し，病状や治療状況についての説明や釈放後の一般社会内での治療についての助言を行っている。また，重症，難治性の患者や治療拒否傾向の強い患者，あるいは頻繁に自傷他害行為に及ぶような患者など，特に治療上必要な場合には，担当医の要請で家族を招聘している。しかし，精神障害受刑者の相当数が家族との関係を実質的に失っており[16]，家族指導や家族療法の実施には困難を来す場合が少なくない。また，刑務所に収容されている受刑者という立場から，彼らが治療の一環として社会内の治療資源を利用することは事実上不可能である。

　精神障害受刑者が刑務所内での医療行為に対して不服申立てをするための特別な法規はなく，受刑者一般に認められている，「所長面接（監獄法施行規則9条）」，「法務大臣や巡閲官吏への情願（監獄法7条）」，「請願法（昭和22年法律第13号）による請願」，「法務局・地方法務局への人権侵犯の申告（人権侵犯事件調査処理規程（昭和49年法務省権調訓第911号大臣訓令））」，「人身保護法（昭和23年法律第199号）による救済請求」，行政訴訟（行政庁の公権力の行使に関する不服の訴訟），民事訴訟（損害賠償訴訟），刑事訴訟などの手段を用いることになる。

医療刑務所で精神科医療を受けた結果，一般刑務所での処遇が可能な程度まで精神症状や行動異常が改善されれば，一般刑務所に移送されることになる。八王子医療刑務所では，平成8年から12年までの5年間に釈放または移送された精神障害受刑者のうち，このような理由で一般刑務所に移送された者の割合は約45％であった。

V 釈放時の配慮

刑法28条は，「懲役または禁錮に処せられた者に改悛の状がある」ときには，無期刑の場合は10年，有期刑は執行刑期の3分の1以上を経過した後に仮釈放できると規定している。医療刑務所に収容されている精神障害受刑者についても，昭和50年代までは仮釈放を認められるケースがあったが[15]，現在ではほとんどない。したがって，通常，有期刑の精神障害受刑者は刑期が終了するまで釈放されず，無期刑の場合は，事実上「終身刑」と同じ扱いになっており，服役期間が45年以上に及ぶ者もいるという[20]。

精神保健福祉法26条（矯正施設の長の通報）は，「矯正施設……の長は，精神障害者又はその疑いのある収容者を釈放，退院又は退所させようとするときは」，①本人の帰住地，氏名，性別及び生年月日，②症状の概要，③釈放，退院又は退所の年月日，④引取人の住所及び氏名を「本人の帰住地（帰住地がない場合は当該矯正施設の所在地）の都道府県知事に通報しなければならない」と定めている。通報を受理した都道府県の担当部署は，「調査の上必要があると認めるとき」は指定医に診察させ，2人以上の指定医が「その者が精神障害者であり，かつ，医療及び保護のために入院させなければその精神障害のために自身を傷つけ又は他人に害を及ぼすおそれがある」と一致して認めた場合に措置入院の手続きがとられる（精神保健福祉法29条）。平成8年から12年までの5年間に八王子医療刑務所から釈放された精神障害受刑者（出所直前に帰住地最寄りの矯正施設に移送された者も含まれる）は153人であり，これらすべてについて矯正施設長通報が行われたが，都道府県担当部署による「調査」の結果，指定医の診察が行われたのは57人（37.3％）で，そのうち23人（15％）が措置入院となった。

受刑者が釈放された後は，医療刑務所の医師は職務上，彼らと接触できない[16]ため，釈放後の医療は必然的に一般の精神科医療機関に引き継がれる

ことになるのだが,精神保健福祉法26条以外に釈放後の医療の継続に関連する法規が存在していないため,措置入院とならなかった患者では医療の継続に苦慮するケースが少なくない。患者が希望した場合は釈放時に診療情報提供書を交付しているが,問題になるのは,患者が治療を拒否している場合や入院加療を要するような病状の場合である。患者の治療に協力的な家族がいれば,比較的容易に医療の継続が行われうるが,そのような家族が存在しない場合に,「犯罪者」であり「保護者のいない精神障害者」である彼らを受け入れてくれる病院を探し出すのはしばしば困難であり,必要とする医療や保護のための措置をまったく受けられないままで地域社会に「釈放」されていく者も少なくない[23]。

VI 医療刑務所での精神科医療に内在する問題点

前記のような極めて特殊な環境で行われる精神科医療は,当然,さまざまな問題を抱えており,これまでにも多くの論者が問題点を指摘してきた。それらを要約すると,①医療職員の確保の難しさ,作業療法士,ソーシャルワーカーの導入や心理技官の増員の必要性などソフト面の問題[16,18,21],②建物構造や医療機器などのハード面の問題[18,19],③医療水準の問題[21],④人格障害や性嗜好障害,薬物関連の精神障害など刑務所に特徴的な精神障害の治療や処遇に関する問題[6,8,16,17,18],⑤インフォームド・コンセントや強制治療などの倫理的問題[21,23,28],⑥医療と保安の相克,縦割り行政の弊害などの法的・制度的問題[1,11,15,21]などが含まれる。これらの問題点のすべてについて考察することは紙幅の都合上困難なため,ここでは重要と思われるいくつかの問題を取り上げ,若干の私見を述べたい。

1 法的・制度的問題

すでに見てきたように,精神障害受刑者に対して医療刑務所が果たすべき役割やその責任について,法的には,明治41年に当時の一般刑務所の状況を踏まえて策定された監獄法40条の規程を超えるものはなく,医療刑務所での「専門的治療処遇」は現在までのところ,明確な法的根拠や公的指針を欠いたまま行われている。関係者が述べている見解も,刑期終了までの間,一般刑務所で処遇可能な程度に精神症状や問題行動をコントロールするという限定的,消極的な医療[15]から,精神障害の治療に留まらず,釈放後の再

犯のリスクマネジメントまでを含めて，社会復帰を視野に入れた全体論的，積極的なアプローチ[11][16]まで幅広い。医療刑務所での精神科医療は，法的にも制度的にも厚生労働省の精神保健行政からは完全に独立した法務省独自のものである。長年にわたって多くの精神科医たちが困難な状況の中で多大な努力を重ねてきた結果[11][13]，「医療水準は格段に上昇している」[16]とはいえ，医療刑務所を管轄している法務省はあくまでも「基本法制の維持及び整備，法秩序の維持……を任務とする」省であり，医療刑務所も「刑務所」である以上，第一義的には医療施設ではなく行刑施設である。この点に医療刑務所の法的・制度的限界があり，そのような限界によって，その中で行われうる医療の限界も既定されていると言える。また，このような自己完結的なシステムは，それぞれのシステムを補完し合わなければならないような場合，例えば，医療刑務所で適切な治療が行えない精神障害者の「病院移送」や「執行停止」，あるいは入所時や釈放時などにシステム間の障壁を越えて医療の継続を確保することを難しくする[1][11][15]。

2　倫理的問題

わが国の精神保健福祉法は，今なお多くの倫理的欠陥をもっており，特にインフォームド・コンセントや強制入院・強制治療に関する規定，法的能力を欠く患者のための個人的代理人（personal representative）の選任，入院や治療・処遇への患者の異議申し立てに対する独立した審査機関の規定に関しては国際的に見ても不備があると指摘されている[25]。それでも，①「任意入院」を優先している（精神保健福祉法22条の3），②「措置入院」のために，独立した2人の指定医の意見の一致を必要とする（精神保健福祉法29条の2），③非自発的入院の場合には，入院の必要性について精神医療審査会による書類審査が行われる（精神保健福祉法38条の3），④入院中の行動制限に関する基準が示されている（精神保健福祉法37条1項の規定に基づき厚生大臣が定める処遇の基準（平成12年3月28日厚生省告示第97号）），⑤精神医療審査会への退院請求ができる（精神保健福祉法38条の5），といった点で精神障害者の人権擁護をある程度保障していると言えるが，これが医療刑務所には適用されない。また，医療刑務所を含め刑務所内での精神科医療に関する独自の倫理規範は存在しない。したがって，刑務所内の精神科医は，例えば，患者として目の前にいる受刑者に対して，診断や必要と思われる治療の詳細，治療に

よってもたらされる可能性のある危険，代替治療などの情報をどの程度伝えるか*25，あるいは被害的内容の幻覚妄想に支配され，治療を拒否している統合失調症の患者が興奮して大声を出している時に，大勢の職員で無理矢理，押えつけて抗精神病薬の注射を行うかどうか*28，といった問題について，各自の知識や経験，倫理観などに基づいて判断するよう暗に求められている。さらに，刑務所内の医療の最終責任が所長にあるため（監獄法40条）に，医師は患者への治療責任と施設への責任という「二重の責任（dual obligation）」を負うことになり，しばしばジレンマに陥りやすいこと*3や外部の精神科医によるセカンドオピニオンのための制度がなく，その入手が容易でないこと，さらには，患者の法的能力を代理する個人的代理人（少なくとも，精神保健福祉法の「保護者」にあたるような）を選任する制度がないことなどによって，刑務所の医師は隘路へ追いこまれる可能性がある。

3 医療水準の問題

医療の対象や内容，それに必要な治療環境やスタッフ配置などは，1で指摘したような医療刑務所が果たすべき役割や責任の如何によって大きく異なる可能性があり，仮に社会復帰を視野に入れた全体論的なアプローチまで行おうとすれば，現在の医療体制ではかなり不充分であると言わざるを得ない。しかし，どのような役割や責任を担うにせよ，受刑者の医療は原則的にその施設の医師によって行われ，通常，受刑者が医師を選ぶことはできないのであるから，刑務所の医師が受刑者に提供する医療の水準は少なくとも一般社会で受けられるものと同程度でなければならないであろう(5)。わが国で一般社会での精神科医療の水準がどこにあるかというのを決めるのは容易ではないが，精神保健福祉法には，精神病院での医療水準の維持に寄与する可能性のある規定，例えば，非自発的入院患者への精神医療審査会の関与（38条の3，38条の5），厚生労働大臣や知事による報告徴収（精神保健福祉法38条の6）や改善・退院命令（精神保健福祉法38条の7）があるのに対して，医療刑務所ではそのようなセーフガードはない。刑務所での行動制限は通常，精神病院よりはるかに厳しいものであり，医療水準の低下を防ぐためには病院に対するよりもさらに厳格なチェック機構が必要であろう。

4 問題解決のために──まとめに代えて

このような問題の解決法を模索するための材料として，国際的なガイドラ

インを参照してみたい。1955 年，国際連合によって採択された「被拘禁者処遇最低基準規則（United Nations Standard Minimum Rules for the Treatment of Prisoners)」（以下，「最低基準規則」）は，刑事施設での精神科医療についても言及しており，22 項は「すべての施設で少なくとも一名の資格を有する医官による医療が受けられるようにしなければならず，その医官は精神医学の知識を持っていなければならない……医療にはさまざまな精神異常状態の診断，そして妥当な場合にはその治療のための精神科医療が含まれていなければならない」と規定している。さらに，「精神病および精神異常の受刑者（Insane and Mentally Abnormal Prisoners)」という章では，①「精神病であると判明した受刑者は刑務所に拘禁されるべきではなく，できるだけすみやかに精神医療施設へ移送するための手続がとられなければなら」ず，「その他の精神疾患または精神異常に罹患している受刑者は，医学的管理下の専門施設において観察され，治療を受けなければならない」（最低基準規則 82 項），②「必要な場合には，適切な機関との協定によって，釈放後の精神医学的治療の継続と社会的・精神医学的なアフターケアの提供を確実に行うための措置がとられることが望ましい」（最低基準規則 83 項），と規定している。

同じく国際連合で 1991 年に採択された「精神病者の擁護およびメンタルヘルスケア改善のための原則（Principles for the protection of persons with mental illness and the improvement of mental health care)」(以下，国連原則) の原則 20 は，「刑事犯罪のために自由刑に服しているか，または刑事手続きのために勾留されている精神病者に適用される」とされ，①精神病に罹患した受刑者も一般の精神病者が保障されるものと同等の最良で有効な精神保健医療を受けるべきである，②国内法が許可すれば，裁判所などの所管機関が，法的能力を有し独立した医師の助言に基づいて，精神病受刑者を精神保健施設に入院させる命令を下すことができる，③精神病に罹患していることが確定した者の治療は，いかなる状況下であっても，一般の精神病者に対して保障されるものと同等のインフォームド・コンセントの原則*[27]が遵守されなければならない，としている。

これらの最低基準規則や国連原則は批准，発効された条約ではないため，法的拘束力はもたないが，その充足に努力すべき国際的基準として重要である*[9]。先に述べたわが国の状況に照らしてみると，①精神病に罹患した受

刑者を治療する場として，医療刑務所が一般の精神病者が保障されているものと同等の最良で有効な精神保健医療を提供する「精神保健施設」に該当するかどうか（国連原則では「精神保健施設」は「第一義的な機能として精神保健医療を提供する施設または施設内区画」と定義されている）についての，厚生労働省または第三者機関による評価が必要であり，②もしも，該当しないならば，「精神保健施設」としての要件を満たすべく改革される（この場合，精神保健福祉法が適用される）か，③あるいは，裁判所その他の独立した裁定機関の決定によって，外部の「精神保健施設」への移送・入院を可能にするような国内法の整備，さらには精神障害犯罪者の治療や処遇を適切に行うことのできる「精神保健施設」の整備，が必要となろう。さらに，刑務所内の精神障害受刑者への治療におけるインフォームド・コンセントの原則を再確認するための法規や倫理規範の策定が必要である。米英を初めとするいくつかの欧米諸国では国連原則の規定に沿った法制度をすでに備えており[29]，例えば，英国では，1983年に制定された精神保健法（Mental Health Act 1983）において，①緊急事態を除く場合の刑務所内での強制治療の禁止，②精神病または重度精神遅滞に罹患した受刑者を病院移送する制度，を規定している。英国ではさらに，最近，刑務所内の受刑者の医療を改善するために，刑務所を管轄する内務省（Home Office）と一般国民向けの医療制度である国家保健サービス（National Health Service）との間で「正式な共同体制（formal partnership）」が締結され，「一般国民が国家保健サービスで受けられる医療と質や範囲に関して同等の医療を受刑者にも提供する」ための改革を3〜5年計画で推進していくという[2]。

　刑務所内の医療については，「塀の中」で行われているために一般国民の目に触れにくいことや，その対象が「犯罪者」ということで「受刑者への恩恵である」とか「最低限の義務を果たせば良い」といった消極的な考えに支配されやすく[11]，その水準を保つことは容易ではないが，健康で文化的な最低限度の生活を営む権利をすべての国民に保障した憲法25条の精神に立ちかえれば，受刑者ということだけで差別的な医療に甘んじなければならないというのは誤りであろう。そのような意味で，「受刑者が刑務所で過ごす期間は概して長くなく，彼らは地域社会からやってきて，地域社会へ帰って行くのであるから，医療の継続が必要であろう……結局，精神障害受刑者の

問題は，地域社会の問題という視点から見なければならない」とのSteadman ら*26の指摘は極めて示唆に富むものと思われる。

〈参考文献〉
* 1　阿部惠一郎「医療刑務所の現状」精神科看護29巻4号（2002年）15頁—21頁。
* 2　Birmingham L : Doctors working in prisons. BMJ, 324 : 440, 2002
* 3　Bowden P : Medical practice : defendants and prisoners. Journal of Medical Ethics 24 : 163-172, 1976
* 4　Cope R, Chiswick D : Ethical issues in forensic psychiatry. In Chiswick D, Cope R (Eds) : Seminars in Practical Forensic Psychiatry. Gaskell, London, pp329-345, 1995
* 5　Faulk M : Ethics and Forensic Psychiatry. In Basic Forensic Psychiatry. Blackwell Science, Oxford, pp315-331, 1994
* 6　藤岡淳子「塀の中の性犯罪者治療——日本の現状と課題」アディクションと家族17号（2000年）261頁—270頁。
* 7　長谷川直美ほか「矯正施設での集団精神療法の活用」矯正医学46巻1号（1997年）9頁—18頁。
* 8　林幸司＝藤丸靖明「性犯罪者の治療——矯正の果たす役割」林幸司編・司法精神医学研究（2001年，新興医学出版社）34頁—61頁。
* 9　広田伊蘇夫「国連原則と精神保健法」西山詮編・精神障害者の強制治療（1994年，金剛出版）111頁—129頁。
*10　法務省法務総合研究所・犯罪白書（平成13年版）（2001年，財務省印刷局）
*11　石川義博「精神障害をもつ犯罪者の治療と課題」中谷陽二編・精神障害者の責任能力（1993年，金剛出版）312頁—334頁。
*12　糸井孝吉「医療刑務所の役割」矯正医学37巻2号（1988年）21頁—27頁。
*13　糸井康吉・矯正医学（1992年，矯正協会）
*14　糸井孝吉「矯正精神科医から見た心神喪失概念」矯正医学43巻2〜4号（1995年）44頁—48頁。
*15　糸井康吉「触法精神障害者に対する医療刑務所の役割」山上皓編・精神鑑定（1996年，ライフ・サイエンス）110頁—112頁。
*16　糸井孝吉＝岩堀武司「わが国の矯正施設における精神衛生的配慮」島薗安雄ほか編・精神科MOOK, No. 17, 法と精神医療（1987年，金剛出版）175頁—184頁。
*17　古賀幸博「矯正施設での覚せい剤依存症治療」林幸司編・司法精神医学研究（2001年，新興医学出版社）13頁—33頁。
*18　栗原敏郎「矯正施設における精神科医療」中田修編・現代精神医学大系第24巻　司法精神医学（1976年，中山書店）473頁—479頁。
*19　栗原徹郎ほか「医療刑務所」矯正医学37巻3〜4号（1989年）100頁—106頁。
*20　松野敏行「精神障害無期囚について」林幸司編・司法精神医学研究（2001年，

新興医学出版社）117頁―140頁。
* 21 中島直「精神障害者をめぐる刑事司法手続きとその問題点」精神神経学雑誌 103巻9号（2001年）655頁―659頁。
* 22 大橋秀夫「一般刑務所における矯正医療の回顧と展望」矯正医学37巻3～4号（1989年）108頁―116頁。
* 23 Reed A : Japan needs more forensic psychiatrists. Criminal Behaviour and Mental Health 5 : 174-186, 1995
* 24 齊藤國起「医療刑務所における医療と処遇の連携について」矯正医学46巻1号（1997年）19頁―25頁。
* 25 斎藤正彦「国際連合による精神疾患患者の人権原則とわが国の精神保健福祉法」松下正明＝斎藤正彦編・臨床精神医学講座第22巻　精神医学と法（1997年，中山書店）143頁―155頁。
* 26 Steadman H, McCarty DW, Morrissey JP : The mentally Ill in Jail. The Guildford Press, New York, 1989
* 27 高柳功＝白井泰子「精神科医療におけるインフォームド・コンセント」松下正明＝斎藤正彦編・臨床精神医学講座第22巻　精神医学と法（1997年，中山書店）240頁―259頁。
* 28 滝口直彦＝石井義博「精神障害受刑者の治療拒否権および本人の意思に反する治療について――八王子医療刑務所における治療経験から」西山詮編・精神障害者の強制治療（1994年，金剛出版）58頁―77頁。
* 29 Taylor P（Ed）: The Mentally Disordered Offender in Non-medical Settings. In Gunn J, Talor P（Eds）: Forensic Psychiatry. Butterworth Heinemann, Oxford, pp732-793, 1993

3 北九州医療刑務所・岡崎医療刑務所

町 野　　朔・水 留 正 流

I 医療刑務所における精神医療

1 医療刑務所の収容者

受刑者に医療を専門的に行う行刑施設として，医療刑務所が存在する。医療刑務所は，全国で4カ所（八王子・岡崎・大阪・北九州の各医療刑務所）あり，いずれの医療刑務所も精神障害を有する受刑者を受け入れているが，法務省の分類で示された精神障害を有する受刑者，いわゆるM級受刑者を専門に収容するのは，岡崎医療刑務所と北九州医療刑務所の2カ所だけである。精神障害を持つ受刑者を専門に対象とする岡崎，北九州の両医療刑務所はそれぞれ100人以上，身体疾患を有する受刑者も対象にする八王子，大阪医療刑務所は2桁程度の精神障害受刑者を受け入れている。

北九州医療刑務所，岡崎医療刑務所は，いずれも男子受刑者だけを処遇する施設である。岡崎医療刑務所での話では，精神障害を有する女子受刑者を専門的に処遇できるのは，八王子医療刑務所に約20床あるだけとのことである。

医療刑務所にはM級受刑者（精神障害受刑者）のほかにも，経理作業要員としてA級受刑者（犯罪傾向の進んでいない者）も収容されている。M級受刑者は，炊事，洗濯などで火気・電気・利器などを使用する危険な作業に指定することが適当でないので，これらをA級受刑者に行わせているのだという。また，後述のように，過剰拘禁対策として北九州医療刑務所にはB級受刑者（犯罪傾向の進んでいる者）も収容されている。

2 医療刑務所の組織

法務省の内規により，医療刑務所の所長は医師でなければならない。医療刑務所の組織は，総務部，処遇部，医務部に分かれている（刑務所，少年刑務所及び拘置所組織規則3条）。

医務部門には，医師を始めとして看護技官などの医療スタッフが配属され

ている。看護師の人手は多いとは言えないが，医療刑務所の専門的治療はこの範囲で賄うことができる，一般の処遇では看護師資格は必ずしも必要ではない，などのことから，工場などにいる担当職員と言われる一般スタッフの協力によって，これら受刑者のケアが行われている。

3　入所まで

精神障害を有する受刑者であって医療刑務所での処遇の対象となるのは，精神障害が刑務所における自由刑の執行に耐えられないと事前に判断された者，または，刑務所において精神障害に罹患して受刑に耐えられなくなった者である。前者の場合，精神障害が疑われる刑の確定者であっても，まず拘置所（または拘置所を併設した刑務所）で分類調査を行うので，医療刑務所に収容されるのはその後ということになる。後者の場合は，一般刑務所での拘禁生活の中で拘禁反応等の症状が現れた場合，これらの刑務所の要請により移送される。

一般の刑務所から移送の要請があった場合，当該受刑者の移送を受け入れるかは，制度上はあくまで所長の裁量であるが，北九州・岡崎両医療刑務所とも実際には，受け入れの要請があった受刑者については全てを受け入れている。なお，本来は，裁判で責任無能力と判断されるべきであった受刑者もいるのではないかと質問したところ，昔はそのようなことがあったかもしれないが，現在では，入所時までに厳しいスクリーニングがかけられていてそのような事例はないというのが，北九州医療刑務所での回答であった。

4　施設内での処遇の法規制

刑務所の中の受刑者の処遇を規律するのは監獄法であり，行政レベルでは監獄法を受けて監獄法施行規則などの規則が定められている。また刑務所の組織に関しては，行政庁の定める諸規則が存在する。

刑務所内の処遇に関する法的規制については，医療法上の規制は一般的に適用されるわけではない。医療刑務所であっても，M級受刑者を処遇する病棟のすべてが精神科病院の指定を受けているわけではない。医療法上は医療刑務所の一部について，病院指定などの規制がかかわっているにすぎない。

受刑者を隔離・拘束する場合も，精神保健および精神障害者福祉に関する法律（以下，精神保健福祉法という）の規定に則らなければならないわけではない。たとえば岡崎医療刑務所では，実行に際して医師による診察が直ちに

行われ，それは精神科医であることがほとんどであるが，それは精神保健福祉法の規定に沿って行っているわけではないとのことである。他方，北九州医療刑務所では，精神保健福祉法の規定に則って隔離・拘束を行っているとのことである。なお，監獄法施行規則109条は病者の独居拘禁について規定し，保護室の使用に関しては，さらに詳細な規則が法務省により定められている。

監獄法43条1項は，精神や身体の疾患が重大な場合，当該受刑者を病院に移送して治療できる旨定めている（同条2項の規定により，病院に移送している期間も刑の執行期間に算入される。監獄法施行規則106条は必要がなくなり次第刑務所に還送すべきことを規定する）。医療刑務所の場合，身体疾患が重篤で刑務所内で対応しきれない場合に地域の病院に移送して治療を行うことがある（後述の岡崎医療刑務所の項参照）。

医療刑務所に入所する者は受刑能力が存在する（「心神喪失の状態」にない）ことを前提としているから（刑事訴訟法480条），懲役刑の受刑者であれば刑務作業が課されるのが原則であり，また，行動時限も一般の刑務所と同じで，8時間の刑務作業が課される。

もっとも，精神障害または身体疾患（加齢からくるものなど）のために刑務作業を行えない者も存在し，そうした受刑者には刑務作業を免除したり，時間を短縮したりすることができる（監獄法25条3項。短縮に関しては監獄法施行規則58条1項の規定に基づいて作業時間につき定めた法務大臣の訓令が存在し，同規則61条3項は病者や老者などにつき相当の作業科程を定めることができる旨定めている。それらを受けた法務大臣の通達により，医師の意見によってこれらのものの作業時間を短縮することができることとなっている）。そのようにして余った時間を用いて生活療法的なものを行ったり，北九州医療刑務所にあってはデイケアの取り組みを行ったりなどしている。

5 処遇の終了

(1) 一般刑務所への還送

医療刑務所は，本来は，受刑者を受刑に耐えうる状態に回復させるための施設である。しかし実際には，一般刑務所に戻さずに長期間にわたって当該医療刑務所で処遇を行うことも多い。医療刑務所側では，受刑者を一般刑務所に還送すること以上に，精神障害受刑者の処遇が重視されているためなの

であろう。

　岡崎医療刑務所を例にとってみると，実際に一般刑務所に戻した例は少なく10年で5人くらいである。そのほとんどは岐阜刑務所から来た受刑者であるが，それは次のような事情による。岐阜刑務所に収容されている受刑者は概ね長期受刑者である。刑の短い受刑者が大多数を占める岡崎医療刑務所の処遇および保護調整は，仮出獄の可能性のある長期受刑者には向かない。このような受刑者は，ある程度精神障害が改善した場合には還送したほうが本人のためであるということから還送を行っている。他方それ以外の，刑期が残り少なく仮釈放となる見込みのない受刑者は，精神障害が改善しても元の施設に戻すことはしていない。それが一般刑務所への還送が少ない理由とのことであった。

　(2)　仮釈放

　一般に，受刑者に改悛の情があるときは，一定の刑期を経過した者について，刑務所は地方更生保護委員会の許可を経て仮釈放を行うことができる（刑法28条，犯罪者予防更正法12条1項1号）。実際には，有期刑の場合，刑期の2/3以上を経過したときに行われることが通例である。岡崎医療刑務所の話では，精神障害を有する受刑者であっても仮釈放の条件はこれと同じであるが，精神障害受刑者は刑務作業の成績が一般的に悪く，また，家族に引き受ける意欲が乏しいといったケースが多く，仮釈放は容易でないのが実情であるという。M級受刑者の8割までがそのようなケースであり，仮釈放となる者は2割程度である。もちろん，経理作業要員としてのA級受刑者の場合は別である。

　(3)　出所と措置通報

　精神障害を有する受刑者または精神障害を有する疑いのある受刑者が刑期を満了して出所するにあたっては，刑務所長に精神保健福祉法26条の通報義務がある。岡崎医療刑務所では，通報の際に，所長の意見として，指定医による診察は不要であるとの意見を書き添えることもある（精神保健福祉法27条1項の「調査の上」に対応）。通報することにより入院措置になる出所者は，岡崎医療刑務所では，かつては月当たり1人くらいであったところ，現在は月当たり2人くらいに増加しているとのことであり，現在では，通報を行い，指定医による診察を要する旨の意見を付した場合には，だいたいの場

写真1　旧城野医療刑務所正門

合入院措置がとられているとのことである。

II　北九州医療刑務所訪問

2001年5月18日,「精神医療事故研究会」の松尾浩也（法務省特別顧問）,山本輝之（帝京大学）,町野朔,酒巻匡,趙晟容,柑本美和,東雪見,水留正流（以上,上智大学）は,北九州医療刑務所（旧城野医療刑務所）を訪問した。われわれの研究に理解を示され,訪問を快く受け入れてくださり,丁寧にご教示いただいた佐藤誠所長,林幸治医療部長を始めとするスタッフの皆様に,この場をお借りして心から感謝するものである。

1　沿革

北九州医療刑務所の前身である城野医療刑務所は,昭和20年に,旧陸軍刑務所の施設を用いて,福岡刑務所小倉刑務支所所管北方出張所として発足した。すぐに北方刑務所と改称してわが国初の精神障害受刑者収容施設として独立行政庁の1つとなり,昭和27年に城野医療刑務所と改称した。平成9年に現在地（元の小倉刑務所の敷地,旧城野医療刑務所の南約2km）に移転し,平成13年4月に北九州医療刑務所と改称した。

2　施設

(1)　城野医療刑務所（写真1）から北九州医療刑務所へ

旧城野医療刑務所は戦前に築造された旧陸軍刑務所の施設をそのまま用いていたため,老朽化が激しく,建物内部が暗いなど,劣悪な環境であった。

第1部 触法精神障害者と処遇困難者

写真2 単独室

敷地が狭く，そのため運動場も狭く，居室や工場も狭隘であったので，受刑者にさまざまな処遇を行ううえでも支障があった。さらに，早くから北九州側から都市再開発計画による道路整備の都合で施設の立ち退きが要求されていたこともあり，移転先を探していたが，ようやく旧小倉刑務所の敷地に移転し，全面的に建て替えることができるようになったとのことである。

北九州医療刑務所の施設は全体的に充実している。しかし，このような施設を作るための投資は決して寡額ですまされるものではなく，構想されている全ての施設がいつできるかは未定であるという。

(2) 北九州医療刑務所の施設

① 収容棟

居室には雑居室もあるが，重症の精神障害受刑者が多いことから単独室が比較的多い（写真2）。厚生労働省の精神病院の指定を受けていることから，他の一般の刑務所よりも広く設計されている。重症の受刑者の居室は和室ではなくベッドが入れられていた。重症の寝たきりの受刑者のためには，特別なベッド，高度な医療器具などを備えた，広い部屋も用意されている。部屋にはモニターカメラも設置され，常時の観察が可能である。一部の病室には吸引器が備え付けられていたが，これは，高齢化した受刑者にあって食べ物をのどに詰まらせて死亡した事例が続いたことを教訓としたものであり，その危険があると考えられる受刑者を入れているとのことであった。

居室の水道には蛇口に替えビニールホースが取り付けられていたが，蛇口にひもをかけて首吊り自殺を防止するためである。窓などにも同様の工夫が施されていた。居室の外側には，居室内への水道水の供給を止めるためのボタンが設置されていた。精神障害者に相当数いるとされる水中毒対策とのことであり，日本のこのような施設では初めて取り入れたものだということであった。

長期にわたって受刑している高齢受刑者のためのデイルームもある。刑務作業を免除された者のほか，簡単な作業が可能な者も利用できる。歩行困難者のための歩行練習機もここにある。

② 保護室

保護室は，一般の病院よりも広く設計されていた。出入口が2カ所ある（写真3）。これは，戒護

写真3　保護室

者が受刑者の暴行などから逃げやすくするためであるが，日本では初めての設計であるという。保護室内の便器にはふたがしてあったが，これは便器につまづいて怪我をする受刑者がいること，もし便器があっても大小便をそこですることができない受刑者が多いことからそのようにしているとのことである。この保護室のいまひとつの出口は芝生の中庭へ通じている。長期に保護室に収容することになる受刑者を外に出すためのものであるという。

受刑者の管理という点から，保護室は「独立保護室」として施設の片隅に設置されているのが通例であったが，これは保護室に入れられた受刑者に対する無関心を生みやすい。この反省から，北九州医療刑務所ではもっとも人通りの多い場所に設置されていた。

③ 浴室，炊事工場，洗濯工場

浴室は，何カ所か設置されている。重症の受刑者を収容する棟の浴室は車椅子のまま入れるようになっていたり服を脱ぐのを嫌がる受刑者がいることから，服を着たまま入れるようになっていた。ここは24時間風呂となっているとのことである。一般の刑務所と同様に大きな浴室もある。一般の刑務所では入浴は流れ作業的に15分ずつ行われるが，ここの受刑者はそのようなことは困難であるとのことであった。

炊事工場は，衛生に気を使い，たとえば便所はウォシュレットを採用し，

177

また出入りも足をセンサーに接触させて行うといった具合である。

　受刑者のうち大小便の失禁を伴う者も多く，そのため布団を丸洗いできる洗濯機が導入されている。また，汚れが目立たないように，布団・シーツは白ではなく褐色のものが使用されている。汚れた状態に受刑者を置かない，汚れたままでは彼らは人間として扱われなくなる恐れがあるから，清潔さを心がけるべきであり，そうすることによって洗う側（経理作業要員（洗濯係）のＡ級受刑者）にも教育的効果がある，という説明であった。

3　処　　遇
(1)　スタッフ

　内科医である佐藤所長は旧小倉刑務所の医務課長を長らく務め，平成6年から現職にある。医師は5人，うち4人は精神科医，1人は内科医である。看護技官12名，レントゲン技師1名，医務技官21名。その他職員は合わせて135名であり，うち，転勤のない者は90名である。

(2)　受刑者の特徴

①　定員，収容者数

　北九州医療刑務所の定員は，2001年4月より増員して300名となっており，われわれが訪問したときに実際に収容されていたのは277人であった。そのうち精神障害（Ｍ級）受刑者117人，経理作業要員（Ａ級受刑者）73人，そのほかに，近年の刑務所の過剰拘禁問題の影響で，北九州医療刑務所においても，臨時の措置としてということではあるが，Ｂ級受刑者の受け入れを行っており，そうしたＢ級受刑者が37人であった。このＢ級受刑者の受け入れは，医療とはなんら関係のない，まったく過剰拘禁対策として，収容定員までに他の刑務所と比べればまだ余裕がある北九州医療刑務所の，空いている施設を利用する，という趣旨とのことである。

②　受刑者の受け入れ

　北九州医療刑務所の受刑者は，福岡および広島矯正管区管内，すなわち岡山から沖縄までの各行刑施設から該当受刑者が集められてくることになっているが，法務省の指令により，大阪矯正管区管内の施設からも受刑者の受け入れを行っているという。

　また，北九州医療刑務所では，九州の近隣の施設を巡回診療して早期に治療を開始するように努め，また，罹患した者がいないかどうかを調べて早期

に該当者を移送させるようにしているとのことであった。

③ 受刑者の特徴

精神障害受刑者を罪種別に見ると，その半数近くは殺人，傷害致死である。おのずから刑期の長い受刑者が多く，無期が18人，最高齢は81歳である。M級受刑者が計123人だった訪問時より少し前のデータによると，診断名では，統合失調症22，薬物性精神障害40，拘禁反応19，精神発達遅滞17，人格障害11であった。他の施設からの移送を全例受理としていることから，必ずしも本来の精神病患者だけが収容されるわけではなく，人格障害しかない受刑者をも受け入れている。

④ 処遇の基本方針

「行刑においても社会と同等の精神医療を保障すること」「彼らは患者である前に受刑者である」という，2つのモットーの下に処遇を行っているとのことである。

上述のように人格障害しかない受刑者が一定数存在するのであるが，林医療部長によると，行刑においても処遇困難者問題は存在する，医療刑務所は，行刑にも医療にも見放された人々の最終受入施設でもある，そのような「行刑における処遇困難者」である人格障害者が，精神病患者とラベルを貼りかえて移送されてくるようなことがあっても，医療は犯罪者の更生とは異なることは認識しつつ，彼らの最終受入先として処遇するという。

(3) 処遇の実践

① 精神障害受刑者の医療

北九州医療刑務所では，主治医制を原則として取らない。ただ一時的に症状が悪化した場合，期限付きで主治医をつけるだけであるとのことである。これは，医療に関する公平を確保するためであるという。

旧城野医療刑務所時代には保護室に10年入れられていた受刑者が存在した。当時は移送元施設に戻せるように医療を与えることができなかったが，現在は，このような人をも一般の刑務所に戻せるような処遇を行っているとのことである。最近，重症の受刑者には，花壇での花の世話や，ペット（兎）の世話ということを通じたアプローチを行っている。このようなことは，旧城野医療刑務所の施設では到底できなかったことであるという。

施設内の運動場での運動は，体を動かすことでさわやかな疲労感を感じさ

せることが目的である。しかし，保安の面から気をつけなければならないことも多く，たとえばソフトボールをするにしても，現在はプラスチックのバットにカラーボールを使用している。

② 刑務作業

刑務作業は精神療法でもある。精神障害受刑者に対しては，紙袋制作の軽作業を課すのが一般的である。彼らには，このような作業が精一杯であることが多いが，ある程度安定していて，かつ刑期の長い受刑者には，窯業（陶器制作）の作業を課している。この作業は，ある程度のレベルに達するまで最低半年はかかり，また高度な作業でもあるので，精神障害受刑者でこのような作業ができる者は少なく，現在 6 人がこれに従事している。受刑者は，ひとつのものをやり遂げた，という経験を持つことが少ないので，そうした経験を積ませることに意義があるとのことであった。作業で花の苗を育てている受刑者もいる。作業は，ノルマを課さず，ただし正確に，丁寧に行うことを指示しているという。

精神障害または身体疾患（主に加齢からくるもの）のために刑務作業を行えない者も存在し，そうしたいわゆる治療班はわれわれが訪問した時点で 6 名いるとのことであった。その他，懲罰などの事由で不就業の者は合わせて 12 名とのことである。

(4) 処遇の特殊課題——覚せい剤，性犯罪，高齢受刑者

北九州医療刑務所の処遇の特殊課題は，覚せい剤使用者への集団精神療法，性犯罪受刑者の治療面接，高齢受刑者のデイケアの 3 つであるという[1]。

① 覚せい剤使用者への精神療法

覚せい剤使用者への集団精神療法は，1 回 60 分を毎週 1 回，1 クール 14 回（14 週間）行うというものである。懲役処遇の中から 14 時間を抜き取ることは相当大変で，施設所長の理解がなければできない。この集団精神療法への参加者は，希望者のみ，M 級受刑者 4 名，A 級受刑者 4 名の計 8 名で行われる。まずフラッシュバックの出現機序の説明など精神症状をわかりやすく説明し，薬物依存は病気であるとの認識を植え付ける。次いで，自らが薬物依存にあたるか，DSM-IV の診断をさせる。ミーティングを行い，自らの思うところを自由に話させるようにする，いわゆるベンチレーションを行う。できるだけ建前の議論を避けるように心がける。そのようにして，薬物依存

のいわゆる底つき体験を生かそうとするものである。もっともそれは刑務所という状況の中であるからこそ行いうるものであるのかもしれず，その後，実際に断薬にまで至るかは，刑務所からはアプローチのできない問題である。保護観察所との連携，福岡・北九州における引受人集会において理解を求めること，あるいは社会の自助グループに引き継いだケースなどはあるが，最終的にうまくいった例というのはごく稀であり，刑務所としては，それが精一杯であるとのことであった。

② 性犯罪者の治療面接

おそらく，北九州医療刑務所の行う性犯罪受刑者の治療面接は，全国的にも先駆的なものだと思われる。性犯罪者と精神障害者とは別である。林医療部長らが以前北九州医療刑務所の受刑者について調査したところでは，M級受刑者の中の14％が性犯罪受刑者であるが，A級受刑者においても12％がそうである。海外で行われている薬物療法（女性ホルモンの投与）は日本では議論があり，不可能だと考えられるため，治療面接の形をとることになる。もっとも，この問題に取り組むことはそれ自体困難なことであって，さらに，一般の精神療法が患者を受容し支持することに重点を置くのと異なり，圧力という側面が重要になってくるという特殊性が要求されるとのことである。ただ，性犯罪者でも精神障害の治療歴のある者の場合，治療されること自体には慣れがあり，性犯罪の治療ということについても導入が図りやすい面があるという。

わが国では，性犯罪者はいままで精神医療の対象とはされてこなかったものであるが，再犯率の高い彼らを放置することは疑問がある，性犯罪者の衝動について科学的メカニズムがある以上は医療のアプローチは可能であると考える，とのことであった。もっとも，この取り組みを続けうるかどうかはわからない，という。

③ 高齢受刑者のデイケア

北九州医療刑務所には無期・長期の受刑者が多いという関係で，おのずから高齢受刑者の割合が多くなり，問題も生じる。デイケアのような取り組みは刑の執行という性質とは一致しないことがあるが，刑の執行停止が困難な状況では，本人の治療処遇として行わざるを得ないという[2]。ケアは，資格の有無にかかわらず刑務官と看護技官が行っているが，このことについて

は，たとえば自宅の高齢者を介護するのと同じことであり，現実に問題が眼前にある以上は，資格の有無を云々するよりまずやるということそれ自体が重要であるとのことであった。

食事も，高齢受刑者の場合，きざみ食を支給するなど気を使っている。受刑者は米7：麦3の割合の麦飯を主食とするが，われわれの訪問した時点で，2名はパン食であった。前述の食物をのどに詰まらせた場合の対策や，寝たきりの場合の対策などもあった。

隔離病室が3室設けられていた。高齢者にも精神障害者にも，また受刑者一般にも，結核罹患者は多いとのことであった。

彼らのように長期にこの施設に入っている場合，場合によっては人生の最後まで刑務所内で過ごすことにもなる。そのようにして，刑務所内の霊安室は，年1～2人，入ることになる。葬式を行い，共同墓地への埋葬まで刑務所がすべてすることになる受刑者もいる。

III 岡崎医療刑務所訪問

「精神医療事故研究会」は，2002年5月17日，岡崎医療刑務所を訪問した。メンバーは，松尾浩也（法務省特別顧問），中谷陽二，本間久美子（以上，筑波大学），齋野彦弥（横浜国立大学），山本輝之（帝京大学），辰井聡子（桃山学院大学），柑本美和（国立精神・神経センター），町野朔，酒巻匡，水留正流（以上，上智大学）であった。丁寧にご教示いただいた村橋寛所長を始めとするスタッフの皆様に，心からの謝意を表したい。

1 沿　革

岡崎医療刑務所の前進は，明治14年に発足した愛知県監獄岡崎支署である。その後大正13年には岡崎少年刑務所に改組され，少年受刑者を収容していたが，昭和17年に名古屋刑務所岡崎刑務支所として一般受刑者を再び収容するようになった。昭和20年に戦災を受けたが，昭和24年に庁舎を再建して名古屋刑務所岡崎拘置支所として再発足し，未決拘禁者を受け入れることになった。昭和27年には収容棟・工場を再建して，名古屋刑務所岡崎刑務支所となった。昭和29年に知的障害を有する受刑者の収容施設に指定されたが，これが精神障害受刑者を受け入れた最初である。昭和37年には現在地に移転し，名古屋刑務所岡崎医療刑務支所として精神障害者の収容施

設に指定され,さらに昭和46年には岡崎医療刑務所に昇格・改称した。

2 施　設

施設の敷地面積はは7万2,864㎡,建物延べ面積は1万1,705㎡で,収容定員は265名である(写真4)。

(1) 施設をとりまく環境

写真4　運動場・収容棟遠景

敷地内には植え込みがたくさんある。一般的に刑務所には逃亡の危険を防止するために死角になりやすい植え込みは少ないのであるが,岡崎医療刑務所は,四季の変化を感じてもらい自然豊かな環境の中で作業に従事し生活することが情緒,医療面において有効であると考えることから,植え込みを含め緑の樹木をたくさん植えている。しかし,側溝の下にもぐりこむのを防止するための柵などはある。

(2) 収容棟

居室は,一般のものが1室(後述のように,部屋の規格は一般刑務所のそれであり,岡崎医療刑務所の場合は,建築当初ベッド使用の規格であったためか,一般刑務所より若干広い程度である)に4～6人の収容人員である(写真5)。

一般の刑務所では今日の受刑者の急増に伴い100%を超える高収容率であることが常態となっているが,精神障害者の専門的治療施設という特殊性から,いまのところ定員の範囲で収容者のやりくりが可能であるとのことである。

写真5　雑居室

一般の居室は畳敷きになっている。もともとはベッドを設置していたが、精神障害を持つ受刑者の増加に伴って改造したものである。朝・夕食に関しては、一般の刑務所同様に各室で食べるが、昼食に関しては、他の刑務所が作業工場内に付設された食堂で食べるのと違い、収容棟に付設された食堂で食べる。これは建物の構造上の理由もあるが、食事は居住空間の食堂で食べるものであるという基本的な生活指導の観点があるという。

一般刑務所同様に、居室の構成に関してテレビ、ポット、湯のみといった室内の備品や日用品に違いはない。また刑罰の厳格さを順次緩和していく累進処遇的なものも見られ、たとえば「一級者室」ではテレビのチャンネルが自由に選ぶことができたり、花瓶や額縁等の調度品も整備されているといった具合である。

またこれも一般刑務所同様に、出所前や仮釈放を受ける受刑者用には別の建物や部屋が用意されている。精神障害者も釈放前指導の際には、この別の部屋に入ることになる。これは「社会生活に近似した生活空間」に置くためである。

(3) 障害が重度の受刑者の施設

特殊病棟にあたる「生活療法センター」もある。ここの収容者は、後述のように、作業時間が短縮され、その余った時間を使ってレクリエーション療法が行われている。

レクリエーション療法はちょっとした体育館のような広間（ホール）で行っていて、われわれが訪問したときはバレーボールをしていた。療法室では履物を脱いで下駄箱に入れてから広間に入るような構造になっていたが、それは公共施設を使うルールを身につけさせることを目的とするという。

さらに「特殊病室」が2室あり、これは保護室と同じ構造であるが、エアコンによる空調設備や床暖房が設置されている。また保護室と比べて窓が広く、前室も広く設計されている。さまざまな医療機器を持ち込んでの処遇も可能である。この特殊病室のほかに保護室が2室ある。四角形の部屋の壁は木でできていて、2方向からののぞき窓がついている。

3　岡崎医療刑務所における受刑者の処遇

(1) スタッフ

医療スタッフは医師である村橋所長を含めて5人であり、うち精神科医3

人，内科医2人となっている。外科の治療は名古屋矯正管区内の医療センターである名古屋刑務所に依頼し，眼科は非常勤医師，歯科は嘱託医に，その他専門的な治療が必要な場合は岡崎市民病院の協力を受けている。臨床心理士1人（ただし名古屋少年鑑別所に出向して勤務することがある），看護師13人（男性2人，女性11人），准看護師5人，栄養士1人，診療放射線技師1人（ただし名古屋刑務所の技師1人と東海・北陸地方の施設を回って仕事をしている）。薬剤師1人で臨床検査技師を兼ねている。

(2) 岡崎医療刑務所の受刑者の特徴
① 定員，収容率

2002年5月1日現在の収容者数は定員265名に対して234名であり，収容率は約85％である。精神障害を持つ受刑者を対象とした受刑施設は全体として収容人員が少ないが，各刑務所がある程度自己の施設でそうした受刑者を扱うので収容者がいっぺんに増えるような事態にならなかった，また北九州医療刑務所との間で受刑者のやりくりをすることはなかった，とのことである。

② 受刑者の受け入れ

岡崎医療刑務所は主に名古屋・大阪の両矯正管区内の施設の該当受刑者を収容することになっているが，東京・仙台・高松といった矯正管区内の施設の該当受刑者も一部収容している。受け入れにあたっては医師および処遇部門の職員からなるスタッフがミーティングを毎週開いて，移送協議のあった受刑者がはたして岡崎医療刑務所での治療対象者であるかどうか，また，対象者である場合には，いつ受け取るか等を検討する。

③ 診断名別，刑期別，入所度数別，罪名別に見た受刑者の特徴

沿革上の理由から岡崎医療刑務所にはかつては知的障害者が多かったが，現在は精神病の者が多い。われわれが訪問したときの法務省の分類で示された精神障害を有する受刑者（M級受刑者）の診断名別の数であるが，統合失調症21名，（単純な）知的障害74名，拘禁・心因反応19名，うつ病・抑うつ状態9名，器質性精神病8名，中毒性精神病8名，その他の診断名に入るものはそれぞれ5名以下である。以上には，精神発達遅滞をも有する者が含まれている。診断名別では拘禁反応が多いのが特徴的だということであった。

2002年5月1日現在（以下の統計のデータについて同じ）の岡崎医療刑務所

第1部 触法精神障害者と処遇困難者

の受刑者全体の内訳は，法務省の処遇分類級別では，M級受刑者71.4%（うちMX級（知的障害）28.2%，MZ級（その他の精神障害）43.2%），A級受刑者28.6%である。そのうちM級受刑者の内訳は，罪名別の分類では，窃盗35%，殺人17%，覚せい剤事犯6%，放火7%，強盗致死傷11%，強姦・強制わいせつ4%，その他20%である。刑期別では，1年以下3%，2年以下12%，3年以下23%，5年以下42%，7年以下5%，その他有期（20年以下）10%，無期5%となっている。入所度数別では，1度46%，2度12%，3度8%，4〜9度29%，10度以上5%である。年齢別では，20歳台30%，30歳台18%，40歳台17%，50歳台18%，60歳台14%，70歳以上3%である[3]。

(3) 処遇の実践
① 医　療

医療法上は，医療刑務所のごく一部についてのみ規制がかかっている。診療所として19床の病床が設置されていて，そのうち5床を内科病床に，残り14床を精神科病床に分けているという形をとるのみである。精神保健福祉法の規定が刑務所の中にいるすべての精神障害受刑者に及ぶということはない。また，監獄法上は，病者は「休養室」に入れる旨の規定が在する（監獄法40条。ただし法律の文言では「病監」という）が，実際は，指定病室の定数を超えたときは一般の居室に「休養室」の札を掛けるだけだという。すなわち，精神障害を有する受刑者であっても一般受刑者と同じ処遇をとることに治療上より効果的な面があることから，一般受刑者と同じ規格の居室に収容されている。また，予算の関係もあることから，近代的かつ十分な環境整備をすることは容易でないとのことである。そのようなわけで，手のかかる順に特殊病室，病院指定の付された居室，一般の居室といった順番で受刑者を振り分けているという。

医療刑務所に来る受刑者には，起訴前や公判の段階で精神鑑定を受けているケースもあるが，身分帳に鑑定書そのものが添付されてくることはない。判決書には鑑定結果が記載されていることもあるが，鑑定結果が医療刑務所における処遇に役に立ったことはあまりないので，鑑定結果を参考にしてそれを処遇方針に役立てたりすることはないということである。

② 「生活療法センター」における生活療法的処遇

　障害が重度の受刑者のための施設である「生活療法センター」の収容者には，刑務所では本来8時間作業をしなければならないところ，精神障害者という医療面を考慮して7時間に短縮して，その余った時間を生活療法的なもの，たとえばレクリエーション療法を行わせている。当然のことながら，作業に従事した7時間分の作業賞与金が支給される。またこの施設では，7時間就業が可能になる前段階の受刑者に，1日4時間就業の「小グループ療法」も実施している。

　単独室でずっと生活し重度の障害を有する者も，できるだけ人と触れ合わせることを目的としている。われわれが訪問したとき，ここには18人の受刑者が収容され，そのうち，てんかんの発作のために寝ていた2人を除いた16人がレクリエーションに加わっていた。当初は10人以内に収容者をとどめたかったのだが，場所の問題もありやむを得ないところであるという。

　レクリエーション療法として，われわれが訪問したときはバレーボールを行っていた。またパンツスタイルの白衣を着用した女性の看護者が数名レクリエーション療法の集団に混ざっていたが，これは受刑者がレクリエーションに溶け込みやすくするための工夫であるという。一般の刑務所では作業や競技に職員が加わってはならないとされており，医療刑務所ならではの試みであるという。また，レクリエーション療法を実施している部屋の入り口の踊り場では，生き物を大事に育てるという趣旨から，小鳥を3羽飼育することもしていた。これも一般刑務所ではみられないことである。

③　刑務作業

　懲役刑の受刑者が刑務作業を行ういわゆる生産工場は2つである。これは一般刑務所と比較して格段に少ない数であるという。もっとも「生産工場」以外でも，たとえば花壇の整備などは「治療作業」として行っており，一般の精神科病院における作業療法と同じものという意識で行っている。

　生産工場は病後の訓練ではあるが，通常の作業であるから作業賞与金が支給される。患者が従事する「治療作業」もあくまで刑務作業の一環とみなしうるものであるということで，この作業に対しても作業賞与金が支給されている。

　治療作業として，たとえば樹木などの苗を育て，それを株分けして増やし

写真6　窯

ている。具体的にはビニールハウスを設置して雨天でも作業を可能にして，胡蝶蘭などを株分けしている。また，瀬戸物の土地柄を生かした窯業を行っている（写真6）。他方，生産工場での作業は，社会に戻すようなときなどに効果が期待でき，そのため2〜3カ月，集団の工場で働かせることで適応力の回復を図っているという。

　独居生活が続くと，人との関係を持ちにくくなり，情緒にも乏しくなり，作業に携わるのに支障が出てくる。そこで一般の作業に携わらせる前に「作業療法センター」での作業指定をするのである。

　また，一般刑務所では作業をしないと作業をするよう指導され，これにも応じなければ懲罰審査会を経て懲罰を受けることになるが，ここでは作業を拒否する者に対してすぐに懲罰審査会に付議するのではなく，そのような者がいた場合，作業療法センター内の一室で，担当職員を含め処遇部門の監督者等が個別的に面接を行ったり，ときには精神科専門医がカウンセリングをしたりして，作業の意欲を引き出すよう努力している。

　このような療法センターは2集団設置されていて，紙袋制作や学習セットの組み立てといった軽作業を行っている。もっともセンターで作業に従事する受刑者は以上のように精神科病院では作業療法に従事する患者に相当する者であることから，相当数不具合な製品が生じ，看護係に指定された（精神的に正常な）経理作業要員の受刑者等による製品のチェックを要するとのことであった。

④　外部交流

　岡崎医療刑務所の処遇において，刑務所外の一般の市民の果たす役割も大きいという。たとえば，岡崎医療刑務所はもともと山あいの岩（花崗岩）の多い場所に立地していて，運動場も岩が露出して転倒すると危険な状態にあった。そこに地元の篤志家団体が，現在に至るまで20年間にわたり年あ

たり8トンの砂を運び続けていて，いまではすっかり砂で覆われたグランドを作った。花壇の花なども，別の篤志家団体から種や肥料の提供を受けている。また刑務所内の演奏会や運動会など教育的行事にも，多数の市民が参加しているとのことである。教育的行事は，治療的な生活指導の場を提供してくれる意味もある。なお，精神障害を有する受刑者には面会に来る家族なども少なく，一般の刑務所では面会に時間制限を設けるなどするところ，岡崎医療刑務所ではそのような面会者を大切に扱っているという。

最後に，現在国会で検討されているいわゆる心神喪失者等医療観察法案の施設ができた場合の医療刑務所について村橋所長は，現在は，心神耗弱とのことで入所してくる者の中でも障害の程度が重いものがあり，判定が厳密に行われれば現在より医療刑務所の負担は軽くなるのではないか，という感想を話された。また，現在の日本の刑事施設における精神障害者の問題で，改善更生という立場からの治療的処遇ができない未決拘禁者と女子受刑者が問題である，との見解を示された。

(1) 以下の点については，林幸司編・司法精神医学研究　精神鑑定と矯正医療（2001年，新興医学出版）をも参照。
(2) 刑事訴訟法482条は刑の執行停止につき規定を定めるが，これは生命への危険があることなどを要件とし，また実務上，身元引受人がいない場合には刑の執行停止は行われない。
(3) これをA級受刑者も含めた全体の収容状況についてみると，罪名別の分類では，窃盗36％，殺人12％，覚せい剤事犯13％，放火5％，強盗致死傷8％，詐欺5％，その他21％である。刑期別では，1年以下3％，2年以下18％，3年以下32％，5年以下34％，7年以下3％，その他有期（20年以下）7％，無期3％となっている。入所度数の分類は，1度61％，2度8％，3度6％，4〜9度21％，10度以上4％となっている。年齢別では，20歳台24％，30歳台23％，40歳台19％，50歳台22％，60歳台10％，70歳以上2％となっている。

第4章　心神喪失者等医療観察法をめぐって

1　精神医療と重大な犯罪行為を行った精神障害者

山　本　輝　之

I　心神喪失者等医療観察法案

　1　現在，わが国においては，重大な犯罪行為を行ったが，不起訴処分となった精神障害者またはその疑いがある者，責任能力を理由として無罪の確定判決を受けた者または限定責任能力を理由として執行猶予付きの有罪の確定判決を受けた者は，刑事司法の手続からははずされ，検察官による通報により，精神保健福祉法の規定に基づいて措置入院の手続をとられることになっている（精神保健福祉法25条・29条）。しかし，以前から，重大な犯罪行為を行ったにもかかわらず，精神障害を理由に司法による責任追及が行われないのは不当である，また，現在の措置入院制度は，このような精神障害者の再犯を防止するためには充分ではない，このような事態に対応するためには，このような精神障害者に対して刑罰に代えて保安処分を科することができるよう刑法を改定すべきである，という見解が主張されてきた[1]。

　1974年には，法制審議会が，精神障害によって禁錮刑以上の犯罪を行った者について保安上必要があると認められる場合には，法務省が設置する保安施設に収容し，治療及び看護のために必要な措置を行うという治療処分と，アルコール依存，薬物依存等により禁錮刑以上の犯罪を犯し，保安上必要があると認められる場合には，保安施設に収容し，依存状態を除去するために必要な措置を講じるとする禁絶処分との2つの処分を内容とする保安処分制度の導入を盛り込んだ改正刑法草案を提案した。しかし，①精神障害者の将来の危険性を予測することは困難である，②不確かな危険性を根拠として精神障害者に処分を科すことは彼らを不当に差別することになり，人権侵害に

結びつく、③保安施設における医療は、保安を重視せざるを得ないから、治療関係を成立させることが困難である、ということを主な理由とする日本精神神経学会、日本弁護士連合会などの反対により実現しなかった[2]。

その後、1981年には、法務省が、保安処分の対象者について、いわゆる「六罪種による限定」を行った「保安処分制度（刑事局案）の骨子」を発表したが、やはり反対が強く、実現には至らなかった。しかし、その後も、重大な犯罪を行った精神障害者の再犯を防止するために、特別な処遇制度を設けるべきであるとする要望が、日本精神病院協会などを中心に強く出され[3]、1999年の精神保健福祉法の改正の際に、衆議院厚生委員会において、「重大な犯罪を犯した精神障害者の処遇のあり方については、幅広い観点から検討を早急に進めること」という附帯決議がなされた。これを契機として、2001年1月29日に、重大な犯罪を犯した精神障害者が犯罪を繰り返さないようにするための対策を様々な角度から協議・検討することを目的とした法務省・厚生労働省による合同検討会が設けられた[4]。

2　このような状況の中で、2001年6月8日、精神病院に入退院を繰り返していたAが、大阪教育大付属池田小学校に侵入し、児童8名の刺殺を含む、23名を殺傷するという衝撃的な事件が起こった。そして、Aは、それより2年以上前に傷害事件を起こしたが、処分保留のまま措置入院させられ、約40日後に退院させられていたという事実が、事件後、判明した。これを契機として、法務省、厚生労働省により、「心神喪失等の状態で重大な他害行為を行った者の医療及び観察等に関する法律案」（以下、法案）が作られた。政府は、それを2002年3月に第154回国会に上程し、衆議院法務委員会に付託したが、審議未了のため、継続審議となった。

II　措置入院制度の現状

1　前述したように、現在、重大な犯罪行為を行ったが、不起訴処分となった精神障害者またはその疑いがある者、責任無能力を理由として無罪の確定判決を受けた者または限定責任能力を理由として執行猶予付きの有罪の確定判決を受けた者に対応する制度としては、精神保健福祉法が規定する措置入院しか存在しない。これは、精神障害者を行政的な判断だけで、なるべく早く精神医療に結び付けようとする制度であるという点では優れているが、

このような精神障害者の再犯を防止するためには不十分であるという指摘が従来からなされてきた[5]。すなわち，精神保健福祉法においては，検察官は，精神障害者あるいはその疑いがある者を不起訴処分にした場合，あるいは被告人が責任無能力を理由として無罪の確定判決を受けた場合または限定責任能力を理由として執行猶予付きの有罪の確定判決を受けた場合[6]，すみやかに，その旨を都道府県知事に通報しなければならないとされている（25条）。

しかし，検察官が通報した者がすべて措置入院になるわけではない。都道府県知事が調査した結果，その必要がないと判断したときは，指定医の診察を受けさせるまでもなく，措置入院の対象から除かれる（27条1項）[7]。また，同法では，検察官は，被疑者が精神障害者ではないかという疑いがあるだけで措置通報しなければならないとされている（25条）。そのため，2名以上の指定医による診察の結果，措置要件に該当しないと判断され，その対象とならないこともある。さらに，現在のわが国の精神医療は，医療中心で，人的な面でも，構造的な面でも保安という観点からの配慮を行ってはいないため，措置要件を充たす場合であっても，医療機関が，措置非該当，入院不要として，重大な犯罪行為を行った精神障害者を受け入れないケースが相当存在するといわれている[8]。

もちろん，以上のような場合，このような精神障害者が完全に自由となることはまれであり，任意入院したり，あるいは医療保護入院になるケースが多いであろう。しかし，前者の場合には，本人が退院したいというときには原則として退院させなければならない（精神保健福祉法22条の4第2項）。後者の場合でも，精神病院の管理者が入院の必要性がなくなったと判断し，保護者が引受けを承諾すれば，退院させることができるのである[9]。

2　他方，医療機関がこのような精神障害者を「やっかい払い」のため，比較的短期間で退院させてしまっているという指摘もある[10]。検察官通報の場合についてはもちろん，措置入院一般の平均在院日数も公表されている資料の中には存在しない[11]が，殺人などの重大な犯罪行為を行った精神障害者の場合でも，平均2年程度という比較的短期間で措置解除されているようである。

もっとも，このような事態には，医療機関がやっかい払いをしているとい

うことばかりではなく、それが措置入院制度自体の限界であるという精神医療関係者の指摘もある。すなわち、現在の精神医療においては、「他害のおそれ」という措置要件が、退院させたら、すぐに人を襲う危険と解釈され、将来、どこかで再び犯罪を行うかもしれない危険とは考えられてはいない。そのため、重大な犯罪行為を行った精神障害者であっても、治療により幻覚・妄想などがコントロールされ、症状が安定し、そのような他害のおそれが消失した場合には、退院させざるを得ない、というのである[12]。

このように、現在の措置入院制度は、重大な犯罪行為を行った精神障害者の再犯防止のために活用されているわけではない[13]。今回の法案は、司法の関与による新たな処遇制度を創設することにより、このような精神障害者の再犯の防止をはかろうとするものである。

III 法案の内容とその意義

1 法案は、殺人、放火、強姦、強制わいせつ、強盗、傷害などの重大な犯罪行為を行ったが、不起訴処分になった心神喪失者、心神耗弱者、または責任無能力を理由として無罪の確定判決を受けた者あるいは限定責任能力を理由として執行猶予付きの有罪の確定判決を受けた者で、そのような重大な犯罪行為を再び行うおそれのある者の処遇を、裁判所が決定するという新たな司法処分の制度を創設した（42条）。これは、これまで、このような精神障害者に対する強制入院の決定、処遇の変更、退院の決定などは、事実上精神保健指定医による診断を基礎として、精神医療側が決定し、厚生労働省の責任において行われてきたのを大きく転換しようとするものである。

これに対しては、このような新たな司法的処分を作ることによって、認定困難な再犯の危険性を根拠として精神障害者を拘禁することは憲法に違反する疑いがあるばかりでなく、精神障害者は危険な存在であるという偏見を助長するだけで、問題の解決にはならない、精神障害者の犯罪防止は、現在の措置入院制度の改善によって図られるべきであるとして、法案に反対する立場もある。たとえば、民主党は、措置入院およびその解除の適否を判定する機関として「判定委員会」（精神保健指定医2名の合議体）を新設し、高度の医療を提供する医療施設である「精神科集中治療センター」（仮称）を創設することを柱とする「精神保健及び精神障害者福祉に関する法律の一部を改

正する法律案」を国会に提出している。また，細部においては異なるものの，日本弁護士連合会の意見書[14]，全国自治体病院協議会の提言[15]も基本的にこのような立場を主張するものである。

　たしかに，重大な犯罪行為を行った精神障害者であっても，彼に再犯を犯す危険性があるというだけで，拘禁することは許されない。これは，健常者については犯罪を行う危険性がある場合にも隔離・拘禁することが許されないのに，精神障害者の場合にはそれが許されるという不均衡を生じさせ，憲法14条に反することになるからである[16]。やはり，再犯のおそれのある精神障害者を隔離・拘禁するためには，彼に適切は医療を保障するということがなければならない。その保障があるときにはじめて彼の隔離・拘禁を正当化することができるのである。自己の医療的利益を選択する能力が欠如・減退している精神障害者には，公権力が親代わりとなって彼に強制的に精神医療を実行しうるとするparens patriaeの考え方においてはもちろん，精神障害者の行う反社会的な行為から社会を防衛するために，彼に強制的に医療を行うことが正当化されるとするpolice powerの考え方においても，精神障害者に適切な医療を保障するということが前提となっている。再犯を防止するためであっても，医療なき拘禁を正当化することはできないのである[17]。このような観点から法案を見た場合，それは，重大な犯罪行為を行った精神障害者に医療を施すことによって，再犯の防止を図ることを目指すものである（1条）が，保安のために危険な精神障害者を隔離・拘禁することを認めるものではないといえるであろう。

　もっとも，精神医療の役割は，精神障害者に医療を行うことだけであり，再犯の防止を図るということはそうではない，精神障害者に精神医療を与えることによって犯罪の防止を図るということは認めるべきではないとする立場も存在する[18]。しかし，医療の役割は，治療を通じて患者の利益を図ることである。精神障害者が犯罪行為を行うということは被害者にとって不幸なことであるばかりでなく，精神障害者自身にとってもきわめて不利益なことである。精神障害者に対して治療を施すことによって彼の犯罪を防止することは，彼の利益にかなうことであり，まさに精神医療の役割なのである。

　もっとも，処遇の決定機関を裁判所とすることは，新たな処遇が保安を優先させるものであるとの印象を世間に与えることは否定できないであろう。

第4章　心神喪失者等医療観察法をめぐって

その意味では，措置入院およびその解除の適否を判定する機関の新設など，現在の措置入院制度の改善によって対応すべきであるとする民主党などの提案にも，それなりの理由がある。現に，フランスでは，犯罪行為を行った精神障害者の処遇について，措置入院で対応している[19]。しかし，重大な犯罪行為を行った精神障害者に適切な処遇を与え，その再犯を防止するためには，刑事司法と精神医療との連携・協力が必要であり，そのためには，いままでのように，医療，行政側にその処遇の決定機関を置くのではなく，司法機関を関与させることが必要なのではないであろうか。また，現在では，このような精神障害者は，司法の関与なしに，一般の精神障害者と同じように医療のために精神病院に送られるだけであり，社会や被害者の感情への配慮が欠けているとする批判にも対応する必要がある。さらに，精神障害者に強制的な処遇を行う場合には，彼らの権利の保護に配慮するということも重要である。このようなことからするなら，法案のように，処遇の決定機関を裁判所とすることも，一概に不当とはいえないように思われる。

　2　法案は，検察官は，一定の重大な犯罪行為を行ったが，不起訴処分を受けた心神喪失者，心神耗弱者について，継続的な医療を行わなくても心神喪失又は心神耗弱の状態の原因となった精神障害のために再び一定の重大な犯罪行為を行うおそれが明らかにないと認める場合を除き，地方裁判所に対し，処遇の決定をすることを申し立てなければならない，としている（33条1項）。したがって，検察官が心神耗弱と認めるほどではないが，その精神障害を考慮して起訴猶予処分にした場合には，申立ての対象とはならない。この場合には，検察官はこれまで通り，措置通報によって医療側に送るということになるであろう。

　また，法案は，検察官が心神喪失者と認めて公訴を提起しない処分をした対象者について，裁判所が心神耗弱者と認めた場合には，その旨を決定し，検察官に通知しなければならないとしている（40条1項2号・2項前段）。この場合には，検察官はその通知を受けた日から2週間以内に，裁判所に対し，当該申立てを取り下げるか否かを通知しなければならない（40条2項後段）。裁判所は，対象者が心神喪失ではなく，心神耗弱であり，起訴すべきであると考えた場合であっても，検察官に対しては心神耗弱であるということが言えるだけである。このように，法案の下においても，重大な犯罪行為を行っ

195

た精神障害者に刑罰でのぞむか，新たな処遇で対応するか，それとも措置入院に回すかを最終的に決定するのは検察官とされている。

　しかし，これでは，このような精神障害者に対する検察官の刑事政策的考慮を，医療的判断に優先させることになり，彼に適切な処遇を与えることができなくなるおそれがある。このようなことから，精神障害者が犯罪行為を行った場合，それに刑罰で対処すべきか，精神医療を含む非刑罰的な処遇で対応すべきかという少年犯罪の場合と同質の問題が存在する，したがって，それには専門の調査官を擁する家庭裁判所のような，検察官とは別の専門機関を積極的に関与させる制度，たとえば，精神障害者の犯罪については，簡易鑑定に回すことなく，すぐに全件を（法案で創設される）「判定機関」に送致し，そこで精神科医などの専門的調査を行い，刑事訴追を含む処遇を決定する，という制度を作るべきである，という提案がなされている[20]。これは，簡易鑑定に回すものを判定機関に全件送致すべきであるとする趣旨の提案であると思われる。しかし，簡易鑑定に回すか否かはやはり検察官の判断によらざるを得ないのであり，この点では年齢という客観的な基準のある少年事件の場合と同一に論じることはできないように思われる。この問題は，今後，簡易鑑定制度のあり方をも含めて十分検討することが必要である。

　3　これまで，重大な犯罪行為を行ったが，不起訴処分になった精神障害者，あるいは責任無能力を理由として無罪の確定判決を受けた者または限定責任能力を理由として執行猶予付きの有罪の確定判決を受けた者は，司法の関与なしに，医療のために精神病院に送られるだけで，健常者が犯罪を犯した場合との間に不均衡があるばかりでなく，それは被害者の心のケアという観点からも不当であるとする批判があった。法案がこのような精神障害者に司法的な処分を科すシステムを創設したのは，これに幾分とも答えるものであろう。

　これまでは，このような精神障害者についても一般の精神病院において対応することになっていたため，病院側が受け入れを拒否したり，あるいはやっかい払い的に早期に退院させられ，十分な治療が行われないという事態が生じていた。法案は，このような精神障害者を受け入れ，十分な治療を与えることができる入院医療機関を，国，都道府県等が開設する病院に設置することとし（16条1項），そのような機関の設置および運用に関する費用は

国が負担すべきであるとしている（102条）。また，法案は，入院によらない医療という，諸外国で行われている強制通院制度[21]を導入し（42条1項2号・43条2項），とくに退院後のケアを行うシステムを構築しようとしている。これは，以前から，精神医療関係者によって，その実現の必要性が強調されていた制度である。これらの点で，法案は意義のあるものであろう[22]。

以上に対して，精神障害者による重大犯罪の防止の効果という点では，それほど期待することはできないように思われる。法案は，重大な犯罪行為を行ったが，不起訴処分になった心神喪失者，心神耗弱者，あるいは責任無能力を理由として無罪の確定判決を受けた者または限定責任能力を理由として執行猶予付きの有罪の確定判決を受けた者を処遇の対象としている（2条3項）。しかし，これまでのデータによると，精神障害者による重大な犯罪の多くは，初犯者によって行われているようである[23]。また，措置入院患者のかなりの部分が退院後短い期間において，犯罪を行っているというデータはある[24]が，このような者が検察官通報によって措置入院になった者であるかどうかは不明である。また，もし，かりにそうであるとしても，法案の対象となる者は，不起訴処分になった心神喪失者，心神耗弱者に限られている。たとえば，前述した大阪池田小学校事件の場合，一部のマスコミ報道によると，Ａは，2年以上前の傷害事件について心神喪失を理由として刑事責任を問うことができないという不起訴処分であったとされているが，池田小学校事件について被告人を殺人罪，殺人未遂罪などで起訴した検察官の冒頭陳述によると，その傷害の程度が軽微であったことなどの理由によって刑事責任をあえて問う必要がないという起訴猶予処分であったようである[25]。このＡのような場合は法案の対象にはなりえないのである。

しかし，どのような法制度を創設しても，精神障害者による犯罪を防止することには限界があるということをわれわれは自覚すべきである。もし，そのことを徹底的に追求するならば，犯罪行為を行う危険性のある精神障害者すべてを予防拘禁する制度を作る以外にはないであろう。だが，それが許されないことは明らかである。

IV　精神医療に対する影響と残された問題

1　法案は，措置入院とは異なり，対象者である精神障害者が，一定の重

大な犯罪行為を行ったということを，入院による医療，入院によらない医療を課す要件としている（2条3項・33条・42条1項）。このことによって，精神医療に彼が行った犯罪行為に対する制裁という要素が持ち込まれ，その処遇が一般予防という観点から運用されることになるのではないかということが危惧される。たとえば，指定入院医療機関の管理者が，入院を継続する必要性が認められなくなったにもかかわらず，対象者が殺人を犯したということを考慮して，入院継続の申立てを行ったり，あるいは，裁判所が，治療的な観点からすれば退院を許可し，入院によらない医療を受けさせる旨の決定をすべきであるのに，強姦を犯した者であったため，被害者や社会の怒り，被害者の心のケアということを慮って退院を許可しないということが考えられる。しかも，法案における対象行為には傷害まで含まれているため，これまで措置入院とされていた者のほとんどが法案の対象者になり，このような観点から処遇が行われる可能性があるのである。

　前述したように，精神障害者の権利を制限して強制的な処遇を行うことができる根拠は，彼に適切な治療を保障することにあるのであり，その処遇はあくまでも治療の必要性という観点から行われなければならない。そのことは，法案における新たな処遇についても妥当すべきことである。すでに入院治療の必要性が存在しないにもかかわらず，過去に行った重大な犯罪行為に対する制裁という観点から入院が継続されることは，治療なき拘禁を行うことであり，許されることではない。

　2　他方，このように法案は，一定の重大な犯罪行為を行った精神障害者だけを切り分けて特別な処遇を行う制度を創設するものであるため，これまで精神医療の現場でもっとも問題とされてきた，いわゆる処遇困難者[26]への対応はほとんど未解決のまま残されてしまった。精神病院に入院している精神障害者の中には，医療スタッフや他の入院患者に対して暴力をふるうなどの処遇困難者が存在し，現在では，このような者も一般の精神障害者と同じ病棟で治療が行われているため，開放的な治療を行うのに支障が生じている。また，このような患者に対しても開放的な処遇を行った結果，離院して，外で犯罪を行うという事件も発生している[27]。そのため，医療機関においては，このような者を長期にわたって閉鎖病棟に拘束・隔離するか，あるいは十分な治療を行わず，やっかい払い的に早期に退院させるということが行

われており，その対策が問題とされてきた。そして，従来は，重大な犯罪を行った精神障害者に対する処遇のあり方と処遇困難者に対するそれとは同じ問題として論じられる傾向にあった。

しかし，処遇困難性とは，病院内でその対処に困ることをさすのであり，過去に重大な犯罪行為を行ったかどうかとは直接的な関係はない，実際においても処遇困難者のうち，過去にそのようなことを行った精神障害者はその一部にすぎないという精神医療関係者の指摘もある[28]。法案が成立しても，処遇困難者が一般の精神病院から新たに創設される医療機関に移るということはほとんど考えられないであろう。処遇困難者の問題は，精神障害者に対する精神医療のあり方という観点から，早急にその対策を検討することが必要であると思われる。

3 法案では，受刑中の精神障害者は指定入院医療機関において治療を行う対象に含まれていない。しかし，諸外国では，法案で創設されるような特別な医療機関に，受刑中の精神障害者を移送し，刑期の範囲内で治療を与えるということが行われている[29]。このような制度は，犯罪を犯した精神障害者に早期に治療の機会を保障し，将来の犯罪の防止を図るという意味できわめて有意義なものであると思われる。わが国においてもその採用を検討すべきである。

さらに，法案は，退院後のケアなど行うための強制通院制度を創設しようとしているが，このような制度は，重大な犯罪行為を行った精神障害者に対してだけでなく，一般の措置入院患者などに対しても設けられるべきであろう。

今回の法案は一定の重大な犯罪行為を行い，再びそのような行為を行うおそれのある精神障害者に対する処遇として現在の措置入院制度では不十分な部分を補おうとするものである点で意義のあるものといえるであろう。しかし，前述のように，未解決な問題も多く残されている。今後，これを第一歩として，残された問題も含めて，精神障害者に対する精神医療はどのようにあるべきかという視点から統一的に解決を図る対策を考えていくことが必要であるように思われる。

（1） 最近のものとして，加藤久雄「現行措置入院制度による触法精神障害者処遇の

第1部　触法精神障害者と処遇困難者

　　　　現状と課題について——高度に危険な人格障害犯罪者に対する刑事法上の対応を中心にして」現代刑事法3巻9号（2001年）64頁以下，同・人格障害犯罪者と社会治療（2002年）3頁以下。また，同趣旨のものとして，山上皓「触法精神障害者の法的処遇とその問題点」精神科治療学11巻10号（1996年）1037頁，同「我が国における触法精神障害者処遇の現状と問題点」精神神経学雑誌102号（2000年）15頁以下等。
（2）　大谷實「保安処分問題の現状と論点」ジュリ772号（1982年）16頁以下参照。
（3）　日本精神病院協会は，1998年9月に，「重大な犯罪を繰り返す精神障害者について」という意見書を発表し，さらに触法精神障害者の処遇のあり方の問題に対して全く対応がなされない場合，民間精神病院としては，止むなく検察官，保護観察所の長および矯正施設の長の通報による患者の受入れについては，当分の間協力を見合わせることもありうるとする声明を発表した。犬尾貞文「法改正における触法精神障害者問題についてその後の展開」日本精神病院協会雑誌17巻12号（1998年）38頁以下参照。
（4）　その議事録は，法務省，厚生労働省，それぞれのホームページ（http://www.moj.go.jp/，http://www.mhlw.go.jp/）で公開されている「法務省・厚生労働省合同検討会議事録」を参照。
（5）　山上・前掲注(1)精神科治療学1037頁以下，山上皓＝岡田幸之「触法精神障害者と措置入院」日本精神病院協会雑誌17巻2号（1998年）5頁以下等。
（6）　犯罪白書によると，平成8〜12（1996〜2000）年の累計で，①不起訴処分となった精神障害者，②責任無能力（心神喪失）を理由として無罪判決を受けた者あるいは限定責任能力（心神耗弱）として執行猶予付きの有罪判決を受けた者の総数3540名のうち，①は3157名（平成12年は，651名），②は，383名（平成12年は，84名）である。平成13年版犯罪白書（2001年）41頁。
（7）　精神保健福祉研究会監修・改訂精神保健福祉法詳解（2000年）198頁以下参照。
（8）　山上・前掲注(1)精神科治療学1040頁以下。
（9）　精神保健福祉研究会監修・前掲注(7)257頁参照。
（10）　山上＝岡田・前掲注(5)8頁以下。
（11）　精神保健福祉研究会監修・我が国の精神保健福祉（精神保健福祉ハンドブック）平成13年度判，514頁以下参照。
（12）　小田晋＝山上皓＝五十嵐禎人＝内山俊雄「特集・司法精神医学の今日的課題〔座談会〕司法精神医学の発展のためにどうすべきか——教育的視点を中心に」精神医学44巻6号（2002年）641頁〔小田発言〕。
（13）　町野教授は，このことと検察官の起訴裁量権との狭間のなかに，精神障害者の犯罪は消えて行く，とされている。町野朔「『措置入院』——精神医療と刑事司法に関するメモ」ジュリ1208号（2001年）4頁（本書117頁）。
（14）　日本弁護士連合会「精神医療の改善方策と刑事司法の課題」日弁連意見書（2002年）。

第 4 章　心神喪失者等医療観察法をめぐって

(15) 全国自治体病院協議会「二つの提言：精神医療・医療・福祉施策の推進と不幸な事件の防止のために」(2001 年)。
(16) 町野朔「保安処分と精神医療」ジュリ 772 号（1982 年）24 頁。
(17) 町野朔「精神医療における自由と強制」精神医療と法（1980 年）39 頁以下，同・前掲注(16) 24 頁以下，同「『与党 PT 案』をのぞく」日本精神病院協会雑誌 21 巻 2 号（2002 年）163 頁。
(18) 日本精神神経学会は，基本的にこのような立場に立って，法案に対する抗議声明を出している。日本精神神経学会「『心神喪失等の状態で重大な他害行為を行った者の医療及び観察等に関する法律案』の国会審議会に際しての抗議声明——再犯予測は不可能である」(2002 年)。
(19) 秋葉悦子「『触法精神障害者』の治療と社会復帰——フランスの状況」法と精神医療 12 号（1998 年）91 頁以下参照。
(20) 町野・前掲注(17)日本精神病院協会雑誌 165 頁。
(21) たとえば，アメリカ・カリフォルニア州では，Conditional Release Program (CONREP) という強制通院制度が行われている。この制度の詳細な説明については，小西聖子＝柑本美和「カリフォルニア州の犯罪に対する精神医療」日本精神病院協会雑誌 20 巻 19 号（2001 年）84 頁（本書 625 頁）以下参照。
(22) 五十嵐氏も，このような点で法案を評価されている。五十嵐禎人「触法精神障害者の処遇とわが国における司法精神医学の課題」現代刑事法 4 巻 8 号（2002 年）60 頁（本書 106 頁）。
(23) 平成 8 ～ 12（1996 ～ 2000）年の間に，殺人，強盗，強姦，強制わいせつ及び放火に当たる行為を行い，不起訴とされた心神喪失者及び心神耗弱者，並びに，第 1 審裁判所で心神喪失を理由に無罪となった者，及び心神耗弱を理由に刑を減軽された者の総数 2037 名のうち，10 年以内の前科・前歴のない者が 1469 名（72.1％）であるというデータがある。法務省＝厚生労働省「重大な他害行為を行った者の前科等調べ」心神喪失等の状態で重大な他害行為を行った者の医療及び観察等に関する法律案参考資料（2002 年）4 頁参照。
(24) 平成 8 ～ 12（1996 ～ 2000）年の間に，不起訴とされた心神喪失者及び心神耗弱者，並びに，第 1 審裁判所で心神喪失を理由に無罪となった者，及び心神耗弱を理由に刑を減軽された者で措置入院歴のある者合計 108 名のうち，直近退院時から 6 カ月以内に殺人，強盗，傷害，傷害致死，強姦，強制わいせつ及び放火に当たる行為を行った者は，39 名（36.1％），6 カ月～ 1 年以内に行った者は，22 名（20.4％），1 ～ 2 年以内に行った者が，15 名（13.9％）というデータがある。これによると，直近退院後 2 年以内に以上の犯罪を行った者は，70.4％であるということになる。法務省＝厚生労働省「重大な他害行為を行った心神喪失者・心神耗弱者中，措置入院歴のある者の直近退院時から他害行為時までの期間」心神喪失等の状態で重大な他害行為を行った者の医療及び観察等に関する法律案参考資料（2002 年）6 頁。

201

第1部　触法精神障害者と処遇困難者

(25)　2001年12月27日朝日新聞夕刊参照。
(26)　「処遇困難者」の定義自体に様々な見解があるが，1991年に出された公衆衛生審議会精神保健部会・処遇困難者対策検討委員会の中間意見は，「処遇困難者とは，その者が示す様々な病状や問題行動のために，一般の精神病院内での治療に著しい困難がもたらされる患者」としている。
(27)　これは，犯罪を繰り返し行い，岩手県立北陽病院に措置入院になった患者Aが，作業療法の一環としての院外散歩の際に，引率者が他の患者に注意を向けていた隙に，駐車していた車に乗り込んで逃走し，数日後に公道上で金員を強取する目的でBを刺殺した，というものである。これについて，最高裁判所は，院長，担当医師，看護士らに本件患者が無断離院し，他人に危害を及ぼすべきことを防止すべき注意義務を尽くさなかった過失の存することは到底否定し難い，とし，岩手県に約1億2000万円の損害賠償の支払を命じた原判決は正当であると判示した（最判平成8年9月3日判時1594号32頁）。
(28)　このことを，中谷教授は以前から指摘していた。中谷陽二「触法精神障害者の治療——現状分析と提言」西山詮編・精神障害者の強制治療——法と精神医学の対話2（1994年）19頁以下。
(29)　たとえば，そのような施設として，私も視察した，アメリカ・カリフォルニア州にあるアタスカデロ州立病院（Atascadero State Hospital）がある。それについての詳細な説明については，小西＝柑本・前掲注(21)88頁（本書654頁）以下参照。

2 医療の視点からみた触法精神障害者問題

中 谷 陽 二

I はじめに

　触法精神障害者の処遇をめぐって刑事司法と精神医療の関係のあり方が問い直されている。これは決して目新しい問題ではなく，背景には精神医療の理念や構造の長期的変遷が存在する。そこでこれを精神医療に内在する問題として取り上げ，現在の状況および改革の指針を論じることにしたい。

II 脱施設化の光と影

　20世紀後半の精神医療の動向は触法精神障害者問題と不可分である。日本の医療は長く，精神病者監護法（1900年）により制度化された私宅監置とわずかな精神病院に頼ったが，1950年代後半に精神病院は急増へと転じた。これは医療施策，疾病構造の変化，抗精神病薬導入による治療の楽観主義などに支えられた。精神病院ブームは長期在院患者の蓄積という禍根を今に残している。それとともに措置入院が濫用され，患者の安易な受け入れを媒介として刑事司法と医療の間にある種の不健全な関係が作られた。ついで1970年代から入院中心主義が批判され，精神保健法（1988年）の施行をみたわけである。

　この動向に強い影響を与えたのが欧米の脱施設化（deinstitutionalization）すなわち入院治療から地域ケアへの移行を促す政策であった[*8]。アメリカでは巨大な州立精神病院が1960年代から批判の的となり，地域精神衛生センターの整備などが大規模に進められた。1955年から1980年までに州立精神病院入院患者の実に75％が退院したとされる。イギリスでも開放ドア政策と呼ばれる同様の動きが進められ，精神病床の削減，強制入院の制限などが実施された。フランスでは1970年代からセクター方式の医療への転換を進め，イタリアでもラディカルな改革が試みられた。

　脱施設化や開放化は進歩的改革として語られているが，影があることも忘

れてはならない。ホームレスの発生や短期入院の反復（回転ドア現象）が知られているが，退院患者による犯罪への懸念も重大である。特にアメリカでは脱施設化の進展と軌を一にしてこの問題への関心が急激に高まった[*2]。その中で，退院患者を追跡調査し，検挙率などを指標として犯罪の発生率を一般人口と比較するといった実証的研究が相次いだ。概して退院患者では一般人口よりも検挙率が高いという結果が示されている。それに対して，入院が重い患者に限定された結果，退院後の検挙率が見かけ上で上昇しているという見解もある。しかし筆者が調べた限り，少なくとも脱施設化が犯罪を減少させたという報告は見あたらない。

　もう一つは精神障害者の犯罪化（criminalization）であり，病院の門戸が狭められることで，逸脱行動を呈した患者がより刑事施設に追いやられる傾向が起きた。イギリスでも開放ドア政策により一般病院では入院期間が短縮されたが，他方で特殊病院が飽和し，犯罪傾向のある患者の多くが刑務所に送られたと言われている。フランスでは1970年代に政府が企図した裁判所による入退院方式が医療側の反発を招いて放棄された。他方で，責任無能力により免罪される患者の数が減り，拘置所内に設けられた治療設備である地域医学心理学部門が過剰な人員を背負い込んでおり，犯罪化の一例と言えるだろう[*10]。このような精神医療の司法離れの傾向は脱施設化が脱司法化を伴うという現実を物語る。

III　権利と責任

　脱司法化はシステムのレベルだけではなく，精神障害者観あるいは治療観の変化でもある[*3]。精神障害者は，可能な限り地域でケアすべきであるという理念から，市民としての権利が与えられる以上，違法行為についても市民としての責任を負わせてしかるべきだと主張された。この「権利＝責任論」とも呼ぶべき立場は日本でも唱えられている。その興味深い現れは統合失調症患者の刑事責任能力の基準の移り変わりである[*6]。

　総合失調症患者の責任能力の判断基準は1984年の最高裁第三小法廷の決定（以下，最三小決）を境として転換を遂げた。1969年に発生した大量殺人事件の被告人について計5回の精神鑑定が施行され，統合失調症の病状の重さと責任能力が争点になった。最三小決は，心神耗弱を認め，無期懲役とし

た差戻二審の判断を正当としたもので，次のような要旨である。

「被告人が犯行当時精神分裂病（統合失調症）に罹患していたからといって，そのことだけで直ちに心神喪失の状態にあったとされるものではなく，その責任能力の有無・程度は，被告人の犯行当時の病状，犯行前の生活状態，犯行の動機・態様を総合して判定すべきである。」

問題となった事件に即してみるとこの決定には疑問が少なくないが，ともあれ責任能力を事例ごとに総合的に判断するという指針が示され，これがその後の流れを方向づけることになった。しかし遡ってみると，最三小決以前は逆方向の判決が存在した。つまり事例の個別的な特徴よりも，正常な心性と統合失調症心性との根本的な異質性を重視する判決が少なくなかったのである。ところが1970年代を移行期として最三小決を先取りする判決が優勢になる。すなわち，統合失調症に罹患しているが犯行の計画性や生活能力がある程度認められる事例について，より責任能力を認める傾向が現れる。似たような特徴をとらえて，「それにも拘わらず」責任無能力とする判断から，「それゆえ」責任能力を認める判断へと，漸次向きを変えているのである。責任能力の生物学的要件の比重を相対的に軽くすることで有責の幅を広げている。この移行の先鞭をつけたのは鑑定人であり，その鑑定結果を裁判官が受け入れ，次にはそれが責任能力判断を方向づけて行くという過程が見出される。

著しい寛解例を除いて原則として統合失調症患者を責任無能力とみなす立場は否定され，免責の幅は明らかに狭くされた。これは鑑定人の判断を媒介として精神医学の一般的動向が司法に反映されたと考えられる。たとえば次の藤縄[*1]の見解はこうした精神医学の趨勢を代表するものである。すなわち，通院中であるが市民としての社会生活を営み得る患者については，法的責任能力を「市民としての権利」との対応関係で捉えるべきである。その理由として，薬物療法の進歩により，寛解ないし通院可能な患者が増加しており，統合失調症を不治とみなす観点は払拭されつつある。精神科医が患者をこうした状態として診断するとき，医師は，意識するしないに拘わらず，患者の市民としての権利と，それに付随する刑事責任能力を認め，そうすることが安定した治療関係の維持に必要であるという。

「権利は責任を伴う」という論法はそれ自体は異論の立てようがない。し

205

かしここでは治療論と責任能力論が混同され，触法行為をおかした患者に対する不寛容さ，一般医療からの排除が含意されている。こうした治療理念の変化の過程で，入院中心医療のもとで隠されていた刑事司法と医療との関係の問題性が可視的になったと考えられる。

IV　保安処分案と処遇困難患者対策

1926年から検討が始まり，1940年の改正刑法仮案，1961年の刑法改正準備草案，1981年の刑事局案を経た保安処分案の経緯は法律の立場から多々論じられている。精神医療内部の問題について付け加えると，当初保安処分の新設を歓迎ないし容認する声が精神医学界の大勢を占めていた事実がある[*7]。精神医学界は一貫して保安処分案に批判的であったわけではないのである。1965年に日本精神神経学会の刑法改正問題研究会が提出した意見書の原案は保安処分を認める内容であった。また1969年に中央公衆衛生審議会から出された意見書も支持の態度を鮮明にしている。しかし学会の研究会の意見書が危険な常習犯人および労働嫌忌者に対する処分の導入など，戦前の仮案に後退するような内容を盛り込んだことが発火点となり，論議の末，学会は一転して反対の立場を鮮明にした。

頓挫した保安（治療）処分案に代わって登場したのが旧厚生省主導による処遇困難患者対策であった。患者の権利擁護と社会復帰推進を謳った精神保健法施行の年である1988年にスタートした。厚生科学研究の報告書を踏まえ，公衆衛生審議会は1991年に「処遇困難患者対策に関する中間意見」を提出した。これは国・都道府県が設置する精神病院に処遇困難患者の専門治療病棟を設けることを基軸とした。計画は強い反対に遭い，立ち消えになった。筆者はかねてからこの対策に批判的であった。理由は第一に，対策の根幹をなす「処遇困難患者」の定義が報告書と中間意見のいずれでもきわめて曖昧であったことである。つまり薬物治療などが奏功しない難治患者と，触法歴のために社会的重大性をもつ患者とが混同されている。第二に，専門治療施設の設置を主目標に掲げることで対策を施設の問題に矮小化したことである。

以上のように，刑事司法の枠内での改革案，医療行政の枠内での改革案の双方とも頓挫し，対策は隘路に入り込んだ。しかしその後も，特に民間精神

病院の側から触法精神障害者対策が根強く要望され，1999年の精神保健福祉法一部改正にあたって，「重大な犯罪を犯した精神障害者の処遇のあり方については，幅広い視点から検討を早急に進めること」という附帯決議が衆参両院でなされた。そして2001年6月に発生した池田小学校事件を契機に急展開を見せた経緯は記憶に新しい。

V 現行制度の問題点

ここで現行制度とその運用について考えてみたい。日本の刑事司法と医療との関係は"変則的なダイバージョン"とも言うべきものである。触法精神障害者を医療が受け入れる窓口は精神保健福祉法の措置入院，特に検察官通報による措置である。すなわち心神喪失者および心神耗弱者の一部について，検察官は不起訴処分としたうえで措置入院のための通報を行う。注意すべきは，「犯行時において是非善悪を弁別し，行動を制御し得たか」という責任能力の基準と，「入院させなければ精神障害のために自傷他害のおそれがある」という措置入院の基準は，原理は異にするという点である。従って，二つの基準による判断がねじれを生じる事例は当然存在する。

検察官がかかわるのは不起訴の決定までであり，通報の時点から処遇は医療的判断に全面的に委ねられ，不連続が存在する。しかしこれはあくまで法の建前であり，実情は必ずしもそうではない。筆者の経験から推測すると，検察官による不起訴処分および通報は措置入院を予想した上でなされる傾向がある。起訴便宜主義の是非について筆者は論評する立場にないが，少なくとも触法精神障害者の処遇という文脈に起訴便宜主義が持ち込まれることには大いに問題がある。検察官の決定が犯行時の責任能力だけでなくその後の処遇を見越したうえで下されているからである。特にこれは心神耗弱を理由とする起訴猶予の場合に起こりがちである。あからさまに言えば，刑事処分は免除するが，措置入院を援用して当面は社会から隔離し，再犯を予防するという方策である。精神医療に隔離機能，刑罰の代替の役割が期待されているのである。

入院中心主義のもとで長期入院が当然とされた時代においては，こうしたかたちでの患者受け入れに強い抵抗はなく，刑事司法と医療との間に暗黙の協調関係が成り立っていた。ところが医療の開放化が謳われることにより，

こうした伝統的馴れ合い関係に軋みが生じるようになった。たとえば，かなり重い違法行為をおかし，不起訴処分と検察官通報がなされたが，精神保健指定医により措置不要と判定されるような場合に軋みが露呈される。このような事例は決して例外的ではない。措置入院による隔離という検察官の思惑が以前より通りにくくなっているのである。

措置入院の実質について筆者が指摘してきた点は，精神保健福祉法第24条の警察官通報（措置入院の約7割）と第25条の検察官通報（同じく約2割）の違いである*4*5。それは疾患や症状の相違よりも，対象者がどのような経路で精神科医の前に登場するかという事例化過程の相違である。警察官通報の場合，興奮や錯乱の状態で警察官に保護され，その日か翌日には精神保健指定医の診察を受ける手はずとなる。対象者は病状が燃えさかった状態にあり，精神科医は「自傷他害のおそれ」を目に見えるかたちで判定できる。

病状の把握と危険性の判定が比較的容易で救急的色彩の強い警察官通報に比較すると，検察官通報ではしばしば事情が複雑になる。問題行動の発生から診察までに捜査の期間があり，特に起訴前の本鑑定が施行されると2，3カ月のタイムラグが生じる。その間に問題行動の原因となった症状はすでに多少とも薄らいでいる。そうなると，危険性ありと判定する場合，どうしても長期の予測に亘らざるを得ない。一方では殺人や放火などの重い行為をおかした事実が厳然とあり，他方ではすでに病状が和らいでいるという事例では，指定医は判定に悩む。そして措置入院と判定された場合，次には入院先の主治医が危険性の消失の判断と措置解除の判定に悩むことになる。

このように性質が異なる事例に対して処遇の規定はまったく同一である。措置入院は診察時の状態の診断にもとづく短期的な危険性の予測であり，本質的に医療的な判断による方式であるとしばしば主張される。これは警察官通報の事例を想定して言えることである。話が先走るが，「心神喪失者等医療観察法案」での再犯予測は社会防衛的であるのに対して，措置入院の判定は医療的であると言われるが，それほど事態は単純ではない。

要するに，現行制度は措置入院の一律の基準のもとで救急医療と再犯予防をないまぜにし，かなりの無理をして触法精神障害者問題に対応していると言わざるを得ない。この点に関連して，重大犯罪をおかして入院した患者について日本精神病院協会が行った全国調査結果は興味深い*12。その中で特

に注目されるのは在院期間の内訳である。殺人をおかして入院した77例をとってみると，10年以上という長期在院が約2割を占める一方で，6割弱が3年以内に退院している。強盗，傷害，傷害致死，強姦・強制猥褻，放火を合わせると1年以内に72.1％が退院している。

　入院が想像される以上に短期である理由を検討するだけの詳細なデータが示されていないが，いくつか重要な点は推測し得る。

　まず，犯罪の重大さと病状の重さは必ずしも相関しないということである。重大な犯罪をおかす患者ならば病気が重い，逆に病気が重ければ重大犯罪の危険性が高い，という関係は必ずしも成り立たない。つまり，純粋に医療的な判断に基づくかぎり，重大犯罪をおかした患者で，早期に退院しうる事例が存在することを事実として認めなければならない。そのような事例に対して，社会防衛的な見地から期待されるような長期の隔離を措置入院のかたちで行うことは不合理である。

　第2は，早期退院の患者の中に本来措置入院が適切でなかった事例が含まれていないかという点である。アルコールや薬物の急性中毒患者などで，通報による指定医診察の時点ですでに顕著な症状と他害の恐れは消失していながら，不起訴とされていることを考慮して，当面の処置として措置を適用した事例が含まれていないだろうか。

　医療現場でたびたび聞かれるのは，治療目標が不明確で，刑罰が適すると思われる事例を医療が負わされているという不満の声である。ただし逆の面もあり，筆者の矯正医療の経験では，病院で治療されてしかるべき重症患者を受刑者中に見出すことが稀ではない。

VI　改革の指針

　筆者はかねてから現行制度の限界を指摘し，重い触法行為を契機として医療に導入される精神障害者に対して特別な処遇システムを設ける必要性を明らかにしてきた。

　指摘しておきたいのは，次のような制度新設への反対論の甘さである。必要なのは医療全般の改革であり，医療水準を向上させることによって精神障害者による犯罪の発生も抑止できるという。この場合の医療の改革とは長期入院の是正，開放化の促進，地域ケアの充実といったことであろう。しかし

こうした期待はあまりに楽観主義的である。前述したように，入院中心医療から地域ケアへの移行が犯罪率の上昇への懸念を常に伴うことは欧米で経験済みである。むろん触法精神障害者への特別施策は医療全般の改革を補完すべきもので，それを代替するものであってはならないが。

改革については指針の提示にとどめる。前提として押さえておきたいのは，触法精神障害者を隔離へと促す社会的圧力が常に存在することである。この圧力は一般社会ばかりでなく精神医療関係者の間にも根強い。触法歴をもつ患者を他に委ね，できるだけ自分たちの手を汚さずにおこうとする傾向である。こうした圧力を計算に入れなければ，どれほど理想的な青写真を描いても，現実のダイナミクスの中で機能は歪められ，人道的手段は隔離手段に堕する。

従って，新制度は大がかりなものよりも，できるだけスリムで補助的なシステムとすべきである。その理由は，こうしたシステムは一人歩きし，肥大化しやすいからである。刑事司法で扱いにくい事例，一般医療で扱いにくい事例のいずれもが，システムの安易な利用により専門施設に流しこまれるおそれがある。スリムにするためには適用基準を厳しく絞り，刑事罰と医療の誤った選択を避けなければならない。すなわち重大な他害行為が疾患と密接に関係しており，行動再発のリスクが治療を行うことで明らかに低減し，行わないことで明らかに高まる事例に限定すべきである。

第2に，決定・解除の手続きは厳密に，実際の処遇は対象者の特性に応じて柔軟に，行うことである。かつての処遇困難患者対策がそうであったように，必ず切り札にされるのが「専門施設」，つまりマンパワーと設備を備えた病院・病棟の構想であり，欧米の施設がお手本として持ち出される。施設の新設（あるいは撤廃）が問題を一挙に解決するという期待を筆者は「施設幻想」と呼んで批判してきた[*7]。むろん施設やマンパワーの整備は欠かせないが，必要性と弊害を見極め，出口のない蛸壺と化してしまわないような配慮が必要である。レッテルを貼られた集団が形成されないためには精神保健福祉法にもとづく一般医療との風通しを出来るだけよくすることが求められる。

第3には，捜査あるいは公判段階での被疑者，被告人に対して病状に応じた迅速な医療が供給されるべきである。現行制度では，拘置所内で不十分な

治療を受けるか，早期に不起訴処分とされて医療に移されるほかない。後者の場合，当面の治療が優先されることにより責任能力の判断がうやむやにされる。

処遇の決定を司法と医療のいずれに委ねるかは長所短所を考量して検討すべきである。筆者はかつて，当面の実現可能な方策として医療行政の枠内での審査機関を提案した。しかし司法の側に十分な態勢があれば，両者ともに関与すべきであろう。それが折衷による責任の分散に終わるか，生産的な協働になるかは，手続きと運用次第である。

なお筆者の以上の見解は日本医師会「触法精神障害者問題検討委員会（プロジェクト）・中間報告[11]」に盛り込まれている。

Ⅶ 「法案」について

国会で審議中の「心神喪失等の状態で重大な他害行為を行った者の医療及び観察等に関する法律案」（以下，「法案」）への疑問点をいくつか挙げたい。

第1に，検察官が不起訴処分を行った者について申し立てを行う，とされているが，起訴・不起訴を決定するプロセスにチェックが入らず，その点で現行方式と変わらない。特に精神鑑定の基準や精度にばらつきのある現状では，申し立ての対象者がどこまで適正に選択されるか，危惧が持たれる。本来なら刑事罰が与えられる人を誤って医療化する懸念，またその逆に，医療に付されるべき人を誤って刑事化する場合も起こり得るだろう。

第2に，申し立てられた対象者について裁判所が法律を適用しない（心神喪失・耗弱者と認めないとして申し立てを却下する，再犯のおそれが認められないとしてこの法律による医療を行わないと決定する）場合の処遇である。宙に浮いた事例をどう扱うか，法案を一読した限りでは明らかでない。いったん不起訴処分とした人を刑事手続に乗せなおすことが実際上どの程度可能なのか，法律家の検討を望む。いずれにせよ，筆者が懸念するのは，宙ぶらりんの事例を発生させないための配慮から審判機関が適用を緩くすることである。そうなると検察官の申し立てを裁判所の機関が事実上追認するかたちとなり，医療への適合性や治療目標が曖昧な事例が病院に送り込まれる結果となる。

第3に，この法律の処遇から一般医療への切り替えのチャンネルが少なくとも明示的，積極的なかたちでは設定されていない。閉鎖的，自己完結的シ

ステムという印象が拭えない。

最後に，緊急の治療を要する被疑者，被告人を医療に移すルートが設けられていない。

以上述べたように「法案」の方式のもとでは対象者が蓄積し，受け入れ施設を際限なく拡張せざるを得なくなることが懸念される。

Ⅷ　おわりに——刑事司法と医療の新たな関係を求めて

池田小学校事件が発生して筆者は次のような感想を述べた[*9]。精神障害が疑われる人による重大な犯罪事件が発生するたびに，危険な患者が放置されているという世論が沸き起こり，それを受けて政治や行政に対策の動きが起きる。次いで，そのような対策は精神障害者を犯罪予備群とみなし，差別・偏見を助長するという反対の声があがる。さらにそれに対して，被害者の人権を軽視すべきでないという反論が起きる。こうして議論が抽象化，一般化されて空回りし，何ら改革を生まないまま，世論の冷却とともに問題そのものが忘却されてしまう。幾度も繰り返されたこの不毛なサイクルを終わりにすべき時である。

さて本稿執筆時点で「法案」の帰趨は予断を許さない。成立の運びとなった場合，これまでの経緯から，医療はイニシアティブを持てず，受身に関与することになり，現場で発生する諸問題を有効にフィードバックする機能を果たせないだろう。廃案となった場合，サイクルがまたもや不毛に終わる。

触法精神障害者施策は，緊急課題と言うよりも，長年持ち越されてきた懸案の1つである。一時の世論の高まりや政治の動きに惑わされることなく，十分な時間をかけ，衆知を集めて最上の案を練るべきではないだろうか。それは刑事司法と医療の新たな関係を構築することにほかならない。

〈参考文献〉

*1　藤縄昭「寛解期分裂病者の責任能力」精神科 MOOK17（1987年）125頁。

*2　中谷陽二「犯罪と精神医学——アメリカ・イギリスを中心に——」臨床精神医学15号（1987年）643頁-650頁。

*3　中谷陽二「責任能力論と治療観」精神医学1989・31号1089頁-1096頁。

*4　中谷陽二＝黒田治＝大木進他「検察官・矯正施設長通報による措置入院者の治療について」精神神経学雑誌94巻（1992年）1099頁-1104頁。

第 4 章　心神喪失者等医療観察法をめぐって

＊5　中谷陽二「触法精神障害者の治療——現状分析と提言——」西山詮編・『精神障害者の強制治療——法と精神医学の対話 2——(1994 年，金剛出版) 17 頁-43 頁。
＊6　中谷陽二「分裂病者の責任能力——『刑事裁判例集』を読む——」分裂病犯罪研究（1996 年，金剛出版）所収。
＊7　中谷陽二「犯罪と精神保健行政」風祭元＝山上皓編・『臨床精神医学講座 19 司法精神医学・精神鑑定（1998 年，中山書店）421 頁-428 頁。
＊8　中谷陽二「施設化と脱施設化の 100 年」臨床精神医学 28 号（1999 年）1635 頁-1641 頁。
＊9　中谷陽二「精神障害と犯罪——実態を見据えた対策を——」中央公論・2001 年 8 月号。
＊10　中谷陽二「刑事精神鑑定の国際比較——ドイツ・フランス・イギリス——」精神科治療学 17 号（2002 年）399 頁-407 頁。
＊11　日本医師会触法精神障害者問題検討委員会（プロジェクト）中間報告。2002 年 2 月。
＊12　津久江一郎＝小沼杏平「重大犯罪を犯し精神保健福祉法による鑑定後に入院した患者の緊急実態調査の結果について」精神神経学雑誌 104 号（2000 年）86 頁-97 頁。

3 保安処分問題の回顧と展望

町 野　　朔

＊以下は，2001年3月8日の「第2回法務省・厚生労働省合同検討会　重大な犯罪行為をした精神障害者の処遇決定及び処遇システムの在り方などについて」において報告したものに手を加えたものである。話し言葉のままにしてあるのは，そのときの雰囲気を伝えるためである。

I　問題状況の変化

　一番最初に気の付くことは，保安処分をめぐる状況が大きく変わっていることです。かつては，法務省の側が保安処分に積極的であり，刑法を改正して保安処分をつくろうとしていました。それが，現在，どうも慎重論に変わったように見えます。他方では，精神医療の方から発言された人たちは絶対反対という，かなり強い論調であったと思われます。ところが，今度はその方たちが積極的に賛成という方向に向かっておられる。
　途中からこの問題に関係された方はそれほど感じないかもしれませんが，ずっとこの問題をウォッチしてきた我々といたしましては，かなり戸惑うところがあります。ある精神科医の方は，かつては精神医療の状況は極めて悪かった，その状態の中に，更に保安処分という悪をもう一つ持ち込むべきではないと思ったから反対したのだが，現在では精神医療はかなりの程度改善されてきて開放化が進んでいる，そういうところではむしろ保安処分が必要なのであり，その開放化に限界がある精神障害者には，そういう特別な処分が必要なのだと言われました。しかし，もしそうであるならば，最初から精神医療開放化の方向に向かうと同時に，保安処分には賛成するというのが筋道だったのではないか，というのが私の素直な疑問です。どうしてこんなに変わってしまったのか，私はこれでは理解できない。
　保安処分問題は，最初は保安処分と精神医療の対立という形で現れてきました。刑法改正論争における保安処分の最初の反対論は，極めて強く，精神医療は絶対保安の道具となってはならないということを主張したものでした。

犯罪を行った精神障害者を危険性があるとして隔離し，医療を強制しようとすることは，精神障害者を危険視する考え方である。危険な人間はほかにも多くいるのに，どうして精神障害者だけを選び出して，保安処分の対象とするのか，これは法の下の平等に反し，精神障害者を差別するものである。精神障害の中に精神病質まで含まれるということになりますと，正に問題が大きくなる。

　そのために，その当時の議論は，保安処分を肯定する立場から，その保安的考慮をいかに薄めるかということに集中していたように思われます。ところが，現在では，精神医療の側に，保安処分待望論が非常に強い。どうして前に反対していた人たちがこうなったのか，先ほどの政治情勢の変化などは一応別といたしましても，議論の筋道は，一体どうなっているのだろうか。もしかしたら，これらの危険な精神障害者は精神医療の対象ではない，だからもう精神医療からこれを放逐して，あとは保安処分か何かでやってもらいたいということなのか。しかし，恐らくそのような無責任なことは精神医療の側としても考えていないでしょう。精神医療の側としても保安処分問題に対してどのような考えであるのか，お示しいただきたいと思います。開放化に限界がある保安処分の対象者に対して，どのような精神医学的態度をとらなければいけないのかということについて，私ははっきりとした返事が欲しいと思っております。昔はやった言葉でいいますと，「1回総括をしてもらいたい。」というのが私の本音です。医療的に見て，保安処分は必要であるか，それは正当なのかということを正面からやはり議論しなければいけないだろう，それを避けるわけにはいかないだろうと私は思います。

II　医事法と保安処分問題

　私は刑事法をやっていますが，最初の研究のスタートが医療と刑法の問題だったために，医事法もかなりいろいろなことで勉強をさせていただきました。保安処分を医事法の問題として考えるとき，以上とはまた別の観点が出てまいります。医事法は，患者，医療者，家族という三つの主体が要素となっていると言われていました。これは，特に医事法学会を設立され，日本における医事法の創設者であります唄孝一博士の命題です。

　しかし，しばらくすると，医事法はどうもこの枠組みに収まりきらない方

向に動きつつあることが分かります。それは，一つは医療の社会化と言われる問題です。エイズの問題がまさにこの問題だと思いますが，臓器移植の問題も恐らくそのうちの一つだろうと思います。そして，現在の保安処分と精神医療の問題もこのようなものだと思われます。かつては，医師と患者の関係をめぐる基軸には，患者の自己決定権がありました。私なども精神医療の問題を取り扱うときには，自己決定権の問題から入っていったということがありました。しかし，現在では，医療の社会化の中で，必ずしもこれにおさまり切らない問題が出てきています。やはりこの問題は直視しなければいけない。特に，精神医療と保安処分の問題は，精神障害者が犯罪を行った場合に，社会の対応をどうするのか，犯罪によって被害をこうむった人たちをどのように救済するかということも，非常に重大な問題であることを正面から認めなければいけないということです。

以上のように問題状況は，かなり昔と変わっていると思います。

III 危険性と保安処分

問題を徐々に見てまいりますと，まず一番最初に問題なのは，保安処分は再犯の危険性に基づいて科されるとされますが，このような危険性判断は果たして可能か，ということです。恐らく医学側のスタンスと法律側のそれとの間にはかなり違うところがあるように思われます。法律の人たちは，私も含めてですが，人を拘禁する，人の自由を拘束する，奪うということには何かの根拠が必要だ，それが必要だということだけでは駄目だと考えます。私は，これは正しいと思います。

かつて，あるお医者さんが，犯罪を行っても責任無能力ということで刑罰が与えられないというのは不公平なので，こういう人には保安処分を与えなければならない，といわれました。そのような考え方は到底とるわけにはいかないのですが，その人の自由を拘束する根拠については，法的には依然としていろいろな考え方があることも事実です。

刑罰はその根拠がさほど疑われることのないものです。もう一つは，これは英米法の考え方をかりますとポリス・パワーです。ポリス・パワーと言うといかにも警察力のようですが，「公序」という概念にむしろ近いという話を聞かされたことがあります。もう一つは，パレンス・パトリエという考え

方で，国は，自己決定能力が減退している人のために，親代わりになってその人の利益を考えて，その人のために自由の剥奪を含む措置をとりうるというものです。

　刑罰が廃止されるべきだと思っている人はそれほど現在多くはない，ほとんどいないと言っていいでしょう。それに対して，パレンス・パトリエとポリス・パワーは，依然として脆弱な基盤の上に立っています。これは，伝統的に認められてきたものではありますが，この伝統が正しいかについては，必ずしも合意があるとはまだ言えないような状態だからです。保安処分の正当化の議論についても，このような危うさがつきまとうのです。

　ドイツにおいては，保安処分を正当化することに関して，かなり単純な議論が一般的です。もともと保安処分の議論は，ドイツ系の刑法から始まったことは御存知のことだろうと思います。刑法学における新派と旧派の妥協の産物として保安処分は誕生しました。責任主義からするなら，責任無能力者には刑罰を科すことはできないという旧派に対しまして，犯罪を犯す危険性こそが処罰の根拠であるという新派が対立して，それでは責任能力のない危険な精神障害者には保安処分を科すことにしようという道が探された訳です。必要性に基づいた議論であって理論的に詰められたということがそれほど多くはなかったように思われます。そのためもあってか，刑罰の根拠は責任である，保安処分の根拠は危険性であるという単純な二元主義が，現在のドイツは強いようです。

　しかしながら，わが国において既に決着していると思われる一つの点は，精神障害者の拘束は，保安だけを根拠として正当化することはできないということです。「責任無能力者には刑罰を科すことはできない，だから保安処分を科すのだ。」というのでは，「レッテル詐欺」です。やっていることはほとんど刑罰と変わらない，ただ閉じ込めておくだけだということだからです。保安の必要だけで拘束しうるということですと，精神障害の治療はもう必要ない，しかし彼は依然として危険であるという場合にも，拘禁を継続しうることになるでしょう。つまり，「治療なき拘禁」を正当化するということになる。しかし，もしそうであるならば，精神障害でない非常に危険な人がいても，それをずっと拘禁しなければいけないということになる。もし，それが許されないのに，どうしてこちらができるのか，明らかではないというこ

とになります。

　さらに，もし保安処分が危険性を根拠としてのみ可能だということですと，危険性の認定こそが決定的であるということにならざるを得ない。しかし，アメリカの社会学者がいいますように，再犯の危険性は予測不可能である，ちょうど，「法廷でコインを投げる」のと同じだ。このような不確実な危険性判断に基づいて精神障害者を拘束することは許されるのだろうか。「疑わしきは保安処分」ということは正当なのだろうか。刑罰では，「疑わしきは被告人の利益に」の原則が妥当し，その原則を適用することにより，たとえ9人の真に有罪な人間が自由になってしまったとしても，1人の無罪の人間を刑務所に入れるよりいいのだということになっているが，保安処分ではちょうど逆のことになっている，これは正当視することはできないだろうということです。危険性の存在を唯一の正当化根拠だとするなら，その認定に問題があるときには保安処分を科し得ないとしなければならない。

　このように見ますと，危険性とそれに基づいた保安だけを正当化の根拠とすることは不可能だということになります。そうすると，保安が正当化根拠の一部であることは間違いないとしても，保安処分の正当性の重要な部分は，むしろ医療を精神障害者に与えるということでなければならないと思われます。先ほどの言葉を使いますと，ポリス・パワーだけで正当化できるというのではなく，パレンス・パトリエ的考慮もなければだめだということになります。

　ポリス・パワーとパレンス・パトリエの二つの原理が，理屈の上で一体どういう関係に立っているかは，極めて困難な問題です。きょうはこの問題に入ることはできません。しかし，少なくとも保安的な考慮だけでは保安処分を正当化することはできないということは，日本におけるかなり長い保安処分の論争史の中で，合意を得たところであると思われます。

IV　法務省と厚生省

　今の点を，若干角度を変えて見てみます。

　改正刑法草案を作成する過程では，保安処分に関するA案とB案の対立があったということは既に御存知だろうと思います。B案は保安的考慮よりも医療的考慮を優先させるべきだというものでした。そのために，A案が無期

限の保安処分も認めていたのに対しまして，Ｂ案の方は，期限の頭打ちを設けようとしました。もう一つの重要な相違は，Ｂ案は基本的には保安処分を執行するところは医療施設であるという前提で，法務省の所管ではなくて厚生省（当時）の所管にするのが原則である，というものでした。結局，Ｂ案は敗れてＡ案が改正刑法草案に採用されました。その後，「刑事局案」が法務省によって公表されました。「禁絶処分」はもう作らないで，「治療処分」一本で行くとされたのですが，治療処分施設としては厚生省所管の精神病院を用いるという方針を打ち出しました。そして，現在はもう，新たに法務省所管の保安施設をつくろうという考えはなくて，当然厚生省側の所管する精神医療施設をこれに充てるということで意見の一致があるようです。

　ということは，既に精神医療が保安処分の執行について責任を担う主体であることが，認められたと言っていいだろうということです。責任を持つのは法務省の側で，法務省が責任を持って送り込んでくれば精神医療の側はその面倒をみる，精神医療の側は責任を持たない，自分たちには保安処分に関して責任はないのだというのは，理屈としては言えないことだと思われます。精神医療側，厚生省もそのような無責任な態度はとるものではないだろうと思います。やはり，精神医療の側としてやるべきことがあって，やらなければいけないからやるのだというのが建前でなければいけないはずで，自分たちの問題ではないということはできないだろう。そうしますと，保安処分（治療処分）の正当化の根拠も，実は精神医療の側にこそ重大なポイントがあるということになると思われます。

　ところが，これがなかなかそう簡単に認められていないようです。かつて保安処分に反対する根拠として，精神医学的に危険性の認定は不可能であるといわれました。それに対して法律家は，措置入院の場合には自傷他害のおそれを根拠にして入院させていたではないか，それなのに今度は危険性の認定ができないというのはどういうことかと批判しました。精神医療の側は，いや，自分たちが判断している措置入院の場合の自傷他害のおそれという概念は，極めて近い将来に関するものであって，医療的に対応可能な危険を言っているのであり，保安処分の場合とは違うのだという反論がされたということがあります。

　これがどの程度説得的かには議論があるところですが，現在でも，例えば

この人は治療を続けないで外に出したら、1年か2年先ぐらいに何かやることは否定できない、という場合に、このような人をそのような危険に対応するために拘禁しておくことは精神医療のなすべきことではない、保安処分は精神医療の問題ではない、と言われる傾向があるようです。西鉄バス・ジャック事件についても、そのようなことが言われるということがありました。

しかし、このような危険性の除去も精神医療の対象である、かなり希薄な——少なくとも有罪か無罪かの認定よりもかなり希薄な——危険性の除去まで考えるのが精神医療の役割なのだというのが、恐らくは諸外国では通例の考え方ではないかと思われます。日本の精神医療の人たちは、それがいいか悪いかは別といたしまして、かなり考え方が外国の方とは違っていると思います。

日本ではこの考え方を維持するのだというのも、それはそれで一つの考え方ではあると思います。日本の法律家は措置入院はポリス・パワー的なものだと考えていたのに対し、日本の精神医療の現場はこれもパレンス・パトリエ的なもの、少なくとも、ごりごりのポリス・パワーではないと考えていたように思います。日本の精神医療はかなり保安を持ち出すことについては神経質といいますか、自分たちの問題ではない、司法の問題だと考える傾向にあると思われます。やはりそれも一つの考え方であるわけですが、もう少し医療の側が自己の責任の範囲を、守備範囲を広げていかなければ問題の対応はできない。自分たちは対応しなくていいのだ、対応するのは法務省だというわけにはいかないだろうと思います。やはり精神医療の課題自体広げていく必要があるのじゃないだろうかというわけです。

以上のように、これまでより広がった精神医療の責任との関係において、保安処分は正当化される、精神障害者には強制的にでも医療を与えなければならない、他害の危険があるときには特に正当化される、という論理のもとで危険性に対する対応としての保安という要素が存在するということになります。

私は以上のようなことは、既に理論的には決着済みだと思っています。しかし、諸外国の例などを見ますと必ずしもそうではないことのようです。多くの国では、前回の山上先生の御指摘のとおり、犯罪を行った精神障害者は

最初から別のところで処遇するのだ，これは当然のことなんだということでスタートしておりますために，精神医療の側として全体をひっくるめて考えるというスタンスはとられていないことは事実です。アメリカでは，かつて連邦最高裁判所は，精神障害はもうなくなったが依然として危険であるというときにも拘禁を継続できるとすることは憲法違反であるとしました。しかし，それは5対4の際どいものでした。その後，セクシュアル・プレデター・アクト，つまり精神障害の概念には入らない，しかし小児性愛者等のいわば非常に危険で何回もそういう行為をしているアブノーマルな人については，例えば刑務所から出た後でも更に特別の施設に入れて処遇することができるという法律が，今度は合憲だとされたことがあります。これも5対4の際どいものでした。

このように，必ずしも精神障害ではなくても，異常であるだけでも入れられるということになってまいりますと，いわば精神医療の範疇を超えるものについてもこれを認めるということにならざるを得ないわけで，これでいいのかという問題は依然としてあります。もっとも後の判例の事案でも，判決の中では，実はちゃんと処遇はしているのだということをいっているわけですから，必ずしもそれほどフアーリーティングなものではないようにも思われます。しかし，日本では，以上申し上げましたような意味で精神医療こそが基礎であるということであると思うのですが，必ずしもこのような考え方が普遍的でないことも事実です。

V 触法精神障害者と処遇困難者

もう一つ，決着済みであると思われる事柄の一つは，処遇困難者と触法精神障害者とは区別されなければならないということです。

そもそも，「処遇困難者」という言葉が盛んに使われるようになったのは「道下研究」と呼ばれる研究報告の後からです。そのときは，「危険な精神障害者」という言葉を使うのではなく，各精神病院内で，精神医療の対象としては処遇に困難がある人たちがどの程度いて，これに対してどのような対応が必要かということから，「処遇困難者」という言葉が選ばれたという経緯があるように思われます。もう一つの「触法精神障害者」という言葉は，これは浅田和茂・大阪市立大学教授が使われた言葉です。これは少年法上の触

法少年から持ってきた言葉です。人を殺すなどの行為をしたときに、その人が責任無能力であるときには、「犯罪」を行っていないから「犯罪精神障害者」ということはできない、だから「触法精神障害者」と呼ぼうというものです。現在では、この言葉はかなり使われております。

そして、道下研究は、1987年から1989年まで行われたもので、こちらにおられる山上先生も、私も入っていた研究会です。公衆衛生審議会の中間意見というものが1991年に出ておりまして、これは道下研究の結論を是認するものでした。道下研究は、処遇困難者とされる者が全国でどのくらいいるかを調べましたが、その中で実は措置入院になっている人間は20％に満たないという結果が出ております。措置入院のほとんどは触法精神障害者に当たるということでしょうから、これを推しますと、触法精神障害者として措置入院になった患者のうちで、処遇困難な人間というのは、それほど多くないことになります。そうすると、触法精神障害者であることが即処遇困難者であるのではないということがいえるということだろうと思います。しかし、そうであるにもかかわらず、公衆衛生審議会の中間意見は、これはほぼ一致するとして、処遇困難者に対する対応をすれば、触法精神障害者に対する対応にもなるというようなことをいいました。これは、論理的には筋が通らないと思われます。そして、ここでかなり問題の混乱が生じたということが言えるだろうと思います。

今のように、触法精神障害者と処遇困難者とは実際にも異なったところに存在いたしますし、精神障害者としての類型もかなり違うということは、後の研究でも明らかにされているようです。中谷陽二教授の御報告ですと、両者はかなり違うのであって、二つを同一視するのは誠にナンセンスであるということです。

そうすると、処遇困難者と言われる、精神医療の現場においては通常のやり方では対応できない精神障害の人たちに対してはどのように対応したらいいのかという問題と、犯罪を行った精神障害者をどのようにしたらいいかというのとは、やはり別に考えなければいけないだろうと思われます。どっちが大切な問題かということについていろいろな人の話を聞くと、前者の方が大切といいますか、非常に緊急ではないかという感じがいたします。しかし、これは私の意見です。皆様の御意見をお聞かせいただければと思います。

VI 立法の必要性

(1) 処遇困難者への対応については，新たな法律をつくらなくても，精神保健福祉法の運用において可能ではないかと思われてきました。特に，措置入院の中で「ウルトラ措置」と言われるものをつくるにしても，運用によってもこれは可能だと思われます。ただ処遇される者の権利を守るために，何らかの手続が必要かもしれないということはあります。特殊精神病棟で処遇するにしても，特殊病院を作るにしてもです。

ところが，触法精神障害者については，これはそういうわけにはいかない，法律を新しく作るか，法律を改正する必要があると言われます。

「触法精神障害者」という言葉は，最初は先ほど言いましたとおり「触法少年」に倣ってつくられた言葉であったために，責任無能力者を前提にしておりました。しかし，後の方ではだんだん言葉が違うように使われまして，犯罪を行った精神障害者を全部「触法」と言う傾向が生じました。そうなってきますと，触法精神障害者に対する保安処分も，かなり前とは意味が違ってきています。一体どの範囲の者を対象とすべきかが再び問題になります。責任無能力者に限るか，限定責任能力者も含むか，完全責任能力者までも対象にするか。どう考えるかによってかなり違うし，結論もかなり違うだろうと思います。現在は，完全責任能力者については考えないということだと思います。

実際に，措置通報の対象者の中から処分の対象者を選り分けるということになりますと，その手続は次のようになると思われます。検察官が被疑者を責任無能力として不起訴処分にする，あるいは限定責任能力であることを一つの理由として起訴猶予にする。検察官がそこで，措置通報しないで処分の請求を行う者を選り分ける。あるいは裁判の結果，責任無能力のために無罪となった，あるいは，有罪だが限定責任能力であるため刑が減軽され，執行猶予になった。そのときも同じです。このような措置通報の対象者の中からどれだけの者が危険な精神障害者として保安処分の対象となりうるのかは，実は，はっきりとしてはいません。これは山上先生にお教えいただきたいのです。

(2) いずれにせよ，保安処分は触法精神障害者への対応の問題であり，処

遇困難者の問題ではないということも，一応確定はしているということだと思います。しかし，ここから先が問題です。前回の山上先生の御報告は，保安処分がないことによって精神障害者の再犯が起きることが大きな問題であり，保安処分を科されるであろう人々はかなりの数になると予想されるから，きちんとした施設が必要ではないかとされたように記憶しております。私の理解が誤りでしたら後でお教えいただきたいと思います。ところが，坂口先生は，そんなに深刻な問題ではないのじゃないかといわれたと思います。坂口先生はきょうおいでにならないですから，これも誤っていたらどなたかから御指摘いただきたいと思います。

　保安処分がなぜ必要かというと，一般の精神障害者は犯罪を行った精神障害者と一緒には処遇できないからだと言われることがあります。これは，どのような意味かは，私はまだよく分からないところがあります。確かに処遇困難者を一般の精神障害者と一緒には処遇することはできないかもしれません。しかしこれは，処遇困難者の問題であって，触法精神障害者についてすべて言える問題ではないと思われます。また，もしそうだとしたとして，措置通報の対象者を別のところで分界して処遇するだけでこの問題が解決がつくとも思われない。処遇困難な精神障害者の中に触法でない患者はかなり多いと思われるからです。触法患者を保安処分の対象として切り離しても，一般医療の現場には依然として多くの処遇困難者が残るのです。

　もう一つは，再犯の防止のために必要であるということです。これは古くから言われていることです。保安処分にこのような効果が実際にあることは否定できないでしょう。とにかく拘禁しておけば，その間犯罪を行うことはできないからです。しかし，検察官通報の対象者のうち，保安処分の対象となるのはどの位の数になるかは，まだよく分からないわけです。

　もし，責任無能力者についてだけ保安処分を作るということになりますと，それほど効果があるとは思えない。多くの国では限定責任能力者を含めるのは当然だということです。そしてさらに，完全責任能力者まで対象としているところがかなりあります。多くの国ではむしろ責任無能力者ではなく，責任能力者こそ問題であると考えているようです。外国に行きましても，責任無能力で保安処分施設に収容されている人間は，割合としてはそれほど多くはないということがあります。

そうすると，保安処分は再犯の防止のために必要であるというのは正しいとは思いますが，その効果はどの範囲の人間を選ぶかということによって違ってくるということになります。現在のように，責任無能力だけに焦点を合わせているうちは，それほど効果はないと言わざるを得ないと思います。

VII 犯罪被害者と保安処分

　もう一つ言われますのは，責任無能力者には刑事処分が不可能なら，彼には何らかの処分がなされなければ被害者も社会も納得できないという議論です。確かにそうなのかもしれません。少年法についてもこのような議論はなされていました。刑事処分も何もなしで，処分結果について何の通知もなく，勝手に処分が決定されたら被害者の側はたまらないということです。確かに，保安処分ができれば，社会の側の応報感情，被害者の感情，犯罪を行った人間が依然として社会のどこかで放置されていることについての社会の反感は，ある程度慰撫され，危険感も払拭されるということはあるだろうと思われます。

　昔は，このような社会の感情はそれほど考慮する必要がないと，多くの人は思っていたことは事実です。私も含めて，特に法律家はそうでした。しかし，現在ではこのように言えなくなってきている。これはやはり，考えなければいけない。同時に，今の日本では刑事処分をしないと世の中が納得しないということがあるために，責任能力の範囲が不当に広げられている，責任無能力の範囲が狭められているのじゃないかという議論が片一方ではあります。もし保安処分をつくれば，責任無能力の範囲もかなり広がって，彼らに刑罰でない適切な処遇をすることも可能になります。

　もう一つ言われているのは死刑の問題です。例えば残虐な犯罪行為を行い，精神障害はあるが責任無能力・限定責任能力とまですることはできない。そういう人間は死刑にせざるを得ない。もし保安処分がつくられるということになりますと，死刑に代えて保安処分を科すということで，多くの人たちの応報感情も，社会の保安の感情も満足できるのではないかということです。

VIII 司法処分と医療処分

　以下の点になりますと，まだ十分に議論もされていない問題だろうと思わ

れます。

　触法精神障害者は既に医療の範疇にはないから，彼には司法的処分をすべきである，医療的行政処分ではなくて刑事司法処分だといわれます。しかし，必ずしもそういうことではないように思います。保安処分が医療的なものであることは確かです。このように範疇の問題ということで医療処分か行政処分かということではなくて，むしろどのような処分の仕方が適切であるかということから議論すべきではないかと思います。

　司法的処分に何が期待されているのかというと，一つにはやはり裁判所において審判を下すという，いわば公的なアナウンスメントの効果があるわけです。

　もう一つは，適正手続の保障手段としては，司法処分の方が適切だという議論があり得ます。これも，もし保安処分をやるということになりますと，幾つかの要件を認定しなければいけなくなります。一つは犯罪を行ったということ，もう一つは，再犯の危険性です。さらに，医療によって危険性を除去し得るかということも認定しなければいけない。これらの事実の認定は適正な手続に従って行うということになりますから，これを伝統的に行ってきたのがやはり裁判所です。現在では刑法学者の中には，この点を考慮した上で，もし保安処分を作るのなら，行政的な処分ではなくて司法的な処分としてやるべきだという議論があります。

　しかし，行政的処分であってもデュー・プロセスの要請を必ずしも満足できないということはないでしょう。アメリカでは強制入院はすべて司法が関与し，しかも公開の法廷でやるのですが，これには最初のころはかなり批判があったようです。つまり，医療は，本来は医師・患者関係という非公開の場で行われるべきものなのに，公開の法廷に精神障害者を引きずり出して，そこで，法律家たちがやり合うことが，一体本人に対していいことなのだろうかという議論です。精神医療と患者のことを考えるならば，司法的処分でやるというのは，今のような形態での司法的処分であるとするならば，かなり問題をはらむことは否定できないだろうと思われます。

　公的なアナウンスメント，宣言的効果の点ですが，これもある範囲では行政的処分でも可能ではないかと思われます。裁判所でやるということは，刑法・刑事訴訟法の改正を含むかなり大規模な法整備を必要としますので，恐

らく今は非現実的と考えられているだろうと思います。しかし，行政的処分においては，もしかしたら法改正なしでもできるかもしれませんし，それほど大規模な立法措置まで必要としないと思われます。

　手続について，特に問題となりますのは退院決定を医療現場の判断だけにゆだねていいか，もしそれをスーパーバイズするものが必要だということになると，それをどのようにしたらいいかという問題があります。現在の措置入院には，一応形式的には知事が行うことになっていますが，ほとんど機能していないと批判されています。

IX　地域精神医療と触法精神障害者

　最後の問題は，施設内処遇と地域精神医療での問題です。

　先ほど話題にした公衆衛生審議会の中間報告においても，処遇困難者の処遇の問題としてですが，最終的には彼らの社会復帰のことを目指さなければいけないとされていました。保安処分をめぐる議論の中でも，精神障害者を隔離しておくということではなく，最後は社会に復帰するということが目標でなければいけないというように考えられて来ていると思います。もともと刑罰の執行である行刑についてさえそのような議論があったのですから，精神医療を内容とする保安処分についてはますますそうでなければならない。外国の施設を訪問しますと，どこでも，このような建前が述べられ，最後の目的は，精神障害者を社会復帰させることであるといわれます。

　もちろん，果たしてこれだけかは，確かに問題があります。しかし，それでも，我々は精神障害者の社会復帰を目標としながら進んでいかなければいけないと思われます。そういたしますと，通常の精神医療において行われているような，まず精神医療へのアクセスがあり，次に施設内処遇がくる，それから社会内医療にこれを戻す，地域精神医療に最終的に戻す，そういう過程がとられなければいけないだろうということです。そのようなプロセスについての精神医療側のイメージと，どのような精神医療がそれぞれの局面で行われるかについての議論は，余り日本では行われていないと思います。いわゆる司法精神医療も，恐らくこちらまで関係しなければいけないと思われますけれども，現在の日本では，依然として余りイメージがわいてこないところがあります。

いずれにしても，触法障害者の医療も社会の中での医療ということですから，精神科医だけではやはり十分ではないということになります。そうすると，ソーシャルワーカーというような人たちも関与することになるだろうと思われます。他方では，やはりこれは強制を伴うものですから，施設内においても強制がある，そのときに手続としてどのようなことができるかということは，やはり決めておく必要はもちろんあるわけでしょう。同時に幾つかの国でやっておりますとおり，保安要員を，例えば法務省の側から派遣してもらうとかいうことをやるということまで必要になるかも知れません。あるいは，精神医療の側の人たちに特殊な教育をして，保安のことも一緒にやってもらうようなことが適切なのかも，やはり考えなければいけない。そして更に，社会内医療ということで地域精神医療をやったときに，強制通院，通院するときの強制の担保，薬を飲ませるといったようなこと，それについて今のままの任意のままでいいかというと，そうではない部分がもしかしてあるのじゃないだろうか，それもやはり考えなければいけないだろうと思われます。こういうことは，これまで日本では全然やったことのない領域ですので，関係者相互の緊密な共同が必要となって来ると思われます。

4 心神喪失者等医療観察法案と触法精神障害者の治療を受ける権利

町 野　　朔

I 法案の意義

　我々，法律研究者，精神科医などは，4年前から研究会を行い，それと平行して，諸外国の触法精神障害者処遇システムの調査を行ってきた。以下では，法律的な観点から，諸外国の触法精神障害者処遇システムを考慮しながら，これを「心神喪失等の状態で重大な他害行為を行った者の医療及び観察等に関する法律案」（心神喪失者等医療観察法案。以下，単に「法案」ともいう）と対比することにより，その問題点を検討したい。

　結論から言うと，法案は，精神障害者による再犯の防止という点でも，一般の精神医療では対応が困難な「処遇困難者」に特別の処遇を与えるという点でも，殆ど無意味であると思われる。しかし，触法精神障害者も精神障害者なのであり，治療を受ける権利がある。遅まきながら，わが国の精神医療もそちらに一歩踏み出そうとする点で，法案には少なからぬ意義があるように思われる。法案は，犯罪防止を究極の目的とする刑事法ではなく，精神医療法である。このことは，法案の文言でも既に明らかであったと思われるが，国会での修正によって，さらに明確になったと思われる。修正された法案は衆議院で可決され，参議院で審議未了のまま第155国会の会期が終了し，現在，第156国会の参議院で継続審議中である。

II 責任無能力・限定責任能力との連動

(1) 法案は次のようにしていた。
　（入院等の決定）
　第42条　(1) 裁判所は，第33条第1項の［検察官の］申立てがあった場合は，第37条第1項に規定する［精神保健判定医の行う対象者の］鑑定を基礎とし，かつ，同条第3項に規定する意見及び対象者の生活環境を考慮し，次の各号

に掲げる区分に従い，当該各号に定める決定をしなければならない。
　一　入院をさせて医療を行わなければ心神喪失又は心神耗弱の状態の原因となった精神障害のために再び対象行為を行うおそれがあると認める場合　医療を受けさせるために入院をさせる旨の決定
　二　前号の場合を除き，継続的な医療を行わなければ心神喪失又は心神耗弱の状態の原因となった精神障害のために再び対象行為を行うおそれがあると認める場合　入院によらない医療を受けさせる旨の決定
　三　前2号の場合に当たらないとき　この法律による医療を行わない旨の決定
（定義）
第2条　⑶　この法律において「対象者」とは，次の各号のいずれかに該当する者をいう。
　一　公訴を提起しない処分において，対象行為[放火，強姦・強制わいせつ，殺人，傷害，強盗。いわゆる6罪種]を行ったこと及び刑法第39条第1項に規定する者（以下「心神喪失者」という。）又は同条第2項に規定する者（以下「心神耗弱者」という。）であることが認められた者
　二　対象行為について，刑法第39条第1項の規定により無罪の確定裁判を受けた者又は同条第2項の規定により刑を減軽する旨の確定裁判（懲役又は禁錮の刑を言い渡し執行猶予の言渡しをしない裁判であって，執行すべき刑期があるものを除く。）を受けた者

　このように，責任無能力・限定責任能力による不起訴処分・無罪判決・執行猶予付有罪判決のあったときにのみ，入院等の処分が課しうるのである。精神障害者が犯罪を犯し不起訴処分になったときでも，それが心神喪失・心神耗弱という理由でそうなったのでないときには，対象者とはならない。例えば，法案提出の重大な契機となった「池田小児童殺傷事件」において，その被告人が，以前に行った傷害被疑事件で不起訴になったのは，事案が軽微であったためであって，検察官が心神喪失・心神耗弱と認めたからではない。従って，そのときにこのような法律があったとしても，彼には何らの処分も課すことができなかったのである。さらに，精神障害者による重大犯罪の多くが「初犯」であることを考えるなら，この法案が精神障害者の再犯をどの程度防止できるかには大きな疑問がある。
　精神障害者による再犯の防止は，当該精神障害者の責任能力の限定・阻却の有無とは直接の関係はない。多くの国では，治療処分を責任能力の問題と

はリンクさせてはいない。

(2) 他方，一般の精神医療施設で処遇困難な精神障害者のために，特別な保安的施設で処遇するシステムを導入するという点でも，この法案は適当ではない。既に10年以上前の「道下研究」(『厚生科学研究報告書 精神科領域における他害と処遇困難性に関する研究 昭和62年度～平成元年度』(主任研究者 道下忠蔵))によれば，日本の精神病院で「処遇困難」とされる患者の中で措置入院者は17.4％に過ぎない。このことは，触法精神障害者の類型が処遇困難者のそれとは一致しないことを意味しているが，同時に，対象者を触法障害者としている法案が，この点でも殆ど役に立たないことでもある。また，法案は，責任無能力・限定責任能力として刑事司法過程から divert された者だけを対象者としているため，例えば，「北陽病院事件」(最判平成8・9・3判時1594号32頁)における触法精神障害者はこれには当たらない。県立病院に措置入院中であった彼は，院外散歩の途中で離脱し，強盗殺人を行った。裁判所は医療側の過失を認め，国賠法によって1億2000万円の損害賠償を命じた。しかし彼は，刑務所出所後に措置入院となった者で，検察官の不起訴処分の後，裁判所が実刑判決を言い渡さなかったときに措置入院となった患者ではない。精神病院に対する損害賠償請求事件の増加を恐れる病院関係者は，北陽病院事件を一つのきっかけとして，法案成立に向けての動きを加速させていたが，この法案ができたとしても，このような事件を防ぐことはできなかったことに注意しなければならない。

III 検察官の先議権と専議権

(1) ドイツ刑法，それを模範とした韓国法，日本の改正刑法草案は，司法機関が，刑罰か治療処分かを選択して言い渡すという「二元主義」を採用している。これに対して，英米などは，警察―検察―裁判所―行刑機関という刑事司法過程の途中で，事件を divert して行為者を治療処分に回付するダイヴァージョン・システムを採用している。触法精神障害者のための特別の精神医療制度を持たないフランス，日本の現行法もこれに属するといえる。

ダイヴァージョン・システムをとるときには，divert する機関が何であるか，diversion の手続への裁判所の関与とその態様はどのようなものか，さらには，divert された精神障害者をどのように処遇するかという諸点がさらに

第1部　触法精神障害者と処遇困難者

問題となるが，この点の解決の仕方によっては，二元主義とダイヴァージョン・システムとの間には実質的な相違がなくなってくる。

(2)　法案は，検察官がdivertしたうえで，地方裁判所にdivert先の処分を請求するという，次のようなシステムを採用した。しかし，現在の刑事訴訟において検察官に集中させられた権限行使のシステムを，そのまま維持したことが妥当かが大きな問題である。

　　（検察官による申立て）
　　第33条　(1)　検察官は，被疑者が対象行為を行ったこと及び心神喪失者若しくは心神耗弱者であることを認めて公訴を提起しない処分をしたとき，又は第2条第3項第2号に規定する確定裁判があったときは，当該処分をされ，又は当該確定裁判を受けた対象者について，継続的な医療を行わなくても心神喪失又は心神耗弱の状態の原因となった精神障害のために再び対象行為を行うおそれが明らかにないと認める場合を除き，地方裁判所に対し，第42条第1項の決定をすることを申し立てなければならない。……

精神障害者が重大犯罪を行ったとき，検察官は，公訴を提起するか，処分申立てをするか，従来通りの措置通報にとどめるか，何もしないかを，決めることになる。検察官によるこの決定は，裁判所の関与の前に行われるという意味で，彼には「先議権」があるということになる。さらに，次の条文からも分かるように，申立てを受けた裁判所は，医療を行う決定をするかしないかを決めることができるだけである。裁判所が，対象者が完全責任能力者だと判断したとき（40条1項2号）にも，ただ申立てを却下するだけである。改めて起訴するかどうかは検察官の決定するところであり，裁判所に起訴を強制する権限はない。また，裁判所は，本法の規定する処遇までは必要とは思われないが，措置入院にすることは必要だと思ったときにも，前記のように医療を行わない決定をする（42条1項3号）だけで，自から措置通報をすることはできない。申立ての却下を受けて，検察官がこれをすることになる。

　　（申立ての却下等）
　　第40条　(1)　裁判所は，第2条第3項第1号に規定する対象者について第33条第1項の申立てがあった場合において，次の各号のいずれかに掲げる事由に該当するときは，決定をもって，申立てを却下しなければならない。
　　　一　対象行為を行ったと認められない場合

二　心神喪失者及び心神耗弱者のいずれでもないと認める場合
(2)　裁判所は，検察官が心神喪失者と認めて公訴を提起しない処分をした対象者について，心神耗弱者と認めた場合には，その旨の決定をしなければならない。この場合において，検察官は，当該決定の告知を受けた日から2週間以内に，裁判所に対し，当該申立てを取り下げるか否かを通知しなければならない。

　検察官が心神喪失として不起訴として，裁判所に処分の申立てを行ったが，裁判所が心神耗弱だと判断したときには，検察官に，起訴するか，それとも，起訴猶予にして申立てを維持するか判断させるのであり（40条2項），裁判所がそれを判断することはしない。

　以上は，平野博士（平野龍一「触法精神障害者の処遇」ジュリスト1233号（2002年）104頁（本書6頁））のいわれるように，検察官の「専議権」である。

IV　措置入院の適正化と検察官の裁量権

(1)　民主党案は，精神保健福祉法を改正し，措置入院によって対応すべきだとする。これは衆議院で否決されたが，現在，同様の民主党案が参議院に提出されている。

　すなわち，「判定委員会」を作り，これが，従来の指定医による措置判定・措置解除の判定を行い，さらには，特別の保安的医療が必要とされる触法精神障害者を「精神科集中治療センター」入院させることも決定する。以下の条文はいずれも精神保健福祉法の改正案である。

（判定委員会）
第11条の2　第28条の2第1項，第29条の2の2第3項（第29条の3の2第4項において準用する場合を含む。），第29条の3の2第2項及び第29条の4第2項の規定による判定を行わせるため，都道府県に，判定委員会を置く。
（委員）
第11条の3　判定委員会の委員は，第18条第1項に規定する精神保健指定医のうちから，都道府県知事が任命する。
（判定の案件の取扱い）
第11条の4　(1)　判定委員会は，委員2人をもつて構成する合議体で，判定の案件を取り扱う。
(2)　合議体を構成する委員は，判定委員会がこれを定める。

(3) 合議体による判定は，合議体を構成する委員の意見の一致したところによる。
（精神科集中治療センター）
第19条の8の2　都道府県知事は，国若しくは都道府県が設置した精神病院又は指定病院であつて厚生労働大臣の定める基準に適合するものの全部又は一部を，その設置者の同意を得て，精神障害者に対する高度の医療及び保護を提供する医療施設（以下「精神科集中治療センター」という。）として指定する。
（都道府県知事による入院措置）
第29条　(2)　前項の規定による入院措置を採る場合において，都道府県知事が，前条第1項の規定により通知された判定委員会の判定の結果に基づき，当該精神障害者についてその症状が重く高度の医療及び保護が必要であると認めたときは，その者を入院させる施設は，精神科集中治療センターとする。

　これは，措置入院が適正に行われていないのではないか，処遇困難な触法精神障害者の入院を医療側が拒んでいるのではないかという，かねがね言われてきた批判に対して，判定措置の適正化を行うとともに，処遇困難者への対応が可能な施設（精神科集中治療センター）への入院の道を開こうとするものである。

　措置入院判断の適正化は必要であるのはもちろんであろう。しかし，措置通報を行い措置入院のイニシャティヴをとるのは検察官である。現在の検察官の先議にかかる裁量権をそのままにしておいて，それをコントロールすることを何もせずに，このようなことをしても，さほどの意味があるとは思われない。

　(2)　日本の刑事司法では，検察官が公訴権を独占し（刑訴247条），検察官は，「犯人の性格，年齢及び境遇，犯罪の軽重及び情状並びに犯罪後の情況により訴追を必要としないときは，公訴を提起しないことができる」（同248条）という，広範囲の起訴便宜主義をとっている。起訴便宜主義をとっている国は日本以外にもあるが，日本のように，精神障害者の重大犯罪について検察官が不起訴にしてしまうことは，殆どないようである。特別の治療処分を持たないフランスでも，精神障害者による犯罪は予審までは到達している。

　全国自治体病院協議会の提言は，法案が作られる前のものであるが，「重大犯罪（殺人，傷害致死，傷害，放火，強盗，強姦等）を犯した精神障害者も

しくはその疑いのある者の刑事責任能力を適正に評価するとともに，刑事責任が問えずに措置入院となった者の治療を遂行するために，「精神科司法鑑定・治療センター」（仮称）を設置する。」としていた。これは，責任能力の鑑定の適正さを図ろうとするものであり，触法精神障害者に対する特別の処分を持っている国では，このようなものを持っているのが通常である。これからは，検察官は従来の簡易鑑定ではなく，すべてこのような信頼のできる本鑑定を行うべきだというのである。

　しかし，問題は鑑定の正確さだけではない。このような制度ができたとしても，検察官には，限定責任能力の，また完全責任能力の触法精神障害者を起訴猶予とする権限は残されている。問題は，触法精神障害者に対する刑事政策をもっぱら検察官に委ねている現在の状態でいいのかである。この状態を変更しようとするなら，検察官は，これまで簡易鑑定に回していたような事件をすべて裁判所に送致し，裁判所が司法鑑定センターへ精神鑑定と処遇意見の提出を依頼する（法案によると「鑑定入院命令」）という，現在の少年法の「家裁への全件送致―少年鑑別所による観護措置」にならう制度にするしかないように思われる。これは，かなりドラスティックな方法ではあるが。

V　再犯の「おそれ」と自傷他害の「おそれ」

　(1)　法案（42条1項1号・2号）は，裁判所が入院による医療・入院によらない医療を言い渡すための要件として，「医療を行わなければ心神喪失又は心神耗弱の状態の原因となった精神障害のために再び対象行為を行うおそれがある」ことを挙げている。これに対して，再犯の予測は不可能なのであり，このような不明確な要件で強制的精神医療を可能とするのは不当であるという批判が高まった。おそらくはこれを考慮してのことであろうが，修正案はこれを，「対象行為を行った際の精神障害を改善し，これに伴って同様の行為を行うことなく，社会に復帰することを促進するため，入院をさせてこの法律による医療を受けさせる必要があると認める場合」に変更することとした。そのほかの法案の条文も，これに従って修正される。

　確かにここでは「おそれ」という文言の使用は回避された。だが，「触法精神障害者が再犯を行うことなく社会復帰するために精神医療が必要であ

235

る」ということは,「精神医療を行わなければ再犯を行うかもしれない,だから精神医療が必要となる」という判断なのであるから,結局は,「医療を行わなければ再犯を行うおそれがある」ということにほかならない。修正案でも,問題は依然として残っていることに注意しなければならない。

(2) 現在の精神保健福祉法（29条等）によると,「医療及び保護のために入院させなければその精神障害のために自身を傷つけ又は他人に害を及ぼすおそれがある」と認められる場合には,知事は当該精神障害者を強制的に精神病院に入院させることができる。いわゆる「措置入院」制度である。もし,法案の「再犯のおそれ」が不明確であり許されない,このような要件による自由の剥奪が憲法31条に違反するならば,措置入院も同じであり,憲法違反ではないか。

"その通りだ"という人もいないではなかったが,多くの人々,特に精神科医たちは次のように反論してきた。"措置入院の場合の「おそれ」は,入院させなければ今日明日にでも自殺したり,他人を襲ったりする危険をいっているのであり,これは,精神科医としても認定が十分に可能である。しかし,法案,古くは1974年の刑法改正草案（98条・101条）の保安処分の要件である「おそれ」は,いつか,もしかしたら人を襲うかも知れない,という予測である。このようなことは分かりようがないし,この程度の危険で精神障害者の自由を侵害することは許されるとは思われない。"

確かに,精神科臨床における措置入院の運用は,前者のようにして行われているのであろう。そして,そのように考えるときには,後者の危険の認定はかなり困難であることも否定できない。しかし,前者の危険と後者のそれとは質的ではなく量的な差にとどまる。後者は原理的に認定不能だが,前者は可能である,という理屈はないように思われる。両者とも認定が困難であることには変わりはないのであり,前者は比較的容易なことがあるという程度のことであろう。さらに,前者のような危険の予測も,その程度は天気予報より優れているとは思われない。もし刑事裁判における「疑わしきは被告人の利益に」「合理的な疑いが残る以上,被告人には無罪を言い渡さなければならない」という原則が強制的精神医療にも当てはまるとするのなら——そして,かなりの人々はそのように考え,だから法案における「おそれ」という要件は憲法違反であるとするのであるが——,現在の措置入院も憲法違

反といわざるを得ない。

　(3)　そもそも刑事裁判における犯罪事実の認定は過去に実際に起こった事実に関するものであり，まだ起こっていない，将来の事実に関する危険性の認定とは異なる。前者は，「AがBを殺した」という事実であり，その認定に疑いがあるときにはAを殺人者とすることはできない。後者は，「AがBを殺す可能性がある」という，まだ存在しない事実を予測するものである。AがBを殺さずにその人生を終えたときには予測は外れたということになるが，だからといって，遡ってこの予測が許されないものであったということになる訳ではない。問題はその予測にいかなる根拠があり，その予測に基づいて行われた精神障害者の強制的精神医療を正当化しうるようなものなのか，である。

　このようにして，法案における強制医療と精神保健福祉法における措置入院とは，その正当化根拠としては，同じ問題であると考えられなければならないのである。

VI　Police Power, *Parens Patriae* & Risk Management

　(1)　通常の病気の場合には医療を強制されることはない。医師に胃潰瘍だから入院手術が必要だと勧められても，患者にはそれを拒絶する「自己決定権」がある。しかし，精神医療においては強制入院を含む医療の強制が行われる。もちろん，精神医療における強制入院の害悪，施設外医療，地域精神医療の必要性が認識されている現在では，強制的精神医療は限られた存在になっている。しかし，精神保健福祉法における措置入院・医療保護入院のように，強制的精神医療は法の認めるところであり，今また，法案が新たな種類の強制的精神医療を認めるよう提案しているのである。

　精神医療の強制を正当化する原理としては，伝統的に police power と *parens patriae* の二つが援用されてきた（この両原理は，広く，国民の自由を制限しうる国家権限の根拠として挙げられるものであり，精神医療の強制権限に限られるものではない。以下述べるところについては，さらに，町野朔「精神医療における自由と強制」大谷實＝中山宏太郎編・精神医療と法（1980年，弘文堂）26頁参照）。前者は，国家には精神障害者の他害行為を防止する権限がある，というものであり，「秩序維持原理」とでも訳されるべきものである。後者

は，精神障害者には自分のことを配慮する能力が十分でなく，自分で医療を受ける自己決定ができないので，国がその親がわりになって精神障害者に医療を受けさせるというものであり，「国親原理」と訳される。

現行の医療保護入院（精保33－35条）は parens patriae による強制入院であるのに対して，措置入院制度（同23－31条）は police power による強制入院であると一般に理解されている。そして，法案の導入しようとしている「入院による医療」「入院によらない医療」も，再犯の防止という police power 思想によるものだと考えられている。しかし，もしそうだとするのなら，再犯の危険の存在こそが強制医療のヴァイタルな要件なのであり，再犯の可能性が「確実性に限りなく近い蓋然性」まで必要とすることになるかも知れない。少なくとも，「おそれ」という程度の希薄な可能性で足りるとすることは到底できないであろう。

(2) 私は，法案における「医療」も，現行法における措置入院も，次項で述べるように，parens patriae 思想によって理解され，かつその範囲内でのみ正当性を有するとすべきではないかと思う（以下については，なお，町野朔「保安処分と精神医療」ジュリスト772号（1982年）23頁も参照）。

そもそも，police power 思想は，現在においては許されない思想であると思われる。

第一に，精神障害者が犯罪を犯したからではなく，犯す危険があるから彼を拘禁するということは予防拘禁に他ならない。予防拘禁が日本国憲法の認めるところかには議論はありうるが，犯罪傾向を有する危険人物については予防拘禁を認めていない現行法の下で，精神障害者だけにそれを適用しようとすることは，明らかに「法の下の平等」（憲14条）に反する。

第二に，police power 思想によると，犯罪防止だけが強制入院の目的なのだから，精神障害者に適切な精神医療を与える必要はないことになる。精神医療が彼の再犯を防止することに有益であるときは，それは行われることになるが，無益であるときにはそれは必要ではない。従って，保安のためには「治療なき拘禁」を行うこともやむを得ないことになるのである。

(3) 再犯のおそれのある触法精神障害者の自由を制限して彼に医療を強制することは，自傷他害のおそれのある精神障害者を措置入院させるのと同じように，彼に医療を受ける利益を与えるためである。しかし，このような

parens patriae 原理によって精神科医療を，すべての精神障害者に，どこまでも強制するならば，行動の自由を含む精神障害者の基本的権利の不当な侵害になるであろう。そこには，本人の意思に関わりなく医療を強制しうる合理的な社会的利益の存在が必要である。再犯の危険性を除去することによって人々の福利を維持するという police power 的配慮は，まさにこのような利益の配慮であり，それは限定要件として認められるのである。要するに，強制的精神医療の本質的要件は精神医療の付与であり，再犯のおそれは，それを限界づける要素である。以上のように理解して初めて，再犯のおそれ，自傷他害のおそれのあるときにその自由が制限されるのが精神障害者だけであること，彼には精神医療が与えられなければならず，それが不可能であるときには彼の自由の制限は許されず，「治療なき拘禁」を認めることができないことが基礎づけられるのである。

　さらに，再犯の危険の認定が，有罪判決に必要な事実認定のようなものではないことも，以上のことが根拠である。すなわち，後見的に精神医療が行われるべきことがそれを強制しうる本質的要件であり，再犯のおそれの除去の必要性は，それがなければ後見的配慮に基づく強制医療が許されないという意味での制約要素に過ぎない。後者は，精神医療の強制が過度に行われないようにするために要求されるものであり，強制医療を不合理にしないようなもので足りるのである。精神保健福祉法および修正前の法案が，希薄な危険性判断である「おそれ」で足りるとしていることは，この意味である。「おそれ」とは，「もしかしたらそうなるかも知れない」という，希薄な危険性を指す法律用語である。危険がまったく考えられないときには，強制入院等は許されないが，精神医療を実行しなければ再犯の可能性が否定できないときには，強制的な措置も許されると言うことである。既に述べたように，法案は修正され，「対象行為を行った際の精神障害を改善し，これに伴って同様の行為を行うことなく，社会に復帰することを促進するため，入院をさせてこの法律による医療を受けさせる必要があると認める場合」とされ，「おそれ」を要件とすることもなくなったが，以上の意味がより明確になったといえる。

　(4)　精神科臨床においては，精神障害者の病歴，年齢，現在の精神症状，サポートの不存在など，過去・現在・将来の危険性ファクターを総合的に考

慮した risk assessment を行った上で，その入退院，処遇を決定する。これは，精神障害者の危険性の意味での dangerousness を判断して行う措置ではなく，入院などの医療措置によってリスクに対応するための risk management である（五十嵐禎人「触法精神障害者の処遇とわが国における司法精神医学の課題」現代刑事法40号（2002年）59頁（本書104頁））。これはまさに，再犯の予測に関する以上のような判断に他ならないのである。

諸外国の触法精神障害者施設では，入退院の決定の際に，そのために開発された risk assessment のためのマニュアルを用いている（一例として，Christopher D. Webster et al., HCR-20: Assessing Risk for Violence, Version 2, 1997）。心神喪失者等医療観察法が制定され，「指定入院医療機関」において触法精神障害者の医療が行われることになれば，わが国でもこのようなマニュアルの開発が行われなければならなくなるであろう。

VII 司法的判断と医療的判断

(1) 危険性という要素が以上のような意味で限定概念であるにせよ，再犯の「おそれ」を除くため（旧法案），「同様の行為を行うこと」をなくすために「必要」であること（現法案）の認定，risk assessment を行い risk management を行わなければならない。それは，精神医療の可能性，本人の権利制限の程度，公共の安全性などの要素を比較考量して，入院医療の可否などを決めるものである。精神科医の中には，risk assessment に続くこのような判断は裁判官が行うべきだとする者もいる（五十嵐禎人・前掲論文60頁（本書106頁））。しかし，精神科医がこのような判断をできないということはない。もし，それが不可能だというのなら，現在の措置入院は精神科医が不当に行っていると言うことになってしまう。そして，精神科医の判断と裁判官のそれとの間には，内容の相違があるわけではない。ただ，risk management において，公共の安全と精神障害者の権利のバランシングにおいてどちらが重要なものかということについては，考え方に相違はありうるだろう。

法案（11条）は，「一人の裁判官及び一人の精神保健審判員の合議体」で事件を取り扱う」とする。

（合議制）

第11条 裁判所法（昭和22年法律第59号）(1) 第26条の規定にかかわらず，

第4章　心神喪失者等医療観察法をめぐって

地方裁判所は，一人の裁判官及び一人の精神保健審判員の合議体で処遇事件を取り扱う。ただし，この法律で特別の定めをした事項については，この限りでない。
（裁判官の権限）
第12条　(1)　前条第1項の合議体がこの法律の定めるところにより職務を行う場合における裁判所法第72条第1項及び第2項並びに第73条の規定の適用については，その合議体の構成員である裁判官は，裁判長とみなす。
(2)　前条第1項の合議体による裁判の評議は，裁判官が開き，かつ，整理する。
（意見を述べる義務）
第13条　精神保健審判員は，前条第2項の評議において，その意見を述べなければならない。
（評決）
第14条　第11条第1項の合議体による裁判は，裁判官及び精神保健審判員の意見の一致したところによる。

　しかし，どうして裁判官だけでは足りないのか，精神科医である精神保健審判員が何を判断するか，両者の合議はどのようにして行われるかは明らかではない。修正案（13条）は以下のように，裁判官は「法律に関する学識経験に基づき」，精神保健審判員は「精神障害者の医療に関する学識経験に基づき」，それぞれ意見を述べることとした。その意味は必ずしも明らかではないが，これは以上で述べた考え方を前提にしていると解すべきである。

（意見を述べる義務）
第13条
(1)　裁判官は，前条第2項の評議において，法律に関する学識経験に基づき，その意見を述べなければならない。
(2)　精神保健審判員は，前条第2項の評議において，精神障害者の医療に関する学識経験に基づき，その意見を述べなければならない。

(2)　諸外国でも，裁判官と精神科医との間に判断内容に相違があるという見解は聞かれない。また，精神科医が退院を提案した精神障害者について裁判所が，まだ社会への脅威がなくなっていないことを理由としてそれを拒否することはあるが，それほど多い例ではないともいう。そして，触法精神障害者処遇の制度を有する多くの国では，犯罪を行った精神障害者であっても，

一般の精神医療と同じく，その社会復帰が目指されるべきだという認識が一般的であるように思われる。公然と"Security First"をスローガンとして掲げている国は，オランダくらいであるようである。

将来の日本の触法精神障害者処遇システムが社会防衛に突出しないためには，「入院によらない医療」，すなわち，強制通院などと組み合わされた地域精神医療の充実が必要であると思われる。

VIII 日本における触法精神障害者医療の将来

わが国では，1974年の「改正刑法草案」が，精神障害者に対する「治療処分」，薬物中毒者に対する「禁絶処分」の2種類の保安処分を提案したことをめぐって，法律家・精神科医の間に深刻な亀裂が起こった。1982年に，「刑事局案の骨子」（対象犯罪を「6罪種」に限定した治療処分だけを内容とする）が法務省から提案されたが，それも法律にまでは至らなかった。宇都宮病院事件の後の1987年に精神衛生法が改正され精神保健法となったときには，厚生省（当時）は同法の改正あるいは運用によって触法精神障害者問題に対応しようとした。この動きも挫折した後，触法精神障害者は犯罪者なのだから法務省が対応すべきであるという厚生省（後に，厚生労働省），彼は精神障害者なのだから精神医療法の所管であるという法務省の間で，触法精神障害者問題は暗礁に乗り上げた形になっていた。最初に述べたように，その効果には多くは期待できない不十分な形であるにせよ，触法精神障害者にも精神医療を与えようとする立法提案が，両省の協同のもとに作られたことは，それなりに評価すべきことと思われる。

しかし，この法案が立法に至ったとしても，それで犯罪を行った精神障害者，処遇困難な精神障害者の医療の問題が完結するわけではない。心神喪失・心神耗弱を理由として刑事司法からdivertされた者以外の精神障害者の処遇，特に，矯正施設内での精神医療の問題は次に考えなければならない問題である。また，一般の精神病院では処遇困難な精神障害者は，触法精神障害者の処遇とは別のシステムで考えなければならないと思われる。我々は，治療を受ける権利が精神障害者にも実質的に保障され，その社会復帰が実現されるという理想をあきらめることなく，努力しなければならないのである。

＊本稿は，日本犯罪学会総会シンポジウム「心神喪失者等医療観察法案をめ

ぐって」(東京医科歯科大学，2002年11月30日)において「触法精神障害者処遇のシステム——若干の比較法的考察」と題して報告したときの原稿に，その後の状況の変化を踏まえて，大幅に加筆修正を加えたものである。

第 2 部　諸外国における触法精神障害者の処遇決定システム

第1章 韓　　国

1　韓国における触法精神障害者の医療システム

趙　　晟　容

I　はじめに

　本報告は，韓国で1980年に「社会保護法」が制定されてから今日まで行われている，触法精神障害者に対する治療処分制度のシステムとその運用の実態に関するものである。同法には，治療処分のほかに，同じく自由を剥奪する保安処分として，薬物等中毒犯罪者に対する禁絶処分と，一般の刑事犯の常習犯に対する予防拘禁処分も規定されている。同法は治療処分と禁絶処分をあわせて「治療監護」と名付けている。両者はその要件は異なるが，手続は同じである。公式統計でも両者は区別されずに，「治療監護」として一括されている。なお，以前の，行政処分の一種であった政治犯に対する予防拘禁制度は，それを規定していた「社会安全法」が1989年に廃止され，かわって制定された「保安観察法」が反国家団体の構成員等に対する保護観察だけしか規定しなかったため，完全に存在しなくなった。

　社会保護法の治療処分制度は，触法精神障害者の治療と社会の防衛とを目的とするものである（1条）。それは基本的な構造において日本の改正刑法準備草案，改正刑法草案，「保安処分手続に関する要綱案」（改正刑法草案・附録）を参考にしたもののようである。例えば，退所・仮退所の決定を行政機関に任せていること，禁固以上の罪を犯したことを治療処分の一つの要件としていることなどである。そして，検察官の治療処分の独立請求の範囲などの手続上の規定は，上記の要綱案に似ているところが少なくない。これに対し，治療処分の期間に制限がないこと，治療処分判決と有罪判決が一緒に言い渡された場合に処分先執行主義が取られていることは，ドイツ刑法の治

第2部　諸外国における触法精神障害者の処遇決定システム

療処分規定の影響であるといわれている。

　日本の改正刑法草案は，被告人が責任無能力，限定責任能力であると裁判所が認めたときには，検察官が治療処分を請求していないときにも裁判所はそれを言い渡しうるようであるが，社会保護法によると，裁判官が治療処分を言い渡すことができるのは，検察官が起訴とともに治療処分を請求した場合，または責任無能力等のため不起訴処分をして治療処分のみを独立請求した場合に限られるのであって，裁判官が職権で治療処分を言い渡すことはできない。また，裁判官は，検察官の請求があり，触法精神障害者が治療処分の要件を満たしている以上，それを言い渡さなければならない。また，治療処分の内容だけでなくその手続を規定していることも，同法の特徴の一つである。

　以下では，まず，韓国の治療処分制度をより明確なものとするため，自傷他害の危険性のある精神障害者に対する精神保健法の「市・道知事による入院」制度について簡単に見た上で，治療処分の収容手続，執行期間と治療処分施設，退所手続の順で説明することにする。

　本報告は，韓国法務部の担当公務員，検察官，公州治療監護所と国立精神科病院の精神科専門医および保健所の公務員とのインタビューと，法令，論文，統計その他の資料とに基づく。以下，条文のみを引用するときには社会保護法を，「令」として引用するときには同法施行令を，「規則」というときには同法施行規則を指すものとする。

II　精神保健法の「市・道知事による入院」

　現在の韓国法には，精神障害者に対する強制処分として，2種類がある。一つは，触法精神障害者に対して，検察官の請求に基づいて，裁判官が治療処分施設への強制収容を決める，社会保護法上の保安処分としての治療処分である。もう一つは，一般の精神障害者に対する精神保健法上の強制入院であって，自傷他害の危険がある精神障害者に対する「市・道知事による入院」（精神保健法25条）と，「保護義務者による入院」（精神保健法24条）とがある。「市・道知事による入院」は，精神科専門医，精神保健法上の臨床心理士，看護士または社会福祉士（以下「精神科専門医等」という）の申請と2人の精神科専門医の判断に基づいて，市・道知事（市は日本の都と府，道は

248

第1章　韓　国

道と県にあたる）が一般の精神科病院への強制入院を決めるものである。

　「市・道知事による入院」は日本の精神保健福祉法の措置入院に，「保護義務者による入院」は医療保護入院に，それぞれ相応するものといえる。しかし，前者は日本の措置入院と性格を異にするところがある。精神保健法には，日本の精神保健福祉法の警察官通報，検察官通報，保健観察所長通報，矯正施設長通報はないからである。前者は自傷他害の危険性を要件とするため，文言上は触法精神障害者をもその対象としているようにも見えるが，これまで触法精神障害者に前者が適用されたことはないようである。韓国においては，精神保健法が作られたときには，すでに社会保護法の治療処分は存在していたので，触法精神障害者については，検察官が社会保護法の治療処分を請求することによって対応すべきものとされてきたからである。実務上，軽微な犯罪を犯した精神障害者に対して，検察官が彼を不起訴処分に処し，保護者に彼を精神科病院に入院させるよう勧告する場合があるが，それは法令に基づくものではなく，保護者もその勧告に拘束されない。保護者がそれに従い，彼を精神科病院に入院させることもあるが，その場合もほとんどは「保護義務者による入院」という形で行われており，残りが「任意入院」という形で行われているという。要するに，この勧告は日本の検察官の通報制度ではないのである。

　一般の精神障害者についても，これまで自傷他害の危険性を理由として「市・道知事による入院」を行ったことはなく，「保護義務者による入院」または「任意入院」を行っているという。これについては，精神保健法が精神科専門医等による「市・道知事による入院」の申請を任意的なものとしていること（精神保健法25条），同法施行令が，同入院の対象者であっても，「任意入院」あるいは「保護義務者による入院」を優先させるべきことを規定している（精神保健法施行令6条3項）ことが，理由の一つとしてあげられ得る。しかし，より大きな理由は，1995年12月30日に同法が成立するまで，同法には人権侵害の危険性があるという反対が激しかったため，精神科専門医等，警察官，検察官などの誰もが同入院に消極的だったことにあると思われる。

III 収容手続

1 対象者

社会保護法は,「心神障害者」であって,刑法10条1項の規定により処罰することができない（責任無能力者）か,または同条2項の規定により刑が減軽される者（限定責任能力者）が,禁固以上の刑にあたる罪を犯し,さらに彼に再犯の危険性があるときには,彼を治療処分に処する,としている（8条1項1号）。

2 警察官の精神鑑定と拘束

犯罪が発生し,逮捕された被疑者が精神障害者である疑いがある場合には,警察官は犯罪事実の捜査とともに,彼の精神障害の有無を調べなければならない（12条2項）。警察官は,被疑者の逮捕後の行動から彼が精神障害者であると疑われるときには,彼と家族などからの精神病の病歴に関する情報に基づき,前に治療を受けた担当医にその診断書等の提出を求める。病歴の有無の確認ができないが精神障害の疑いがある場合など,必要なときには,この段階で精神鑑定を行うこともある。触法精神障害者を取り調べるときは,精神障害の程度,再犯の危険性等の証明に注意しながら,それを行わなければならないからである（規則11条1項2号・3号・4号）。すなわち,この段階での精神障害の有無の調査は,責任能力の判断だけでなく,治療処分の必要性をも念頭に置いて行われるのである。精神鑑定は嘱託精神鑑定であるため,警察官は検察官を経由して裁判官にそれを請求する。

触法精神障害者の身柄を拘束して捜査をするか,あるいは拘束せずに捜査をするかは,事案による。警察官は,犯罪の事案が殺人・強盗・強姦などの重大なものである場合,窃盗などの財産犯に比べて,精神障害の程度に関係なく拘束捜査を行うことが多い。2001年度『犯罪分析』の触法精神障害者拘束状況によると,窃盗などの財産犯の場合,触法精神障害者446名のなかで拘束されたのは14.1%の63名であるが,殺人などの重大犯罪の場合,触法精神障害者351名のなかで拘束されたのは25.1%の88名で,殺人は43名中33名が,強盗は25名中16名が,放火は41名中12名が,強姦は34名中6名が,それぞれ拘束されている。しかし,窃盗などのように犯罪がそれほど重大なものでない場合にも,被疑者に重度の精神障害の疑いがある場合に

は，そうでない場合に比べて，拘束率はより高いという。これは，精神障害の存在・程度は社会保護法や刑事訴訟法上の拘束事由（13条1項，刑訴法70条1項。両者の事由は同一である。）ではないが，重度の精神障害者を不拘束した場合，再犯を犯すおそれがあるからであるという。

警察の段階での拘束期間は10日以内であり（刑訴法202条），捜査が終わった事件はすべて検察官に送検される（司法警察官吏職務規則54条）。警察官は，事件を送検するとき，被疑者が治療処分の対象者であると判断した場合には，事件送致書の意見欄に括弧して「治療処分」と書き（規則13条2項），添付する意見書にその理由を書かなければならない（規則13条1項）。

3 検察官による精神障害の調査と精神鑑定

検察官も，送検された事件について，犯罪事実の捜査とともに，被疑者の精神障害の有無を調べなければならない（12条1項）。そのときは精神障害の程度，再犯の危険性等の証明に注意しなければならない（規則11条1項2号・3号・4号）。精神障害の調査は責任能力と治療処分の必要性を判断するためのものであるが，治療処分を請求する場合には，特に精神科専門医の診断または鑑定を経なければならない（令10条）。法律上は，治療処分を請求するためには「診断」でも足りるとされているが，実務では「鑑定」を経て行うのが原則で，「診断」によって請求を行うことはないという。検察官は，すでに警察の段階で精神鑑定が行われた場合には，再び鑑定を行うことはなく，その鑑定結果等に基づき責任能力と治療処分の必要性の判断を行い，起訴，治療処分の独立請求または起訴と治療処分請求の併合請求を行う（別添（268頁）の「社会保護法の治療処分制度の手続」［以下，「手続」という］の濃い点線の手続の場合がそれにあたる）。しかし，多くの場合，警察の段階では精神鑑定はなされないため，検察の段階ではじめて精神鑑定が行われることが多い。それは嘱託精神鑑定として行われ，日本の簡易鑑定のようなものは行われていない。検察官は鑑定留置状請求書に留置場所，鑑定人，留置期間，鑑定の目的等を書き，裁判官に鑑定留置処分の請求をし，彼の発した鑑定留置状をもって鑑定留置と鑑定依頼を行う（刑訴法221条の3の1項，検察官事件事務規則46条1項）。鑑定留置期間はだいたい30日くらいである。必要なときは裁判官に請求しその期間を延長することができる（刑訴法221条の3第2項）。鑑定留置が拘束中に行われる場合，その留置期間の間，拘束の執

行は停止したことと見なされる（刑訴法221条の3第2項）。

　1987年に治療処分施設である公州治療監護所が設立されてから，精神鑑定は，警察官，検察官，裁判所のいずれの依頼の場合であっても，そのほとんどが同所で行われて，2001年までは同所での鑑定が全鑑定の約90%に達していたが，現在は五つの国立精神科病院と大型精神科病院でも相当数の鑑定が政策的に行われているようである。被鑑定人を警護しやすい，鑑定の客観性・公正性・正確性に対する信頼感が高い，費用が安い，ということが鑑定が公州治療監護所に集中する理由としてあげられている。鑑定は，同監護所の場合，医療部長によってそこに所属する精神科専門医の中から指名された1人の担当医によって行われる。鑑定は身体検査，神経機能検査，心理検査，知能検査，面談，行動観察によって行われるが，必要な場合には，家族・参考人等の面談，捜査機関・医療機関等への照会をも行う。捜査記録など，被鑑定人に関して捜査機関が保有する資料は，彼を担当することになったとき，一緒に渡される。鑑定書の作成は，まず担当医が鑑定書の草案を作成し，同監護所の診療審議委員会がそれの正確性等を検討し，最終的に担当医がそれに基づき鑑定書を作成する，という仕組みになっている。診療審議委員会は，同所の医療部長を委員長として医療部の各科（一般精神科，社会精神科，神経科，鑑定科，特殊治療科，一般診療科，看護科，薬剤科）の科長で構成されており，鑑定の審議のときは，担当医も参席する。鑑定事項は，依頼事項にもよるが，普段，犯行時と鑑定時の精神障害の有無・程度，責任能力，治療の必要性，再犯の危険性である。

　1988年から98年まで公州治療監護所に依頼された鑑定数は合計1809件で，警察によるものが195件（10.8%），検察官によるものは923件（51%），裁判所によるものが689件（38.1%），不明が2件（0.1%）である。しかし，97年度は合計281件が依頼され，そのなかで警察によるものが34件（12.1%），検察官によるものが116件（41.3%），裁判所によるものが131件（46.6%）で，98年度は合計308件が依頼され，そのなかで警察によるものが46件（15%），検察官によるものが111件（36%），裁判所によるものが151件（49%）である。すなわち，裁判所による精神鑑定の依頼が増加しているのである。これは，弁護人が責任能力を争い，裁判所に精神鑑定を請求する数が増えていることによるという。そして，1988年から97年まで公州治療監

護所で行われた合計1331件の精神鑑定のなかで，責任無能力の判定は597件（44.9%），限定責任能力の判定は546件（41%）である。

4 治療処分の請求

治療処分の請求は犯罪事実の証明を前提にする。しかし，検察官は，それが認められるからといって，触法精神障害者すべてについて起訴または治療処分の請求を行うわけではない。実務では，起訴便宜主義によって軽微で常習性のない事件等起訴の必要性がない事件については，上記の精神鑑定をすることもなく，不起訴処分（起訴猶予処分）をし，捜査を終結することも多い。例えば，2003年度の『犯罪分析』によると，2002年1年間送検された触法精神障害者は2,162名である。その中で906名（41.9%）が不起訴処分を受けており，この中で565名（26.1%）は起訴猶予処分を受けていた。この2,162名中刑法犯の数は1,313名であるが，その中で728名（55.4%）が不起訴処分を受けており，この中で489名（37.2%）は起訴猶予者である。おそらくこの起訴猶予者に対しては治療処分の請求もなされていないであろうと思われる。後述のように，起訴猶予処分を受けた触法精神障害者に対しても，治療処分を独立請求することはできるが，実務上起訴猶予者に対し治療処分を独立請求するケースはほとんどなく，治療処分の独立請求の可能性が高いのは，責任無能力のため犯罪が成立しないか，強姦罪のような親告罪において被害者が起訴前に告訴を取り消したため起訴条件が欠ける場合の触法精神障害者に対してであるからである。

精神鑑定の結果を参考にして，被疑者が後述の治療処分の要件を満たしていると判断されるときは，検察官は裁判所に治療処分の請求を行う（14条1項）。治療処分の請求には「治療処分の独立請求」（15条）と「起訴と治療処分請求の併合請求」（14条）がある。

独立請求は次の事由のため，不起訴処分をする場合に，裁量で治療処分のみを請求するものである。第1に，刑法10条1項の責任無能力であることが明らかである場合（15条1号），第2に，親告罪において，告訴・告発がないか，あるいはそれが取り下げられた場合，または反意思不罰罪（告訴・告発がなくても起訴できるが，被害者の処罰を希望しないという意思表示，または処罰を希望する意思表示が取り下げられたときには，起訴できない犯罪。過失傷害罪，名誉毀損罪，脅迫罪，外国元首に対する暴行等の罪，外国使節に対する

暴行等の罪，外国国章損害罪がそれにあたる）において，被害者の不処罰希望の意思表示または処罰希望の意思表示の取下げがある場合（同条2号），第3に，起訴便宜主義により起訴を必要としない場合（同条3号），である。独立請求は，治療処分請求の趣旨を明記し，さらに，被請求者を特定する事項，罪名，治療処分請求の原因となる事実，適用条文等を記載した「監護請求書」を提出することによって行われる（令9条2項前段）。この場合，被疑者をすでに被疑事件で拘束しているときには，その拘束令状は治療処分における監護令状とする（16条）。それ以外の場合で，あらかじめ拘束するときは，裁判官に監護令状を申請しなければならないが，その拘束事由は刑事訴訟法のそれと同一で，その他の拘束に関する事項は同法の規定を準用する（13条3項・4項）。独立請求があった場合には，即時にその監護請求書の副本を弁護人に送達しなければならない（14条4項本文）。

　併合請求は，被疑者が限定責任能力者であり，独立請求事由がないが，本人の治療と犯罪の予防のために刑罰よりは精神治療が必要であると判断されるときに行われる。まず，起訴と同時に治療処分を請求する場合，その請求は「公訴状」（起訴状）に一緒に書く。すなわち，公訴状の被告人を特定する事項がある以上，被請求者を特定する事項は記載する必要がなく，治療処分請求の原因となる事実と適用条文は，公訴状の公訴事実と適用条文のところに追記する（14条2項，令9条1項）。しかし，起訴後裁判所が審理の結果治療処分が必要であると判断して検察官にそれを要請し，検察官がその要請に基づいて治療処分の請求を追加する場合（14条5項。「手続」における，起訴→審理→①→②→③の手続，起訴→審理→A①→A①—1→②→③の手続）には，治療処分の独立請求のときと同様に「監護請求書」を提出しなければならない（令9条後段）。この請求は第1審判決の宣告前まで可能である（14条3項）。治療処分の請求が起訴と同時に行われた場合には，第1回公判期日の5日前まで，起訴後追加的に行われた場合には，次の公判期日の5日前まで，公訴状または監護請求書の副本を弁護人に送達しなければならない（14条4項但書）。

　2001年度『司法年鑑』によると，2000年度には271件の治療監護処分（治療処分＋禁絶処分）の請求がなされたが，独立請求は71件で，併合請求は200件である。治療処分請求の正確な件数を知ることができないが，おそら

く禁絶処分の独立請求はないから，71件の独立請求は治療処分のそれであると思われる。そして，併合請求の大多数も治療処分の請求であると考えられる。薬物中毒者であっても，著しい中毒症状がないときには，そのほとんどを起訴して刑務所に収容し，不起訴処分にする場合には「治療保護」という行政処分に処する現実からみて，禁絶処分の請求および判決の件数はそれほど多くはないと思われるからである。参考までに，1999年度に禁絶処分の判決を宣告され，公州治療監護所に収容された者は42名である。

5　治療処分の裁判

裁判所は，治療処分の独立請求に理由があるときは，治療処分の判決を言い渡すが（20条1項。「手続」のＤ），理由がないときは請求棄却の判決を言い渡す（20条1項但書。「手続」のＣ）。そして，独立請求後審理中に精神障害でない明白な証拠が現れたとき，検察官の請求がある場合には，治療処分の請求手続は刑事訴訟法上の公判手続に変更する（18条1項。「手続」のＢ）。このとき，治療処分の請求は起訴と，監護請求書は公訴状と，変更前の審理は公判手続による審理と，それぞれ見なされる（18条2項）。

起訴と同時に治療処分の請求が行われた場合，両者に理由があるときは，有罪判決と治療処分判決を言い渡す（20条1項。「手続」のＧ）。公訴事実は認められるが，責任能力者であるか，あるいは死刑・無期刑を言い渡すか，または再犯の危険性がないときには，有罪判決と請求棄却判決を言い渡す（20条1項。「手続」のＦ）。そして，責任無能力以外の事由で無罪を言い渡す場合には，無罪判決と請求棄却の判決を言い渡す（20条1項。「手続」のＥ）。責任無能力として無罪を言い渡す場合であって，治療処分の請求に理由がある場合には，無罪判決と治療処分判決を言い渡す（「手続」のＧ）。これらの場合，両判決は同時に言い渡し（20条2項），同じ判決文に書く。被告事件について刑事訴訟法上の免訴または公訴棄却の判決あるいは公訴棄却の決定の事由がある場合には，治療処分の請求についても請求棄却の判決または決定をする（20条5項）。

4で述べた起訴後の追加的な治療処分請求の場合，限定責任能力であると判断するときには，裁判所は有罪判決と治療処分判決を言い渡す（20条1項。「手続」のＨ）。責任無能力であると判断するときは，無罪判決と治療処分判決を言い渡す（20条1項。「手続」のＨ）。これらの場合も両者は同時に言い

渡し（20条2項），同じ判決文に書く。裁判所が検察官にこの追加的請求を要求するのは，通常弁護人が被告人の心神喪失または心神耗弱を主張し，それに理由があり，さらに治療処分の必要性が認められるときである。この要求のとき，すでに起訴前に精神鑑定がなされている場合には再び精神鑑定を行うことはあまりないが，そうでない場合には弁護人の要請等に基づき精神鑑定の依頼を行うという。

すでに行われた精神鑑定について再鑑定が行われることはあまりない。弁護人の再鑑定の要請があまりないことと，再鑑定の要求をなかなか受け容れない裁判所の慣行とに，その理由があるという。治療処分を受けるのは，重大な犯罪を犯した精神障害者がほとんどで，希に常習的に窃盗等軽微な犯罪を犯す精神障害者が含まれる。そのため，通常，弁護人等は，彼にとっては，責任無能力で治療処分を，または限定責任能力でそれと刑の減軽を言い渡されるのが，有罪判決またはそれと予防拘禁処分を言い渡されることより有利であると考えるという。1995年4月の時点で，殺人を犯し限定責任能力で治療処分と有罪の判決を言い渡された77名の量刑は，5年未満が29名（37.7％），5年以上10年未満が30名（38.9％），10年以上および無期が18名（23.4％）であった。これに対し，殺人罪で刑務所に収容されている342名の第1審の量刑は，5年未満が6名（1.8％），5年以上10年未満が49名（14.3％），10年以上15年未満が77名（22.5％），無期が195名（57％），死刑が15名（4.4％）であった。

社会保護法は，治療処分の裁判の場合，被請求人が刑法10条の心神障害で公判期日に出頭できないときは，彼の出頭なしに「開廷することができる」，としている（17条）。これは，迅速な裁判をするためであるといわれるが，実務ではあまり適用されていないという。この特則が刑事訴訟法の公判手続停止の規定（刑訴法306条1項）に反し，憲法違反の可能性があること，治療処分の独立請求の場合にも犯罪事実が認定されなければならないこと，実務上被請求者の法廷での態度・陳述は責任能力の判断においても重要な判断根拠となっていること，独立請求の場合にはともかく，被請求者が公判手続停止の規定が適用される被告人でもある併合請求の場合にはその特則は適用できないため，同じ心神喪失者に対して両者の間に不均衡が生じることに，その理由があるという。

治療処分制度の手続は，社会保護法に規定がある場合を除いては，刑事訴訟法の規定を準用する（42条）。従って，刑事訴訟法上の触法精神障害者に対する必要的弁護制度（刑訴法33条4号・283条）は，治療処分の裁判にも適用される。同法の上訴手続も同様であるが（20条7項），被告事件に対する上訴，それの放棄・取下げ，上訴権回復，再審の請求，非常上告は，治療処分事件についても適用される（20条8項）。裁判所は治療処分の判決を言い渡すときは期間を決めることはできず，治療処分に処することのみを明記する。

治療処分に関する裁判も他裁判と同様に公開で行われる。

6 治療処分の要件

裁判所が治療処分の判決を言い渡すためには，触法精神障害者が社会保護法8条1項1号の三つの治療処分の要件を満たしていなければならない。

第1に，「禁固以上の刑にあたる罪」を犯していることである。しかし，ほとんどの刑事犯が禁固以上の刑にあたる罪であるから，あまり意味のないものであるといわれている。実際に，治療処分に処された触法精神障害者は，そのほとんどが殺人など重大な犯罪を犯した者であるが，希に虚偽告訴罪の常習犯のような軽微な犯罪を犯した者も含まれており，保安処分における「比例の原則」に反して，治療処分がなされる場合もあるのである。

第2に，刑法10条1項により処罰できないか，あるいは同条2項の規定により刑が減軽される者，すなわち責任無能力者または限定責任能力者であることである。刑法10条1項は「心神障害によって，事物を弁別する能力がないか，あるいは意思を決定する能力がない者の行為は罰しない」とし，同条2項は「心神障害によって，前項の能力が微弱な者の行為は，その刑を減軽する」としている。心神障害が精神障害を意味することについては，異論がない。同規定は生物学的要素と心理学的要素の併用を規定しているもので，判例と学説もこの混合的方法によるべきであるとしている。しかし，精神障害の有無は諸記録と被告人の法廷での陳述・態度などを総合して判断することの妨げにはならないのであり，必ずしも専門医師による精神障害有無の鑑定に頼る必要はないとする判例（大法院決定1983.6.28 83감도236 韓国司法研修院編・体系大法院判決例刑法①（1992年）229頁）のように，実質的にこれが採用されていると言い切れないものもある。最近は，精神神経症（結

核性髄膜炎後遺症）で精神障害の疑いがうかがわれるにもかかわらず，精神鑑定を行わなかった原審を，鑑定未実施を理由として破棄した判例（大法院 1986.12.9 86 도 2030 韓国司法研修院編・体系大法院判決例刑法①（1992 年）239 頁）や，精神病の病歴が多数ある被告人に対し犯行の経緯・犯行後の行動に関する捜査記録，法廷での陳述・態度のみによって犯行時の精神障害を肯定した原審を，鑑定未実施を理由として破棄した判例（大法院 1989.3.14 89 도 94 韓国司法研修院編・体系大法院判決例刑法①（1992 年）256 頁）など，精神障害の有無について精神鑑定の実施を重視する判例が増えている。

　精神障害の範囲に関しては，刑法上の規定はなく，その解釈はもっぱら学説と判例に任されている。学説では，内因性精神病（統合失調症・躁鬱病・妄想障害），外因性精神病（てんかん），精神遅滞，重大な意識障害（情動障害・病的酩酊・異常酩酊），重度の人格障害がそれにあたるとするのが有力である。精神保健法も人格障害を精神障害に入れている（精神保健法 3 条）。判例もほぼ学説と同様の立場をとっているが，I.Q 70 程度の精神遅滞と人格障害を精神障害として，そのような被告人の責任能力を否定した判例はまだ見あたらない。しかし，下級審の判例には，衝動調節障害も持っている人格障害者について，限定責任能力を認め，治療処分の判決を言い渡したもの（ソウル高判 1991.9.27 91 노 2018, 91 감노 136 下級審判決集 1991 年 3 巻 385 頁）がある。そして，弁別能力と意思決定能力すなわち弁識能力と制御能力については，精神障害がそれの原因であるか否か，犯行の動機・手段・犯行後の行動が理解できるかどうかによって判断するのが，判例の傾向である。しかし，最近では，妄想型統合失調症と鑑定された被告人について，弁識能力はあるが，制御能力が低下しているとして心神耗弱を認め，原審を破棄した大法院の決定もある（大法院 1992.8.18 92 도 1425 韓国司法研修院編・体系大法院判決例刑法①・刑事訴訟法①（2000 年）209 頁）。

　責任能力に関する，精神鑑定の結果と裁判のそれとの一致率については，かなり前の統計であるが，1989 年 6 月現在，全国で行われた 451 件の精神鑑定に対する調査結果がある。それによると，心神喪失と判定された 318 名中 283 名が裁判でも心神喪失と判断され（89％），心神耗弱と判決された 84 名中 77 名が裁判でも心神耗弱と判断されている（92％）。そして，同年，公州治療監護所で行われた 38 件の精神鑑定の結果と裁判のそれとを比較したも

のによると，心神喪失と判定された31名中，30名が裁判でも心神喪失と判断され（97%），1名が心神耗弱と判断されている。

　第3に，再犯の危険性があることである。制定当時の社会保護法は責任無能力者が禁固以上の罪を犯した場合，それだけで治療処分に処するとし，再犯の危険性を治療処分の要件としなかった。そのときの判例には，再犯の危険性を治療処分の当然の要件であるとしながら，責任無能力者の場合にはそれがあると見なされるとしたものもあった。しかし，1989年の改正で，再犯の危険が明示的に要件とされた。

　現在の判例・学説は，再犯の危険性は治療処分の被請求者が将来また心神喪失または心神耗弱の状態で，再び犯行を繰り返す相当の蓋然性を意味するとしている。そして，再犯の危険性の判断基準については，「その再犯の危険性の有無は被治療処分請求者の判決宣告当時の疾患の状態，完治如何，治療の難易度，今後治療によって完治される可能性，期間および治療を持続的に受けることができる環境の有無を総合して，客観的に判断しなければならない」とした大法院の決定（大法院1984．5．22　84감도103　韓国司法研修院編・体系大法院判決例刑法①（1992年）237頁）がある。現在判例と学説はこれに従っている。

　裁判所は再犯の危険性を判断するときも，精神鑑定書にある意見を重視するが，必ずしもそれに拘束されるわけではない。下級審には，触法精神障害者が心神耗弱で再犯の危険性を持っているという精神鑑定結果に拘束されず，治療処分の請求を認めずに有罪判決のみを言い渡した例が少なくない。しかし，そのほとんどは，再犯の危険性の有無ではなく，それを判断する前に心神耗弱を否定したものである。実際に再犯の危険性がないことを理由として治療処分の請求棄却の判決を言い渡した判決の数は知ることができない。

　1988年から97年まで公州治療監護所で精神鑑定を受けた1331名中，裁判で治療処分の判決を言い渡され同所に収容されたのは692名（52%）である。その1331名中，心神喪失と判定された597名（44.9%）のなかで，裁判で心神喪失となり同所に収容されたのは449名（75.2%）で，心神耗弱と判定された546名（41%）のなか裁判でも心神耗弱となり同所に収容されたのは228名（41.8%）である。この鑑定結果と裁判での判断結果との不一致は，直ちに両者の責任能力に関するそれを意味するものではなく，裁判所が責任

無能力者または限定責任能力者について治療処分の判決を言い渡さない場合が，相当あることを示すものであるという。

予想される再犯の種類には制限がないため，法律上は，将来軽微な異種の犯罪を犯す危険性しかないと思われる触法精神障害者も治療処分の対象者になりうるが，実務上どのように運営されているかは定かではない。傷害・暴行，強姦，窃盗を犯した触法精神障害者は同種の犯罪を犯す傾向があるが，他の場合には必ずしもそうでもないという見解がある。1988年から91年まで公州治療監護所に収容されていた触法精神障害者の退所後の再犯に関する調査結果によると，窃盗犯の場合には，退所者41名中再犯者は19名（46.3%）で一番再犯率が高いが，そのなかでまた窃盗を犯したのが18名である。殺人犯の場合には，退所者128名中再犯者は7名で，そのなかで2名は傷害致死罪，2名は傷害罪，2名は窃盗罪，1名は道路交通法違反を犯している。

IV 執行期間と治療処分施設

1 執行期間

治療処分の判決を言い渡された触法精神障害者は公州治療監護所に収容される（9条1項，令5条1項）。韓国における治療処分施設はこの1ヵ所だけである。

収容期間には制限がない。社会保護法は，治療処分施設への収容は治療処分者が収容の必要性がない程度に治癒され，社会保護委員会が治療処分の退所決定または仮退所決定をするまでに行うとしているからである（9条2項）。治療処分と有罪判決が併科された場合には，治療処分を先に執行する（23条2項）。この場合，治療処分の執行期間は刑期に算入されるため，刑期以前に治療処分が終了した場合には，残った刑期だけ刑を受けることになる（23条2項但書）。しかし，刑期を超えて治療処分を行うことも，少数ではあるが，あるということである。

1987年から1995年4月までの同所の，責任無能力者と限定責任能力者の収容数を見ると，合計1361名中前者が1015名（74.6%），後者が319名（23.4%）で，責任無能力者に対する治療処分が多い。1995年4月現在，同所を退所した者で，責任無能力で治療処分を受け収容されていた者の犯罪別・病名別の収容期間をみると以下のとおりである。

第 1 章 韓 国

表 1 責任無能力の治療処分者の犯罪別収容期間

(95 年 4 月現在)

	合計(名)	執　行　期　間（年／以上－未満）									
		－1	1－2	2－3	3－4	4－5	5－6	6－7	7－8	8－10	10－
合計(名)	486	35	118	96	55	64	50	22	13	20	13
殺人	149	5	19	29	23	23	24	6	7	9	4
傷害致死	34	0	4	11	4	2	5	2	0	5	1
傷害	114	11	34	20	11	11	9	4	4	5	5
窃盗	57	8	22	8	6	9	0	4	0	0	0
放火	50	5	16	11	2	10	4	1	0	0	1
強姦	4	1	0	0	1	1	0	1	0	0	0
強盗	12	1	2	2	1	2	2	0	0	1	0
その他	66	4	21	15	7	6	6	4	2	0	1

表 2 責任無能力の治療処分者の病名別収容期間

(95 年 4 月現在)

	合計(名)	執　行　期　間（年／以上－未満）									
		－1	1－2	2－3	3－4	4－5	5－6	6－7	7－8	8－10	10－
合計(名)	486	35	118	96	55	64	50	22	13	20	13
統合失調症	352	12	73	72	41	53	42	16	12	19	12
てんかん	23	0	6	3	5	2	2	2	1	1	1
精神遅滞	6	1	3	1	0	1	0	0	0	0	0
人格障害	16	0	5	5	0	3	2	1	0	0	0
脳症候群	3	0	0	0	2	1	0	0	0	0	0
躁鬱病	15	3	5	3	2	0	2	0	0	0	0
アルコール	21	8	9	2	1	1	0	0	0	0	0
麻薬等	5	3	2	0	0	0	0	0	0	0	0
その他	45	8	15	10	4	3	2	3	0	0	0

第2部　諸外国における触法精神障害者の処遇決定システム

表3　刑期満了者と未満了者
(95年4月現在)

	退所者	刑期満了者	刑期未満了者
合計(名)	149	128	21
殺人	22	16	6
傷害致死	12	11	1
傷害	20	19	1
窃盗	42	37	5
放火	11	10	1
強姦	7	7	0
強盗	11	7	4
その他	24	21	3

表1を見ると，殺人の場合，合計149名中，5年以下は99名(66.4%)，10年以下は145名(97.3%)である。殺人罪で刑務所に収容されている者が342名で，そのなかで10年以上収容されている者が287名(83.9%)であることに比べると，治療処分の収容期間のほうが短い。5年以上の場合は，殺人罪，傷害致死罪，傷害罪を犯した触法精神障害者がほとんどをしめている。しかし，治療処分の収容期間が犯した犯罪によって決められるわけではない。

表2を見ると，統合失調症が352名で全体収容者のなかで72.4%をしめており，長期収容者も多い。アルコール，麻薬等の中毒により精神障害を起こし責任無能力の状態で犯罪を犯した者は，他の場合に比べ収容期間が短い。アルコール中毒の場合が麻薬等の場合より少し長いのは，そもそも精神障害をも持っている場合があるからであるという。

そして，1995年4月現在，限定責任能力で有罪判決と治療処分の判決を受け収容された後に退所した者は合計149名である。そのなかで128名(85.9%)は刑期が満了しており，21名は未了でその後刑務所で服役した。退所者の刑期満了と未了の数は表3のとおりである。殺人罪の場合，他の罪に比べて刑期未了者が多いのは，そもそもその刑期が他の罪より長いほうであるからである。表3によると，全体に刑期より早めに退所することはあまりないことがわかる。しかし，その刑期が限定責任能力で減軽されたものであるため，治療処分者が治療処分に処されなかった場合に考えられる刑期より長く収容されることは，あまりないという。

治療処分者に刑事訴訟法上の執行停止事由（刑訴法471条1項）が発生した場合には，検察官は収容を停止することができる（31条）。すなわち，公州治療監護所の長は健康悪化，疾病，年齢等のため執行を停止する必要があ

るときは，所轄検察庁の検索官に治療処分の執行停止を申請し，検察官は保護者に引き渡すか，あるいは病院に仮収容する。このときは，治療処分者に対し保護観察が行われる（30条但書）。同所では毎年一桁の執行停止が行われており，1987年から97年まで66件の執行停止があった。その期間は，1年未満が6名，1年以上2年未満が18名，2年以上3年未満が13名，3年以上4年未満が6名，4年以上5年未満が6名，5年以上6年未満が6名，6年以上が6名である。

2 公州治療監護所

同所は1987年に開所したもので，法務部に属している。忠清南道公州市の市外に位置しており，土地面積は152,143坪である。病棟は被鑑定者と新入者の検査を行う検査病棟，女性病棟，男性病棟，薬物中毒治療病棟の16個で，すべてが閉鎖病棟である。一つの階が一つの病棟となっており，その中には五つの部屋，休憩室，食堂，保護室等がある。病棟には監視カメラが設置されており，また，病棟の中央に硝子張りの看護士のステーションがあって，そこから病棟内の収容者を直接観察できるような仕組みとなっている。各部屋には12個の病床がある。現在の職員は総計289名で，精神科専門医14名，精神科修練医1名，内科等の医師2名，看護士184名，臨床心理士1名，社会福祉士5名，職業訓練等のセラピスト4名，薬剤師3名，その他の職員75名である。職員は危険な状況に備えた特別な訓練は受けていない。

収容定員は1000名であるが，2001年8月31日現在，女性105名を含めて総計782名が収容されており，そのなかで禁絶処分者60名，鑑定留置者32名，受刑機関からの委託者3名を除いた687名が治療処分者である。禁絶処分者は全員薬物中毒による犯罪者である。アルコール中毒による犯罪者が禁絶処分を言い渡された例はまだない。少年犯については実務上治療処分制度は行われておらず，同所の医師が少年院に直接行って治療を行っている。治療監護者（治療処分者と禁絶処分者）の犯罪別の収容数は，殺人278名（37.2％），傷害致死55名（7.4％），傷害158名（21.2％），強姦39名（5.2％），強盗23名（3.1％），放火41名（5.5％），窃盗65名（8.7％），薬物犯罪60名（8％），その他28名（3.8％）で，重大犯罪が79.6％をしめている。その他は虚偽告訴罪，公務執行妨害罪，未成年者略取及び誘拐罪等であるという。過失犯はなく，窃盗やその他の比較的軽い犯罪は，精神障害による常習性が

あり，治療処分を受けなかったならば，有罪と予防拘禁処分を併科される可能性のある者であるという。病名別の収容数は，統合失調症433名（58%），精神遅滞36名（4.8%），てんかん19名（2.5%），妄想障害34名（4.6%），躁鬱病66名（8.8%），人格障害19名（2.5%），アルコール中毒40名（5.4%），薬物中毒65名（8.7%），その他35名（4.7%）である。これらの病名は収容後の主な症状を示すものであるため，人格障害が治療処分判決の理由とされているわけではない。収容期間をみると，1年未満が249名（33.3%），1年以上2年未満が164名（22%），2年以上3年未満が96名（12.9%），3年以上4年未満が67名（8.9%），4年以上5年未満が46名（6.2%），5年以上6年未満が78名（10.4%），10年以上が47名（6.3%）である。禁絶処分者の場合は2年を越えることはあまりないが，治療処分者の収容は長期化する傾向にあり，同所の医師たちの悩みの種になっている。外部と隔離されることが長期に渡ることによって，本人の治療意欲が落ち，治療の効果が上がらない場合が多いという。収容者の前科数をみると，初犯が538名（72%），再犯が91名（12.2%），3犯が29名（3.9%），4犯が20名（2.7%），5犯以上が69名（9.2%）で，大多数が初犯である。

　治療は，精神療法，薬物療法，訓練療法，サイコドラマ・工芸活動・合唱大会等の集団療法，教育療法等によって行われている。ごく稀ではあるが，電気ショック療法も行われているとのことである。

　収容者の処遇は，「被治療監護者分類および処遇管理準則」（法務部訓令）と内規に基づいて行われている。収容者は病名，その程度により別々の病棟に分離収容されている。テレビの視聴，面会，手紙，電話通話および差入等は行われているが，治療と保安のため必要な場合には，それを禁止または検閲することができる。喫煙は許されていない。父母・配偶者の死亡，兄弟の結婚等がある場合，治療の一環として，外出・外泊を許可することができる。担当医は，治療のためやむ得ない場合，自傷他害の場合またはその危険性が非常に高い場合には，収容者を保護室に入れるか，身体を束縛する場合もある。この場合も前者は20日を，後者は5日を越えることはできない。実際問題を起こすのは，ほとんどが禁絶処分者であり，治療監護者の場合はあまりないという。収容者は，処遇に不服がある場合には，同所の長を通じて法務部長官に請願書を出すことができる。これまで収容者が請願を行ったこと

はないという。この請願の保障は「行刑法」上の受刑者の請願権規定を準用したものであるが、実効性がないと指摘されてきた。2001年5月24日に「国家人権委員会法」が制定され、同年11月25日から施行されるようになった。そのため、これから、人権侵害を受けた本人またはその事実を知る他人は、同法に基づいて、直接独立機関である「国家人権委員会」に救済を請求することができるようになった（国家人権委員会法30条・31条）。

V 退所手続

1 決定機関

公州治療監護所からの退所、仮退所および他精神科病院への治療委託の決定は、法務部に設置されている社会保護法上の社会保護委員会が行う（25条2項）。退所等の決定機関を裁判所ではなく行政機関としたのは、治療処分の目的を達成したかどうかについては、仮釈放のように、実際処分の執行に関与している行政機関にその判断を委ねたほうが適切であるからであるという。同委員会は裁判官・検察官・弁護士の資格がある者7人と2名の医師で構成され、法務部次官が委員長を務める（32条2項）。委員は委員長の推薦によって法務部長官が任命する（施行令15条1項）。現在は、法務部次官と検察官3名、裁判官2名、弁護士1名、精神科専門医2名であるが、その専門医は公州治療監護所の医師ではない。法律家が多いのは、同委員会が準司法的役割を行うからであるというが、退所等の決定を社会防衛という観点からより厳しくすることに繋がるおそれがあると指摘されている。同委員会は委員の過半数の出席によって審議を開始し、出席委員の過半数の賛成によって決定を行うが、賛否が同数のときは委員長が決める（34条）。出席委員は、決定を行った場合、「決定書」に退所等の許可如何とその理由を記載し、記名・捺印する（34条2項、令19条）。同委員会の決定に対する異議申立ての制度はまだ存在しない。

2 決定基準

同委員会は、「治療処分者が収容を不要とするように治癒した」ときには、退所決定を行う。担当医は、収容開始後2ヵ月ごとに同所の長を通じて、収容者の治療の経過、動態、現段階の精神障害の程度、社会適応性について、同委員会に動態報告書を提出する（令11条1項、規則19条）。同委員会は、

この動態報告書，判決文，前科記録等に基づいて，書面審査を行う。そして，必要なときは，法務部公務員をして必要な事項を調査，提出させ，また治療処分者，担当医，その他の関係者を直接呼び，調査をすることができる（33条2項・3項・4項）。実際に治療処分者が呼ばれることはなく，その代わり，公州治療監護所の医療部長が毎月1回行われる同委員会の審査に参席し，同所の診療審議委員会を通った担当医の意見を述べているという。審査は非公開で行われる。

　退所決定の審査基準は「治療監護終了・仮終了及び治療委託審査規程」に明記されている。社会保護委員会は，まず，①十分に治癒され，再犯の危険性がない場合には，退所決定をしなければならない（同規程14条1項）。しかし，①以外の場合であって，②治療の経過がごく良好であり，今後薬物および通院治療だけで治癒が可能であり，再犯の危険性がない場合には，親族が十分な保護を誓約するとき，退所決定をすることができる（同規程同条2項）。また，長期収容による逆効果のおそれがある場合に適用されると思われるが，③治療を続けても症状の好転を期待できない場合には，再犯の発生を防止するための最小限の社会適応訓練を終え，親族が十分な保護を誓約するとき，退所決定をすることができる（同規程同条3項）。これらの審査においては，治療処分者の「治療関係，社会適応関係，前科，犯罪関係，その他の特異な情状関係等」を審査事項として考慮しなければならない（同規程3条―7条）。しかし，現実的には公州治療監護所の診療審議委員会を通った担当医の意見が大きく反映される。担当医も前述の審査基準と審査事項を参考にして退所の必要性を判断するが，特に収容当時の症状の残存程度，自己の精神障害に対する認識程度，弁別能力と制御能力の有無・程度，薬の持続的な服用可能性，独りで病院に行ける能力の有無，医師の指示に対する遵守度，治療に協力的な家族環境の有無，最小限の社会適応能力の有無等が考慮されるようである。もちろん，担当医の意見と社会保護委員会の決定とが異なる場合もある。それは，同委員会が犯罪の重大性，犯行の態様，前科に照らして，社会の防衛をより重視する場合に生じるという。退所後は行状観察等強制的な措置は一切なく，退所者が任意的に5年間公州治療監護所で通院治療を受けることができるだけである。

　仮退所決定の審査基準も同規程に明記されている。①完治されていないが，

社会的な危険性が低く，引受保護者がある場合には，治療等の特別遵守事項を賦課して，仮退所の決定をすることができる（同規程15条1項）。②長期収容が必要な治療監護者に対しては，外来通院治療が可能であり，長期収容が社会適応力を低下させるおそれがある場合には，親族または引受保護者が十分な保護を誓約するとき，仮退所を決定することができる（同規程15条2項）。③治療監護者が完治されたが，継続的な治療と保護観察が必要である場合には，親族または引受人が十分な保護を誓約するとき，仮退所の決定をすることができる（同規程15条3項）。仮退所の審査のときも前述の審査事項を考慮しなければならない（同規程3条―7条）。また医師の指示に対する遵守度も重要な審査事項である（規則27条）。実務では禁絶処分者や窃盗犯の治療処分者に対して仮退所を認めているだけで，他の治療処分者についてはあまり行われていないという。

治療委託制度は収容の必要性はあるが，親族が一般の精神科病院での入院治療を誓約し，入院を保証する資料を提出するとき，一定の期間の間にその病院に入院治療を委託するものである（28条，令12条）。これは親族がその費用を払うものであるが，親族の申請がないため，これまで1件も実施されていない。

治療処分者は，仮退所または治療委託された場合には，3年間の行状観察を受けなければならないが，同委員会はそれを1回に限って3年間延長することができる（10条3項）。同委員会は，症状の悪化，指示事項の未遵守等の理由があるときは，仮退所等を取り消して，彼を再び公州治療監護所に収容することができる（11条・30条）。行状観察は保護観察官によって行われており，アフター・ケア的なものではなく，一般の保護観察と同じものである。

同委員会は，2000年度の1年間，合計243件の退所および仮退所の審査を行い，そのなかで227件（93.4％）について退所または仮退所の決定をした。大多数は退所の決定で，1999年度の場合，156名が退所し，93名が仮退所している。これまでの仮退所の取消率は1.8％であるという。

3 審査の種類

審査は，同委員会が職権で行う「職権審査」（33条1項）と検察官，治療処分者，その法定代理人または親族の申請によって行う「申請審査」（35条，

第2部 諸外国における触法精神障害者の処遇決定システム

社会保護法の治療処分制度の手続

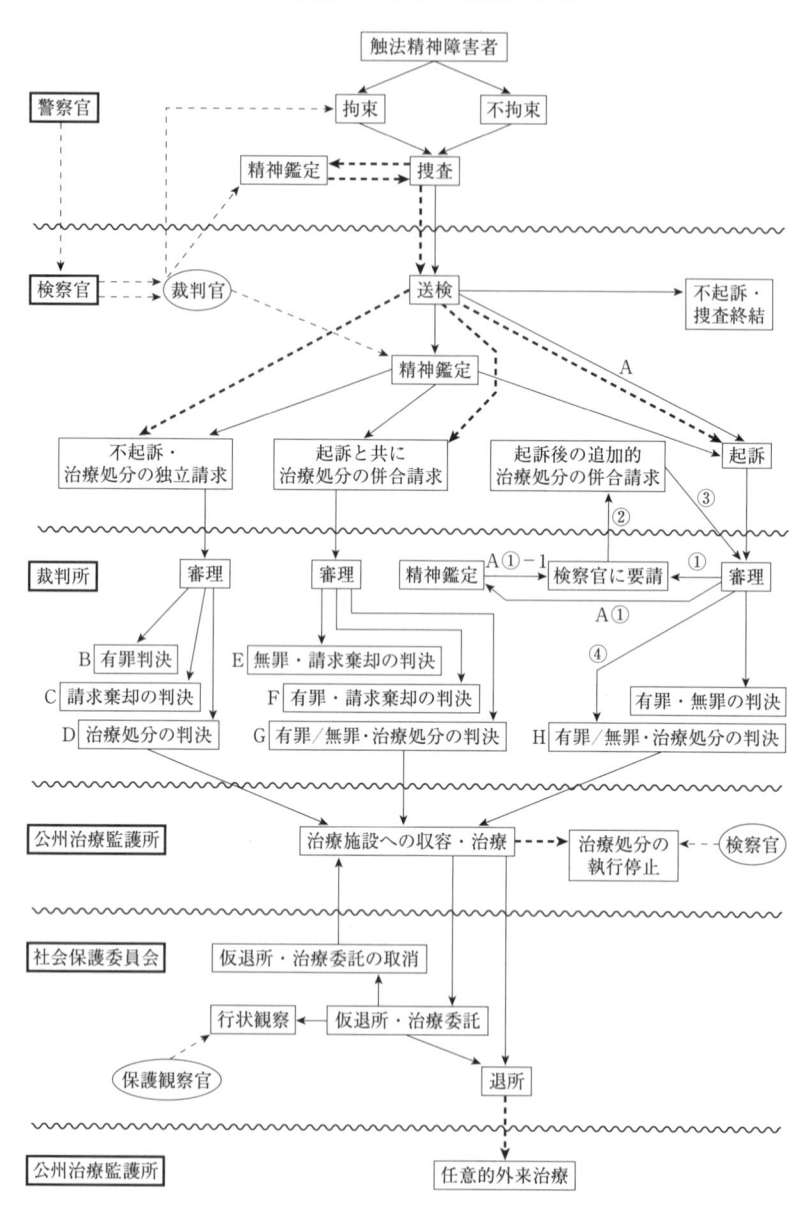

```
                            触法精神障害者
                              ↙      ↘
    警察官  --------→ 拘束        不拘束
                        ↓          ↓
              精神鑑定 ←---- 捜査
    ～～～～～～～～～～～～～～～～～～～～～～～～～～～
    検察官 ----→ 裁判官 ----→ 送検 -----→ 不起訴・
                                            捜査終結
                              ↓         A
                            精神鑑定
              ┌───────┬──────┼──────┬────────┐
           不起訴・    起訴と共に    起訴後の追加的      起訴
         治療処分の    治療処分の    治療処分の          ③
         独立請求      併合請求      併合請求
                                         ②
    ～～～～～～～～～～～～～～～～～～～～～～～～～～～
    裁判所   審理        審理     精神鑑定 A①-1 検察官に要請 ← ① 審理
                                              A①
                                                          ④
         B 有罪判決   E 無罪・請求棄却の判決              有罪・無罪の判決
         C 請求棄却の判決  F 有罪・請求棄却の判決
         D 治療処分の判決  G 有罪/無罪・治療処分の判決  H 有罪/無罪・治療処分の判決
    ～～～～～～～～～～～～～～～～～～～～～～～～～～～
    公州治療監護所    治療施設への収容・治療 ----→ 治療処分の ←--- 検察官
                                                      執行停止
    ～～～～～～～～～～～～～～～～～～～～～～～～～～～
    社会保護委員会  仮退所・治療委託の取消
                          ↑
                   行状観察 ← 仮退所・治療委託
                      ↑              ↓
               保護観察官            退所
    ～～～～～～～～～～～～～～～～～～～～～～～～～～～
    公州治療監護所         任意的外来治療
```

268

35条の2）とがある。

　退所の職権審査は，収容開始後，仮退所後または治療委託後6ヵ月ごとに行う（25条2項）。仮退所のそれは収容開始後6ヵ月ごとに行う（25条2項）。治療委託のそれは，責任無能力の治療処分者については2年が経ってから，限定責任能力の治療処分者については併科された刑期にあたる期間が経過してから行う（28条1項）。

　検察官の申請の審査は，検察官が同委員会に，退所，仮退所または治療委託の申請をしたときに行う（35条1項）。この場合，申請の期間に関する法的規定がないが，退所と仮退所は収容開始後6ヵ月ごとに，治療委託は前述の期間の経過後から，その申請が可能であり，不許可の決定があった場合にはその6ヵ月後に再申請が可能であると理解されている。この場合は，公州治療監護所の長または保護観察官の意見を聞かなければならない（35条3項）。また，検察官に対し，前者は退所，仮退所，または治療委託の申請をするよう，後者は退所の申請をするよう，それぞれ要請することができる（35条4項）。同所の長の意見または要請は診療審議委員会を通った担当医のそれである。治療処分者等の申請による申請審査は退所に限られている（35条の2第1項）。仮退所・治療委託の申請は治療処分者等にはできない。この退所の申請は同所の長を経由して社会保護委員会にする方法と直接同委員会にする方法がある（規則32条4項）。実際に使われる方法は前者である。不許可の決定があった場合にはその6ヵ月後に再申請をすることができる（35条の2第4項）。1年に約35件の退所・仮退所の申請審査が行われており，これは職権審査の約13％に当たるという。

第 2 部　諸外国における触法精神障害者の処遇決定システム

[資料]

社会保護法

1980 年 12 月 18 日に制定され，現在まで 5 回の改正があった。特に 1989 年の改正のときは，収容要件の改正などがあった。以下では同法の基本的な条文のみを訳する。[　]の中は訳者注である。

1 条（目的）　この法律は，罪を犯した者であって，再犯の危険性があり，特殊な教育・改善及び治療が必要であると認められるものを保護処分[保安処分]にすることによって，彼の社会復帰を促進し，社会を保護することを目的とする。

2 条（保護処分対象者）　この法の保護処分対象者（以下「保護対象者」という）は以下のとおりである。
　1　数個の刑を受け，または数個の罪を犯した者（過失により罪を犯した者は除く）
　2　心身障害者または麻薬類・アルコール・その他の薬物の中毒者で罪を犯した者

3 条（保護処分の種類）　保護処分の種類は次の通りである。
　1　保護監護[予防拘禁処分]
　2　治療監護[治療処分＋禁絶処分]
　3　保護観察

8 条（治療監護）　①保護対象者が次の各号のいずれかに該当し，再犯の危険性があると認められるときは，治療監護に処する。
　1　心神障害者であって，刑法 10 条 1 項により罰することができないか，あるいは同条 2 項により刑が減軽される者が，禁固以上の刑にあたる罪を犯した場合
　2　麻薬，向精神性医薬品，大麻，その他濫用され，または害毒作用を起こす虞のある物質，アルコールを食飲・摂取・吸入・喫煙または注入する習癖があるか，あるいはそれらに中毒された者が，禁固以上の刑にあたる罪を犯した場合

9 条（治療監護の内容）　①治療監護の宣告を受けた者（以下「被治療監護者」という）については，治療監護施設に収容して治療のための措置を行う。
②治療監護施設への収容は，被治療監護者が監護の必要がないほどに治癒され，社会保護委員会の治療監護の終了決定，または仮終了決定を受けるときまでに行う。

14条（監護請求）①監護の請求をするときは，検察官は監護請求書を所轄裁判所に提出しなければならない。監護請求書には被監護請求人数に相応する副本を添付しなければならない。

②監護請求書には次の事項を記載しなければならない。
1　被治療監護人の姓名その他彼を特定できる事項
2　請求の原因となる事実
3　適用条文
4　その他大統領令で定める事項

③検察官は公訴提起した事件の第1審判決の宣告前まで監護請求をすることができる。

④裁判所は，監護請求があるときは，直ちに監護請求書の副本を被監護請求人または弁護人に送達しなければならない。ただし，公訴提起と同時に監護請求があるときは，第1回公判期日5日前まで，被告事件審理中に監護請求があるときは，次の公判期日5日前まで送達しなければならない。

⑤裁判所は，公訴提起された事件の審理の結果，被告人を監護［治療処分＋禁絶処分］に処する必要があると認められるときは，検察官に監護請求を要求することができる。

15条（監護の独立請求）　検察官は，次の各号のいずれかに該当するときは，公訴を提起しないで監護請求のみをすることができる。
1　被疑者が刑法10条1項に該当するため処罰できない場合
2　告訴または告発がなければ論ずることができない罪について，告訴または告発がないか，あるいは取下された場合，または被害者の明示した意思に反して論ずることのできない罪について，処罰を希望しないという意思表示があるか，あるいは処罰を希望する意思表示が取下された場合
3　被疑者について刑事訴訟法247条1項の規定に基づき公訴を提起しない決定をした場合

17条（被治療監護請求人の不出頭）　被治療監護請求人が刑法10条1項の心神障害により公判期日に出頭できない場合には，裁判所は彼の出頭なしに開廷することができる。

18条（公判手続への移行）①15条1号による治療監護請求事件の公判開始後，被監護請求人に刑法10条1項の心神障害がないという明白な証拠が発見された場合，検察官の請求があるときは，裁判所は刑事訴訟法の規定による公判手続へ移行しなければならない。

②前項においては，治療監護を請求したときに公訴を提起したこととし，治療監

護請求書は公訴状と同じ効力を持ち，公判手続前の審理は公判手続によるものとみなす。このとき，公訴状に記載すべき事項は刑事訴訟法298条による手続により変更することができる。

20条（監護の判決等）①裁判所は，監護請求された事件を審理してその請求に理由があると認められるときは，判決で監護を宣告しなければならず，その理由がないと認められるとき，被告事件について心神喪失以外の事由により無罪を宣告するとき，または死刑・無期刑を宣告するときは，判決で請求棄却を宣告しなければならない。

②監護事件の判決は被告事件の判決と同時に宣告しなければならない。ただし，15条による監護請求の場合にはその限りではない。

③監護宣告の判決理由には要件となる事実，証拠の要旨及び適用条文を明示しなければならない。

④保護監護と治療監護の要件が重なるときは，治療監護のみを宣告しなければならない。

⑤裁判所は，被告事件について刑事訴訟法326条各号，327条1号ないし4号，及び328条1項各号（2号後段は除く）の事由があるときは，監護請求事件についても請求棄却の判決または決定をしなければならない。監護請求事件についてその事由があるときも同様である。

⑦検察官または被監護請求人と刑事訴訟法339条ないし341条に規定されている者とは，刑事訴訟法の手続により上訴することができる。

⑧被告事件の判決について上訴及び上訴の抛棄・取下があるときは，監護請求事件の判決についても上訴及び上訴の抛棄・取下があるとみなす。上訴権回復または再審の請求あるいは非常上告があるときも同じである。

23条（執行順序及び方法）②治療監護と刑が併科された場合には，治療監護を先に執行する。このとき，治療監護の執行期間は刑期に算入する。

25条（終了等の審査・決定）②社会保護委員会は，被治療監護者については執行開始後6月ごとに終了または仮終了如何を，仮終了または治療委託された被治療監護者についてはその後6月ごとに終了如何を審査，決定する。

28条（治療の委託）①社会保護委員会は，8条1項1号前段の被治療監護者については，執行開始後2年を経過したときは一定の期間を定めて，その親族に治療監護施設の外での治療を委託することができる。8条1項1号後段の被治療監護者のなかで，治療監護のみを宣告された者も同様である。

②社会保護委員会は，治療監護と刑が併科され，刑期に相当する治療監護の執行を受けた者については，一定の期間を定めて，その親族に治療監護施設の外での

治療を委託することができる。
　③社会保護委員会は，1項または前項によって，治療の委託を決定するときは，被治療監護者の親族から治療監護施設の外での入院・治療を保証する旨の誓約書を提出してもらわなければならない。
32条（社会保護委員会）　①保護処分の管理と執行に関する事項を審査・決定するために，法務部に社会保護委員会（以下，「委員会」という）を設置する。
　②委員会は裁判官，検察官または弁護士の資格のある7人以内の委員と医師の資格のある2人以内の委員とで構成し，委員長は法務部次官とする。
　③委員会は次の各号の事項を審査，決定する。
　2　被治療監護者に対する治療の委託・仮終了及びその取消と終了とに関する事項
　3　被保護観察者に対する遵守事項の賦課，指示，監督及び違反時の制裁に関する事項
　4　その他1号ないし3号に関連する事項
33条（審査）　①委員会は審査資料に基づいて32条3項の事項を審査する。
　②委員会は前項による審査のために必要なときは，法務部所属公務員をして決定のために必要な事項を調査させ，または被監護者，被保護観察者（以下，両者をあわせて「被保護者」という），その他の関係者を直接召喚，審問及び調査することができる。
34条（議決と決定）　①委員会の会議は，委員長を含めて，在籍委員の過半数の出席により開議し，出席委員の過半数の賛成で議決する。ただし，可否同数の場合には委員長が決定する。
　②決定は，理由をつけた，出席委員が記名捺印した文書によって行う。
35条（検察官の審査申請）　①被保護者の住居地（施設に収容されている場合には，その施設を住居地とみなす）を所轄する地方検察庁または支庁の検察官は，32条3項の事項について，委員会にその審査・決定を申請することができる。
　②前項の申請のときは，委員会に審査請求書及び申請事項の決定に必要な資料を提出しなければならない。この時，資料の調査に関しては12条を準用する。
　③前項による申請書を提出するときは，監護施設の長または保護観察官の意見を聞かなければならない。
　④監護施設の長または保護観察官は，検察官に1項による申請をするよう要請することができる。
35条の2（被治療監護者等の審査申請）　①被治療監護者，その法定代理人または親族は，被治療監護者が監護の必要がないほどに治癒されたことを理由として，

委員会に監護終了の審査・決定を申請することができる。
　④１項による申請は，治療監護の執行開始後６月が経過してからすることができる。申請が棄却された場合には，その日から６月が経過してから再申請をすることができる。
42条（他法律の準用）　保護処分に関して，この法律に特別な規定がある場合を除いて，その趣旨に反しない範囲内で，刑事訴訟法，行刑法および保護観察等に関する法律を準用する。

精神保健法

1995年12月30日に制定され，1997年12月31日に全文改正が，2000年1月12日に一部改正が行われた。以下では「市・道知事による入院」の基本的な条文のみを訳する。

25条（市・道知事による入院）　①精神疾患により自身または他人を害する危険があると疑われる者を発見した精神科専門医または精神保健専門要員は，市・道知事に彼の診療および保護を申請することができる。
　②前項によって申請を受けた市・道知事は，即時に精神科専門医にその精神疾患者と疑われる者に対する診断を依頼しなければならない。
　③精神科専門医が，前項の精神疾患者と疑われる者について自身または他人を害する危険があり，その症状の正確な診断が必要であるとしたときは，市・道知事は，彼を国家または地方自治団体が設立または運営する精神医療機関あるいは総合病院に２週を限度として入院させることができる。
　⑥市・道知事は，3項による診断の結果，当該精神疾患者について継続入院が必要であるという，２人以上の精神科専門医の一致する所見がある場合には，彼について国家または地方自治団体が設立または運営する精神医療機関に入院治療を依頼することができる。ただし，その管轄区域のなかに国家または地方自治団体が設立または運営する精神医療機関がない場合には，その他の精神医療機関に入院治療を依頼することができる。
30条（市・道知事による入院措置の解除）　①市・道知事は，25条による入院後３月が経過した患者については，その入院措置を解除しなければならず，これをその患者が入院している精神医療機関の長に通報しなければならない。この場合，当該精神医療機関の長は直ちにその患者を退院させなければならない。

②前項の規定にもかかわらず，市・道知事は，2人以上の精神科専門医による診断または精神保健審判委員会の審査の結果，当該精神疾患者が退院したときに自身または他人を害する危険があることが明白である場合には，彼の入院を継続することができるし，その期間は入院が継続された日から3月以内とする。

SOCIAL PROTECTION ACT

                1980・12・18Act No. 3286
   Amended By   1987・12・4 Act No. 3993
   Amended By   1989・3・25Act No. 4089
   Amended By   1994・1・5 Act No. 4704
   Amended By   1995・1・5 Act No. 4933
   Amended By   1996・12・12Act No. 5179

CHAPTER I GENERAL PROVISIONS

Article 1 (Purpose)

The purpose of this Act is to provide for means to facilitate the return to the society of the offenders who are considered to present a danger of recidivism and need special training, rehabilitation and treatment, and also to safeguard community therefrom, by sentencing them under protective disposition.

Article 2 (Persons subject to Protective Disposition)

Persons subject to protective disposition under this Act (hereinafter referred to as "protective subjects") shall be as follows : 〈Amended by Act No. 4089, Mar. 25, 1989; Act No. 5179, Dec. 12, 1996〉

1. Persons who have been sentenced to more than one penalty or who have committed not less than one offense (excluding those who have committed offense by negligence) ; and

2. Mentally ill persons, drug addicts and alcohol addicts who have committed offense.

Article 3 (Categories of Protective Disposition)

Protective disposition shall have the following categories :

1. Protective custody;

2. Rehabilitative custody; and

3. probation.

Article 4 (Jurisdiction over Custody Cases)

(1) The territorial jurisdiction for a custody case shall be the same as that for the criminal charge which are being tried or could have been tried concurrently with the custody case.

(2) The first trial jurisdiction for custody cases chall belong to the collegiate division of the District Court or the Branch Court. If the jurisdiction for the custody case is different from that for the criminal trial of the same subject for whom custody is applied, the former shall prevail.

CHAPTER II PROTECTIVE DISPOSITION

Artice 5 (Protective Custody)

A protective subject, who falls under any of the following subpargraphs, and is deemed to have a danger of repetition of an offense, shall be sentenced to protective custody :

1. when a person who has been sentenced two or more times for offences in the same or of a simiar catagory to actual penalties of imprisonments whthout prison labor or heavier the total period of which is three years or more, has again committed an offence in the same or of a similar category as shown in the attached Table, after having completed, in whole or in part the last penalty, or having been exempted therefrom;

2. when a person is deemed to be a habitual offender because of his multiple commission of offences shown in the attached Table; and

3. When a person, who was sentenced to protective custody, has again committed an offence in the same or of a similar category shown in the attached Table, after having completed serving, in whole or in part the custody, or having been exempted therefrom.

[This Article wholly Amended by Act No. 4089, Mar. 25, 1989]

Article 6 (Definition of Actual Penalty and Offense in the Same or of Similar Category)

(1) The term "actual penalty" referred to in Article 5 means impriosonment without prison labor or a heavier penalty which has been served, in whole or in part, or exempted from.

(2) The term "offenses in the same or of a similar category" referred to in Artice 5 means offenses which have following relationships each other :

1. Offenses with the same name;

2. Offenses provided in the same chapter of the Criminal Act;

3. Offenses provided in the Ciminal Act and an offense separately provided for an aggravated punishment;

4. Offenses provided in the same Act other than the Criminal Act;

5. Offenses provided in Acts other than the Criminal Act and an offense separately provided for an aggravated punishment; and

6. Offenses which are considered to be in the same or of a similar category in view of comprehensive character of the offenses such as the nature, means, modus operndi, general tendencies and types of the offenses.

Article 7 (Treatment During Protective Custody)

(1) Any person sentenced to protective custody (hereinafter referred to as the "protective custody subject") shall be subject to commitment to a protective custody facility for the purpose of custody and rehabilitation, and may also be made subject to vocational training or labor when deemed necessary for his return to the society : Provided, The labor may not be imposed without the consent of the protective custody subject.

(2) The chief of a protective custody facility may entrust with an appropriate agency the custody of the protective custody subject, when he finds it nesessary for vocational training, labor and medical treatment and other measures for custody and rehabilitation. In this case,the entrusted agency shall be considered as a protective custody facility. 〈Amended by Act No. 5179, Dec. 12, 1996〉

(3) Commitment to a protective custody facility shall not exceed seven years. 〈Newly Inserted by Act No. 4089, Mar. 25, 1989〉

(4) Details concerning protective custody facilities and methods of the custody and rehabilitation, and other necessary matters as prescribed in paragraphs (1) and (2) shall be provided for by the Presidential Decree.

Article 8 (Rehabilitative Custody)

(1) A protective subject, who falls under either of the following subparagraphs and is deemed to have a danger of recidivism, shall be sentenced to a rehabilitative custody :

1. When a person who is mentlly ill and is not punishable under the provisions of Article 10 (1) of the Criminal Act, or is eligible for remittance n penalty as provided in Article 10 (2) of the Criminal Act, has committed an offense punishable by imprisonment without prison labor or a heavier penalty; and

2. When a person who is ddicted to, or has the habit of drinking, taking, inhaling,

smoking, or injecting narcotics, intoxicating drugs, marijuana, alcohol or other materials which are likely to present danger of abuse or harmful effect, has committed an offense punishable by imprisonment without prison labor or a heavier penalty.
(2) Materials which are likely to present danger of abuse or harmful effect under paragraph (1) 2 shall be prescribed by the Presidential Decree.
[This Article wholly Amended by Act No. 4089, Mar. 25, 1989]

Article 9 (Treatment during Rehabilitative Custody)
(1) A person who is sentenced to a rehabilitative custody (hereinafter referred to as the "rehabilitative custody subject") shall be subject to commitment to a rehabilitative custody facility for treatment.
(2) Commitment to a rehabilitative custody facility shall continue until the rehabilitative custody subject is so cured that custody is no longer necessary and the Community Protection Committee has decided to terminate or suspend the custody. 〈Amended by Act No. 5179, Dec. 12, 1996〉
(3) Rehabilitative custody facilities, the treatment process and other necessary matters as prescribed in paragraph (1) shall be prescribed by the Presidential Decree.
[This Article Wholly Amended by Act No. 4089, Mar. 25, 1989]

Article 10 (Probation)
(1) A protective subject shall be placed under probation, when he falls under either of the following subparagraphs: 〈Amended by Act No. 5179, Dec. 12, 1996〉
1. When a protective custody subject is released on protective parole; or when released on criminal parole while serving a prison term imposed together with the protective custody, and the remaining prison term elapses without his parole being cancelled or nullified; or
2. When the rehabilitative custody is suspended or a rehabilitative custody subject is entrusted to his relative for treatment outside the rehabilitative custody facility.
(2) When the requirements provided for in the latter part of paragraph (1) 1 are met, it shall be deemed that the Community Protection Committee has decided to grant a protective parole.
(3) The period of probation shall be three years : Provided. That if a continuous probation is necesary for the person subject to probation pursuant to the provison of paragraph (1) 2. the period of probation may be extended, only one, for 3 years, by the decision of the Community Protection Committee. 〈Ameded by Act No. 5179, Dec. 12, 1996〉

(4) The probation shall terminate even before the expiration of the period of probation if the Community Protection Committee decides to exempt the subject from the service of protective custody or to terminate the rehabilitative custody, or if a person subject to probation (hereinafter referred to as the "probationer") is recommitted as a subjective of a protective custody or a rehabilitative custody (both of them shall be hereinafter collectively referred to as "custody"), or if a protective supervisee has to serve imprisonment without prison labor or a heavier penalty. 〈Newly Inserted by Act No. 5179, Dec. 12, 1996〉

Article 11 (Requirements of Probationer)

(1) The probationer shall faithfully fulfill the requirements pursuant to the provison of Article 32 (2) of the Protection and Surveillance, etc. Act.

(2) The Community Protection Committee may separately provide for medical treatment and other additional requirements with consideration of the characteristics of the probationer.

[This Article Wholly Amended by Act No. 5179, Dec. 12, 1996]

CHAPTER III PROCEDURE FOR PROTECTIVE DISPOSITION

Article 12 (Investigation)

(1) A prosecutor shall investigate the materials relevant in making a decision on a protective disposition while investigating a crime, when it is considered reasonably likely that the suspect should be subject to custody in view of his criminal record or mental illness, etc.

(2) A judicial police officer (including a special judicial police officer; hereinafter the same shall apply) shall conduct the investigation as prescribed in paragraph (1) under the direction of a prosecutor.

Article 13 (Custody Warrant)

(1) A Prosecutor may place a protective subject under protective detention (including protective confinement and protective arrest; hereinafter the same shall apply) with a custody warrant applied for by the prosecutor and issued by a competent District court judge when it is consiered necessary that the protective subject should be subject to custody and the protective subject falls under one of the following subparagraphs :

1. He has no established address;

2. There is a danger that he may destroy evidence in the case under investigation; or

3. He escapes or presents a danger of escape.

(2) A judicial police officer may place under protective detention a protective subject who falls under paragraph (1) with a custody warrant applied for by a prosecutor upon request of the judicial police officer and issued by a competent district court judge.

(3) The provisions of Articles 201 (2) through (4), 202 through 207 and 209 of the Criminal Procedure Act shall apply mutatis mutandis to the protective detention as prescribed in paragraphs (1) and (2).

(4) The provisions of Articles 94, 96, 208, and 214 - 2 of the Criminal Procedure Act shall not apply to protective subjects under protective detention.

Article 14 (Custody Application)

(1) A custody application shall be made by a prosecutor by filing a written application with the competent court. Copies of the custody application equal in number to that of the subjects for whom custody is applied, shall be attached to the custody application.

(2) The following matters shall be described on a custody application :

1. Name of the subject for whom custody is applied or other descriptions to identify the subject;

2. Grounds for the custody applications;

3. Applicable legal provisions; and

4. Other matters provided by the Presidential Decree.

(3) The prosecutor may apply for custody of a person at any time before the first trial court renders a decision in a case prosecuted by him.

(4) The court which received a custody application shall without delay serve the subject for whom custody is applied or his attorney with a copy of the application : Provided, That the service shall be not later than 5 days before the first date of trial when the custody application is filed together with a public prosecution and not later than 5 days before the date of the next trial when a custody application is filed during the trial of a prosecuted case.

(5) The court may request the prosecutor to file a custody application when it considers it necessary to sentence a person to custody in view of the materials presented at the trial of a prosecuted case against him.

Article 15 (Independent Custody Application)

A prosecutor may request a custody application only, without instituting of public prosecution, when :

1. A suspect is not punishable because the person falls under Article 10 (1) of the Criminal Act;

2. There is no accusation or complaint concerning on offense for which an accusation or a complaint is required for filing prosecution, or the victim expressed his wish not to prosecute the offender or retracted his previous wish to prosecute the offender for an offense which cannot be prosecuted against the expressed wich of the victim; or

3. The prosecutor decides not to prosecute a suspect under the provisions of Article 247 (1) of the Criminal Procedure Act.

Article 16 (Application for Custody and Effect of Warrant of Detention)

When the prosecutor decides not to institute a public prosecution against a suspect detained under a warrant of detention, and files a custody application only, the warrant of detention shall continue to have effect as a custody warrant.

Article 17 (Absence of Subject for whom Rehabilitative Custody is Applied)

When a subject for whom a rehabilitative custody is applied is not able to be present at the trial due to mental illness as prescribed in Article 10 (1) of the Criminal Act, the court may hold the trial without his presence.

Article 18 (Transfer to Criminal Trial Process)

(1) When there is found clear evidence that a subject for whom rehabilitative custody is applied has no mental illness as provided in the provisions of Article 10 (1) of the Criminal Act fter commencement of trial for the rehabilitative custody case in accordance with the provisions of subparagraph 1 of Article 15, the court shall transfer the case to a criminal trial process under the Criminal Procedure Act at the request of a prosecutor.

(2) In case of paragraph (1) , public prosecution is considered to have been instituted at the time when the rehabilitative custody application was requested; the rehabilitative custody application shall have the same effect as an indictment; and any hearing taken before the transfer to the trial process shall have the same effect as one taken during the trial process. In this case, matters to be entered in an indictment may be changed in accordance with the provisions of Article 298 of the Criminal Procedure Act.

(3) When a custody application is filed after requesting an application for a summary order, the latter shall be tried according to the formal criminal procedure thereafter.

Article 19 (Informing of Contents of Trial)

When a trial procedure is commenced pursuant to the provisions of Article 18, the contents of trial, the proceedings of which are taken without presence of the subject concerned, shall be informed to him by reading the protocol of trial or by other appropriate means.

Article 20 (Decision of Custody, etc.)

(1) When the court finds, after the hearing, that a custody application has sufficient grouds, a sentence to custody shall be issued in the form of a decision. The custody application shall be dismissed in the form of a decision either when the application is found to be without sufficient grounds or when the subject for whom custody is applied is declared not guilty on grounds other than insanity or is sentenced to death or life imprisonment with or without prison labor in the accused case. 〈Amended by Act No. 4089, Mar. 25, 1989〉

(2) The decision on a custody case and the decision on an accused case for the same offense shall be sentenced simultaneously : Provided, That this shall not apply when the custody application falls under the provisions of Article 15.

(3) The reasons for a decision issuing a sentence to custody shall specify the facts which satisfy the requirements of the sentence, the abstracts of the evidence and applicable provisions.

(4) When a protective subject satisfies both the requirements for a protective custody and for a rehabilitative custody, only a rehabilitative custody shall be sentenced. 〈Amended by Act No. 4089, Mar. 25, 1989〉

(5) When an accused case falls under any of the conditions provided in each subparagraph of Article 326, subparagraphs 1 through 4 of Article 327, and each subparagraph of Article 328 (1) (except the latter part of subparagraph 2) of the Criminal Procedure Act, the court shall dismiss the custody application as well in the form of a decision or an adjudication. The same shall apply to custody applications meeting the above conditions.

(6) When a protective custody is issued without any sentences of criminal penalties, the whole or a part of the pre-sentence protective confinement period (including a period of confinement under the warrant of detention; hereinafter the same shall apply) shall be conted in calculating the period of commitment to the protective custody facility. 〈Amended by Act No. 4089, Mar. 25, 1989〉

(7) A prosecutor, a subject for whom custody is applied or any person provided in Articles 339 through 341 of the Criminal Procedure Act may file an appeal according

to the procedures prescribed in the Criminal Procedure Act.

(8) When an appeal or a waiver or a withdrawal thereof is filed concerning a decision of an accused case, the same appeal or waiver or withdrawal thereof shall be considered to have been filed in regard to the custody application case as well. The same shall apply to cases of a recovery of right of appeal, an application for retrial, or an extraordinary appeal.

Article 21 (Provisions Mutatis Mutandis)

(1) The provisons of Article 13 (1) shall apply mutatis mutandis to protective detention by the court of a subject for whom custody is applied.

(2) The provisions of Articles 282 and 283 of the Criminal Procedure Act shall apply mutatis mutandis to cases for custody application for persons prescribed in Articles 5 and 8 (1) 1. 〈Amended by Act No. 4089, Mar. 25, 1989〉

CHAPTER IV EXECUTION OF PROTECTIVE DISPOSITION

Article 22 (Direction of Execution)

(1) A prosecutor shall direct the execution of a protective disposition.

(2) The direction under the provisions of paragraph (1) shall be conducted in writing accompanied by an afficial copy of the decision or adjudication.

Article 23 (Order and Method of Execution)

(1) A penal sentence shall be executed first when a protective custody is adjudged concurrently with a penal sentence (including the case where a criminal penalty is rendered during his commitment to a protective custody facility) : Provided, That a sentence of suspension of qualification shall be executed with a protective custody. 〈Amended by Act No. 4089, Mar. 25, 1989; Act No. 5179, Dec. 12, 1996〉

(2) The rehabilitative custody shall be executed first when a penal sentence is adjudged concurrently with the rehabilitative custody. In this case, the period of rehabilitative custody shall be counted in to the period of penalty 〈Newly Inserted by Act No. 5179, Dec. 12, 1996〉

(3) When not less than one decision sentencing to protective custody is rendered, only the custody of the last sentence shall be executed. 〈Amended by Act NO. 4089, Mar. 25, 1989〉

Article 23-2 (Disclosure of Contents of Custody, etc.)

Details and actual state of execution of protective custodies and rehabilitative custodies under this Act shall be disclosed in accordance with the Presidential

第2部　諸外国における触法精神障害者の処遇決定システム

Decree.

[This Article Newly Inserted by Act No. 4089, Mar. 25, 1989]

Article 24 (Summons, Execution of Custody)

(1) A prosecutor may, to execute a custody decision, summon a protective custody subject or a rehabilitative custody subject (both of them shall be hereinafter collectively referred to as "custody subject") who is not already under a protective confinement.

(2) When a custody subject does not accede to the summons, the prosecutor may place the subject under protective arrest by issuing a custody execution warrant.

(3) In case of paragraph (2), when a custody subject escapes or presents a danger of escape, or his present location is not identified, the prosector may place the subject under protective arrest by issuing a custody execution warrant without first issuing a summons.

(4) A custody execution warrant shall have the same effect as a custody warrant.

Article 25 (Review of Protective Parole and Exemption from Custody, etc. and Decison Thereon)

(1) The Community Protection Committee shall determine after review whether a protective parole should be granted to a protective custody subject once every year after commencement of the execution of the custody and whether exemption from the execution of the custody should be granted to a subject on protective parole once every six months. 〈Amended by Act No. 4089, Mar. 25, 1989〉

(2) The Community Protection Committee shall determine after review whether the execution of rehabilitative custody should be suspended every six months after commencement of such execution for each rehabilitative custody subject, and whether such execution should be terminated every six months after suspension of such execution or entrustment for treatment for each rehabilitative subject on suspension or in entrustment for treatment. 〈Amended by Act No. 5179, Dec. 12, 1996〉

Article 26 (Criminal Parole and Protective Custody)

(1) The Parole Committee as prescribed in Article 49 of the Criminal Administration Act shall obtain the approval of the Community Protection Committee before it recommends a parole to an inmate upon whom a protective custody has been sentenced together with the criminal penalty.

(2) When a protective custody subject under paragraph (1) has his remaining prison

284

term elapsed without his parole being cancelled or nullified during the period on such parole, he shall be exempted from execution of the protective custody : Provided, The this shall not apply when the Community Protection Committee decides otherwise.

Article 27 (Exemption, etc. from Execution of Protective Custody)

(1) When the period of protective supervision expires, the execution of protective custody shall be exempted for a probationer pursuant to the provision of Article 10 (1) 1 and the rehabilitative custody shall be terminated for a probationer pursuant to the provision of Article 10 (1) 2.

(2) When the performance record of a probationer pursuant to the provision of Article 10 (1) 1 is good, the Community Protection Committee may by its decision exempt him from the execution of protective custody, and when the performance record and treatment status of a probationer pursuant to the provision of Article 10 (1) 2 are goo, the Committee may by its decision terminate the rehabilitative custody.

[This Article Wholly Amended by Act No. 5179, Dec. 12, 1996]

Article 28 (Entrustment for Treatment)

(1) The Community Protection Committee may entrust a rehabilitative custody subject as prescribed in the former part Article 8 (1) 1 to his relative for treatment outside the rehabilitation custody facility for a reasonable period so designated when two years have passed after the commencement of the execution of the rehabilitative custody. The same shall be applicable to persons as prescribed in the latter part Article 8 (1) 1 and sentenced only to rehabilitative custody. 〈Amended by Act No. 4089, Mar. 25, 1989〉

(2) When a rehabilitative custody subject who has concurrently been sentenced to a criminal penalty and has completed a period of rehabilitative custody equivalent to that of the penal sentance the Community Protection Committee may entrust him, to his relative for a reasonable period so designated for treatment outside the rehabilitation custody facility.

(3) Before the Community Protection Committee decides to entrust a rehabilitative custody subject to a relative for treatment undear the provisions of paragraph (1) or (2), it shall receive an acknowledgement from the relative guaranteeing hospitalization or treatment outside the rehabilitative custody facility.

Article 29 (Duty of Probationer, etc. to Report)

(1) The probationer or his relative shall file in advance a report to the chief of the

custody facility giving the expected address of the supervisee after release and other necessary matters nad within 10 days after release, file a written report to the protective supervisor giving the address, occupation, and hospital where the protective supervisee is receiving treatment and other necessary matters, in accordance with the Presidential Decree. 〈Amended by Act No. 5179, Dec 12, 1996〉

(2) When a protective custody subject who has been released on criminal parole while serving a penal sentence concurrently imposed has completed his prison term by having his remaining prison term elapsed without his parole being cancelled or nullified, he shall report in writing to the protective supervisor within 10 days of the date of completion giving his address, occupation and other necessary matters, in accordance with the Presidential Decree. 〈Amended by Act No. 5179, Dec. 12, 1996〉

Article 30 (Cancellation of Protective Parole, etc. and Re - execution of Custody)

(1) The Community Protection Committee may by its decision cancel protective parole, suspension or entrustment for outside treatment, and execute custody again when the probationer falls under any of the following subparagraphs : 〈Amended by Act No. 5179, Dec. 12, 1996〉

1. When he has committed intentionally an offense punishable by imprisonment without prison labor or a heavier penalty;

2. when he has violated the matters to be observed in accordance with Article 11 or other directions or supervisions concerning the probation; or

3. When the condition of the probationer prescribed in Article 10 (1) 2 gets worse to require a rehabilitative custody.

(2) In case of paragraph 1, the days spent under protective parole are not counted towards the term of commitment to protective custody facility. 〈Amended by Act No. 4089, Mar. 25, 1989〉

Article 31 (Suspension of Execution of Custody)

When the custody subject has a ground which falls under any of subparagraphs of Article 471 (1) of the Criminal Procedure Act, a prosecutor may suspend the execution of custody in accordance with the provisions of the same Article. In this case, the supervison of the subject with respect to whom the execution of custody has been suspended shall be conducted according to the rules provided for the supervision of a person with respect to whom the execution of criminal penalty has been suspended.

CHAPTER V COMMUNITY PROTECTION COMMITTEE

Article 32 (Community Protection Committee)

(1) The Community Protection Committee (hereinafter referred to as the "Committee") shall be established in the Ministry of Justice and be responsible for review of and decision on matters related to the administration and execution of protective disposition.

(2) The Committee shall be composed of : not more than seven persons who have qualifications as a judge, preosecutor, or attorney - at - law, and not more than two persons who have qualifications as a medical doctor. The Vice Minister of Justice shall be the chairman of the Committee. 〈Amebded by Act No. 4089, Mar. 25, 1989〉

(3) The Committee shall review and decide the matters falling undear the following subparagraphs : 〈Amebded by Act No. 5179, Dec. 12, 1996〉

1. Matters concerning protective parole and cancellation thereof or exemption from execution of protective custody;

1-2. Matters concerning entrustment of a protective custody subject pursuant to Article 7 (2) .

2. Matters concerning entrustment of a rehabilitative custody subject for treatment, suspension and cancellation thereof and termination of a rehabilitative custody;

3. Matters concerning imposition of conditions upon, and issuance of instructions or supervisions to be observed by a probationer, and sanction to be imposed in case of violation thereof; and

4. Other matters related to matters prescribed in subparagraphs 1 through 3.

(4) The Committee may have advisory members who have expert knowledge and social reputaiton. Such advisory members shall be commissioned by the Minister of Justice upon recommendation by the chairman of the Committee.

(5) The composition, operation, administration of the Committee and commission of advisors and other necessary matters shall be determined by the Presidential Decree.

Article 33 (Review)

(1) The Committee shall review the matters as prescribed in Article 32 (3) on the basis of materials presented for the review.

(2) When the Committee finds it necessary in conducting the review as prescribed in paragraph (1) , the Committee may have a public official belonging to the Ministry of Justice investigate matters necessary for the decision, or may directly summon and question or investigate a custody subject or a probationer (hereinafter collectively

referred to as the "protected person") or other persons concerned.

(3) The public official who has been ordered to investigate under the provisons of paragraph (2) shall have the following authorities :

1. Summoning, questioning and investigating the protected person or other persons concerned; and

2. Requesting national or public agencies, or public or private organizations for confirmation of relevant information or submission o materials concerned.

(4) A protected person or other persons concerned shall accede to the summons, questioning and investigation by the public official, and national or public agencies or public or private organizations receiving a request for confirmation of information or submission of materials as prescribed in paragraph (3) shall not refuse such requests unless they constitute national secrets or such an action may adversely affect public security and order.

Article 34 (Resolution and Decisions)

(1) A quorum of the committee shall consist of at least half of the members, including the chairman, and any decision of the Committee shall be made by a majority vote of the members present : Provided, That if the vote is tied, the Chairman shall have the deciding vote.

(2) Any decision by the Committee shall be accompanied by a description of the grounds therefor and shall be in writing bearing the names and seals of the members of the Committee present.

Article 35 (Application for Review by Prosecutors)

(1) A prosecutor of the district public prosecutor's office or the district public prosecutor's branch office having jurisdiction over the area in which a protected person resides (or in which the facility is located if he is committed to a facility) may apply to the Committee for a review of and decision on matters as prescribed in Article 32 (3) .

(2) Any application for review under the provisions of paragraph (1) shall be filed by submitting the review application in writing and materials necessary for decision on the matters relating to the application. In this case, Article 12 shall apply mutatis mutandis to the review of the materials.

(3) When filing an application under the provisions of paragraph (2) , the prosecutor shall consult the chief of the custody facility or protective supervisor. 〈Amended by Act No. 5179, Dec. 12, 1996〉

(4) The chief of any custody facility or a protective supervisor may request the prosecutor concerned to file an application as prescribed in paragraph (1). 〈Amended by Act No. 5179, Dec. 12, 1996〉

Article 35 - 2 (Application for Review by Rehabilitative Custody Subject)

(1) A rehabilitative custody subject, his legal representative or a relative may apply to the Committee for a review for termination of custody, on the ground that he is so cured that the custody is no longer necessary.

(2) Any application for review under the provisions of paragraph (1) shall be filed by submitting the review application in writing and materials in regard to the grounds for the review application.

(3) When the Committee dismisses the application filed under the provisions of paragraph (1), the reasons of dismissal shall be specified in the written decision.

(4) Any application filed under the provisions of paragraph (1) shall be made after a lapse of six months from the date of commencement of the execution of the rehabilitative custody. When the application is dismissed, the re - application may be made subsequent to a lapse of six months thereafter.

[This Article Newly Inserted by Act No. 4089, Mar. 25, 1989]

CHAPTER VI SUPPLEMENTARY PROVISIONS

Article 36 (Statute of Limitation on Custody Application)

(1) The statute of limitation on custody application shall expire with the expiretion of the statute of limitation for the prosecution of the case for criminal offenses which are tried or could have been tried concurrently with the custody case.

(2) The statute of limitation for a custody case for which an application has been filed shall be deemed to have been expired when fifteen years pass by without any final decision commencing from the date of application.

Article 37 (Statute of Limitation on Custody)

(1) Execution of custody shall be barred when the following periods have passed without execution of custody after the decision has become final : 〈Amended by Act No. 4089, Mar. 25, 1989〉

1. Ten years for a case involving a protective custody or a rehabilitative custody under Article 8 (1) 1;

2. Seven years for a case involving a rehabilitative custody undear Article 8 (1) 2; and

3. Deleted. 〈Act No. 4089, Mar. 25, 1989〉

(2) The period of suspension of execution of custody or protective parole, suspension or other inexecutable period shall be excluded from the calculation of the statute of limitation. 〈Amended by Act No. 5179, Dec. 12, 1996〉

(3) The statute of limitation shall stop upon arrest of the protected person.

Article 38 (Sentence of Custody and Suspension of Qualification)

Anyone sentenced to custody shall be suspended from the following qualifications until completion of the execution of custody or exemption therefrom :

1. Qualification to become a public official;

2. Qualification to become a candidate or to vote provided in a public law; and

3. Qualification to conduct public affairs the requirements of which are specified by an Act.

Article 39 (Nullification of Custody)

(1) The court may nullify a decision of custody at the request of the custody subject or a prosecutor when he has completed the execution of the custody term or has been exempted therefrom, has compensated for damages to the victim of the offense and has not been sentenced to suspension of qualification or any heavier penalty or another custody order for seven years. The provisions of Article 337 of the Criminal Procedure Act shall apply mutatis mutandis to this proceeding.

(2) A decision of custody shall be considered to have been nullified when a custody subject has completed the execution of custody or has been exempted from such execution, and has not been sentenced to suspension of qualification or a heavier penalty or another custody ordear for ten years.

Article 40 (Calculation of Term)

(1) The term of protective disposition commences from the date on which the execution of the disposition commenes. In this case, the first day shall be counted as a full day without consideration of the number of hours involved.

(2) Any period passed in violation of the execution of a protective disposition shall not be counted in the term of protective disposition.

Article 41 (Special Rules for Persons Subject to Military Act)

(1) In protective disposition cases involving those who fall undear one of subparagraphs of Article 2 (1) of the Military Court Act, the military court shall perform the function of the court, the military prosecutor that of the public prosecutor and the military judicial official that of the judicial police officer under this Act. 〈Amended by Act No. 3993, Dec. 4, 1987; Act No. 4704, Jan. 5, 1994〉

(2) The Military Community Protection Committee shall be established in the Ministry of National Defense to administer and manage a protective disposition for those who fall undear one of the subparagraphs of Article 2 (1) of the Military Court Act and to review and decide matters concerning the execution of the disposition. 〈Amended by Act No. 3993, Dec. 4, 1987〉

(3) Provisions concerning the Committee shall apply mutatis mutandis to the composition and operation of the Military Community Protection Committee.

(4) The military court, the military prosecutor or the Military Community Protection Committee shall transfer the case to the court, the prosecutor or the Committee corresponding to the transferor, when it appears evident that the protective subject does not fall under any of subparagraphs of Ariticle 2 (1) of the Military Court Act. In this case, any investigation, application, trial, submission, review or decision made prior to the transfer shall continue in effect even after the transfer. 〈Amended by Act No. 3993, Dec. 4, 1987; Act No. 4704, Jan. 5, 1994〉

(5) The Court, prosecutor or the Committee shall transfer a case to the military court, the military prosecutor or the Military Community Protection Committee corresponding to the transferor, when it appears evident that the protective subject falls under one of subparagraphs of Article 2 (1) of the Military Court Act. In this case, any investigation, application, tarial, submission, review or desicion made prior to the transfer shall continue in effect even after the transfer. 〈Amended by Act No. 3993, Dec. 4, 1987; Act No. 4704, Jan. 5, 1994〉

Article 42 (Application mutatis mutandis of Other Acts)

In the absence of special provisions in this Act, the provisions of the Criminal Procedure Act, the Criminal Administration Act and the Protection and Surveillance, etc. Act shall apply mutatis mutandis to protective dispositions to the extenr that the particular situation of the case does not prohibit such application. 〈Amended by Act No. 5179, Dec. 12, 1996〉

Article 42 - 2

Deleted. 〈by Act No. 5179, Dec. 12, 1996〉

CHAPTER VII PENAL PROVISIONS

Article 43 (Penal Provision)

(1) A custody subject shall be sentenced to imprisonment with prison labor for not more than one year if he resists or disobeys due orders of the persons in charge of

the execution of custody, or if he escapes.

(2) A custody subject shall be sentenced to imprisonment with prison labor for not more than seven years if he commits an offense as prescribed in paragraph (1), or commits assault and battery, intimidation or destruction of property, by joining together with another custody subject or subjects.

(3) If a person in charge of the execution of custody permits the custody subject to escape or accommodates such an escape, he shall be sentenced to imprisonment with prison labor with specific term of not less than one year.

(4) If a person in charge of the execution of custody commits an offense under paragraph (3), after taking, asking for or promising any bribe, he shall be sentenced to imprisonment with prison labor with specific term of not less than two years.

(5) If a person makes a false report to any public ofice or official with the purpose of subjecting another person to a protective disposition, he shall be sentenced to imprisonment with forced labor for not momre than ten years.

(6) If a person commits an offense as prescribed in Article 152 (1) of the Criminal Act with the purpose of incriminating another person who is a subject under a custody application case, he shall be sentenced to imprisonment with prison labor for not more than ten years.

(7) If a person commits any offense provided in Article 154, 233 or 234 (offense of issuing a false certificate of diagnosis only) of the Criminal Act with regard to a protective disposition case, he shall be sentenced to imprisonment with prison labor or imprisonment without prison labor for not more than ten years. In this case, a concurrent sentence of suspension of qualification for not more than ten years shall be imposed.

(8) If a relative of a rehabilitative custody subject who has been entrusted with treatment of the subject as prescribe in Article 28 (2), permits the subject to esscape or accommodates his escape in violtion of his acknowledgement, the relative shall be sentenced to imprisonment with prison labor for not more than three years or to a fine of not more than one million won.

ADDENDA

Article 1 (Enforcement Date)

This Act shall enter into force on the date of its promulgation.

Article 2 (Transitional Measures)

第 1 章 韓 国

Any person who was sentenced to imprisonment without prison labor or a heavier penalty and served, in whole or in part, or was exempted from, the sentence before the enforcement of this Act, shall be considered to have been sentenced to actual penalties in application of Articles 5 (1) 1 and (2) 1.

Article 3 (Transitional Measures)

(1) The chief of the police station having jurisdiction over the residence of a probationner shall perform the function of the protective supervisor under this Act until a supervisor is appointed.

(2) The chief of the police station may delagate to a judicial police officer under his control probation of the probationer.

Article 4 (Transitional Measures)

Correctional institutions, national or public hospitals and other facilities as designated by the Presidential Decree may by used for the custody facilities under this Act until the custody facilities undear this Act are established.

Article 5 (Transitional Measures)

(1) Persons who are committed to specific facilities under the Martial Law Proclamation No. 13, promulgated on August 4, 1980, at the time when this Act enters into force, and are found to have a danger of recidivism may be sentenced by the Committee in the form of adjudication to a protective custody for a specific period not longer than that provided by Article 5 (2).

(2) A prosecutor of the district public prosecutor's office or the district public prosecutor's branch ofice having jurisdiction over the location of a custody facility may apply to the Committee for release of the subject when he considers a protective custody subject under paragraph (1) to be fully rehabilitated and sincerely repentant.

(3) The provisions of Article 38 shall not apply to a protective custody subject under the provisions of paragrph (1).

(4) In application of Article 5 (1) 2, the protective custody under the povisions of paragraph (1) shall not be considered as protective custody.

ADDENDA 〈Act No. 3993, Dec. 4, 1987〉

Article 1 (Enforcement Date)

This Act shall enter into force on February 25, 1988.

Articles 2 through 4

Omitted.

ADDENDA 〈Act No. 4089, Mar. 25, 1989〉

Article 1 (Enforcement Date)

This Act shall enter into force on the date of its promulgation.

Article 2 (Transitional Measures for Protective Custody Sentenced under Previous Provisons)

(1) A person who was sentenced to the protective custody or rehabilitative sustody under previous provisions before the enforcement of this Act, shall be considered to have been sentenced to the protective custody or rehabilitative custody under this Act : Provided, That a person who was sentenced to the protective custody under previous provisions before the enforcement of this Act shall be exempted from execution of the protective custody if the offence which gave rise to filing the custody application is not within the category of offences in the attached Table provided by Article 5 of this Act.

(2) The provisions of Article 7 (3) of this Act shall apply to the execution of protective custody sentenced under previous provisions before the enforcement of this Act.

(3) A person who is under execution of a protective custody at the time when this Act enters into force shall be considered to have completed the execution of protective custody on the date of enforcement of this Act, if more than seven years of whose protective custody term have lapsed.

Article 3 (Transitional Measures for Actual Penalties)

(1) A person who was sentenced to imprisonment without prison labor or a heavier penalty and has served in whole or in part, or was exempted from the sentence before the enforcement of this Act shall be considered to have been sentenced to actual penalties in application of subparagraph 1 of Article 5 of this Act.

(2) The protective custody as prescribed in Article 5 (1) of Addenda of the Social Protection Act, No. 3286,, shall not be considered as a protective custody in application of subparagraph 3 of Article 5 of this Act.

Article 4 (Transitional Measures for the Pending Custody Cases)

This Act shall apply to the custody cases pending in the courts at the time when this Act enters into force.

ADDENDA 〈Act No. 4704, Jan. 5, 1994〉

Article 1 (Enforcement Date)

This Act shall enter into force on July 1, 1994.

Articles 2 through 4
Omitted.

ADDENDA 〈Act No. 4933, Jan. 5, 1995〉
Article 1 (Enforcement Date)
This Act shall enter into force on the date of its promulgation.
Articles 2 through 14
Omitted.

ADDENDA 〈Act No. 5179, Dec. 12, 1996〉
(1) (Enforcement Date) This Act shall enter into force on January 1, 1997.
(2) (Example of Application) The amended provisions of Articles 11 and 29 shall apply to persons whose probation commence after enforcement of this Act.

MENTAL HEALTH ACT

Wholly amended By   1997・12・31Act No. 5486
    Amended By   2000・1・12Act No. 6152

CHAPTER I GENERAL PROVISIONS

Article 1 (Purpose)
The purpose of this Act is to contribute to the improvement of the mental health of people by preventing psychopathy and to prescribe necessary matters pertaining to the medical service and rehabilitation of a psychopath.

Article 2 (Fundamental Ideas)
(1) All psychopaths shall be guaranteed dignity and value as human beings.
(2) All psychopaths shall be quaranteed the rights to receive optimum medical traatment.
(3) A psychopath shall not be discriminated against on the basis of having psychopathy.
(4) With regard to a psychopath who is a minor, that person shall be specially guaranteed the rights to receive treatment, protection, and necessary education.
(5) With regard to a psychopath who requires hospital traatment, voluntary hospitali-

zation shall always be encouraged.

(6) When possible, a hospitalized psychopath shall be guaranteed unrestricted environments, and shall also be guaranteed opportunity for free exchange of opinions with other persons.

Article 3 (Definitions)

The definitions of terms used in this Act shall be as follows: 〈Amended by Act No. 6152, Jan. 12, 2000〉

1. The term "psychopath" means a person with a mental illness (including an organic mental illness) , personality disorder, alcoholism and medicinal poisoning and other non - psychopathic mental disorders;

2. The term "mental health facility" means a mental medical facility, a facility for the rehabilitation of psychopaths, and a sanatorium for treatment of psychopath pursuant to this Act;

3. The term "medical institution for mental illness" means a mental hospital, a psychiatric clinic, or a department of psychiatry established in a medical institution in a hospital level or better pursuant to the Medical Service Act;

4. The term "facility for the rehabilitation of psychopaths" (hereinafter referred to as a "rehabilitation facility") means a facility, as established pursuant to this Act, that conducts training to promote rehabilitation instead of hospitalizing a psychopath into a medical institution for mental illness, or a sanatorium; and

5. The term "sanatorium for treatment of psychopaths" means a facility that provided treatments and training to promote rehabilitation for psychopaths and chronic psychopaths entered therein who are entrusted by medical institutions for mental illness.

Article 4 (Duties of State, etc.)

The State and local government shall improve the mental health of people, prevent psychopathy, and take other necessary measures such as research, survey, guide, and consultation for providing of medical services to psychopaths, and oversoming of disabilities and promoting of rehabilitation.

Article 4 - 2 (Survey on Actual Status)

(1) The Minister of Health and Welfare shall conduct a survey on actual status of psychopaths every 5 years for the adequate enforcement of this Act.

(2) Matters necessary for the methods and contents of survey under paragraph (1) shall be determined by the Ordinance of the Ministry of Health Welfare.

[This Article Newly Inserted by Act No. 6152, Jan. 12, 2000]
Article 5 (Duties of People)
People shall cooperate in psychopaths' efforts to overccome disabilities and their rehabilitation.
Article 6 (Duties of Founder and operator of Mental Health Facility)
The person who founds and operates a mental health facility, shall notify the psychopath and the person who is responsible for protection about the matters pertaining to the rights and execution of the rights pursuant to this Act, and shall make effors for the hospitalized or resident psychopath to live in an environment which is similar to where those normal persons of the same age live.
Article 7 (Mental Health Specialist)
(1) The Minister of Health and Welfare may issue a certificate of qualification as a mental health specialist to a person with expert knowledge and skills in the field of mental health.
(2) A mental health specialist shall be a mental health clinical psychologist, a mental health nurse, or a mental health social welfare worker.
(3) Necessary matters pertaining to the specific scope of occupation, limitation and qualification, level, and procedure for the issuance of the ceritificate of qualification, etc. of a mental health specialist mentioned in paragraph (2) shall be determined by the Presiential Decree.

CHAPTER II MENTAL HEALTH FACILITIES

Article 8 (Establishment, etc. of Mental Hospital)
(1) The Minister of Health and Welfare or the Special Metropolitan City Mayor, the Metropolitan City Mayor or the Do governor (hereinafter referred to as the "Mayor /Do governor") shall establish and operate a mental hospital.
(2) Deleted. 〈by Act No. 6152, Jan. 12, 2000〉
(3) When establishing mental hospitals, the Minister of Health and Welfare or the Mayor/Do governor shall ensure that the facilities are distributed proportionally within the areas, and shall make the management by commmunity available for the psychopaths. 〈Amended by Act No. 6152, Jan. 12, 2000〉
(4) The mental hospitals under paragrph (1), shall support the commmunity mental health projects, and be in charge of education and training for the manpower regarding the community mental health projects. 〈Amended by Act No. 6152, Jan.

12, 2000〉

Article 9

Deleted. 〈by Act No. 6152, Jan. 12, 2000〉

Article 10 (Establishment and Operation, etc. of Sanatorium for Treatment of Psychopath)

(1) The social welfare corporation or any other non - profit organization may establish or operate a sanatorium for treatment of psychopaths under permission of the Minister of Health and Welfare. This shall also apply to the case of alterations in the important matters as determined by the Ordinance of the Ministry of Health and Welfare from among the permitted matters. 〈Amended by Act No. 6152, Jan. 12, 2000〉

(2) Medical treatments and rehabilitation training in the sanatorium for treatment of psychopaths shall be conducted under the conditions as prescribed by the Minister of Health and Welfare. 〈Amended by Act No. 6152, Jan. 12, 2000〉

(3) The Minister of Health and Welfare or the Mayor/Do governor may request the chief of a saatorium for treatment of psychopaths to open the relevant facilities to the local residents, social organizations, press agencies, etc. for grasping its operational situations, within the limit of not impeding its medical treatments and rehabilitation training for psychopaths. 〈Newly Inserted by Act No. 6152, Jan. 12, 2000〉

(4) Necessary matters concerning the establishment standards, capacity of numbers for services, number and qualifications of employees, and uses and operations of a sanatorium for treatment of psychopaths shall be determined by the Ordinance of the Ministry of Health and Welfare.

(5) In regard to the sanatorium for treatment of psychopaths, Articles 23, 24, 29, 31 through 35, 38, 40, 45 and 46, subparagraphs 2, 3, and 5 of Article 55, subparagraph 3 and 4 of Article 56, subparagraphs 1 (excluding the case where the provisions of Article 26 (5) are violated through 5 of Article 57, Articles 58 and 59 (1) 3 and 6 and (2) through (5), respectively, shall apply mutatis mutandis.

(6) With respect to a sanatorium for treatment of psychopaths, except as otherwise prescribed by this Act, the provisions concerning social welfare facilities under the Social Services Act shall apply mutatis mutandis.

Article 10 - 2 (Report of Closing, Suspension and Resuming of Sanatorium for Treatment of Psychopaths)

The founder or operator of a sanatorium for treatment of psychopaths under the

provisions of Article 10 (1) shall, in case where he intends to close, suspend or resume the relevant facilities, make in advance a report thereon under the conditions as determined by the Ordinance of the Ministry of Health and Welfare.
[This Article Newly Inserted by Act No. 6152, Jan. 12, 2000]
Article 11 (Improvement, Discontinuance of Services, and Cancellation of Permission for Sanatorium for Treatment of Psychopath)
In case where the sanatorium for treatment of psychopaths falls under one of the following subparagraphs, the Minister of Health and Welfare may order the improvement of the facility or discontinuance of services or the change of the head of the facility, or cancel the permission of the establishment of the facility:
1. In case where the sanatorium for treatment of psychopaths does not meet the standards for the establishment thereof;
2. In caase where the permission of establishment is cancelled for a social welfare corporation or non‐profit corporation by whom the sanatorium for treatment of psychopaths is established and operated;
3. Deleted; and 〈by Act No. 6152, Jan. 12, 2000〉
4. In case of violating this Act or orders issued under this Act.
Article 12 (Standards of Facilities of Medical Institutions for Mental Illness)
(1) Necessary matters concerning the facilities of medical institutions for mental illness, standards of equipment, number of employees such as medical personnel, and their qualifications, etc. shall be determined by the Ordinance of the Ministry of Health and Welfare in consideration of the size, etc. of medical institutions for mental illness. 〈Amended by Act No. 6152, Jan. 12, 2000〉
(2) In order to provide efficient medical services to psychopaths, the Minister of Health and Welfare may restrict the capacity of the medical institution for mental illness in the cases falling undear any of the following subparagraphs : 〈Amended by Act No. 6152, Jan. 12, 2000〉
1. Where intending to establish a medical institution for mental illness with 300 or more stickbeds;
2. Where intending to increase the sickbeds of a medical institution for mental illness from existing numbers of less than 300 to more than 300; and
3. Where the operator of a medical institution for mental illness with 300 or more sickbeds intends to increase the number of beds.
(3) In case where the medical institution for mental illness falls under one of the

following subparagraphs, the Mayor/Do governor or the head of Shi/Kun/Ku (limited to an autonomous Ku; the same shall apply hereinafter) may order the cancellation of permission or closure therof (limited to medical institutions which made report of establishment under the Medical Service Act; the same shall apply hereinafter), or order the discontinuance of service for a certain period of time, in the range of one year, as determined by the Ordinance of the Ministry of Health and Welfare :

1. In case of failing to comply with the order under Article 33 (1) (including the case of application mutatis mutandis in Article 35 (2)) or Article 39 (4) ; and

2. In case of failing to make report or making report falsely under Article 39 (1) and (2), or failing to submit relevant documents or submitting false documents, or refusing/preventing or avoiding the examination/inspection by relevant public officials or the Mental Health Deliberative Committee.

(4) In case where Mayor/Do governor or the head of Shi/Kun/Ku is to order the closure of the facility or the discontinuance of service under paragraph (3), he shall execute the order afuter he orders correction thereof specifying a certain period of time in the range of one year.

(5) With respect to matters pertaining to the medical institution for mental illness other than those as prescribed by this Act, the provisions of the Medical Service Act shall apply mutatis mutandis.

Article 13 (Public Health Clinic)

(1) The State or local government may conduct the mental health projects of local communities such as prevention of psychopathic illness, and detection, counselling, or treatment of psychopathy, and rehabilitation training, through a public health clinic.

(2) The State or local government may entrust an organization or individual as prescribed by the Presidential Decree with the mental health projects of local communities under paragraph (1). 〈Newly Inserted by Act No. 6152, Jan. 12, 2000〉

(3) In case where a public health clinic manages a psychopath for an execution of mental health projects of local communities, it shall do so with the sonsent of the principal or a person responsible for his protection.

(4) A public health clinic may have mental health specialists as prescribed by the Presidential Decree.

Article 14 (Establishment of Mental Health Research Institutions)

In order to improve mental health, the State shall establish an institution for mental health research.

Article 15 (Establishment and Operation of Rehabilitation Facilities)

(1) The State or local government may establish and operate the rehabilitation facilities.

(2) Other persons than the State or local govenment may establish or operate the rehabilitation facilities after making a report thereon to the Mayor/Do governor. This shall also apply to the case of alterations in the important matters as determined by the Ordinance of the Ministry of Health and Welfare from among the reported matters. 〈Amended by Act No. 6152, Jan. 12, 2000〉

(3) The head of a rehabilitation facility shall guarantee unrestricted living environment for a psychopath under protection therein.

(4) The training for rehabilitation of a psychopath in a rehabilitation facility shall be conducted under the conditions as determined by the Minister of Health and Welfare. 〈Amended by Act No. 6152, Jan. 12, 2000〉

(5) Necessary matters concerning the establishment standards, capacity of numbers for services, number and qualifications of employees, and uses and operations of a rehabilitation facility shall be determined by the Ordinance of the Ministry of Health and Welfare.

(6) Deleted. 〈by Act No. 6152, Jan. 12, 2000〉

Article 16 (Kinds of Rehabilitation Facilities)

The kinds of rehabilitation facilities shall be as follows:

1. Life training facilities for psychopaths : facilities for psychopaths who have difficulties in daily lives at home because of their psychopathy, and of which the purpose is to promote rehabilitation of psychopaths by enabling them to use a living room or other facility by fee and providing them with necessary training and guidance so that they may adapt themselves to a daily life a home;

2. Work training facilities for psychopaths : facilities of which the purpose is to promote rehabilitation of psychopaths who have difficulties for employment through allowing them to use a living room or other facility at a discounted fee and providing necessary training and mediating their jobs; and

3. Other facilities as prescribed by the Ordinance of the Ministry of Health and Welfare.

Article 17 (Report on Closure, Suspension, and Resumption of Rehabilitation Facility)

In Case where a person, who has established a rehabilitation facility as provided for in Article 15 (2) is to close, suspend, or resume that facility, he shall file a report in advance to the Mayor/Do governor, as prescribed by the Ordinance of the Ministry of Health and Welfare.

Article 18 (Closure of Facility, etc.)

(1) In case where a rehabilitation facility falls under one of the following subparagraphs, the Mayor/Do governor shall order closure of the facility or order the discontinuance of the service thereof for a certain period of time, in the range of one year, as determined by the Ordinance of the Ministry of Health and Welfare : 〈Amended by Act No. 6152, Jan 12, 2000〉

1. Where the permission of establishment is cancelled for a social welfare corporation or non - profit corporation which established the rehabilitation facilities under Article 15 (2) or where the corporation is dissolved;

2. Where it violates the provisions of Article 15 (3) ;

3. Where it violates the provisions of Article 15 (4) ; and

4. Where it does not meet the standards as prescribed in Article 15 (5).

(2) The Mayor/Do governor shall, in case where he intends to order the closure of facilities or the suspension of services under paragraph (1), order the correction thereof with specifying a certain period of time within the range of one year, and if one fails to comply with such an order, shall take the said measures.

Article 19

Deleted. 〈by Act No. 6152, Jan. 12, 2000〉

Article 20 (Hearings)

In case where the Minister of Health and Welfare, the Mayor/Do governor, or the head of Shi/Kun/Ku intends to cancel the permission or close the facility under Articles 11, 12 (3), or 18 (1), he shall hold hearings.

CHAPTER III PROTECTION AND TREATMENT

Article 21 (Person Responsible for Protection)

(1) A person who is responsible to furnish support or a guardian to a psychopath under the Civil Act shall be the person who is responsible for protection : Provided, That a person falling under one of the following subpargraphs shall not be a person who is responsible for protection :

1. A person of incompetency or quasi - incompetency;

2. A person whose rights have not been restored after he was declared bankrupt;

3. A person whose lawsuit against a psychopath concerned is still in progress or a person who has had a lawsuit with a psychopath concerned and the spouse thereof;

4. A minor; and

5. A missing person.

(2) The priority of duty to furnish protection among the persons who are responsible for protection as provided for in paragraph (1) shall be in the order of the person under duty to furnish support and the guardian, and in case where the number of persons under duty to furnish guard is not less than two, the provisions as prescribed by Article 976 of the Civil Act shall apply.

(3) In case where a person who is responsible for protection under paragpraph (1) does not exist or in case where the person who is responsible for protection is unable to perform his duty due to unavoidable causes, the competent head of a Shi/Kun/Ku of the domicile (in case where the domicile may not be found, the present address of a psychopath shall apply) shall become the person who is responsible for protection.

Article 22 (Duties of Person Responsible for Protection)

(1) The person who is responsible for protection shall make efforts so that the protected person (the psychopath) may be given appropriate medical treatment, and shall not hospitalize, or extend the hospitalization of, the psychopath without the diagnosis of a psychatrist.

(2) A person who is responsible for protection shall be careful so that the psychopath under protection may not harm himself or other persons, and shall cooperte so that the psychopath may be hospitalized with the diagnosis of a psychiatrist.

(3) A person who is responsible for protection shall make efforts to protect the rights of a psychopath such as interests of properties, and shall not abandon the psychopath.

Artucle 23 (Voluntary Hospitalization)

(1) A psychopath may be volutarily hospitalized in a medical institution for mental illness by filing a written applicaion for hospitalization.

(2) In case where there is a request for discharge from a hospital by a hospitalized patient as provided for in paragraph (1), the director of the medical institution for mental illness shall discharge the patient without delay.

(3) and (4) Deleted. 〈by Act No. 6152, Jan. 12, 2000〉

Article 24 (Hospitalization by Person Responsible for Protection)

(1) The director of a medical institution for mental illness may hospitalize the relevant psychopath with the consent of a person responsible for protection, only in the case where a psychiatrist diagnoses the hospitalization as necesaary; and at the time of his hospitalization, shall receive from the person responsible for protection a written consent of hospitalization and a document verifying that he is such a person as prescribed in the Ordinance of the Ministry of Health and Welfare. 〈Amended by Act No. 6152, Jan. 12, 2000〉

(2) In case where the psychiatrist diagnoses the psychopath to be in need of hospitalization, the former shall attach a written recommendation stating his opinion of judgement that the relevant psychopath falls under any of the following subparagraphs, to the written consent of hospitalization under paragraph (1) :

1. In case where the patient suffers from psychopathy that needs, in its severity and nature, hospitalized treatment in a medical institution for mental illness; and

2. In case where hospitalization of the patient is necessary for the health or safety of the patient himself or for the protection of other persons.

(3) The period for hospitalization as provided for in paragraph (1) shall be no longer than six months : Provided, That when a psychiatrist has diagnosed a need for continuative treatment of hospitalizetion after six months has elapsed and the person who is responsible for protection has presented a written consent of hospitalization as provided for in paragraph (1), the director of the medical institution for mental illness shall request for a review regarding the continuative treatment of hospitalization every six months to the Mayor/Do governor.

(4) When receiving an order of discharge following the results of a review as provided for in paragraph (3), the director of the medical institution for mental illness shall immediately discharge the patient concerned.

(5) When hospitalizing a psychopath or when extending the period of hospitalization as provided for in paragraphs (1) and (3), the director of the medical institution for mental illness shall without delay notify in writing, the psychopath of the reasons for the hospitalization or the extension of the hospitalization period and the matters pertaining to the request for discharge review, etc. as provided for in Article 29.

(6) When receiving a request for discharge from the person who is responsible for protection and has submitted a consent of hospitalization as provided for in paragraphs (1) and (3), the director of the medical institution for mental illness shall discharge the patient concerned without delay : Provided, That in case where a

psychiatrist has noticed a danger of the psychopath, the director of the medical institution for mental illness may suspend the discharge, and the person who is responsible for protection may immediately file an application for an objection to the Local Mental Health Deliberative Committee.

(7) When a hospitalized patient as provided for in paragraphs (1) and (3) requests discharge from the hospital, the director of the medical institution for mental illness, in case where the discharge is possible according to the opinion of a psychiatrist, shall discharge the patient concerned.

Article 25 (Hospitalization by Mayor/Do Governor)

(1) A psychiatrist or mental health specialist who discovers a suspicious person with danger to harm himself or other persons due to psychopathy, may request to the Mayor/Do governor, the diagnosis and protection of the person concerned.

(2) The Mayor/Do governor who receives the request as provided for in paragraph (1) shall immediately request to the psychiatrist the diagnosis of the person who is suspected as having psychopathy.

(3) With regard to a person who is suspected as having psychopathy as provided for in paragraph (2), when the psychiatrist acknowledges that the person who is suspected as having psychopathy as provided for in paragraph (2) has the danger to harm himself or other persons and so hospitalization for a fixed period of time is necessary to diagnose the symptoms precisely, the Mayor/Do governor may instruct the person concerned to be hospitalized in a medical institution for mental illness or a general hospital, established or operated by the State or the local governments, for a specific period of time in the range of two weeks.

(4) The criteria of danger to harm himself or other persons as provided for in paragraph (3) shall be determined by the Minister of Health and Welfare after deliberation by the Central Mental Health Deliberative Committee as provided for in Article 28.

(5) In case of hospitalizing the patient as provided for in paragraph (3), the Mayor/Do governor shall without delay notify in writing the reason for, the period and the location of, the hospitalization, to the person who is responsible for protection or a person protecting the patient.

(6) The Mayor/Do governor may, in case where, as a result of diagnoses under paragraph (3), there exists a consensus of opinion from 2 or more psychiatrists that the relevant psychopath needs a continual hospitalized treatment, request a medical

institution for mental illness established and operated by the State or local government to render a hospitalized treatment to the relevant psychopath : Provided, That if there exists no medical institution for mental illness established and operated by the State or local government in the relevant competent area, the Mayor/Do governor may request other medical institutions for mental illness than those mentioned above to render a hospitalized treatment. 〈Amended by Act No. 6152, Jan. 12, 2000〉

(7) Deleted. 〈by Act No. 6152, Jan. 12, 2000〉

(8) At the time of the request for hospitalization as provided for in paragraph (6), the Mayor/Do governor shall, without delay, notify in writing, to the psychopath concerned and the person who is responsible for protection or a protecting person, the matters pertaining to the reasons for the necessity of continuous hospitalization, the period of time and the request for a review of discharge from the hospital, etc. as provided for in Article 29.

Article 26 (Emergency Hospitalization)

(1) Those who discover a person assumed to have psychopathy, and has a big risk to harm himself or other persons, may request the emergency hospitalization of the person concerned to a medical institution for mental illness with the consent of a doctor and police officer, when the situation is very urgent and the hospitalization as provided for in Articles 23 through 25 cannot be executed.

(2) In case where a hospitalization is requested under paragraph (1), the police officer consenting thereto or the rescue members under Article 93 of the Fire Services Act shall escort the relevant person to a medical institution for mental illness. 〈Amended by Act No. 6152, Jan. 12, 2000〉

(3) With regard to a person whose hospitalization is requested under paragraph (1), the director of the medical institution for mental illness may make an emergency hospitalization for him within the limit of 72 hours.

(4) In case where continuative hospitalization is necessary as the result of the diagnosis by a psychiatrist on the person whose hospitalization is requested as provided for in paragraph (3), he shall be hospitalized as provided for in Articles 23 through 25.

(5) In case where continuative hospitalization is not necessary as the result of a diagnosis by a psychiatrist as provided for in paragraph (4), the director of the medical institution for mental illness shall immediately discharge the patient.

CHAPTER IV REQUEST FOR AND REVIEW OF DISCHARGE, ETC.

Article 27 (Establishment and Types of Mental Health Deliberative Committees)

(1) For the purpose of advising the Minister of Health and Welfare and the Mayor/Do governor with respect to mental health, and of deliberating and examining the important matters pertaining to mental health, the Central Mental Health Deliberative Committee affiliated with the Minister of Health and Welfare, and Local Mental Helth Deliberative Committees affiliated with the Mayor/Do governor shall be installed, respectively.

(2) To conduct the examination as provided for in Articles 31, 35 and 36, the Mental Health Adjudication Committees shall be installed in the Central and Local Mental Health Deliberative Committees, respectively.

Article 28 (Duties of Mental Health Deliberative Committee)

(1) The Central Mental Health Deliberative Committee shall deliberate the matters falling under one of the following subparagraphs :

1. Matters pertaining to mental health policies;
2. Matters pertaining to standards of mental health facilities;
3. Various kinds of standards of hospitalization and treatment of psychopaths;
4. Offering of medical opinions pertaining to the consent for treatment; and
5. Cases of application for re - examination.

(2) The Local Mental Health Deliberative Committee shall deliberate the matters falling under one of the following subparagraphs : 〈Amended by Act No. 6152, Jan. 12, 2000〉

1. Supervision and correction on mental health facilities;
2. Assessment on mental health facilities;
3. Review on treatment procedures to which objections have been raised;
4. Review on improvement in treatments; and
5. Review on discharge and continuative hospitalization.

(3) The number of menmbers of the Central Mental Health Deliberative Committee and the Local Mental Health Deliberation Committee (hereinafter referred to as each "Mental Health Deliberative Committee") shall be not less than five and not more than fifteen and the tenure shall be two years, with an opportunity for reappointment.

(4) The members of each Mental Health Deliberative Committee shall be appointed or entrusted by the Minister of Health and Welfare and the Mayor/Do governor

respectively from among the psychiatrists, persons with qualifications as a judge, public prosecutor or a lawyer, the specialists of mental health and persons with expert knowledge and experience in mental health. 〈Amended by Act No. 6152, Jan. 12, 2000〉

(5) The Mental Health Adjudication Committee shall be composed of five members appointed by the Minister of Health and Welfare and the Mayor/Do governor from among members of the Mental Health Deliberative Committee and shall review cases in the collegiate court. In this case, the members shall include not less than one person having qualifications as a psychiatrist, judge, public prosecutor, or a lawyer, respectively.

(6) The Mental Health Deliberative Committee shall convene its meeting twice or more per year for the purpose of deliberation or examination. 〈Newly Inserted by Act No. 6152, Jan. 12, 2000〉

(7) Other necesary matters for the formation and operation of each Mental Health Deliberative Committee shall be as prescribed by the Presidential Decree.

Article 29 (Request for Review on Discharge, etc.)

(1) A person hospitalized in a medical institution for mental illness or a person who is responsible for protection may request to the Mayor/Do governor the discharge or improvement in treatment for himself or the hospitalized patient concerned.

(2) Necessary matters pertaining to the request procedures as provided for in paragraph (1) shall be as prescribed by the Ordinance of the Ministry of Health and Welfare.

Article 30 (Referring to Local Mental Health Deliberative Committee)

In case where a request is received as provided for in Articles 24 (3) and 29 (1), the Mayor/Do governor shall immediately refer the contents of the request concerned to the Local Mental Health Deliberative Committee.

Article 31 (Review of Discharge, etc.)

(1) In case where a referring is received as provided for in Article 30, the Local Mental Health Deliberative Committee shall immediately deliberate the matters through the Mental Health Adjudication Committee and report the result to the Mayor/Do governor.

(2) When conducting a review as provided for in paragraph (1), the opinions of the applicant and the director of the medical institution for mental illness where the psychopath is hospitalized shall be heard : Provided, That in cases where the

opinions are in favor of the psychopath and the person who is responsible for protection, the opinions may not be heard.

Article 32 (Exclusion of Commissioner)

A member who has resolved the hospitalization of a relevant psychopath and who belongs to a medical institution of mental illness wherein the relevant psychopath is admitted shall not be present at a meeting for the review on discharge, etc. of the Mental Health Adjudication Committee under Article 31. 〈Amended by Act No. 6152, Jan. 12, 2000〉

Article 33 (Order of Discharg, etc.)

(1) When it is deemed necessary according to the result of review reported by the Local Mental Health Deliberative Committee as provided for in Article 31 (1), the Mayor/Do governor may order the director of the medical institution for mental illness to discharge or temporarily discharge the psychopath or order him to take necessary measures for an improvement in treatment.

(2) With regard to a person making a request as provided for in Articles 24 (3) and 29, the Mayor/Do governor shall notify him in writing within thirty days from the date of receiving the request, of the results of the review by the Local Mental Health Adjudication COmmittee related to the request concerned and the subsequent contents of the measures taken : Provided, That when the notification is unable to be delivered within the said period of time due to unavoidable causes, the reasons and the period of time for notification of the review shall be notified in writing.

Article 34 (Request for Re - examination)

(1) In case where an applicant as provided for in Article 29 and the psychopath whose continuative hospitalization has been resolved as provided for in Article 24 (3) has objection to the notification of the review result from the Mayor/Do governor as provided for in Article 33 (2), or in case where the review is not made within the fixed period of time, the psychopath may request a re - examination to the Minister of Health and Welfare.

(2) The procedures for the request for re - examination as provided for in paragraph (1) shall be prescribed by the Ordinance of the Ministry of Health and Welfare.

Article 35 (Referring, etc. of Re - Examination)

(1) When receiving a request for re - examination under Article 34 (1), the Minister of Health and Welfare shall immediately refer the contents of relevant request to the Central Mental Health Deliberative Committee.

(2) With respect to matters pertaining to the review by the Central Mental Health Deliberative Committee, the provisions pursuant to Article 31, and with respect to the exclusion of members, the provisions pursuant to Article 32, and with respect to matters pertaining to the order of discharge by the Minister of Health and Welfare, the provisions pursuant to Article 33, shall apply mutatis mutandis, respectively.

Article 36 (Dissolution of Measures of Hospitalization by Mayor/Do Governor)

(1) When the period of hospitalization under Article 25 exceeds three months, the Mayor/Do governor shall dissolve the measure of hospitalization for the patient concerned and shall notify this to the director of the medical institution for mental illness where the patient is hospitalized. In this case, the director of the medical institution for mental illness shall without delay discharge the patient concerned.

(2) Notwithstanding the provisions of paragraph (1), in case where there is a diagnosis or the results of a review clearly acknowledging the danger to harm himself or other persons due to the psychopathy at the time of discharge of the psychopath concerned according to the diagnoses by not less than two psychiatrists or the results of a review by each Mental Health Adjudication Committee, the Mayor/Do governor may continue the hospitalization to the person concerned and the period of time shall be not longer than three months from the date of the continuative hospitalization.

(3) When continuing the hospitalization to a patient as provided for in paragraph (2), the Mayor/Do governor shall notify in writing the patient concerned and the person who is responsible for protection or the protecting person of the reasons for, and the period of time of, the continuative hospitalization.

Article 37 (Temporary Discharge)

(1) In case where it is acknowledged, as result of the diagnosis by not less than two psychiatrists, that the temporary discharge of a patient concerned, reflecting on the symptoms, is necessary to observe the recovering progress, the director of the medical institution for mental illness where the psychopath is hospitalized as provided for in Articles 24 and 25 shall immediately discharge the patient and notify the Mayor/Do governor who requested the hospitalized treatment.

(2) In case where a notice is received as provided for in paragraph (1) or in case where the temporary discharge is ordered as provided for in Article 33 (1) (including a case where the provisions of Article 35 (2) shall apply mutatis mutandis), the Mayor/Do governor may observe the progression period after the discharge for a limited period

of not longer than six months from the date of the hospitalization of the person concerned or the date of continuative hospitalization as provided for in Article 24, and for a limited period of time of not longer than three months from the date of the hospitalization of the person concerned or the date of continuative hospitalization as provided for in Article 25.

(3) In case where it is acknowledged that hospitalization is necessary again due to changes in the symptoms as result of the observations as provided for in paragraph (2) , the Mayor/Do governor may hear the opinions of two psychiatrists and re - hospitalize the temporarily discharged psychopath. In this case, the period of time for re - hospitalization shall not exceed three months from the date of re - hospitalization.

(4) Necessary matters pertaining to the notification, contents of and procedures for the observation, and re - hospitalization as provided for in paragraphs (1) through (3) shall be prescribed by the Presidential Decree.

Article 38 (Measures concerning Unauthorized Discharge From Hospital)

(1) In case where a hospitalized psychopath who has a danger to harm himself and other persons are discharged from a hospital without authorization and his location is unknown, the director of the medical institution for mental illness may notify the superintendent of the competent police station of the matters falling under the following subparagraphs and request a search :

1. Full name , domicile, sex, and date of birth of the patient;
2. Date of hospitalization and discharge;
3. Summary of symptoms and the patient's appearances; and
4. Full name and domicile of a person who is responsible for protection or a person corresponding.

(2) In case where a psychopath, for whom a request of search has been made as provided for in paragraph (1), is discovered, the police officer shall immediately notify the director of the medical institution for mental illness. In this case, the police officer may, for the period of time within twenty four hours, protect the person concerned at a police station, or a medical institution, or a social welfare facility, etc. until handing over the psychopath concerned.

Article 39 (Report, Inspection, etc.)

(1) The Minister of Health and Welfare, the Mayor/Do governor or the head of Shi/Kun/ Ku shall direct and supervise the competent affairs concerning the installer

and operator of the mental health facility, or have the public health clinic direct and supervise them, and order to file reports on the relevant affairs or to submit the related documents, or have the relevant public officials inspect the books, documents and other matters regarding the operation of relevant facilities. 〈Amended by Act No. 6152, Jan. 12, 2000〉

(2) The Minister of Health and Welfare or the Mayor/Do governor may, as prescribed by the Presidential Decree, require each Mental Health Deliberative Committee to review the suitability for the hospitalization, the necessity of discharge from hospital or the conditions of treatments, by gaining access to the medical institution for mental illness and having direct interviews with the hospitalized psychopaths.

(3) A public official concerned and a commissioner conducting an inspection or examination under paragraphs (1) and (2) shall carry a certificate indicating authority and show the certificate to persons concerned.

(4) The Minister of Health and Welfare or the Mayor/Do governor, according to the result of inspection under paragraph (2), may order the director of the medical institution for mental illness to discharge the psychopath concerned or to take necessary measures for improvement in treatment.

(5) The director of the medical institution for mental illness shall, in case where he discharges psychopaths under paragraph (4), notify the head of competent public health clinic thereof under the conditions as determined by the Ordinance of the Ministry of Health and Welfare : Provided, That this shall not apply to the case where a psychopath or a person responsible for his protection fails to consent to it. 〈Newly Inserted by Act No. 6152, Jan. 12, 2000〉

(6) In case where a notification under paragraph (5) is related to a psychopath outside of the relevant competent area, the head of public health clinic in receipt of such a notification shall without delay notify it to the head of public health clinic having jurisdiction over the residence of such a psychopath. 〈Newly Inserted by Act No. 6152, Jan. 12, 2000〉

CHAPTER V PROTECTION OF RIGHTS AND INTERESTS, AND SUPPORT, ETC.

Article 40 (Prohibition on Hospitalization, etc.)

(1) No person, except for the cases of urgent hospitalization, shall, without the diagnosis of a psychiatrist, hospitalize a psychopath into a medical institution for

mental illness or extend the hoptitalization.

(2) Necessary matters pertaining to the valid period, etc. of a diagnosis as provided for in paragraph (1) shall be as prescribed by the Ordinance of the Ministry of Health and Welfare.

Article 41 (Protection of Rights and Interests)

(1) No person shall be deprived of opportunity for education and employment, or receive unfair treatment by reason that he was a psychopath.

(2) No person shall record, videotape, and photograph psychopaths, without the consent of the psychopath himself, a person responsible for protection, or a person who furnishes protection.

Article 42 (Prohibition on Disclosure of Secrets)

A person who was or is performing duties in relation to a psychopath as prescribed by this Act shall not disclose or announce the secrets of other persons acquired in relation to the performance of such duties, except cases specially prescribed by this Act or other Acts and subordinate statutes.

Article 43 (Prohibition on Accommodation)

A psychopath shall not be accommodated in a location other than facilities where medical protection for psychopaths may be provided as prescribed by this Act or other Acts and subordinate statutes.

Article 44 (Restrictions on Special Medical Treatment)

(1) Electric shock therapy, insulin lethargy therapy, hypnosis-under-anesthesia therapy, psychiatric surgery therapy, and other acts of special medical treatment regarding psychopaths as prescribed by the Presidential Decree shall be decided by a consultative council formed by a medical institution for mental illness concerned, and the consent of the patient concerned or the person who is responsible for protection shall be obtained.

(2) The consultative council as provided for in paragraph (1) shall consist of more than one psychiatrist and a person having expert knowledge and experience in mental health as prescribed by the Presidential Decree, and necessary matters pertaining to operating procedures, etc. shall be as prescribed by the Presidential Decree.

Article 45 (Prohibition on Movement Restriction)

(1) The director of a medical institution for mental illness shall not restrict the freedom of communication, the fredom of interviews, and other freedom of movements with respect to psychopaths as prescribed by the Presidential Decree.

(2) In case where the director of a medical institution for mental illness is restricting movements with respect to matters provided for in paragraph (1), the restriction shall be conducted in the minimum extent, and the reasons for restriction shall be recorded in a record of treatment.

Article 46 (Restriction on Isolation of Patient)

(1) The isolation of a patient shall be executed where there is a very high possibility that the patient concerned or his neighbors may face high possibility of dangers considering the symptoms of the patient, and it is evidently considered that there are no other way to escape from the danger except relying on isolation of the patient, within the facility concerned for the purpose of reducing the danger to the maximum extent and treating or protecting the patient.

(2) In case where a patient is isolated as provided for in paragraph (1), the instructions of a psychiatrist shall be followed and entered in the diagnosis records.

Article 47 (Vocational Guidance, etc.)

The State and local government shall make efforts so that persons who have recovered from psychopathy may obtain the proper vocational guidance and vocational training in accordance with their abilities, and shall make efforts, to develop and expand categories of suitable occupation.

Article 48 (Preservation and Cultivation of Organizations or Facilities)

The State or local government shall make efforts to preserve and cultivate organizations or facilities whose purposes are to promote rehabilitation of psychopaths and protect their rights and interests, and may subsidize the expenses required therefor.

[This Article Wholly Amended by Act NO. 6152, Jan. 12, 2000]

Article 49 (Reduction of Economic Burdens, etc.)

The State or local government may reduce or subsidize medical expenses or may provide necessary supports in order to reduce the economic burdens of psychopaths and persons who is responsible for protection, and to promote rehabilitation of psychopaths.

Article 50 (Defrayment of Expenses)

(1) The State and local government may bear whole or part of the expenses required for diagnosis and treatment as provided for in Article 25.

(2) Necessary matters pertaining to the defrayment of expenses as provided for in paragraph (1) shall be determined by the Presidential Decree.

Article 51 (Collection of Expenses)

The person who has established or operated a rehabilitation facility may collect the required expenses from persons using the facility within the collection limit of expenses as determined and publicly notified by the Minister of Health and Welfare.

Article 52 (Subsidies, etc.)

(1) The State may, within the budget, subsidize the necessary expenses for the establishment and operation of medical institutions for mental illness and rehabilitation facilities established and operated by local governments. 〈Amended by Act No. 6152, Jan. 12, 2000〉

(2) The State and local government may subsidize necessary expenses for the mental health projects of local community under Article 13 (1) and the direction and supervision under Article 39 (1). 〈Amended by Act No. 6152, Jan. 12, 2000〉

(3) The State and local government may subsidize necessary expenses for the implementation of relevant projects by the organization or individual which has been entrusted with the mental health projects of local community under the provisions of Article 13 (2). 〈Newly Inserted by Act No. 6152, Jan. 12, 2000〉

(4) The State or local government may, as determined by the Presidential Decree, subsidize necessary expenses in the establishment and operation thereof, within the scope of budget, for the person who establishes or operates a medical institution for mental illness, a rehabilitation facility, or a mental sanatorium of which the purpose is not for profit.

(5) Subsidies as provided for in paragrphs (1) through (4) shall not be used for any other purposes. 〈Amended by Act No. 6152, Jan. 12, 2000〉

Article 53

Deleted. 〈by Act No. 6152, Jan. 12, 2000〉

Article 54 (Delegation of Authority)

(1) The Minister of Health and Welfare or the Mayor/Do governor may entrust part of his authority as prescribed by this Act to the Mayor/Do governor, the director of the National Mental Hospital, or a head of Shi/Kun/Ku, under the conditions as prescribed by the Presidential Decree.

(2) The Minister of Health and Welfare may entrust part of his authority as prescribed by this Act to the institutions or organizations related to mental health under the conditions as prescribed by the Presidential Decree. 〈Newly Inserted by Act No. 6152, Jan. 12, 2000〉

CHAPTER VI PENAL PROVISIONS

Article 55 (Penal Provisions)

Any person falling under any of the following subparagraphs shall be sentenced to imprisonment for not more than five years, or a fine not more than twenty million won :

1. A person who abandons a psychopath in violation of the provision of Article 22 (3) ;

2. A persono who does not discharge a psychopath in violation of the provisions of Articles 23 (2) and 24 (4) and (6) ;

3. A person who does not comp;y with an order of discharge or temporary discharge in violation of the provisions of Article 33 (1) (including a case where Article 35 (2) shall apply mutatis mutandis) or 39 (4) ;

4. A person who does not discharge a psychopath in violation of the latter part of Article 36 (1) ;

5. A person who hospitalizes or extends the hospitalization of a psychopathic patient whthout the diagnosis of a psychiatrist in violation of the provisions of Article 40 (1) ;

6. A person who accommodates a psychopath in a location, other than facilities as prescribed by this Act or other Acts and subordinate statutes, in violation of the provisions undear Article 43;

7. A person who executes special medical treatment without the decision of a consultative council or the consent of a psychopath or a person who is responsible for protection, in violation of the provisions of Article 44 (1) ; and

8. A person who violates the provisions of Article 52 (4) .

Article 56 (Penal Provisions)

Any person falling under any of the following subparagraphs shall be sentenced to imprisonment for not more than three years, or a fine not more than ten million won :

1. A person who violates the order regarding the discontinuance of services or the closure of the facility in violation of the provisions of Articles 12 (3) and 18 (1) ;

2. A person who establishes or operates a rehabilitation facility without filing a report in violation of Article 15 (2) ;

3. A person who discloses or announces secrets acquired while on duty in violation of the provisions of Article 42; and

4. A person who restricts the freedom of communication, etc. of a psychopathic patient in violation of the provisions of Article 45 (1).

Article 57 (Penal Provisions)

Any person falling under any of the following subparagraphs shall be sentenced to imprisonment for not more than one year, or a fine not more than five million won : 〈Amended by Act No. 6152, Jan. 12, 2000〉

1. A person who violates the provisions of Article 26 (5) ;

2. A person who does not submit an application of continuative hospitalization or delays it, in violation of Article 24 (3) ;

3. A person who does not comply with the order regarding the improvement in treatment in violation of Article 33 (1) (including a case where Article 35 (2) shall apply mutatis mutandis) or 39 (4) ;

4. A person who records, videotapes, or photographs psychopaths without consent, in violation of the provisions of Article 41 (2) ; and

5. A person who violates the provisions of Article 46 (2).

Article 58 (Joint Penal Provisions)

Any representative of a juristic person, or any agent, employee or other employed persons of a juristic person or individual who commits an offense in violation of the provisions of Articles 55 through 57 in connection with the affairs of the juristic person or individual, a fine as provided for in each corresponding Article shall also be imposed on subh a juristic person or individual, in addition to punishment of the offender.

Article 59 (Fine for Negligence)

(1) Any person falling under any of the following subparagraphs shall be sentenced to a fine for negligence not more than one million won : 〈Amended by Act No. 6152, Jan. 12, 2000〉

1. A person who fails to file a report under Article 10 - 2, or files a false report;

2. A person who fails to file a report under Article 17, or files a false report;

3. A person who does not make a notification in violation of the provisions of Article 24 (5) ;

4. A person who does not file a notifying report in violation of the provisions of Article 37 (1) ;

5. A person who does not make a notification, makes a false report, does not submit relevant documents, submits false documents, or refuses, obstructs, or avoids an inspection or review by a public official concerned or each Mental Health Deliberative Committee in violation of the provisions of Article 39; and

6. A person who violates the provisions of Article 41 (1).

(2) The fine for negligence as provided for in paragraph (1) shall be imposed and collected by the Minister of Health and Welfare or the Mayor/Do governor as prescribed by the Presidential Decree.

(3) A person who has objection to the disposition of a fine for negligence as provided for in paragraph (2) may file an objection within thirty days upon receiving the notice of the disposition to the Minister of Health and Welfare or the Mayor/Do governor.

(4) In case where a person who was sentenced to a fine for negligence as provided for in paragraph (2) files an objection as provided for in paragraph (3), the Minister of Health and Welfare or the Mayor/Do governor shall without delay notify a competent court, and the competent court that has received the notification shall judge the fine for negligence as prescribed by the Non - Contentious Case Litigation Procedure Act.

(5) When an objection is not filed within the period of time as provided for in paragraph (3), and when the fine for negligence has not been paid, the fine for negligence shall be collected following the examples of default of a national or local tax.

ADDENDA

2 韓国における司法精神医療

五十嵐 禎人

I はじめに

本稿は，2002年9月2日から9月7日にかけて行われた精神医療事故研究会の大韓民国（以下，韓国）視察における知見をもとに，韓国における触法精神障害者の処遇と治療施設の現状について報告するものである。

II 韓国における触法精神障害者をめぐる法制度

韓国における触法精神障害者をめぐる法制度に関しては，すでに趙による詳細な報告（本書247頁以下）があるので，ここでは，法務部保護局保護課における説明や趙による報告をもとに，その概要を簡単に紹介する。

1 韓国における責任能力概念と精神鑑定

韓国刑法10条1項は「心神障害によって，事物を弁別する能力がないか，または意思を決定する能力がない者の行為は罰しない」とし，同条2項は「心神障害によって，前項の能力が微弱な者の行為は，その刑を減軽する」としている。心神障害は，精神障害を意味しているとされ，この規定はわが国における心神喪失・心神耗弱の具体的な内容を示すとされる大審院判決（大判昭和6年12月3日刑集10巻682頁）とほぼ同様のものである。すなわち，韓国においても責任能力の判定は，生物学的要素と心理学的要素を併用するいわゆる混合的手法がとられている。ただし，責任能力の減免が認められる範囲はわが国よりやや広いようで，保安処分制度をもつドイツにより近いと思われる。

精神鑑定は，警察官，検察官，公判の各過程で行われる。韓国には，わが国の検察庁における簡易鑑定のような制度はなく，警察官の段階で行われる精神鑑定も，裁判所の許可を得て行われる嘱託鑑定である。精神鑑定は，責任能力と治療処分の必要性を判断するために行われるものであり，検察官が治療処分を請求する場合には，精神科専門医の診断または鑑定を経なければ

319

ならず，通常，精神鑑定が行われる。精神鑑定の大部分は公州治療監護所で行われている。鑑定留置期間はだいたい30日くらいとわが国の実務と比較してかなり短期間である。検察官は，鑑定結果等に基づき責任能力と治療処分の必要性の判断を行い，起訴，治療処分の独立請求または起訴と治療処分請求の併合請求を行う。なお，すでに警察官の段階で精神鑑定が行われた場合には，検察官が再び精神鑑定を行うことはないという。また，起訴前に精神鑑定が行われている事例について，公判過程で再度の精神鑑定が行われることはあまりないが，近年，起訴前に精神鑑定が行われなかった事例について，弁護人の請求によって精神鑑定が行われる事例が増加している。以前は精神鑑定の大部分は検察官の請求で行われていたが，最近は公判過程での精神鑑定が一番多いという。

2 社会保護法による治療監護

社会保護法は，罪を犯した者であって再犯の危険性があり，特殊な教育・改善及び治療が必要であると認められる者に対して保護処分をすることにより社会復帰を促進し，社会を保護することを目的とするものである。社会保護法による保護処分には，①「数個の刑を受け，又は数個の罪を犯した者（過失により罪を犯した者は除く。）」（常習犯罪者）に対する保護監護，②「心神障害者又は麻薬類・アルコールその他薬物中毒者であって罪を犯した者」に対する治療監護，③保護監護，治療監護の仮終了者等に対する保護観察の3種類がある。以下，治療監護を中心に制度の概要を述べる。

(1) 治療監護の対象者

治療監護には心神喪失・心神耗弱者を対象とする治療処分と麻薬類・アルコール等の中毒者に対する禁絶処分の2種類がある。治療処分の対象者は，①「心神障害者」であって，刑法10条1項の規定により処罰することができない（責任無能力者）か，または同条2項の規定により刑が減軽される者（限定責任能力者）で，②禁錮以上の刑にあたる罪を犯し，③再犯の危険性があると認められた者である。禁絶処分の対象者は，①麻薬・向精神性医薬品・大麻その他濫用され，又は害毒作用を起こすおそれがある物質又はアルコールを食飲・摂取・吸入・吸煙又は注入を受ける習癖があり，又はそれに中毒となった者（責任能力については問われない）で，②禁錮以上の刑に該当する罪を犯し，③再犯の危険性があると認められた者である。

なお，再犯の危険性の要件は，社会保護法制定時にはなく，1989年の改正で，明示的に要件とされた。再犯の危険性の判断基準に関しては，大法院決定で，「その再犯の危険性の有無は被治療監護処分請求者の判決宣告当時の疾患の状態，完治如何，治療の難易度，今後治療によって完治される可能性，期間および治療を持続的に受けることができる環境の有無を総合して，客観的に判断しなければならない」とされている。

(2)　治療監護処分の請求手続

　被疑者が治療監護処分の要件を満たしていると判断されると，検察官は裁判所に治療監護処分の請求を行う。請求には「治療監護処分の独立請求」と「起訴と治療監護処分請求の併合請求」がある。独立請求は，被疑者が責任無能力の場合や起訴便宜主義により起訴を必要としない場合に行われる。併合請求は，被疑者が限定責任能力者であり，独立請求事由がないが，本人の治療と犯罪の予防のために刑罰よりは精神科治療が必要であると判断されるときに行われる。併合請求の場合は，裁判所は有罪・無罪の判断と治療処分の要否について判決を言い渡す。なお，責任能力や再犯の危険性の判定について，裁判所は，精神鑑定書の意見を重視はするが，必ずしもそれに拘束されるわけではない点は，わが国の責任能力判定と同じである。

(3)　治療監護処分の執行期間

　被治療監護処分者は，公州治療監護所に収容される。治療監護処分には期間の制限はない。治療監護処分と有罪判決が併科された場合には，治療監護処分を先に執行する。この場合，治療監護処分の執行期間は刑期に算入されるため，刑期以前に治療監護処分が終了した場合には，残った刑期だけ刑を受けることになる。しかし，刑期を超えて治療監護処分を行うことも，少数ではあるが，あるということである。また，保護監護処分と治療監護処分の要件が競合するときは，治療監護処分が宣告される。

(4)　治療監護処分の終了

　治療監護処分は，被治療監護処分者が監護の必要がない程度に治癒した場合に終了する。具体的には，①被治療監護処分者が十分に治療され，再犯の危険性がないと認められる場合，②被治療監護処分者が治療の経過がごく良好であり，薬物または通院治療のみで治療が可能であり，再犯の危険性がないと認められる場合で，親族が十分な保護を誓約するとき，③被治療監護処

分者に対し治療をしても症状の好転を期待できない場合で，再犯の危険性を防止するための最小限の社会適応訓練を済まし，親族が十分な保護を誓約するとき，社会保護委員会は治療監護処分の終了決定をし，被治療監護処分者は治療監護所から退所となる。

また，治療監護処分を終了できる程度にまで治癒してはいないが，治療監護所への収容が不要と考えられる場合には，社会保護委員会は治療監護処分仮終了の決定をすることができる。具体的には，①被治療監護処分者が完治されていないとしても，社会的な危険性が低く，引受保護者がある場合，②長期収容の必要な被治療監護処分者に対して，外来通院治療が可能であり，長期収容が社会適応力を低下させるおそれがあると認められる場合で，親族または引受保護者の十分な保護誓約がある場合，③被治療監護処分者が完治されたが，継続的な治療と保護観察が必要であると判断される場合で，親族または引受保護者からの保護誓約がある場合，社会保護委員会は治療監護処分の仮終了決定をし，被治療監護処分者は治療監護所を仮退所となる。

この他に，施設収容の必要性はあるが，治療監護所での治療は不要と考えられる患者については，治療委託制度がある。これは，治療監護処分の執行開始後2年経過または刑期に相当する期間の治療監護を受けた被治療監護処分者で，親族が入院治療を誓約した場合に，その親族に治療を委託する制度である。この場合，被治療監護処分者は，親族の費用負担で一般の精神科病院へ入院することになる。

仮終了ないしは治療委託を受けた被治療監護処分者は保護観察に付される。保護観察の期間は3年間であるが，社会保護委員会が必要と判断した場合には，さらに3年間延長することが可能である。仮終了・治療委託は，被治療監護処分者が，①禁錮以上の刑の再犯をしたとき，②遵守事項その他保護観察に関する指示・監督に違反したとき，③症状が悪化して治療監護が必要であると認められるとき，には社会保護委員会の決定によって取り消され，治療監護処分が再執行される。

3　精神保健法の「市・道知事による入院」

韓国の精神保健法に基づく強制入院には，自傷他害の危険がある精神障害者に対する「市・道知事による入院」と「保護義務者による入院」の2種類がある。「市・道知事による入院」は，精神科専門医または精神保健専門要

員(精神保健法上の臨床心理士,看護士または社会福祉士)の市・道知事(市は日本の都と府,道は道と県にあたる)に対する申請を受けて行われる2名の精神科専門医の診断に基づいて,市・道知事が精神科病院(原則として国立ないし地方自治体立)への強制入院を決めるものである。「保護義務者による入院」は,精神科専門医が,患者が,精神科医療機関での治療が必要な状態にあるか,あるいは患者自身の健康または安全や他人の安全のために入院が必要であると診断した場合で,患者の保護義務者の書面による同意が得られた場合に発動される強制入院である。「市・道知事による入院」はわが国の措置入院に,「保護義務者による入院」はわが国の医療保護入院に,それぞれ相応するものといえる。

ただし,韓国の「市・道知事による入院」には,わが国の警察官通報,検察官通報,保護観察所長通報,矯正施設長通報に相当する規定はなく,検察官には,触法精神障害者の通報義務はない。もちろん,軽微な触法行為で不起訴処分となった場合に,精神科病院への入院を検察官が家族に勧告する場合があるが,この場合の入院は「市・道知事による入院」ではなく,「保護義務者による入院」になる。これは韓国では,精神保健法制定時にはすでに社会保護法による治療監護処分が存在しており,強制入院が必要な触法精神障害者については,社会保護法の規定によって対応すべきものとされたためである。精神保健法制定の過程では,むしろ,触法行為に関する事実認定なしに「自傷他害の危険性」のみを要件として強制入院させる「市・道知事による入院」の規定に関しては,司法による厳密な事実認定に基づいて行われる社会保護法による治療監護処分に比べて人権侵害の危険性が高いという強い反対があったという。

4 薬物規制関連法規と薬物事犯の状況

韓国の違法薬物取締り法規である「麻薬類管理に関する法律」(以下,麻薬類管理法という。)には,麻薬類(麻薬,向精神薬,大麻)中毒者の治療保護制度が規定されている。これは,食品医薬品安全庁長又は市・道知事の命令により,麻薬類使用者に対して麻薬類中毒の有無の判別検査(期間は1月以内)を受けさせ,又麻薬類中毒者と判明した者に対して治療保護機関において治療保護(期間は6月以内)を受けさせるものであり,わが国の麻薬および向精神薬取締法に規定される慢性麻薬中毒者に対する措置入院制度にほぼ

類似した制度である。食品医薬品安全庁長又は市・道知事は、判別検査や治療保護を行うための治療保護機関を設置・運営し、又は指定することができるとされており、現在、韓国全体で23ヶ所の麻薬類中毒者治療保護機関がある。旧麻薬法、旧大麻法、旧向精神医薬管理法では、医療関係者が、麻薬類中毒者を発見した場合には、市・道知事を経て食品医薬品安全庁長に報告する義務規定があったが、麻薬類管理法の制定によってこの規定は廃止された。また、判別検査又は治療保護をしようとするときは、医薬品安全庁・特別市・広域市及び道に設置される治療保護審査委員会の審議を経なければならないとされる。なお、麻薬類管理法に基づく治療保護処分制度の対象者の医療費は公費負担である。そのため、むしろ患者の側から、治療保護処分制度の適用を求めることもあるという。

かつては、覚せい剤が多く密造されていた韓国も、近年の経済発展の影響もあって、10年前くらいからは、覚せい剤の密輸入国（主に中国より）になっているという。近年の韓国で流行している麻薬類としては、覚せい剤（かつてのわが国と同様に「ヒロポン」とよばれる）、有機溶剤が多い。韓国全体で薬物依存症者は20万～40万人と推計されている。また、違法薬物使用による逮捕者は年間約8,000名であるが、そのうち麻薬類中毒者治療保護機関で治療を受ける者は200名程度にすぎない。

III 施設見学

1 ソウル特別市立恩平病院

ソウル特別市北部に位置する恩平区にある市立病院である。最初に病院の講堂で、院長の權貞和（Kwon Jung Hwa）先生より、病院の概要や薬物依存症治療についての説明を受け、その後2班に分かれて病棟を見学した。

(1) 病院の概要

1947年4月麻薬中毒者の治療施設として開設された病院で、1961年からソウル特別市が運営するようになった。2001年9月から立替工事が開始され、我々が訪問する少し前に完成したばかりとのことであった。総敷地面積12,905平方メートル、建物は、地下2階、地上6階、総面積16,544平方メートルの近代的なもので、6病棟、54病室、317床を有している。病棟は、機能分化されており、一般精神科病棟のほかに、老年精神医学、アルコー

ル・薬物依存症，児童思春期精神医学，リハビリテーションの各専門病棟がある。

基本的には精神科が中心の病院（入院部門は精神科のみ）であるが，外来部門には内科，神経内科，放射線科，リハビリテーション科，歯科，家庭医学科（Family Medicine）があり，外来部門は精神科患者以外の地域住民にも開放されている。地域住民への外来部門の開放には，精神科・精神科病院への偏見を軽減する狙いもあるようで，我々の訪問の直前にも，地域住民向けの糖尿病に関する講演会が開かれていた。

また，この病院には，ソウル特別市の精神保健センターが置かれており，ディ・ケア，家庭訪問サービス，電話による訪問サービス，ケース・マネージメント，リハビリテーション，職業訓練，精神保健に関する啓発・教育活動，精神保健ボランティアの教育，精神病に罹患したホームレスへの投薬サービスなども行っているという。

医師の定員は16名である。また，精神科専門医の臨床研修病院に指定されており，精神科レジデントが7名いる。看護スタッフは，正規看護師68名（うち22名は精神科専門資格をもつ），初等看護師（研修中の看護師）122名，看護補助者49名である。

入院患者の90％以上は精神保健法による強制入院であり，疾患別では，40％が統合失調症，30％がアルコール関連精神障害，15％が双極性障害（感情障害），15％が器質精神病とのことであった。

治療費用については，治療保護と国民基礎生活保障（わが国の生活保護に相当）による入院者については，患者の自己負担はないが，医療保険による入院者では月70万ウォン，自費患者の場合には月150万ウォンの自己負担が生じるという。医療保険や自費入院者の治療費負担は，わが国との所得水準の差を考えると，かなり高額なものといえよう。こうした高額の医療費負担は，精神科医療へのアクセスを悪くする要因となっており，また，麻薬類管理法による治療保護制度の適用を求める患者が多い理由ともなっている。

(2) 薬物依存者の治療プログラム

韓国の麻薬中毒者治療保護機関のうちでも，恩平病院のアルコール・薬物依存症病棟は，最もリハビリテーションのための施設が充実しており，治療プログラムや病棟内の処遇についても，より患者の自律性を重んじた，人道

主義的な体制がとられているという。

　アルコール・薬物依存症病棟の入院患者の治療プログラムは，2週間の解毒治療と8週間の薬物依存回復クラスで構成されている。薬物依存回復クラスは，家族療法，集団療法，薬害教育，認知行動療法，動機づけ強化療法，表出型支持療法（Supportive-expressive therapy），早期回復スキルグループ，再発予防グループ，尿検査，12ステッププログラムから構成されている。こうした治療プログラムは，米国やわが国のアルコール・薬物依存症の治療プログラムとほぼ同一のものである。治療プログラムは，スタッフによって分担されており，精神科専門医は薬害教育を，精神科レジデントは認知行動療法と薬物使用を断るスキルのトレーニング，精神科看護師は，集団療法，ビデオによる教育，心理士は，認知行動療法を行う。その他，音楽療法士，芸術療法士もチームに加わる。入院中は定期的に薬物スクリーニングのための尿検査が施行される。

　退院後のフォローに関しては，外来通院，AA，NAのプログラムへの参加が要請される。また，薬物スクリーニングのための尿検査を，退院後1ヶ月間は毎週，その後1〜3年は月1回のペース行っているという。また，外来通院者が1ヶ月以上来院しない場合には，電話をかけて受診を促している。

　訪問時点でアルコール・薬物専門病棟の入院患者は46名であったが，そのうち6名は麻薬類管理法による治療保護制度による入院，1名は精神鑑定のための入院，他の39名はアルコール依存症であり任意入院であるとのことであった。

　ちなみに，帰国後のマスメディアによる報道によれば，我々の訪問直後に，同病院の入院患者が外部の元入院患者から覚せい剤などを入手し病院内で使用していたことが発覚し，逮捕されるという事件がおきたという。その報道によれば，クッキーやタバコの箱の中に覚せい剤をしのばせ，注射器などを持ち込むために病棟の窓から糸が垂らされていたという。また，定期的に行われる尿検査をすり抜けるために自分の尿のかわりに，他の患者の尿を提出していたりしたという。

　(3) 病棟見学

　老人病棟と女子病棟を見学した。病棟の中は，韓国式のオンドルとなっており，病棟の入り口で靴を脱いで入る。病室は広く，清潔である。病室には，

ベッドが入っているが，家庭と同様に床に蒲団を敷いて寝てもよいとされている。病棟の中央には，テレビや遊戯台が置かれている。病棟内は，わが国の通常の急性期病棟よりずっと静かであり，患者も静か過ぎるくらいである。病棟の空間的スペースに余裕があるせいもあってか，患者の数もあまり多くはないように見受けられた。1病棟（約50床）あたりの看護スタッフ数は，日中3～4名，準夜2名，深夜1名であり，急性期病棟としては，わが国の精神科病院より少ないレベルである。

2 啓耀神経精神病院

ソウル特別市から自動車で1時間ほど，京畿道中西部の儀旺市にある。高層建築の巨大精神病院である。メディカルマネージャーの Sung Sang-Kyung 先生にご案内いただいた。

(1) 病院の概要

キリスト教系の啓耀医学財団が経営する私立精神科病院で，1974年に開設された。1990年にはわが国の浅井病院と姉妹病院の協定を結んでいる。800床の本院のほかに，2002年2月に開設された120床の老人専門病院（神経内科，精神科）を有する。ソウル拘置所の指定病院であり，精神科専門医や精神保健要員の研修指定病院になっており，儀旺市精神保健センターの運営にもあたっている。

病棟は機能別に分化されており，急性期・重症者病棟，開放病棟（ディ・ケア機能も兼ねている），教育病棟（精神科専門医になるための訓練を受けているレジデントの教育のために開設されている病棟。男女混合の病棟で，入院から退院まで，急性期から回復期まで，レジデントが一貫して治療に当たれるように工夫されている），リハビリ病棟（慢性期の統合失調症患者など長期入院と濃厚なリハビリテーションプログラムが必要な患者のための病棟），アルコール・薬物中毒センター，青少年精神医療センター（12—20歳の児童・思春期の患者を対象とした病棟）がある。なお，開放病棟以外はすべて閉鎖病棟である。

(2) アルコール・薬物中毒センター

1994年に開設された病棟で，政府の指定する麻薬類中毒者治療保護機関になっている。定床70床の閉鎖病棟で，スタッフの定数は，医師3名（2名は精神科専門医，1名は精神科レジデント），看護スタッフ15名である。入院患者の大部分はアルコール依存症者であり，我々の訪問時点で入院患者中，

薬物依存者は6名，うち1名は覚せい剤，1名はブタンガス吸引，他は鎮咳剤依存であった。私立病院でもあり，薬物依存症の入院患者は，ほとんど自ら受診した者か，家族が入院させた者で占められており，この病院の入院患者には，わが国でしばしば問題となる触法行為を行った薬物関連精神障害者はいないようである。Sung医師によれば，韓国では違法薬物使用者のほとんどは，精神科治療なしに行刑施設で処遇されていることが多いという。

病棟を見学したが，天井が低く，閉鎖病棟でもあり，わが国の古い精神科病院の病棟と同様にやや暗い雰囲気である。プログラムが行われていない時間であったせいか，病棟内をウロウロしている患者が目立ち，患者数に比して看護スタッフが少ない印象である。病棟内の治療プログラムはいわゆる12ステップモデルの治療プログラムを採用しているとのことであった。また，アルコール・薬物中毒センターでは，隔離や身体拘束は行わないが，別に精神科集中治療病棟（PICU：定床6床，うち2床は隔離室）があり，暴力行為等のある患者については，PICUの方へ転棟させるとのことであった。

3　公州治療監護所

ソウル市から高速道路を4時間ほど走り，大田市で高速道路を降り，サッカーワールド・カップでも使用された競技場の前を通り，車は次第に山の中へと分け入っていく。忠清南道公州市は，かつて，古代百済の都がおかれたこともある古都であるが，その郊外，緑の山の麓に公州治療監護所の白亜の近代的な建物がある。

所長の崔相燮（Choi Sang-Sub）先生からの歓迎の挨拶のあと，会議室で施設の概要について説明を受け，2班に分かれて所内を見学した。所長の崔先生は，わが国で開催された世界精神医学会に参加された直後であり，わが国における精神分裂病の統合失調症への病名変更について大変意義深いことであり，アジア諸国へ与える影響も大きいと述べておられた。ちなみ，崔所長はKorean Academy of Law and Psychiatryの会長を務められているとのことで，同Academyは，現在会員数100名（ちなみに，韓国全体で精神科医は約1,700名とのこと）で，年2回のカンファレンスがもたれるという。

(1) 沿革

公州治療監護所は，社会保護法の治療監護処分を宣告された者を収容し，治療・保護するために設置された韓国内唯一の施設であり，治療監護処分に

関する調査・研究や裁判所・検察・警察からの依頼による精神鑑定をも行っている。1987年8月に治療監護所に関する大統領令が公布され，同年11月3日忠清南道公州市に500床で開設された。収容者の増加に伴い1992年12月より増築工事が開始され，1996年4月に増築工事が完成し合計1,000床に増床され，同時に薬物中毒者専門治療病棟が開設された。1993年11月には精神科専門医の研修病院に指定された。法務部訓令により，1997年11月10日より，国立監護精神病院の名称を並行使用することになった。

(2) 病院の概要

監護所構内の敷地面積は152,143平方メートルであるが，周囲の山林，道路などを含めた総敷地面積は309,520平方メートルという広大なものである。建物は事務室，病棟，寄宿舎，非常待機所などで，総面積45,851.62平方メートル，病棟部分の面積は22,468.89平方メートルである。

精神科医である所長のもと，医療部，監護課，庶務課が置かれている。監護課には116名の警護官が所属している。医療部は，一般精神科，社会精神科（ソーシャルワーカー），特殊治療科，鑑定科，神経科，一般診療科，看護科，薬剤科から構成されている。また，所長のもとに診療審議委員会が設置されている。診療審議委員会は，精神科医と監護課長で構成される委員会で，治療状況の判定や社会保護委員会へ提出する動態報告書（2ヶ月ごと）や鑑定書についての討議を行う。

総職員定数は301名であり，訪問時点で欠員5名とのことであった。治療監護所の収容人員が1,000名であることを考えれば，この職員数は欧米諸国の司法精神医学専門病棟はもとより，わが国の一般の精神科病院と比較しても極めて少ない数である。職員の内訳は，医師13名（欠員4名），薬剤師3名，看護職74名，医療技術者6名，技能職（保安職員）165名などとなっている。なお，この定員以外に精神科レジデント5名，公衆保健医（兵役の代替として勤務している医師）4名が勤務している。年間の運営予算は123億3,490万ウォン，そのうち人件費が100億100万ウォンとのことである。

精神科専門医の研修施設に指定されており，近隣の大学と提携し，レジデントの教育にあたっている。レジデント教育のための教育病棟も1つある。なお，韓国では医師免許取得後，研修指定施設における5年間の研修を修了し，試験に合格すると精神科専門医の資格がとれる。

病棟は，全部で16あり，すべて閉鎖病棟で，男女別病棟（女子病棟は2つ）になっている。被鑑定者と新入者の検査を行うための検査病棟，薬物中毒治療専門病棟，などがあり，患者の病状等によって病棟は機能分化が図られている。

(3) 収容患者のプロファイル

治療監護所の定員は，1,000名であるが，訪問時点の収容者は837名（うち女子118名）であった。このうち，被治療監護処分者が818名（うち女子114名），鑑定留置者が19名（うち女子4名）であった。1日平均収容者は825名とのことである。なお，これらのほかに，青松保護監護所（常習犯罪者に対する保安処分施設）から監護委託される者を収容することがある。監護委託による収容者のほとんどは，精神病者ではなく，人格障害者・薬物依存症者である。

年度別の入・出所者（図1，2）をみると，年々増加傾向にあり，2001年度は被治療監護処分者の入所が291名，出所が244名，鑑定留置者の入所が309名，出所が324名であったという。開設以来の治療監護処分による入所者は累計3,018名，また，鑑定留置のための入所者は累計3,031名とかなり膨大な数である。鑑定費用が安いこと，警護がしっかりしていること，治療審議委員会による討議を経て鑑定書が提出されるため，鑑定の客観性・正確性が高いこともあって，韓国で行われる精神鑑定の90％は公州治療監

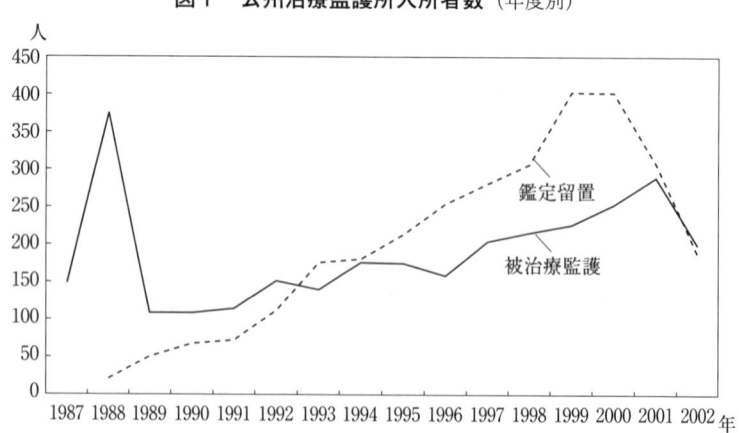

図1　公州治療監護所入所者数（年度別）

第 1 章 韓 国

図 2 公州治療監護所出所者数（年度別）

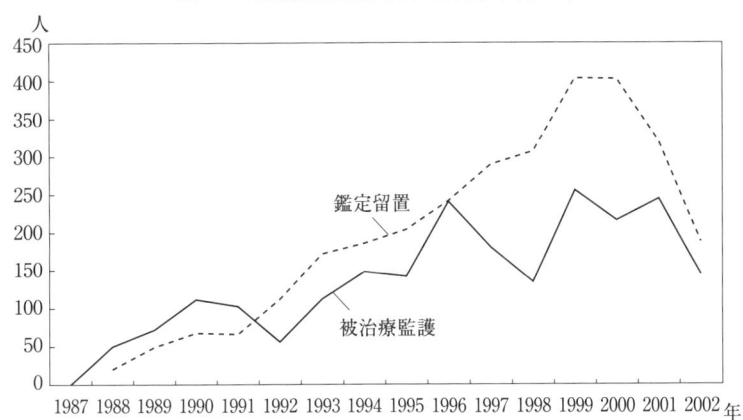

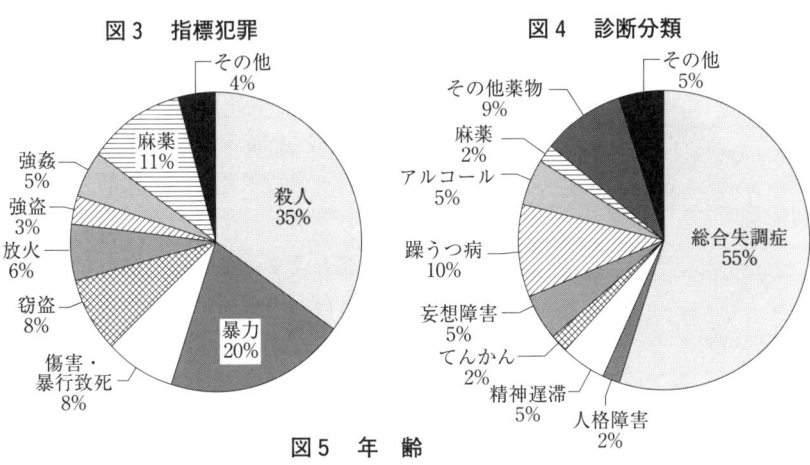

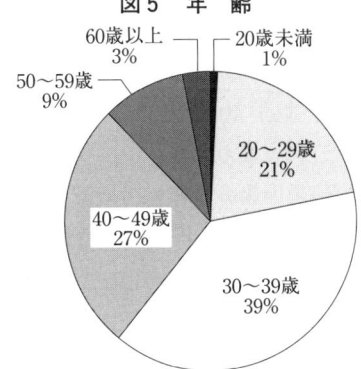

図 3 指標犯罪

- 殺人 35%
- 暴力 20%
- 傷害・暴行致死 8%
- 窃盗 8%
- 放火 6%
- 強盗 3%
- 強姦 5%
- 麻薬 11%
- その他 4%

図 4 診断分類

- 総合失調症 55%
- 躁うつ病 10%
- その他薬物 9%
- アルコール 5%
- 妄想障害 5%
- 精神遅滞 5%
- 麻薬 2%
- てんかん 2%
- 人格障害 2%
- その他 5%

図 5 年 齢

- 20歳未満 1%
- 20～29歳 21%
- 30～39歳 39%
- 40～49歳 27%
- 50～59歳 9%
- 60歳以上 3%

第2部　諸外国における触法精神障害者の処遇決定システム

図6　収容期間

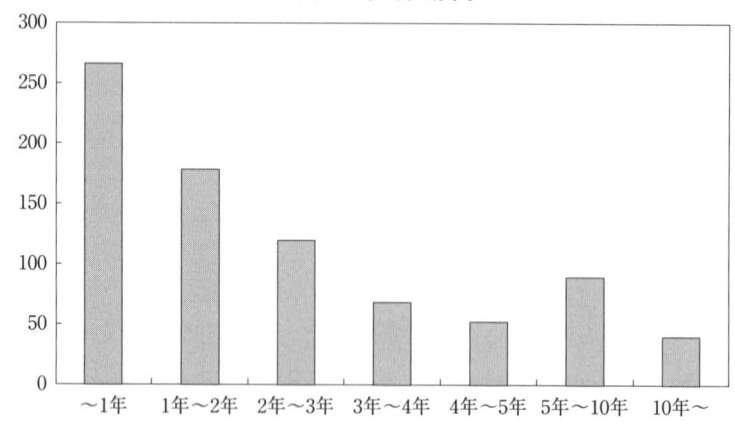

図7　前科別

護所で行われているという。

　収容患者の指標犯罪（処分の原因となった犯罪）を図3に示した。殺人，暴力，傷害・暴行致死など，大部分は暴力犯罪者で占められているが，窃盗など軽微な犯罪も含まれている。窃盗など軽微な犯罪者は，再犯の危険性や犯罪の常習性のため，保護監護処分が併科される可能性のある者であるという。また，禁絶処分制度があるため，麻薬類事犯が1割を占めているのも特徴である。精神科診断（図4）では，統合失調症が過半数を占めており，また，アルコール・薬物関連障害が多いことが目立つ。収容者の年齢構成（図5）をみると，30歳台が40.5％と多数を占め，以下40歳台26.8％，20歳台20.7％，50歳台8.9％，60歳以上2.5％，20歳未満0.6％となっている。未成年者が少ないのは未成年者の場合は治療監護所より少年院へ収容されることが多いためである。執行期間別（図6）でみると，2年未満の者が54.4％と過半数を占めているが，10年以上の者が5.0％，5〜10年の者が11.0％と長期収容化している事例も少なからぬ数である。犯罪歴（図7）については，初犯の者が68.7％を占めるが，5犯以上の者も10.3％いる。5犯以上の者のほとん

332

どは薬物事犯か窃盗であるという。
　(4)　治療の概要
　治療監護所に入院した患者は，入所後1ヶ月間は検査病棟に入院する。検査病棟は，鑑定留置者，治療監護処分による新入院者ならびに重症者が入院する病棟である。新入院患者は，検査病棟で，まず，諸検査（血液検査，神経機能検査，放射線検査，心理検査，知能検査など）を受け，身体状態ならびに精神状態について精査される。これらの結果に基づいて治療計画が作成され，担当主治医が決定される。診断に関しては，DSMなどの国際的診断基準が使用されている。ちなみに治療監護所には，血液検査，心電図，脳波計などは設置されているが，CTなどは設置されていないとのことであり，わが国の平均的な単科精神科病院のレベルの医療設備といえよう。
　治療は，治療計画に基づいて，精神療法，薬物療法，環境療法などを組み合わせて行われる。そのほか，小集団療法として，ギター，合唱などの音楽活動，織物，染色，陶芸，絵画，舞踊，スポーツ，サイコドラマなどのプログラムが，また，大集団療法として，舞踊発表会，合唱大会，運動会，写生大会，歌謡祭，演劇祭，映画上映などが行われている。また，医学的リハビリテーションとして，社会技術訓練（SST）やメンタルヘルス教育，断酒教育などが行われている。これらの集団療法やリハビリテーション活動はわが国の精神科病院でもよく行われるものである。わが国の精神科病院と比較して特徴的なのは，職業能力開発訓練の充実である。これは，病状の安定した患者を対象として行われるもので，建築塗装，レンガ積み，タイル張りなどの本格的な職業訓練が行われる。
　(5)　薬物中毒者治療専門病棟
　1996年に開設された薬物中毒者専門病棟で，薬物による抗渇望（craving）療法と6－7名の小グループによる集団療法を中心とした薬物依存症回復プログラムが実施される。しかし，我々の訪問の直前に，入院患者による医療スタッフへの暴行事件が発生し，結果として医師数名が辞職するなどの騒ぎがあった。そのため，我々の訪問時点では，各病棟に薬物中毒者を分散し精神病者と一緒に収容し，日中の集団療法セッションのみ専門病棟で行っているとのことであった。こうした問題は，少ない人手のもとで，薬物依存者や人格障害者の治療を行うことの困難性を象徴するものともいえる。今後につ

いては，病棟の規模を小さくすることを検討しているとのことであった。
　(6)　再犯の危険性の判定
　治療監護所から退所するためには，社会保護委員会によって治療監護処分が解除される必要がある。治療監護処分の解除にあたっては，再犯の危険性が除去されたことの証明が必要である。再犯の危険性の判定については，もっぱら臨床的な判断に基づいて行われており，①年齢，②犯罪歴，③家庭環境，④病識，⑤現在の精神状態，⑥病棟内での暴力的行動，⑦性格などを総合して判断しているとのことであった。欧米諸国で使用される精神病質チェックリスト（Psychopathy Checklist Revised: PCL-R）や暴力リスク評価ガイド（Violence Risk Appraisal Guide: VRAG）などのような保険数理学的アセスメント・ツールは，現在のところ使用してはいないとのことであり，その導入については今後の課題であるとのことであった。なお，退院の判断は，基本的には医学的判断ではあるが，社会保護委員会の判定では，公衆の安全が考慮されるので，退所後の処遇がどのようなものとなるのかが，退所の判断にも影響を与えているという。
　(7)　退院後のケア
　現在のところ，精神病に罹患している被治療監護処分者が治療監護所から退院するのは，治療監護処分の終了決定を受けた場合に限られている。これは，完治していない事例の治療監護処分の終了・仮終了に必要とされる親族の保護誓約を行う者が事実上いないためとされる。法律上仮終了者は保護観察を受けなければならないが，精神病の被治療監護処分者の仮終了は事実上なく，したがって保護観察が使用されることもない。現行の保護観察では，精神科治療を保護観察の特別遵守事項とすることは可能であっても，治療義務を遵守しないことを理由に，治療監護所の外で強制的な精神科治療を行うことはできないとされる。また，欧米諸国にみられるような，退院患者に対して精神科への外来通院を法的に義務付けるような制度は韓国には存在しないし，処分終了後は強制的な措置は一切できない。
　患者本人が希望する場合には，処分解除後5年間（必要な場合にはさらに5年間，合計最大10年間）まで治療監護所に通院することができ，これにかかる費用は公費負担である。この場合は，治療監護所の所長名で通院治療の必要性を申請し，社会保護委員会がその必要性を判定する。今のところ退院

が決定した段階で，患者の保護者を治療監護所に呼び，退院後の継続的精神科治療の必要性を伝え，退院後の通院治療を希望するものに対して治療監護所での外来治療が行われている。ちなみに，退院後，治療監護所で外来治療を継続する者は約20％程度である。

また，長期収容が増加していることは大きな問題であり，治療委託の制度を利用して，一般の精神科病院への転院を検討している患者がいるとのことであったが，これについても，親族の保護誓約が必要であり，今のところ現実には行われていないとのことであった。

(8) 病棟見学

白亜の近代的な建物であり，正面は事務管理部門で占められている。一見したところ，特に高い塀が目に付くわけでもなく，それほど警護が厳重な印象を受けない。しかし，病棟部分の建物の周囲には，高いフェンスが設置されており，病棟の建物とあわせて，内部と外部を明確に区分している。治療監護所内には監視カメラが多数取り付けられており，監護所の入り口近くにある警備ステーションから，病院内の様子が逐一モニターできるようになっている。

病棟構造は基本的には，どこの病棟も同一であるとのことで，筆者の班は女子の入院病棟を見学させていただいた。一つの階が一つの病棟となっており，各病棟定床70床で，隔離室を2室有するとのことである。訪問した病棟には，56名の患者が入院していた。1病棟あたりの職員配置は，医師1名，精神科看護師6名，上級精神科看護師7名となっており，勤務時間帯ごとの職員数は，日中5名，準夜帯3名，深夜帯2名とのことであった。病棟に入って驚かされるのは，格子で囲まれた看護ステーションから病棟内が一望できるように設計されていることである。病棟内には，ベッドごとの仕切りやカーテンはおろか，病室という区画すらまったくない。看護ステーションからは，患者とそのベッドがあたかも収容所などのようにずらっと並んでいるのがみえるわけで，入院患者にはプライバシーがまったく保証されていない状態である。こうした保安優先の病棟構造の背景には，欧米諸国のこうした病棟はおろか，わが国の一般の急性期病棟と比較してもスタッフ数が少ないことが関係しているものと推測された。

社会復帰関連の施設は，中央化されており，病棟部分とは明確に区分され

た区画になっている。訪問時には，ペンキ塗りの訓練を受けている患者がいたが，木工，レンガ積み，ペンキ塗りなどに関してはかなり高度な職業訓練が行われている。こうした職業訓練のための設備は，わが国の精神科病院にはほとんどみられないものであり，その設備はイギリスの小規模な地域保安病棟よりもむしろ充実しているぐらいである。また，政府のIT戦略の一環として，現在，韓国では教育現場へのコンピューターの導入が進められているが，治療監護所でもコンピューター教育の導入が予定されており，そのための工事が進められていた。そのほか，音楽活動，陶芸，紙細工などのための設備やミラーボールのついたカラオケもできるホールがあることなど，韓国の精神科医療全体の水準を考えれば，レクリエーションや作業療法のための設備もかなり充実したものである。ちなみに，作業療法士の研修施設をもっているのは，治療監護所のみとのことであった。

4　ソウル保護観察所

ソウル保護観察所は，ソウル特別市瑞草区にあり，1989年7月1日に開設され，1992年11月には南部・議政府の2支所，2000年3月には西部支所がそれぞれ開設されている。韓国における保護観察の歴史は，それほど古いものではない。1988年12月31日に保護観察法が公布され，少年を対象とした保護観察制度が導入されたのが始まりとされる。1997年1月1日より成人の犯罪者も保護観察制度の対象とされるようになった。申碩桓所長の歓迎の挨拶のあと，各部門の担当官からの説明を受け，施設を見学した。

韓国における保護観察制度の概要を表1に示した。韓国における保護観察業務には，保護観察官の指導・監督による狭義の保護観察のほかに，社会奉仕命令と受講命令がある。社会奉仕命令は，一定の期間無報酬で奉仕活動をさせるものである。受講命令は，薬物事犯やドメスティック・バイオレンスの加害者に対してそれぞれの教育プログラムを受けさせたり，交通事犯に対して遵法教育を受けさせるものである。

わが国の保護観察が主として民間篤志家である保護司によって行われているのに対して，韓国の保護観察では公務員である保護観察官が直接指導・監督を行っている。また，わが国の保護司に類似した制度として犯罪予防委員や市民保護観察官の制度がある。なお，保護観察官は，裁判所や収容機関の依頼によって被告人等の環境や犯罪原因に関する判決前調査や環境調査等も

表1

区分	適用法規	対象	保護観察期間・命令期間
保護観察	刑法	保護観察を条件に刑の宣告猶予を受けた者	1年
		保護観察を条件に刑の執行猶予宣告を受けた者	猶予期間（期間を別に定めた場合はその期間）
		仮釈放された者	残刑期間
	少年法	短期保護観察処分を受けた者	6月
		保護観察処分を受けた者	2年
		仮退院者	6月～2年
	社会保護法	仮出所・仮終了者等	3年
	家庭暴力法	家庭暴力犯罪の処罰等に関する特例法によって保護観察処分を受けた者	6月
	法務部訓練	保護観察官の善導条件付の起訴猶予者	6月又は1年
社会奉仕・受講命令	刑法	社会奉仕又は受講を条件に刑の執行猶予宣告を受けた者	社会奉仕：500時間以内 受講命令：200時間以内
	少年法	保護処分と同時に社会奉仕命令又は受講命令を受けた16歳以上の少年	短期：50時間の範囲内 一般：200時間の範囲内
	家庭暴力法	家庭暴力犯罪の処罰等に関する特例法によって社会奉仕命令又は受講命令を受けた者	各100時間の範囲内

行う。

　ソウル保護観察所の職員定数は73名，うち保護観察職が62名（うち4名欠員）である。訪問時点で，保護観察の対象者は，狭義の保護観察5,941名（うち少年2,529名），社会奉仕命令607名（うち少年101名），受講命令273名（うち少年68名），善導委託61名（うち少年10名）とのことであった。また，IT先進国のお国柄を反映して，保護観察統合情報システム（PIIS）というITを利用した保護観察対象者の管理システムが構築されている。

　保護観察の場合，法定遵守事項（保護観察官の指導・監督に従う義務，住居地に居住し，生業に従事する義務，犯罪性のある者と交際しない義務，善行を維持する義務など）のほかに，裁判所や保護観察審査委員会は保護観察対象者の特性を考慮して，禁酒，薬物使用禁止，遊興街出入禁止などの特別遵守事

項を定めることができ，精神障害者の場合，精神科治療の継続を特別遵守事項とすることができる。しかし，触法精神障害者，特に精神病患者が，保護観察制度の対象とされることは，実務上ほとんどないとされる。これは，精神科治療の継続という特別遵守事項に違反した場合に，拘引，留置，執行猶予取消，仮釈放・仮退院の取消などの措置を採ることはできても，精神科治療を強制することはできないからとされる。実際，社会保護法による処分の対象者で，仮退所ないし仮終了となった者は保護観察の対象とされるが，そのほとんどは，被保護監護処分者（常習犯罪者に対する予防拘禁処分の対象者）である。つまり，わが国同様，韓国においても，触法精神障害者の地域処遇・地域支援に関しては，保護観察制度は十分活用されているとはいえないようである。

これに対して，家庭暴力犯罪の処罰等に関する特例法（家庭暴力法）による保護事件（家庭保護事件）に関しては，保護観察所がかなり関与している。韓国の家庭暴力法では，保護処分として，接近行為制限，親権行使制限，社会奉仕・受講命令，保護観察，保護施設監護委託，医療機関治療委託，相談所相談委託を規定しているが，2000年の家庭保護事件の処理状況をみると，2,695件の保護処分のうち社会奉仕・受講命令が1,017件（37.7％），保護観察が839件（31.1％）と保護観察所の関与する処分が3分の2を占めている。

5　法務部保護局保護課

社会保護法による保護処分の運用は法務部（わが国の法務省に相当）保護局保護課が行っている。担当官の柳南鎮氏より社会保護法の運用状況について説明を受けた。

(1) 保護監護処分

保護監護処分の場合には，犯罪の軽重よりは常習性が問題とされる。被保護監護処分者は青松第1，第2監護所に収容される。併科する刑がある場合は刑が先に執行される。収容期間は最大7年であるが，保護監護処分執行後1年ごとに仮出所の可否に関する審査が，仮出所者に対しては6ヶ月ごとに執行免除の可否について，社会保護委員会が審査する。なお，仮出所者には保護観察が付される。

保護監護処分の執行人員，収容人員の推移を図8，9に示した。制度導入当初は検察官が積極的に監護請求をしたこともあって執行人員は急速に増加

第1章 韓　国

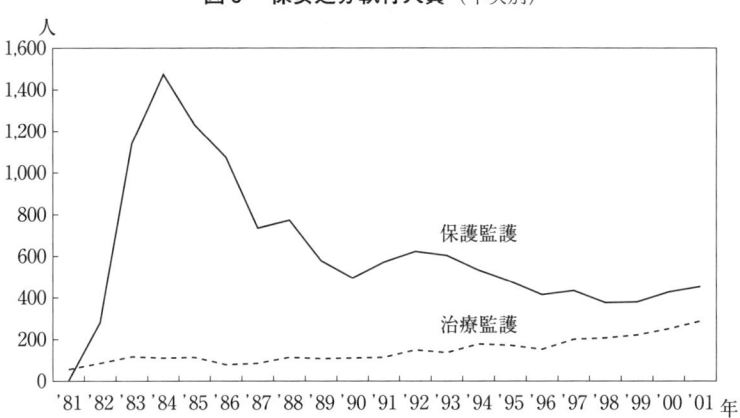

図8　保安処分執行人員 (年次別)

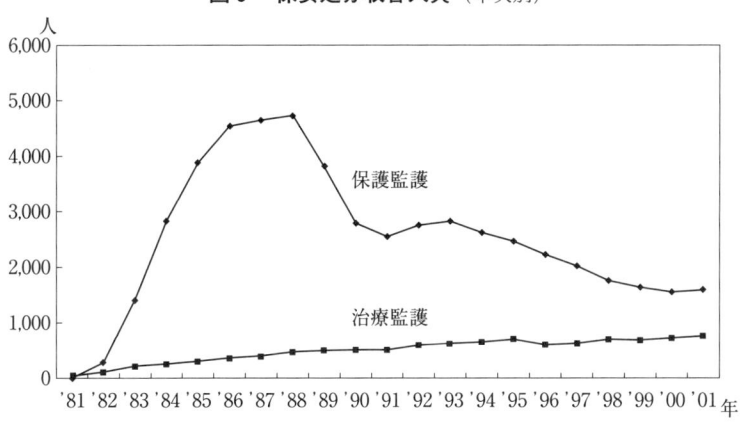

図9　保安処分収容人員 (年次別)

（年間 1,000 名以上）した。その後，執行人員は減少傾向に転じたが，1990 年に「犯罪との戦争」宣言がなされ若干増加した。1993 年以降は検察官が監護請求に慎重になったこともあり保護監護処分の執行者は減少し，また，収容人員も 1993 年を頂点として減少に転じた。1995 年以降は，執行人員が年間 400 名前後，収容者数は，1998 年以降，年間 1,600 名前後で推移している。ちなみに，仮出所者については，1989 年，1990 年に一時的に増加しているが，1993 年以降は年間 500 名前後で推移している。

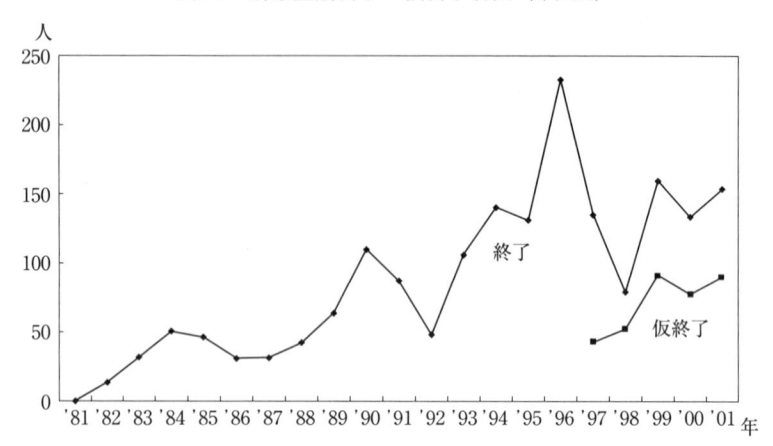

第2部　諸外国における触法精神障害者の処遇決定システム

図10　治療監護終了・仮終了者数（年次別）

保護監護所の2001年の新規入所者は461名，そのうち新規の監護処分による入所者365名（79.2%），仮出所取消による再入所者93名（20.2%），監護処分執行停止取消による再入所者3名（0.7%）となっており，仮出所中の再犯による再入所者がかなりの数をしめている。また，2001年の出所者399名のうち，仮出所者329名（82.5%），満期出所者56名（14.0%），執行停止12名（3.0%），その他（死亡）2名（0.5%）となっており，満期出所者が増加する傾向にあるとのことであった。

(2)　治療監護処分

治療監護処分の場合は，公州治療監護所に入所する。治療監護処分には，心神喪失者・心神耗弱者に対する治療処分と物質依存者に対する禁絶処分とがあるが，両者を区分した取り扱いはしていない。治療監護処分については，制度導入以来，執行人員，収容人員とも持続的に増加傾向にある（図8，9）。治療監護処分終了者（図10）は制度導入以降，増加傾向にあったが，1997年に治療監護処分に仮終了制度が導入され，それが薬物事犯の被禁絶処分者に適用されたことにより一時的に減少した。1999年以降薬物事犯の禁絶処分が増加したため再び増加傾向にある。また，禁絶処分仮終了者も増加の傾向にある。

治療監護処分の終了は，再犯の危険性がなくなり，治療経過が良好で，通院のみで大丈夫と判断された場合で，退院となる。完治したと判断される場

合を除き，保護者・親族の保護誓約書が必要である。仮終了（仮退所）の場合には，社会的危険性の低下，精神科治療が外来で可能なこと，保護者が引き受けることが必要である。仮終了の場合は，保護観察に付されるので，特別遵守事項として精神科治療に関する事項を付加できる。例えば服薬しているかどうかについて，保護監察官に報告する義務を課すことも可能である。しかし，保護誓約する家族がいないので，実際には行われていない。仮終了となった被禁絶処分者に，刑の残余期間があれば，治療監護所から刑務所へ戻ることになる。この場合，刑期が終了すると保護観察に付することはできないので，刑期終了前に仮釈放し，保護観察に付するようにすることが多いとのことであった。

　保護観察中の患者が，遵守事項に反して通院しなかったとしても，医師にそのことを通報する義務はない。保護監察官は定期的に医師に問い合わせをすることによって遵守状況を把握している。仮終了の取消は，ほとんどが再犯によるものである。治療監護処分が完全に終了した場合には，その後の治療や処遇について介入する法的システムはない。また，法的にわが国の矯正施設の長の通報による措置入院のような制度はなく，事実上，処分終了者が精神保健法の措置入院の対象となることもない。したがって，処分終了者が精神科への入院を必要とする場合は，家族等の同意で入院することになる。なお，治療監護処分の終了・仮終了の決定について被害者へ通知するような制度はない。

　(3)　社会保護委員会

　社会保護委員会は，社会保護法の規定に基づき，保護監護処分，治療監護処分の管理・執行に関する事項を審査・決定するために法務部に設置された委員会である。委員定数は判事・検事・弁護士資格をもつ者7名以内，医師資格をもつ者2名以内であり，委員長は法務部次官である。訪問時点では，法律家委員は，判事2名，検事3名，弁護士2名，医師委員は治療監護所に所属しない精神科医であるが，現在の委員のうち1名は治療監護所の前所長とのことである。社会保護委員会は，①被保護監護者の仮出所及びその取消，保護監護免除に関する決定，②被治療監護処分者の治療委託，仮終了及びその取消，治療監護終了に関する決定，③被保護観察者に対する遵守事項の賦課及び指示・監督及びその違反時の制裁に関する事項，を決定する。

第2部　諸外国における触法精神障害者の処遇決定システム

　社会保護委員会における審査は，2ヶ月ごとに治療監護所より提出される動態報告書，判決文，前科記録等に基づく書面審査によって行われる。ただし，必要な場合には，法務部の職員を派遣して，必要な事項を調査させたり，被治療処分者，担当医，その他の関係者を直接呼んで調査することもできる。実際に治療処分者が呼ばれることはなく，治療監護所の医療部長が社会保護委員会に参加し，診療審議委員会を通った担当医の意見を述べているという。
　審査には，社会保護委員会が職権で行う「職権審査」と検察官，治療処分者，その法定代理人または親族の申請によって行う「申請審査」とがある。治療監護処分終了に関する審査のほとんどが職権審査であるのに対して，治療監護処分仮終了に関する審査の場合は3割程度が申請審査によるものである。

IV　おわりに

　韓国は，わが国同様にいわゆる大陸法に分類される法体系をもち，責任能力に関する刑法の規定等もほぼわが国と同様のものである。社会文化的にも儒教文化を背景とし，家制度がある程度保たれている点など共通する点も多い。1995年に制定された韓国の精神保健法もわが国の精神保健福祉法と類似した構造をもち，強制入院に関しても家制度に基盤をおいた保護義務者制度が中核を担っている点など共通するところが多い。精神科治療の基本的な考え方についても，今回訪問することのできた精神科病院をみるかぎり，国際的な動向を踏まえた標準的な治療法が採られているように思われた。実際，今回の訪問の中でお会いできた精神科医の先生方は，米国などへの海外留学経験を持つ方が多いようである。
　触法精神障害者をめぐる法制度の観点からみれば，わが国と韓国との最大の相違点は，韓国には社会保護法による治療監護制度があるのに対して，従来のわが国にはそのような制度はなく，もっぱら精神保健福祉法の措置入院制度によって対応されてきた点である。触法精神障害者に対する強制入院手続と精神障害者一般に対する強制入院手続という観点で比較すれば，韓国では触法精神障害者に対する保安処分制度が先行し，精神障害者一般に対する強制入院制度を規定する精神保健法はあとから整備された。これに対して，わが国では，精神保健福祉法の措置入院制度が先行しており，心神喪失・心

神耗弱を認定され刑を免除された精神障害者に対する処遇制度は，「心神喪失等の状態で重大な他害行為を行った者の医療及び観察等に関する法律」（心神喪失者等医療観察法）において，はじめて整備されたのである。

　現在の韓国では，精神科医療施設は未だ十分に整備されておらず，精神科リハビリテーションや社会復帰のための活動は，欧米諸国と比較して遅れているとされるわが国と比較しても十分とはいいがたい。精神科病院の医療スタッフの配置も，十分とはいえないわが国の現状をさらに下回るようなレベルにある。医療保険制度については，国民皆保険となってはいるが，現実的には，高額の治療費の自己負担を伴っており，精神科医療へのアクセスは，わが国と比較してよいとはいいがたい。こうした精神科医療へのアクセスの悪さや精神科医療施設の整備状況は，かつてのわが国の状況に類似したところがあるように思われる。精神障害者を医療につなげる責務はすべて家族に負わされているのが韓国の精神科医療の現状といえる。こうした家族に依拠した精神障害者処遇は，触法精神障害者の場合も同様であり，治療監護処分の終了・仮終了にあたっては，完治した場合をのぞき，親族等の保護誓約が必要とされている。こうした点は，わが国の心神喪失者等医療観察法における精神保健観察とは対照的である。

　今後，日韓両国のこうした相違点を踏まえながら，両国における精神保健法制や触法精神障害者処遇の動向について比較・検討していくことは，一般の精神科医療と司法精神医療との関係，精神障害者一般に対する強制入院手続と保安処分制度との関係，責任能力判定と触法精神障害者処遇との関係，などの諸問題を考えていく上で，貴重な示唆を与えるものと思われる。

〈付記〉　今回の韓国視察の実現にご尽力いただき，また，我々の視察に同行・通訳の労をおとり頂いた趙晟容先生，崔宗一教授に心より感謝いたします。

第 2 章　ド　イ　ツ

1　ドイツの保安処分制度とその運用

辰　井　聡　子

I　はじめに

ドイツの改善保安処分は，主として，再犯の危険性を要件として責任無能力ないし限定責任能力の者に対して命じられる精神病院収容処分（刑法63条），責任能力の有無とは無関係に，アルコール中毒ないし薬物依存者に命じられる禁絶施設収容処分（刑法64条），これも責任能力とは無関係に，2年以上の自由刑を定める犯罪を故意に犯したあらゆる者に対し，重大犯罪の再犯の危険性を要件として命じられる保安監置施設収容処分（刑法66条）の三種から成る[1]。本報告では，このうちの精神病院収容処分を中心に，触法精神障害者に対する刑事手続の概要を紹介する[2]。

II　精神病院収容処分の概要

刑法63条によると，裁判所は，行為者とその行為を総合的に判断した結果，その者が，責任無能力ないし限定責任能力の状態のために，重大な違法行為を行うことが予期され，かつそれ故に公共にとって危険であると認められる場合に，その行為者は精神病院への収容を命じることができる。刑法64条の禁絶施設収容処分の収容期間は2年以内と定められているのに対し，本条による精神病院収容処分には期間の定めがない。

精神病院収容処分は，被疑者の責任無能力または訴訟無能力によって刑事手続を遂行しえない場合には，裁判所が独立命令によって言い渡すこともできる（刑法71条）。検察官は，行為者の責任無能力または訴訟無能力のために刑事手続を遂行しない場合に，裁判所の独立命令を請求する権限を有する（刑訴法413条）。ここでいう，責任無能力により刑事手続を続行しない場合

には，検察官が不起訴ないし公訴を取り下げた場合に加え，裁判所が公判を開始しない決定をした場合も含まれると解されている（Löwe-Rosenberg, Die Strafprozeßordnung und das Gerichtsverfassungsgesetz. Großkommentar, 24., Aufl., 1984, § 413 Rn. 3）。

　独立命令は，刑訴法413条から416条に定められている特別の手続にしたがって行われる。保安手続（Sicherungsverfahren）と呼ばれるこの手続は，危険な犯罪者から公共の安全を確保することを目的とするものであり（BGHSt 22, 1, 3），被告人の処分を決めるための通常の裁判とは本来的に異なる趣旨のものである。したがって，手続の最中に被疑者の責任能力ないし訴訟能力が明らかになった場合には，事件は通常の刑事裁判に移される（刑訴法416条）。しかしこの手続により精神病院入院処分が決定した者については，重ねて通常の刑事手続が行われることはない。

　しかし実際には，起訴前の鑑定により責任無能力の心証が得られた場合でも，検察官が不起訴にして独立命令を請求することは非常に稀だという。これには，ドイツでは被告人が公訴事実について尋問を受けた後であれば，被告人抜きで裁判を続行することもできる[3]という事情が関係しているという説明を受けたが，これは，検察官の請求が稀だということの説明には必ずしもなっていないように思われる。もっとも，検察官が起訴を行わないのは裁判所の責任無能力を理由とした公判不開始を予期した場合であるとされていることからすると（Löwe-Rosenberg, a. a. O., § 413 Rn. 3），責任能力に問題のある被告人に対する公判の維持が比較的容易であることが，不起訴を少なくする理由となることも考えられないことではない。

III　精神病院への仮収容

　判決が下っていない被疑者，被告人に精神病院での治療が必要な場合，しばしば用いられるのは刑訴法126条aによる仮収容である。同条によると，責任無能力または限定責任能力の状態で違法行為を行った者に対し，精神病院（または禁絶施設）に収容を命ずるべき強い理由がある場合には，公共の安全のために必要であることを要件として，裁判所が精神病院への仮収容を命じることができる。収容は収容状に基づいて行われ，その手続は勾留に準ずるものとされている。

これは，精神病院収容処分に付せられることが予想される被告人を，判決が出るまでの間病院に収容し，公共の安全を維持する趣旨のものである。したがって被告人が入院している間も司法手続は続行され，終局的な処分は判決によって言い渡される。このとき，入院によって病状が回復したと認められる場合には，執行を猶予した精神病院収容処分が言い渡されることになるが，その数はあまり多くない。判決の後，精神病院を退院する者は仮収容を受けた者の10％程度であるが，そのほとんどは病状に関する仮収容時の判断が誤っていたケースだという。

Ⅳ　不起訴とされた被疑者の処遇

Ⅱで述べたように，責任無能力または訴訟無能力を理由として検察官が被疑者を不起訴とした場合には，被疑者は保安手続によって精神病院収容処分を言い渡される可能性がある。他方，微罪であって起訴を必要としない場合には，検察官が保安手続を申請することはできないが，日本でいう精神保健福祉法に当たる州の特別法（バイエルン州では精神障害者法（Psychisch-Kranke-Gesetz）というが，他州では収容法（Unterbringung-Gesetz）という名称を用いているところもある）や民法上の同意入院（世話人の同意による）に回すことがある。しかし実際には，特別法による強制入院の命令権者である州の厚生省が自らその手続を行うことが多く，検察官が関与することは少ないという。

Ⅴ　鑑　　定

裁判所が被告人を精神病院収容処分にするときには，必ず専門家による精神鑑定が行われる。起訴前に，検察官が鑑定を依頼することもでき，その数は全鑑定の50％に上る。とくに殺人や性犯罪については，検察官が鑑定依頼を行うのが通常であるという。反対に，薬物犯罪については起訴前鑑定は少なく，弁護人の請求により公判段階で行われることが多い。

起訴前に行われるのも，いわゆる簡易鑑定ではない正式な司法鑑定であり，起訴前鑑定が行われたときには，原則として公判段階で再度鑑定が行われることはない。職権主義の下で検察官は中立的な立場にあることから，その鑑定には裁判所が依頼したものと同程度の信頼性が認められており，裁判時に

弁護人が再鑑定を申請しても受け入れられることは少ない。

　鑑定依頼は，組織等を通すことなく，直接鑑定人個人に対してなされる。鑑定の質を保証するために，司法精神医学協会は2000年10月から，司法精神科医に対する認証制度を発足させたが，現在のところ，認証を受けなければ鑑定ができないというようなものとはなっていない。

　鑑定内容は，もちろん鑑定依頼の内容によって異なるが，ほとんどの依頼では，責任能力の前提条件の他，再犯の危険性の判断まで要求されるという。鑑定人は責任能力の有無そのものは判断せず，刑法20条（責任無能力）および刑法21条（限定責任能力）が規定している要件，すなわち行為時に精神病，深刻な意識障害，精神薄弱，その他の深刻な精神障害[4]が存在したか，それによって行為の違法性を認識し，その認識に従って行為する能力があったかについて意見を述べる。精神病院収容処分の要件である再犯の危険性については，パーセンテージで示されるという。

　鑑定にかかる時間は，短いもので2時間，長いもので6週間と，事案によってかなり差があるが，通常は6時間から10時間程度であり，犯罪の軽重には必ずしも関係しないという。

　なお鑑定費用は，一時間あたり50〜100マルクと定められており，一件あたりでは2000〜5000マルクになる。資料の検討，調査に要する時間のほか，鑑定書を作成する時間も支払いの対象となる。

VI　精神病院収容処分の言い渡し

　責任能力，および再犯の危険性に基づく精神病院収容処分について最終的な判断を下すのは裁判所である。したがって，理論的には，裁判所は鑑定結果と異なる判断を下すことも可能であるが，実際には鑑定と裁判所の判断が食い違うことはほとんどない。もっともそれは，鑑定人の意見がつねに裁判所の意向と一致しているということを意味するものではなく，診断を行うのは医師であり，裁判所が裁量を有するのは量刑のみであるという，事実上の役割分担が確立されていることによる。世論を騒がせた重大事件であることによって裁判所が被告人の責任能力，危険性をとくに厳格に判断するといった現象も見られないという。

　要件を満たしていると認めると，裁判所は判決により精神病院収容処分を

第2部　諸外国における触法精神障害者の処遇決定システム

言い渡すが，ここで言い渡されるのは入院の要否だけであり，入院期間が決められることはない。限定責任能力と判断された者が精神病院収容処分に付せられるときは，刑罰（自由刑）が併科されるのが通常である。その場合には，処分が先に執行されるのが原則であり（刑法67条），処分の期間は刑期の3分の2を超えない限度で刑期に算入される。いったん処分を終了して刑務所に入った者が，再び精神病院収容処分に回されることもある。また例えば薬物・アルコール依存患者に対する禁絶施設処分について，判決の時点で，処分の一部を執行した後で刑務所に入り，その後再び処分を継続するよう言い渡されることもあるという。

Ⅲで述べたように，仮収容によって病状が回復した場合等，処分を執行しなくても目的が達成されると見込まれる特別事情がある場合には，裁判所は精神病院収容処分の執行を猶予することが可能である（刑法67条b1項）。ここでいう特別な事情としては，信頼できる親族による引受，任意の入院，後見裁判所の同意を伴う保護人ないし後見人の命令（BGH MDR/H 85, 979）あるいは州の収容法等による入院，心理療法ないし薬物治療（BGH StV 88, 260），性犯罪者の去勢（vgl. BGH MDR/D 75, 724）などが挙げられる[5]が，実際には，処分の執行猶予が言い渡されることは少ないようである。同条2項によると，自由刑と処分が併科される場合において，自由刑が執行猶予とならない場合には，処分の執行猶予も行われないとされている。これは，処分の先執行が原則であることから，処分が執行猶予され刑罰だけが執行されるという事態を防ぐ趣旨のものであろう。反対に，刑罰だけを執行猶予にすることは可能である。

なお，処分の執行猶予は行状監督を伴うものとされ（刑法67条b2項），これには裁判所の特別な決定を要しない。ただし，裁判所は最長期間5年の行状監督の期間を2年まで短縮することができ，そのような場合は判決と同時に決定を行うことが必要である。行状監督制度については，Ⅹで詳しく扱う。

Ⅶ　精神病院収容処分の執行

改善保安処分の執行は，刑の執行と同様に，検察官の責任で行われるが（刑訴法463条1項・451条1項），実際の処遇は州が担当する。費用を支払う

のは，州の厚生省（名称は州によって異なるが，バイエルン州では Staatsministerium für Arbeits und Sozialordnung, Familie und Frauen）である。精神病院収容処分にかかる費用は，一人一日 400〜500 マルクであり，刑務所に収容する場合の約 4 倍である。

精神病院への強制入院および退院の法的条件は連邦法が一律に定めているが，収容方法や処遇については州法が定めるのが原則である。実際，州によって，その内容にはかなり違いがあるようである。

ドイツの各州における地域司法精神医療システムは，大きく二通りの方法に分けることができる。一つは，中央に司法精神医療の専門施設を作って司法患者の処遇を行うという方法で，ベルリンやハンブルクなどの大都市や中央集権的な州で多く見られる。他方，バイエルンやバーデン・ヴュルテンベルク，ラインラント・プファルツなどでは，州の一般病院の中に司法精神医療部門を作り，そこで司法患者を扱う等方法をとっている。

それぞれの方法は州の事情にあわせて選択されているものであるが，専門施設の方には，200 人から 500 人の患者を収容する大規模なものであるために[6]充実した治療プログラムや各種教育を提供できるという利点があるのに対し，一方の地域病院を用いる方法には，地域社会に根ざしたかたちで治療が行われるため家族や親戚とのつながりを維持しやすいなど，退院後の社会復帰がスムーズである利点があるといわれている。

Ⅷ　退院の判断

精神病院収容処分からの解放は，まず処分の執行猶予というかたちで患者を退院させ（刑法 67 条 d 2 項），執行猶予に伴う行状監督期間が無事に終了した段階で終局的となる。退院決定を行うのは，収容施設を管轄区域内に有する刑事執行部（Strafvollstreckungskammer）である（刑訴法 462 条 a 1 項，463 条 1 項）。

刑事執行部とは，州の裁判所内に設置され，刑罰やその他刑事処分の執行を管理・監督する部署で，保安処分の終了時期の決定以外にも，刑期満了前の仮釈放の決定，執行猶予者に対する保護観察官の手配等の業務を行っている。刑事執行部は 3 名の裁判官から成るが，バイエルン州においては彼らは専属ではなく，話を伺った Fiedler 氏は，刑事執行部のほか，刑事部，課徴

金部（Bußgeldkammer）の職務も兼任しているという。3名は，一年に一度，話し合いで職務の分担を決定し，それぞれに，刑務所関連の仕事，精神病院収容者関連の仕事等を受け持つ。

精神病院収容中の患者については，一年に一度，処分の継続・終了を決めるための審査を行わなければならない（刑法67条 e）。そこでバイエルン州の刑事執行部では，精神病院収容者担当の者が2週間に一度，精神病院を訪問し，一度に約15名の審査対象者を面接する。審査の対象となるのは，定期審査の時期が来た者の他，病院から審査を要請された者である。

定期審査の時期が来ると，刑事執行部はその都度，処分継続か，終了かの決定を行う。刑事執行部がその職務上決定する事柄には，3名全員の合議によらなければならない事項と1名で決定できる事項があるが，精神病院収容処分の継続・終了の決定は前者の合議事項に属する。そこで，精神病院収容者相当の者は，処分の終了が可能であると判断すると，患者の状態，退院後に必要な治療等について記載されている治療担当医の診断書を持ち帰り，文書で提出された検察官の意見を参考に，他の2名の署名を得て，処分を終了するかしないかを決定するというのが従来のやり方であった。しかし，1998年に，退院した者による幼児の虐待・殺人など，センセーショナルな事件がいくつかおこったことをきっかけに法改正が行われ，重罪にあたる違法行為を犯した者については，治療医以外の外部の医師による鑑定が義務づけられることとなった（刑訴法463条3項，454条2項）[7]。この改正が，患者の収容期間などにどのような影響をもたらすかは，まだ明らかになっていない。

精神病院収容処分を言い渡す裁判の時とは異なり，退院については，治療担当医や鑑定人の意見と，刑事執行部の判断が異なることも少なくない。その多くは，保安的な考慮を重視する検察官の意見を入れて，退院を見送るケースだという。刑事執行部の決定に対し，検察官は州最高裁に上訴することができる。

IX 収容期間

すでに述べたように，精神病院収容処分には期間の制限がないが，刑法62条は，行為者の行った行為あるいは行うことが予想される行為の重大さ，行為者がもたらす危険の程度と釣り合わない改善保安処分命令を禁じる旨を

規定している。精神病院収容処分の期間については，1985 年の憲法裁判所判例がある。同判例は，窃盗を犯した者が 11 年半以上精神病院に収容されていた事案を憲法違反とし（BVerfGE 70, 297 = NJW1986, 767. 住居侵入を犯した者の処分について同様の判断を示したものとして，BverfGE NJW1995, 3048），処分継続の期間は，病状や危険性だけでなく犯した違法行為の重大さを考慮して決められなければならないことを確認した。もっとも，殺人等，重大な違法行為を行った者については，これらの判例からも特段の限定を導くことはできない。実際，重大な違法行為を行った者については，保安的考慮が重視され，長期化することが多いという。

X　退院後の処遇——行状監督制度

刑事執行部の判断により以後の精神病院収容処分を猶予され退院した者は，必要的に行状監督（Führungsaufsicht）に付せられる（刑法 67 条 d）。裁判所が始めから処分の執行猶予を言い渡す場合（刑法 67 条 b）や，処分と刑が併科され，例外的に刑が先に執行された後で，処分の執行が猶予された場合（刑法 67 条 c 1 項）も同様である。

行状監督とは，施設収容を伴わない改善保安処分の一種である。対象者の社会復帰を助けるという目的は，執行猶予に伴う保護観察（Bewährung）と共通であるが，行状監督はこれに加えて，危険性のある者から公共の安全を守るという役割を担っている。そのため，行状監督の場合の方が，例えば許可なく居住地・滞在地を離れることや犯罪のために利用されうる特定の行為を禁止しうるなど，保護観察よりも行動制限の範囲が広くなっている。

行状監督には，法が裁量的行状監督を規定している特別な犯罪（テロ組織の結成，小児に対する性的虐待，強姦等の性犯罪，営利目的誘拐など）を犯した者が 6 月以上の有期自由刑を科せられた場合に，再犯の危険性を根拠として，裁判所が刑罰と同時に言い渡す場合と，必要的行状監督を定める規定そのものによって行われる場合とがある。精神病院からの退院に伴う行状監督は後者である。

行状監督の期間は 2 年から 5 年と定められている。期間は特定されないが，刑事執行部は最長期間を短縮する決定を行うことができ（刑法 68 条 c 1 項），また途中で終了させることもできる（刑法 68 条 d，刑訴法 463 条 2 項，同 453

第2部　諸外国における触法精神障害者の処遇決定システム

条，同462条a1項)。

　行状監督期間中，患者は，保護観察官の監督の下で，定期的な外来治療や服薬など一定の指示に従う。バイエルン州では，50人から70人ほどの患者を一人の保護観察官が担当しているという。

　精神病院から退院した後の行状監督期間に，患者の監督について責任を有するのは刑事執行部である。行状監督は，裁判期間中の一時入院によって病状が回復した者等に，判決の時点で精神病院収容処分の執行を猶予するときにも言い渡されるが，その際の責任は第一審の刑事裁判所が有する。執行猶予の取り消しに関する決定も，それぞれの裁判所が行う。刑事裁判所と刑事執行部の管轄は，刑および処分執行の前か後かで分かれている。したがって判決時に言い渡された執行猶予が取り消され，精神病院収容処分が始まった場合には，その処分の継続等に関する判断はやはり刑事執行部の管轄ということになる。

(1)　そのほか，施設への収容を伴わないが，行状監督，運転免許の剥奪，職業禁止も，改善保安処分に位置づけられている（刑法61条）。
(2)　本報告は，平成12年3月および平成13年12月の2度の訪独調査に基づくものである。第一回には，バイエルン州王立ミュンヘン大学病院のネドピル教授 (Prof. Dr. med. N. Nedopil 司法精神医学)，同大学のシェヒ教授 (Prof. Dr. H. Schoech 刑事学)，シュトラウビンク司法精神科病院およびハール司法精神科病棟のスタッフに，第二回には，ネドピル教授，シェヒ教授の他，バイエルン州裁判所刑事執行部のフィードラー氏（Mr. Fiedler）に話を伺った。
(3)　被告人抜きの裁判について，刑訴法231条2項は，被告人が審理中に退出し，または中断後の続行期日に出頭しなかった場合に，被告人を公訴事実について既に尋問していることおよび裁判所がその後の被告人の在廷を不要と認めたことを要件に，被告人不在のまま公判を最後まで続けることができるとする。被告人の退出・不出頭は，被告人の恣意によらなければならないと解されているが，判例は訴訟無能力に陥った被告人についても，恣意的な退出・不出頭を認めることがあるという (Kleinknecht/Meyer-Gossner, Strafprozessordnung, 43. Aufl., 1997, § 231 Rn. 17)。
(4)　ここでいう精神病とは，器質性・遺伝性疾患，脳の障害，中毒，およびその他の主要な精神障害を指し，神経症や人格障害，性的倒錯などは，「その他の深刻な精神障害」の要件において考慮される。
(5)　Schönke/Schröder/Stree, Strafgesetzbuch 26. Aufl., 2001, § 67b Rn. 5.
(6)　地域病院の司法精神医療部門は，患者数40名から180名くらいの規模である。
(7)　2年以上の自由刑の受刑者を仮釈放する場合も同様である。

2　シュトラウビンク司法精神科病院

辰　井　聡　子

Ⅰ　施　　設

　病院は，シュトラウビンク市の中心部から2.5kmほど西にある。外部には最大限の安全を，内部には最大限の自由を，という方針で建設されたこの病院は，周囲を5m以上の塀で囲まれている。塀はマイクロ波で管理され，近づくと警報が鳴る仕組みになっている。しかし，緑豊かな5haの敷地内は，小さな池などもあり，開放的な印象である。三つある病棟には，それぞれ専用の中庭があり，キッチン，ダイニングが付属する病棟内の共有スペースから自由に出入りすることができる。患者はそこで洗濯物を干したり，散歩をすることができる。この庭は全体の敷地から金網で仕切られており，患者がさらにこの外に出るときにはスタッフが付き添う。

　病院内には，職業訓練のための各種施設，体育館，プールなどがある。

Ⅱ　スタッフ

　スタッフは約200名で，そのうち治療に携わるのは，医師10名，心理学の

シュトラウビンク司法精神科病院の病棟の一つ。木の向こうが中庭

専門家3名，教育の専門家2名，ナース109名（養護教育員，教員を含む）である。

治療に携わるスタッフの数と患者の数はおよそ1対1となっている。

Ⅲ　病棟内の安全確保

各病棟内の個室は，昼間は開放されているが，夜間には鍵がかけられる。夜間の見回りはスタッフ1名によって行われる。昼夜を問わずスタッフは警報ベルを携帯しており，スタッフに危険が及ぶ場合にはすぐに助けを呼べるようになっている。実際にベルが用いられるのは，半年に一度くらいだということである。

病院は開業してから約10年になるが，院内での事故は1件も起こっていない。

Ⅳ　入退院の手続き

病院は，地域精神医療という方針の枠内で，特別に処遇が困難な患者だけを扱うために設立されたものであるから，患者の受け入れには一定の条件が設けられている。すなわち，患者の受け入れは，地域の病院では①脱走のおそれがある，②患者がスタッフないし他の患者に対して攻撃的で危険である，③適切な治療が提供できない，という理由で，地域病院での処遇が困難な場合だけに限定され，女性患者，21歳未満の患者は受け入れないこととなっている。

したがって，裁判所に治療処分を命じられた者が，外部から直接にこの病院に入院するということはなく，必ずいったんは他の地域病院を経由する。このような方法には，周辺住民の不安を和らげる目的もあるという。

病院への受け入れは，地方病院からの申請を受けて，シュトラウビンクの病院長が決定する。その際には，患者の病歴や触法歴，もとの病院で転院を求められた理由などが考慮される。地方病院に戻す場合の判断も，シュトラウビンクの医師が行う。作業時に協力的な態度で参加できるか，コミュニケーション能力が十分にあるか，といったことが重視されるという。シュトラウビンクの入退院の判断にあたっても，患者の危険性を見るため，患者が犯した触法行為の重大性はやはり考慮されるという。一度重大な触法行為を

行った者は，少なくとも一度，越えてはならない一線を越えてしまったのであるから，必ずしも症状は重くなくても危険性が高いと判断され，入院期間が長くなる傾向にある。

V 患　者

　入院患者のほとんどは63条による患者であり，64条の対象者はごく例外的な場合に限られている。1年間の入退院数は約60～70人であり，平均入院期間は2年2ヶ月である。開業が10年前であるため，いまのところ最長入院期間は10年である。しかしそれなりの人数が，10年間入院を続けているようであった。そのなかには，重度の統合失調症患者，小児性愛者などがいるという。

　一度退院して地域病院に戻ってから，またシュトラウビンクに戻ってくる患者も多く，二度，三度と繰り返しやってくる例も少なくないという。

　2000年3月現在の入院患者数は病床数と同じ136名である。人格障害を有する者がほとんどで，性犯罪を犯した者が多いという。シュトラウビンクへの転院が求められる患者の数が増大する傾向にあるため，病床を42増やす計画があるそうである。

　裁判で責任無能力とされた患者と，限定責任能力とされた患者の割合は，正確な数字はないものの，後者のほうが明らかに多いという。入院期間については，どちらが長いとは言えないということであった。責任無能力とされた患者のほうが治癒が容易という面があり，限定責任能力とされることの多い重度の統合失調症，人格障害などはむしろ治癒が困難で，したがって退院に時間がかかることがあるという。

　入院患者の95％は作業療法に従事している。作業には報酬が与えられるが，報酬は，作業から出る利益とは無関係に，労働の量や難易度，本人の症状などを総合的に評価して決定される。

　籐製品の作成，印刷，自転車修理など，さまざまな作業を見学したが，専門家が指導しており，全体の水準は高いように思われた。

3 ハール司法精神科病棟

東　　雪　見

　バイエルン州では地域に根ざした精神医療というコンセプトから，基本的には地域の精神科病院の中に，司法精神医療病院をつくるという方法がとられてきた。ハール精神科病院は，バイエルン州にあるこのような地域病院の一つであり，そのうち最大のものである。

I　施　　設

　病院はミュンヘン郊外に位置し（写真1），S-bahnのハール駅から草地がひろがり，人家のまばらな道を15分程歩いたところにある（写真2，3）。
　5〜6km²ある敷地内に，一般病棟に加えて，7つの司法精神科病棟がある。建物は1910年に建てられ，とくに司法部門の患者の受け入れを目的としたものではなかったとのことであった（写真4）。これらの司法精神科病棟は22o，22e，21o，18o，18e，20，8という番号で識別されている。22o，22eはハイセキュリティで危険な患者を収容しており，21oは人格障害者，18oは性犯罪者を，20，8はそれ以外の者を収容している。21oと18oの2つは心

写真1　ハール司法精神科病棟，敷地の入口近くから。
　　　　奥に病棟が点在している。

理学者によって管理されている。

II 病棟内での安全確保

司法病棟は高さ5mのフェンスで囲まれている。建物自体は一般病棟とほとんど変わらないが、監視カメラなどの監視設備が備えられているところもある。

保安要員は病棟外におり、必要なときに呼ぶようになっている。夜間の鍵の開閉は中央管制システムによって管理されている。関係者はブザーを持ち歩いているが、この点については一般病棟も同じである。身体拘束が行われることもあり、その時間は30分～1時間である。個室には1～2日入れることができる。より長期的に拘束・隔離する必要がある場合には、シュトラウビンク司法精神科病院に送ることも検討するとのことである。

写真2　ハール精神科病院中央門前。奥に見える建物も病院内のものである。

写真3　ハール精神科病院中央門

III 患　者

司法部門の予定病床数は160であるが、実際には171病床あり、163名の患者が収容されている。女性はいない。

163名の患者のうち刑法63条による患者が122名、刑事訴訟法126条a（終局的に収容するかどうかを決定するまでの間、精神科病院・禁絶施設に一時的

写真4 中央門付近の病院建物の1つ

に収容する必要がある場合に，裁判所の命令によりなされる仮収容）による者が37名，刑事訴訟法453条（治療後，行状監督期間に犯罪行為があったことによる再収容）による者が1名，その他に，犯罪は行っていないが，普通の病院では危険すぎると思われる者が州の収容法によって3名収容されている。

収容の原因となった犯罪が性犯罪（強姦・幼児虐待・性的暴力）である者は48名，殺人（未遂も含む）である者が45名，傷害による者が35名，放火による者が15名，窃盗による者が7名，その他13名である。もっとも，窃盗により収容されることは稀であり，ほとんどは深刻な行為を行った者であるということであった。

性犯罪者の収容数は増加傾向にある。その原因としては，性的虐待自体の増加のほか，性犯罪に対する意識が高まり，厳しい処置が求められるようになったこと，また，刑務所では治療がなされないために，精神科病院に送られてくるということがある。

収容者の診断症状は，統合失調症が93名と最も多く，次に人格障害49名，脳器質性障害，依存症，感情障害と続いている。1998年の新収容者数は111名，退院数は30名である。退院数は若干減少傾向にあるが，おそらくそれは，2年前に退院を規制する法が改正されたために，退院の前提条件が厳しくなったためであるという。

Ⅳ 治療および処遇

薬物治療，グループセラピー，音楽・芸術・スポーツセラピーなどが行われている。性犯罪者の薬物治療（ホルモン療法）はまったくなされていない時期もあったが，4，5年前から，精神療法を行っても効果がない場合にのみ，性的衝動を抑えるため使用されている。

一般病棟と司法病棟とでは，前者の入院期間が平均6週間であるのに対し，後者のそれは5年間と長期にわたるため，対応の仕方が異なってくる。また，1，2年閉鎖病棟に収容する必要のある患者は，社会における生活能力を失わないように特別な対応を必要とするので，シュトラウビンク司法精神科病院に移送することも多いそうである。

司法精神科病棟においては，段階的に自由度を高めていく段階的処遇が行われている。1〜6段階に分けられており，1ヵ月に一度関係者が集まってどの患者をどの段階に進ませるかを決定する。1段階が最も高度のセキュリティを要し，22oや22eに収容される段階であり，4段階では同行者付きで敷地内を散歩することができる。6段階になると開放病棟で生活し，定期的に外出することが可能であり，病院外で職に就くこともある。

V　シュトラウビンク司法精神科病院への転院

シュトラウビンク司法精神科病院へ転院を申請するにあたっては，病棟医，心理学者，社会療法士などからなるチームで提案書を作成し，それを院長に提出，院長がシュトラウビンク司法精神科病院に申請する。そしてシュトラウビンク司法精神科病院が転院を決定し，転院させることになった場合には，検察庁へ報告する。ハールに戻ってくるときにも，その決定はシュトラウビンクの医師によってなされ，検察庁へ報告される。シュトラウビンクの医師とハールの医師の意見が合致しないときには，協議する。

転院の判断基準は，基本的には，病院関係者・周囲の住民にとって危険かどうかである。最近転院させたケースは，5，6回強姦を繰り返し，刑務所から出た4日後に再犯行為を行ったというもので，自他ともに納得する場合であったという。また，他の患者が「彼は逃亡を企てている」と報告してきて，それに基づいて転院させたケースもあったそうである。

VI　アフターケア

シュトラウビンクとは異なり，地域病院であるハールの場合，ここから直接患者が退院することになるため，退院後のアフターケアも重要である。

退院後の（強制的な）アフターケアは5年まで可能である（刑法68条C1項）。最初は1週間に一度ほど通院させ，徐々に減らしていく。患者の症状

第2部　諸外国における触法精神障害者の処遇決定システム

が重ければ，病院関係者が出向くこともある。このような対応は一般の入院患者に対しては行えないものであるが，退院状況の改善に役立っている。共に入院していた者が同居し，グループホームを形成することもある。訪問治療やグループホームということになると，患者が近隣にとどまることが多くなるが，幸いなことに周辺住民から抗議はなかったとのことである。これも収容期間内の犯罪が1994年から一桁を超えることなく（1998年は0件である），また，深刻な事件は一つもなかったという状況によるのかもしれない。

　もっとも，患者が被害者およびその家族の生活場所の近辺へ退院することになりうる場合には，特別な配慮がなされている。患者の家族と被害関係者が近くに住んでいる場合には，患者を家族のもとに返すことは難しい。そのため，居住地のコントロールが行われることもある。男性を殺害し，彼の妻に重傷を負わせたある患者の事例では，被害者である妻がミュンヘンに在住していたので，患者をハンブルグで退院させ，同地の司法精神医療システムに通院治療させた。この決定は行刑裁判所によって退院決定と同時になされるものである。被害者から離れた場所での通院治療を命じることによって，居住地も必然的に被害者から離れることになる。強制的なアフターケアの可能な5年まではこのような方法をとることができる。また，法令によるものではないが，被害者の家族が希望した場合，あるいは患者が同意した場合には，被害者に対して退院の事実が通知されている。

第3章　フィンランド・スウェーデン

1　フィンランドの精神病院収容手続[1]

趙　　　晟　容

I　はじめに

1　法医療審査会による入退院手続

フィンランドにはドイツの治療処分のような，触法精神障害者に対する刑事司法的処分は存在しない。裁判所が，被告人は行為当時責任無能力であったと判断すると，被告人には刑罰は科されず，その後は精神保健法上の強制入院の手続が開始することになる。もっとも，それは，一般の精神障害者の強制入院とは，入退院の手続において全く異なっている。一般の精神障害者の強制入院の場合には，医師の判断により入退院が決定されるのに対し，責任無能力者の強制入院の場合には，「法医療審査会」（National Board of Medicolegal Affairs. TEO と略称されている）という行政機関が入院を命じ，退院を許可するのである。この法医療審査会の存在がフィンランドの特色である。法医療審査会については，Ⅲで述べる。

　責任無能力者対して命じられている強制入院の目的は，治療によって精神の健康を回復することにおかれている（精神保健法1条）。もっとも，フィンランドの精神医療の守備範囲は日本と比べてかなり広く，疾患の治療のみならず，本人の行動や彼を取り巻く環境に働きかけることも精神医療の役割である。また，日本では人を殺害した精神障害者が措置入院された後，措置症状が消退したとして比較的短期間で退院することがあるということがよく聞かれるのに対して，フィンランドではそのようなことは極めて稀であり，一度犯罪を犯した精神障害者の疾患を治癒し，その暴力性を消滅させるには長期の入院治療が必要であるという認識が一般的である。このように精神医療が広く捉えられているため，責任無能力者に対する強制治療は，結果的に社

361

会の安全に寄与する機能も有していることになる。実際には，概して言えば，人を殺害して受刑する場合は6年くらいの自由刑，初犯であれば3年くらいの自由刑であるのに対して，責任無能力とされた強制治療を受ける収容期間は，これよりはるかに長いという。

2　限定責任能力者の処遇

後述のように，フィンランド刑法には限定責任能力の制度がある。しかし，彼らについては，責任能力者と同様に刑罰が科せられ，ただ刑が減軽されるに過ぎず，特別の精神医療的措置がとられることはない。さらにフィンランドでは1960年代以降，刑罰の特別予防効果や治療思想が強い批判を受け，一般予防効果がより強調されるようになっており，この点からも限定責任能力者の処遇に，治療による社会復帰的要素が入り込む余地は少ない。限定責任能力者を含む受刑者は，自ら望んだ場合に限り必要に応じて刑務所の精神科棟で治療を受けることが可能であるが，そこでの治療はあまり充実したものではない。限定責任能力者に対して，責任能力者と同様に刑罰を科すこのフィンランドの法制度は，責任無能力者が精神障害の診断においても，成育歴においても，輪郭のはっきりした類型を形成しているのに対して，限定責任能力者と責任能力者は精神障害の診断も，成育歴も類似しているという認識が前提となっているようである[2]。

以下では，まず，触法精神障害者の処遇決定の手続について，それからフィンランドの特色である法医療審査会の組織について述べる。そしてさらに，責任無能力者の強制入院制度との比較のために一般の精神障害者強制入院手続を概観し，最後に現在進行中の精神保健法の改正論議について触れる。

以下の記述において「法」とは精神保健法を，「令」とは同法施行令を指す。

II　処遇決定手続

1　起訴前捜査

(1)　警　　察

警察は，罰金でしか処罰できない犯罪で，それが全体として明らかに軽微であり，被害者側の反対の意思がない場合には，刑事手続を打ちきることができる（起訴前捜査法2条）。他方，警察は強制入院が必要と見られる者を発

見し，またそのような者の情報を得たときには，健康センターに連絡する義務を負っている（法30条）。したがって，非常に軽微な事件に関する限りでは，警察が健康センターに連絡することによって，触法精神障害者が一般の強制入院手続に乗る可能性は存在する。

(2) 検　　察

フィンランドにおいても検察官は一定の起訴裁量を有している（刑事訴訟法1章7条，8条）。検察官は，例えば，予想される刑が罰金以下であって，かつ，犯罪から生じた害の影響及び犯罪にあらわれた行為者の責任の程度に鑑みて，犯罪が重大なものと考えられないとき（1章7条1号）や，重要な公的・私的利益が要求していない場合であって，行為者と被害者側に成立した和解，犯罪の結果を防止あるいは除去した行為者の行為，行為者の個人的情報，犯罪の行為者に対するそのほかの帰結，講じられた福祉的・保険的措置，及びその他の状況に鑑みて，裁判及び処罰が不当または無意味であると考えられるとき（1章8条1号）には，起訴を猶予することができる。

しかし，フィンランドには日本の精神保護法25条のような検察官通報制度はない。したがって，検察官が以上のような事情により起訴猶予とした被害者が，精神障害により強制入院を必要としていると考えられる場合であっても，検察官には通報義務はない。だだその事実を健康センターに連絡することはできるので，そこから一般強制入院の手続が開始する可能性がある。

(3) 起訴前捜査段階における一般強制入院手続への移行の可能性

実際上，起訴前捜査段階で触法精神障害者について刑事手続をうち切り，一般強制入院の手続に乗せることがどのくらいあるのかは不明であるが，いくつかの事情からは，それほど多くないものと推測される。まず第1に，被疑者が責任無能力であることや限定責任能力であることはそれ自体としては刑事手続打ち切りの要件を満たさない。第2に，警察・検察の起訴前捜査の段階で精神障害者を刑事手続からドロップさせ，精神保健法上の一般強制入院に乗せているということは聞かれなかったし，また，警察・検察の起訴前捜査の段階で精神鑑定が行われている様子も見られない。第3に，警察は被害者の意思に反して刑事手続を打ち切ることはできず，さらに，検察官が被疑者を起訴しなかった場合には，被害者側が起訴することが可能である（刑事訴訟法第1章14条1項）。第4に，責任能力を判断するのは裁判所であるこ

とが強調されているということがある。

2　裁判所による精神鑑定命令

1(3)で述べた事情から，触法精神障害者はほとんど起訴されることになると推測されるが，裁判所は責任能力を判断するために必要であると考えたときには，精神鑑定命令を発する（手続法17章45条）。検察官，被告側のいずれも精神鑑定の実施を請求することができる。弁護人が同意しない場合には，精神鑑定は当該犯罪が1年以上の自由刑で処罰可能な場合にのみ，行うことが可能である。

責任能力判断において，精神鑑定は必要的でない。裁判所は精神鑑定命令を出すことなく，以前の精神科医の診断などの諸記録から責任能力の有無を判断することができる。殺人（未遂も含む），暴行，放火などの暴力的で重大な犯罪事件において責任能力が問題となる場合には，ほとんどすべてにおいて精神鑑定が行われるが，他方，財産犯，交通犯罪では少ない。20世紀後半において，裁判所が精神鑑定に基づいて責任無能力とした者の数と裁判所が責任無能力として不可罰とした者の全体の割合は1対2～3であり，限定責任能力者については1対5である[3]。

3　精神鑑定

(1)　精神鑑定実施機関・実施者の決定

裁判所が精神鑑定を命じ，訴訟記録を法医療審査会に送付すると，法医療審査会が精神鑑定の実施場所または病院以外で行われる場合にはその実施者を決定し（法16条），訴訟記録を鑑定を行う医師の下に送付する（令3条）。実施機関が選定されるのがほとんどであり，大学病院（とりわけヘルシンキ中央大学精神科クリニック），国立精神科病院（state mental hospital）（ニウバンニエミ精神科病院，バンハ・バーサ精神科病院），刑務所（ツルク精神医療刑務所，ヘルシンキ中央刑務所の精神科）などが主な実施機関である。精神鑑定のためには，被告人を病院に強制的に入院させそこに留置させることができる（法15条）。

(2)　病院等における精神鑑定

鑑定は，司法精神科医をリーダーとして，通常心理学者，ソーシャルワーカーとそのほかの治療スタッフからなるチームで行われる。裁判所から法医療審査会を経由して送られてくる訴訟記録のほか，近親者，雇用者，学校，

軍,以前の犯罪記録,病院のカルテなどから情報を得たうえ,精神医学的診断,心理検査,面接,身体検査を行う。司法精神科医はその結果に基づいて被告人の精神状態についての報告書を作成し,それと訴訟記録を併せて法医療審査会に送付する(法16条,施行令4条)。鑑定開始から報告書の提出までは原則として2ヶ月を超えることができないが,法医療審査会は事情によっては2ヶ月を限度として延長することができる(法16条)。実際の鑑定期間は平均5週間である。

医師の報告書には,犯罪事実,被鑑定者の性格,実施した検査の内容,被鑑定者の供述,精神症状が行為に与えた影響,少年時代から現在に至るまでのデータ,そして結論としての責任能力の有無のほか,強制治療要件を満たしているか,訴訟能力を有しているかも記載する。

このような病院等における精神鑑定が行われる件数は,1990年代において年間200～250件である。精神鑑定の費用は国が負担する(法32条)。

3　法医療審査会による意見書作成

鑑定医師から報告書と訴訟記録が送られてくると,法医療審査会は少なくとも2名の精神科医と1名の判事で報告書を精査した後,意見書を作成し,それと鑑定医師の報告書,訴訟記録を併せて裁判所に送付する(法16条,施行令4条)。意見書には,裁判所の名前および裁判所が被告人の精神状態を問い合わせた日,責任無能力の有無,程度,責任無能力を理由とした強制治療の必要性の有無,強制治療が必要ならばそれに適当な病院が記述される。

法医療審査会は鑑定医師の報告書を参考にするが,それに拘束されず,自らの意見書を裁判所に提出する。したがって,鑑定医師の報告書と,法医療審査会の意見が一致しないこともある。1965～95年における不一致率は4.5%,1995年においては5%である。不一致のケースの3分の2は,法医療審査会の方が鑑定医師よりも責任能力を認める方向にあったものであり,およそ半分が,殺人事件における責任能力の程度に関するものである[4]。このような不一致の原因は,後述のとおり法医療審査会が医療的問題に統一的見解を与えるという役割を担っていることおよびその不一致率の低さを考慮する限りでは,鑑定医師の報告書が一般的な医療的見解から外れる範囲で不一致が生じたものと推測される。

なお,裁判所による精神鑑定命令がだされた場合であっても,法医療審査

会は，責任能力の有無が以前の精神科医の診断などの諸記録から明らかであるときには，医師による精神鑑定を行うことなく被告人の精神状態についての意見書を作成することができる。法医療審査会がこのようにして意見書を作成したことは1996年に18件，1997年に11件あった。

4 裁判所による責任能力判断

(1) 責任無能力・限定責任能力の理解

フィンランドの責任無能力の規定は以下のとおりである。「精神異常者 (insane person) の行為および高齢その他の類似の理由により精神障害のある者の行為は罰しない」（刑法3章3条1項）。限定責任能力の規定は以下のとおりである。「行為時に十分に精神的機能を有していなかったとされた者が，3条によれば全くの責任無能力とはされ得ない場合には，処罰の原則は2条に規定されたそれによる」（同法4条1項）。責任無能力制度は1889年に刑法が制定されて以来のものであり，文言は古めかしいが，実質的には，精神障害という医学的観点と，自己の行為の性質を理解する能力と別の行為に出る能力という規範的観点の双方から責任能力が判断されている。そして，前者は後者に影響を与えていなければならない。刑法プロジェクト（1980年司法省によって設置されたタスクフォース）が，これまで実際に行われてきた裁判所における責任能力判断を基礎として，1990年代に出した刑事責任能力の規定案や2000年春の提案によると，責任無能力，限定責任能力という評価を可能にする医学的事由は，精神病，深刻な精神遅滞，深刻な精神障害，及び深刻な意識障害であるとされている[5]。

責任無能力・限定責任能力であるためには，以上のような医学的事由が行為当時の行為者の，行為の性質を理解する能力，他の行為に出る能力に影響を与えていなければならない。後者の他行為能力は行為者が自らの行為を制御できなかったことを意味するものとして要求されている。

(2) 裁判所の責任能力判断

裁判所は，精神鑑定の報告書や法医療審査会の意見などを参考にしつつ，しかしそれに拘束されることなく，被告人の責任能力を判断する。したがって，裁判所の責任能力の判断が，法医療審査会や鑑定医師の責任能力の評価と一致しないこともある。裁判所，法医療審査会，鑑定医師の責任能力評価の一致率は1987～89年において91％であり[6]，この割合は現在までほとん

ど動きがないということである。裁判所の不一致の原因は，社会の耳目を集めた事件であることなど，社会の反応が影響しているのではないかということであった。

被告人が責任無能力とされたときには刑罰は科されず（刑法3章3条1項），その後の処遇決定は精神保健法に基づき法医療審査会が行うことになる。限定責任能力とされた場合には責任能力者と同じ刑罰が科されるが，終身刑で処罰されうる犯罪については2年から20年の有期刑に，有期刑あるいは罰金の場合には上限の4分の3を超えない範囲に刑が減軽される（同法4条1項，2条）。

5 責任無能力者の強制入院手続

裁判所は，責任無能力を理由に被告人に刑を科しないとしたときは，法医療審査会に対して，精神病院での処遇が必要である旨を知らせる（法21条）。法医療審査会が強制入院の要否を審理する間，裁判所の決定に基づき，審理対象者を刑務所に拘置することができる（法21条）。法医療審査会は，審理対象者が強制入院の要件を満たしているときには，強制入院を命じる（法22条）。強制入院の要件充足の有無を判断するために必要な場合には，法医療審査会は30日を限度として審理対象者を病院において鑑定する旨の決定をすることが可能である（法21条）。実際には，責任能力の判断の際になされた鑑定を参考にして強制入院させるかを決定することがほとんどであり，新たに鑑定することはまれである。

強制入院の要件は，①精神病と診断され，②治療が与えられないと相当に悪化し，または，自己若しくは他者の健康若しくは安全を極めて危険にする精神病のために治療を要し，かつ，③他の精神保健サービスは適合せず，または不十分であること，である（法8条）。自己もしくは他者への危険性が強制入院の要件の一部をなしているが，このような危険性も精神医学的に認定可能と考えられている。たとえば，まず本人の特性と状況要因を併せて考慮する。過去の暴力行為がなされたのと同じ状況に陥れば，本人が変わっていない以上，また同じ行為をするものと考えられる。それからアルコールや薬物の使用が危険性を10～20倍にする。さらに一部の疾患・障害が危険性を増加させる。人格障害，反社会的性格，パラノイアなどは危険性を20倍にする。統合失調症は治療されないままでいると，危険性を7倍にする。統

計から明らかにされているこのような事実を考慮しつつ，危険性を評価しているということであった。

6 入院機関

裁判所によって責任無能力と判断され，法医療審査会によって強制入院を命じられた者は，そのほとんどが，国立精神科病院であるニウバンニエミ精神科病院（284病床）とバンハ・バーサ精神病院（125病床）に入院する。国立の精神科病院は司法精神科患者の他，特に危険であるなど地域の病院では対応できない処遇困難な患者を受け入れている。後者は担当医の判断と州精神科病院の決定により地域病院から国立病院に移送される（法6条）。強制入院の費用は地方公共団体が負担している。

7 入院の継続・終了手続

(1) 入院の継続・終了手続

強制入院の要件が存続しているかは，担当医が少なくとも6ヶ月ごとに再評価し，それについて報告書を作成しなければならない（法17条）。病院の医師が強制入院の要件が存続していると判断し，入院の継続を決定した場合には，その決定は地方行政裁判所の審査を受ける（同条）。病院の医師が強制治療の不継続を決定した場合には，法医療審査会がその決定を審査し，治療を継続させるべきと判断した場合には，治療継続命令を出し，治療を終了させるべきと判断した場合には医師の決定を確認する（同条）。したがって，病院の医師により入院継続が決定され，地方行政裁判所の承認が得られるに限り，強制入院は継続する。なお，医師が治療を終了すべきとしたにもかかわらず，法医療審査会が治療を継続すべきと判断することは，責任能力の鑑定の際と同様に，非常にまれである。

(2) 入院期間

1991年から1998年までの間行われた入院期間についての調査によると，353人の患者のうち230人が1999年に依然として入院していたという。1995年に入院が終了した患者のうち，少なくとも5年間入院治療を受けていた者が半分，10%は15年以上入院治療を受けていた。1991－1998年の間の入院期間の平均は，4.1年である。暴力的犯罪や強盗に当たる行為を行った者や放火をした者は，刑罰を受ける場合よりも長く病院に止まることが多いという傾向がある。しかし，そういう傾向は見られるものの，入院期間の長さは，

行為に基づいてではなく，患者の精神的健康またはその回復の程度によって決せられるという。

(3) 仮退院制度

最終的な退院に先立って，条件を付けて仮退院させることが可能である（令6条）。条件は法医療審査会が決める（同条）。期間は1度に最長で6ヶ月であるが，更新することも可能である（同条）。実際には，約50％の者に仮退院が命じられ，ほとんどの場合その期間は1年から1年半に及ぶという。仮退院の間，患者は病院の指定した地域の健康センターの医師によって経過観察を受ける。患者が条件を遵守しないなど再び病院に収容すべき事情が生じた場合には，地域の健康センターの医師は患者が入院していた病院の医長に報告書を提出し，それに基づいて医長が再収容を指示する。再収容の際の移送は，救急車が行う。救急車は民間のものであるが法定されており，人員は特別な資格を有している。必要であれば警察は助力しなければならない（法31条）。

8 抗告・苦情受理制度

法医療審査会の強制入院またはその継続についての命令に対する抗告は，最高行政裁判所になされる（法24条）。裁判所が入院の終了を決定した場合には，退院することになると思われる。そのほか病院内における人権侵害問題などについては，議会の設置する法律オンブズマンのほか，医療審査会が医師などの医療スタッフ監視業務の一環として扱うこともある。

III 法医療審査会

法医療審査会は一般的な保健と法的安定性の確保を目的とした，法定の常設機関である。社会保健省の管轄下にあるが，監視業務において独立している。約30名ほどの，法律や医療などの専門家から構成される。その機能は医療体制を監視すること，医療問題に統一的見解を与えることにある。たとえば，免許の公認・停止・撤回を行うことによって医師や医療スタッフを監督し，あるいは，中絶問題における医師の中絶決定に統一的見解を与えることなども行っている。

審査会内部にはいろいろな委員会があり，触法精神障害者にかかわる業務を行っているのは，その中の一つである司法精神医学委員会である。司法精

神医学委員会は4名の委員と1名の報告メンバーからなる。議長は法医療審査会の会長であり，その他のメンバーは司法精神医療を代表する者，一般精神医療を代表する者，法律家であり，年に一回そのメンバーが補欠メンバーも含めて選定される。その決定は投票によってなされ（報告メンバーは投票権を持たない），一票の価値は同じであるが，意見が割れた場合には議長の意見が決定的なものとなる。しかし意見の割れることは稀なことである。メンバーの中に法律家が含まれているのは，その業務が法に則した仕方で行われることを確保し，審査会の出す意見の質を保障するためであって，彼らに対して，特に犯罪の社会に与えた影響や社会防衛的観点から判断することが期待されているわけではないということである。

法医療審査会司法精神医学委員会は，上で述べたように精神鑑定実施機関・実施者の選定，被告人の精神状態についての意見書作成，責任無能力とされた者についての強制入院決定・退院の許可，仮退院の遵守条件の設定などを行う。

法医療審査会は非公開であり，一般人，検察官，患者，その弁護士のいずれも出席することはできない。法医療審査会が行う責任無能力者の入退院についての決定についても，被害者は知ることはできない。これは，入退院という事情は個人の私事であり，被害者の知る権利の対象ではないという考えに基づく。

IV 一般の精神障害者に対する強制入院手続

裁判所が責任無能力とした者に対する強制入院は精神保健法上のものであるが，一般の強制入院手続とは異なっている。以下では一般の強制入院手続を概観する。

一般の強制入院の契機は，多くの場合，通例強制入院が必要と考えた家族や隣人が警察や健康センターにその旨を連絡することである。警察も，強制入院を命じられる可能性のある者についての情報を得たり，あるいはそのような者を発見した場合には健康センターに連絡する。健康センターの医師が強制入院させるべきかを検討する必要があると認めた場合には，患者は家族あるいは民間の救急車によって健康センターに移送される。患者が暴力的であるなどの場合には警察が移送に助力する（法31条）。

強制入院を決定するまでには，3人の医師が患者を診断する。まず，第一の医師（健康センターの医師であることが多い）は，患者に強制入院の要件が存在する可能性があるかを判断し，その可能性がある場合には，患者は3日以内に観察を実施する病院に収容される（法9条）。次に，病院の医師が観察を行い，病院収容後4日以内に強制入院を命令する要件が存在するかを判断する（法10条）。この要件は責任無能力とされた者の強制入院の場合と同一である（法8条）。最後に，精神医療の主任医師が第1の医師と第2の医師の判断に基づいて強制入院を命ずる決定を書面により行う。この決定は患者が病院に収容された後4日以内に行われる（法11条）。決定の前は，患者の意見を聴取し，保護者等の意見を聞く機会を設けなければならない（同条）。

　この決定に基づいて，患者を3ヶ月を限度として強制入院させることができる。それ以上入院を継続させる場合には，3ヶ月の入院期間が終了する前に，精神医療の主任医師が入院の継続を書面で決定する（法12条）。この入院継続の決定に基づいて，6ヶ月を限度として強制入院させることができる。6ヶ月の入院が終了した場合には，再度上記のように3人の医師の診断を経て強制入院の要件の審査をすることになる（法12条）。したがって，一般の強制入院は入院から3ヶ月後の入院継続決定，6ヶ月後の再入院手続というサイクルを繰り返すことになる。入院継続決定や再入院手続がとられず，入院期間が終了した場合，強制入院の要件が欠けると判断された場合（法14条），あるいは治療について患者同意が得られた場合に強制入院は終了する。

　一般の強制入院患者はそのほとんどが地域の精神科病院に入院するが，処遇がとくに危険または困難である者，地域の病院の人的・物質資源では扱うことのできない場合には，地域の病院の医師の推薦に基づき，国立の精神病院の主任医師の決定を経て，国立の病院に移送される（法6条）[7]。

　強制入院命令やその継続命令に対する抗告は，地方行政裁判所に対して行う（法24条）。病院内での人権侵害等については，責任無能力者の強制入院の場合と同様，議会のオンブズマンや法医療審査会が扱う。

V　精神保健法改正論議

　強制入院時のおける行動の制限について細則を定めることが予定されてい

第2部　諸外国における触法精神障害者の処遇決定システム

る。これは主に，ヨーロッパ理事会勧告などで国際的な要請に国内法上こたえることを目的としている。

　基本的思考は次のようなものである。患者の行動を制限するにあたっては，まず患者の同意を得るべく努力する。それでも同意が得られなかった場合に，病気の治療，本人または他人の安全などのために不可欠である場合に限り行動の制限が許されるとする。また，保全する利益の価値と行動制限の程度が比例していなければならないという比例原則を採用する。

（1）　触法精神障害者に対する精神病院収容手続の一般については，ラピンラーデン精神病院のヘイッキ・バルティアイネン（Heikki Vartiainen）教授とニウバンニエミ精神科病院のチーフ司法精神科医のザルモ・パーニラ（Jarmo Paanila）氏のご説明のほかに，1997年に改正されたフィンランド精神保健法（Mental Heslth Act）と M. Eronen & E. Repo & H. Vartiainen & J. Tiihonen, Forensic Organization in Finland, International Journal of Law and Psychaitry, vol. 23, Issues 5-6, ; H. Vartianinen, Treatment of Forensic Psychiatric Patients in Finland, Nordiskrettsmedisin vol. 3(4), 90（1997）; H. Vartianinen & P. Hakola, How Changer in Mental Health Law Adversely Allect Offenders Discharged from Security Hospital, Journal of Forensic Psychistry vol. 3, 564（1992）; J. Pajuoja, Mental Disorders and the Assessment of Criminal Responsibility in Finland, Psychiatria Fennica, vol. 26, 117（1995）とを参照した。

（2）　J. Pajuoja, supra note（1），at 117-124 参照。

（3）　Marianne Wagner-Prenner, Syyntakeisuus ja Mielentila, 354 による。

（4）　Id. at 371 による。

（5）　Id. at 354 による。

（6）　J. Pajuoja, supra note（1），at 117-118 による。

（7）　裁判のとき精神状態が深刻に悪化し直ちに治療を受けさせる必要があり訴訟無能力の状態にあると思われる精神障害者（精神遅滞者は除く）に対する処分については明確にすることができなかった。ただ，あるフィンランドの司法精神医の説明によると，これはおおむね以下のようである。

　　彼は一般精神病者の場合と同様に精神保健法8条の強制治療の対象となり，ツルク精神医療刑務所またはヘルシンキ中央刑務所精神科棟に送られる。その後約2，3ヶ月が経過してもその状態がよくならない場合，だいたい彼は国立精神科病院に送られ，約2，3年間治療を受けることになる。

　　裁判所は，この間公判手続を停止し，その後も彼の精神状態に変わりがなく訴訟無能力の状態が続く場合には公訴棄却の判決を下すようである。

2 司法精神医療の実態
―― ニウバンニエミ精神科病院・ラピンラーデン
精神科病院・ヘルシンキ中央刑務所 ――

趙　　晟　容

I　国立精神科病院中心の司法精神科医療

　フィンランドの司法精神科医療は国立精神科病院法1条の国立精神科病院であるニウバンニエミ精神科病院とバンハ・バーサ精神科病院を中心として行われている。前者には284床の病床が，後者は125床の病床がある。現在全国には仮退院患者を含めて約500名程度の司法精神医療患者がいるが，そのほとんどは両精神科病院に入院しており，残りの約50名の患者が地域病院に入院しているという。

　国立精神科病院の治療費は1989年までは国家が負担したが，その後地方自治団体が代わりに負担するようになった。そのため，一時的に国立精神科病院の入院患者中約30％が地域病院に送られたこともある。しかし，1997年の精神保健法の改正によって，司法精神医療を受けるべき患者については，TEOが入院病院を指定するようになり，そのほとんどは，まずは，司法精神医療に適したスタッフ，施設およびセキュリティを備えている国立精神病院に送られる。しかし，入院後最初の6ヶ月の間に彼を続けて国立精神科病院に入院させるべきかどうかを決めなければならない。そのとき，彼の住所または居住地の地方自治体は「地域病院共助体制」（Hospital District）を組んでいる各病院の中に司法精神医療の能力をもっている病院があるかを判断し，地域病院への移送を拒否することができる（精神保健法17条。以下の記述においても「法」とは精神保健法を指す）。現在，地域病院にはその能力または経験がかけている場合が多いため，彼らすべてを国立病院に入院させるべきであるという主張が強いようである。

　以下では訪問先のニウバンニエミ精神科病院（Niuvanniemi Mental Hospital），ラピンラーデン精神科病院（Lapinlahden．ヘルシンキ大学中央病院精神科Department of Psychiatry of Helsinki University Central Hospital ともいわれる）およびヘルシンキ中央刑務所精神科棟における司法医療などの実態について紹介することにする。

II　ニウバンニエミ精神科病院[1]

　われわれが訪問していたニウバンニエミ精神科病院は，1885年に立てられた国立病院で，クオピオ大学の司法精神科でもあるが，国際的にも高いレベルの人的・物的体制を備えており，フィンランドの司法精神医療の中枢的な役割を担っている。本病院は主に前述の法医療審査会によって強制入院に処された責任無能力の触法精神障害者（以下，司法精神医療患者という）およびその他の精神患者に対する入院治療と司法精神鑑定とを行っている。

　その他の精神患者には，精神病，知的障害を除いたその他の精神障害（mental disorders。以下，精神障害という）をもっており，治療がとくに危険または困難であるが故に，地域病院から本病院に送られる患者（法6条，17条a）と長期治療のためにツルク精神医療刑務所とヘルシンキ中央刑務所精神科棟（以下，刑務所という）から送られる精神障害者（この場合も法17条aによって行われるようである）とが対象となる。しかし，実際にそのほとんどを占めるのは前者である。この患者は精神保健法の強制入院要件（法8条）を満たしているため，互いに違う精神科医の精神鑑定（examination for observation。法9条，期間3日），観察（observation。法10条，期間4日）および強制治療決定（involuntary treatment。法11，12条，6ヶ月ごとに更新）を受けた一般の精神病者（未成年の場合には精神障害者も対象になる）または任意入院後に強制入院になった一般の精神障害者（法13条）であって，非常に危険な患者である。この患者は司法精神医療患者よりもっと積極的な治療とセキュリティを必要とするという。その意味で本病院はフィンランドで一番危険な精神病者と精神障害者が入院しており，最もセキュリティの高い病院であると言える。

　その他に，本病院は犯罪者の司法精神鑑定，一般の応急精神患者に対する短期的な観察と治療，司法精神医療に関連する相談サービスなどをも行っている。

第3章 フィンランド・スウェーデン

写真1　ニウバンニエミ精神科病院

1　環　　境

　本病院の外的環境はフィンランドで一番厳しい精神病院であることが信じられないほどに美しくて落ち着いている。クオピオ中心街から約4km離れている所に位置している本病院の周りには，鬱蒼とした森，湖および住宅街があり，この外部環境と本病院を引き離す高い壁は見えない（写真1）。

　建物は19世紀のパビリオンタイプで，立てられた当時の外観をそのまま維持しており，法律によって保存の対象となっている。病棟の内部は改修され，明るくてシンプルな雰囲気であり，設備も現代化されている（写真2）。しかし，閉鎖病棟はやはり厳重なセキュリティ装置と監視体制が講じられており，ここが精神科病院であることを実感した。

2　患　　者

　訪問当時，総病床数は284床で，入院患者数は280名であった。その約70％が法医療審査会によって送られた司法精神医療患者で，約30％が地域病院から送られた危険な患者であったが，司法精神鑑定患者と刑務所から送られた患者も若干名いた。患者の平均年齢は40歳で18未満の未成年も2名おり，過去8年間で30名が退院した。

　1998年12月31日現在，入院患者268名中，172名が司法精神科医療患者

写真2　ニウバンニエミ精神科病院　病棟の内部

で4名が司法精神鑑定患者であったが，彼らの主な起訴罪名は殺人犯が26％，殺人未遂・傷害などの暴力犯が25％，性犯罪者が1％，放火犯が4％，財産犯が8％，その他が2％であった。全体の34％にあたる残りの92名は危険な患者であったが，彼らすべてが犯罪経歴をもっているという。入院患者の病症は統合失調症が242名，脳損傷および身体の病による精神障害が13名，情緒障害が6名，その他人格障害が2名，薬物中毒による精神および行動障害が1名であり，司法精神鑑定中が4名であった。本病院への入院を含めてこれまでの入院歴は司法精神医療患者が平均8回，危険な患者が平均10回であり，本病院での入院期間の平均は前者が5年9ヶ月，後者が4年8ヶ月であり，平均精神鑑定期間は34日である。訪問当時もほぼ同様の現況であるといわれた。

3　スタッフと経費

スタッフは総約410名で，メディカル・ディレクター1名，司法精神科医兼教授1名，チーフ司法精神科医2名，シニア精神科医9名，アシスタント・ドクター5名，心理学者4名，ソーシャルワーカー3名，薬剤師1名，職業セラピスト2名，ナースと精神医療ナース255名，その他のスタッフ約130名である。

1999年1年間の総経費は17,483,340ドルで，その90.6％の15,842,028ドルが患者の治療費に，3.6％の635,750ドルが司法精神鑑定に使われた。

4 施　設

　本病院には 13 の病棟があり，司法精神医療患者と危険な患者は基本的には同じ病棟に一緒に入っている。男性病棟が 10，混合病棟が 2，女性病棟が 1 である。そのなかで閉鎖病棟が 12，開放病棟は 1 である。患者部屋は個室，2 病床室，5 病床室の 3 種類があるが，治療上の目的で分けられているわけではないという。各病棟別に面会室があり，毎日午前 9 時から午後 3 時までの間に面会することができる。

　閉鎖病棟は入院患者の状態によってまた分かれているという。第 3，4，6 病棟にはとくに危険で処遇の困難な患者が入っており，昼間には患者よりはるかに多いナースが，夜間には必ず 2～3 名の男子ナースが勤務しているし，中には保護室もある。たとえば，第 4 病棟には，危険な患者のみ 17 名が入っているが，昼間には 24 名のナースが，夜間には 3 名の男子ナースが勤めており，2 つの保護室がある。これに対して，第 5 病棟にはその状態が良くなって上記の病棟から移された患者など 21 名が入っているが，昼間には 17 名のナースが夜間には 2 名のナースが勤める。その他の男性の閉鎖病棟も，入院患者の状態によって多少の差はあるが，基本的にはこの病棟とほぼ同様のようである。しかし，第 8 病棟は女性の閉鎖病棟であり，より危険な患者とその次の段階の患者が一緒に入っており，保護室もあるという。

　閉鎖病棟の場合，病棟のドアは自動的にロックされる仕組みで 1 日中ロックされており，外に出るときはスタッフが同伴する。すぐは気づかなかったが，廊下と保護室には監視カメラが設置されており，患者部屋の窓は強化ガラスで窓枠には鉄棒が付けられてある。さらに，中のスタッフ全員が手首に警報ベルのボタンをはめており（写真 3），問題が起こったときすぐ対処できるようになっている。各病棟別に休憩室，洗濯室，および

写真 3

第2部　諸外国における触法精神障害者の処遇決定システム

写真4

シャワー室があり，部屋には寝台，机，箪笥，テレビなどが置かれているが，女性のヌード写真を貼っている部屋もあった（写真4）。部屋のドアは昼間は閉めないという。閉鎖病棟の中では司法精神鑑定も行われている。

これに対して，第2病棟は混合病棟で開放病棟でもあって，スタッフの許可を得て患者単独で出入りすることができるし，休息や食事のときには自分でお茶を点てたり料理をしたりすることもできるという。

その他の施設としては，訓練療法に使われる各種の作業室，音楽室，美術室，ガーデン，温室，プール，テニス場，ボーリング場，体育館，運動場，ウェイト・トレーニング室などがある。

5　治療と処遇

司法精神医療患者に対する治療の重点は高い暴力の危険性に関連する要因の治療に置かれているが，これは危険な患者に対しても当てはまるという。治療は通常精神療法，薬物療法，訓練療法，コミュニティ・セラピーによって行われるが，電気ショック療法が使われる場合もあるようである。精神療法においては，まず精神科医，心理学者およびソーシャルワーカーによるバイオ・サイコ・ソーシャル的なアプローチによってその患者にどういう治療が必要なのかを判断する。そして，患者を自分の治療に積極的に参加させる方法を講ずる。たとえば，患者の治療に対するアンケートを採用して，その治療が彼に役立つかどうかを判断する。精神科医の面談はもちろん，ナースが週1～2回行う1対1の面談などを通じて，前述した治療重点の達成を目指す。訓練療法としては外国語の教育がとくに目を引く。

患者の処遇は閉鎖病棟から開放病棟までの段階によって少々異なるが，これも治療の一環として用いられているという。たとえば，一番厳しい病棟である第3，4，6病棟の患者は，ナースと一緒に病院の庭しか散歩できない

など，自由が相当制限されるという。その他の閉鎖病棟の患者は，ナースと一緒ではあるが，庭より遠くまで散歩できるなど，より多い自由が与えられるが，それに応じてより多い責任を求められるという。開放病棟の患者は担当医の許可を得て，帰宅したり，病院の外を自由に散歩したりすることもできるという。

　そして，担当の精神科医は法律に基づいて患者の治療，彼自身と他人の安全のためには，彼の自由を制限することができる（法28条）。しかし，この場合にも精神保健法，国立精神科病院法，憲法，ヨーロッパ人権協定，不法行為と非人道的で下劣な処遇または処罰の防止に関するヨーロッパ協定などに違反しないように注意をするという。実際に深刻な事件までには至らないが，他人を襲う場合もよくあるという。そのほとんどが他の患者に対してであり，スタッフに対してはあまりないという。この場合と興奮して発作を起こした場合には，保護室に隔離させるかあるいはその中にあるベッドに縛ることがあるという。現在本病院には6つの病棟に9つの保護室と4つの身体拘束ベッドがある。保護室は周りの壁以外には何もなく，壁は患者がぶつけても怪我しないようになっている。身体拘束ベッドは6つのベルトで体を縛るような形であるが，同時に使うベルトは3つであり，そこに拘束するときにはアンティコアグレイション（antikoagulation）という薬を一緒に使う。保護室に入れる時間またはベッドに拘束できる時間に対する法的な制限はないが，通常前者は数日から数週間（1ヵ月は超えないようである）にわたって行われ，後者は最長の場合でも1週間を超えないようである。これらを行うときは，必ず担当医が指示を行うという。そして，また法律に基づき，命令や安全のために必要であったり，内容物がアルコールや薬物であると疑うべき合理的な理由があるときには，その患者に送られた手紙や差入れの検閲とそれによる押収を行う場合もあるようである（法28条）。

　もちろん，このような自由の制限に対しては，患者は上記の諸法律違反を理由にして担当の精神科医などを地方行政裁判所に訴えることができる。実際，ある司法精神科医はこのような自由制限の決定を毎年約250回くらい行わざるを得ないが，それに対して毎年20回は訴えられたと言った。しかし，それに対して責任が問われたことはなかったという。

第2部　諸外国における触法精神障害者の処遇決定システム

Ⅲ　ラピンラーデン精神科病院(ヘルシンキ大学中央病院精神科)(写真5)

1　施設の概要

ラピンラーデン精神科病院では，Ravan Rimon 教授にご案内いただいた。同教授によれば，ラピンラーデン病院は，約160年の歴史をもつ。われわれは，司法精神科病棟を訪れたが，同病棟は，犯罪行為を行った者のみを対象とする病棟であり，刑事被告人，あるいは刑事被告人となる可能性がある者の精神鑑定を多く行っているとのことであった。Rimon 教授の説明によると，その数は，年間100〜150件程度であるという。なお，同病院は，大学病院の精神科として一般の外来・入院患者も多く受け入れており，犯罪者の精神鑑定を専門に行う施設ではない。

2　視　　察

病棟のエントランスで簡単な説明を受けた後，病棟内の見学に向かい，病室，隔離室，禁煙室，医師室等を見て回った。同病棟のナースは計15名であり，うち女性が4名，男性が11名であるという。ほかに，ソーシャルワーカーとサイコロジストが1名ずついる。収容者は，われわれが訪れた時点では15名であった。Rimon教授は，彼らはすべて裁判所から送られて来ている，と説明された。これは，裁判途中で，責任能力，あるいは訴訟能力が問題になったケースの精神鑑定を行っているという趣旨であろうか。いずれ

写真5　ラピンラーデン精神科病院

第3章 フィンランド・スウェーデン

にせよ，同病棟は，精神鑑定を主に行うための施設であり，精神障害犯罪者を処遇する特殊精神科病院ではない。とはいえ，セキュリティへの配慮はある程度必要なので，同病棟の窓には，他の病棟にはないアラーム・システムが装備されていた。

引き続き，電気ショック治療室，うつ病者のための磁場治療室，講義室，研究室等を見学した。研究室では，鑑定対象者たちの精神面の調査とともに，生化学的な調査も行っているとの説明を受けた。専門外の詳細なことで理解不能であったが，糖の代謝異常と犯罪との因果関係等が検討されているようであった（グルコース・トレランス等の用語を耳にした）。

その後，司法精神科病棟を出て，別病棟のセミナー・ルームで Rimon 教授から簡単なレクチャーを受け，その後，質疑応答を行った。多分に医学的な内容であり，門外漢である筆者には理解できない点が多かったが，Rimon 教授は，生医学的な（biomedical）調査によって人の生物学的特性を明らかにすることの倫理的な問題に言及されて，フィンランドでは80年代から90年代にかけて議論があったこと，社会的な要因だけでは犯罪の原因を十分に説明できないこと，生医学的な調査を行わずに長期の刑を言い渡すことのほうが倫理的に問題があると思われることなどを述べられた。

IV　ヘルシンキ中央刑務所（写真6）

1　施設の概要

その後われわれは，ヘルシンキ中央刑務所へと向かい，まず，会議室でブリーフィングを受けた。

はじめに，警備担当官の Yukka Rissanen 氏から，施設の概要について説明を受けた。同氏によると，ヘルシンキ中央刑務所は1881年に設立された古い刑務所であり，建物の老朽化が悩みの種である。現在，223名の受刑者が収容されていて，罪種別に見ると，多いものから順に，粗暴犯91名，財産犯53名，薬物犯49名等であるという。スタッフは225名であり，うち刑務官（officer）は123名であると説明された。われわれの関心が，精神面に問題をかかえる犯罪者の処遇であるということで，引き続き，同刑務所の精神科棟（psychiatric ward/unit）における取り組みが，同棟のサイコロジストの方から紹介された。

381

第2部　諸外国における触法精神障害者の処遇決定システム

写真6　ヘルシンキ中央刑務所

　そこでの説明および当日配布された資料によると，ヘルシンキ中央刑務所に精神科病棟がおかれるようになったのは1973年のことである。精神科病棟の収容定員は男性15名で，同刑務所に収容された者のうち，通常の処遇に適合しない中毒者，暴力傾向の強い者，無気力者等を対象として，Jones Maxwellの治療共同体（therapeutic community）の実践を試みている。精神科棟での治療活動への参加は，各受刑者の自主性に任されており，唯一全員の参加が求められているのは，毎週月曜日の午前8時30分から9時まで行われるミーティング（ward/community meeting）だけである。精神科棟のスタッフは，主任精神科医（chief psychiatrist），サイコジスト（psychologist），ナース長（head nurse）が各1名，専門臨床ナース（clinical nurse spcialist）が3名，精神衛生ナース（mental health murse）が4名，秘書が1名，守衛が2名である。ブリーフィングの後，われわれは，精神科棟の視察に向かった。

2　視　　察

　精神科棟の部屋は1人部屋で，われわれが訪れた時間，各部屋のドアは開けられていた。他の棟には窓があるが，精神科棟にはこれがない。部屋にはテレビが置かれ，これを見ている者もいたが，グループ活動等に参加しているのか，住人が不在の部屋も多かった。年間延べ140名ほどの受刑者が精神科棟に収容され，入れ替えは，ウェイティング・リストの混み具合と受刑者の精神の状態を勘案して決定するとのことであった。週間スケジュール表に

第3章 フィンランド・スウェーデン

よると，たとえば月曜日は，7：00朝食，7：30治療，8：00 staff report，8：30 ward meeting，9：00〜10：00運動，10：40昼食，11：20〜11：50屋外活動，12：00 stff report，13：30治療，13：45〜14：30グループ活動，15：40夕食，16：20〜16：50屋外活動，17：05グループ活動，19：00治療，19：15〜19：30 doors closed となっている。われわれは，次に一般棟の見学に向かった。

われわれが訪れたのは新しい一般棟であり，そこでもその時間，ドアが開け放され（棟と外部の間の扉はもちろん施錠されている），囚人が各部屋の間を自由に行き来していた。ズボンはみな同じものを着用しているが，上着は各人ばらばらである。続いて懲罰房を見学したあと，図書室へと向かった。図書室は観賞用の魚が泳ぐ水槽があり，本や新聞の他にテレビ・ゲームも備え付けられている。フィンランドでは5年ほど前に懲役刑が廃止されたとのことで，われわれが訪れた時間，囚人たちは雑談をしたり，テレビ・ゲームに興じたり，思い思いに過ごしていた。その後，一般棟を出て敷地内を見て回り，視察を終えた[2]。

（1） ニウバンニエミ精神科病院については，主に第3章1の注(1)のザルモ・パーニラ氏と同病院のシニア精神科医のテロ・ハルリカイネン（Tero Hallikainen）氏などのご説明，同病院の英語版のパンフレットおよびインターネット上のフィンランド語のホームページ（http://www.niuva.fi/）などを参照した。
（2） 校正の段階で，精神科棟の主任精神科医 Arpo Leena 博士から情報をご提供いただいた。これによると，フィンランドにおいて受刑者が精神医療を受ける施設としては，本稿で触れたヘルシンキ中央刑務所とツルク精神医療刑務所とがあり得るが，刑務所内に精神医療ユニットをもつのは中央刑務所施設だけであり，ツルクは，一般の刑務所施設とは切り離された，精神科医を長とする精神科病院（40床）であるという。また，本文で触れたように，中央刑務所の精神科棟が収容するのは男性の受刑者のみであるが，この点はツルクも同様であり，精神科の医療を要する女性の受刑者は，外部の病院に送られる。ツルクでは，中央刑務所の精神科棟では行われない強制治療も行われるとのことであった。なお，ツルクはもちろん中央刑務所も，これ以外の刑務所からも受刑者を受け入れる。中央刑務所の場合，近郊のいくつかの刑務所の受刑者を対象に，移送の要否を判断するためのカウンセリングを行うなどしているようである。

383

3 スウェーデンの刑法と精神障害者の処遇

辰 井 聡 子

I はじめに

　スウェーデン刑法は責任能力という概念を有しない。いかなる者も罪を犯せば相応の制裁を受けなければならず，精神障害の影響の有無を含め，犯罪時の意思内容等は制裁を決定する際に考慮される事情であるに過ぎないというのが，スウェーデン刑法の立場である[1]。以下に述べるように，スウェーデン刑法には重大な精神障害の下で犯罪を犯した者に対する治療処分（「司法精神医療（Forensic Mental Care）」と称される）が定められているが，これも「犯罪者」である精神障害者に対する一つの制裁と考えられている。

　とはいえ，実際の制度は責任能力概念を有する国とそれほど大きく異なるわけではない。例えば，刑法29章3条3項は，精神的障害（mental disturbance）または感情的興奮あるいはその他の理由によって自己の行動をコントロールする能力を著しく減じていた場合を裁量的減軽事由の一つとしており，また30章6条は，深刻な精神障害の影響下で犯罪を犯した者に自由刑を科してはならない旨を規定している。前者はわが国でいう限定責任能力に，後者は責任無能力に事実上対応するものである。もっとも，刑法31章3条が定める治療処分は，罰金よりも重い犯罪を犯した者が，現在深刻な精神障害を有していればよく，犯罪そのものが精神障害の影響下で行われたことを要件とはしていない。これは，治療処分も，責任能力と無関係に全ての犯罪者に対して科することができる制裁の一つであるというスウェーデン刑法の考え方を示すものであろう。

　以下ではこの犯罪者に対する治療処分を中心に，精神障害を有する犯罪者についての法制度とその手続の概要を報告する。調査に当たっては，スウェーデン社会庁の Ingmar Hammer 氏，国立司法医学局司法精神科部門の Lars-Erik Ingeloo 氏（ソーシャル・ワーカー），Karin Jonsson 氏（心理学者）にお話をうかがった。

II 法制度

　犯罪者等に対する強制的精神医療に関する現在の法制度は，1991年に整備されたものである。同年には，1966年の強制的精神医療に関する法律（スウェーデン語の略称はLSPV）に代えて，強制的な精神医療一般について定める「強制的精神医療に関する法律（Compulsory Mental Care Act. スウェーデン語の略称はLPT）」，司法精神医療について定める「司法精神医療に関する法律（Forensic Mental Care Act. スウェーデン語の略称はLRV）」の2つがあらたに成立し，刑法改正も行われた（いずれも1992年施行）。強制入院制度全般に関する患者の法的保護，司法的コントロールの強化を謳ったこの改正は，とりわけ患者の拘禁，身体拘束等の強制手段に対する保護手続を整備し，1983年のEC勧告（Recommendation of the Ministerial Committee of the Council of Europe）に調和させる目的で行われたものであったという。犯罪者の強制入院に関してどのような議論があったのかは明らかでないが，司法精神医療の手続が一般の強制入院とは異なる法律に規定されることになったこと，司法患者の退院に裁判所が関与することになったことが主要な変更点である。

1　刑　法

　精神障害を有する犯罪者に対する治療処分の要件，基本的な手続については，刑法31章3条が規定している。同条1文によると，罰金よりも重い制裁を伴う犯罪を犯した者が，深刻な精神障害を有している場合には，裁判所は，その者の精神状態および個人的な諸事情を考慮した結果，必要であれば，司法精神医療を受けさせるために施設に強制収容することができる。すでに述べたように，ここで問題とされるのは裁判時の精神状態であって，犯罪時のそれではない。

　犯罪が精神障害の影響下で行われたことは治療処分の要件とはならないが，すでに述べたように自由刑を妨げる（刑法30章6条）ほか，治療処分となった際の退院の手続にも影響を与える。刑法31章3条2文によると，犯罪が深刻な精神障害の影響下で行われた場合には，裁判所は，精神障害の故に重大な犯罪を再び犯す危険性を判断し，危険性が認められる場合には，退院について特別退院審査という特別な手続を経るべきことを決定できる。通常の場合，強制入院処分の終了は病院の医長の決定によるが（司法精神医療に関

する法律12条），特別退院審査が命じられると，州の行政裁判所の決定がなければ退院できないことになるのである（同16条）。

また同条3文は，治療処分を命じられた者に，自由刑およびその他の施設収容処分以外の制裁を併科することができる旨を定めている。

2 司法精神医療に関する法律（LRV）

刑法31章3条による治療処分の詳細を定めるのは，司法精神医療に関する法律である。同法は，治療処分だけでなく，逮捕・勾留中の者および司法精神鑑定施設に収容中の者，矯正施設に収容中の者に対する強制入院等，刑事司法全般にかかわる強制的な精神医療について規定するものである。これは強制的精神医療に関する法律（LPT）の特別法という位置づけであり，すべての強制的精神医療に共通する一般的な条項については同法（LPT）を準用する格好になっている。

以下では，民事強制入院および治療処分以外の司法精神医療との比較において，犯罪者の治療処分の特色を見ていくことにする。

(1) 入院の手続と要件

すでに見たように，犯罪者に対する強制入院の要件は，①罰金よりも重い制裁を伴う犯罪を犯したこと，②重大な精神障害を有すること，③精神状態および個人的な諸事情からみて強制入院が必要であること，の3点であり，これを判断するのは裁判所である（刑法31章3条）。これに対し，逮捕・再勾留中の者，矯正施設に収容されている者など他の司法患者の場合には，①重大な精神障害を有すること，②精神状態および個人的な諸事情一般からみて必要であること，の2点に加えて，③患者がそのようなケアを拒否しており，あるいはその件に関し精神状態の故に適切に根拠づけられた立場を表明できないことが明らかである場合，という要件が規定されている（LRV 4条）。これは一般の強制入院の場合も同様である（LPT 3条）。この要件は，一般の司法精神医療は制裁ではなく，任意で行われるのが原則だということを示すものである。

一般の強制入院の場合も，司法患者の場合も，以上の要件を判断し入院命令を発するのは，治療を行う州立医療施設の医長である（LPT 6条2文，LRV 5条1文）。一般患者および1988年の改正により司法精神医療の対象となった処遇困難患者に対する命令には，他の医師（physician）による証明書が必

要とされる（同文3文。2000年追加）。その手続はLPTに定められている。

なお，LPTによって強制入院中の者が逮捕されるなどしてLPVの対象となった場合には，LPTに基づく入院命令をもって司法精神医療ケア命令とみなされることになる（LPV4条後段）。

(2) 治療の責任・医療施設

いずれの場合も，強制的な精神医療ケアは州の責任において，州立の施設で行われる。一般の司法患者の場合，施設を決定するのは州政府である（LRV6条）。治療処分の者については規定がないが，裁判所が決定するものと思われる。一般患者についてはとくに決定権者の指定はなく，また州政府の判断により州立病院以外の施設で行うこともできる（LPT15条）。

10年ほど前から，司法患者は一般患者とは別の施設で治療を受けることになっている。司法患者専門の病院はスウェーデン国内に2つあるという。

(3) 処分終了の手続

すでに述べたように，治療処分には，退院特別審査を要する場合と要しない場合とがある。退院特別審査を要しない場合の手続は，一般患者と同様であり，入院の要件が失われた場合にケア施設の医長が終了命令を発する。処分の期間は，裁判所命令が発効した日，あるいは患者がそれより後に施設に収容された場合にはその日から4ヶ月間であるが，医長の申請に基づく州の行政裁判所の延長許可があれば，一度に6ヶ月以内の延長が認められる（LRV13条）。延長の回数には制限がない。患者は，処分終了を拒否する医長の決定および決定を行わないことに対しては，州の行政裁判所に上訴することができるが（LRV18条2項），行政裁判所の延長許可は終局決定である。

退院特別審査を要する場合については，通常の入院要件が失われることに加え，退院特別審査を命じる根拠となった犯罪時の精神障害による再犯の危険性（「重大な犯罪」［殺人，暴行・障害，脅迫，強姦，その他性犯罪を指すようである］に限られる）がなくなることが要求される（LRV16条前段）。この判断は，医長または患者の申請に基づいて，州の行政裁判所が行う。医長は，処分終了の要件が整ったと認めたとき，および，要件が整わない場合には患者の入院から4ヶ月以内に一度，それ以降は6ヶ月以内毎に，裁判所に報告を行わなければならないものとされている。退院特別審査付きの治療処分については，期間は定められていない（LRV16条後段）。

退院特別審査は通常，医療機関において口頭で行われ（LPT36条，LPT37条，LRV21条），陪審員を入れなければならないものとされる（LRV21条）。患者は精神状態が許す限り審査に出席しなければならず（LPT21条），患者の援助者（supportive person）も立ち会うことができる。患者からの申請の場合には，医長の意見を聞かなければならず，また医長の申請の場合にも，医長は口頭で自らの見解を述べ，その根拠を説明しなければならない。また不要であることが明らかな場合を除いて，検察官にも意見を述べる機会が与えられる（LRV22条）。裁判所の決定に対しては検察官に上訴権があるが（LRV20条3項），裁判所が処分を継続する決定を行った場合，患者に上訴権は与えられていない。

なお，その他の司法患者については，逮捕・勾留期限切れ，精神鑑定施設への拘禁期限切れ，矯正施設からの釈放の時点で，それぞれ治療を終了しなければならないものとされている（LRV15条）。

3　手続の概要・運用
(1) 検察段階

スウェーデンは基本的には起訴法定主義を採っており，不起訴とされるのは軽微な罪の場合等に限られる。したがって，精神障害の疑いがあることによって，被疑者が不起訴とされることはまずないという。冒頭で述べたように，スウェーデン刑法においては精神障害の有無は犯罪の成否の問題ではないため，かりに精神障害が全く明らかであったとしても，不起訴処分の理由とはならないのである。検察官は，被疑者をLRVによる強制治療に付するための独立請求権を持たず，他の理由で不起訴となった被疑者に強制入院の必要が認められる場合には，LPTによる強制入院の可能性が残るのみである。

(2) 鑑　　定

精神障害を理由に訴追しないことがないため，訴追の可否を判断するために検察官が鑑定を依頼することもない。精神鑑定はもっぱら，被疑者に自由刑を科することができるか，それとも治療処分を受けさせるべきかを判断し，また治療処分に退院特別審査を付するかどうかを決定する目的で行われる。したがって鑑定内容は，本人の犯行時の精神状態と現在の精神状態の両方であり，鑑定人は本人を司法精神医療ケアに付するべきか，退院特別審査を付するべきかの2点を判断し，裁判所に伝える。鑑定は捜査段階で行われるこ

第3章 フィンランド・スウェーデン

ともあるが，原則としては公訴提起後に，いずれも裁判所の命令によって行われる。いずれの場合も，犯罪者に対する処分の決定が目的であることから，本人の自白がある等の理由で犯罪事実が明らかである場合に限られる。また，鑑定を行うまでもなく結論が明らかである場合には，裁判所は人物評価書（すべての被疑者に対して矯正局の調査官が作成する書類）のみで判断を行うこともあるという。

　鑑定は，国立司法医学局（National Board of Forensic Medicine）の司法精神科部門が担当する。司法精神科部門の施設はストックホルムとヨッテボリ（Göteburg）の2ヶ所にあり，また契約を結んでいるMalmöおよびUmeaの州立精神病院でも鑑定を行うことがある。スウェーデン全体で鑑定に携わっている専門家は，パートタイムを含め，司法精神科医が約30名，心理学者約15名，ソーシャル・ワーカー約20名程度であるという。

　鑑定は，小鑑定，大鑑定の2段階に分かれており，裁判所の依頼があるとまず小鑑定として，1人の司法精神医学の資格（LPT）を有する医師（以下，司法精神科医という）が1時間ほど面接を行い，簡単なレポートを裁判所に提出する。小鑑定は，鑑定施設で行うこともあれば，鑑定人が勾留所に赴くこともあるという。これによって，さらに綿密な鑑定が必要と判断されると，再び裁判所の命令により，大鑑定が行われることになる。小鑑定が行われるのが年間約1800人，そのうち大鑑定まで行くのは約600人である。25年前の小鑑定2800人，大鑑定800人という数字から見るとかなり減少しているが，理由は不明である。なおスウェーデンの犯罪認知件数は1996年の数字で約120万件，検挙件数が27万件，有罪宣告を受けた者58000人，また自由刑を言い渡された者13000人のうち司法精神鑑定を受けた者が350人である。

　大鑑定は，命令の日から7日以内に，被告人を鑑定施設に留置して行われる。期限は原則として4週間以内であるが，難しい場合には2週間程度の延長も可能だという。鑑定期間中には，患者の同意があれば治療も並行して行われる。

　大鑑定は，司法精神科医，心理学者，ソーシャル・ワーカー，看護士のチームによって行われる。精神科医以外については，司法精神医療に携わるための特別な資格はなく，危険評価等についての教育はこの施設の中で行われている。

第2部　諸外国における触法精神障害者の処遇決定システム

ストックホルムの施設では，鑑定作業は3回の会議を軸として動いている。第1回目は，初日に患者を交えて行う会議であり，鑑定について患者に説明し最終会議の日程を伝える他，鑑定作業の計画を立てる。期間の中頃には，患者抜きで会議を行い，これまでの成果，これからの作業計画などをチームで相談する。この会議のときに，それぞれが大体の評価を行い，チームで話し合って今後の調査内容を調整する。最終的に鑑定内容をまとめるのは司法精神科医の役割である。最終会議は，司法精神医学的ケアを受けるべきかどうかについて，チームが下した判断を本人に説明するために行われる。

犯罪者を司法精神医療ケアに付するための第一の要件は，現在「重度の精神障害」であることである。裁判所がこれを判断する基準は，彼が現実をどのように把握しているか，行動に目的性が認められるかにあるという。

重度の精神障害と認められた者の診断名で最も多いのは統合失調症で約17％，それ以外の精神病が約20％，重度の人格障害が24％である。大鑑定を受けた者のうち重度の精神障害と判断されるのは約半数で，残りの者はほとんどの場合刑務所に行くことになる（少数は保護観察となる）。彼らの多くは，人格障害や，薬物濫用者である。

人格障害は，重度なものであれば「重度の精神障害」と見なされることがある。薬物・アルコール依存は，そのものは障害の基礎とは見なされないが，常習による人格障害，脳の障害については，「重度の精神障害」と見なされる可能性があるという。

(3)　裁判所の判断
(i)　治療処分の決定

最終的に被告人の処遇を決定するのは裁判所であるが，裁判所は鑑定結果をそのまま受け入れるのが通常である（約98％）。受け入れ難いと判断した場合には，裁判所は，社会庁の中にある専門委員会に鑑定書をはかり，同組織の意見書を受けて，再び独自に判断を行う。このときに再鑑定が行われることもあり，再鑑定は専門委員会が最初に鑑定を行った施設以外のところに依頼する。

裁判所が鑑定に同意しない場合の多くは，重大事件の犯人が司法精神医療ケア相当と判断された場合であるという。実際には，自由刑を科せられるよりも司法精神医学的ケア処分の方が長期に渡ることが多いのであるが，世論

はどうしても自由刑の方を望む傾向がある。このことから，選挙人一般の感情を考慮した政治圧力により，犯罪が精神障害の影響下で行われていた場合には自由刑を科さないという，上記の刑法の見直しが進んでおり，刑と治療処分を併科する制度が検討されているという。

また，現在の制度では，犯罪時に精神障害があったが現在は治癒しているという場合には，刑務所にも行かず，治療処分も受けないことになる（実際には，退院特別審査のつかない治療処分に回されることも多いという話も聞いた）。実際に，重大犯罪についてこのようなケースが，保護観察処分となったことがあり，強い批判が起こっているという。このことも，制度見直しの理由の一つである。

(ii) 退院特別審査の決定

すでに見たように，犯罪が精神障害の影響下でなされた場合については，再犯の危険を考慮して，裁判所が退院判断の手続を決定する。この退院特別審査という制度は，当初，犯した犯罪の重大性に基づいて判断されることが期待されていた。しかし実際は，予想に反し，犯罪の重大性にかかわらず，8割方，退院特別審査が命じられているという。退院特別審査がついた場合の治療期間は，通常の刑期よりも大幅に長くなる傾向にある。これは審査を行う行政裁判所が慎重な判断を行うためであり，治療施設の医長が退院を申請しても認められないケースが多いという。治療処分は制裁でもあることから，保安的考慮を行うことは当然と考えられているのではないかと思われる。

退院特別審査の際に他の医師の意見が聴取されることもあるが，とくに鑑定が依頼されることはない。

スウェーデンには条件付き退院や，強制的外来治療の制度はなく，退院時に治療が勧告されることはあっても，実際に治療を受けるかどうかは患者に委ねられる。

III 法改正の動向

強制入院に関する2つの法律は，施行後数回改正が行われているが，最も大きいのは1999年（2000年施行）の改正である。国連憲章の規則，EUの勧告にさらに近づけるため，患者の権利を強化する方向で，見直しが行われた。スウェーデンでは，社会庁が，強制治療等に関する法律の運用状況を監視す

る役割を担っており，改正は社会庁内の委員会が出した報告書に基づいて行われた。

　スウェーデンでは，患者の福祉と必要性の観点から，束縛，隔離などを含む強制的な治療方法が頻繁に用いられる傾向にあったという。また，自治体が強制治療を受けていた患者の処遇に非協力的であったために，外泊，退院が困難であるなどの状況があった。そこで新法は，自治体に患者の治療のために協力する高度の義務を要求し，ソーシャル・ワーカーの役割の強化，グループ・ホームの整備などを通じて，強制的手段を用いなくて済む状況を作ろうとしているという。1998年の法改正では，処遇困難な一般患者が司法精神医学的治療の対象とされたが，これも開放処遇推進の反作用かもしれない。

　一方で，犯罪者である精神障害者に対しては，国民感情を考慮して，障害の影響下での犯罪にも自由刑を科せられるようにする方向で検討が進んでいることはすでに紹介した。さほど積極的であるようには見えなかったが，責任能力概念の導入についても審議会を設けて検討が行われているという。スウェーデンではかなり頻繁に法改正が行われているようであり，今後の動向にも注意が必要である。

IV　統　　計

・自由刑に対する治療処分の割合は，過去40年の間に5.5％から2.05％にまで下がっている。

犯罪認知件数，検挙件数，検挙数中の重大犯罪，自由刑の言渡数，治療処分言渡数の推移 (年平均)

時　期	認知件数	検挙件数	重大犯罪	自　由　刑	治療処分
1950-59	246,000	110,000	7,400	8,100	450
1960-69	424,000	175,000	9,100	12,200	465
1970-79	741,000	264,000	13,500	13,100	406
1980-89	1,022,000	368,000	18,200	15,600	319
1990-92	1,204,000	375,000	22,900	15,800	317
1950-92の差	＋489％	＋340％	＋310％	＋195％	－30％

・裁判所が治療処分よりも自由刑を選択することが多くなっていることは，殺人罪だけを対象とした統計にもあらわれている。1975年には，治療処分と自由刑の割合はおよそ7対3であったが，1992年ではその割合はちょうど反対になっている。しかしそれでも殺人罪は依然として，治療処分を受ける者の割合が最も高い犯罪であり，1992年に治療処分を科せられた者の割合は，殺人が31％，放火が22％，強姦が11％であった。
・この傾向は，すでに見たように司法鑑定の数にも現れており，1970年代には年間約2800件の小鑑定，約800件の大鑑定が行われていたのに対し，1990年代では大鑑定約1800件，小鑑定600件となっている。

（1） 1965年施行の現行刑法典は，新派刑法学の強い影響下で作られたものである（宮澤浩一「1965年スウェーデン新刑法典における「制裁」について」判タ202号（1967年）4頁以下）。スウェーデン刑法における責任能力概念の不存在も，もともとは，特別予防の観点から行為者に適切な処遇を与えるべきだという思想から導かれたものと思われる。しかし，少なくとも今回の調査においては，「制裁」について応報，一般予防よりも特別予防，行為者の福祉を強調する見解を聞くことはなかった。後で述べることであるが，犯罪時，責任無能力状態にあった者に対しても自由刑を科しうるようにする法改正や，責任能力概念の導入について検討がなされているということからも見て，応報，一般予防の感覚が強くなってきているようであり，「制裁」に対する考え方も立法当時とは変わってきているのではないかと思われる。

第4章　フランス

1　フランスの刑事裁判と精神医療

近　藤　和　哉

I　触法精神障害者に対する刑事司法上／保健行政上の手続の概観

精神障害が疑われる者が重罪事件を犯し，警察により身柄を確保された場合にとられる可能性がある手続を図式化すれば，別添（417頁）の「重罪事件手続の概要」のようになる。縦方向への進行は刑事手続（行刑上の手続を含む）であり，横方向への進行は精神保健行政上の手続である。

II　個別的検討(1)——刑事司法上の手続——

1　警察留置（garde à vue）

被疑者である精神障害者に対しては，警察留置（刑事手続法典［Code de procédure pénale. 以下「刑訴」という］63条・77条）が行われる可能性がある[1]。彼らは，まず，以下のようにして，この段階で刑事手続から離脱する可能性がある。

(1)　警察留置の枠内での精神科医療

すなわち，警察留置に付されている被疑者が精神医学的措置を要すると考えられる場合には，本人の請求または職権により，司法警察員または共和国検事が指名した医師の診察を受けさせなくてはならない[2]。この診察は留置施設内で行うこともできるが，これが不十分であると考えられる場合には，被疑者を医療施設に移送することになる。パリの場合には，このための施設としてクスコ病棟（la salle Cusco. パリ市立病院［l'Hôtel-Dieu à Paris］内）とカンタン病棟（la salle Quentin. Pitié Salpêtière病院内）との2施設が用意されている（両者とも保安上の配慮がなされている）。被疑者の精神状態が警察留置

に耐え得ないと疑われる場合には，被疑者の身柄は，これら施設を経由して，または直接，パリ警視庁（la préfecture de police）[3]の精神科医務室（l'infirmerie psychiatrique de la préfecture de police de Paris（IPPP））に送られる[4]。ここで，同医務室の精神科医が，被疑者の精神状態が警察留置に耐えられないと判断[5]した場合には警察留置は打ち切られるが[6]，触法精神障害者がこれに該当する場合には，同時に，いわゆる90年法[7]上の緊急措置（次項）の要件が備わっていることが多いものと思われる。この場合，被疑者は，刑事司法上の手続を離れて精神保健行政上の手続に移されることになる。

(2) 緊急措置

市町村長（maire）[8]（パリでは警察署長（commissaire de police）[9]）は，その挙動（comportement）から明白な精神障害が認められ，かつ，これを放置することが人々の安全に対して差し迫った危険を生じさせることが医師の意見によって（これがない場合には，「周知の事実」（notoriété publique）によって）証されている（attesté）者について，必要なあらゆる暫定的措置（具体的には，精神医療施設等への強制的収容[10]）を決定する（arrêtent）[11]とされている。警察留置に耐えられないとされた触法精神障害者の多くは，この措置の対象となるであろう。同措置は，市町村長または警察署長が危険な精神障害者を認知した場合に，緊急にその身柄を確保した上で知事に措置入院（hospitalisation d'office）[12]の検討を促すための措置であるため，これが行われる際には当然知事への通報が行われるが，この通報は，措置開始後24時間以内に行えばよいとされている[13]。通報を受けた知事が措置入院を決定すれば，当該被疑者は精神医療施設に収容されるが（措置入院の要件・手続等については後述），知事がこの決定を行わないときには，暫定的措置は開始後48時間でその効力を失う[14]。

2 公訴の提起

(1) 検察官が不起訴処分を行う場合

わが国と同様，フランスにおいても，起訴便宜主義（opportunité des poursuites）がとられている（刑訴40条）[15]。しかし，検察官（共和国検事（procureur de la République））[16]が不起訴処分（classement sans suite）を行った場合に行政当局に通報する，わが国のいわゆる検察官通報（精神保健25条）に相当する規定は存在しないようである[17]。この理由は未確認であるが，通

395

報が必要であると考えられるケース（不起訴とされた触法精神障害者が危険であるにもかかわらず身柄を確保されていない場合）においては，前項で触れた緊急措置が可能であり，市町村長または警察署長からの通報が行われると考えられるからであろうか。

わが国では，触法精神障害者の多くが検察官の不起訴処分によって刑事手続を離脱するが，この点はフランスでも同様であり，起訴され，予審判事の免訴命令を受けて，または本案の裁判で無罪判決を受けて刑事手続を離脱していく触法精神障害者の数は，不起訴とされて刑事手続を離れる触法精神障害者の数と比較してより少ないようである[18][19]。

(2) 検察官が不起訴処分を行わない場合

検察官は，不起訴処分[20]を行わない場合には，直接召喚（citation direct. 刑訴550条以下）または予審請求（réquisitoir à fin d'informer. 刑訴80条）の手続をとる[21]。前者は，予審（instruction）が必須ではない違警罪事件（matière contraventionnelle）[22]および軽罪事件（matière délit correctionnelle）[23]について判決裁判所[24]に直接提訴する手続であるが，本案審理のために予審が必須である重罪事件（matière crime.[25] 刑訴79条）については用いることはできず，これ以外の場合であっても，検察官が，予審が必要であると考える場合（予審手続の中で精神鑑定を行う必要があると考える場合を含むであろう）には，もちろんとられない[26]。ここから，検察官が精神障害に疑いがある軽罪事件被疑者を起訴する場合には，一般の場合よりも予審請求率が高くなっているのではないかと推測される。

3 予審（instruction）

(1) 勾留，鑑定

検察官の請求を受けた予審判事（juge d'instruction）[27]は予審[28]を開始するが，精神障害の疑いがある予審対象者については，勾留（détention provisoire. 刑訴144条以下）[29]および精神鑑定（expertise psychiatirique. 刑訴81条第8段・156条以下）がとくに検討されることになるであろう。

精神鑑定は，検察官または被告人等当事者の請求により，または職権で命じられる（刑訴156条第1段）。実際上その数が多いのは，予審判事の命令による鑑定であるが[30]，法は，すべての予審裁判所および判決裁判所に鑑定命令の権限を認めている（同前）。したがって，例えば重罪事件の場合であ

れば，予審判事による予審の過程においてばかりでなく，控訴院弾劾部（le chambre d'accusation）における予審の過程で[31]，あるいは重罪院（le cour d'assises）における審理の過程で精神鑑定が行われることもありえる[32][33]。

予審判事は，鑑定実施の請求を受けた場合であっても，これを行うべき理由がないと考えるときは，理由を付した命令（ordonnance motiveé）でこれを拒否することができる（刑訴156条第2段・刑訴167条第3・第4段［再鑑定等］）[34][35]。また，責任能力判断が裁判所の専権事項であり鑑定意見に何ら拘束されないことも，わが国と同様，判例上確立した原則である[36]。

精神鑑定を実施する場合，予審判事はまず，鑑定人リストから鑑定人を選任する（刑訴157・159条）。鑑定人リストには，破毀院事務局作成の全国版と，控訴院が作成して控訴院検事長（procureur général）の承認を受けた地方版とがあるが，いずれから選任してもよい[37]。選任される鑑定人は，通常は1名であるが，必要があれば複数名が選任される[38]（刑訴159条第2段）。

選任された鑑定人に対しては，鑑定命令の中でその任務（mission）が示され（刑訴158条），同時に一件記録の写しが交付される[39]。鑑定事項は，鑑定人の専門領域に属する限り特に制約はないが（同条），概ね以下のように標準化されているようである[40]。

① 鑑定対象者に対する調査の結果，精神障害が指摘されるか否かを述べる。精神障害が認められる場合には，これを描写し，診断をつける。
② 犯された犯行が，その障害と関係をもっていたか否か，とりわけ，刑法122－1条適用との関係で，犯行当時，その人物が，その弁識能力（discernement）もしくは行為制御能力（contrôle）を喪失させる精神障害もしくは神経精神障害（trouble psychique ou neuro-psychique）に罹患していたか否か，または，その弁識能力を変質させ（ayant altéré），もしくは行為制御能力を妨げる（(ayant) entravé）精神障害若しくは神経精神障害に罹患していたか否かを述べる。
③ 鑑定対象者は危険な状態（état dangereux）を示しているか。
④ 鑑定対象者は刑事制裁になじむ（accessible）か。
⑤ 鑑定対象者は治療可能（curable）または再適応化可能（réadaptable）か。

第2部　諸外国における触法精神障害者の処遇決定システム

(2)　責任能力判断

　予審判事は，鑑定を含め，審理の結果を踏まえて予審対象者の処遇を決定することになる。精神障害が疑われる者については，当然ながらその責任能力の有無が焦点になるが，近年，鑑定人たちは（予審）被告人の責任無能力を認めない傾向を強め，（特に重罪事件について）予審判事が免訴命令の発出に消極的で，判決裁判所でも責任無能力はますます認められ難くなってきているという[41]。これにはいくつかの要因が指摘されているが，その主なものは，a）凶悪犯に対する処罰感情の高まりと被害者の権利強化の機運[42]，b）新刑法における限定責任能力規定，b）被害者の権利強化の一環として行われた刑事訴訟法の改正による，予審の「密室性」への修正である。a）については特に説明を要しないと思われるが，b）c）について若干補足する[43]。

　フランス旧法典（1810年）の責任能力規定（64条）は，わが国の刑法39条の前段のみを抜き出したような規定であり，「被告人が行為時に心神喪失（démence）の状態であったときには，重罪（crime）も軽罪（délit）も存在しない」としていた。つまり，いわゆる限定責任能力規定が存在しなかったのであるが，しかし，この点は裁判実務によって補われ，精神障害が認められる場合には，有罪とした上でこれを情状として考慮してその刑を減軽することが広く行われていた[44]。ところが，フランスの新刑法典（1992年7月22日公布，94年3月1日施行）の責任能力規定は，旧64条の責任無能力規定を「近代化」するとともに（122-1条第1段）[45]，限定責任能力に関係するこの裁判実務をある種の含みを残した表現で責任能力規定に取り入れ，「犯行時に，その弁識能力を変質させ（ayant altéré），または行為制御能力を阻害する（entravé）精神の障害または神経精神障害に冒されていた者は，なお処罰可能である（demeure punissable）。ただし（toutefois），裁判所（juridiction）は刑（peine）およびその執行方法（régime）[46]を決定する際に，この情状（circonstance）を考慮する（tient compte）」としたのである（同条第2段）。これは，精神障害の存在と刑の減軽とを結びつけていたショミエの通達から一歩引いて，精神障害の存在を刑の量定上どのように評価するかを裁判官に委ねることとしたものであったが，このことも（新責任能力規定は，従来の方式に何らの実質的変更も加えるものではないとされていたにもかかわらず[47]），触

398

第4章　フランス

法精神障害者の処罰強化に作用したとされる[48]。

　また，1995年に新設された刑事訴訟法 199 - 1 条は，刑法 122 - 1 条第 1 段（責任無能力規定）に基づく免訴命令に対して私訴当事者（partie civile）から抗告（appel）があった場合には，控訴院弾劾部が，同人の請求に基づいて予審対象者を召喚（comparution）し（刑訴 199 - 1 条第 1 段），さらに，弁論（débats）の開催が請求された場合には，公共の秩序または良俗を害さない限り，これを公開で行うこととした（同条第 2 段）。すでに見たように，予審判事は精神鑑定を行わないこともできるのであるが，鑑定を行わずに免訴命令を出した場合には，この判断を公開の場で糾弾されるリスクを背負うことになる。また，予審判事が鑑定意見に沿った形で免訴命令を出していた場合には，鑑定人が矢面に立たされる（同条第 3 段[49]）。刑事訴訟法 199 - 1 条の新設に伴って生じたこのような事情もまた，予審判事および鑑定人が触法精神障害者の責任能力を否定するのに慎重な態度をとる要因となっているようである[50][51]。

　(3)　予審免訴，県知事への通報

　責任無能力とされ，免訴命令を受けた予審被告人は，勾留されている場合には釈放される（刑訴 177 条第 2 段）。90 年法は，この場合には，司法当局（authorités judiciaires）が県知事への通報を行うこととしているが（L. 348 条）[52]，実際に免訴命令を発してから通報を行ったのでは，触法精神障害者の身柄の確保に間隙を生じさせることになる（無罪判決の場合も同様である）。そこで，実務的には，予審判事が免訴命令を発するに先だって非公式に県当局に通報し，知事の措置入院命令（後述）が用意された段階で免訴命令を発して，触法精神障害者の身柄が拘禁施設から医療施設へと直接移送されるよう配慮がなされているようである[53]。

　(4)　判定裁判所／控訴院弾劾部への事件移送／送致

　予審判事は，予審被告人を免訴としない場合には，当該事件が違警罪・軽罪・重罪のいずれに当たるのかを評定して（刑訴 176 条），これを各管轄裁判所に送ることになる。事件が違警罪を構成すると考える場合には違警罪裁判所に移送（renvoi）し（刑訴 178 条），軽罪であると考える場合には軽罪裁判所に移送するが（刑訴 179 条）[54]，重罪であると考える場合には，判決裁判所である重罪院（cour d'assises）に移送するのではなく，共和国検事に対し

て，控訴院弾劾部[55]での予審手続が行われ得るよう，一件資料を控訴院の法院検事長（procureur général）に送致する（transmis）よう命じる（刑訴181条）。

4 第2次の予審，判決裁判所での裁判（控訴院弾劾部での予審，重罪院での裁判）

予審判事から事件の送致を受けた控訴院弾劾部は，第2次の予審を実施して，免訴（刑訴212条）[56]，重罪院への移送[57]（刑訴214条）等を行う。

免訴命令が出された場合の手続は，予審判事が免訴命令を出した場合と同様であり，90年法L. 348条に従って，知事への通報が行われる（措置入院の要件等は後述）。他方，重罪院へ移送された場合，事件は，3名の職業裁判官と9名の陪審員とで構成される法廷で審理され（刑訴240条）[58]，すでに述べたように，ここでも，必要に応じて精神鑑定が行われる。重罪院における責任能力判断も，予審段階のそれと同様，厳格化傾向を示しているとする指摘があるが[59]，それをくぐり抜けて責任無能力とされ無罪判決を受けた場合には[60]，やはり，90年法L. 348条に従って県知事への通報が行われ（措置入院の要件等は後述），他方，有罪とされた場合には，行刑施設に収容等され刑の執行を受けることになる。

5 刑事拘禁施設内での精神医療

(1) 拘禁施設内における地域精神医療施設（SMPR）

すでに見たように，警察留置を受けている被疑者に精神障害の疑いがある場合には，まず刑事手続の枠内において医療措置がとられ，これが不十分である場合に，刑事手続からの離脱，すなわち，精神保健行政上の手続である措置入院が検討されることとなる。このパターンは警察留置以後の手続においても同様であり，勾留されている被疑者・被告人，または刑事施設に拘禁されている受刑者に精神障害の疑いがある場合には，まず，刑事手続の枠内で医療措置が行われ，これが不十分である場合に措置入院が検討されることとなる。そして，これらのうちの前者，すなわち，刑事拘禁施設内での精神医療を主に担っているのが，全国26ヵ所の拘置所（拘置所自体は119ヵ所）に置かれている[61] SMPR（services médico-psychologiques régionaux. 地域[レジョン] 精神医療施設）である[62]。

SMPRへの入退所は，SMPRを担当する病院精神科医の提案によって，CHS

の長が決定する（sont prononcées. 1986年のアレテ[63] 13条）。

　入所については，対象者が，当該SMPRが設けられている拘禁施設に収容されている者（détenu）であるか，それとも他の拘束施設に収容されている者であるかで手続が若干異なり，前者の場合には，SMPRを担当する病院精神科医に対して，被拘禁者本人，拘禁施設の長，拘禁施設の一般医，または管轄権をもつ司法当局（autorité judiciaire compétente）[64]が当該者への治療または入所を要請できる（同アレテ14条）。これに対して，当該者が他の拘禁施設に拘禁されている者である場合には，医師の意見を受けた当該拘禁施設の長，当該拘禁施設の一般医または精神科医，当該拘禁施設が所属する精神医療セクトゥール[65]を担当する病院精神科医，または管轄権をもつ司法当局が，当該者の移送[66]を要請でき，SMPRを担当する病院精神科医の同意を得て（après accord），地方行刑当局の長（le directeur régional de l'administration pénitentiaire）または中央行政当局（l'administration centrale）が移送を命じることとされている。当該者が被告人（prévenu[67]）である場合には，加えて司法当局の同意も必要である（同アレテ15条）。

　また，退所には4つのパターンがあり，入所者は，通常の拘禁への復帰（ただし，SMPRの病院臨床医（praticien hospitalier）の提案による調整や特別措置が，場合によって許される），CHS等への措置入院（要件等は後述），UMD（後述）への収容，または釈放によってSMPRを離れる（同アレテ16条）。ここからも明らかなように，SMPRへの入所は任意であり，SMPRへの強制入院はあり得ないことに注意を要する[68]。

(2) 行刑施設内の精神障害者の増加，SMPRと責任能力判断の厳格化との関係

　すでに紹介したように，フランスの裁判実務（予審を含む）における責任能力判断は近年厳格化の傾向を示していると指摘されているが，当然のことながら，この結果として，多くの精神障害者が行刑施設に受刑者として収容されることになる[69]。鑑定人や裁判官が責任無能力規定の適用に慎重になった要因として世論の変化等が挙げられていることはすでに紹介した通りであるが，この傾向を，やや異なった視点から，すなわち，SMPRの拡充による行刑施設の精神医療環境の向上から説明する指摘もある。これによると，拘禁施設にSMPRが存在する（つまり，責任能力を肯定したからといって精神

医療を受ける機会を失わせることにはならない）ことが，鑑定人達が多くの場面で責任無能力という結論を拒否する理由となっているという[70]。

III 個別的検討(2)——精神保健行政上の手続——

1 措置入院
(1) 措置要件／措置解除要件としての危険性

以上に見たように，いわゆる触法精神障害者は，刑事手続の様々な段階において，刑事手続を離れて保健行政上の手続に移行する可能性がある。しかし，どの段階で刑事手続を離脱しても，いわゆる措置入院（hospitalisation d'office）とされるための法律上の要件は同一であり，触法精神障害者と一般の精神障害者との間にも差違はない。

すなわち，精神障害者は，いわゆる警視総監（préfet de police．パリの場合）または県知事（préfet）が，状況を詳細に記した1通の診断書[71]（un certificat médical circonstancié）を検討した結果，その精神障害が，公の秩序または人々の安全を危険にさらしている（compromettent）と認定した場合には，強制的に入院させられる[72]。ここでは，精神障害者の危険性が措置入院の要件とされているが，90年法の前身である1838年法の下では，免訴または無罪とされた触法精神障害者は，自動的に（systématiquement）措置入院させられる実務が存在したといわれる[73]。これは，過去における危険性（犯罪行為を行ったという事実）を現在の強制入院の根拠とするものであったが，90年法は，このような危険概念のいわば転用を否定して[74]，触法精神障害者についても，措置入院の要件である危険性に関する医師の意見（90年法L. 342条）は，「病者の現在の状態（l'état actuel du malade）に関するものでなければならない」とする注意規定をおいた（90年法L. 348条）。これは，一見すると，強制入院を治療目的に純化したもののように見えるが[75]，90年法は，その一方で，責任無能力規定に基づく免訴命令または無罪判決の恩恵を受けた触法精神障害者の措置解除について特則を設けている。すなわち，これらの者は，当該者の入院先施設に属さない2名の精神科医[76]が別々に診察して，当該者が自身にとっても他人にとってももはや危険ではないという判断で一致した場合でなければ，措置入院を解除されない。通常の患者の場合には，1名の精神科医（多くは主治医であろう）が退院が命じられてよいとすれ

ば、（知事の裁定は必要であるが）措置解除が可能であるから（90年法 L. 346条）、責任無能力とされた触法精神障害者についてのみ、退院要件が厳しくされていることになる。

(2) 県委員会

精神障害者を受け入れた施設の長は、受け入れ後 24 時間以内に、知事および 90 年法 L. 332‐3 条が規定する県委員会（commission départementale des hospitalisations）[77] に対して、施設の医師が作成した診断書を提出する。このうち、県委員会への診断書提出は、措置入院の適正さを第三者機関によってチェックさせるという趣旨にでたものであるが、これは、ほとんど機能してないという指摘がある[78]。

(3) 入院の継続

措置入院は、まず、1ヵ月後に見直しがあり、知事は、入院してから最初のひと月が終了するのに先立つ 3 日間に、「ひとりの精神科医の、根拠のある意見に従って（aprés avis motivé d'un psychiatre）」、さらに 3 ヵ月の措置入院継続を言い渡すことができる（90年法 L. 345 条 1 段）。この期間のあとも、知事は、同様の方法で、反覆可能な最大 6 ヵ月の期間（pour des périodes de six moins maximum renouvelable）、措置入院を継続することが可能である（同前）[79]。

2　処遇困難者ユニット（UMD）への収容

(1) UMD とその入院対象者

刑事手続を離れた触法精神障害者は、措置入院を経て、または直接、UMD（unité pour malades difficile）に収容される可能性がある[80]。

UMD は、1910 年、ヴァル・ドゥ・マルヌ（Val-de-Marne）県のヴィルジュイフ（Villejuif）に設置されたアンリ・コラン（Henri Colin）病棟に始まり、現在ではフランス全土に 4 ヵ所あり、全体で約 500 床程度（90年頃）を擁する[81]。

UMD は、その名前の通り、一般精神病院では処遇が困難な患者に対して治療を行うが、具体的には、a）他人に対して危険であり、このため、特別ユニットにおいて実施される集中的治療プロトコルの実施と特別の保安措置が必要である者であり、かつ、b）措置入院の要件を満たし、c）通常の入院ユニットにとどめおくことができないような、確実な、または切迫した重

大な危険状態（état dangereux majeur, certain ou imminent）を示している者，である（86年アレテ1条）[82]。

(2) UMDへの受け入れ手続，移送手続

UMDへの受け入れは，UMDが置かれている県の知事の命令によって言い渡される（86年アレテ12条）。知事は，医学的・行政的書類[83]を検討してこの命令を下すが，UMD側が反対する場合には[84]，監視委員会（後述）に裁定を求める（sasir）ことができ（86年アレテ第1段），同委員会は遅滞なく裁定を下すが，当該患者が遠隔地にいる場合等には，知事は，送り出し施設の費用負担で鑑定を命じることができる（同第2段）。また，UMDの精神科医は，受け入れに先立って，当該県知事またはその代理人の同意を得て，当該患者の所在地に赴いて診察することもできる（同第3段）。

当該患者の移送は，UMDが存在する受け入れ側県の知事の同意を得てから（aprés accord），送り出し側の県知事が命じる（86年アレテ14条第1段）。移送は，行きも帰りも，受け入れ要請を行った精神医療セクターに属する病院[85]が行うが（同第2段），例外的には，当該患者の利益のために，UMDが置かれている地のCHSがこれを行うこともできる。移送にかかる費用は，この場合もやはり，送り出し側施設に対応するCHSの負担である（同第3段）。

(3) UMDの役割，送り出し側機関との関係

「処遇困難者施設」という言葉からは，危険な精神障害者に対して，その危険性の原因となっている精神障害を根本的に治療するため長期に渡って治療を行う施設がイメージされるが，UMDはそのような施設ではない。UMDの目的は，比較的短期間の収容・治療により，混乱させられた送り出し側医療機関の治療体制を回復する[86]とともに，その患者が一般の入院施設で治療を受けられるようにすることであると考えられているようである[87]。しかし，この認識は必ずしも共有されているわけではなく，一般医療施設のなかには拘禁施設からの触法患者の受け入れをUMDに押しつけようとするものもあること[88]，SMPRのなかにも，UMDを厄介者を追放するためのサーヴィスとして使おうとするものがある[89]という指摘もある[90]。しかし，その一方で，UMDの判断が遅く，UMDへの入院が真に必要な患者についても適時の受け入れが行われていないという批判もある[91]。

第4章　フランス

(4) 退所手続，監視委員会

UMD からの退所は，UMD が置かれている県の知事が命じる（86年アレテ16条）。しかし，多くの場合，知事はある患者の退所の是非について自ら判断できる立場にはない。この判断を実質的に担っているのが，CSM（commission du suivi médical. 監視委員会。同4条）[92] である。同委員会は，4名の医師[93]で構成され，UMD に入院させられている患者の入院の継続または退院に関して意見を表明する（formule un avis. 同条）ほか，患者をもとの機関へ戻すことの是非，精神医療センターの通常の治療を行うユニットに移送することの是非等について，知事等[94] の裁定付託を受けて，または自ら，判断を行う。委員会は，少なくとも月に1回開催され（同7条），半年に1度，UMD に収容されたすべての者の関係書類を審査し（同9条），随時 UMD を視察する権限があるが，少なくとも半年に1度これを行い，患者のクレーム（réclamation）を聴取しなければならない（同10条）。

(1) 警察留置は司法警察員（officier de police judiciaire）が，裁判所の令状によらず，共和国検事（procureur de la République. 後掲注(16)参照）の監督下に行う（刑訴41条第3段），捜査のための身柄拘束である。重罪事件および拘禁刑（emprisonment）が規定されている軽罪事件（後掲注(23)参照）について許されている（刑訴67条）現行犯捜査（enquête de flagrance. 警察に広範な強制捜査の権限が与えられる）の枠内で行われる警察留置（刑訴63条以下）と，これ以外の予審前捜査（enquête preliminaire）の枠内における警察留置（刑訴77条）とがあり，その対象とすることができる者の範囲等に違いがあるが，被疑者に対してはいずれの警察留置も実施可能であり，その差は特にない。身柄拘束の制限時間は，まずは24時間であるが（刑訴63条第1段・77条第1段），さらに24時間の延長が可能である（刑訴63条第3段・77条第2段。ただし，一定の犯罪については，最大72時間の延長が可能である。例えばテロ犯罪につき，刑訴706-23条）。警察留置を含め，司法警察による犯罪捜査手続等に関する邦語文献として，北村滋「フランスの警察」警論48巻5号（1995年）1頁以下が，フランス刑訴法の簡明な教科書として，J. Borricand. A-M. Simon; *Droit pénal Procédure pénale*, 2ᵉ Édition, 2000, J-C. Soyer, *Droit Pénal et Procédure Pénale*, 13e éd., 1997 がある。

(2) 刑訴63-3条。同条は1993年に新設された。なお，これによる医学的措置は，精神医学上のものに限られるわけではない。後述のクスコ病棟では，精神医学上の措置以外に，自殺・自傷行為によって生じた外科的傷害，薬物中毒，その禁断症状への対処なども行われている（S. Baron-Laforet, H. Grivois; *La salle Cusco*, Soin Psychiatrique Nᵒˢ 116/117, 1990, p. 62）。

第2部　諸外国における触法精神障害者の処遇決定システム

(3)　フランスの police は国家警察であり，従って，いわゆるパリ警視庁は，地方警察たるわが国の警視庁とは行政組織としての位置づけが異なる。北村・前掲注(1) 5頁以下も参照。

(4)　この移送の要否の判断は，精神科医が，検察官（parquet）および区の警察署長（commissaire（de police））と協議した上で行うとされる（S. Baron-Laforet, H. Grivois・前掲注(1)63頁。G. Lopez, S. Bornstein; *Les comportements crimi-nels*, 1994, p. 114 も参照。なお，"commisaire（de police）"は，警察官の階級名であり（北村・前掲注(1) 7頁参照），警察署（commissariat）の長の職に当てられるようである。

(5)　この診察および診断は，専門家による簡易鑑定（simple examen technique）と呼ばれることがあるが，刑事訴訟法上の精神鑑定（後述）ではない（Y. Tyrode, T. Albernhe *Psychiatrie Légale*, 2000, p. 932）。

(6)　この手続は，同条に関する一般通達（circulaire générale 63-3（Circ. 1er mars 1993））による。同通達7項は，医師が，警察留置を受けている者の状態が警察留置または取調に耐えられないと判断した場合には，これを継続してはならず，司法警察員は，診断書を調書に添付して共和国検事に対して直ちに――とりわけ，医師が緊急の入院が必要だとしているときには――報告しなければならないとする。

(7)　正式名称は，「精神障害を理由として入院させられている者の権利と保護，および入院の条件に関する1990年6月27日の法律90－527号（la loi N° 90-527 juin 1990 relative aux droits et à la protection des personnes hospitalisées en raison de troubles mentaux et à leurs conditions d'hospitalisation）」であり，公衆衛生法典 Code de la santé publique の L 326-1条から L 355条までに収められている。精神障害者の強制入院等に関する手続等について定めた法律で，概ね，わが国のいわゆる精神保健福祉法に相当する。邦語文献では「精神衛生法」等と記されることもあるが，本報告書では「90年法」という。

(8)　フランスの市町村長は，市町村会議により選出される市町村の代表であるが，同時に，同地域における国の代表者として，司法警察員としての権限も行使する（北村・前掲注(1) 7頁参照）。なお，フランスの行政機構の概要に関する有益な文献として，大山礼子「フランスの首都における地方行政制度」地方自治研究機構・首都機能移転と地方行政のありかたに関する調査研究（1996年）［第2章］がある。

(9)　このように，フランスでは，一般的には地方自治体の首長の権限とされている事項が，パリについてだけ警察官の権限とされていることがある（後述するように，措置入院を命じる権限もそうである）。これは，一般的には知事（préfet）のもとに統括されている各種権限が，パリの場合には，パリ知事（préfet de Paris）といわゆる警視総監（préfet de Police. 直訳すれば「警察知事」）とに分割され，権限系統がいわば二本立になっていることによるものである（なお，大山・前掲注(8)も参照）。

(10)　D. Jean-Marie Auby ; *La loi N° 90-527 du 27 juin 1990 relative aux droits et à*

406

la protection des personnes hospitalisées en raison de troubles mentaux et à leurs conditions d'hospitalisation, La Semaine Juridique, Ed. G, n° 39, 1990, 3463, 42.

(11) 90年法L343条。
(12) 直訳すれば「職権入院」であるが、本報告書では「措置入院」とする。
(13) 地方、通報を受けた知事は、「遅滞なく（sans délai）」措置入院の裁定を行いこれを宣するとされている。このように知事への通報にのみ相当の時間的余裕が与えられている理由はなお未確認であるが、当該精神障害者が被疑者でもある場合については、この時間的余裕があることにより、被疑者の精神状態が比較的短時間で回復した場合（薬物による急性中毒症状の場合など）に刑事手続をスムーズに再開することが可能であろう。
(14) 90年法L343条。
(15) なお、フランスでは、検察官が公訴の提起を行わない場合に、重罪または軽罪事件の被害者の地位にある者が、供託金を拠出した上で予審判事に対して、直接、予審の開始を求めることが許されている（「自らが私訴原告人となることの申し立てを伴う告訴（plainte avec constitution de partie civile）」。刑訴85条以下）。しかし、これが触法精神障害者の事案について用いられることがあるか否か等、詳細は未確認である。なお、同制度については、J. Borricand, A-M. Simon・前掲注（1）239頁以下も参照。
(16) 大審裁判所（le tribunal de grande instance. 同裁判所の刑事裁判組織が軽罪裁判所（le tribunal correctionnel）である）の検察組織（parquet）の長であり、公訴提起の権限を有する。
(17) 中山宏太郎編『立法資料　精神保健・老人保健1990－1991』（1992年）94頁は、90年法348条が、検察官通報を規定しているかのようにしている。しかし、これは、通報がなされるべき場合のひとつとして同条が規定する"non-lieu"（予審判事が行う免訴）を、検察官が行う「不起訴処分」（classement sans suite）と誤解したものではないかと思われる。
(18) このことを直接知ることができる統計は存在しないようであるが、例えば、1998年において、検察官が精神状態の欠陥（état mental déficient）を理由として不起訴処分とした事案が4,946件であったのに対して、同年、予審判事が責任無能力を理由に免訴とした事案は211件であった（Ministère de la Justice ; *Annuaire statistique de la Justice, Édition 2000*, pp. 97, 105. なお、同年中の措置入院総数（触法精神障害者以外のものも含む。フランス本土）は、8,543件である）。
(19) もっとも、精神障害が存在すること、とくに重篤な精神障害が存在することを示すことは、共和国検事にとって容易なことではない。そこで、今日では、理屈の上では不起訴処分が可能な場合であっても、実務上は、鑑定を実施できるようにするために予審が請求される傾向にあるとする指摘もある。（*Trouble psychique ou neuropsychique contrainte, Art. 122-1 et 122-2*, Édition du Juris-Classeur, pénal,

8, 1998, p. 8, § 25)。
(20)　'99年に新設された,「公訴提起に代わる処分（alternatives à la poursuite）」（刑訴41‐1条）が行われる場合を含む。
(21)　厳密には,これ以外に,即時出頭（comparution immédiate）をはじめとするいくつかの簡易な起訴の方式がある（刑訴389条以下）。しかし,触法精神障害者の処遇の問題とは関連が薄いと思われるので,本報告では取り上げない。
(22)　20,000フラン以下の罰金刑（5段階に階層化されている）に処せられる犯罪（刑131‐12条以下）。ここでは,直接召喚が通常の起訴手順であり,予審請求は例外的である（J. Borricand, A-M. Simon・前掲注（1）237頁。ちなみに '98年において,軽罪の予審請求件数34,494に対して,違警罪のそれは20件である。Ministère de la Justice・前掲注(18)103頁)。
(23)　10年以下の拘禁刑（emprisonnement. 7段階に階層化されている）等に処せられる犯罪（刑131‐3条以下）。ここでは,事案が単純な場合に直接召喚の手続がとられる（J. Borricand, A-M. Simon・前掲注（1）237頁）。
(24)　それぞれ,違警罪裁判所（tribunal de police）,軽罪裁判所（tribunl correctionnel）である（一審裁判所の事物管轄については,刑訴521条以下・381条以下・231条以下。なお, J. Borricand, A-M. Simon・前掲注（1）359頁以下も参照)。
(25)　終身または10年以上30年以下（3段階に階層化されている）の懲役刑（réclusion criminelle）または禁錮刑（détntion criminelle），または,これと罰金刑等との併科に処せられる犯罪である（刑131‐1条以下）。
(26)　1998年において,検察官が軽罪裁判所に直接提訴した事件は377,853件,同年,予審判事が予審を終結させた軽罪事件は34,494件であった（Minstère de la Justice・前掲注(18)99頁, 103頁）。'98年に予審請求提訴された事件のみが '98年中に予審終結を迎えるわけではないので断定はできないが,軽罪事件の予審請求率はおおよそ10%弱程度ではないかと推測される。
(27)　大審裁判所の裁判官であり,予審を担当する（刑訴49条以下・80条以下）。
(28)　予審対象者の尋問（interrogatoire. 刑訴114条以下），捜索，差押（perquisition, saisie. 刑訴92条），証人からの聴聞（audition des témoins. 刑訴101条），鑑定（刑訴156条以下）等を内容とする。1998年に終結した予審の平均所要期間は, 13.2カ月（責任無能力を理由とする免訴で終結したもの），19.8カ月（控訴院弾劾部）（la chambre d'accusation）への送致［後述］で終結したもの），19.3カ月（軽罪裁判所への送致で終結したもの）等となっている（Ministère de la Justice・前掲注(18)105頁）。
(29)　勾留は,すべての重罪事件,および法定刑の長期が1年以上（現行犯（délit flagrant）の場合［意義については北村・前掲注（1）20頁以下参照]）または2年以上（現行犯以外の場合）の懲役刑である軽罪事件について,証拠保全または再犯防止上の必要性,事案の重大性等を要件として認められている。勾留場所は拘置所（maison d'arrête）であり,期間は重罪事件の場合が1年,軽罪事件の場合が4カ

408

第4章　フランス

月であるが，それぞれ延長が可能である（詳細は，Borricand, A-M. Simon・前掲注（1）344頁参照）。従来，勾留は予審判事によって命じられていたが，身柄拘束の適正化を図り，また予審判事がその判断について批判にさらされるのを避けるため，現在ではその権限が「自由および抑留判事（juge des libertés et de la détention）」に移転されているようである（2000年6月15日法［2001年1月1日施行］による。刑事手続法典中に挿入されているものと思われるが，条文等は未確認。J. Borricand, A-M, Simon・前掲注（1）304，346頁参照）。なお，1998年中に予審が終結した65,860事件のうち，24,512事件で勾留が行われている（Ministère de la Justice・前掲注（18）105頁，107頁）。

(30)　J. Pradel, *Maunel de droit pénal général*, 2000, p.413. 以下でも，予審判事が命じる精神鑑定について述べる。

(31)　後述するように，重罪事件が重罪院に係属するためには，予審判事による予審と，控訴院弾劾部による予審とが必須である。

(32)　なお，法律問題のみについて管轄権を有する破毀院（le cour de cassation）の刑事部（la chambre criminelle）においては，精神鑑定が行われることはあり得ない（Y. Tyrode, T. Albernhe・前掲注（5）932頁）。

(33)　重罪事件の場合には，精神障害の徴候が必ずしも顕著でないものに対しても，精神鑑定が広く実施されているようである（Y. Tyrode, T. Albernhe・前掲注（5）932頁）。他方，軽罪事件については，予審判事が鑑定実施に消極的であることに批判的な指摘がある（C. Guéry, *Le juge d'instruction et l'expertise psychiatrique*；C. Louzoun, D. Salas, éd, ; *Justice et Psychiatrie*, 1998, p.183 et s.）。

(34)　同条は，予審判事の拒否についてのみ規定しているが，同様の裁量権は，すべての裁判官に認められている（前掲注（19）p.8, § 29）。なお，鑑定結果が責任無能力を示唆する性質（nature）のものである場合には裁判官の当該裁量権は制限され，私訴当事者（partie civil）からの再鑑定要請があれば，必ずこれを実施しなければならない（刑訴167-1条）。

(35)　この命令に対しては，控訴院への抗告（appel）が可能である（刑訴186-1条第1段。同条は1993年に新設された）。

(36)　*Trouble psychiqe ou neuropsychique contrainte, Art. 122-1 et 122-2*, Édition du Juris-Classeur, pénal, 8, 1998, p.9, § 31. なお，Y. Tyrode, T. Albernhe・前掲注（5）926頁も参照。もっとも，裁判官が鑑定人と異なる見解を採用することは非常に稀であるといわれる（J. Pradel・前掲注（30）413頁，C. Guéry・前掲注（32）185頁［筆者は実務家（vice-president à la cour d'appel）である］）。

(37)　さらには，特殊な分野の専門家を鑑定人として選任する必要がある場合等，正当な理由がある場合には，リストに登載されていない者を選任することも可能である（刑訴157条第3段）。鑑定人は，いずれか一方のリストにしか登載されることができないが，全国版リストへの登載には，地方版リストへの3年以上の登載等が要件とされている。鑑定人リストに登載されるための資格要件や手続等，詳細につ

409

いては，Y. Tyrode. T. Albernhe・前掲注（5）926頁以下を参照。
(38)　J. Borricand, A-M. Simon・前掲注（1）139頁以下，322頁以下，J-C. Soyer・前掲注（1）325頁。なお，わが国とは異なり，複数の鑑定人が選任された場合であっても鑑定書は1通であり（刑訴166条），鑑定人の間で意見の相違や留保がある場合には，各鑑定人が理由を付してこれを明らかにする（同条第2段）。
(39)　J. Pradel・前掲注(30)413頁。根拠法令等は未確認である。
(40)　Y. Tyrode, T. Albernhe・前掲注（5）934頁。本報告書作成者が入手した鑑定命令書のコピーでも，表現の違いは多少あるものの，同様の鑑定事項が列挙されている。なお，この標準化の基礎になっているのは，「刑事訴訟法の適用に関する一般訓令（instruction générale pour l'application du Code de procédure pénale）」C.345条であるとされるが（J.Pradel・前掲注(30)414頁），その本体は未確認である。本文③ないし⑤鑑定事項は，措置入院との関係で尋ねられているものと思われるが，「危険性」の意義については，措置入院の項で触れる。なお，鑑定事項に関連しては，J. Borricand, A-M. Simon・前掲注（1）140頁も参照。
(41)　裁判実務家の立場から責任能力判断のこの現状を紹介するものとして，例えば，C. Guéry・前掲注(33)，S. Portelli, *La pratique de l'article 122-1 du nouveau Code pénal* ; C, Louzoun, D. Salas, éd. ; *Justice et Psychiatrie*, 1998, p.151（著者は予審判事である）がある。
(42)　S. Portelli・前掲注(41)156頁は，被害者の遺族らは，死を嘆き天を恨むだけではもはや満足せず，世論は，狂気の殺人者を運命の操り人形とはみなさず，裁判官に対して裁判官たること，鑑定人の書記とならないことを求めている，とする。
(43)　なお，S. Portelli・前掲注(41)155頁は，予審免訴の減少傾向は，新刑法の成立および刑訴法の改正の以前から見られ始めていたとし，触法精神障害者の厳罰化傾向の主たる要因はまず世論の変化であり，他の2つの要因はこれを後押ししたと分析するようである。
(44)　国璽尚書大臣（garde des Sceaux. 司法大臣に相当する）ショミエの通達（circulaire Chaumié. 1905年12月12日）による。同通達は1959年に廃止されたが，この実務は，その後も維持された（J. Pradel・前掲注(29)417頁，J. Borricand, A-M. Simon・前掲注（1）142頁）。
(45)　わが国の「心神喪失」と同様その意味が不明瞭な"démence"を捨てて，「犯行時に，その弁識能力（discernment）または行為制御能力（le contrôle de ses actes）を喪失させる（ayant aboli）精神障害または神経精神障害（un trouble psychique ou neuro-psychique）に冒されていた（était atteinte）者は，刑法上，責任がない（N'est pas pénalement responsable）」とした。
(46)　執行猶予を認めるか否か，その場合に保護観察をつけるか否か等の判断がこれに含まれるものと思われる。
(47)　新刑法の適用に関する1993年5月14日の通達（J. Borricand, A-M. Simon・前掲注（1）139頁参照）。なお，S. Portelli・前掲注(41)153頁以下も参照。

(48) S. Portelli・前掲注(41)160頁（なお，G-P. Cabanel, *Rapport de la commission d'enquête sur les conditions de détention dans les établissements pénitentiaires en France*, Documsnt Sénat n° 449,2000 には，122 - 1 第 2 段の新設後，鑑定人たちが，従来責任無能力としていた者のかなりの部分を限定責任能力に評価替えし，その結果，裁判で責任無能力とされる被告人の数が大幅に減少したとする指摘がある）。
(49) 控訴院弾劾部は鑑定人から聴取（entendre）を行わなければならない，とする。
(50) S. Portelli・前掲注(41)156頁，C. Guéry・前掲注(33)183頁。
(51) 予審免訴の減少傾向は，統計上も一応確認できる（責任能力規定に基づく予審免訴の割合の推移［対予審終結総数。1994 － 98 年］：0.51％，0.46％，0.43％，0.28％，0.32％［実数は，それぞれ，350：68,353，340：73,684，309：71,143，190：68,593，211：65,860 である。Ministère de la Justice・前掲注（18）105頁]）。
(52) 「司法当局（autorités judiciaires）は，刑法典，122 - 1 条の規定の適用により免訴又は軽罪についての無罪（relaxe）判決若しくは重罪についての無罪（acquittement）判決を受けた者の精神状態が，公の秩序又は人々の安全を危殆化する（compromettre）と思料するときは，直ちに L.332 - 3 条が規定する委員会および知事に通報し，知事は，遅滞なくあらゆる有効な措置をとる」と規定する。
(53) J. Pradel・前掲注(30)415頁。もっとも，C. Guéry・前掲注(33)186頁は，この通報は検察官が行うとしている。法は"autorités judiciaires"としているだけなので，この方式も考えられないではない。地方により運用に差があるかもしれないが，この点は未確認である。
(54) もっとも，すでに指摘した通り（前掲注(22)，(26)），違警罪事件について予審が行われることは例外的であり，軽罪事件についても予審はあまり行われない。
(55) 1名の部長（président）および 2 名の法院判事（conseiller）で構成される。
(56) 統計は未確認である（Ministère de la Justice・前掲注(18)には掲載されない）。
(57) 違警罪裁判所および軽罪裁判所への移送である"renvoi"と区別され，特に，"mise en accusation"と呼称される。
(58) 重罪院での審理等に関する詳細については，J. Borricand, A-M. Simon・前掲注（1）361頁，J-C. Soyer・前掲注（1）368頁以下を参照。
(59) この点は，統計上は未確認であるが（Ministère de la Justice・前掲注(18)にはには掲載がない），S, Portelli・前掲注(41)160頁は，重罪院における厳罰化傾向を指摘し，その理由として，陪審員らが触法精神障害者に対して何らかの寛容を示すべき理由をもはや見出さず，逆に，より厳格に処罰すべきだと考えるようになったことを挙げる。なお，重罪院は上級法院であり，その判決に対して事実を争って上訴することは許されていない。
(60) 違警罪裁判所，軽罪裁判所で無罪とされた場合も同様である（前掲注(52)参照）。
(61) 数字は 1996 年現在のものである（Ministère de la Justice, *La prise charge*

sanitaire des détenus)。

(62) SMPR は，CMPR（centres médico-psychologiques régionaux. 地域［レジョン］精神医療センター）を前身とする。CMPR は，拘禁施設内の精神医療を担う施設として1973年にフルリ・メロジ拘置所（maison d'arrête de Flury-Mérogis prison）に創設され，77年に17カ所の大規模拘置所の付属施設（拘禁施設長とセンター医長との共管）として発展したが，1984年に刑事拘禁施設内の保健衛生サーヴィスが保健行政に移管されたのを受けて，1986年，SMPR に改組された（SMPR の歴史の詳細については，D. Barbier, *Guide de l'intervention en santé mentale*, 1993, pp.164 et s., Ministère de la Justice・前掲注(61)参照）。SMPR の管轄は，その建物や監視スタッフについては行刑当局であり（後掲注(63)86年アレテ7条），中で行われる医療についてはSMPRと提携する（同アレテ1条）病院施設（多くはCHS（centre hospitalier spécialisé）精神科専門病院）である（同アレテ6条）。なお，現在，すべての刑事拘禁施設については，近接するひとつまたは複数の公立医療機関が（精神医療を含む）医療提供責任機関として指定されており，地域医療から取り残された拘禁施設はそもそも存在しないのであるが（1994年10月27日のデクレ［概ね政令に相当する］により公衆衛生法典に挿入されたR.711-7条ないしR.711-9条による），SMPR は，それら一般医療チームが提供するよりも幅広い（入院治療を含む）医療を提供しているとされる（Ministère de la Justice・前掲注(61)参照）。

(63) Arrêté du 14 décembre 1986 relatif au réglement intérieur type fixant organisation des services médico-psychologiques régionaux relevant des secteurs de psychiatrie en milieu pénitentiaire（M. Godfryd, Le droit de la santé mentale par les textes, 2000, pp.316 et s.［内部規則に関するアレテであるため，一般の法令集には登載されていないようである］）。

(64) 予審中であれば，予審判事または控訴院弾劾部の裁判官が，本案の審理中であれば，当該裁判所の裁判官がこれに当たると思われる。検察官がこれに含まれるかは未確認である。

(65) 「地域精神医療」の概念における「地域」に当たると考えればよいと思われる。

(66) 送り元拘置所の保安スタッフが移送に付き添うとされる（D. Barbier・前掲注(62)174頁）。

(67) prévenu は，通常は，判決裁判所において被告人となっている者を指すものと思われるが，その意味であると，勾留されている予審対象者（これらの者の所在が同意なしに変更されれば，やはり不都合が生じるであろう）について司法当局の同意を不要としている趣旨が明らかでない。予審前捜査において勾留されている被疑者についても同様である。

(68) 68年アレテ3条は，措置入院に該当する被拘禁者に対する精神医療措置の提供を，SMPR の任務から除外している。

(69) S. Portelli・前掲注(41)154頁は，行刑当局が行った1991年の調査でも，「責任無能力規定の適用が減少した結果，多くの重い精神病患者が行刑施設に打ち上げら

第4章　フランス

れている」ことが確認されているとする（"Justice et psychiatrie, ENM, 1991"を引用するが，未見である）。また，SMPRの精神科医の立場から同様の状況を指摘するものとして，B. Brahmy, *Les malades mentaux en prison*, THS -mars, 2001, p.544がある（著者は，フルリ・メロジ拘置所（maison d'arrêt de Fleury-Mérogis）のSMPR医長（médecin-chéf）である。）。さらに，フランス保健社会保障連帯省（わが国の厚生省に相当する）のUMDに関する1990年レポート（M. BarresとD. Fuchsによる。本体は未見である）にも，「行刑施設は，とりわけ長期受刑者の中に多くの精神病者を含んでいる。これは地域医療行刑部（SMPR）の精神科医の一般的な観察である」という趣旨の記述があるようである（中山宏太郎編・前掲注(17)144頁［翻訳］を参照）。

(70) J. Laurans, *Assistance psyhiatrique en prison*, Soins Psychiatrie, N°s 116/117, 1990, p.23（著者は，フレスネ拘置所（maison d'arrêt de Fresnes）SMPRの医長である）。また。一般精神医療の現場に触法精神障害者が闖入してくることを避けたいという心理が鑑定結果に影響を与えているとする指摘もある（B. Brahmy・前掲注(69)544頁）。

(71) これを作成する医師は，強制入院先施設の医師であってはならない（90年法L.342条第1段）。

(72) 90年法L. 342条第1段。

(73) D. Barbier・前掲注(62)94頁，106頁。なお，秋葉悦子「処遇困難者施設について——フランスの制度との比較法的考察」上智大学35巻3号（1992年）55頁以下も参照。

(74) D. Barbier・前掲注(62)98頁も参照。

(75) もっとも，現在でも，精神科治療を要する受刑者が治療を拒む場合には，SMPRでの治療はできず，かといって治療を受けさせずに放置することは許されないので（刑訴D.398条第1段は，「精神異常状態の被拘禁者（détenus en état d'aliénation mentale）を刑事施設内にとどめ置くことはできない」とする），措置入院とされる。この意味で，措置要件の危険性概念は，現在でもなお，「犯罪的行為に出る蓋然性」とイコールではないと思われる。

(76) 選任の方法はかなり複雑であり，当該者を収容している施設が存在する県の保健社会事業の責任者（la direction de l'action sanitaire et social）の意見に従って共和国検事が作成した名簿から，県知事が選任することとされている。

(77) 4名のメンバーで構成され，その内訳は，精神科医（控訴院検事長が指名する），司法官（控訴院長が指名する），精神科医（県知事または県議会議長が指名する），精神障害者の家族代表（県議会議長または県知事が指名する）である。90年法に基づく様々な入院またはその更新について情報を提供され（90年法L.332－4条1号～6号），患者本人やその家族，共和国検事らと同様に，大審裁判所所長（le président du tribunal de grande instance）に対して，即時退院（その対象は触法精神障害者に限らない）を請求できる。

413

(78) P. Bernardet, *Un bilan de la loi du 27 juin 1990 à la lumière de la pratique et de la défense des droits des patients* ; C. Louzoun, D. Saias, éd., *Justice et Psychiatrie*, 1998, pp.115 et s. は、共和国検事でさえ5件の退院請求を行ったのに、県委員会の請求は1件だけで、退院に結びついたものはなかったと指摘し（集計対象期間は不明である）、この原因を、委員会の構成がまったく寄せ集め的（toute formation mixte）であることに見る。また、県委員会は、収容者の苦情等も聴取するが（90年法 L.332-4条5号）、この仕事を精神科医の委員に任せきりにして、その意見に盲従する、あるいは、活動報告書を作成する際にも（同条6号）、ほとんど議論をしないなどの指摘もある。

(79) これは分かりにくい表現であるが、6カ月を限度として、何度でも延長できるという趣旨である。なお、措置入院の平均期間等の統計は確認できなかった（存在しないようにも思われる）。

(80) 入退院をはじめとする UMD に関する諸手続は、Arrêté du 14 octobre 1986 relatif au règlement intérieur type des unités pour malades difficiles（M. Godfryd・前掲注(63)231頁以下に所収。以下、[86年アレテ] という）定められている。

(81) UMD をめぐる状況は、90年レポート（前掲注(69)参照）以来、大きく変化していないようであり、全体像の把握には、中山宏太郎編・前掲注(17)125頁以下の翻訳が参考になる。

(82) UMD への移送が検討された臨床事例として、D. Barbier・前掲注(62)113頁は次のようなケースを紹介している。すなわち、慢性的な妄想を有し、「殺せ」という声を聴いていた男が、老齢の父を殴って（目の前でレアの肉を食べたという理由で）措置入院とされた。彼は、病院内でもあくまで自分のやり方を通し、医師、看護婦のいうことを一切無視し、言葉は暴力的・攻撃的で、他の患者を脅迫する。看護婦に暴力を振るって隔離室に収容されると、ベッドのバネを分解して監視用レンズを破壊し、看護人に対して、顔をめちゃくちゃにしてやると言って脅迫し、スタッフは、彼を隔離室から出すことはできないと主張した。

(83) 86年アレテが規定するのは、a) UMD への入院を要請する理由を明確に述べている詳細な診断書（鑑定書がある場合にはそれも）、b) 詳細な生活歴（biographie）、c) もしあるならば、当該患者に対してとられた保護措置に関する情報、d) 当該患者について退院命令が出された場合に関しての、送り出し側の県知事の受け取り誓約書、である（86年アレテ12条）。

(84) D. Barbier・前掲注(62)124頁は、受け入れ要請を行おうとする CHS が、行政的手続をとる前に UMD 側の精神科医の了解をとっておくことを勧めている。なお、アンリ・コラン病棟では、2000年において、受け入れ要請253件のうち、117件を受け入れたという（2001年10月31日の、同施設における聞き取り調査による）。

(85) 原文は、"l'établissement hospitalier de rattachement du secteur psychiatrique qui est à l'origine de la demande d'admission" である。端的に「送り出し側病院」としてない理由は明らかではない。SMPR に収容されている被疑者等について、

第4章　フランス

SMPR自体ではなく，そのいわば本部であるCHS（前掲注(51)のSMPRの項参照）が移送を担当するという趣旨であろうか。しかし，いずれにせよ，被疑者・被告人・受刑者の移送を医療機関が行う（est effecté）という意味は，文字通りの意味であるとするならば，常識に反するように思われる。刑訴D.398条（前掲注(75)参照）が存在することからするならば，これらの者の移送については，送り出し側のCHSと当該拘禁施設とがともに責任を負うということであろうか。D. Barbier・前掲注(62)124頁も，刑訴D.398条を引いて，UMDへの移送は，拘禁施設の長の責任で（sous la responsabilité de la prison）行われる，としている。なお，他方，CHSからの送り出しの場合，患者の拘束，事前投薬，2名の看護人の付き添い，運転手の手配等，安全措置を含むあらゆるアレンジはCHSが自前で行わなければならないようである（D. Barbier・前掲注(62)124頁）。

(86)　D. Barbier・前掲注(62)121頁。

(87)　B. Pat, *Un outil particulier : les unités pour malades difficiles*, Prison Justice, N° 93, 2001, p.32（これは，アンリ・コラン病棟のKottler医師へのインタビュー記事である）。また，送り出し側の県知事の引き取り誓約がUMDへの受け入れ条件になっていることからも（前掲注(83)参照），UMDへの一方通行の収容が本来想定されていないことが読みとれるであろう。なお，上記Kottler医師は，UMDへの収容によって，将来患者が帰るべき医療機関との間に「断絶」が生じてしまわないように工夫することの重要性を強調する。

(88)　B. Pat・前掲注(87)32頁。

(89)　B. Pat・前掲注(87)33頁。

(90)　もっとも，この背景には，一般精神医療施設で攻撃的な患者を扱いにくくなっているという事情もあるようである。すなわち，入院の「自由化（permissive）」により，多くの普通病院が，危険状態にある患者や危険な患者のための閉鎖ユニットを失ったこと（Y. Tyrode, T. Albernhe・前掲注(5)815頁），自由入院の増加で，施設内の快適さ・平穏さの必要が高まり，他の患者も医療スタッフも，処遇困難者の暴力を容認しなくなってきている（D. Barbier・前掲注(62)123頁）ことが，UMDのいわば需要を引き上げているとする指摘がある。

(91)　B. Brahmy・前掲注(69)545頁。

(92)　本報告書では，とりあえず「監視委員会」とする。

(93)　県公衆衛生局のmédecin inspecteurと3名の常勤精神科医。うち，少なくとも1名は，UMDが置かれている病院に勤務する部局長（chéf de service）であるが，UMDに常勤または非常勤で勤務する者はこのメンバーになれない（86年アレテ5条）。要するに，本委員会は，UMDとの関係では，「外部」委員会である。なお，委員会の開催には，médecin inspecteurを含む3名の委員の出席が必要とされており（同7条），委員会の判断が，県知事の判断の代行としての性格をもつよう配慮されている。

(94)　他に，UMDに収容されてる患者本人，その家族，送り出し側・受け入れ側の

第 2 部　諸外国における触法精神障害者の処遇決定システム

県の共和国検事，UMD の病院精神科医等も同委員会に裁定を付託できる（86 年アレテ 8 条）。

第4章　フランス

重罪事件手続の概要＊

＊重罪事件も，その多くは最後までいかずに，途中でダイヴァートされる。

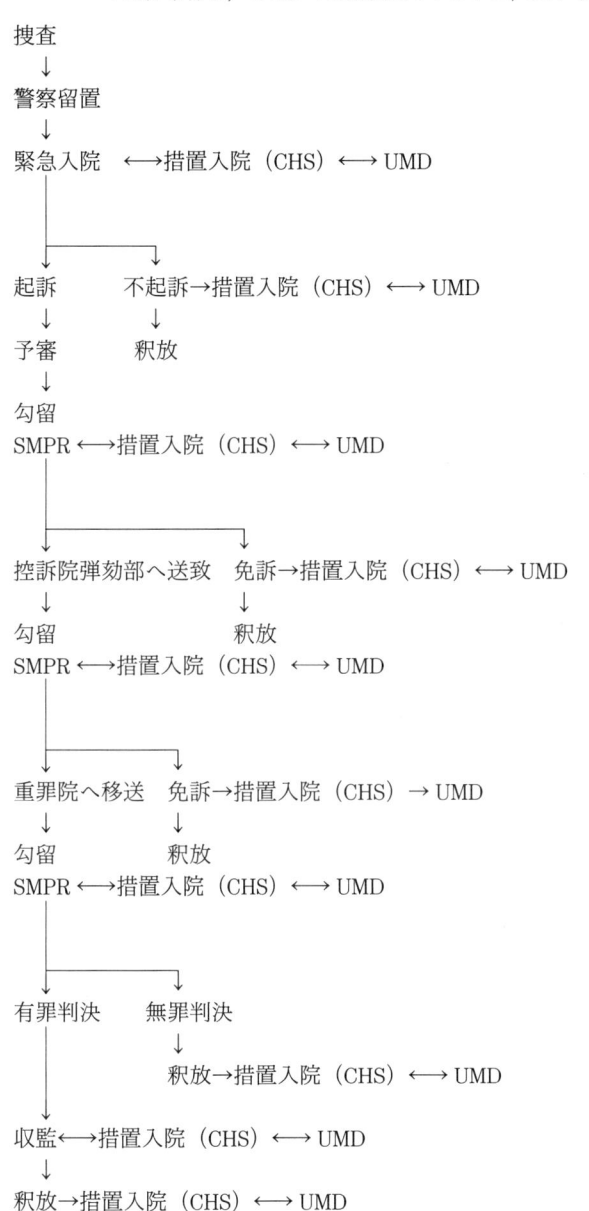

捜査
↓
警察留置
↓
緊急入院 ⟷ 措置入院（CHS）⟷ UMD
│
├─────────┐
↓　　　　　↓
起訴　　　不起訴→措置入院（CHS）⟷ UMD
↓　　　　　↓
予審　　　釈放
↓
勾留
SMPR ⟷ 措置入院（CHS）⟷ UMD
│
├─────────┐
↓　　　　　↓
控訴院弾劾部へ送致　免訴→措置入院（CHS）⟷ UMD
↓　　　　　　　　　　↓
勾留　　　　　　　　釈放
SMPR ⟷ 措置入院（CHS）⟷ UMD
│
├─────────┐
↓　　　　　↓
重罪院へ移送　免訴→措置入院（CHS）→ UMD
↓　　　　　　↓
勾留　　　　釈放
SMPR ⟷ 措置入院（CHS）⟷ UMD
│
├─────────┐
↓　　　　　↓
有罪判決　　無罪判決
　　　　　　↓
　　　　　　釈放→措置入院（CHS）⟷ UMD
↓
収監 ⟷ 措置入院（CHS）⟷ UMD
↓
釈放→措置入院（CHS）⟷ UMD

2 フランスにおける触法精神障害者処遇システムの現状と問題点

田 口 寿 子

I はじめに

ドイツ,イギリス,オランダなど多くのヨーロッパ諸国は,触法精神障害者に対して司法が刑罰の代わりに(あるいは刑罰に加えて)精神病院での治療を命じそれを監督する治療処分制度をもち,そのための専門治療施設を設置している。その中でフランスは,治療処分制度をもたない点でわが国同様であるが,触法精神障害者を含めた困難患者の専門治療施設や矯正施設内に精神医療部門を備え,一般精神医療とも連携した独自の触法精神障害者処遇システムをつくり上げている。その現状と問題点について,近年の文献及び学会報告などを参考にしながら以下に概説する。

II フランスの一般精神医療システム:精神医療セクター制度[*1]

フランスでは,第2次大戦後,社会復帰可能な慢性患者まで長期に隔離収容してきた従来の病院精神医療が厳しく批判されるようになった。さらに1950年代にはクロルプロマジンなどの抗精神病薬,抗うつ薬,抗不安薬が次々と開発され,治療の可能性が飛躍的に広がって,症状の寛解する精神病患者が増えた。こうした状況を背景に,1960年代より患者の社会復帰を主眼とする地域精神医療を進めるための制度づくり,すなわち精神医療セクター制度 sectorisation psychiatrique の整備が始まった。

1960年3月15日の通達 circulaire[*2]によれば,精神医療セクター制度とは「各県をいくつかの地理的なセクター secteur に分割し,各セクターでは,同じ医療福祉チームがセクターのすべての患者に関して検診から(それが可能な場合には)非入院治療,入院治療,そして最終的にはアフターケアの監視まで,必要不可欠な(医療の)継続性を保証する」システムである。具体的

には，全国を住民約7万人単位，約800のセクターに分割し，主に公立精神病院（精神病院全体の約80％を占める）が基幹病院として各セクターの住民の精神保健全般を担う。このシステムでは発症の早期から（précocité）受診しやすい（accessibilité, proximité）居住地での医療及びその継続性（continuité）に重点が置かれ，患者がそれまでの生活環境の中で精神医療や福祉サービスを受けられるよう，そして入院となった場合でもあくまで社会復帰を前提に家族や地域社会との関係を絶つことのないよう考慮されている。なお，成人の精神医療セクターとは別に，児童・青年期精神医療セクターも設けられた。セクター制度は，1960年の通達以降相次いで出された数々の通達や決定によって徐々に整備され，1985年7月25日法＊3で正式に法制化された。セクター制度の確立と共に，デイホスピタル，ナイトホスピタル，訪問診療，地域精神保健センターなど，社会復帰や地域内医療のための施設や支援体制が整い，それによってフランス精神医療の脱施設化が飛躍的に進んだ。たとえば，1969年から99年の30年間で，入院患者数は12万から5万と1/2以下に，平均入院日数は270日から32.4日と約1/8に減少し＊4，1999年には成人患者の約86％が外来で治療されている＊5。

　こうした変化の過程で，1990年6月27日，制定後約150年を経た精神保健法（1838年法）が改正された。入院患者の人権擁護を一層強化した新精神保健法（1990年法，現在は公衆保健法 Code de la Santé publique に吸収されている）＊6では，精神科への入院形態として，従来の強制収容（職権収容 placement d'office と同意収容 placement volontaire）に準ずる強制入院（職権入院 hospitalisation d'office と第三者の要請による入院 hospitalisation sur demande d'un tiers）[1]だけでなく，本人の自由意志と同意に基づく自由入院 hospitalisation libre が導入された。それに伴い，脱施設化と同時に入院治療の自由化も進み，現在では自由入院が入院全体の約87％を占めている（職権入院は約2％，第三者の要請による入院は約11％）＊5。

III　フランスの触法精神障害者処遇システム

1　刑事司法システムから精神保健システムへの移送

　フランスの触法精神障害者処遇システムの特徴として第1に挙げられるのは，上述のように治療処分制度をもたない点である[2]。フランスの刑法は，

第2部　諸外国における触法精神障害者の処遇決定システム

日本の刑法39条に相当する122-1条[3]で精神障害による刑事責任能力の減免を認めている。その適用を受けて責任無能力と判断され，予審[4]では免訴 non-lieu，判決裁判所[5]では無罪 relax ou acquittement となった触法精神障害者[6]は，治療処分制度がないため直ちに刑事司法システムから離脱し，公共の秩序及び人々の安全を脅かすおそれがあると判断された場合には，公衆保健法L3213-7条に基づいて司法当局が県知事に通報し，精神保健システムに移送される。以後司法はその処遇に関して全く介入しない。すなわち，触法精神障害者に対して強制的に精神医療を受けさせる決定は県知事が行う行政処分であり，それを介して触法精神障害者が刑事司法システムから精神保健システムへ一方的に移送される点は，従来の日本の制度と全く同様である。

　精神障害及び刑事責任能力の有無は，予審判事 juge d'instruction（稀に判決裁判所の判事）が刑事精神鑑定*8を請求し，その結果に基づいて判断する。フランスでは刑事訴訟法の定めるところにより，裁判官以外の共和国検事（検察官）や司法警察官が精神鑑定を請求することはできないため，原則予審を行わない違警罪及び軽罪事件であっても，精神鑑定を行う必要がある場合に予審請求がなされることがある。また，重罪事件の場合は，被告人が明らかな精神障害を呈していなくとも全例に予審段階で精神鑑定が行われる。なお，フランスでも検察官の裁量による起訴便宜主義が取られており，予審請求がなされる前の警察留置の段階で「精神状態の欠陥 état mental déficient」を理由に不起訴処分 classement sans suite となる触法精神障害者も存在する。既に精神障害が明白で警察留置に耐えられないと考えられる場合，精神科医の診察（精神鑑定ではない）を受けさせ，その結果緊急に治療を要するとされると，パリでは警察署長，その他では市町村長の判断で公衆保健法L3213-2条の定める緊急措置（48時間有効）により強制入院を決定できる。その後県知事に通報されて職権入院となると，この時点で刑事司法システムを離脱する。日本と同様，フランスでも刑法122-1条の適用を受けて予審免訴や無罪となる者より不起訴処分となる者の方が圧倒的に多く，ちなみに2002年の統計*9では，予審免訴は285人，不起訴処分は5,573人となっている。

　フランスにおいてわが国と異なるのは，矯正施設に入所している予審ないし裁判中の未決拘留者 prévenu 及び受刑者 condamné が精神障害を呈し，治療

に拒否的，症状が重篤といった理由により矯正施設内で治療できない場合，刑事訴訟法 D 398 条に基づいて矯正施設の医師（精神科医でなくても可）がその旨の診断書を提出し，県知事に通報することが義務づけられている点である。通報後職権入院となると，その未決拘留者・受刑者は医療機関へ送られて他の患者と同様に治療される。しかし一時的に精神保健システムへ移送されるだけであって免責されるわけではないため，症状が改善すれば矯正施設へ戻り，予審・裁判や服役を再開することになる[7]。すなわち未決拘留者・受刑者に関しては，精神保健システムから刑事司法システムへの逆の移送が行われるわけである。なお有罪判決を受けた受刑者は，正確には「触法」精神障害者ではなく精神障害「犯罪」者であるが，後述するようにフランスでは，昨今精神障害者により厳しく責任能力を認める傾向 responsibilisation が顕著となり，刑法122-1条の適用を受ける者と受けずに受刑する者との境界が不明瞭になっているため，本稿では受刑中の精神障害者も「広義の」触法精神障害者として記述する。

 2　触法精神障害者の治療施設[10][11]

　刑事司法システムから精神保健システムへ移送された触法精神障害者は，他の精神障害者と同様，セクターの病院，特に閉鎖病棟のある病院で治療を受けることになる。しかし実際には，セクターの病院で治療できるのはさほど危険性が高くない患者に限られ，殺人など重大な触法行為があって責任無能力とされた精神障害者は，困難患者施設 Unités pour Malades Difficiles (UMD) に直接入院することがほとんどのようである。未決拘留者・受刑者がセクターの病院で入院治療を受けることも稀で，その場合も保安上の限界から入院期間は非常に短い。

　UMD は矯正施設と同じく，ハード面でも人員面でもまず保安を重視した公立の精神医療施設である。フランスでは危険な患者を収容する特殊施設の歴史は古く，実質的には1840年から存在しており，1910年以降は UMD の前身である保安病棟 services de sûreté がその役割を果たしていた。その開設に尽力したアンリ・コラン Henri Colin は，当初保安病棟を暴力などの危険性が高く一般病院で対応困難な患者だけを収容する施設として考えていたが，行政当局の強い要望で触法精神障害者も受け入れることになったという[16]。保安病棟は 1986 年 10 月 14 日の決定 arrêté [15] によって正式に法的な位置づ

けを獲得し，その際に困難患者施設 UMD と改称した。

セクターの病院，UMD の他に触法精神障害者の治療に当たっているのは，矯正施設内の精神医療部門 Services Médico-Psychologiques Régionaux (SMPR)[8]である。受刑者の中に専門治療や特殊な処遇を要する精神障害者，人格異常者が多いことは古くから認識されていたが，縦割り行政が厚い壁となり，長い間矯正施設内で精神医療を行うことはできなかった。1967年9月30日の通達により精神医療部門 Centres Médico-Psychologiques Régionaux (CMPR) が設置され，ようやく受刑者に対して精神科治療が施されるようになった。さらに1977年には，それまで矯正施設長の管轄下にあった CMPR が所属するセクターの病院に管理されることになり，矯正当局（司法省）にあった治療の決定権やイニシアチブも医療者側に委ねられ，CMPR は SMPR と改称された。また，1986年3月14日の政令 décret[*12] によって SMPR も独自のセクター制度を取るようになり，一般精神医療セクターの病院との連携関係も強化された。現在フランスで最も数多くの触法精神障害者を治療しているのは SMPR で，後述のようにそれが大きな問題となっている。なお SMPR における精神科治療は，本人の同意を得ることが原則で，重い精神障害で治療を要するにもかかわらずそれを拒否する未決拘留者・受刑者は，上述のように，刑事訴訟法 D 398 条に基づく県知事への通報を介して，所属セクターの病院の閉鎖病棟あるいは UMD へ移送される。

図1　フランスにおける刑事司法システムから精神保健システムへの移送

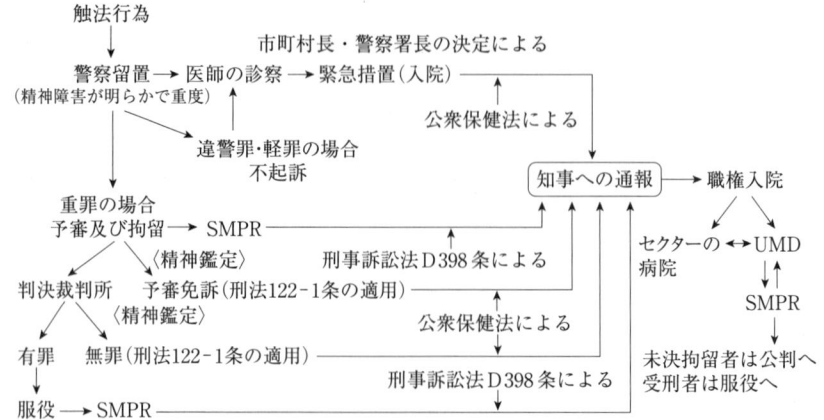

UMD, SMPR については，項をあらためて個別に詳述する。以上に述べたフランスの触法精神障害者処遇システムの流れを図1にまとめた。

3　刑事精神鑑定 Expertise psychiatrique pénale *8

フランスでは，裁判官（主に予審判事）が裁判所に登録している鑑定医のリストから1名（必要な場合は複数名）の鑑定医を指名して刑事精神鑑定を依頼する。鑑定事項は刑事訴訟法の適用に関する通達C 345条によって以下のように規定されている。

1．精神医学的及び心理学的検査は，被鑑定人の心的・精神的異常を明らかにするか？
2．被鑑定人に帰せられている違法行為はその異常と関連があるか？
3．被鑑定人は危険な状態を呈しているか？
4．被鑑定人に刑罰を科すことは可能か？
5．被鑑定人は治癒可能か，あるいは社会に再適応できるか？

フランスでは，1994年の刑法改正によって，責任能力の判定は生物学的要件のみではなく心理学的要件を考慮に入れる混合法的規定によることが確立され[9]，精神鑑定では精神医学的診断（上記1）だけではなく，犯罪学的診断や予後（上記2～5）を問われるようになった*7。特に性犯罪者に関しては必ず危険性や再犯に関する判断を求められるが，そうした犯罪学的診断は困難である，精神科医の領分ではない，という批判も多い。また近年ではフランス社会に精神障害者の責任能力を認めようとする傾向が強いため，重い精神病であると診断しながら刑罰を科せるとする矛盾した内容の鑑定書を提出する鑑定医もあり，精神鑑定の信用性が問題視されていることや精神障害者の過度な犯罪者化に対する鑑定医の責任を厳しく問う声もあるようである*13。

IV　困難患者施設 Unités pour Malades Difficiles（UMD）*14-*18

現在，フランス全土に4つのUMDがある（図2）。稼働病床数は2001年の統計*4によるもので，括弧内は各病床が設置された年である。

① ヴィルジュイフ Villejuif（Val-de-Marne県）　男66床（1910）　女14床（1933）
② モンファヴェ Montfavet（Vaucluse県）　男64床（1947）　女20床（1933）

図2　UMDの所在地

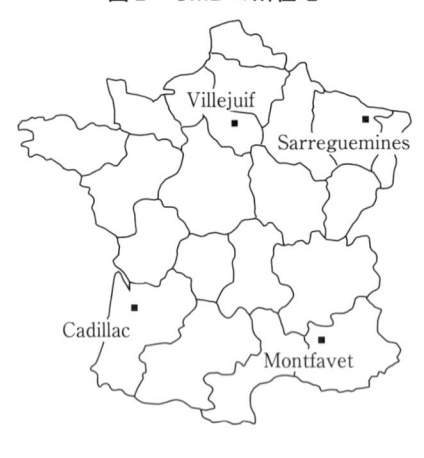

③　サーグミンヌ Sarreguemines（Moselle県）男166床（1956）
④　カディヤック Cadillac（Gironde県）男86床（1963）

2001年の統計ではUMDの全稼働病床数は416床（うち女性病床は34床）で，1990年の統計*14と比べると10年間で100床ほど減少している。UMDは公立精神病院の1施設という位置づけだが，セクター制度には従わず，セクターの病院やSMPRから入院依頼を受け，UMDの所在地の県知事が提出された書類を審査して入院を命令する。各UMDは近隣県からの入院依頼を優先的に受けることを義務づけられている。UMDでは困難患者の入院治療だけでなく，セクターの病院から依頼があれば，患者の診断，危険性の評価，対応方法などに関して電話相談を受け，移動医療チームが直接セクターを訪問してアドバイスをするといった役割も果たす。こうした介入により，UMDへの入院まで至らずに問題を解決できる場合も多いという*18。

UMDの入院対象となるのは，1986年10月14日の決定によって，「他者に対して危険であるため，適切な集中治療プロトコルと特殊な保安手段を必要としている患者」で，公衆保健法の職権入院の条項を満たし，そのうえさらに「重大で，明白なあるいは切迫した危険な状態 un état dangereux majeur, certain ou imminent」を呈し，公衆保健法の定める強制入院受け入れ施設での治療継続に適さない患者，と定義されている。その具体的な内訳（サーグミンヌのUMDの統計）*16は，①職員や他患に対する暴力などのためセクターの病院で治療できない，いわゆる「処遇困難患者」が約75％，②刑法122-1条の適用を受けて責任無能力とされ，危険性が高いと判断された触法精神障害者が約20％，そして，③精神障害のため矯正施設内で処遇・治療できない未決拘留者及び受刑者が約5％である。UMDは，フランスの触法精神障害者処遇システムを特徴づける施設ではあるものの，実際には触法精神障害

者（②と③）はUMDの患者の約1/4を占めるに過ぎない。

UMDの目的は，患者の精神障害自体の治療ではなく，「患者の危険性を減らすこと」に限られ，比較的短期間の入院が想定されている。この目的が達成されると患者はすぐに元の施設へ戻ることが原則で，その保証のため，患者を送り出すセクターの県知事は，UMDからの退院命令が出た後20日以内に患者をセクターに引き取る旨の誓約書をUMD入院時に提出しなければならない。しかしUMDの平均在院日数は約200日で，セクターの病院のそれ（約30日）と比較するとかなり長くなっており，特に重大な触法行為のあった患者は処遇困難患者に比べて在院日数が倍になるという*16。

表1　入院患者の精神科診断の内訳

統合失調症	48%
人格障害	19%
物質関連障害*	12%
精神遅滞	11%
性嗜好障害	6%
その他	4%

＊アルコールや薬物の乱用による精神障害

UMDによって，また同じUMDでも年度によって，患者の精神科診断の内訳は多少異なる*16*17*18が，統合失調症が最も多く，半数ないしそれ以上を占めている点は共通している。1例として，1992年から1996年までのサーグミンヌのUMDにおける入院患者の精神科診断の内訳を表1に示す*16。近年は，妄想型統合失調症の患者が増加（人格障害の患者が減少），触法患者よりも処遇困難患者の入院要請が増加，薬物抵抗性の治療困難な患者が増加，といった傾向があるという*16*18。UMDは常にその存在や機能について批判され続けてきたが，セクター制度の確立によって開放化された一般精神医療の現場では治療困難な患者が増えてきており，UMDのような特殊施設を必要とせざるを得ないのがフランス精神医療の現実である。

UMD入院患者の人権擁護のため，1986年10月14日の決定は，各UMDに対して外部機関である医療監視委員会 Commission du suivi médical（CSM）の設置を義務づけている。CSMはUMD所在地の県知事が指名する4名の医師（県社会衛生局精神保健課の監査医 médecin inspecteur と3名の常勤の病院精神科医で，3名のうち1名はUMD所在地のセクター病院の責任者）で構成される。CSMの任務は，定期的なUMDへの監査訪問と患者の書類審査，入院（特にUMD側が拒否した入院要請の受諾の検討）や入院継続，及び退院の可否に関す

る調査と意見の提示（それに基づいて県知事が患者の移送を決定），患者のクレームへの対応などで，CSM は UMD に対してかなり実質的な権限を有している。

V　矯正施設内の精神医療：Services Médico-Psychologiques Régionaux（SMPR）[*4][*10][*19]

現在フランス全土に 26 の SMPR が設置されている。うち 24 は，未決拘留者と残存刑期が 1 年以下の者が入所する拘置所 maisons d'arrêt にあり，長期受刑者の施設 établissements pour peine に付設する SMPR は 2 つしかない。SMPR のある矯正施設は全体の 17％に過ぎず，SMPR のない施設の受刑者らの治療は，同じ県内にある SMPR かセクターの病院が担当する。

SMPR の使命は，1986 年 12 月 14 日の決定[*19]により，以下のように定められている。

①　入所時全員に行う精神疾患スクリーニングによる矯正施設内での精神疾患の予防。
②　入所者に必要な精神科治療の実施（ただし公衆保健法の職権入院対象者，刑事訴訟法 D 398 条対象者を除く）。
③　一般精神医療のセクターのチームと協力しながら，出所後の継続精神科治療。
④　アルコール依存と薬物依存の専門治療。

SMPR は，面接や投薬などを行う診察室やデイホスピタルの形で入院治療ができる病床（約 20 床）などの設備，作業療法などの各種リハビリテーションプログラム，精神科医・看護師・臨床心理士・ケースワーカーなどのスタッフを備えている。なお SMPR では，本人の意志，同意に基づく治療しか行うことができない。一般精神医療のセクター制度と同様，治療の継続性が社会復帰，そして再犯予防という観点からも重要視され，入所中に治療を受けた者が出所後にセクターでの地域精神医療にスムースに移行できるよう配慮することが SMPR に義務づけられている。

矯正施設入所者の中で精神科治療を必要とする者の数は年々増加している。1997 年の全国統計[*4]では，入所前に既に精神科治療を受けたことのある者及び入所時新たに精神障害と診断された者（アルコール依存と薬物依存を除

く）が，男性では17%，女性では29%に達する。特に統合失調症などの精神病者や拘禁下で急性精神病状態を呈する者が急増しており，たとえば，ストラスブールStrasbourgのSMPRでは，精神病に罹患している者が1990年には全入所者の1.1%だったのが，1995年には4.6%，2000年には8.7%に増えたという＊4。また，年間約8,000人が入所する（収容数は約2,000人）フレンヌFresnes拘置所のSMPRでは，年間診察する約3,500人の入所者のうち，約10%が慢性妄想性精神病（うち半数は統合失調症），約10%が心因反応などの急性精神病状態であるといい，SMPRの責任者の精神科医自らが「ここはまるで30年前の精神病院のようだ」と形容するほどである。また，精神障害を有する入所者が増えたことによって，矯正施設内での自殺や職員への暴力の件数も多くなっている。

性犯罪が増加の一途をたどるフランスでは，告発件数が増えたことに加え，1989年以降性犯罪者への刑事制裁が強化されたため[10]，矯正施設内で性犯罪者が急増した。1996年から2000年の5年間の増加率は62%にも及んでいる＊4。さらに1998年6月17日法＊20は，再犯予防のため，性犯罪者を出所後一定期間司法の監督下に置く社会司法監視 suivi socio-judiciaire という新しい制度を制定した。この法律はすべての性犯罪者に精神鑑定を行うことを義務づけており，治療が必要と判断された場合，刑罰適用裁判官 juge d'application des peines は治療命令を出し，性犯罪者に受刑中から精神科治療を受けることを勧めなければならない。本人の同意が得られると，受刑中の治療はSMPRが行うことになるが，SMPRでは精神科医師の数自体が圧倒的に不足しており，その上精神医療の中でも特殊な性犯罪者の治療に熟練している医師は少なく，十分な対応ができない現状にある。

VI 問題点

現在のフランスの触法精神障害者処遇システムにおける問題点の第1は，セクター制度の功罪としての精神医療の二極化であろう。一般精神医療の現場で脱施設化・自由化が進み，問題を起こさない患者にとって，セクターの精神医療はより抵抗のない，利用しやすいものになった。が，その一方で，施設の開放化によって隔離室や閉鎖病棟などの設備をもたない病院が増え，保安上十分な保証ができなくなり，また暴力などの問題への対応に慣れてい

ない看護師や女性看護師が増えたこともあって，一般精神医療の現場での処遇困難な患者や危険な患者に対する受容度は著しく低くなった。そのため，セクターの病院は触法精神障害者や処遇困難患者の受け入れに消極的になり，こうした患者を安易に UMD に移送しようとしたり，SMPR からの入院や UMD からの帰院を拒否したりする傾向が強くなった。つまり，触法精神障害者らは一般精神医療のサービスが向上すればするほどそこから排除され，同じ精神障害者でありながらその恩恵に浴することができない構造になっており，特に UMD や SMPR の精神科医らは，精神医療の内部で著しい不平等，差別があると厳しく批判している。また，この問題の解決手段として，あらためてセクターのすべての病院で堅固な隔離室を確保すること，患者の処遇方法が両極端であるセクターの病院と UMD の橋渡しをする中間施設を複数のセクターに1つずつ設置すること，既存の UMD を小規模化しより多くの地域に分散すること，などが提案されている[11]。

　第2の問題点は，精神障害者の犯罪者化 criminalisation である。これは急激に脱施設化を進めた多くの国で認められる現象だが，フランスの場合，病床数や平均在院日数の激減に関連して，治療が不十分のまま退院し症状が悪化したり治療を中断したりする者が増加したことの他に，セクター制度の特徴から住所不定の精神障害者が治療に結びつきにくいという問題もあり，精神障害者による触法行為を増やす結果となった。その上，1994年の刑法改正で 122-1 条の第2項に限定責任能力の規定が加えられたこと，フランス社会で精神障害者観が変化してきたこと，刑事制裁を求める犯罪被害者への配慮が大きな位置を占めるようになったこと，などさまざまな要因が重なり，精神障害者の責任能力を認める傾向 responsibilisation が強くなったことも犯罪者化に拍車をかけている[21]。

　その結果，矯正施設へ送られる精神障害者が爆発的に増加したことが，第3の問題点である。既に述べたように，現在約5万人いる矯正施設入所者のうち2〜3割が何らかの精神障害があるとされており，数少ない SMPR では到底対応しきれず，より濃厚な治療を必要とするはずの触法精神障害者に十分な精神医療を施すことができないのが現状である。さらに，入院治療が望ましい場合でも，セクターの病院は受け入れを渋りがちで，UMD も常に入院依頼が多いという事情のため，なかなか患者を移せないという問題もある。

第4章 フランス

2001年に出された矯正施設入所者の医療に関する調査報告書*4及び精神医療全般に関する調査報告書*5のいずれもが，早急にSMPRを増やし，拘置所だけでなく長期受刑者の施設にもSMPRを設置すること，既存のSMPRにおける医療体制を強化すること，自由入院も職権入院も可能で，UMDの対象となるほど危険ではない矯正施設入所者のための特別な精神科入院施設 Unités hospitalières sécurisées interrégionales（UHSI）[11]をつくること，などの必要性を強調している。

Ⅶ　おわりに

以上，フランスの触法精神障害者処遇システムの現状と問題点について，その概略を紹介した。わが国と同様，治療処分制度をもたない国で，どのようなシステムがどのように機能し，またどのような問題に直面しているか，詳細に検討することは，今後わが国における触法精神障害者システムの改革の方向性を考えていく上で，大いに参考になるものと思われる。

(1) 1990年法（公衆保健法）の定める入院形態は，日本の精神保健福祉法によるそれと類似している。「職権入院」は，わが国の措置入院に相当するもので，公共の秩序や他者の安全を脅かす危険がある精神障害者に対して，1名の精神科医（日本では2名の精神保健指定医）の診断に基づき県知事が命令する強制入院である。「第三者の要請による入院」は，わが国の医療保護入院に相当するものだが，フランスでは「第三者」は親族，後見人に限らず，友人やケースワーカーなどの場合もあり得る。
(2) フランスでは，1994年の大規模な刑法改正に先立って，治療処分制度を導入するかどうか長年激しい論議が交わされたが，責任能力を欠く精神障害者は通常の精神障害者と同様に処遇されるべきであるとする精神科医らの強い反対があり，治療処分制度の導入は見送られた*7。
(3) 刑法122-1条の条文は以下の通りである（筆者訳）。
　「行為時に，その弁識能力あるいは行動の制御を失わせる精神障害あるいは神経性精神障害に罹患していた者は，刑法上責任がない。行為時に，その弁識能力を変化させるか，行動の制御を阻害する精神障害あるいは神経性精神障害に罹患していた者は，刑罰を受け得るが，司法は刑罰を決定しその執行形態を指定するにあたって，その事情を考慮する。」
(4) フランスでは刑の重さによって，違警罪 contravention（3000ユーロ以下の罰金刑に処せられる），軽罪 délit（10年以下の拘禁刑，罰金刑などに処せられる），

重罪 crime（有期ないし終身の懲役刑又は禁錮刑に処せられる）に分かれる。刑事裁判は予審制度を取っており、特に重罪では予審 instruction préparatoire が必須である。かつては大審裁判所 tribunal de grande instance と控訴院弾劾部 chambre d'accusation de la cour d'appel の 2 段階の予審を経て判決裁判所である重罪院 cour d'assises に公訴提起される予審二審制だったが、2000 年 6 月 15 日の法改正で一審制となり、大審裁判所の予審判事は直接重罪院に公訴提起するようになった。

（5） 判決裁判所 juridiction de jugement は、違警罪では違警罪裁判所 tribunal de police、軽罪では軽罪裁判所 tribunal correctionnel、重罪では重罪院 cour d'assises である。無罪は、違警罪及び軽罪の場合 relax、重罪の場合 acquittement といわれる。

（6） フランスでは、刑法 122-1 条の適用を受けた触法精神障害者を「司法医療患者 patients médico-légaux」と呼ぶが、わが国と比較する上でわかりやすいよう、本稿では触法精神障害者と記載する。

（7） 受刑者の場合、医療機関への入院期間も刑期に算入されるため、入院中に刑期満了となれば、医療機関から退院することもできる。

（8） 直訳すると「地域心理医療病棟」であるが、この訳では一般精神医療施設と混同するおそれがあるため、矯正施設の精神医療部門を示す固有名詞として、SMPR というフランス語の略語を直接使用する。

（9） 実質的には、1905 年 12 月 12 日のショミエ Chaumié の通達によって責任能力の混合的規定は既に導入されていた。

（10） 1989 年 7 月 6 日法は、未成年に対する性犯罪の時効成立を犯行時ではなく被害者が成年に達した時を起点とすることを定め、1994 年 2 月 1 日法は、凶悪な性犯罪者に対しては刑の短縮を認めない権限を司法に与えた。こうした法的措置によって性犯罪者の検挙数が増え、受刑期間も長くなったため、矯正施設内での性犯罪者の比率が高くなった。

（11） 2000 年 8 月 23 日の決定は、高齢化、C 型肝炎及びエイズ感染の蔓延、アルコール・薬物依存といった問題をかかえる矯正施設入所者に十分な身体医療を施すため、複数の県に 1 つ、保安を考慮した特殊な入院治療施設 Unités hospitalières séculisées interrégionales（UHSI）を 2003 年末までに設置することを指示した。2001 年の矯正施設入所者の医療に関する調査報告書[*4]では、精神医療に対しても UHSI が必要であり、それは身体医療の UHSI とは構造が異なるため、別の場所に（特にセクターの公立精神病院の敷地内が望ましいとしている）つくるべきであるとの提案がなされている。

〈参考文献〉

* 1 Tyrode Y, Albernhe T : Psychiatrie Légale. Ellipses, Paris, p. 369-431, 1995
* 2 Circulaire du 15 mars 1960 relative au programme d'organisation et d'équipement des départments en matière de lutte contre les maladies mentales.

第 4 章　フランス

* 3　Loi n° 85-772 du 25 juillet 1985 portant diverses dispositions d'ordre social.
* 4　Fatome T, Vernerey M, Lalande F : L'organisation des soins aux détenus. Rapport d'évaluation. Juin 2001
* 5　Piel E, Roelandt JL : De la psychiatrie vers la santé mentale. Rapport de mission. Juillet 2001
* 6　Loi n° 90-527 du 27 juin 1990 relative aux droits et à la protection des personnes hospitalisées en raison de troubles mentaux et à leurs conditions d'hospitalisation.
* 7　影山任佐「フランス司法精神医学と新刑法典――フランスにおける精神鑑定の理論と実際」精神医学 39 : 601-608, 1997
* 8　Pradel J : Les aspects procéduraux de l'expertise psychiatrique. In : (ed.) Albernhe T, Criminologie et Psychiatrie. Ellipses, Paris, p. 592-595, 1997
* 9　Annuaire statistique de la Justice, Edition 2002. La documentation française, Paris, 2004
* 10　Senon JL : Histoire de la psychiatrie en milieu pénitentiaire, de Pinel à la loi du 18 janvier 1994. Annales médico-psychologiques, 150 : 161-178, 1998
* 11　Massé G : Les politiques de santé mentale face à la dangerosité. In : (ed.) Albernhe T, Criminologie et Psychiatrie, Ellipses, Paris, p. 664-670, 1997
* 12　Décret n° 86-602 du 14 mars 1986 relatif à la lutte contre les maladies mentales et à l'organisation de la sectorisation psychiatrique.
* 13　Bénézech M : Nous sommes responsables de la criminalisation abusive des passages à l'acte pathologiques. 《Le mieux est l'ennemi du bien.》 Journal français de psychiatrie 13 : 23-24, 2000
* 14　Barres M, Fuchs D : Les Unités pour Malades Difficiles. Rapport au ministre de la Solidarité, de la Santé, et de la Protection Sociale, Direction des Hôpitaux. Septembre 1990
* 15　Arrêté du 14 octobre 1986 relatif au règlement intérieur type des unités pour malades difficiles.
* 16　Senninger JL, Fontaa V : Les unités pour malades difficiles. In : (ed.) Albernhe T, Criminologie et Psychiatrie. Ellipses, Paris, p. 670-681, 1997
* 17　Kottler Ch : L'appréciation de la dangerosité dans les Unités pour Malades Difficiles. Communication au XXIIIe Congrès international de droit et de santé mentale à Paris du 1 au 3 juillet 1998
* 18　Kottler Ch「フランスにおける困難患者の処遇について」(2002 年 8 月 30 日, 慶應義塾大学での特別講演会)
* 19　Arrêté du 14 décembre 1986 relatif au règlement intérieur type fixant organisation des services médico-psychologiques régionaux relevant des secteurs de psychiatrie en milieu pénitentiaire.
* 20　Loi n° 98-468 du 17 juin 1998 relative à la prévention et à la répression des

第 2 部　諸外国における触法精神障害者の処遇決定システム

　　　infractions sexuelles ainsi qu'à la protection des mineurs.
　＊21　Zagury D : Les psychiatres sont-ils responsables de la raréfactions des non-lieux psychiatriques? Journal français de psychiatrie 13 : 14-17, 2000

第5章 オランダ

1 オランダにおける触法精神障害者対策の現状と課題

平 野 美 紀

I はじめに

2002年に「心神喪失等の状態で重大な他害行為をおこなった者の医療及び観察等に関する法律」(以下,「医療観察法」という) が成立したことによって,我が国でも,初めて触法精神障害者に対する司法精神医療の法的枠組みができることになった。これまでは,精神障害の疑いがある被疑者が不起訴処分あるいは起訴猶予処分となることがあり,その後の手続きや処遇についても諸外国からの批判も多かった[1]。その意味では,非常に大きな一歩を踏み出したと評価できる。しかしながら,新しい制度のもとで,精神鑑定の質の向上,対象者の権利擁護,関係機関相互の連携,多職種による処遇,人材の確保をはじめとして,課題は多いと思われる。

オランダは,安楽死,麻薬,被害者サービス等,ヨーロッパでも先進的で独自の政策をとっている[2]。そして,触法精神障害者処遇についても同様に先進的な法制度を柔軟に運用している[3]。オランダの場合,いわゆるリーガルモデルとして,刑事手続きの枠組みの中で触法精神障害者処遇がおこなわれているので,わが国における医療観察法に基づく処遇とは法的位置づけが異なり,オランダの法制度をそのまま日本で運用できるはずもないが,高い人権意識に基づく長年のオランダでの試みから学ぶべき点は多いと思われる。

II TBS処分の法的枠組みと特徴

オランダの触法精神障害者処遇は,ヨーロッパでも最も成功した例として

知られる[4]。社会復帰にむけて，多くの機関が連携し協力的にかかわりあい，膨大な予算をかけて多職種スタッフが充実したケアをおこなっている点がオランダの特徴である。そして，その中核となっているのは，特定の重大な事件を起こし，社会に危険のある精神障害者について付される，TBS (Ter beschikkingstelling)[5]処分である。

TBS処分の特徴は，

① 処分として通常の刑に代えて，あるいは通常の刑に併科して付すことができる点，

② 「精神の障害」を有する，責任無能力者・限定責任能力者に科せられる点，

③ 処分の決定や終了等に対しては刑事司法判断が下される一方，治療内容等は医療者に委ねられている点，

④ 処分を受けた者の約8割は人格障害者である点，

が挙げられるであろう[6]。

TBS処分は刑事上の処分であるため，その手続きは刑法，刑事訴訟法，TBS処分に関する監護法 (Beginselenwet verpleging ter beschikking gestelden, 以下「TBS監護法」という)，TBS処分施行規則 (Regels verpleging ter beschikking gestelden, 以下「TBS規則」という) 等の規定によって運用されている。また，処遇施設ごとに所内規則 (Huisregel) がある。

なお，本稿における法令の引用は，特に断らない限りオランダのそれである。

III 触法精神障害者と刑事手続き

1 責任主義

オランダ刑法でも精神の障害ゆえに責任を問えない者については，処罰されないと規定している (39条)。ここでいう「精神の障害」とは，"wegens de gebrekkige ontwikkeling of ziekelijke stoornis van zijn geestvermorgens"（精神（知的）能力の発達障害あるいは病的障害ゆえに）であり，オランダには，精神の障害を有する者に対する処分として，精神病院収容処分 (37条)[7]とTBS処分 (37 a条) がある。

また，オランダでは限定責任能力は法律的な概念ではなく，限定責任能力

を理由とした刑の減軽規定は存在しない。限定責任能力は鑑定の際に用いられる概念に過ぎないのである。そして，責任を問える範囲であればできる限り本人の責任を問われる。

2　起訴便宜主義

オランダでは，精神障害の疑いのある者による他害行為が起き，公判前の段階として予審が開始された場合，予審判事は，精神障害の疑いのある者について，精神医学的報告書の提出を命じることができる。逆にいえば，この命令は予審判事の権限であるため，公判前に予審判事によるこの権限の行使が必要であると検察官が判断した場合には審問を請求しなければならないことになる。

オランダでもわが国と同じように，起訴便宜主義が採用され，検察官の裁量が広く認められている[8]。しかし，オランダの場合，重大な他害行為については原則的に起訴することになっている。これまで，日本の制度が，重大な他害行為であっても精神障害者を理由として検察の段階で不起訴となり刑事手続きの枠組みから外れるために，事実認定さえおこなわれないと批判されてきた[9]のとは対照的である。

3　精神鑑定

このようにしてオランダでは，被疑者に精神障害のおそれがあるとき，司法の枠内での制度的対応が予定されている。そして，予審判事に精神医学的報告書の提出を命じられた司法精神科医やサイコロジスト等は，拘置所に拘禁されている被疑者を訪問するか，あるいは，専門施設において鑑定をおこなって報告書を作成する。後者であれば，通常，オランダのほぼ中央に位置するユートレヒト（Utrecht）の精神鑑定施設ピーター・バーン・セントラム（Pieter Baan Centrum）で，精神科医等の多職種チームによって報告書が作成される。鑑定期間について刑訴法317条は，7週間以内と規定している。

1996年の統計では，3,800件に報告書の請求がおこなわれ，そのうち，留置鑑定250件中，220件がピーター・バーン・セントラムでおこなわれた[10]。当施設では，対象者1人に対して1日約6万円の経費を要するとされる[11]。

ピーター・バーン・セントラムのマニュアルによれば，精神医学的報告書のために以下のような点が鑑定される。①精神の障害の有無，②行為と精神の障害との因果関係，③その関係の性質と程度，④責任能力の程度，⑤再犯

の可能性，⑥望ましい治療，という点である[12]。

限定責任能力は，前述のように法的概念ではないが，鑑定では5段階方式が用いられている。完全責任能力と責任無能力の間に，責任能力の低下の程度について限定責任能力を3段階に分けるのである。

再犯予測には，HKT30とよばれるオランダ式アセスメントが開発されている。これは，一般に諸外国で使用されるHCR-20のオランダ版といえる。HKT30は，履歴因子（Historische Risico-indicatoren），臨床的因子（Klinische Risico-indicatoren），将来の状況因子（Toekomstige Risico-indicatoren）の3因子に分け，それぞれの因子について合計30項目を，0から4までの5段階で評価する。主な項目は，履歴（H）因子では就労歴，物質使用，精神障害，人格障害，性的逸脱等，臨床的（K）因子では物質使用，衝動性，共感性，対人関係能力等，将来の状況（T）因子では退院後の生活，社会的支援等である[13]。

なお，訴訟能力がないとされた場合には刑事訴訟法16条により，治癒の報告を受けるまで訴訟手続きを延期しなければならないが，判例上，最重度の障害に限定されると解されているため，この条文が適用されることはほとんどない[14]。

刑事裁判所は，事実認定をおこなった上で，精神医学的報告書に従って責任能力の有無，刑罰や処分を言い渡す。最終判断を下すのは，あくまで，裁判官であるが，責任能力の有無に関しては報告書の意見が採用されるのが普通である。その上で裁判官は，①犯行の性質と結果に関する犯行時の被告人の認識，②被告人の違法性の意識，③自由に意思決定する能力が制限されていたかどうか，という3点を中心に考慮する[15]。

IV　TBS処分

1　定　義

TBS処分とは，4年以上の自由刑を最高刑として有する他害行為（例えば，強盗・強姦・殺人等）や特定の触法行為をおこなった精神障害者に対して，他人の安全，人または財産の一般的安全を確保する必要がある場合に刑事裁判所が決定・命令する処分である（刑法37a条）。日本と異なり二元主義が採用されているので，裁判所が，刑罰に代えて，あるいは刑罰に併科して，

TBS 処分を言い渡すことができる。

　事例としては少ないが，責任無能力の場合にも科せられることがある[16]。二元主義という理由だけではなく，処分の要件は法律上責任能力の有無と直接には連動せず，保安上の必要性という要件が重要視されるため，37 a 条の要件が満たされれば，責任無能力の場合にも科すことができるのである。

　また，刑と処分が併科された場合，刑罰先行主義が採用されているため，刑務所で刑期の 3 分の 1 から 3 分の 2 が経過してから TBS 処分に移行する。処分の終了後に再び刑務所にもどることはない。

2　目　　的

　このように，TBS 処分の目的は，対象となる精神障害者に対して治療を与えて社会復帰を実現させると同時に，社会の安全を確保することである。従って，社会に危険を及ぼすおそれのある者については，その危険性が存続する限り処分の対象となり，オランダの課題として後述するように，処分が長期化するケースも多い。

3　種　　類

　TBS 処分には，監護付 TBS（TBS met verpleging）処分と条件付 TBS（TBS met voorwaarden）処分とがある。

　監護付 TBS 処分とは，他人の安全または人もしくは財産の一般的安全が要求されるときに TBS 施設で執行される処分である（刑法 37 b 条）。ほとんどの TBS 処分が監護付 TBS 処分であることに鑑みて，本稿では，特に断らない限り監護付 TBS 処分をさすものとする。

　条件付 TBS 処分は，裁判所が再犯の危険性の程度が社会的に容認されうると判断した場合や，本人が協力的である場合，TBS 施設への収容はされず，条件を付されて，通常の精神病院への入院や通院治療を受けるという処分である（刑法 38 条）。条件とは，精神科の治療を受け指示された薬を服用する等であり，後述の保護観察所（Stichting Reclassering Nederland）が条件の遵守について監督する。

　条件に違反した場合，または，他人の安全または人もしくは財産の一般的安全確保の必要がある場合，検察官の請求によって，裁判所は TBS 施設での監護付 TBS 処分の執行を命じることができる（刑法 38 c 条）。処分の形態の変更であっても TBS 処分の開始についての最終決定権は裁判所にある。

4 期　間

　TBS処分は，通常2年という期間，延長の場合は1年か2年，裁判所で宣告される（刑法38d条）。そして，身体の完全性に対する行為あるいはその危険を惹起する行為に対するTBS処分である場合を除き，全期間は4年間と規定されている（刑法38e条1項）。しかしながら，下記のような場合再度の延長も可能であり，結果として終身収容されることもありえる。

　期間が延長されるためには，検察官が，処遇施設長の最近のアドバイス，本人の身体的かつ精神的状況に関する報告書を提出した上で，期間終了前の1月以上2月以内に延長の請求をおこなう（刑訴法509a条）。ここでも再犯の危険性が評価される。また，収容6年ごとに，施設に所属しない外部（例えば鑑定施設ピーター・バーン・セントラム）の行動科学者2名（専門を異にする者で内1名は精神科医）が診察した上での報告書が必要である。延長請求を受けた裁判所は，他人の安全または人の一般的安全確保の必要性がある場合，収容の延長を認める（刑法38e条2項）。

V　TBS施設における治療

1　TBS施設

　オランダでは，2004年現在，全国各地の13施設でTBS処分の処遇がおこなわれている。国立と私立の重度の保安閉鎖施設に加えて，収容定数不足に対応して一般病院の中の処遇施設もある。いずれにしても運営費は同様に司法省の負担である。

　TBS施設は，かつてはその施設によって処遇や保安の程度に特色があったために，メイヤース・インスティテュート（Meijers Instituut）で入所鑑別がおこなわれていた。しかし，当施設は，2000年より，メイヤース・クリニック（Meijers kliniek）として通常のTBS施設として使用されている。そして，現在では，対象者の処遇施設は司法省の矯正局内で決定される。

2　社会治療

　刑事裁判所によって一度処分が決定すると，治療計画や治療内容等については，裁判所は関与しない。後述の監督委員会（Commissie van Toezicht）を通して司法大臣の監督を受けることになるが，基本的には施設の医療スタッフの裁量によって，TBS施設で社会復帰に向けて治療がおこなわれる。

「治療」とは，TBS 監護法1条 u にいう「他人の安全または人もしくは財産の一般的安全に対する当該対象者の危険性を減少させることによって，対象者の社会復帰が平穏におこなわれることを目的とした措置」をいう。一般医や司法精神科医，サイコロジスト，作業療法士，他の数人の治療スタッフで構成される多職種チームは，対象者本人と協議した上で治療計画を立て，個人セラピーやグループセラピーをおこなう。

これらの治療には，対象者本人の同意が必要とされる。これは，リーガルモデルとして強制収容された上でおこなわれる治療が，いわゆる社会治療とよばれるもので，治療の性質上，本人の同意が得られなければ治療効果が得られないからである。

このように緊急時の医療以外は，治療を強制することはできないため，治療に非協力的な収容者も存在する。医療スタッフはいかにして収容者に動機付けを与えるか日夜苦心し，また，治療に非協力であれば収容期間が長引くことが，収容者にとっては治療へのひとつの動機付けになっている。

それでもなお，収容者が改善されない等の問題がある場合，他の TBS 施設への移送の可能性や他の治療方法等に関して，前述の鑑定施設であるピーター・バーン・セントラムに TBS 施設が鑑定を依頼する場合もある。具体的な代案がない場合，同じ TBS 施設での収容が継続されることになる。

3　強制治療

オランダ憲法はその11条で，身体の完全性の権利を保障する。しかし，例外的に，収容されている危険な者から社会を保護するため，あるいは施設における規律と保安の維持のため，もしくは本人の健康に対する重大な危険を避けるため，身体の完全性の権利に対する侵害は，適法とされている（TBS 監護法21条）。具体的には，尿検査（同法24条），衣服・身体検査（同法25条等），緊急時の強制治療（同法26条），緊急時の24時間以内の身体拘束（同法27条），居室の検査（同法29条）等が認められている。

4　帰　　休

処遇が最終段階に近くなると，司法省の承認が得られれば保護観察付帰休がおこなわれる（TBS 監護法50条-51条）。最初は，数日間と限定され，TBS 施設職員が同行する。付添いなしでの宿泊は，最終段階で，収容者本人・施設・保護観察所との協議によって計画書が作成され，試験的に認められる。

第2部　諸外国における触法精神障害者の処遇決定システム

保護観察所は，計画書の実行について審査し，結果を裁判所と施設に報告する。

5　収容者に関する統計的数値[17]

収容者数は，1999年1,147名，2000年1,206名，2001年1,282名，2002年1,346名，と年々増加の傾向にある（下表参照）。2004年1月1日現在では1,324名が収容されているが，そのうち，男性が1,241名（93.7%），30代が4割強を占めている[18]。

2001年1月1日時点で処分に付されていた者の合計1,105名は，アメリカ精神医学会による診断基準[19]に従えば，統合失調症等の1軸だけが13%，人格障害等の2軸のみが27%，1軸2軸双方で診断がつく者が60%であった。また，人格障害者の占める割合が全体の約8割であり，これは，オランダの特徴のひとつである。その中でも，反社会性人格障害は全体の18%を占めていた。

また，処分の原因となった暴力的他害行為は，傷害53%，致死26%，また性犯罪と結びついたものが28%，放火犯罪と結びついたものが10%，重い財産犯と結びついたものが30%である。薬物やアルコールの依存・乱用者が全体の65%を占め，従来の研究と同様，アルコール・薬物乱用や人格

TBS施設の収容定数，収容期間，待機期間

年度	収容定数	収容者数	処分数	処分終了数	収容期間(月)	平均待機人員	平均待機日数
1993	—	—	134	49	—	—	—
1994	607	—	199	59	56	83	230
1995	650	—	180	73	59	134	320
1996	803	—	196	57	65	180	347
1997	866	—	156	73	—	171	365
1998	970	—	150	69	60	173	299
1999	1,175	1,147	171	84	65	148	280
2000	1,183	1,206	151	79	66	138	283
2001	1,222	1,282	177	88	71	151	259
2002	1,264	1,346	203	80	—	153	250
2003	1,303	1,439	—	—	—	169	229

Ministrie van Justitie, Dienst Justitiële Inrichtingenのwebサイト（http://www.dji.nl）より作成
（データの記載のなかったものについては空欄）

障害を伴う精神病者に，暴力行為や犯罪をおこなう危険性が高いことを示しているといえよう[20]。

再犯に関しては，処分終了後21％の者が，6月以上の自由刑に処されていた。

VI 収容者の権利擁護[21]

1 収容者の権利と法規定

TBS処分は刑事手続き上の処分であり，処分の決定，条件付TBS処分から監護付TBS処分への移行，処分の終了等については刑法や刑事訴訟法に規定されている。処分に付された者は，未決拘禁者および刑務所での受刑者と同様，自由を剥奪された者として被拘禁者の権利を有する（行刑法1条）[22]ために，収容者の法的権利に関しては，前述のTBS監護法，TBS規則の規定に従う。これらの規定は，1999年より施行されている行刑法（Penitentiaire Beginselenwet），の規定と内容はほとんど同じである。つまり一般原則については行刑法によっているが，より細かい規定についてはTBS監護法やTBS規則と施設ごとの所内規則（Huisregel）による。

具体的には，TBS監護法やTBS規則には外部交通（面会が週1時間以上，電話は週に10分以上，信書の発受）・戸外滞留・帰休，不服申立てが収容者の基本的な権利として規定されている。そのほか，TBS監護法は，施設における作業，精神保健についても定めている。

ただし，処遇施設の保安や犯罪防止，被害者の保護の理由があれば，施設長は収容者の有しているそれらの権利を制限することができる。しかしながら，後述の刑法の適用と少年保護に関する評議会，監督委員会，保護観察員等特定の者に宛てる信書には制限がつけられない。

2 監督委員会（Commissie van Toezicht）

すべてのTBS施設には，他の刑務所と同様，外部組織として（施設からは独立した）第三者機関である監督委員会（Commissie van Toezicht）があり（TBS監護法1条，10条，TBS規則7条），運営資金は国の負担である。6人以上のメンバーを擁する委員会の構成は，司法大臣による任命を受けた，裁判官，精神科医，弁護士，精神障害の入院治療に関する知識を有する行動科学者であり，任期は5年であるが再任は2回可能である（TBS規則7条）。

TBS監護法10条2項によれば，監督委員会に課せられた任務は，①懲戒的制裁等自由を制限する処分の監督，②収容者からの苦情処理やそれに付随する施設長と収容者との調停手続き（bemiddeling），③TBS監護法上56条ないし65条の条文に定められた事項に定める不服申立ての処理，④司法大臣，後述の「刑法の適用と少年保護に関する評議会（Raad voor Strafrechtstoepassing en Jeugdbescherming）」への情報提供と勧告である。これらの任務のために，監督委員会は月に一度会合を開く（TBS規則13条1項）。また，監督委員会は，審査に必要なすべての情報を入手する権限を有している（TBS規則12条）。

監督委員会の活動記録は，報告書として毎年公刊されると同時に，司法大臣と「刑法の適用と少年保護に関する評議会」に対して提出される（TBS規則16条）。

3　不服申立て

収容者が苦情申立てをおこなうのは，まず監督委員の中の月担当委員（Maandcommissaris）に対してである。月担当委員は，毎月2回施設を訪問し，文書で申し出た収容者と面接し，苦情の処理をおこなう（TBS監護法10条4項5項，TBS規則14条）。

さらに，特定の不服については，収容者は，上記の監督委員会の一部から構成される不服裁定委員会（Blekcommissie）に対して申立てをおこなう権利を有している。不服裁定委員会は3人の委員で構成されている（TBS監護法59条1項）。申立てができるのは，懲戒的制裁や外部交通（面会，電話，信書の発受）の制限，その他法的権利に関する施設長の決定に対してである。前述のように施設長は，処遇施設の保安や犯罪防止，被害者の保護の理由があれば，それらの収容者の権利を制限することができるからである。委員会は，施設の決定を無効にする権限を有していて，4週間以内に裁定を下す。

不服裁定委員会の裁定に不服がある場合，不服申立てについての最終決定機関である「刑法の適用と少年保護に関する評議会」への上告が認められる。2001年には不服申立てについてオランダの行刑施設全体（TBS施設，刑務所，拘置所等）では，1,060件扱われたうち，TBS施設については32件扱われた[23]。

第5章 オランダ

4 刑法の適用と少年保護に関する評議会（Raad voor Strafrechtstoepassing en Jeugdbescherming）[24]

収容者の人権擁護に関する，いわば第2の独立した第三者機関として，オランダにひとつ存在する。本部はハーグ（Den Haag）にある。同評議会は司法省とは上下関係を有さず，王室から任命される議長と最大60名のメンバーで構成されている。2001年までは「刑法の適用に関する中央評議会（Centrale Raad voor Strafrechtstoepassing）」として同様の機能を有していた。

同評議会について定める行政規則（Bestuursregelment van de Raad voor Strafrechtstoepassing en Jeugdbescherming）によれば，評議会の主たる任務は，TBS施設を含む行刑施設の収容者処遇に関する決定についての最終的な裁定と，処遇の監督と司法大臣への勧告である。そのための活動として，独自に情報を収集し，年間で65回程度施設を訪問し，訪問ごとに報告書を司法大臣に提出する。この報告書自体は公開されていないが，報告書の中には返答を要する勧告が可能であり，訪問の結果について実効性を高める試みがされている。また，訪問の日程や評議会の構成メンバー，裁定結果等については同評議会のホームページ上からアクセスが可能であり，透明性が確保されている。

このようにして，処遇施設から独立した監督委員会のほかに，全国組織としての評議会が，公平性と独立性を保ちつつ処遇をモニタリングし，活動内容を定期的に報告書等で公開している点は見逃せないであろう。特に，施設内での暴力行為等[25]の問題点を隠すことなくオープンにして検討を加え，改善しながら制度を運用する姿勢は評価できると思われる。これは，例えば安楽死報告制度にも共通する，オランダにおける問題への取り組み方である。

VII 司法精神医療にかかわる多機関と多職種

オランダの場合，特に司法精神医療において，制度を円滑に運用するために活躍しているのは，組織と組織を結ぶネットワークと，多職種によるマンパワーである。例えば，GGZ-Nederland（Geestelijke Gezondheidszorg Nederland，オランダ地域精神保健協会）[26]，後述の保護観察所（Stichting Reclassering Nederland）やFPD（Forensische Psychiatrische Dienst，司法精神医療サービス）等の組織が各地に各支部をもち，協力して活動している。

第2部　諸外国における触法精神障害者の処遇決定システム

　また，多機関相互で連携して多職種がかかわっていく上で，分業を正確におこないながら，議論は専門家として対等な立場でおこなっている。そして例えば精神医学的報告書には多くの職種の人がかかわるが，最終的には医師やサイコロジスト等の行動科学者が書類に署名して責任をもつ，というシステムが円滑に運用されている点は見逃せないと思われる。これは，議論好きで知られ，普段から議論に慣れているオランダ人の国民性にもよるであろうし，オランダのような小国だからこそ実行できる面もあるが，日本でも，マンパワーの確保と多機関と多職種による協力体制なくしては，充実した処遇は望めないであろう。医療観察法108条では，関係機関相互間の連携がうたわれ，また特に通院治療においては多職種チームのかかわりが期待されているところであり，参考になるところであると思われる。

1　保護観察所（Stichting Reclassering Nederland）[27]

　オランダの保護観察所は，条件付TBS処分や帰休の条件遵守についての監督等，社会復帰に向けた処遇において重要な役割を果たしている。保護観察員は，対象者が被疑者の段階から活動を開始し，司法機関への社会調査書を作成したり，対象者の個人的な悩みについて相談に乗ったり，そのあとも公判や施設での処遇の際にも継続して対象者の社会復帰と社会復帰後の調整のためにかかわる点が特徴である。司法機関への情報提供や，公判後のアフターケアを担うことにより，関係機関の連携を補助する役割を果たしているのである。

　保護観察所は，もともとは1828年にボランティア組織として発足した私的な機関であるが，1945年より専門組織として運営されている。1900年より政府の援助を得て，年間経費約125億円は国によって賄われているが，現在でも私的組織である。本部はオランダのほぼ中央部にあるユートレヒト（Utrecht）にあり，全国に支部と合わせて，約1,500人の保護観察員と多くのボランティアを擁している。

2　FPD（Forensische Psychiatrische Dienst，司法精神医療サービス）[28]

　FPDは司法省の管轄で，地方裁判所の管轄区域に対応して全国で19ケ所ある。各支部に所属する司法精神科医は，司法当局からの要請についてアドバイスをしたり，刑事施設での精神科的治療をおこなったり，司法当局と緊密な関係を築いているし，精神鑑定はFPDに所属する鑑定医をFPDがマ

ネージメントしている。また，司法精神科医としてだけではなく，地域での精神保健活動もおこない，行刑施設と一般精神医療との橋渡し役となっている。また，司法省の担当部署がFPDの支部にアドバイザーとしてかかわることによって，地域格差を解消し司法省という中央と地域をリンクする役割を担っている。

3　多職種チーム

司法精神医療においては，精神科医，サイコロジスト，ソーシャルワーカー等が多職種チームとして機能する。つまり収容者に対して，それぞれが専門家として対等な立場で見解を交換し，精神鑑定や治療に役立てる。

例えば，前述のTBS施設メイヤース・インスティテュートでは，収容者64名に対して，スタッフが200名いる[29]。鑑定施設ピーター・バーン・セントラムでは，収容定員32名に対してスタッフ数は160名（精神科医12名，サイコロジスト12名，ソーシャル・ワーカー，看護師，保安スタッフ等）である[30]。

オランダでは，それぞれのスタッフは司法精神医療の特別な資格を有しているわけではないが，さまざまな研修を受けながら専門家としての技術を磨く[31]。例えば，TBS施設ドゥ・カイフェランデン（De Kijvelanden）では，攻撃的な行動の防止と対応のための特別なトレーニングプログラムを設けているし，ショッキングなできごとに出会ったスタッフをケアするための特別なプログラムも有している[32]。TBS施設オルデンコッテ（Oldenkotte）でも，2003年2月より新たに施設外部スタッフによる研修制度を開始した。例えば，治療に携わるスタッフに対して，収容者のもつ患者としての権利に関する知識や収容者の行動変化観察についての社会治療的技術を向上させる[33]。手厚い処遇をおこなうためには，スタッフ自身の安全の確保や，知識と技術の向上が重要であり，このようなトレーニングが欠かせないのである。

Ⅷ　オランダの課題

触法精神障害者の処遇制度については長い歴史をもち，豊富な人材を有するオランダでも，資金面での問題や，定員数の不足という問題点も抱えている。通常の刑務所では，受刑者1人に対する処遇には1日15,000円程度，精神病院であれば2万円程度を要するが，TBS施設では1日に約5万円であ

る[34]。そのため，財政的な負担が世論の反発を買い，音楽療法や作業療法等の社会治療のための器具や屋内プール等の設備をもつ TBS 施設はホテルのようだと揶揄される。

収容定数の不足については，司法省行刑局の公表している TBS に関するデータ[35]によって次のような原因を読み取ることができる（表参照）。

① 1993 年には 134 件であったが，2002 年には 203 件になる等，処分数自体が増加していること。
② 処分の終了が毎年 80 件前後とあまり増加していないこと。
③ 1994 年には 56 ヶ月であったのに 2001 年には 71 ヶ月になる等，収容期間が長期化していること。
④ 収容者のバックグラウンドが多様化し，処遇が困難になっていること。収容者の国籍のうち外国籍の者は 8.9％にすぎないが，全体の 26.1％は出生地がオランダ以外（スリナム 6.7％，オランダ領アンティル 5.0％，モロッコ 3.4％，トルコ 1.8％）であったこと[36]。
⑤ このようにして，収容者全体の 21％は 6 年以上収容されているが，8 年以上の者も 12％いて，長期収容者数が増加していること[37]。

そのため，1994 年には全国で 607 であった定数を 2003 年には 1,303 にして対応している。その結果として，平均待機日数は年々減少してきているものの，依然として，2003 年には 229 日で平均待機人員は 169 名であった[38]。対象者の権利を守るためには，適切な時期に適切な場での処遇が重要であり，収容定数の不足は深刻な問題である。

IX　おわりに

日本での医療観察法施行に際しては，単純に諸外国の処遇制度を導入してすぐに解決できる問題ではない。各国の法制度と医療をとりまく状況とが異なるので，日本の医療事情や法制度を文化的社会的相違をも含めた視点で見つめ直し，触法精神障害者処遇制度を運用する必要があるであろう。オランダはいわゆるリーガルモデルを採用し刑事司法の枠組みの中で処遇しているため，処遇の根拠となる法の法的性格は日本とは異なるが，80 年近く制度を運用してきたオランダの経験から我が国が学ぶ点は多いと思われる。中でも，専門性を確保しつつ多機関・多職種によって協力体制を構築し，さらに

第5章　オランダ

　独立性・透明性のある第三者機関によるモニタリング制度によって制度内の問題点も隠すことなく将来への課題に取り組む姿勢は大いに学ぶべき点だと思われる。

（1）　医療観察法制定前の日本の現状と問題点については，五十嵐禎人「触法精神障害者の処遇――その現状と問題点」風祭元＝山上皓編・臨床精神医学講座：司法精神医学・精神鑑定（19巻）（1998年）406頁以下，同「触法精神障害対策の処遇とわが国における司法精神医学の課題」現代刑事法40号（2002年）51頁（本書90頁）以下参照。

（2）　オランダの安楽死については，拙稿「オランダにおける安楽死をめぐる諸問題」法学政治学論究30号（1996年）321頁以下，同「オランダにおける安楽死の現状とその背景」日蘭学会会誌21巻1号（1996年）1頁以下，同「オランダにおける安楽死問題の行方――シャボット事件を中心に――」日蘭学会会誌22巻2号（1998年）19頁以下，また最近の動向として，ベルト・ホルディン（川口浩一訳）「オランダにおける安楽死と医師による自殺幇助の寛容政策から法律的規制への転換」姫路法学34＝35号（2002年）216頁以下，拙稿「死の自己決定」精神保健研究49号suppl（2003年）67頁以下，大嶋一泰「安楽死をめぐる課題と展望――オランダにおける『嘱託に基づく生命の終焉と自殺援助の審査法』の成立を契機として」現代刑事法69頁以下，タックPJP「オランダ新安楽死法の成立について」同志社法学53巻5号（2002年）179頁以下，山下邦也「オランダの安楽死――新法理由書を中心に――」国際公共政策研究6巻2号（2002年）1頁以下，参照。麻薬政策については，Van Kalmthout, A : Intoxication and criminal responsibility in Dutch criminal law. *European Addiction Research*, 4, 102-106, 1998. 被害者サービスについては，拙稿「犯罪被害者の権利――オランダ」法律時報71巻10号（1999年）70頁以下を参照。

（3）　拙稿「オランダにおける精神障害犯罪者の処遇」法と精神医療12号（1998年）115頁以下，同「触法精神障害者処遇の現状と課題：オランダ」現代刑事法4巻10号（2002年）83頁以下，同「オランダにおける司法精神医療の現状」法と精神科臨床6巻（2004年）67頁以下，同「オランダにおける触法精神障害者処遇：精神鑑定を中心に」精神保健研究13号（2005）参照。

（4）　例えば，著名な司法精神医学者Timothy Harding（ジュネーブ大学教授司法精神医学研究所所長）は，2003年8月30日第12回法と精神科臨床研究会における講演会"The management of mentally disordered offenders: Learning from successes and failures"において，希望のもてるモデルとしてオランダを高く評価している。

（5）　TBSとは，オランダ語でいうTer beschikkingstellingの略であり，日本語に直訳すると「監置」となる。TBS処分は英文ではhospital order, entrustment order等と翻訳され，最近では山下邦也教授らが「社会治療処分」と訳されている（タックPJP（山下邦也=田中圭二訳）「オランダ刑法における社会治療処分」香川法学21巻

第2部 諸外国における触法精神障害者の処遇決定システム

　　　3＝4号（2002年）295頁以下）が，本稿ではあえて訳さずにそのまま TBS 処分と
　　　し，処遇施設は TBS 施設とする。
（6）　拙稿，前掲注（3）。
（7）　精神病院収容処分とは，責任無能力者が，自己，他人，あるいは人または財産
　　　の一般的安全に対して危険を呈する時に，刑事裁判所で付される処分である（刑法
　　　37条）。期間は1年間である。処分が決定すると，対象者は刑事手続きから離れ，
　　　もっぱら精神病院収容法（Wet Bijzondere Opnemingen in Psychiatrische Zieken-
　　　huizen）の規定による取り扱いを受けることになる。
（8）　オランダにおける刑事手続きについては，Nijboer JF: Criminal Justice Ststem.
　　　In, Chorus JMJ, Gerver PHM, Hondius EH, Koekkoek AK. (eds.) *Introduction to
　　　Dutch Law*（*3rd revised edition*）. Kluwer Law International, pp. 383-433, 1999,
　　　タック PJP（中山研一＝山下邦也＝田中圭二訳）・オランダ刑事司法入門──組織と
　　　運用（2000年），土本武司「日・蘭刑事司法の比較的考察」犯罪と非行96号（1993
　　　年）2頁以下を参照。
（9）　加藤久雄「『精神障害』被疑者に対する起訴猶予処分の再検討」法と精神医療
　　　6号（1992年）24頁以下参照。
（10）　Van der Leij JBJ, Jackson JL, Malsch M, Nijboer JF: Residential mental health
　　　assessment within Dutch criminal cases: A discussion. *Behavioral Sciences and the
　　　Law, 19*, 691-702, 2001.
（11）　1996年8月29日ピーター・バーン・セントラム訪問時の聴き取り調査による。
（12）　De Kom AAR, Van Mulbregt JML, Oudejans JM : *Richtlijn advisering Pro Jus-
　　　tita*（Interne Publicatiereeks nr. 7, Pieter Baan Centrum, Utrecht）．
（13）　Comité Instrumentarium Forensische Psychiatrie: *Risicotaxatie in de foren-
　　　sische psychiatrie- Een Nederlands instrument in ontwikkeling*（Ministrie van
　　　Justitie, 2000）．詳しくは，拙稿「オランダにおける触法精神障害者に関する精神医
　　　学的評価」平成14年度厚生科学研究費補助金報告書：欧米諸国における触法行為
　　　を行った精神障害者に関する精神医学的評価に関する文献的研究（主任研究者：五
　　　十嵐禎人）49頁以下参照。
（14）　タックP（山下邦也＝田中圭二訳）「オランダ刑法における社会治療処分」香川
　　　法学21巻3＝4号（2002年）295頁以下。
（15）　Van Marle H: Forensic psychiatry services in the Netherlands. *International
　　　Journal of Law and Psychiatry, 23*（5=6），515-531, 2000.
（16）　2001年9月26日TBS施設メイヤース・クリニック（Mijerskliniek）を視察した
　　　際の配布資料（以下，「配布資料」という）によれば，2000年1月1日にTBS処分
　　　に付されている者のうち，17％が責任無能力者であった。
（17）　前掲注（16），配布資料。
（18）　Ministrie van Justitie, Dienst Justitiële Inrichtingen, 司法省行刑局のwebサイト
　　　を参照。http:// www.dji.nl/

第5章　オランダ

(19) 米国精神医学会（高橋三郎=大野裕=染谷俊幸訳）・DSM-IV：精神疾患の分類と診断の手引（1995年）。
(20) 加藤久雄・人格障害犯罪者と社会治療（2002年，成文堂），中谷陽二「ドイツ・バイエルン州の司法精神医療」刑政113巻1号（2002年）68頁以下参照。
(21) 拙稿「オランダにおける触法精神障害者の人権擁護」平成15年度厚生労働科学研究研究費補助金報告書：触法行為を行った精神障害者の精神医学的評価，治療，社会復帰等に関する研究（主任研究者：松下正明），687頁以下参照。
(22) タックPJP（拙訳）「オランダにおける被拘禁者の法的地位（上）（下）」自由と正義52巻10号（2001年）36頁以下，52巻11号（2001年）14頁以下。
(23) Ministrie van Justitie, Dienst Justitiële Inrichtingen : *DJI Jaarverslag 2002 - Terugblik en toekomst*（Ministrie van Justitie, 2003）．
(24) 刑法の適用と少年保護に関する評議会のwebサイトを参照。http://www.rsj.nl/
(25) 2002年には，対職員，対収容者，あわせて66件の暴力行為がおき，懲罰的制裁が科された（Ministrie van Justitie, Dienst Justitiële Inrichtingen，前掲注（23））。
(26) 例えば，厚生福祉スポーツ省の2001年12月24日付広報は，TBS施設とGGZとの連携が望ましいとのTBSに関する検討委員会の勧告を伝え（Ministirie van Volksgezondheid, Welzijn, en Sport: Persbericht, 24-12-2001），実際に，GGZが協力して外来治療が行われているTBS施設もある（GGZ Nederland: *Kerncijfers uit de ggz, 2000-2002.*（GGZ Nederland, 2003））。
(27) オランダ保護観察所のwebサイトを参照。http://www.reclassering.nl/
(28) Van Marle，前掲注（15）。
(29) 東京三弁護士会拘禁施設調査委員会・行刑におけるオランダモデル（2002年，東京三弁護士会拘禁施設調査委員会）。
(30) 2002年11月1日ピーター・バーン・セントラム訪問時の説明による。
(31) 拙稿「オランダにおける司法精神医療および教育制度」平成14年度厚生労働科学研究研究費補助金報告書：触法行為を行った精神障害者の精神医学的評価，治療等に関する基礎的研究（主任研究者：松下正明），255頁以下参照。
(32) International Academy on Law and Mental Health2002年国際会議セッション（Workplace safety in Forensic Psychiatric Care）のwebサイトを参照。http://ialmh.org/amsterdam 2002/congressprogramm.htm/
(33) 著者の質問に対する，Janssen M氏（Oldenkotte Instituut管理部門）の，2003年2月24日付私信による。
(34) Ministrie van Justitie, Dienst Justitiële Inrichtingen: DJI Jaarbericht 2003- De feiten, factoren en afwegingen（Ministrie van Justitie, 2004）．
(35) 前掲注（18）。
(36) 労働者として移住してきた者も多く，言語の相違はもとより，宗教・生活習慣の相違によって犯罪に対する認識が大きく異なる場合が多く，処遇は困難になることを意味している。1996年9月2日に視察したTBS施設ファン・メスダフクリ

ニック（Van Mesdagkliniek）のスタッフによれば，例えば，女性への暴力に対する考え方については，オランダ社会での一般通念と，「女性は男性に従うべきである」とするイスラム教社会のそれとは非常に異なるため，処遇は困難であり，女性スタッフが介入できない等，気を使うことも多いとのことであった。

(37) 前掲注（16），配布資料。
(38) 前掲注（18）。

2 オランダの触法精神障害者処遇システム

辰 井 聡 子

I はじめに

オランダには，TBSと呼ばれる触法精神障害者に対する保安処分が存在する。この処分についてはすでに紹介があるが（ペーター・タック（山下邦也・田中圭二訳）「オランダ刑法における社会治療処分」香川法学21巻3＝4号（2002年）），オランダの司法精神医療法制には，TBS以外にも興味深い点がある。以下では，2001年10月29日〜11月3日に行った視察に基づき，オランダにおける触法精神障害者処遇システムの概要と運用の実態を紹介したい。

訪問先，お話を伺った方々は以下の通りである。
- オランダ司法省矯正局（de Dienst Justitieüle Inrichtungen）（Den Haag）
   Richard F. Geense 氏
   Peter G. J. Greener 氏（精神科医）
- ライデン大学（Leiden）
   van Leeuwen 教授（刑法）
   Pinar Olcer 教授（刑事訴訟法）
   D. Schaffmeister 教授（刑法）
- Oldenkotte Clinik（TBS施設）
   Taco V. van Lent 氏（精神科医）
   M. Janssen 氏（心理療法士）ほか
- Pieter Baan Centrum（精神鑑定施設）（Utrecht）
- Ingeborg Koopmans 氏（予審判事）

とくに注記のない限り情報は聞き取り調査によるものであるが，オランダ刑事法については，以下の文献を参照した。C. P. M. Cleiren/J. F. Nijboer, Strafrecht Tekst & Commentaar Derde druk, 2000, C. P. M. Cleiren/J. F. Nijboer, Strafvordering Tekst & Commentaar Vierde druk, 2001, ペーター・タック（中山

研一・山下邦也・田中圭二訳）・オランダ刑事司法入門　組織と運用（2000年）。

II　概　観

1　オランダにおける責任主義

オランダ刑法39条は，知的障害ないし精神疾患のために責任能力が認められない者の行為を処罰しない旨を定めている。これは「責任なければ刑罰なし」の原則に基づく責任阻却事由と理解されている。

他方，オランダ刑法には限定責任能力の規定がない。講学上および実務上は，限定責任能力という概念も用いられているが，法律上の効果を伴うものではない。最高裁は，「責任に応じた刑罰」の原則を受け入れておらず（HR 9 juni 1981, NJ1983, 412; HR24 september 1985, NJ1986, 532.　ただしWemesの批判的な紹介による），責任能力が低下していた者に対しても，つねに法定刑の通りに刑罰が科せられることになる。なお，責任能力が低下していた者に対する処分と刑罰の併科については，IV 2を参照。

2　違法行為を行った精神障害者の処遇

オランダ刑法は，違法行為を行った精神障害者に対する処分として，2種類を定めている。詳細はIV以下で検討することとし，ここでは概略だけを述べておく。

(1)　精神病院収容処分（37条。Plaatsing in een psychiatrisch ziekenhuis）

精神病院収容処分は，責任無能力者のための処分である。オランダ刑法においては，知的障害ないし精神疾患のため責任能力が認められない者の行為は処罰されない（39条）。しかし，裁判時になお自分自身，他者，人および物一般に対する危険性が認められる場合には，37条が適用され，精神病院収容処分とされる。すでに述べたように，オランダ刑法は限定責任能力の概念を有せず，この処分が限定責任能力者を対象とすることもない。

(2)　TBS（37条a〜38条l。Terbeschikkingstelling）

精神病院収容処分が責任無能力者のみを対象としているのに対し，TBS（語義を英語に訳すと"at the discretion of the state"となる。Hjarmar J. C. van Marle, The Dutch Entrastment Act（TBS: Its Principles and Innovations）, International Journal of Forensic Mental Health 2002, Vol. 1, No. 1, P. 83）と呼ばれるこの処分は，責任能力の有無とは無関係の制度である。危険性を根拠とし

た処分である点は精神病院収容処分と同じであるが,「自分自身に対する危険」が要件とされていない点,違法行為が一定の重大なものに限られている点で,より保安の色彩の強いものといえる。TBS は責任無能力者に科せられることもあることから,精神病院収容処分との関係が問題となる。詳細はⅢ2で述べるが,実務上は,危険性の程度が高い場合に TBS が選択されるようである。

Ⅲ 精神病院収容処分（37条）

1 処分の性格

精神病院収容処分は,知的障害ないし精神疾患のために違法行為について責任を問い得ない者が,自分自身,他者,人および物一般に対する危険性を有する場合に科せられる処分である。自分自身に対する危険性と,他人,社会にとっての危険性の双方が考慮されることから,理論的には,本人の治療を目的とする医療処分としての性格と,社会を守るための保安処分としての性格を併せもつものと理解されている。制度上も,TBS の執行が行刑法に類似する特別法の規定に服するのに対し,精神病院収容処分は,民事的な強制収容に関する法律（精神病院への特別収容に関する法律 Wet Bijzondere Opnemingen in Psychiatrische ziekenhuizen（Wet BOPZ））に服しており,そこから医療処分としての性格を読みとることが可能である。しかし,実務上,これが医療処分であるとの意識はほとんどなく,もっぱら保安処分として用いられているようであった。

2 TBS との棲み分け

精神病院収容処分は,責任無能力者だけに科せられる処分であるが,TBS は責任能力とは無関係に科しうる処分であるため,責任無能力者に対して TBS を科することは可能である。自傷の危険性しか持たない者は,精神病院収容処分の要件にしかあてはまらないが,他人,社会に対する危険性を有する責任無能力者については,精神病院収容処分と TBS が完全に競合する。かつては両者を併科することが可能であったが,1997年の法改正により不可能となったため,両者をどのような基準で振り分けるかが問題となる。

1で述べたように,医療処分としての解釈が可能であるにもかかわらず,精神病院収容処分はもっぱら保安処分と捉えられており,理念上も TBS と

第2部　諸外国における触法精神障害者の処遇決定システム

の実質的な違いは認められていない。しかし，精神病院収容処分は，通常の精神病院で行われるのに対し，TBSはセキュリティの厳しい専門施設で行われる，また前者の期間が原則1年以内であるのに対し，後者は4年間を上限とする（いずれも延長可能）など，TBSの方がより干渉性の高い処分であるため，危険性が比較的小さく，また短期間での回復が見込まれる場合には，精神病院収容処分が選択されるようである。一般に，責任無能力者が高度の危険性を有するケースは少ないため，TBSが科せられるのはまれだという。

3　手続的要件

精神病院収容処分の命令権者は裁判官である。裁判官の判断は，少なくとも2人の，専門分野を異にする行動科学の専門家（うち1人は精神科医）による鑑定書の提出を受けたうえでなされなければならない。鑑定書は，複数の専門家が共同で執筆したものでも，別々に執筆したものでも構わない（37条2項）。

ただし，対象者が鑑定への協力を拒絶する場合には，鑑定なしの判断も可能とされている（同3項）。

鑑定は，処分言渡しのために新たに行われる必要はなく，公判前に行われた鑑定をそのまま用いることができる。公判開始の1年以上前の日付の鑑定書を用いる場合には，検察官と被告人双方の同意が必要となる。

4　責任能力制度との関連

精神病院収容処分は，責任無能力者に科せられる処分である。しかし，37条には，「行為時に知的障害または精神障害のゆえに違法行為について責任を問い得ない」という，39条の責任無能力の定義がそのまま書き込まれており，39条を適用しなくても，処分の可否が判断できる構造になっている。

オランダにおいては，通常，責任無能力は，無罪判決ではなく，訴追免除をもたらす。刑事訴訟法352条2項によると，裁判官は，被告人が被疑事実を行ったことが証明されたとしても，それが可罰的事実でない場合には，被告人に対するすべての訴追を免除する。責任阻却事由の存在は，被告人の犯した事実が「可罰的事実」であることを妨げるため，裁判官は，責任無能力である被告人の訴追を免除することになるのである。もちろん，訴追が免除されても，37条の要件を満たせば，精神病院収容処分を科することが可能である（刑訴法352条2項。同様にTBSを科することも可能である）。

ただし，責任無能力によって，訴追免除ではなくて，「訴追対象となった事実を犯したことが証明されていない」として，無罪判決が下されることもある。最高裁判例によると，責任阻却事由を含む刑罰阻却事由の存在は，過失を阻却するものとされている。また，あらゆる判断力を失わせるような重大な精神障害によって行われた場合には，故意が阻却されることもある。責任阻却事由は事実が「可罰的事実」であることを妨げるだけであるのに対し，故意・過失の不存在は，「起訴事実が証明されていない」という評価をもたらす。したがって，過失犯に関して責任無能力と判断された場合，故意犯でも重大な精神障害による場合には，「起訴事実が証明されない」結果，完全な無罪判決が言い渡されることになる。この場合には，被告人に刑法上の処分を科することはできず，民事上の強制収容の可能性が残されるだけである。

5 期　　間

精神病院収容処分の期間は，1年と定められている。検察官の請求があれば，裁判所が期間の延長を許可することは可能であるが，実際には，1年に満たないうちに退院するケースが多いという。なお，退院には，条件を守らなければ直ちに再入院となる条件付き退院と無条件退院があり，いずれも病院長の権限により決定される。

IV　TBS

1　TBSの種類と性格

TBSは，行為時に知的障害ないし精神障害を有していた者に科せられる処分で，
1．犯した行為が4年以上の自由刑を法定刑とする犯罪および扇動罪，脅迫罪，の要件に該当すること，
2．他人の安全，人および物一般の保護のために処分が必要であること，
の2つを要件とする（37条a）。

TBSには，強制入院を伴わない外来の形態で行われるものと，強制入院を伴うものとがある。一般に，前者を条件付きTBSとよび，後者を強制看護付きTBSと呼ぶ。37条aの要件は両者に共通で，裁判官が他人および人および物一般の保護のために必要であると判断した場合に，強制看護付きの処分に付する（37条b）。いずれも，社会の安全確保を第一の目的とする保安

処分である。

条件付き TBS は，犯した違法行為がさほど重大でなく，社会復帰に信頼に足る熱意を示す者に留保されるもので，保護観察所の監督・支援の下，施設外で社会復帰を目指す。条件に従わなかった場合には，強制看護付き TBS に移行させることが可能である。もっとも，37条 a の要件を満たす者の処分として，条件付き TBS が選択されることは少なく，ほとんどは強制看護付きの TBS だという。そこで，以下では，もっぱら強制看護付き TBS について扱うこととする。

2 TBS と刑の併科

TBS の要件は，責任能力とは連動していない。したがって，法律上責任無能力に該当するか否かに関わらず，要件に当てはまれば TBS に付することが可能である。とはいえ，実際には，責任能力に全く問題がない者に処分が科せられることはなく，対象は，鑑定の結果，責任無能力ないし限定責任能力とされた者に限定されている（すでに述べたように，「限定責任能力」は法律上の概念ではなく，実務上の目安として用いられているにすぎない）。

Ⅱで述べたように，オランダでは責任能力はあるかないかであり，責任無能力と判断されない以上は，法定刑通りに完全な責任が問われるのが原則である。ただし，TBS に付する場合には，裁判官は刑罰を放棄することができる。しかしほとんどの場合は，TBS と刑罰が併科される。理論的には，罰金刑と TBS の併科も可能であるが，実際には自由刑しか選択されないという。

TBS と自由刑が併科される場合，一般に刑期の3分の1を先に執行し，その後 TBS に付する。TBS が長期に渡ることが多いせいもあり，TBS の後再び刑務所に戻って刑に服することはまれだという。後に見るように，TBS は一定の要件を満たせば期間の制限なく行うことが可能であるが，併せて長期の自由刑を執行することは，「非人道的」で「尊厳に反する処遇」であり，ヨーロッパ自由人権条約3条，および市民の権利と政治的権利に関する国際条約7条に反するとされている（Cleiren/Nijboer/Wemes STRAFRECHT Tekst & Commentar Derde druk, 2000, S. 159f）。

3 TBS 施設と施設内での看護について

TBS は，民営ないし国営の特別施設において行われる。運営資金はすべて司法省から支払われる。TBS 施設は全部で12存在し，1200名程度が収容さ

れている（なお刑務所の収容人員は約 12500 名である）。居室の不足に対応するため，TBS 患者の収容定員は，1990 年以降急激に増大した（1909 年 506 名→2001 年 1222 名）。しかし現在も不足傾向ではあり，常時 130 名程度の待機者がいるという。

　施設の選択は，法務省内の担当部署が行い，必要があれば途中で場所を変えることもある。

　オランダ法は，精神障害者に対する看護と治療を区別しており，TBS において強制できるのは看護のみである。身体的接触を伴い，医学的―精神医学的に積極的な影響を及ぼすことは治療であり，本人の同意がなければ認められない。ただし，強制治療の禁止は絶対的なものではなく，投薬などの一定の医療行為は，本人および他人の健康・安全に対する深刻な危険を避けるために必要不可欠と医師が判断した場合には，当人の同意がなくても認められる。これに対し，去勢やロボトミー手術などの「不可逆的干渉（二度と元に戻すことのできない医学的処置）」の強制は絶対に許されない。

　なお，諸外国においては，この種の特別施設を，一般の処遇困難患者に対しても用いる例が見られるが，オランダでは一般患者が TBS 施設にくることはないという。

4　手続的要件

　TBS の手続要件については，37 条 2 項・3 項が準用されている。したがって，精神病院収容処分と同様に，裁判官が，少なくとも 2 人の，専門分野を異にする行動科学の専門家（うち一人は精神科医）による鑑定書の提出を受けたうえで判断することになる。詳細は，Ⅱ 3 を参照。

5　期　　間

　TBS に付せられた患者は，まず 2 年間処分に服する。継続が必要な場合には，検察官の継続請求に基づき，裁判官が判断する。期間の延長は，他人，人および物一般の保護のために必要な場合に認められ，一度につき 1 年ないし 2 年の延長が可能である。条件付き TBS の延長は一度しか認められないが，看護付き TBS は二度の延長が可能である。

　TBS の期間は，トータルで 4 年以内とされている。しかし，TBS に付される原因となった犯罪または違法行為が，人の身体の不可侵性に対するものである場合には，他人，人および物一般の保護のために必要であれば，何度で

も延長することができる。

　収容中の患者は，2年に一度，裁判所に行き，処分継続が適当かどうか審査を受ける。また，6年経つと，外部の専門家による審査を受けることができる。これらは患者の権利として認められている。審査は，精神鑑定施設で行われることもあるが，より多くの場合には，外部の精神科医がTBS施設に通って行う。

V　処分決定までの刑事手続——公判前を中心に

1　検察官の訴追裁量

　オランダは，日本と同様に起訴便宜主義をとっており，検察官に訴追裁量がある。不起訴裁定が積極的に行われ，高い有罪率を誇っているのもわが国と同様である。犯罪が重大なものでない場合には，責任無能力を理由に不起訴とすることもあるという。検察官の判断は，検事長会議発行のガイドラインに基づいて行われており，ペーター・タック教授によれば，ガイドラインには，刑事制裁・刑事処分以外のもの（懲戒処分，行政処分，民事処分など）が望ましいか，より有効である場合には不起訴が許される旨の記載があるという。したがって，不起訴となった者が，民事上の強制入院制度（Wet BOPZに基づく）に回されることも，理論的にはあり得る。ただし，犯した違法行為が重罪である場合に責任無能力を理由に不起訴とすることはないという。

2　予審判事の役割

　検察官は，単純で，かつそれほど重大でない犯罪の場合には，警察の捜査によって得られた情報に基づいて起訴・不起訴の裁定を行うが，複雑であるか，または重大犯罪の嫌疑の場合には，予審判事の審問に委ねるのが通例である（タック教授および聞き取り調査による）。また，被疑者の精神鑑定を命じる権限は予審判事のみが持っているため，検察官が精神鑑定の必要を感じた場合はつねに予審判事の判断を仰ぐことになる（法改正により，検事自身が精神鑑定を命じることも可能になったという話も聞いたが，確認できなかった。いずれにせよ，検事がその権限を行使することはほとんどないという）。精神鑑定は，被告人側弁護人の請求により行われることもあるが，その場合も鑑定を命じるのは予審判事である。公判開始後に裁判官が精神鑑定の必要を感じ

た場合にも，ケースは予審判事に戻され，鑑定を行うかどうかの判断はあくまでも予審判事が行うことになる。

3　精神鑑定

　精神鑑定の方法には，勾留施設で行われる比較的簡易な鑑定と，施設に収容してより長期にわたって行う鑑定がある。一般に，前者を救急鑑定（het ambulante onderzoek），後者を臨床鑑定（het klinisch onderzoek）と呼ぶ。このどちらの方法を取るかを決定するのも，予審判事の役割である。

　救急鑑定は，精神科医または心理学者1名が，勾留中の被疑者ないし被告人を訪問して行う。救急鑑定に基づく鑑定書も，精神病院収容処分やTBSを判断する資料として有効である。救急鑑定には，予備鑑定の意味もあり，ここでさらなる鑑定が必要と判断された場合には，その後臨床鑑定が行われることになる。

　一方，臨床鑑定は，精神病院か鑑定施設に被疑者・被告人を収容し，複数の専門家が関与して行われる。ほとんどのケースは，今回の訪問先であるPieter Baan Centrumで行われている。期間は7週間以内と定められている（刑事訴訟法509条g4項）。とくに必要がある場合には延長が認められることがあるが，大体は7週間のうちに終了するという。延長が認められないが，どうしても調査を行いたい場合には，対象者の同意を得た上で，大学病院（ロッテルダム）で鑑定を続けることも不可能ではない。法律上，大学病院はPrisonとして扱われないため，収容期間の「中断」という形で鑑定を行うことが可能だからである。

　鑑定は，以下の5点について行われる。

　　1．現在精神障害を患っているかどうか。
　　2．犯罪時に精神障害があったかどうか。
　　3．犯行時の責任能力。

　　　＊オランダでは，一般に，以下のように責任能力を5段階に分ける方法が用いられており，鑑定人は以下の5段階のいずれにあたるかを回答する。ただし，これは責任能力の有無，処分の要否を判断するための目安として用いられるにすぎず，ただちに法的効果と結びつくものではない。

　　　1　No responsible
　　　2　Strongly diminished responsibility

3　Diminished responsibility
　　　4　Slightly diminished responsibility
　　　5　Totally responsible
　4．再犯の可能性
　5．再犯可能性を減少させるために治療が必要かどうか。
 4　FPD（Forensisch Psychiatrisch Dienst）

　精神鑑定の実施に際しては，法務省が所管する司法精神医療部門（以下FPDという）が大きな役割を果たしている。

　FPDの主な役割は，
　　1．予審判事の判断に基づき，精神科医・心理学者等に鑑定を依頼する，
　　2．鑑定の質・適正を保持する，
　　3．鑑定結果につき，検察官，予審判事，裁判官に精神医学的なアドバイスを行う，
ことにある。

　FPDは，自身が鑑定を行ったり，鑑定の要否，訴追の要否，処分の要否等について判断を行うことはなく，つねに補助者としてサポートを提供する立場にある。鑑定に際しては，適切な専門家に鑑定をあっせんし，予審判事や検察官，裁判官が鑑定の要否・訴追の要否，処分の要否を判断する際には，つねにFPDが相談にのる。その際，FPDは自らの意見を伝えることがあるが，予審判事や検察官，裁判官がそれに拘束されることはなく，彼らがFPDのアドバイスに反する判断を行うこともしばしばあるという。

3 ピーター・バーン・センター（Pieter Baan Centrum-Psychiatric Observation Clinic）

柑 本 美 和

I 施設概要

　Pieter Baan Centrum は，アムステルダムから車で1時間ほどのユトレヒトに位置する，未決者および TBS 収容者のための精神鑑定施設である。1949年に開設され，司法省が管轄している。センターは，郊外の隔離された場所ではなく，一般道路に面した町の一画にある。外観が周囲の建物と同じような造りをしているため，刑事施設であることは傍目にはあまり分からない。しかし，監獄と位置づけられているため，セキュリティは非常に厳しく，入り口で一人ずつ念入りにボディチェックが行われた。荷物は入り口の脇に備え付けられているロッカーに預けるよう求められ，カメラ，携帯電話，録音機器等の持込みは一切認められなかった。以前は，録音機器の持込みは許可されていたのだが，訪問者が無断で収容者の会話を録音していたことが発覚したため，以後，禁止となったそうである。
　病棟は，一般病棟4つと隔離病棟1つから成る。
　まず，一般病棟であるが，各棟のベッド数は8床で，合計32床である。病棟は，精神障害の種類によって特に分類がなされているわけではない。各個室には，洗面台とトイレが備え付けられている。居室は，原則として，朝7：30から夜9：30までは開錠され，夜間のみ施錠される。セキュリティ用カメラは，プライバシーの問題上，個室には設置されておらず，廊下にのみ備え付けられている。
　隔離病棟は，通常の個室4つと，保護室1つ，そしてコモン・ルームから成る。暴力的傾向がある，自殺企図がある，あるいは，集団に適応できないといった患者がこの病棟に移され，中でも，特に症状の重篤な者が保護室に収容される。保護室には，トイレと寝具のマットレスだけがあり，マットレスは床に直接敷かれている。そして，天井にはカメラが備え付けられている。

隔離病棟は，もともとは，1978年に女性用病棟として増築されたものである。しかし，現在では，女性といえども，本人の同意があれば，男性と一緒に一般病棟に収容されるようになり，同意が得られない場合にのみ，隔離病棟へ収容するとのことであった。なお，隔離病棟は，2002年5月に改装されたばかりであったため，非常に清潔感にあふれていた。

II 対象者

センターは，次の4つの経路を通じて，犯罪を行った者の鑑定に関与する可能性がある。

1．予審判事の命令

予審判事が，検察官や被告側弁護人の請求を受け，または職権で，被告人の犯行時の精神状態を調べるためにセンターでの鑑定を命じた場合。

2．公判判事の命令

公判判事が，自らに送致されたケースにおいて被告人の精神状態に疑いを抱き，予審判事にケースを戻し，センターでの鑑定を命じさせた場合。

3．患者の請求

TBS処分に付された患者が，収容6年が経過した後に，自身の再犯危険性のレベルや精神障害の状態について，センターでの再鑑定を要求した場合。

4．TBS施設からの依頼

TBS施設が，収容患者の治療に行き詰まった際に，他の選択肢についてのアドバイス（他のTBS施設への移送の可能性，他の治療方法など）を求めてセンターに鑑定を依頼した場合。この場合，どのような治療を施しても患者の状態は変わらないだろうと判断されれば，TBS施設への収容が継続される。

III スタッフ

スタッフ数は全160名で，精神科医12名，サイコロジスト12名，グループリーダー52名，その他，ソーシャル・ワーカー，看護師と保安スタッフなどから成る。通常病棟に常駐するスタッフは，日中・夜間ともに3名であり，隔離病棟のスタッフは保安スタッフ2名と，グループリーダー2名を含

む最低4名である。

　鑑定チームは，グループリーダー，ソーシャル・ワーカー，精神科医，サイコロジスト，リーガル・カウンセルによって構成される。ソーシャル・ワーカー，精神科医，サイコロジストは，それぞれ，被告人の成育史・環境調査，精神症状の検査，そして心理検査などを行う。グループリーダーは，病棟内外で，被告人と活動を共にし，被告人の日々の行動・状態を観察・監督する役割を担うと同時に，助言者的な役割も果たす。リーガル・カウンセルとは，法律の専門家であり，鑑定全体の責任者である。法律家（判事，検察官など）と臨床家とのリエゾンの役割を果たしたり，鑑定書の矛盾点を指摘したり，鑑定内容が明瞭か否かのチェックを行ったりする。また，鑑定チームのために，患者の犯罪ファイルの概要を作成したりもする。但し，患者と面接を行うことはない。

IV　手　　続

　オランダには，未決者に対する鑑定の方法が2種類ある。1つは，ambulatory system と呼ばれる制度で，精神科医，サイコロジストなどの専門家1名がジェイルに収容されている被告人を訪問し，ジェイルで鑑定を行う。この方法によって全国で1年間に行われる鑑定件数は，約6,000とのことである。なお，鑑定の結果，裁判所に対してTBS処分を推薦する場合には，書類に精神科医そしてサイコロジスト双方のサインが必要となる。これは，TBSが非常に強力な処分であることを考慮し，2名の専門家による鑑定を要するからである。

　一方，予審判事が，特別な施設に留置して鑑定を行う必要があると判断すれば，Pieter Baan Centrum での鑑定が命じられる。センターでの1年間の鑑定数は約230とのことであった。このように鑑定のみを専門的に行っている施設は，オランダではこのセンターだけである。予審判事が，ジェイルに収容されている被告人にセンターで鑑定を受けるよう命令を出すと，2名の移送スタッフ（センターの職員ではない）が被告人をセンターに連れてくる。移送スタッフは，武器は携帯していない。

　センターに到着した被告人は，インテイクの後，各病棟に振り分けられ，スタッフの観察を受けることになる。鑑定期間は原則として7週間と規定さ

れているが，例外的に延長が認められるケースもある。例えば，最初は非協力的だった被告人が，4週間を過ぎた頃，ようやく治療に協力しだしたような場合が，それに該当する。しかし，ここは，オランダに1つしかない施設ということもあり，慢性的なベッド数不足のため，延長が認められることは稀である。鑑定が終了すれば，被告人はもとのジェイルに戻される。

V 鑑　　定

センターは，予審判事から，以下の事項について鑑定行うよう求められる。
  1．被告人の現在の精神状態
  2．被告人の犯行時の精神状態
  3．刑事責任能力の程度
    責任能力の程度は，このセンターで開発された5段階のスケールによって表される。そのスケールとは，complete accountability, slightly reduced accountability, reduced accountability, strongly reduced accountability, complete unaccountability である。なお，前項「2　オランダ視察報告Ⅰ」参照。

  4．再犯と社会への危険性の予測
  5．治療に関するアドバイス
再犯の危険性が存在しない場合には，治療に関するアドバイスは行わない。
　被告人は，鑑定期間中，鑑定に関係する面接や検査を受ける以外は，スポーツをしたり，作業をしたりして一日を過ごす。そして，品行方正に生活する，他人の居室を訪れない等，決められた規則に従うよう求められる。グループリーダーは，こうした日々の生活の中で，被告人の感情，他者との関係，安全などについて観察を行い，朝晩の2回，患者の観察記録を作成する。そして，ソーシャル・ワーカー，精神科医，サイコロジストは，被告人との面接を通じて，各々が担当する箇所の調査報告書を完成させる。なお，鑑定期間中，鑑定チームのメンバー全てが出席する公式のミーティングは，インテイク，中間，最終の3回行われ，その他に，各病棟では，週2回の割合でミーティングが開かれている。
　最終的には，グループリーダーが，これらの記録，報告書等をまとめ，病棟を代表して，被告人の責任能力の有無，または限定責任能力の程度，さら

に，処分の選択肢に関する鑑定書を予審判事に提出する。この鑑定書の他に，予審判事に対してレポート等を提出する義務はない。

処分の選択肢として意見を述べることが考えられるのは，
 1．一般精神病院への収容（刑法37条第1項），
 2．外来治療の条件付保護観察処分，
 3．アルコール・薬物依存専門施設での治療，
 4．カウンセリング，
 5．TBS処分，
 6．拘禁刑，
などである。

なお，一般精神病院への収容処分を選択するにあたっては，次の点が考慮されるようである。

責任無能力者の場合，一般精神病院収容とTBS処分のいずれを選択するかは，差し迫った現在の再犯危険性の有無が基準となる。従って，そうした危険性がなく，1年以内に治療を終了することが可能だと考えれば，オランダ国内5カ所にある一般精神病院への収容処分を選択する。他方，再犯の危険性はあるが，その危険が現実化するのは1年以上先だと予測される場合，比較的軽い犯罪を行った者には一般精神病院収容が，殺人などの重大犯罪を行った者についてはTBS処分が選択される。

予審判事は，センターが提出する鑑定結果を約90％以上の確率で採用するとのことであった。

VI 治　　療

センターでは，被告人の同意がなければ投薬を含む治療を行うことはできない。したがって投薬を拒否する者に対しては，本人の同意が得られるまで説得を続ける。これは，保護室に収容されている者についても同様である。保護室では，拘束具を用いた身体拘束は行われない。せいぜい，スタッフが暴れている患者を羽交い絞めにして取り押さえる程度である。なお，保護室に収容された患者は，特別の保護衣に着替え，決められた下着を身につけることが求められる。保護室に収容された患者は，状態が落ち着けば，すぐに元の病棟に戻される。

VII 収容者の権利

収容者には，弁護士を依頼する権利があり，許可される範囲で，面会することができる。また，週末を除いて，週に1度1時間以内であれば，グループリーダー立ち会いの下に，家族などに面会することも可能である。さらに，各病棟には，電話が1台備え付けられており，外部に電話をかけることも許される。但し，必要な範囲でスタッフがその内容を聞くことがあり得る。

4　オルデンコッテ・クリニック
（Oldenkotte Clinic）

廣幡　小百合

I　概　　要

　オルデンコッテ・クリニック（Oldenkotte Clinic）は私立の TBS（Terbeschikkingstelling：社会治療処分）施設の一つであり，1990 年に設立された。TBS 施設はオランダ国内に国立・私立を合わせ計 13 機関あり，1）公共の安全の確保，2）精神障害のある犯罪者に対して治療を行うことにより再犯の危険性を減少させ社会復帰を実現させること，を目的として運営されている。

　TBS 処分は 4 年以上の自由刑を最高刑として有する犯罪や特定の重大犯罪を行った精神障害者に対して，公共の安全を確保する必要がある場合に裁判所が決定・命令する治療処分である。TBS 処分には閉鎖 TBS 施設で執行される「監護付き TBS 処分」と条件を付され通常の精神病院への入院や外来通院治療を受ける「条件付き TBS 処分」の 2 種類がある。オルデンコッテ・クリニックはそれぞれの処分に対応するため複数の施設から構成されている。すなわち我々が訪問した Rekken にある閉鎖 TBS 施設を中心に，Enschede にある社会復帰施設，Deventer にある社会復帰施設及び外来通院施設などから成る（これら 3 都市は同じ Overijsser 州にある）。「条件付き TBS 処分」は TBS 処分の約 10％を占めるが，Deventer の外来通院施設ではそれらの患者を受け入れるばかりでなく，入院待期患者に対しても治療を行っている。オランダ国内の TBS 施設の全定数は約 1200 床と限られているため，どの TBS 施設でも満床の状態が続いており，司法省で「入院待期リスト」が作成されている。社会復帰施設は TBS 処分の最終段階の患者に対して治療を行う。

II　施　　設

　オルデンコッテの全定数は 117 床で，その内訳は Rekken 85 床，Enschede

第2部 諸外国における触法精神障害者の処遇決定システム

写真1

写真2

20床, Deventer 12床となっている。またこの117床は10ユニット, すなわち隔離施設1ユニット, 通常の閉鎖施設6ユニット, 社会復帰施設3ユニットに分けられている。隔離施設ユニットは男女共用のものが1つ, 閉鎖施設ユニットは男性専用5つ, 女性専用1つ, 社会復帰施設ユニットは男性専用1つ, 女性専用1つ, 男女共用1つが設けられている。ユニットごとに治療段階が異なっており, それぞれ6名から12名を収容できる。閉鎖施設内でもユニットごとに活動内容や外出制限（付添いが必要かどうか）が異な

る。このように細分化された処遇は"custom-made security","custom-made treatment"と呼ばれており，患者個人に合わせ柔軟に運営されている。ここでは主に，我々が訪問したRekkenのTBS施設（写真1）について報告する。

RekkenのTBS施設はアムステルダムから東へ車で約2.5時間，ほぼドイツ国境に位置し，畑や林に囲まれた閑散とした場所に建てられている。患者は個室で生活し，部屋には標準的にベッド，机，椅子，戸棚，洗面台，トイレが備え付けられている。患者は自室にラジオ，テレビを持ち込むことができ，小動物を飼うことも認められている（写真2）。施設内には体育館，屋内水泳プール（写真3），屋外運動場，教会（様々な宗教に対応している：写真4），職業訓練所，音楽室，教育ルーム（写真5），図書室，売店などがある。売店では患者が店員として働くなど，患者自身がその運営に携わっている。

治療費，人件費などの経費は司法省により拠出されており，オルデンコッテでは患者一人につき1日あたり400ユーロ（約5万円）の費用がかけられている。

III セキュリティ

RekkenにあるTBS施設の周囲は，格子鉄線で作られた高いフェンスで囲まれ，異常があった場合には警報アラームが鳴るようになっている。入り口は24時間体制で警備されており，ここで施設職員，患者，外来者全員のチェックが行われ，所持品が検査される。また入り口は二重の扉で厳重に施錠されており，一方のドアを閉めないと他方のドアが開かない構造である。つまり施設に出入りする際には一度ドアとドアの間にはさまれるかたちとなる。セラピールームや廊下には緊急事態が発生した場合に備えて警報ボタンが設置されており，スタッフがボタンを押すと外部の関係機関に連絡され，必要に応じて施設の警備と緊急措置が講じられる。監視カメラは建物内に13ヶ所，建物周囲に20ヶ所設置されている。日中は患者の自室は施錠されていない。夜間（21時30分から翌朝7時45分まで）は施錠されるが，患者は室内のインターコム装置を使い宿直員と連絡が取れるようになっている。2003年にはさらに新しいセキュリティ・システムが導入される予定とのことである。

第2部　諸外国における触法精神障害者の処遇決定システム

写真3

写真4

写真5

IV 患　者

　先述したようにオルデンコッテが対象とする患者は，4年以上の自由刑を最高刑として有する犯罪（強盗・強姦・殺人など）や特定の重大犯罪を行った精神障害者で，裁判所によってTBS処分を科せられた者である。オランダ全土からの患者を収容しており，20％はオランダ以外の民族的バックグラウンドを有している。患者は限定責任能力者が多く，その場合TBS処分は懲役刑と同時に併科され，通常宣告された刑期を終えてから収容される。TBS処分をうける者の75％は人格障害，残り25％は精神病患者といわれているが，その割合はオルデンコッテでも同様とのことである。全TBS施設の統計では患者の95％が男性であるのに対し，オルデンコッテでは男性患者は75％と女性患者の割合が比較的高い。オルデンコッテの患者の平均年齢は39.4歳，原因となった犯罪の種類は暴力犯罪3分の1，性犯罪3分の1，放火などその他の犯罪3分の1である。

V　スタッフ

　オルデンコッテ施設全体で307名のスタッフが勤務している（入院TBS施設　268名，外来通院施設　39名）。入院施設では精神科医5名（常勤及び非常勤），心理療法士12名，ソーシャルセラピスト145名（約60名の看護師を含む），ソーシャルワーカー4名，他の療法士（職業訓練療法士，教育士，スポーツ療法士，音楽療法士など）20名が勤務している。ソーシャルセラピストは治療，患者の付添い，安全の確保に直接関わっている。警備員はいない。

VI　治療プロセス

1　予診期間
　患者は入所前に精神鑑定施設などで診断・評価が行われているが，オルデンコッテでも入所後6〜10週間をかけて診断と様々な評価を行う。入所から最初の治療計画会議までの期間を予診期間と称し，この期間中に患者に治療担当者を紹介する。

2　治療計画
　治療担当者は診断，犯行分析，患者との相談に基づき治療計画を作成し，

治療計画会議で再検討する。患者は治療計画会議に部分的に参加することができ，参加できない場合には後日治療担当者から協議内容について報告を受ける。スタッフは治療計画に基づいて，デイプログラムを作成する。

3 治　　療

患者の病態に応じて，薬物療法，精神療法（心理療法），音楽療法，運動療法，作業療法など様々な治療を併用して行っている。患者が薬物治療や精神療法を拒否する場合には強制的に治療を行うことはできず，看護ケアだけを行う。患者に自傷他害の恐れがある場合にのみ強制的な薬物治療を行うことができる。しかしスタッフによる説明では，ほとんどの治療は強制ではないが，治療に協力しなければそのことが裁判所に報告され施設への収容が長引く結果となるので，結局は強いられるかたちとなるという。人格障害の患者に対する治療は認知行動療法などの精神療法が主体となるが，個別に行われるカウンセリングと集団療法がうまく組み合わされ行われている。集団療法は性犯罪や暴力犯罪など犯罪の種類ごとに対象者をグループに分け行われる。人格障害の患者の約半数に薬物療法が併用されていた。治療の最終段階では，患者に対して職業選択のための検査，職業オリエンテーションまたは職業訓練が行われる。職業訓練での労働に対しては報酬が支払われる。患者に外出許可がおりている場合は，クリニック以外の関連機関で職業訓練を受けることも可能である。教育ルームでの教育も充実しておりオランダ語，英語，算数，社会などの一般教養プログラムのほか，ソーシャルスキルを習得するためのプログラム，職業訓練を受けるための準備教育，学習面で困難を有する患者のための救済プログラムなどが行われている。

4 期間延長に関する助言

TBS処分は2年が原則であるが，裁判所は検察官の請求に基づき1年間，あるいは2年間の延長を宣告することができ，処分の全期間は4年間であるとオランダ刑法により規定されている。しかし，保安上の必要から終身収容することも可能である。検察官が処分の延長を申請しない時は処分は期限切れとなって終了する。平均収容期間は6.5年である。

延長の請求をする際は，TBS施設長による助言及び患者の身体的かつ精神的状態に関する報告書のコピーに基づいて行わなければならないと定められており，オルデンコッテはその報告書を公判の前に検事局に提出する必要が

ある。報告書はTBS施設での調査結果をまとめたもので，治療により期待される改善度，患者がTBS処分後釈放された場合の再犯の危険性についても言及されている。再犯の危険性を評価する尺度としてはイギリスやカナダで発展してきたHCR-20 (Historical, Clinical and Risk Management-20) やオランダで開発されたHKT-30 (Historische, Klinische en Toekomstige Risico-indicatoren-30) が用いられている。入所後6年を経過した患者は施設外の2人以上の専門家（うち一人は精神科医）によって診察が行われ，意見書が作成される。その場合，司法大臣は精神病院又は観察施設に患者を移送すべき旨を命じることができる。

5 外出と試験的外泊

治療が進行するにつれて（通常は早くても約5年はかかる），患者に外出許可が出されるようになる。最初のうち，1回の外出は数日間と限定され，通常クリニックのスタッフが付き添う。この外出・試験的外泊には司法省の許可が必要である。試験的外泊は治療の最終段階で認められ，患者，クリニック，社会復帰施設の三者の協議のもとに試験的外泊計画が作成される。社会復帰施設はこの計画の遂行状態をチェックし，その結果を裁判所とクリニックに報告する。

6 TBS処分の終了

試験的外泊の結果が良好な場合，裁判所は検事局の請求又は本人の請求に基づき，若しくは職権で，TBS処分の期限前に監護付き処分を終結することができる。その終結には，原則として，患者が履行すべき諸条件が付される。それらの条件は所定の薬剤を服用すること，通院治療を継続することなどであり，保護観察所が諸条件の遵守を監督する。

Ⅶ 隔離と拘束

RekkenのTBS施設には隔離室が1ユニット（6室）設けられており，常時そのうちの2室が使用されている。患者の隔離室収容は治療施設長又はその代理人（精神科医又は心理療法士）によって決定される。隔離室収容は通常最大28日間が限度とされているが，必要があればそれを28日ずつ延長することができ，その更新回数は制限されない。

精神科医は1日に1回，看護婦は3時間に1回の割合で隔離室内の患者の

状態を確認している。身体的な拘束は通常行わない。

VIII 不服申立て

　患者は外出，面会の制限や電話，信書の制限など人権が不当に制限されていると思う場合は，不服申立て委員会に不服申立てをすることができる。不服申立て委員会はクリニックから独立して運営されている監護委員会（司法大臣によって任命された裁判官，弁護士，医者，公務員，一般人などから構成される委員会）より数人のメンバーが選出され構成される。TBS処分に関する監護法（Beginselenwet Verpleging Terbeschikkinggestelden）には，患者が不服申立て出来る事項が規定されている。オルデンコッテの所内規則は，上記の監護法に基づく規定をオルデンコッテの事情に適合するように改訂し規定している。この規則は本施設に収容される全ての患者に配布される。患者は不服申立て委員会の裁定に不満がある場合は，上訴することもできる。

　オルデンコッテでは施設内に郵便箱がいくつか設置されており，患者は郵便物を自由に投函できるようになっている。面会は行刑法によって少なくとも週1回1時間が保障されているが，オルデンコッテでは週に2，3回許可している。患者の金銭はソーシャル・ワーカーが患者と共に管理し記録を作成している。

第6章 イギリス

1 イギリスにおける司法精神医療

柑本美和

　本稿は，イギリスの精神障害犯罪者処遇制度について，刑事手続きの流れにそって解説したものである。イギリスでは，刑事手続きの各段階において，精神障害に罹患した者を刑事司法手続きから保健手続きへと移行させる制度が整備されている[1]。犯罪者であっても精神障害に罹患した者には，可能な限り早い時点で，精神科医療を提供することが目指されているのである。

　したがって，そこで問題とされるのは，我が国で議論されているような犯行時の精神状態ではなく，手続きの各段階における精神状態である。以下，現行法である1983年精神保健法（Mental Health Act 1983. 以下，1983年法という）を中心に，精神障害犯罪者にはどのような治療ルートが開かれているのかを検討していく。

　なお，イギリスは，イングランド，ウェールズ，スコットランド，北アイルランドから成る連合王国であるが，本稿でイギリスとある場合には，イングランドおよびウェールズを指すものとする。

I　1983年精神保健法による一般患者の強制入院手続き

1　概　要

　イギリスにおける精神障害者の入院形式には，1983年法の適用を受けない一般入院（informal admission）と1983年法上の強制入院（compulsory admission）の2通りがある。そして，1983年法上の強制入院は，さらに，一般患者の強制入院と精神障害犯罪者の強制入院の場合の2つに分類される。

　一般患者に対して用いられる強制入院措置の主なものは，アセスメントのための入院[2]と，治療のための強制入院[3]である。以下では，まず，強制入院の際に医学的証拠を提出する役割を担う，精神保健法の認定する医師

475

(以下，認定医という）について若干説明を行ったあと，アセスメントのための入院と，治療のための強制入院について概観する。

2 認定医

認定医とは，保健大臣（Health Secretary）によって，精神障害の診断と治療に関し特別な経験を有すると認められた医師のことである[4]。強制入院を行う際に，2名以上の医師による医学的証拠の提出が要求される場合，そのうちの1名はこの認定医であることを要する。認定に必要な経験，基準等については，保健サービスガイドライン（Health Service Guidelines）に定めが置かれている[5]。認定は，そこに要求される資格と経験を有し，かつ，規定のトレーニングを終了した医師に与えられる[6]。認定の期間は，まず5年間で，その後，5年ごとに更新を受けることになる[7]。

3 アセスメントのための入院

アセスメントのための入院の場合，2人の登録医（registered medical practitioner）が提出する医学的証拠によって，

(a) 一定の期間に及ぶアセスメントのための病院収容を正当化するような性質・程度の精神障害（特に指定なし）に罹患している。

(b) 自身の健康又は安全のため，又は他者の保護のために収容が必要である。

ということが認められなければならない。この2人の医師のうち1人は，認定医であることを要する。収容期間は28日間で，原則として，更新は認められない[8]。

入院の申請は，最近親の親族（nearest relative）又は，認定ソーシャルワーカー（approved social worker）のいずれかによって行われる[9]。認定ソーシャルワーカーとは，地域の社会サービス機関によって，精神障害者を取り扱うのに適切な能力を有すると認定されたソーシャルワーカーのことをいう。退院は，主治医（responsible medical officer），病院管理者（hospital manager），そして，最近親の親族の判断によって可能となる[10]。また，患者自身が精神保健審査会（Mental Health Review Tribunal. 以下，MHRTという）に申請を行うこともできる[11]。

4 治療のための強制入院

治療のための強制入院の場合には，2人の登録医（うち1人は認定医）の医

学的証拠により，
 (a) 病院での治療を適切とする性質・程度の精神病（mental illness），重度精神発達不全（severe mental impairment），精神発達不全（mental impairment），精神病質（psychopathic disorder）のいずれかに罹患している。
 (b) 精神発達不全，精神病質の場合には，入院治療がその症状の悪化を軽減するか防ぐ可能性がある（この要件を，治療可能性（treatability）と呼ぶ。但し，ここでいう治療には，医学的なものばかりでなく，看護（nursing），ケア，社会適応訓練（habilitation），リハビリテーションも含まれる)(12)。
 (c) 自身の健康又は安全のため，又は他者の保護のために治療が必要であり，収容しなければそのような治療は行えない。
の各条件が満たされる必要がある。

入院期間は，まず6ヵ月で，更新が認められれば，さらに6ヵ月間，そして，その後は，1年ずつ延長される(13)。詳細については，後述する病院命令の箇所を参照されたい。

入院の申請は，最近親の親族又は，認定ソーシャルワーカーによって行われる(14)。しかし，最近親の親族が反対すれば，認定ソーシャルワーカーが申請を行うことはできない(15)。この点が，アセスメントのための入院申請と異なるところである。

退院については，主治医，病院管理者，そして，最近親の親族の判断によって可能となる(16)。また，患者自身が精神保健審査会に退院の申請を行うこともできる(17)。

II 警察限りの措置——安全な場所への移動

警察官（constable）には，精神障害に罹患し，至急ケアの必要ありと思われる者を公共の場所（public place）で発見した場合，本人の利益と他者の保護のために必要だと考えれば，安全な場所（place of safety）と呼ばれる場所へ移動させ，72時間を限度に拘束する権限が与えられている(18)。この場合，精神障害に罹患しているとの医学的証拠は必要とされず，警察官の心証だけで足りる。また，安全な場所とは，病院，警察署，地域の社会サービス局が

運営する居住施設などを指し[19]，いずれを選択するかは警察官の裁量による[20]。安全な場所へ移された者に対しては，登録医による診察と認定ソーシャルワーカーによる面接，そして，その後の必要なアレンジメントが行われる。但し，この段階ではアセスメントのみを行うことができ，強制的に治療を施すことはできない[21]。医師による診察の結果，精神障害に罹患していることが判明し，入院措置が必要となった場合，本人の同意があれば一般入院，本人の同意が得られない場合には，認定ソーシャルワーカーによって1983年法による強制入院措置がとられることになる。

この権限の行使に際して，犯罪が行われていることは要件とならない。しかし，一般的には，対象となる者が，公共の秩序を乱す犯罪（public order offence や breach of peace）などの軽微な犯罪に該当する行為を行っていたり，不自然な行動をとっている場合が多いようである。従って，この規定は，ごく軽微な犯罪を行った精神障害者を不必要に刑事手続きにのせることなく，精神保健サービスに引き渡す効果を有している。

警察署に留置される場合，収容者には，居場所を第三者に通知する権利，弁護人に相談する権利が与えられる[22]。さらに，警察官には，医師と認定ソーシャルワーカーの呼出し，そして，収容者の権利と義務を擁護する役割を果たす appropriate adult（親戚や後見人など）への連絡が義務づけられる[23]。

III 起訴手続き開始段階

警察は，被疑者を逮捕し，取調べを行った事件について，告発することによって起訴手続きを開始するか，警告（caution），注意（informal warning）を与えるか，処分を行わないかのいずれかを選択しなければならない。起訴手続きをどのような場合に開始するかについて，警察のはっきりとした指針はない。しかし，2000年に第4版に改正された検事規範（Code for Crown Prosecutors）には，「警察官は，起訴手続きを開始するか否かを判断する際には，検事規範を考慮すべきである」との規定が盛り込まれた[24]。検事規範とは，1985年犯罪訴追法（Prosecution of Offences Act 1985. 以下，1985年法という）10条に基づいて検察長官（Director of Public Prosecutions）が発行する，検事のための起訴に関する指針である。ただ，規範自体に法的な拘束力があるわけではないので，どのような事件で起訴手続きを開始するかについては，

警察官の裁量の余地が大きいと言える。そして，殺人，強盗，強姦など重大犯罪の場合に起訴手続きを開始しないということは殆どないようである。

1984年警察・刑事証拠法の（Police and Criminal Evidence Act 1984. 以下1984年法という）運用規定によれば，取調べの段階で，被疑者の精神障害が疑われる場合，留置官（custody officer）は，可能な限り早く，その者が適切な配慮を受けられるよう確認しなければならず[25]，必要に応じて，外部の精神科医などの評価も行われる。その結果，入院治療が必要ということになれば，起訴手続きを開始せず，一般入院，あるいは強制入院措置がとられる場合もありうる。但し，この措置についても，法律で規定されたルートというわけではなく，あくまでも運用上のものなので，担当警察官の裁量次第ということになる。

Ⅳ 公訴提起段階

警察が告発した事件は，検事によって引き継がれ，審査（review）が行われた後，訴追を続行するか否かが決定される。警察限りで終結した事件について検事（Crown Prosecutor）が関与することはない。但し，検事は，必要と思われる場合には，警察が送致した以外の事件について，独自に刑事手続きを開始することも可能である[26]。

警察によって告発が行われた事件については，書類のみが検察庁（Crown Prosecution Service）に送致される。精神障害が疑われる被疑者の場合には，この書類に医師の鑑定書も添付されることになる。そして，検事は，検事規範に基づき，訴追を続行するか，手続きを打ち切るかを決定する。規範によれば，刑事訴追を行うには，2段階のプロセスを経なければならない[27]。まず，「現実的な有罪判決の見込み（realistic prospect of conviction）」が得られるほどの証拠を有しているかどうかが問われる（証拠に関するステージ（evidential stage））。そして，この証拠に関するステージをクリアした場合にのみ，起訴が公益に適うか否かが判断され，公益に適うと判断されれば公訴が提起されることになる（公益ステージ（public interest stage））。公益に適うか否かを判断する要素として，規範には，事案の軽重，武器使用の有無，予謀の有無，被疑者の前科，被害者の状況，再犯の可能性，刑の予測などが列挙されている。さらに，被疑者の犯行時，及び現在の精神状態についても，公益を

否定する要素となりうることが明記されている。但し，被疑者の精神状態が公益を否定するのは，犯罪が重大でないか，あるいは，再犯の可能性がない場合であり，検事は，重大な精神病に罹患している被疑者の手続きを打ち切ることと，一般公衆を保護する必要性とのバランスを考慮しなければならない[28]。

手続きの打ち切り (discontinue) は，略式起訴犯罪 (summary offence) では，公判において訴追側の立証が開始される前，正式起訴可能犯罪 (indictable offence) では，被告が公判に付される前，あるいは，当該犯罪に係る略式公判において訴追側の立証が開始される前に，検察長官が手続きの継続を望まない旨を裁判所書記官に通告することによって行われる[29]。但し，この場合でも，同一の犯罪について，再び公訴を提起することは可能である[30]。また，弁論終了までに訴追側が証拠を提出しないことで，手続きを打ち切る場合もある。

検察庁の統計によれば，2002年4月〜2003年4月にかけて，このようにして手続きが打ち切られた事件は，治安判事裁判所で処理した全事件の約12.6％に上る[31]。なお，手続きが打ち切られた理由については，統計上明らかにされていない。参考までに，内務省が1994年に発表した報告書によれば，1991年10月以降のある時期にイギリス各地の公訴局が手続きを打ち切った事件（交通事犯を除く）の中で，被疑者の精神状態がその理由となったのは約11％であった（理由は複数回答）[32]。

イギリスには，刑事訴追に関して，私人訴追制度があり，検察庁のみならず，政府省庁，地方当局，一般個人なども刑事訴追を開始し，遂行することができる[33]。従って，検察庁が手続きを打ち切った事件について，私人が新たに起訴することも可能である。検察庁による起訴は，治安判事裁判所での処理件数の約75％，刑事法院での処理件数の約95％を占めている[34]。

V 訴訟無能力

1 概　要

イギリスでは，刑事法院で，陪審が，被告人について「訴訟無能力 (under disability) の状態である」との評決を行った場合，その者について訴訟手続きを進めることはできない[35]。そして，無能力とは，判例によれば，

被告人が,「適切に防御を行い,陪審員に異議を申し立て,証拠の詳細を理解するのに必要となる,審理手続きを理解するに足る知的能力を有していない」ことを意味する[36]。

2 手続き

訴訟無能力の申立ては,基本的には,弁護側又は訴追側によって行われる[37]。申立てが行われたら直ちに,陪審によって訴訟能力の有無について判断が行われる[38]。訴訟能力についての証明責任は申立て側が負い,弁護側が申立てた場合には,「蓋然性を衡量して」(on the balance of probabilities),訴追側が申し立てた場合は,「合理的な疑いを越えて」,それぞれ証明がなされなければならない。そして,陪審は,2人以上の登録医による証言又は証拠に基づかずに訴訟能力の判断を下すことはできない。この,訴訟能力有無の決定における医学的証拠の要求は,1991年刑事手続(精神異常および訴答不適格)法(Criminal Procedure (Insanity and Unfitness to Plead) Act 1991. 以下,1991年法という)が1964年法を改正することによって,初めてもたらされたものである。2人の医師のうち1人は,認定医であることを要する[39]。

なお,被告人の無能力の程度・性質によっては,適切かつ被告人の利益に適うと思えば,裁判所は,訴訟能力の有無の判断を弁護側の弁論開始まで延期することができる[40]。その際,裁判所は,訴追側の弁論だけを展開させ,証拠不十分であるような場合には,訴訟能力を問う前に被告人を無罪とする。こうすることで,明らかに無罪と思える者までをも訴訟無能力とし,長期にわたって強制治療を施す事態を回避しているのである。

訴訟無能力とされた被告人については,それ以上刑事手続きは進められないが,陪審によって,被告人が訴追されている犯罪行為を行ったか否かを認定する事実の審理(trial of facts)が行われる[41]。この制度は,改正前の1964年法下では,訴訟無能力とされれば,訴追されている犯罪行為を行ったか否かに関わらず被告人に無期限の治療処分が言い渡されていたことに対する批判を受け,1991年法によって新たに採り入れられた。但し,この事実の審理で検証されるのは,「犯罪行為」(actus reus)の存否だけである。

この審理において,被告人には必ず弁護人が選任されなければならない[42]。陪審は,審理に際し提出された証拠,そして,検察側,弁護側から新たに出された証拠などに基づき判断を行う。そして,各訴因につき,合理

的な疑いをこえて，被告人が訴追されている犯罪行為を行ったと認められれば，そのように事実認定を行わなければならない。但し，この認定は有罪判決とは異なるものである[43]。一方，犯罪行為を行ったと認められない場合には，あたかも手続きが進められ結論に到達したかのように，問題とされた訴因について無罪の評決が言い渡される[44]。

3 処　　分

陪審により，訴訟無能力とされ，かつ，訴追されている犯罪行為を行ったと認められた被告人に対しては，裁判所によって処分が言い渡される。改正前の1964年法では，訴訟無能力認定後の処分は無期限の退院制限付入院のみであり，このことが訴訟無能力の申立てを妨げているとの指摘が多くなされていた。そこで，法律が改正され，以下のように，処遇の選択肢が広げられたのである。

(1) 入院命令（admission order）

裁判所は，訴訟能力の有無を判断するために提出された医学的証拠に基づき，強制入院治療が必要と考えれば，被告人に内務大臣が指定する病院への入院を命じる[45]。入院先は，犯罪の軽重と公共への明らかな危険性に応じて，高度保安病院（high security hospital. 以前は，特別病院（special hospital）と呼ばれていた），地域保安病棟（regional secure unit），地方病院（local hospital）の中から選択される[46]。入院命令を言い渡された被告人は，1983年法37条の病院命令（hospital order）を受けたものとして扱われる[47]。従って，退院，精神保健審査会への申立て等については，病院命令の規定がそのまま適用される。なお，詳細については，後述の病院命令の箇所を参照されたい。そして，裁判所が，罪質，被告人の前歴，そして身柄を拘束しない場合の再犯の危険性などを考慮し，重大な危害から公共を保護するために必要と考えれば，1983年法41条の，期限付あるいは無期限の制限命令（restriction order）も課されることになる[48]。但し，被告人が，謀殺罪など宣告刑が法律上定められている罪で訴追されている場合には，裁判所は必ず，無期の制限命令付入院命令を言い渡さなければならない[49]。訴訟無能力との認定を受け，刑事法院で入院命令が言い渡された場合，命令の日から2ヵ月以内に被告人は内務大臣の指定した病院に入院することになる[50]。そして，裁判所は，入院を待つ間，適切と考えれば，「安全な場所」とされる病院，

警察署，コミュニティーホームなどに，被告人を移送し収容する命令を出すことができる[51]。

内務大臣は，訴訟無能力とされ，入院命令を受けて入院中の被告人について，主治医と相談した結果，審理可能になったと認められる場合，審理を受けさせるために裁判所，刑務所，あるいは拘置施設に送致できる[52]。しかし，制限命令を課されていない被告人，又は，重大な危害を公共に及ぼすおそれがないとして，退院，他の病院への移送などに関する制限を内務大臣によって解除された被告人は，この対象とならない[53]。

(2) 後見命令（guardianship order）

後見命令とは，治療というよりもケアと保護を保障するために，被告人を地域の社会サービス局（local social service authority），又は，社会サービス局が認定した者の後見に付す処分である[54]。後見命令については，1983年法37条の後見命令に関する規定が適用される[55]。

後見人には，患者に対して，一定の場所に居住し，決められた時間に，デイセンター，病院，そしてクリニックなど決められた場所で，治療，教育，トレーニングを受けるよう，また，職業に従事するよう求める権限が与えられる[56]。また，後見人が特定した医師，認定ソーシャルワーカーなどに対して，居住地へのアクセスを与えるよう患者に求める権限も与えられる[57]。但し，後見人にはこれらのことを患者に強制する権限は付与されていない。そのため，後見人の要求に患者が従わなかったとしても制裁を科すことはできない。

後見命令は，まず6ヵ月間，更新されれば，さらに6ヵ月間，そして，その後は，1年ずつ延長され[58]，患者の主治医と地域の社会サービス局によっていつでも解除され得る[59]。なお，詳細については，後述の後見命令の箇所を参照されたい。

(3) スーパービジョン・治療命令（supervision and treatment order）

スーパービジョン・治療命令は，精神科治療条件付社会復帰命令をモデルとし，1991年法によって新たに導入された[60]。地域社会に戻しても公共の安全に受忍できないほどの危害を及ぼさない者，例えば，比較的軽微な犯罪で起訴されており，社会・保健サービスのサポートがあれば自立して生活できる者がその対象となる[61]。命令を言い渡された者は，原則として2年を

超えない範囲で，ソーシャルワーカー又は保護観察官の監督下に置かれ，その全部又は一部の期間，精神状態を改善するために登録医の指示による治療を受けることになる[62]。

この命令が言い渡されるのは，裁判所が，
(a) あらゆる状況から判断して，その被告人には，スーパービジョン・治療命令が最もふさわしい方法であると認めた場合，そして
(b) 2人以上の登録医（うち1人は認定医）の医学的証拠から，被告人は治療を必要とし，治療に適応すると思われるが，入院命令や後見命令を正当化する程の状態ではないと認定した場合

である[63]。また，ソーシャルワーカー，あるいは，保護観察官が被告人のスーパービジョン引受けを了承していること，そして入院の手配など治療のためのアレンジがなされていることも，言渡しの前提条件となる[64]。

この命令を受けた者は，保安体制がそれほど厳重ではない病院，又は精神科看護ホームでの入院治療，命令に明記された施設での外来治療，命令に明記された登録医による治療のいずれかを受診するよう義務づけられる[65]。しかし，裁判所は，被告人が治療やスーパービジョンを拒否した場合であっても治療を強制したり，刑罰を科すことはできない[66]。なお，スーパービジョン・治療命令の執行期間中，被告人本人又は，監督者であるソーシャルワーカー・保護観察官から申立てを受け，その地域の治安判事裁判所（magistrate's court）が，命令言渡し後の被告人の状況から判断して，命令取消しが被告人の健康と福祉の利益に適っていると考えた場合には，その命令を取り消すことができる[67]。

(4) 無条件の釈放（absolute discharge）

最後の選択肢として，無条件の釈放がある[68]。これは，犯罪が軽微である場合，そして被告人が明らかに地域での治療や監督を必要としない場合に言い渡されうる[69]。

4 上　訴

陪審が，「被告人は訴訟無能力だが，訴追の対象となった犯罪行為は行っている」との認定を行った場合，被告人は不服があれば，その双方あるいは一方の認定に対して控訴院（Court of Appeal）へ上訴を行うことができる[70]。訴訟無能力との認定に対する上訴が認められた場合，被告人は起訴された

484

犯罪行為について審理を受けることになる[71]。また，起訴された犯罪行為を行っているとの認定に対する上訴が認められた場合には，その認定は破棄され，無罪の評決を記録するよう命じられる[72]。

　なお，裁判所が言い渡した各処分に対する上訴の可否については，1991年法には特に規定が置かれていない。現在のところ，不可能だと考えられているようである。

　5　治安判事裁判所での対応
　訴訟無能力は，陪審の関与が必要なことから明らかなように，刑事法院でのみ解決される問題である。従って，治安判事裁判所で訴訟無能力の申立てがなされた場合，選択的処理方法の犯罪（either-way offence）であれば，正式事実審理を選択し刑事法院に送致されることで，訴訟無能力の審理が可能となる。

　6　統　　計
　殺人（謀殺，故殺，嬰児殺）について，訴訟無能力との言渡しを受けた被告は，1997 年度（1997 年 4 月～1998 年 3 月まで）で 2 名，1998 年度で 1 名，1999 年度で 4 名，2000 年度で 2 名であった[73]。

Ⅵ　責任無能力

　1　概　　要
　1883 年精神異常者裁判法（Trial of Lunatics Act 1883）2 条 1 項には，特別評決（special verdict）について次のような規定が置かれている。
　「審理において，被告人は，実行行為の時に法律的にその行為に責任をとれないほどの精神異常であったとの証拠が提出された場合，陪審は，被告人は訴追された行為を行ったが，実行行為時には精神異常だったと考える時には，精神異常ゆえに無罪（not guilty by reason of insanity）の特別評決を下さなければならない」。そして，この精神異常の基準については，現在でも，以下のマックノートン・ルール（McNaghten Rule）が適用されている[74]。
　「実行行為時に，精神の疾患のために，自分が行っている行為の性質を知らないほど，又は，それを知っていても，その行為が悪いことであることを知らないほど，理性が欠如していた」。

2 手続き

「精神異常ゆえに無罪」は抗弁であるので，申し立てるのは被告人側が殆どである。対象犯罪に限定はない。

刑事法院において，「精神異常ゆえに無罪」の抗弁を申し立てた場合，被告人側は，「蓋然性を衡量するなら」(on the balance of probabilities)，すなわち，証拠の優越程度に，上記の基準を満たしていることを証明しなければならない。一方，訴追側には，合理的な疑いを越えて，被告人が訴追されている犯罪行為を行ったことの証明が求められる。そして，陪審は，2人以上の登録医（うち1人は認定医）の医学的証拠に基づいて，精神異常ゆえに無罪の評決を下すことになるのである[75]。

3 処分

「精神異常ゆえに無罪」の評決の結果言い渡される処分は，訴追された犯罪行為を行ったと認定された訴訟無能力者に対するのと同じであり，Ⅴ3で挙げた4つの処分から選択される。

4 上訴

精神異常ゆえに無罪との評決に対しては，被告人本人が控訴院に上訴することが可能である[76]。上訴が許可され，控訴院が，「精神異常ゆえに無罪の評決ではなく，有罪の評決の方が適切である」と考えた場合には，有罪の評決に続いて刑の言渡しを行う[77]。そうでない場合には，控訴院は，陪審の評決に代えて無罪の評決を言い渡さなければならない[78]。

また，「精神異常ゆえに無罪」の評決に対する被告人本人からの上訴に対して，控訴院が，2人以上の登録医（うち1人は認定医）の医学的証拠に基づき，「無罪の評決は不適切である。ただ，起訴された犯罪行為を行ったと認定できるが，被告人は訴訟無能力である」と考えた場合，被告人には，入院命令（制限命令付き又はなし），後見命令，スーパービジョン・治療命令，無条件の釈放のいずれかが言い渡される[79]。

さらに，有罪の評決に対して上訴がなされた場合，控訴院が，2人以上の登録医（うち1人は認定医）の証拠に基づき，「精神異常ゆえに無罪の評決が適切である」との意見に達した場合にも，被告人には，入院命令（制限命令付き又はなし），後見命令，スーパービジョン・治療命令，無条件の釈放のいずれかが言い渡される[80]。

なお，入院命令が課された場合，患者をどの程度の保安レベルの病院に入院させるかは，犯罪の軽重，そして再犯の明らかな危険性の有無を考慮した上で，内務大臣が決定する[81]。

5　治安判事裁判所での対応

治安判事裁判所では，刑事法院に適用される上記のような規定はなく，「精神異常ゆえに無罪」の審理を行うことはできない。しかし，その代わりに，治安判事裁判所には，管轄があり，有罪なら病院命令を言い渡すだろうと考える事件については，被告人を有罪とせずに病院命令・後見命令を課す権限が与えられている[82]。但し，そのためには，

(i) 被告人が，訴追されている犯罪行為を行っていること，

(ii) 2人以上の登録医による証拠によって，被告人が入院治療を適当とする性質・程度の精神病，又は重度精神発達不全に罹患していること，

が認められなければならない。

6　統　　計

Mackayの調査によれば，1991年法が施行された1992年から1996年の間に，全犯罪に関して責任無能力との評決を受けた被告人は44名であった[83]。処分の内訳は，無期限の制限命令付き入院命令が17名（38.6％），5年の制限命令付き入院命令が1名（2.3％），制限命令なしの入院命令が3名（6.8％），2年のスーパービジョン・治療命令が18名（40.9％），2年以下のスーパービジョン・治療命令が3名（6.8％），無条件の釈放が2名（4.5％）となっている。

なお，最近の統計は，殺人（謀殺，故殺，嬰児殺）についてのみ入手可能であった。殺人を犯し，責任無能力との言渡しを受けた被告は，1997年度（1997年4月～1998年3月まで）で4名，1998年度で4名，1999年度で2名，2000年度で1名であった。しかし，これらの被告がどのような処分を受けたかについては明らかにされていない[84]。

Ⅶ　未決勾留者の精神医療，精神鑑定のための手続き

1　未決勾留者の移送指令（transfer direction）

内務大臣が，精神障害に罹患し，緊急に治療が必要な未決勾留者を，刑務所又は拘置所から病院へと移送し治療させる命令である。

第2部 諸外国における触法精神障害者の処遇決定システム

(1) 対　　象

刑務所又は拘置所に勾留され，審査・判決言渡しを待つ被告人[85]と，治安判事裁判所によって勾留されている者[86]，civil prisoner[87]，そして，1971年移民法（Immigration Act 1971）によって収容されている者[88]である。以下では，前二者について説明する。

(2) 手 続 き

被告人を刑務所，拘置所から病院へ移送し入院治療を受けさせるためには，2人以上の登録医（うち1人は認定医）による報告に基づき，内務大臣によって以下の点が認められなければならない。

(a) 当該被告人が，精神病，重度精神発達不全のいずれかに罹患していること，
(b) その精神障害が入院治療を適当とする性質・程度のものであること，
(c) 緊急に病院で治療を行う必要があること。

報告を行う医師の精神障害に関する診断が一致しない場合には，移送指令を出すことはできない。また，移送指令が出された日から14日以内に当該被告人への入院措置がとられない場合には，この命令は効力を失う[89]。

(3) 効　　力

移送指令は，1983年法37条の病院命令と同じ効果を有する。そして，内務大臣は，刑務所又は拘置所に勾留され審理・判決言渡しを待っている被告人と，治安判事裁判所によって勾留されている者には，移送指令と併せて，41条の制限命令と同じ効果を有する制限指令（restriction direction）を言い渡さなければならない[90]。制限指令についての詳細は，後述47条の移送指令の箇所を参照されたい。そして，制限指令を課す場合，内務大臣は，病院内の特に指定した病棟に患者を収容するよう命ずることができる[91]。

(4) 移送指令による収容期間

移送指令には，特に病院への収容期間は明記されていない。しかし，審理・刑の宣告のために勾留されている被告人と，治安判事裁判所によって勾留されている被告人とでは，移送指令の効力の消滅規定に違いがある。そこで，以下では，各々について簡単に説明する。

(i) 審理・判決言渡しを待っている被告人の場合

この場合，主に4つの選択肢が考えられる。

① 内務大臣は，裁判所が最終的に判断を下す前であればいつでも，令状によって，被告人を刑務所，拘置所など勾留されていた場所へ戻すことが可能である。この場合，内務大臣は，被告人の主治医，その他の登録医，そして MHRT から，これ以上治療の必要がないこと，又は，その病院では有効な治療を提供できないことについて報告を受けていなければならない[92]。

② 裁判所は，主治医から，これ以上治療の必要がないこと，又は，その病院では有効な治療を提供できないことについての医学的証拠を受け取った後であれば，被告人を刑務所，拘置所などの元の場所に戻すことができる[93]。

③ 裁判所が何らかの最終的な判断を下した場合には，移送指令，制限指令はともにその効力を失う[94]。

④ 裁判所は，次のような措置を講じることもできる。つまり，裁判所は，未だ病院に収容されている被告人について，
　⒜ 被告人を出頭させることは，不可能および不適切である。
　⒝ 2人以上の登録医（うち1人は認定医）の証拠によって，被告人が入院治療を適当とする性質・程度の精神病か，重度精神発達不全に罹患していることが認められる。
　⒞ 考慮の結果，病院命令が最適であるとの意見に達した。
という条件が満たされた場合，刑の宣告を待っていた被告人については，裁判所に出頭させることなく病院命令を言い渡し，公判を待っていた被告人については，有罪とすることなく病院命令を出すことができるのである[95]。

(ii) 治安判事裁判所によって勾留されている被告人の場合

この場合には，主に3つの選択肢が考えられる。

① 治安判事裁判所が，公判・量刑・制限命令の賦課などのために被告人を刑事法院に送致しなければ，勾留の期間が経過した時点で移送指令は効力を失う[96]。

② 1980年治安判事裁判所法（Magistrates' Court Act 1980. 以下，1980年法という）128条により，治安判事裁判所には，被告人を裁判所に出頭させることなく勾留期間を延長する権限が与えられている。そして，勾留期間が延長された場合，移送指令の効力は継続する[97]。

③　治安判事裁判所は，主治医による証拠によって，これ以上治療の必要はない，又はその病院では有効な治療を提供できないことを認めれば，勾留の期間が終了していなくても，あるいは，刑事法院に事件が送致された場合でも，移送指令を取り消すことができる[98]。移送指令が取り消されれば，被告人は刑務所，拘置所に戻されることになりうる。

(5)　統　　計

内務省の統計によれば，2001年（2001年1月〜2001年12月31日まで）に，制限指令付き移送指令によって病院へ移送された被告人の数は，410名であった[99]。

2　鑑定のための病院への勾留（Remand to Hospital for Report）

この規定は，審理や量刑の参考とするために，裁判所が被告人を病院へ勾留し，鑑定を命じる制度である。医師は，鑑定書の中で，被告人が，精神病，重篤な精神遅滞，精神遅滞，精神病質のいずれかの精神障害に罹患しているか否か，罹患している場合には，その精神障害と犯罪との関係，ケアと治療に関しての提案（例えば，いつ行うべきか，誰が責任を持つべきかなど）などについて意見を述べるよう求められる。但し，有罪・無罪についてコメントしてはならない[100]。

(1)　対　　象

(i)　刑事法院における審理の場合

法定刑として拘禁刑が定められている犯罪について審理段階にある者，又は，そのような犯罪によって有罪とされ，刑罰・その他の処分の宣告を待っている者が対象となる[101]。しかし，謀殺罪など宣告刑が法律上定められている罪を犯し有罪とされた者は，量刑の必要がないため対象とならない。但し，そのような罪で起訴され，未だ有罪判決が下されていない被告人は対象とされる[102]。

(ii)　治安判事裁判所における審理の場合

法定刑として拘禁刑が定められている犯罪を犯し，治安判事裁判所で陪審によらない有罪判決を受けた被告人，裁判所によって，そのような犯罪行為を行ったと認められた被告人，又は，鑑定のための病院への勾留に同意した被告人である[103]。

第 6 章　イギリス

(2) 手続き

　大抵の場合，精神鑑定を行うために被告人を病院へ勾留するよう裁判所に働きかけるのは，被告人の弁護人か，被告人が既に勾留されている場合には，その拘置所の医官（medical officer）である。

　刑事法院，又は，治安判事裁判所は，1人の認定医の書証又は証言によって，被告人が精神病，重度精神発達不全，精神発達不全，精神病質のいずれかに罹患していると疑う理由があるとき，そして，被告人を保釈して精神鑑定を行わせたのでは，逃亡の危険や公共への危害のおそれのため，適切に鑑定が実施できないと考えた場合，指定した病院への被告人の勾留を命じることができる(104)。但し，裁判所は，被告人が命令の日から7日以内に入院可能であるということが，鑑定書作成の責任者となりうる登録医，又は病院管理者の代理による証拠によって事前に認められない場合，病院へ勾留することはできない(105)。このように，病院側の了解が得られず，病院への勾留が不可能となった場合には，拘置所などで精神鑑定が行われることになる。しかし，拘置所での精神鑑定は，適切な設備もなく，十分なスタッフも配置されておらず，また，被告人の精神状況を悪化させるおそれが大きいこともあり，可能な限り回避するよう注意が促されている。

　精神鑑定が終了したら，被告人は直ちに審理・刑の宣告のために裁判所へ戻される。

(3) 期　　間

　本条に基づく，精神鑑定のための病院への勾留は，28日を限度に行われる。但し，裁判所が，被告人の鑑定書作成の責任を担う登録医の証拠から，鑑定書作成に必要と考えれば，12週間を超えない範囲で，1回ごとに28日までの延長が可能である(106)。この場合，被告人に弁護人が選任され，弁護人に聴聞の機会が与えられていれば，被告人を出頭させる必要はない(107)。また，裁判所はいつでも，この命令を取り消すことができる。

　なお，この規定で病院に収容されている被告人に対しては，原則として強制治療を行うことはできないことに注意する必要がある(108)。

(4) 申立て

　被告人は，自ら登録医による精神鑑定を依頼し，その結果を根拠に，鑑定のための勾留の終了を求めて裁判所へ申立てを行うことができる(109)。しか

491

し，被告人には，MHRTに申立てを行う権利は与えられていない。

3 裁判所による治療のための病院への勾留（Remand to Hospital for Treatment)

これは，拘置所に勾留され，刑事法院での審理，あるいは，刑の言渡しを待つ被告人のうち，精神障害に罹患し治療が必要な者につき，裁判所が，12週間を限度として指定した病院へ移送する規定である。訴訟能力の有無が問題とされているような被告人の場合，ある程度治療を行えば回復が見込まれる時には，この規定によって治療を受けさせることで，訴訟能力の有無を問わずに済ませることが可能である[110]。比較的軽微な犯罪を犯した者には，その方が望ましいと言える。

命令権者が内務大臣ではなく裁判所であること，治安判事裁判所にはその権限はないこと，移送が緊急時に限定されないこと，そして収容期間が最高12週間に限定されていることなどが，同じく未決勾留者を治療のために病院に移送する規定である1983年法48条と異なっている。

(1) 対　　象

法定刑として拘禁刑が定められている犯罪（但し，謀殺罪など宣告刑が法律上定められている罪を除く）を犯し，勾留され，刑事法院による審理，刑の言渡しを待つ者が対象となる[111]。

前述したように，この権限は治安判事裁判所には与えられていない。その代わり，治安判事裁判所は，責任無能力の箇所で触れたように，起訴されているが有罪判決を受けていない被告人について，入院治療を要すると考えるときには，有罪判決を下すことなく病院命令を言い渡し，治療を受けさせる権限を行使することができる[112]。

(2) 手　続　き

刑事法院は，2人以上の登録医（うち1人は認定医）による証拠に基づいて，被告人が，精神病又は重度精神発達不全に罹患していること，そして，その精神障害が入院治療を適当とする状態であることを認めれば，病院への移送を命じることができる[113]。但し，その場合，命令の日から7日以内に被告人の入院手続きがとられる必要がある[114]。

(3) 効　　力

治療は，28日を限度として行われる。但し，裁判所が，被告人の主治医

による証拠から，更に必要だと考える場合には，12週間を超えない範囲で，1回ごとに28日までの延長が可能である。その場合，被告人に弁護人が選任され，弁護人に聴聞の機会が与えられていれば，被告人を出頭させる必要はない[115]。この命令を受けた被告人に対しては，強制治療を行うことができる。なお，裁判所はいつでも，この命令を取り消すことができる[116]。

(4) 申　立　て

被告人は，自ら依頼した登録医による精神鑑定の結果を根拠に，病院への収容終了を求めて裁判所へ申立てを行うことができる[117]。しかし，被告人には，MHRTに申立てを行う権利は与えられていない。

Ⅷ　刑罰に代わる治療処分，受刑者の精神医療

1　概　要

イギリスでは，裁判所は，精神障害に罹患した犯罪者に，刑罰の賦課に代えて治療処分を言い渡すことができる。このような治療処分は，1959年精神保健法によって初めて導入され，現行の1983年精神保健法にも引き継がれたものである。

刑罰か治療処分かの判断を行う際に問われるのは，被告人の責任能力の有無や，訴訟能力の有無ではなく，量刑段階での被告人の精神状態と治療可能性である。そのため，裁判所が判断を行うに際しては，臨床的な意見を参考とすることが極めて重要となってくる。そこで，医師は，以下の点について，裁判所への報告書の中で明確に示すことが求められる[118]。

① 　報告書が依拠するデータ
② 　そのデータと医師の意見との関連性
③ 　精神状態を理由とする抗弁や，審理に関する事項と，医師の意見との関係
④ 　精神障害の存在と関連して，再犯の危険性や，自傷他害の危険性に影響を及ぼす要因
⑤ 　入院をすすめる場合，特別な治療や保安の必要性およびその確保

但し，医師は報告書の中で，有罪か無罪かについての意見を述べてはならない。

以下では，まず，治療処分として刑罰の代わりに言い渡され得る病院命

令・後見命令について，次に，公共の保護を目的として病院命令に付随して課される制限命令について概観する。さらに，拘禁刑を言い渡された受刑者で，精神障害に罹患した者をどのように治療につなげているのかについても見ていく。

2　病院命令・後見命令（Hospital Order / Guardianship Order）

病院命令とは，精神障害犯罪者に治療を受けさせることを目的に，裁判所が指定する病院への収容を命じる制度であり，後見命令とは，ケアと保護を保障するために，被告人を地域の社会サービス局，又は，その社会サービス局が認定した者の後見に付す制度である[119]。

(1)　対　象　者

対象となるのは，法定刑として拘禁刑が定められている犯罪を犯し，刑事法院で有罪とされた者（但し，謀殺罪など宣告刑が法律上定められている罪で有罪とされた者，又は，2度目の重大犯罪を犯して再び有罪とされ終身刑が科される者を除く）[120]，又は，法定刑として拘禁刑が定められている犯罪を犯し，治安判事裁判所で陪審によらない有罪判決を受けた者である。なお，2000年刑事裁判所権限（量刑）法（Powers of Criminal Counts (sentencing) Act 2000）109条が定める重大犯罪とは，謀殺未遂罪，故殺罪，強姦罪，強盗罪などを指す[121]。

(2)　手　続　き

病院命令の場合は，2人以上の登録医（うち1人は認定医）による医学的証拠に基づき，被告人が，精神病，重度精神発達不全，精神発達不全，精神病質のいずれかに罹患し，その精神障害が入院治療を適当とする性質・程度であること，なおかつ，精神病質，精神発達不全に罹患している時には，入院治療がその症状の悪化を軽減するか防ぐ可能性があることが，裁判所によって認められなければならない。一方，後見命令の場合には，対象者が16歳に達していること，そして，2人以上の登録医（うち1人は認定医）の医学的証拠によって明らかにされた精神障害が，後見人の選任を正当化する程度のものであることが，裁判所によって認められる必要がある。

その上で，裁判所は，罪質や，被告人の性格や前歴を含むあらゆる状況を勘案し，病院命令・後見命令が最も適切な処分であると考えた場合に，この命令を言い渡すことができる[124]。

そして，裁判所は，以下の点にも留意しなければならない。

まず，裁判所は，被告人の主治医となりうる登録医，又は病院管理者の代理からの証拠によって，命令の日から28日以内に対象者の入院手続きが可能であると認められない時には，病院命令を出すことはできない[125]。つまり，対象者の受入れ先病院が確保できない場合には，病院命令を言い渡すことはできないわけである。この点については，かつて国会の下院において，強制的に病院に患者を引き受けさせるという提案がなされたが，実現には至らなかった。その妥協策として，裁判所が引受け先病院についての情報を保健局から容易に入手できるシステムが創設されたのである[126]。

次に，後見命令に関しては，地域の社会サービス局，又は，その社会サービス局が認定した者の同意が得られない場合，裁判所は命令を課すことはできない[127]。さらに，医学的証拠を提出した2人の医師による，被告人の精神障害の診断が一致しない場合にも，裁判所は，病院命令・後見命令を言い渡すことはできない[128]。

(3) 効　　力
(i) 病院命令の患者

病院命令を課された患者は，治療のための強制入院手続きによって入院した患者[129]とほぼ同等の法的地位を有する[130]。従って，収容期間は，まず6ヵ月で，更新が認められれば，さらに6ヵ月間，そして，その後は，1年ずつ延長される[131]。そして，収容期間更新のためには，次の要件が満たされる必要がある。

収容期間が終了する日までの2ヵ月の間に，患者の主治医は，患者を診察した上で，以下の条件に合致すると考える場合には，報告書を作成し，病院管理者に提出しなければならない[132]。この報告書を提出することによって，収容期間の更新が行われるのである[133]。

更新を行うために必要とされる条件は，次の通りである。
(a) 患者が，精神病，重度精神発達不全，精神発達不全，精神病質のいずれかに罹患しており，その精神障害が入院治療を適当とするほどの性質・程度であること
(b) 入院治療がその症状の悪化を軽減するか防ぐ可能性があること（但し，患者が，精神病，重度精神発達不全に罹患している場合には，この条件に代

わり,「退院させれば,自分自身のケアを行えないか,必要なケアがなされないか,あるいは,重大な搾取から自分を守ることができない」という要件を満たさなければならない),

(c) そのような治療を受けることが,患者の健康又は安全のため,あるいは,他者の保護のために必要であり,収容を継続しなければそれは提供されないこと。

なお,患者は,主治医と病院管理者が許可を出せばいつでも退院できる[134]。

さらに,MHRT に申立てを行い退院許可を得る方法もあるが,この点については,後述の MHRT の箇所を参照されたい。

(ii) 後見命令の患者

後見命令を課された患者も,精神保健法の手続きによって後見人の監督に付された患者[135]とほぼ同等の法的地位を有する[136]。後見人には,患者に対し,一定の場所に居住し,決められた時間に,デイセンター,病院,そしてクリニックなど決められた場所で,治療,教育,トレーニングを受けるよう,また職業に従事するよう求める権限が与えられる。また,後見人が特定した医師,認定ソーシャルワーカーなどに対して,居住地へのアクセスを与えるよう患者に求める権限も付与される[137]。但し,後見人にはこれらのことを患者に強制する権限は与えられていない。そのため,後見人の要求に患者が従わなかったとしても制裁を科すことはできない。

後見期間は,病院命令の場合と同様であるが,後見期間更新に際しては,異なる要件を満たす必要がある[138]。まず,後見期間が終了する日までの2ヵ月の間に,後見人が個人の場合には,後見人によって指名された患者の医療世話人（nominated medical attendant）が,また,後見人が地域の社会サービス局の場合には,患者の主治医が,患者を診察しなければならない。その上で,以下の条件に合致すると考える場合には,報告書を作成し社会サービス局に提出を行う[139]。

(a) 患者が,精神病,重度精神発達不全,精神発達不全,精神病質のいずれかに罹患しており,その精神障害は後見に付されるのを正当化する程度・性質のものであること,

(b) さらに後見に付されることが,患者の福祉上の利益に適うか,あるい

は，他者の保護のために必要であること。

　このような報告書を提出することによって，後見期間の更新は行われるのである[140]。そして，後見命令は，患者の主治医と地域の社会サービス局によっていつでも解除されうる[141]。

(4) 刑罰の併科

　病院命令又は後見命令を言い渡した場合，裁判所は被告人に対し，拘禁刑，罰金，又は，社会復帰命令[142]などを科すことはできない。しかし，損害賠償命令，免許取消し命令などを言い渡すことは可能である[143]。

(5) MHRTへの申立て

　MHRTへの申立てについては，後述のMHRTの箇所を参照されたい。

(6) 上　訴

　病院命令で収容された場合，刑事法院で命令を受けた者は控訴院に，そして，治安判事裁判所で命令を受けた者は刑事法院に上訴を行う権利を有する[144]。

　また，1983年法37条3項により，治安判事裁判所が，有罪判決を言い渡すことなく病院命令又は後見命令を課した場合にも，被告人は，それらの命令が有罪判決に基づいて出された時と同様に，上訴の権利を有する[145]。

(7) アフターケア

　アフターケアについては，後述のアフターケアの箇所を参照されたい。

3　制限命令（Restriction Order）

　刑事法院は，被告人に病院命令を出す際に，犯罪の性質，被告人の前歴，被告人を社会に戻した場合の再犯の危険性などを考慮し，「重大な危害から公共を保護するため」に必要だと考える場合には，対象者の退院，移送などを制限する命令を更に課すことができる[146]。この制限命令には，期間を定めたものと無期限の2種類がある。この命令が課されることで，被告人の退院や移送などに関する権限は，医療関係者から内務大臣及びMHRTの手に移ることになる。

(1) 対　象

　刑事法院によって病院命令を言い渡された精神障害犯罪者が対象となる。治安判事裁判所は，病院命令に加えて制限命令を課すことが必要だと考えても，制限命令を出す権限が与えられていない。そのため，法定刑として拘禁

刑が定められている罪を犯し，陪審によらない有罪判決を受けた被告人が病院命令を課すための条件を満たしている場合で，罪質，前歴，再犯の危険性などを考慮すると，制限命令をも課した方が適切だと考える時には，被告人を刑の言渡しのために刑事法院へ送致する[147]。送致を受けた刑事法院では，病院命令を言い渡すか，病院命令が適当でない場合には，治安判事裁判所で課し得る処分を言い渡すことになる[148]。

(2) 手続き

被告人に対する病院命令の適否の判断に際し，裁判所に報告を行った2人の登録医のうち，1人が裁判所で証言を行っていれば，裁判所は，制限命令を付すことができる[149]。

(3) 効力

制限命令には，対象者をある特定の病院へ入院させなければならないという条件は含まれていない。そのため，必ずしも，制限命令を課された者全てが高度保安病院に入院させられるわけではない。しかし，例えば，暴力的で危険な者は，保安の厳重な病院，あるいは病棟へ収容する必要が出てくる。そこで，裁判所には，制限命令を課すにあたって，指定した病棟に対象者を入院させる命令を出す権限も与えられているのである[150]。

制限命令を課された者に対しては，制限命令の効力が継続している間，病院への収容が続けられ，収容期間や更新などに関する通常の強制入院の規定は適用されない[151]。また，主治医や病院の管理者は，独自の判断で退院，他の病院への移送を行うことはできない[152]。事前に内務大臣に申立てを行い，同意が得られた場合に初めてそれらの措置をとることができるのである[153]。

このように，主治医や病院の管理者など医療側の権限に比べ，制限命令を課された者に対する内務大臣の権限は極めて広範に渡る。それは，制限命令が，対象者による重大な危害から公共を保護することを目的としているからである。そのため，内務大臣は，その観点から見て，対象者をこれ以上制限命令に付す必要はないと考えれば，独自の判断でいつでも命令を解除できる[154]。そして，その日から，対象者は制限命令無しの病院命令を言い渡されたものとして扱われることになるのである[155]。また，制限命令の期限が終了した者についても同様である[156]。

退院に関して言えば，内務大臣は，適当と考える場合には，いつでも制限命令付き病院命令が課された者を無条件又は条件付きで退院させることができる。無条件退院の場合には，対象者に課されていた病院命令そして制限命令は消滅する[157]。

　一方，条件付き退院を許可された者は，特定の場所に居住すること，精神科医の診断や診察を受けること，保護観察官やソーシャルワーカーの監督に服すことなどが遵守条件として課される。内務大臣や主治医は，対象者を監督する保護観察官やソーシャルワーカー，精神科医などから，その者の治療状況に関する報告を定期的に受けることになっており，条件が遵守されなかったり症状が悪化した場合には，迅速かつ適切な措置をとることができる[158]。

　条件付きで退院した者は，内務大臣によって制限命令が解除されず，あるいは，制限命令の期限が終了していないため，その効力が継続している間は，内務大臣の令状により，指定された病院へ再入院させられる可能性がある[159]。そして，この再入院については，内務大臣は，対象者の健康状態，その者が呈する公衆へ危険の程度などに関する医療関係者の意見を参考としつつ判断を行わなければならない[160]。

　なお，条件付き退院を許可された者が制限命令の期限終了を迎えた場合，その日をもって無条件退院したものとされ，病院命令は失効する[161]。

　(4)　MHRTへの申立て

　MHRTへの申立てについては，後述のMHRTの箇所を参照されたい。

　(5)　統　　計

　内務省の統計によれば，2001年（2001年1月～2001年12月31日まで）に，制限命令無しの病院命令を課された対象者の数は，暫定的な数値ではあるが614名であり，制限命令付き病院命令を言い渡され，入院した対象者の数は，239名であった[162]。

　4　受刑者の病院への移送

　刑務所内の病院は，治療環境が整備されておらず，精神障害に罹患した受刑者に適切な処置を行うための設備やスタッフが十分ではない。また，刑務所内の病棟は，精神保健法でいう「病院」ではないため，受刑者に対して同意なく強制的に治療を行うこともできない。そのため，イギリスでは，受刑

者が，1983年精神保健法に規定された精神障害に罹患していることが判明した場合には，内務大臣の判断で受刑者を病院へ移送し，治療を受診させられるようになっている。

(1) 対　　象

拘禁刑を言い渡され服役している者である。

(2) 手　続　き

一般的には，刑務所の医官が，受刑者を病院へ移送することが必要だと考えた場合に，外部の精神科医に対して，当該受刑者の精神状態についてアセスメントを行うよう依頼し[163]，刑務所の医官と外部の精神科医とが，当該受刑者に関する報告書を作成して，内務省の精神保健局（Mental Health Unit）へ送付する。

内務大臣は，こうして得られた2人以上の登録医（うち1人は認定医）からの報告により，

(a) 被告人が，精神病，重度精神発達不全，精神発達不全，精神病質のいずれかに罹患していること，

(b) その精神障害が入院治療を適当とする性質や程度であること，

(c) 精神病質，精神発達不全に罹患している場合には，入院治療がその症状の悪化を軽減するか防ぐ可能性があること，

を確認しなければならない。そして，公益とその他あらゆる状況を考慮した結果，治療のために当該受刑者を入院させる事が適切であると考えた場合に，令状によって，入院先を指定した移送の指令（transfer direction）を出すことができるのである[164]。内務大臣が指令を出す際に考慮する事項としては，残刑期間，刑務所内での治療の可能性，病院に移送した場合の公共の保護の確保などが挙げられる。

但し，上記の要件が満たされた場合でも，各医師による精神障害の診断が一致しない場合には，移送の指令を出すことはできない[165]。また，移送指令が出された日から14日以内に当該受刑者への入院措置がとられない場合には，この指令は効力を失う[166]。

(3) 効　　力

この移送指令によって病院に収容された受刑者は，病院命令を課された患者と同様の地位に置かれ[167]，治療，退院や移送，MHRTへの申立てなどにつ

いて，病院命令を課された場合とほぼ同じ規定が適用される。従って，当初の刑期より長い期間にわたって収容されることもありうるわけである。

(4) 制限指令 (restriction direction)

内務大臣は，移送指令を出した受刑者に対して，適切だと考える場合には，令状により，41条の制限命令と同様の効果を有する制限指令を併せて言い渡すことができる[168]。制限指令を言い渡された受刑者については，内務大臣の許可なしに，退院，移送などを行うことはできない。なお，この制限指令は，1983年法48条2項(a)(b)によって移送指令を言い渡した未決勾留者には必ず課さなければならないことに留意する必要がある[169]。

内務大臣には，制限指令を言い渡すにあたり，指定した病棟に患者を入院させるよう命令する権限が与えられている[170]。また，制限指令を課された受刑者の主治医は，定期的にその者の状態を診察し，少なくとも年に一度は内務大臣に報告を行うことが義務付けられている[171]。

通常，受刑者に課された制限指令は，受刑者が病院へ移送されずに服役を継続していたら，釈放されたであろう日に効力が失効する[172]。また，受刑者の釈放日に制限命令が失効する前に，主治医，その他の登録医，またはMHRTが，当該受刑者にこれ以上の入院治療は必要ない，あるいは，現在の病院では効果的な治療を提供できないと判断すれば，その旨は内務大臣に報告され，報告を受けた大臣は，令状によって受刑者を刑務所に戻し残刑に服させるか，仮釈放が可能な者であれば仮釈放を命ずる。この場合，患者が刑務所に戻された時点，あるいは，仮釈放された時点で，移送指令及び制限指令は失効し，通常の受刑者の地位に戻る[173]。

さらに，内務大臣は，重大な危害から公共を保護するという観点から見て，患者をこれ以上制限指令に付す必要はないと考えれば，いつでも制限指令の解除を命じることができる[174]。そして，制限指令の効力が消滅，あるいは解除された時点で，まだ入院治療が継続中の受刑者は，制限命令を伴わない病院命令を科された患者と同様の立場に置かれる[175]。つまり，主治医，病院管理者の判断で，あるいはMHRTの判断により，いつでも退院可能となる反面，治療が終了しない限り刑期を超えて入院が継続されることもありうるわけである。

(5) MHRTへの申立て

MHRTへの申立てについては，後述のMHRTの箇所を参照されたい。

(6) アフターケア

アフターケアについては，後述のアフターケアの箇所を参照されたい。

(7) 統　　計

内務省の統計では，制限指令のつかない移送指令を課された受刑者の数については明らかではない。しかし，2001年（2001年1月～2001年12月31日まで）に，制限指令付き移送指令を言い渡され，病院へ移送された受刑者の数は，214名であった[176]。

5　病院指令と制約指令（hospital direction/limitation direction）

裁判所は，精神病質に罹患している被告人に対し，病院命令を課すことが適切だと考えていても，例えば，必要的終身刑を言い渡さなければならない，また，病院命令では更なる危害から公共を保護するのに十分ではないといった事情から，拘禁刑を選択せざるを得ない場合がある。そのような場合に，拘禁刑を科した上で，刑の執行に先んじて入院治療を受けさせることを可能としたのが，この病院指令である。

(1) 対　　象

宣告刑が法律上定められている謀殺罪などの罪以外によって，刑事法院で有罪とされ，拘禁刑の前に病院命令を課すことが考えられている者である[177]。

(2) 手続き

刑事法院は，2人以上の登録医（うち1人は，認定医）による証拠に基づき，次の条件が満たされたと考える場合に病院指令を言い渡すことができる[178]。この病院指令には，退院などに制限を課す制約指令を併せて言い渡さなければならない[179]。

(a) 被告人が，精神病質に罹患していること[180]，
(b) その精神病質が入院治療を適当とする性質・程度のものであること，
(c) 入院治療がその症状を軽減し悪化を防ぐ可能性があること。

但し，上記の2人の登録医のうち，少なくとも1人が裁判所で証言を行っていない場合には，病院指令及び制約指令を課すことはできない[181]。また，医師，又は病院管理者の代理による証拠に基づき，命令言渡しの日から28

日以内に被告人の入院手続きがとられない場合にも，病院指令と制約指令を言い渡すことはできない[182]。

なお，双方の指令を課された患者について，その主治医は，定期的にその者の状態を診断し，内務大臣に報告を行わなければならない[183]。

(3) 効　　力

病院指令は移送指令と，制約指令は制限命令と同じ効力を有するため[184]，それらの規定が適用される。そして，病院指令を言い渡された者について，裁判所は，その病院内の特に指定した病棟を入院先と定めることができる[185]。

双方の指令を言い渡された患者は，治療が効果的であれば，全刑期を病院で過ごすこともありうる。一方，内務大臣は，患者の主治医又は MHRT が，現在の病院では効果的な治療を提供できない，あるいは，これ以上の入院治療は必要ないとの証拠を提出した場合には，刑期中であればいつでも，命令によって患者を刑務所に戻すことができるのである[186]。

(4) 上　　訴

病院指令と制約指令に対しては，上訴を行うことができる。

(5) MHRT への申立て

MHRT への申立てについては，後述の MHRT の箇所を参照されたい。

(6) 統　　計

内務省の統計によれば，2001 年（2001 年 1 月〜 2001 年 12 月 31 日まで）に，病院指令と制約指令を受けて入院した対象者は 3 名であった[187]。

6　仮病院命令（Interim Hospital Order）

病院命令が出された後，その者が治療に適さないことが判明しても，命令を撤回し新たに拘禁刑を言い渡すことはできないため，裁判所はその判断を慎重に行う必要がある。一方，医師の側は，刑の言渡し段階では，被告人に対する病院命令の効果について，自信を持って意見を述べられないことがある。

このような場合に，被告人を仮に病院に収容し，治療環境への適応度や，治療効果，そして治療可能性などについて評価を行い，病院命令が最も相応しい処分であるか否かの判断を行うことを可能としたのが本命令である[188]。

(1) 対　　象

　この命令の対象となるのは，法定刑として拘禁刑が定められている犯罪（但し，謀殺罪など宣告刑が法律上定められている罪を除く）を犯し，刑事法院で有罪とされた者，又は，法定刑として拘禁刑が定められている犯罪を犯し，治安判事裁判所で陪審によらない有罪評決を受けた者である[189]。病院命令の適否を判断する規定であるため，その前提として，病院命令の言渡し可能な者が対象となる。

(2) 手 続 き

　裁判所が，2人以上の登録医（うち1人は認定医）による証拠に基づき，被告人が，精神病，重度精神発達不全，精神発達不全，精神病質のいずれかに罹患しており，そして，その精神障害には，病院命令を言い渡すのが相応だと考えた場合，病院命令その他の処分を決定する前に，指定する病院への収容を行う仮病院命令を出すことができる[190]。この場合，2人の登録医のうちどちらかは，被告人の入院先として指定されうる病院の医師でなくてはならない[191]。裁判所は，被告人の主治医となりうる登録医，又は病院管理者の代理の証拠によって，命令の日から28日以内に被告人が入院可能と認められない場合，仮病院命令をだすことはできない[192]。

　入院期間は，裁判所が，まず12週を限度に定める。しかし，その者の主治医によって命令継続が必要と証明されれば，裁判所は，一度に28日間を超えない範囲で延長することができる。但し，入院期間は，総じて12ヵ月を超えてはならない[193]。そして，被告人が弁護人を選任しており，弁護人に聴聞の機会が与えられていれば，被告人を出頭させる事なく入院期間の延長を行うことができる[194]。

　裁判所は，その後，刑の宣告において，入院命令，あるいは，その他の処遇決定を行った場合には，仮入院命令を取り消さなければならない[195]。

(3) 効　　力

　この命令によって，裁判所から被告人の入院先に指定された病院は，一旦，受入れを承諾した以上，後になって受入れを拒否することはできない[196]。また，病院命令の場合と異なり，被告人は未だ裁判所の管轄下にあるため，主治医には患者を退院させる権限はない[197]。また，MHRTに申立てを行うこともできない。そして，患者の同意なしでも，治療は行われる[198]。

⑷ 上　訴

仮病院命令は，1968年上訴法50条1項(b)でいう刑（sentence）に該当するので，上訴可能である。

7　精神科治療条件付き社会復帰命令（community rehabilitation order with a condition of psychiatric treatment）

これまでは，犯罪精神障害者に対して，刑罰に代えてどのような治療処分が言い渡されるか，そして，刑罰が科された者に精神障害が発見された場合には，どのように治療処分に移行されるのかについて概観してきた。

最後に，社会復帰命令の条件として精神科治療が言い渡される場合を見ていく。なお，社会復帰命令は，もともとは保護観察命令と呼ばれていたが，2000年刑事司法及び裁判所法（Criminal Justice and Courts Act 2000. 以下，2000年法という）43条により，名称変更された。

裁判所は，罪質や被告人の性質に照らし，被告人の更生，再犯防止，公衆の保護の観点から適切だと考える場合には，有罪となった対象者に対して社会復帰命令を言い渡すことができる。但し，対象者が施設に収容されることはないため，重大犯罪の場合に言い渡されることは殆どない。社会復帰命令を言い渡された対象者は，6月以上3年以下の範囲で裁判所が定める期間，保護観察官の監督下に置かれ[199]，裁判所から課される遵守事項に従うことが要求される。

裁判所は，被告人の精神状態の改善を目的に，医師又は英国心理学会に登録している公認サイコロジスト（chartered psychologist）の指示に従い治療を受けるという遵守事項を言い渡すことができる（医師及び公認サイコロジストの双方でも可）[200]。そのためには，裁判所によって，まず，認定医の提出する証拠により，被告人には治療が必要であること，治療に適していること，しかし，病院命令や後見命令を正当化するほどの精神状態ではないことが認められなければならない[201]。さらに，裁判所は，治療に関する手続きがとられ，被告人が進んで治療を受ける意思があることも確認する必要がある[202]。これらの条件が満たされた時，入院治療，外来治療，医師又はサイコロジストの指示に基づく治療のいずれかが言い渡されることになる[203]。そして，担当官は，治療期間を通じて，対象者の監督を行うのである。

第2部　諸外国における触法精神障害者の処遇決定システム

Ⅸ　アフターケア

1　アフターケアについて

　病院命令（1983年法37条），移送指令（1983年法47条，48条），病院指令（1983年法45A条），そして責任無能力及び訴訟無能力のために入院命令（1964年法5条2項(a)，1991年法附則1，2項(1)）を受けて入院している患者が退院した場合，保健局（Health Authority）又はPrimary Care Trustと地域の社会サービス局は，関係ボランティア機関と協力しながら，アフターケアを行わなければならない。このアフターケアは，保健局や社会サービス局が，必要ないと認めるまで行われる[204]。

　退院の決定がなされる前に，患者の主治医は責任をもって，患者の健康や社会的サービスニーズを調査し，そのニーズに合わせて退院後のケアプランを作成する。プランの内容は，患者の日中の行動，職業，居住先，外来治療，カウンセリング，福祉や金銭の管理に関する援助，再発時の対策などである。また，患者による自傷他害の危険性について評価を行い，患者の状態を定期的に審査するような体制を整えておく[205]。

2　スーパービジョン付きアフターケアについて

　退院しては，治療をきちんと受けず，服薬も怠り，また騒ぎを起こして入院する……そのようなことを繰り返す患者が，イギリスには少数ではあるが存在する。そこで，現在，病院命令（37条），又は移送指令（47条，48条）によって入院している16歳以上の患者を，上述のアフターケアに確実につなげるために，定められた期間，監督官（supervising officer）のスーパービジョンに服させる規定が設けられた[206]。

　スーパービジョンは，スーパービジョンの更新や解除を行う権限を有する，コミュニティーにおける主治医（community responsible medical officer. 以下，CRMOという）と，患者のスーパービジョンを行うスーパーバイザーによって行われる。

　CRMOとは，コミュニティーでの患者の治療に責任を有する医師で，1983年法12条が認定する登録医でなければならない。スーパーバイザーとは，アフターケアの間，患者のスーパービジョンを行う者であり，適切な資格と経験を兼ね備えていることが要求される[207]。

(1) 申立て

スーパービジョンの申立てを行えるのは，患者の病院での主治医だけである[208]。主治医は，

- (a) 患者が，その時点で，精神病，重度精神発達不全，精神発達不全，精神病質のいずれかに罹患している。
- (b) 退院後にアフターケアを受けなければ，重大な危害が患者の健康と安全，あるいは他者の安全に及ぶ危険性が高く，あるいは，患者が重大な搾取（exploited）を受ける危険性も高い。
- (c) スーパービジョンに付すことで，患者をより確実にアフターケアにつなげられるようになる。

という全ての条件を満たした場合でなければ，スーパービジョンの申立てを行うことはできない[209]。申立ては，保健局またはPrimary Care Trustに対して行われるが[210]，申立てを行う前に，主治医は，関係者及び関係機関への相談，アフターケアプログラムや遵守事項の検討などを行わなければならない[211]。

(2) スーパービジョンの条件

アフターケア提供の責任を担う機関（responsible after care bodies，保健局や地域の社会サービス局のことを指す）は，アフターケアを確実にするために，患者に対して遵守事項を課す権限を有している[212]。遵守事項として挙げられるのは，決められた場所に居住すること，治療，教育，トレーニングを受けるため，また仕事をするために，決められた時間に決められた場所へ行くこと，そして，スーパーバイザー，登録医，認定ソーシャルワーカー，その他スーパーバイザーが認めた者に対して居住地へのアクセスを与えることである[213]。患者が，居住場所と行動についての遵守事項を守らない場合，スーパーバイザー又はスーパーバイザーに認定された者は，その決められた場所まで患者を移送することができる[214]。但し，患者の意思に反して服薬や治療を強制することはできない[215]。

(3) スーパービジョンの期間

スーパービジョンの期間は，最初は6ヵ月であるが，CRMOによって，まず6ヵ月，その後は1年ずつ更新されうる[216]。CRMOは，スーパービジョ

ン期間終了予定日前の2ヵ月で、患者を診察し、関係者・関係機関への相談を行い、申請の時と同じ条件全てに該当すると考えた場合には、保健局や地域の社会サービス局に報告書を提出しなければならない[217]。この報告書を提出することによって、スーパービジョンの期間は更新されるのである[218]。

CRMOは、自身の判断で、患者のスーパービジョンをいつでも解除することができる[219]。但し、スーパービジョンの解除に際しては、CRMOは、患者本人、スーパーバイザーなど関係者に相談を行い、それらの意見を考慮しなければならない[220]。なお、スーパービジョンは解除されても、患者のアフターケアが必ずしも終了するわけではなく、アフターケアだけは継続しうることに留意する必要がある。前述したように、アフターケアは、保健局や地方の社会サービス局が、患者にそのようなケアは必要ないと認めるまで行われるからである。

患者の中には、アフターケアを受けることや、遵守事項に従うことを拒否したり、無視したりする者も存在する[221]。その場合、保健局や地方の社会サービス局は、サービスや遵守事項を見直したり、あるいは、スーパービジョン付きアフターケアを解除するのが適切か否かを検討し、適切との結論に至った場合には、解除の権限を有するCRMOに通知する。それと同時に、治療のために強制入院させるのが適切か否かについても考慮し、適切との結論に至った場合には、その旨を認定ソーシャルワーカーに通知する[222]。認定ソーシャルワーカーは強制入院の申立てを行う権限を有するからである[223]。

X 精神保健審査会（Mental Health Review Tribunal）

1 概　要

MHRTは、患者の拘束継続が正当であるか否かを審査する独立機関で、イングランド2地域、それにウェールズを加えた全3地域に、1つずつ設置されている[224]。

各地域のMHRTは、大法官（Lord Chancellor）によって任命された法律家、医師、その他の者（管理部門での勤務経験や、社会サービスの知識を有している者など）で構成される[225]。各地域のMHRTの委員会は、大法官が法律家の中から任命する[226]。そして、その委員長が、個別の申立てを審査する審判

所の構成員を指名する[227]。審判所は，法律家，医師，その他の者各1名以上によって構成される必要がある[228]。なお，制限命令を言い渡された患者の申立てを審査する場合には，大法官によって任命された，刑事裁判で豊富な経験を有する法律家が議長を務めなければならない[229]。制限命令は，患者が重大な危害を公共にもたらす危険性があるときに課されるので，解除された場合の危険性の有無を慎重に判断するためである。

審査手続きについては，MHRT規則に詳細な定めが置かれている。

2 申立手続き

(i) 制限命令のない病院命令を課された患者の場合

患者本人，あるいは，最近親の親族は，命令が言い渡され6ヵ月が経過した時点から12ヵ月後までの間に，MHRTに対して申立てを行うことができる[230]。なお，その後は，1年ごとの申立てとなる。

(ii) 後見命令を課された患者の場合

患者本人は，命令が言い渡されてからまず最初の6ヵ月の間に[231]，その後は，期間が更新されるごとに，申立てを行うことができる[232]。最近親の親族の場合は，まず最初の12ヵ月の間に，その後は12ヵ月ごとに申立てが行える[233]。

(iii) 移送指令と病院指令を課された患者の場合

47条，48条の移送指令，及び，45A条の病院指令を課された患者は，命令が言い渡されてから最初の6ヵ月の間に申立てを行うことができる[234]。その後は，制限指令又は制約指令を課されていれば，制限命令付き病院命令の場合と同じであり，課されていなければ，制限命令のない病院命令の場合と同様である。

(iv) 制限を課された患者の場合

この対象には，制限命令付き病院命令，制限指令付き移送指令，制約指令付き病院指令を課された者が含まれる。これらの患者は，まず，命令が言い渡された6ヵ月後から12ヵ月後までの間に，その後は，1年ごとに申立てを行うことができる[235]。但し，最近親の親族は，この場合に申立てを行うことはできない。

(v) 条件付きで退院を許可された患者

条件付きで退院を許可され病院に再入院されていない患者は，条件付き

で退院した日の12ヵ月後から2年後までの間に，その後は，2年ごとにMHRTに対して申立てを行うことができる[236]。

また，条件付きで退院を許可されたものの再入院を命じられた患者は，制限命令付き病院命令又は制限指令付き移送指令を言い渡されたのと同じ地位に置かれるため，申立てを行えるのは，再入院した日の6ヵ月後から12ヵ月後までの間となる。そして，その後は，1年ごとに申立てを行うことができる[237]。

(vi) スーパービジョン付きアフターケアを受けている患者

スーパービジョン付きアフターケアを受けることになった患者は，まず6ヵ月以内に，その後は，期間の更新が行われるごとに申立てを行うことができる[238]。

(vii) 責任無能力・訴訟無能力の患者

制限命令無しの場合にも，制限命令付きの場合にも6ヵ月以内に，申立てを行うことができる[239]。

3　内務大臣による送致

制限命令付きで病院に収容された責任無能力又は訴訟無能力の患者も，入院後6ヵ月までの間にMHRTに申立てを行う権利を有していると考えられている[240]。しかし，この期間に，患者が申立てを行わない場合には，内務大臣が当該ケースをMHRTに送致しなければならない[241]。

また，条件付きで退院を許可されたにもかかわらず，その後再入院を命じられた患者の場合，命令の前に再入院の正当性を審査してもらえる機会は与えられていない。再入院から6ヵ月が経過した時点で本人がMHRTへ申立てを行うことは可能だが，それまで長い期間を待たなければならない。そこで，この患者については，再入院後1ヵ月以内に，内務大臣がケースをMHRTに送致するよう義務付けた[242]。

さらに，制限を課された患者が，過去3年間に一度もMHRTの審査を受けていない場合にも，そのケースを送致するよう内務大臣に義務付けた[243]。

4　国務大臣による送致

国務大臣は，何ら制限なく入院治療を受けている患者（病院命令を受けた患者も含む），あるいは後見命令を受けた患者，スーパービジョン付きアフターケアを受けている患者のケースを，いつでもMHRTに送致することが

できる[244]。制限命令や制限指令を受けている患者のケースについては，内務大臣に同様の権限が与えられている[245]。送致の理由としては，患者の症状が飛躍的に改善した，患者の状況が変化したなどといったものが考えられる。

5　MHRTの権限

MHRTには，審査を行ったケースについて，退院，条件付き退院，移送の許可の推薦などを行う権限が与えられている。そして，それらの権限は，患者が制限を付されているか否かによって異なってくる。以下では，各患者に対し，それらの権限をどのように行使できるのかを概観していく。

(1)　入院を命じられた患者の場合

以下の3つの条件のうち，いずれかが満たされる場合，MHRTは患者を退院させなければならない。

(ⅰ)　患者が，その時点で，精神病，重度精神発達不全，精神発達不全，精神病質のいずれにも罹患していない，あるいは，罹患していたとしても入院治療を適当とするほどの性質・程度のものではない，又は，

(ⅱ)　患者の健康と安全のため，又は公共の保護という観点から，そのような治療は必要ない，又は，

(ⅲ)　最近親の親族による退院の申立てが成功しなかった場合ではあるが，患者を退院させたとしても自己や他者に危険を及ぼさないと判断される[246]。

ただ，MHRTは，上記の必要的退院要件を満たさない場合でも，申立てを受ければ，裁量によって入院患者を退院させることができる。その際には，

(ⅰ)　患者の症状の悪化を軽減し防止する治療の可能性がある，そして，

(ⅱ)　精神病，重度精神発達不全に罹患している患者については，退院した場合に，自分自身のケアを行い，必要なケアを受け，あるいは，重大な搾取から自身を守れる可能性がある，

という2つの条件が満たされるか否かを検討する必要がある[247]。

(2)　後見命令を受けた患者の場合

MHRTは，患者が以下のいずれかの条件に該当する場合には，その者の後見命令を解除しなければならない[248]。

(ⅰ)　患者が，その時点で，精神病，重度精神発達不全，精神発達不全，精

神病質のいずれにも罹患していない，あるいは，
(ii) 患者の福祉のため，又は公共の保護という観点から，後見人に付される必要はない。

なお，これ以外にも，申立てを受けた場合には，裁量によって患者の後見命令を解除することができる。

(3) 退院後にスーパービジョン付きアフターケアを受けている，あるいは，受ける予定の患者の場合

MHRTは，申立てを受けた場合には，その裁量によって患者に課された（又は，課される予定の）退院後のスーパービジョンを解除することができる。

なお，スーパービジョン申請の段階，あるいは更新の段階で，患者が，
(i) その時点で，精神病，重度精神発達不全，精神発達不全，精神病質のいずれにも罹患していない。
(ii) アフターケアを受けなくても，自身の健康又は安全，あるいは他者の安全にとって重大な危害が及ぶ危険が高くない，又は，重大な搾取が行われる危険性も高くない。
(iii) スーパービジョンに付さなくても，患者を確実にアフターケアにつなげられる。

という条件の全てに該当する場合には，その者のスーパービジョンを解除しなければならない[249]。

(4) 制限命令を課された患者の場合

MHRTは，制限命令を課された患者から申立てがあった場合，又は，そのようなケースが内務大臣から送致された場合，
(i) 患者は，その時点で，精神病，重度精神発達不全，精神発達不全，精神病質のいずれにも罹患していない，又は，罹患していたとしても入院治療を適当とする程度や性質ではない，あるいは，
(ii) 患者自身の健康又は安全のため，あるいは公共の保護という観点から，そのような治療は必要ない。

といういずれかの条件が満たされており，さらに，患者を，今後も再入院させられうる状態に置いておくことは適切ではないと認めれば，その患者を無条件で退院させなければならない[250]。退院の時点で，患者に課されていた病院命令そして制限命令は効力を失う[251]。

第 6 章　イギリス

　なお，MHRT は，上記(i)については問題ないが，(ii)については認められないと判断した時には，患者を条件付きで退院させなければならない[252]。但し，この場合，制限命令の効力が継続しているため，内務大臣の令状により，指定された病院へ再入院させられる可能性は残る[253]。そして，最終的には，制限命令が失効した時点で，無条件退院したものとされるのである[254]。

(5)　制限指令又は制約指令を課された患者の場合

　MHRT は，制限指令又は制約指令を課された入院患者については，自らの判断だけで退院させることはできない。制限指令又は制約指令を言い渡された患者から申立てを受けたり，そのようなケースが内務大臣から送致されてきた場合，内務大臣に対して，その患者は無条件あるいは条件付きで退院が可能かについて意見を述べられるにすぎないのである。以下では，受刑者，未決勾留者に分けて簡単に説明する。

(i)　受刑者の場合

　受刑者の場合，退院の最終権限は内務大臣にある。MHRT が，患者の退院に関して無条件か条件付きかの意見を述べてから 90 日以内に，内務大臣が患者を退院させることに同意すれば，MHRT は，その患者を無条件あるいは条件付きで退院させなければならない[255]。しかし，90 日を経過しても，内務大臣が，患者を退院させると通知してこない場合，患者を刑務所へ戻すのではなく病院へ留め置くべきだとの提案を MHRT が行ってないのであれば，病院管理者はその者を刑務所等へ戻さなくてはいけない[256]。

(ii)　未決勾留者の場合

　未決勾留者の場合，内務大臣にも MHRT にも患者を退院させる権限は与えられていない。内務大臣は，MHRT が，その患者は無条件あるいは条件付きで退院可能であるという意見を述べた場合でも，その患者を拘置所等に戻さなければならない[257]。

6　その他

　審判は，患者が要求しない限り非公開で行われる[258]。審判の決定は，多数決で行われ，同数の場合は，議長に決定が委ねられる[259]。

　　(1)　手続きの流れについては，本稿の最後に掲載してある筆者作成の処遇図を参照されたい。

513

第 2 部　諸外国における触法精神障害者の処遇決定システム

(2) 1983 年法 2 条
(3) 1983 年法 3 条
(4) 1983 年法 54 条 1 項，1983 年精神保健法メモランダム（Mental Health Act 1983 Memorandum on Parts Ⅰ to Ⅵ, Ⅷ and Ⅹ）55 頁。以下，メモランダムという。
(5) Health Service Guidelines (HSG) (96) 3. 'Approval of Doctors under Section 12 of the Mental Health Act'.
(6) Id. 付録 A 6 項
(7) Id. 付録 A 4 項
(8) 1983 年法 2 条 4 項
(9) 1983 年法 11 条 1 項
(10) 1983 年法 23 条 2 項(a)
(11) 1983 年法 66 条
(12) 1983 年法 145 条 1 項
(13) 1983 年法 20 条 1 項，2 項
(14) 1983 年法 11 条 1 項
(15) 1983 年法 11 条 4 項
(16) 1983 年法 23 条 2 項(a)
(17) 1983 年法 66 条
(18) 1983 年法 136 条
(19) 1983 年法 135 条 6 項
(20) 但し，内務省回状（Home Office Circular. 以下，HOC という）66/904 項(i)では，収容場所として，極力，警察所は避けるようにと要請している。
(21) 1983 年法 56 条 1 項(b)
(22) 1984 年警察・刑事証拠法（Police and Criminal Evidence Act 1984. 以下，1984 年法という）56 条，58 条
(23) 1984 年法運用規定（Police and Criminal Evidence Act 1984 Code of Practice）C 3. 15, C 3. 16.
(24) 検事規範 1. 2. 1994 年発行の第 3 版には，この規定はなかった。現在の検事規範は，2004 年に改定されたものである。
(25) 1984 年法運用規定 C 9. 5
(26) 1983 年法 2 条 6 項，1985 年法 3 条 2 項(a)(b)
(27) 検事規範 5
(28) 検事規範 5. 10 (g)
(29) 1985 年法 23 条 3 項
(30) 1985 年法 23 条 9 項
(31) CROWN PROSECUTION SERVICE, ANNUAL REPORT 2002-2003, at 29 (2003).
(32) DEEBIE CRISP & DAVID MOXON, CASE SCREENING BY THE CROWN PROSECUTION SERVICE : HOW AND WHY CASES ARE TERMINATED, 20 (1994).

(33) 1985年法6条1項
(34) HOME OFFICE, CRIMINAL STATISTICS ENGLAND AND WALES 2001, at 142 (2002).
(35) 1800年犯罪精神異常者法（Criminal Lunatics Act 1800）2条
(36) R v. Pritchard (1836) 7 C. & P. 303.
(37) 1964年刑事手続（精神異常）法（Criminal Procedure (Insanity) Act. 以下，1964年法という）4条1項
(38) 1964年法4条4項・5項
(39) 1964年法4条6項
(40) 1964年法4条2項
(41) 1964年法4A条2項
(42) HOC 93/91　13項
(43) 1964年法4A条2項・3項，HOC 93/91　9項
(44) 1964年法4A条4項
(45) 1964年法5条2項(a)
(46) HOC 66/90　13項
(47) 1991年法附則1，2項(1)(a)
(48) 1991年法附則1，2項(1)(b)
(49) 1964年法5条3項，1991年法附則1，2項(2)
(50) 1991年法附則1，1項(4)(a)
(51) 1991年法附則1，1項(2)
(52) 1991年法附則1，4項(1)(a)(b)(c)
(53) 1991年法附則1，4項(2)(a)(b)
(54) 1964年法5条2項(b)(i)，HOC 66/1990　8項(iv)(c)
(55) 1964年法5条2項(b)(i)，HOC 93/1991　17項(b)
(56) HOC 66/90　8項(iv)(c)
(57) 1983年法8条1項(a)(b)(c)，メモランダム40項
(58) 1983年法20条1項，2項，附則1第1部6項
(59) 1983年法23条2項(b)，附則1第1部2項，8項
(60) 1964年法5条2項(b)(ii)
(61) HOC 93/91　17項c(v)
(62) 1991年法附則2，1項(1)(a)(b)
(63) 1991年法附則2，2項(1)(a)(b)
(64) 1991年法附則2，2項(2)(a)(b)
(65) 1991年法附則2，4項(2)(a)(b)(c)。精神科看護ホームとは，国や地方自治体によって管理されている病院や施設以外で精神障害者の治療や看護を行っている場所を指し，私立の精神病院も，ここに含まれる。
(66) HOC 93/91　17項c(vi)

(67) 1991年法附則2, 6項
(68) 1964年法5条2項(b)(iii)
(69) HOC 93/91　17項(d)
(70) 1968年刑事上訴法（Criminal Appeal Act 1968. 以下，1968年法という）15条1項
(71) 1968年法16条3項
(72) 1968年法16条4項
　　さらに，有罪の評決に対して上訴がなされ，控訴院が，2人以上の登録医（うち1人は，認定医）の医学的証拠に基づき，「被告人は訴訟無能力だが，訴追対象である犯罪行為は行っている」と認めた場合，被告人には，4つの処分のうちのいずれかが言い渡される（1968年法6条1項・2項）。但し，謀殺罪で起訴されている場合には，無期の制限命令付き入院命令が言い渡される（1968年法6条3項）。
(73) CLAIRE FLOOD-PAGE & JOANNA TAYLOR, CRIME IN ENGLAND AND WALES 2001/2002 : SUPPLEMRNTARY VOLUME（2003）.
(74) R. v. McNaghten, 10 Cl. & F. 200, 8 E. R. 718（1843）.
(75) 1991年法1条1項
(76) 1968年法12条
(77) 1968年法13条4項(a)
(78) 1968年法13条4項(b)
(79) 1968年法14条1項, 2項。但し，謀殺罪で起訴されている場合には，無期の制限命令付き入院命令を言い渡さなければならない（1968年法14条3項，1991年法附則1, 2項(2)）。
(80) 1968年法6条1項(a), 2項。謀殺罪で起訴されている場合には，言い渡されるのは無期の制限命令付き入院命令のみである（1968年法6条3項）。
(81) HOC 66/90　16項
(82) 1983年法37条3項
(83) Mackay & Kearns, *More Fact*（s）*about the Insanity Defence*, 1999 Crim. L. Rev. 714.
　　参考までに，1991年法施行前の5年間である1987年から1991年の間の評決数は20であった。
(84) CLAIRE FLOOD-PAGE & JOANNA TAYLOR, *supra* note 73.
(85) 1983年法48条2項(a)。その多くは，刑事法院で審理・判決・刑の宣告を待つ者達である。
(86) 1983年法48条2項(b)
(87) 1983年法48条2項(c)
(88) 1983年法48条2項(d)
(89) 1983年法47条2項, 48条3項
(90) 1983年法49条1項, 2項

(91) 1997年犯罪(量刑)法(Crime (Sentences) Act. 以下, 1997年法という) 47条
(92) 1983年法51条3項
(93) 1983年法51条4項
(94) 1983年法51条2項。最終的な決定としては, 刑罰や病院命令, 無罪の言渡しなどが考えられる。
(95) 1983年法51条5項, 6項
(96) 1983年法52条2項
(97) 1983年法52条3項
(98) 1983年法52条5項
(99) JOHNSON & TAYLOR, STATISTICS OF MENTALLY DISORDERED OFFENDERS 2001 ENGLAND AND WALES (2002).
(100) 1983年法運用規定(Mental Health Act 1983 Code of Practice) 17. 4項
(101) 1983年法35条2項(a)
(102) 1983年法35条3項
(103) 1983年法35条2項(b)
(104) 1983年法35条1項, 3項
(105) 1983年法35条4項
(106) 1983年法35条5項, 7項
(107) 1983年法35条6項
(108) 1983年法56条1項(b)
(109) 1983年法35条8項
(110) HOC 66/90　11項, HOC 93/91　6項
(111) 1983年法36条2項
(112) 1983年法37条3項, HOC 71/84　27項
(113) 1983年法36条1項
(114) 1983年法36条3項
(115) 1983年法36条5項
(116) 1983年法36条6項
(117) 1983年法36条7項
(118) 1983年法運用規定3.11項
(119) HOC 66/90　8項(iv)(c)
(120) 2000年刑事裁判所権限(量刑)法(Powers of Criminal Courts (Sentencing) Act 2000) 109条2項
(121) 2000年刑事裁判所権限(量刑)法109条5項
(122) 1983年法37条2項(a)(i)
(123) 1983年法37条2項(a)(ii)
(124) 1983年法37条2項(b)

第 2 部　諸外国における触法精神障害者の処遇決定システム

- (125)　1983 年法 37 条 4 項
- (126)　1983 年法 39 条
- (127)　1983 年法 37 条 6 項
- (128)　1983 年法 37 条 7 項
- (129)　1983 年法 3 条
- (130)　1983 年法 40 条 4 項
- (131)　1983 年法 20 条 1 項, 2 項, 附則 1 第 1 部 6 項(a)
- (132)　1983 年法 20 条 3 項
- (133)　1983 年法 20 条 8 項
- (134)　1983 年法 23 条 2 項(a), 附則 1 第 1 部 2 項, 8 項
- (135)　1983 年法 7 条
- (136)　1983 年法 40 条 4 項
- (137)　1983 年法 8 条 1 項(a)(b)(c), メモランダム 40 項
- (138)　1983 年法 20 条 7 項
- (139)　1983 年法 16 条 5 項, 20 条 6 項, 7 項, 10 項
- (140)　1983 年法 20 条 8 項
- (141)　1983 年法 23 条 2 項(b), 附則 1 第 1 部 2 項, 8 項
- (142)　後述するように, 2000 年刑事司法及び裁判所法 43 条によって名称変更されている。
- (143)　1983 年法 37 条 8 項, メモランダム 161 項
- (144)　1968 年法 50 条 1 項, メモランダム 178 項
- (145)　1983 年法 45 条 1 項
- (146)　1983 年法 41 条 1 項
- (147)　1983 年法 43 条 1 項
- (148)　1983 年法 43 条 2 項
- (149)　1983 年法 41 条 2 項
- (150)　1997 年法 47 条
- (151)　1983 年法 41 条 3 項(a), メモランダム 184 項
- (152)　1983 年法 41 条 3 項(c)
- (153)　メモランダム 183 項
- (154)　1983 年法 42 条 1 項
- (155)　1983 年法 41 条 5 項
- (156)　メモランダム 187 項
- (157)　1983 年法 42 条 2 項
- (158)　メモランダム 186 項
- (159)　1983 年法 42 条 3 項
- (160)　HOME OFFICE, DEPARTMENT OF HEALTH & WELSH OFFICE, MENTAL HEALTH ACT 1983 : SUPERVISION AND AFTER-CARE OF CONDITIONALLY

DISCHARGED RESTRICTED PATIENTS, 71 項, 74 項。
(161) 1983 年法 42 条 5 項
(162) JOHNSON & TAYLOR, *supra* note 99.
(163) HOC 66/90　24 項
(164) 1983 年法 47 条 1 項
(165) 1983 年法 47 条 4 項
(166) 1983 年法 47 条 2 項
(167) 1983 年法 47 条 3 項
(168) 1983 年法 49 条 1 項, 2 項
(169) 1983 年法 49 条 1 項
(170) 1997 年法 47 条
(171) 1983 年法 49 条 3 項
(172) 1983 年法 50 条 2 項, 3 項, メモランダム 197 項
(173) 1983 年法 50 条 1 項
(174) 1983 年法 42 条 1 項, 49 条 2 項, メモランダム 199 項
(175) 1983 年法 41 条 5 項
(176) JOHNSON & TAYLOR, *supra* note 99.
(177) 1983 年法 45 A 条 1 項
(178) 1983 年法 45 A 条 2 項
(179) 1983 年法 45 A 条 3 項(b)
(180) 現在は，他の精神障害も対象とされるようになった。
(181) 1983 年法 45 A 条 4 項
(182) 1983 年法 45 A 条 5 項
(183) 1983 年法 45 B 条 3 項
(184) 1983 年法 45 B 条 2 項
(185) 1997 年法 47 条
(186) 1983 年法 50 条 1 項, 5 項, HOC 52/97　8 項
(187) JOHNSON & TAYLOR, *supra* note 99.
(188) 1983 年法運用規定 3. 10 項
(189) 1983 年法 38 条 1 項
(190) Id.
(191) 1983 年法 38 条 3 項
(192) 1983 年法 38 条 4 項
(193) 1983 年法 38 条 5 項
(194) 1983 年法 38 条 6 項
(195) 1983 年法 38 条 5 項
(196) 1983 年法 40 条 3 項
(197) メモランダム 156 項

第 2 部　諸外国における触法精神障害者の処遇決定システム

(198)　1983 年法 56 条 1 項
(199)　2000 年法 41 条
(200)　2000 年法附則 2, 5 項(2)
(201)　2000 年法附則 2, 5 項(1)
(202)　2000 年法附則 2, 5 項(4)
(203)　2000 年法附則 2, 5 項(3)
(204)　1983 年法 117 条 1 項, 2 項
(205)　1983 年法運用規定 27.11 項
(206)　1983 年法 25 A 条 1 項
(207)　1983 年法 34 条 1 項, 運用規定　附則 43 項
(208)　1983 年法 25 A 条 5 項
(209)　1983 年法 25 A 条 4 項
(210)　1983 年法 25 A 条 6 項
(211)　1983 年法 25 B 条 1 項, 2 項, 4 項
(212)　1983 年法 25 D 条 1 項, 2 項
(213)　1983 年法 25 D 条 3 項
(214)　1983 年法 25 D 条 4 項
(215)　メモランダム 127 項
(216)　1983 年法 25 G 条 1 項, 2 項
(217)　1983 年法 25 G 条 3 項, 4 項, 5 項
(218)　1983 年法 25 G 条 7 項
(219)　1983 年法 25 H 条 1 項
(220)　1983 年法 25 H 条 2 項
(221)　1983 年法 25 H 条 2 項
(222)　1983 年法 25 E 条 4 項
(223)　1983 年法 11 条 1 項
(224)　1983 年法 65 条 1 A 項
(225)　1983 年法附則 2, 1 項
(226)　1983 年法附則 2, 3 項
(227)　1983 年法附則 2, 4 項
(228)　1983 年法 65 条 3 項, 附則 2, 4 項
(229)　1983 年精神保健審査会規則（Mental Health Review Tribunal Rules 1983. 以下, MHRT 規則という）(S. I. 1983 No. 942), 規則 8(3)
(230)　1983 年法 69 条 1 項(a)
(231)　1983 年法 69 条 1 項(b)(i)
(232)　1983 年法 66 条 1 項(f), 2 項(f), 40 条 4 項, 附則 1 第 1 部, 2 項, 9 項
(233)　1983 年法 69 条 1 項(b)(ii)
(234)　1983 年法 69 条 2 項(b)

第6章 イギリス

(235) 1983年法70条
(236) 1983年法75条2項
(237) 1983年法70条，75条1項(b)
(238) 1983年法66条1項(ga)(gc)，66条2項(c)(fa)
(239) 1983年法69条2項(a)は，制限命令の有無について明記がない規定である。一方，70条は，制限命令付きの場合についての規定であることが明記されている。制限命令付き入院命令を言い渡された訴訟無能力者・責任無能力者は，制限命令付き病院命令を言い渡された患者と同様とみなされる。従って，70条に従えば，命令が言い渡された6ヵ月後から12ヵ月後までの間に初めてMHRTに申立てを行えることになるはずである。しかし，71条5項は，「制限命令付き入院命令を言い渡された訴訟無能力者・責任無能力者が命令後6ヵ月の間にMHRTに申立てを行わなかった場合には，内務大臣は当該ケースをMHRTに送致しなければならない」と規定し，制限命令付き入院命令を言い渡された訴訟無能力者・責任無能力者にも命令後6ヵ月までの間に申立てを行う権利があることを示唆している。また，69条2項(a)についても，他の法律によって修正されたり，削除されたりしておらず，有効なままである。そこで，現在のところ，これらの患者については，命令後6ヵ月の間に申立てを行えるものと解釈されているようである。
(240) Id.
(241) 1983年法71条5項
(242) 1983年法75条1項(a)。この規定は，ヨーロッパ人権裁判所判決（いわゆるX事件）を受けて，1983年精神保健法で新設されたものである。(X v. United Kingdom (1982) 4 EHRR 188)
(243) 1983年法71条2項
(244) 1983年法67条1項，40条4項
(245) 1983年法71条1項
(246) 1983年法72条1項(b)
(247) 1983年法72条
(248) 1983年法72条4項
(249) 1983年法72条4A項
(250) 1983年法73条1項
(251) 1983年法73条3項
(252) 1983年法73条2項
(253) 1983年法73条4項(a)
(254) 1983年法73条6項
(255) 1983年法74条2項
(256) 1983年法74条3項
(257) 1983年法74条4項
(258) MHRT規則　規則21(1)

第 2 部　諸外国における触法精神障害者の処遇決定システム

(259)　MHRT 規則　規則 23 (1)

〈補遺〉

　本稿脱稿後，2004 年 11 月 15 日に 2004 年ドメスティック・バイオレンス，犯罪及び被害者法（Domestic Violence, Crime and Victims Act 2004, 以下，2004 年法という）が成立した。これによって，訴訟無能力の審理方法及び責任無能力者と訴訟無能力者の処遇等に関して，大きく下記の 2 点が変更された。詳細は別稿に譲るが，簡単に変更点を二つ指摘する。

　まず，第一に，罪状認否手続きにおいて，これまで陪審が判断していた訴訟能力の有無は，裁判所が行うこととなった（2004 年法 22 条によって改正された，1964 年刑事手続（精神異常）法 4 条 5 項，6 項，以下，1964 年法という）。

　第二に，入院命令（admission order），後見命令（guardianship order），スーパービジョン・治療命令（supervision and treatment order），無条件の釈放（absolute discharge）の 4 種類あった責任無能力者と訴訟無能力者に対する処分は，制限命令付き又は無しの病院命令（hospital order），スーパービジョン命令（supervision order），無条件の釈放の 3 種類に再編された（2004 年法 24 条 1 項によって改正された，1964 年法 5 条 2 項）。

　病院命令は，1983 年精神保健法 37 条に規定されている病院命令，また，制限命令は 1983 年精神保健法 41 条の制限命令と同じものである（2004 年法 24 条 1 項によって改正された，1964 年法 5 条 4 項）。すなわち，改正前は，裁判所が，単に強制入院治療が必要であると考えれば，入院治療命令を言い渡すことが可能であった。しかし，法改正により，医学的証拠に基づいて，責任無能力者と訴訟無能力者が，精神病，重度精神発達不全，精神発達不全，精神病質のいずれかに罹患し，さらに，精神発達不全，精神病質の場合には，入院治療がその病状の悪化に軽減するか防ぐ可能性があることが認められなければ，裁判所は入院治療命令（すなわち，病院命令）を言い渡すことができなくなったのである。裁判所は裁量によって制限命令を課すことも可能であるが，宣告刑が法律上定められている場合には制限命令の言い渡しは義務的となる（2004 年法 24 条 1 項によって改正された，1964 年法 5 条 3 項））。なお，裁判所が病院命令の中で指定した病院の管理者は，責任無能力者，訴訟無能力者を受け入れなければならないと定められた（2004 年法 24 条 1 項によって改正された，1964 年法 5 A 条 1 項(C)）。

　スーパービジョン命令とは，命令を受けた者を，原則として 2 年を超えない範囲で，ソーシャルワーカーまたは保護観察官の監督下に置き，その全部また

は一部の期間，精神状態を改善するために登録医の指示による治療を受けさせるものである（2004年法24条2項によって挿入された，1964年法附則1A）。

なお，責任無能力者，訴訟無能力者にとって最も適切な処分を決定するために，裁判所は，鑑定・治療のための病院への勾留，仮病院命令を言い渡すことも可能となった（2004年法24条1項によって改正された，1964年法5A条2項）。

これらの規定は，2005年3月31日より施行されている（S. I. 2005, No. 579）。

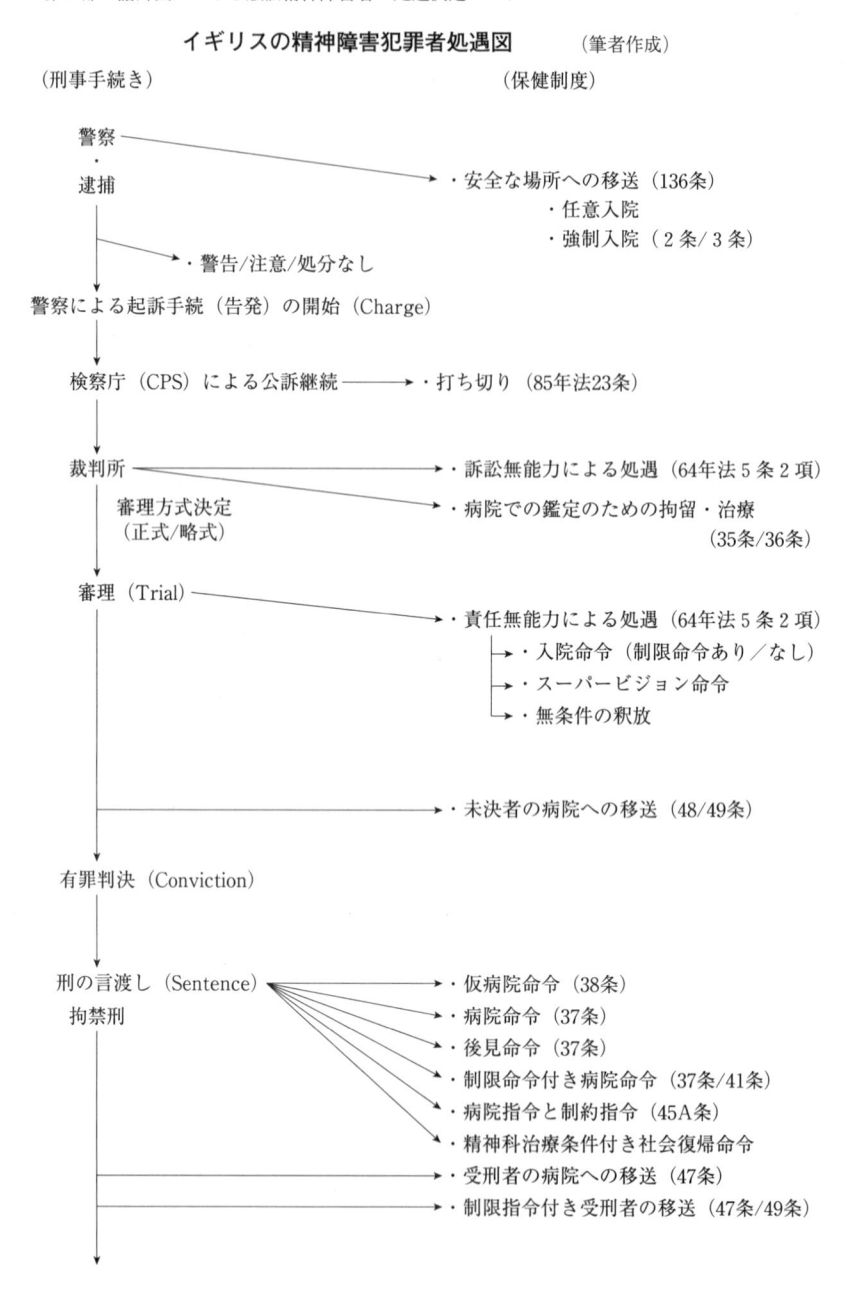

第2部　諸外国における触法精神障害者の処遇決定システム

イギリスの精神障害犯罪者処遇図　　（筆者作成）

（刑事手続き）　　　　　　　　　　　（保健制度）

警察
・
逮捕　　　　　　　　　　→・安全な場所への移送（136条）
　　　　　　　　　　　　　　　・任意入院
　　　　　　　　　　　　　　　・強制入院（2条/3条）

　　↓・警告/注意/処分なし

警察による起訴手続（告発）の開始（Charge）

検察庁（CPS）による公訴継続 ──→・打ち切り（85年法23条）

裁判所 ──────────→・訴訟無能力による処遇（64年法5条2項）
　　審理方式決定　　　　　　　・病院での鑑定のための拘留・治療
　　　（正式/略式）　　　　　　　　　　　　　　（35条/36条）

審理（Trial）──────→・責任無能力による処遇（64年法5条2項）
　　　　　　　　　　　　　→・入院命令（制限命令あり/なし）
　　　　　　　　　　　　　→・スーパービジョン命令
　　　　　　　　　　　　　→・無条件の釈放

　　　　　　　　　　　　　→・未決者の病院への移送（48/49条）

有罪判決（Conviction）

刑の言渡し（Sentence）──→・仮病院命令（38条）
　拘禁刑　　　　　　　　　　・病院命令（37条）
　　　　　　　　　　　　　　・後見命令（37条）
　　　　　　　　　　　　　　・制限命令付き病院命令（37条/41条）
　　　　　　　　　　　　　　・病院指令と制約指令（45A条）
　　　　　　　　　　　　　　・精神科治療条件付き社会復帰命令
　　　　　　　　　　　　　→・受刑者の病院への移送（47条）
　　　　　　　　　　　　　→・制限指令付き受刑者の移送（47条/49条）

2　ブロードモア病院

中　村　　　恵

　イギリスの触法精神障害者の医療施設は，保安の程度によって，最大の保安度のもと治療する特殊病院（special hospital），中程度の保安度のもと治療する地域保安ユニット（regional secure unit），一般の精神科施設という3段階に分かれている。ブロードモア病院（Broadmoor Hospital）はイギリスにある3つの特殊病院の一つであり（ほかは Rampton, Ashworth），1863年に内務省によってブロードモア国立犯罪者保護施設（Broadmoor State Criminal Asylum）として設立されたが，1948年には国民健康保険（National Health Service，略称 NHS）の創設とともに保健省（Department of Health）に管理運営が移管された。1996年3月まで，ブロードモア病院はほかの特殊病院とともに，特殊病院サービス局（Special Hospitals Service Authority，略称 SHSA）によって管理運営されていたが，NHS の改革により 1996年3月31日に SHSA が廃止された後は，ブロードモア特殊病院局（Broadmoor Special Hospital Authority）によって管理運営されている。年間予算は 1998年度で 4,323万ポンド（約80億円）で，そのうちのおよそ70％を占めるのが人件費であり 3,061万ポンド（約57億円）支出されている。

I　施　　設

　病院に入る際には，空港顔負けの念入りな身分確認や厳重なボディチェックを受け，手荷物はロッカーに保管し，病院内での録音や写真撮影は禁止されている。しかし，病院内に一歩入ると，ドアの構造などはセキュリティの高さを物語っているものの，広い敷地のせいか，空間がゆったりしており，あまり緊迫した雰囲気は感じられなかった。

　写真にあるとおり，高い塀に囲まれたおよそ53エーカーの広大な敷地内には22の病棟があり，そのうち16病棟が男性患者用，6病棟が女性患者用である。それぞれイギリスの地方名にちなんだ名称がつけられている。病棟は入院評価を行うための病棟が男女一つずつあり，その後，各患者にあった

第2部　諸外国における触法精神障害者の処遇決定システム

ブロードモア病院

病棟に移されるが，患者の危険性等に応じて高中低の保安度に病棟は分けられている。特殊な病棟としては，人格障害者や（物質）乱用者用の専門病棟がある。また，退院の近い患者にはリハビリ専門の病棟が用意されている。利用可能なベッド数は445あり，数名の小規模な共同部屋があるほかは，今はほとんどが一人部屋となっている。患者は各自部屋の鍵をもっており，いちおうのプライバシーが確保されている。そのほか，教会，農場，売店，床屋，図書館等の施設がある。

II　スタッフ

スタッフは総勢約1,200名で，医師は18名の精神科医（うち教授1名，講師3名）と，2名の一般臨床医（general practitioner）を含む精神科および内科の診察を行う8名の医師（associate specialist）がおり，この中には女性患者を専門に診る医師1名も含まれている。NHSの司法精神医学の維持・発展と，とくに将来のこの分野の専門家となりうる若手医師の養成に力を入れており，ブロードモア病院とロンドンおよびサウサンプトンにあるほかのNHS病院で研修を終えた若手医師は，幅広い精神科ポストにつけうる修了証を取得することができる。

ナースは，患者一人につき複数名が担当することになっており，患者に対する直接のケアの大部分を担っているので，最も大きな職業グループとなっ

ている。したがって，スタッフ・コストに占める割合も最大であり，約60％に達する。およそ645名のスタッフが司法看護ケアを行っており，その56％が有資格のmental nurseである。ナースは医療問題全体にわたって効果的な医療上のリーダーシップを発揮し，質的標準を維持し，監査手続きと研究において先頭に立っている。また，正しい知識に裏付けされた幅広い技術を要求されており，その人格的専門的発展は，患者に対する継続的な質の高いケアを提供するには重要とされる。とりわけ，高度な保安環境のもとでの触法精神障害者の危険なふるまいや保安度の要求を察知する能力を高める訓練がなされている。地域の高等教育機関と地域および国家の専門家ネットワークとの協力体制によって，柔軟で創造的な臨床を基礎とした研究が，ナースの発展を，さらには患者への高質な効率的ケアを確保することに役立っている。

ソーシャルワーカーは各病棟に配置され，患者の情緒的臨床的問題を援助しており，患者の近親者と定期的に接触し，患者が入院している間の病院の内と外とのつながりを確保している。

Ⅲ 病棟内の安全確保

患者を治療する上での安全性を維持するための最も効果的な方法が何かを追求することが，安全性確保の主たる指針となっているので，患者に提供されるケアやリハビリを高める安全性とセラピーを統合することに焦点があてられている。バスルームや各部屋において，自殺を予防するために，コードの設置にはとくに気を遣うという説明を受けた。拘束具はほとんど使わないということであった。

Ⅳ 入退院の手続き

ブロードモア病院への入院申請がなされると，入院審査会（Admission Panel）により，(i)精神障害（mental disorder）の存在あるいは不存在，(ii)責任に合った収容（detention to liability），(iii)危険性，という主要な3つの問題が考慮される。入院審査会は諸専門分野からなるチームで構成され，患者の精神医学的社会的経歴や申請に至った状況を把握している。年に100件を超す入院のための審査請求がなされるが，入院照会のうちのおよそ50％が受

け入れられる。入院が許可されると，患者は3～6ヵ月の間, admission ward という病棟（男性は Luton Ward，女性は Prenton Ward）で，諸専門分野からなる医療チームにより審査され，この期間が終了すると，患者のためのケア・治療プランが作成され，患者の病棟が決定される。その病棟に移ってからも患者それぞれにあった治療等が医療チームによって引き続き行われる。

　医療チーム内で，患者はもはや最大の保安度（maximum security）の下における治療を要しないというコンセンサスが得られた場合には，保安度の低い施設（通常は中程度の保安ユニット）の保健局へ照会がなされる。照会先の病院による審査が行われ，ブロードモアと紹介先の両方の医療チームが合意し，紹介先病院のベッドに空きがある場合には，患者の担当医（responsible medical officer；RMO）が退院の要請をし，患者は紹介先病院に移送される。患者の大多数は保安度の低い施設へ移送されるが，刑期の残りをつとめるために刑務所に戻される患者や，精神保健審査会（Mental Health Review Tribunal）によって退院する患者もいる。われわれに配布された1998年度の統計資料[1]によると，入院元は，他の特殊病院が1名，地域保安ユニットが18名，一般の精神科病院が2名, judicial system が29名，その他4名である。退院先は，他の特殊病院が2名，地域保安ユニットが26名，一般の精神科病院が17名, judicial system が6名，その他が5名である。

V 患　者

　ブロードモアは，1991年刑事手続法（Criminal Procedure Act 1991)，および1983年精神保健法（Mental Health Act 1983）による触法精神障害者を収容している。患者総数は430名（男性350名，女性80名）であり，17名の入院待ち患者（waiting list）がいるとの説明を受けた。前述の統計資料によると，1999年3月31日現在で，患者総数は424名（男性345名，女性79名）であり，さらに入院待ち患者24名がおり，それを入院待ち期間で分類すると，3ヵ月未満が13名，3～6ヵ月が8名，9～12ヵ月が1名，1年以上が2名，となっている。地域人口の人種構成比率の影響で，患者の75％は白人だという。ブロードモアの catchment area はサウス・ロンドン，サウスイースト・イングランド，サウスウエスト・イングランド，サウス・ウェールズである。北の方ではエスニックが多いそうである。患者の入院期間は平均8

年間であるが，なかには1946年から入院している93歳の女性患者もいる。このような高い保安度を必要としない患者でも，引き受け手となる適当な身寄りがいない場合や引き受ける病院がない場合には，ブロードモアに留めておくしかなく，政策的に決定されているということであった。

毎年50名前後が入院するが，その大半は殺人やレイプなどの重大な犯罪を行った者である。

Ⅵ　治療および処遇

ブロードモアでは多角的医療チームによって24時間体制の患者のケアが行われている。

心理学的サービスは，臨床心理学（clinical psychology），神経生理学（neurophysiology），芸術療法（creative arts therapy），言語療法（speech and language therapy）から成り立っている。暴行，レイプ，放火，自傷，性的虐待等の問題をかかえる患者に対してさまざまな療法による高度な専門的サービスがなされる。

社会復帰療法サービスは，患者の長期短期のニーズにあった療法学的職業的娯楽的活動を提供することによって，患者の社会的な技術を改善し，実際的技術の習得と新しい利益を見いだすことを目的とする。木工業，煉瓦積み，印刷，料理用の窯業，織物といったこれらの活動は作業場や病棟内の療法エリアで行われ，ガーデニングや畜産といった技術も屋外の活動を通して習得できる。また，患者の教育センターでは，さらなる職業的学問的教育が行われており，さまざまな国家試験等に挑戦することを推奨している。読み書きや基本的計算力を身につけることもでき，さらに，放送大学の遠隔教育により，昼夜開講コースが設けられている。このほか，料理や家計などの基本的な生活技術の習得，クイズやゲーム，美術，音楽，芝居といった活動も，治療の一環としてなされている。

ラグビーやサッカーなどのスポーツや夏祭りやビンゴ・ゲームなどのレジャーも企画されており，年に一度Broadhumoorists という舞台も患者主導で制作されている。

移送の際にはナース（community nurse）の役割が注目される。Community nurse は，患者が移送される前に，患者とそのケアに携わる他の人との定期

的ミーティングをすることにより，専門家的関係を築き，新しいユニットの情報を提供することを手助けしている。また，移送先のナースと協力して，患者の代弁者としてふるまい，患者のニーズを理解するために細心の注意を払う。そして，新しいユニットに対して，移送の際に患者の看護ケアを監督する義務を負う named nurse を確認することをすすめる。それが確認されると，community nurse は，新しい named nurse が病院を訪れることを促進し，患者の不安を軽減し，移送先の環境の理解をはかる。これらの訪問のなかで，新しいユニットに移ることに関連する患者の問題について自由に議論するのである。患者がいったん移送されると，community nurse は，はじめのひと月は週に一度，次のふた月は隔週で，その後は月に一度の割合で，新しい医療チームと患者を訪問する。これらの訪問に続き，患者の進歩に関する報告がブロードモアの治療チームに送られる。このように，患者の移送を円滑に行えるよう，移送先との協力体制のもと，ナースによるきめ細やかなサービスが工夫されている。

　全体的感想としては，「十分な予算・質の高い人材・広い敷地」という3つの条件がそろわなければ，ブロードモアのような高度な保安度を有する病院を運営するのは至難の業のように思われた。付近の住民からの苦情はないかという問いに対し，「ブロードモアの名前は有名であるが，どこにあるかはほとんど知られていない。歴史のある施設であり，もし，これから，このような施設をつくろうとしても無理であろう」という Mr. Paul Robertson (Public Relations Manager) の言葉は印象的であった。

　（1）　Broadmoor Hospital Authority, Annual Report 1998/1999.

3　グレンドン治療刑務所

柑　本　美　和

　われわれが訪問したグレンドン治療刑務所（Grendon Therapeutic Prison）は，精神障害を有する犯罪者に対して治療を行うことを目的とした施設である。

I　概　　要

　通常，量刑の段階で犯罪者が精神障害に罹患している場合，裁判所は犯罪者を収容できる病院を探し，刑罰に代えて病院命令を言い渡す（精神保健法37条）。しかし，ベッド数不足，または引き受け拒否等の理由から，引き受け先の病院を見つけることができないときには，その者には拘禁刑が科されうる。また，精神病質に罹患した犯罪者は，治療が可能であることが命令言い渡しの条件となるため，たとえ症状が重篤でも治療可能性がなければ，刑罰が言い渡されることになる。

　イギリスには，精神疾患の専門医療を行う刑務所は存在しない。そのため，刑務所での拘禁によって発病した場合，治療の必要な受刑者は，病院へ移送

グレンドン治療刑務所

されることになる（精神保健法47条）。ただし，精神遅滞，精神病質に罹患した犯罪者は，「治療可能性」があるという条件を満たさなければ，病院への移送も認められない。その結果，それらの犯罪者の多くは，引き続き刑務所で処遇されることになる。

　刑務所では，強制的な薬物治療を行うことができない。また，刑務所の医師は，精神障害の治療を専門に行っているわけでもない。つまり，刑務所は，精神障害を有する犯罪者の処遇に適した場所ではない。そのため，刑務所に収容された，精神障害を有する犯罪者は，適切な治療を受けないまま，刑期を終え社会に戻っていくことになる。

　グレンドン治療刑務所は，反社会性人格障害を有する受刑者に治療を行うことを目的に，1962年に開設された。治療共同体を中心に，収容者が再び他人を傷つけることのないよう，自らを改善する手助けを行う。ここでの治療目標は，自信と自己価値を高めさせること，他者を尊重し，他人と積極的な人間関係を構築できるようにすること，再犯を防止させることの3つである。

　イギリスでは，受刑者は，逃走の危険度が高い方から順に，カテゴリーＡ，Ｂ，Ｃ，Ｄの4つに分類される。グレンドンはカテゴリーＢの受刑者（マキシマムセキュリティまでは必要ないが，逃走を著しく困難にする必要がある者）を収容できる施設である。

Ⅱ　収容者

　グレンドンに入所を希望する者は，自身が収容されている刑務所の医師を通じて申請を行う。グレンドンへの入所希望は多く，約400名が入所待機者名簿に名を連ねている。定員は240名で，2000年8月31日時点での収容者数は200名であった。

　グレンドンでの平均収容期間は12ヵ月。但し，終身刑を科された者の平均在所期間は22ヵ月である[1]。中には，6年の長期にわたって収容される者もいる。

　グレンドンには，1年間に，約160〜220の入所申請があるが，申請が認められても，最初のアセスメント段階で適格性を認められず，もとの刑務所に送り返される場合がある。1994年4月〜1995年3月までの1年間で，申

請数229のうち32がアセスメント段階で不適格と判断されている[2]。また，治療途中でも不適格と判断されれば，もとの刑務所に移送されることになる。毎月，約2名ほどが不適格者と判断されている。

入所に際しては，少なくとも18ヵ月以上セラピーを受けられること，自らを改善する意思があること，薬物使用・暴力行為・性行為を行わないこと，そして入所中は向精神剤を使用しないことという条件を満たさなければならない。また，逃走の危険性が高くカテゴリーAに分類される受刑者，および過去に脱獄あるいは脱獄未遂経験がある者は除外される。

グレンドンには21歳以上の成人男性のみが収容され，収容者の平均年齢は32歳である。40歳以上の者はセラピーに不適ということで，年齢の高い受刑者はあまり収容されていない。1995年時点での収容者の犯罪歴は，38％が暴力犯罪（うち謀殺と故殺が24％，傷害が14％），28％が財産犯罪（強盗および強盗未遂），27％が性犯罪（うち強姦および強姦未遂が17％，強制わいせつが6％，その他4％）であった[3]。全収容者のうち，約40％が終身刑を科されている。また，収容者の約80％は薬物中毒者である。

Ⅲ　処　遇

グレンドンは，5つの治療共同体（1つの治療共同体は35〜42人で構成される），アセスメントユニット（Assessment Unit），そしてヘルスケアユニット（Health Care Unit）の7つから成る。1つの治療共同体は，さらに，約8人単位の小グループに分けられる。収容者は，7時半〜21時の間は個室から出ることを許され，その間に治療を受けたり，清掃，洗濯，炊事などの仕事を行う。また，学習意欲のある者に対しては，様々な教育プログラムが用意されている。

最も基本的な治療は，グループ単位あるいは治療共同体単位で毎日行われるミーティングである。収容者たちは，グループまたは治療共同体の中で，刑務官をファシリテーターとして，なぜ自分が犯罪を行ったのか，何が自分の問題であるのか等について語りあう。最初は，自分と向き合えず，他人に心を開けない収容者も，グループという「擬似家族」に身を置き，他人を信頼することを学ぶにつれ，次第に自己開示できるようになる。

グレンドンで行われる治療の1つに，収容者と外部の見学者とがスタッフ

抜きで、グレンドンでの処遇についてディスカッションを行う、"Any Question ?"と呼ばれるものがある。われわれも、1時間にわたり、6人の収容者から直接話を聞くことができた。6人は、殺人、強盗、強姦などの罪で刑に服しており、再犯者、終身刑を言い渡されている者、過去にグレンドンに収容された経験がある者など様々な経歴を有していた。

彼らによれば、グレンドンでの治療は常に自分と向き合うことが要求されるため、精神的負担が大きい。そのため、治療に耐え切れず、もとの刑務所に自ら移送を願い出る者もいるとのことであった。また、彼らは、グループで各々の問題解決に努めることにより、他者への信頼感が獲得できたこと、怒りのコントロール（anger management）が可能となったことを強調していた。さらに、スタッフと受刑者とが、通常の刑務所に見られるような支配―服従関係にないことが（互いをファーストネームで呼び合うなど）、自尊心の回復につながることも挙げていた。なお、われわれが話した6人の収容者たちは、総じて自分の内心を言語化する能力が高かった点を付言しておく。果たして、その他の収容者たちにも同じことが言えるのかは明らかではない。

以上のような治療の他に、認知療法、行動療法、サイコドラマ、生活技術訓練等が行われている。また、性犯罪者が収容者の約4分の1を占めることもあり、性犯罪者に対する治療にも力を入れている。

グレンドンでの脱走事件は1963年を最後に、その後1件も生じていない。また、職員への暴行事件も12年前に起きたのが最後だという。通常の刑務所と比較して、収容者による職員への暴行事件が少ないのは、収容者が治療を通じて自分自身の内面を表現できるため、あえて自己表現法としての暴力に依存する必要がないからとのことである。

Ⅳ 収容者のその後

グレンドンでの治療を終了した収容者のうち、刑期が残っている者は通常の刑務所へ戻され、刑期を終了した者は釈放される。1994年4月～1995年3月の間にグレンドンでの治療を終えた189名の収容者のうち、90％が通常の刑務所へ戻され、8％が釈放されている[4]。グレンドンから通常の刑務所へ戻される受刑者の場合、再び犯罪傾向の強い受刑者たちと生活を共にすることで、治療効果が薄れることが危惧されている。また、直接釈放される

収容者についても，全員が保護観察を受けるわけではなく，地域社会での行状監督が徹底されないことが問題点として指摘されている。

1984年〜1989年の間にグレンドンで治療を受けた者と，希望しながらもグレンドンへの入所が認められなかった者との，7年後の再犯率に関する調査では，グレンドンで治療を受けた者の方が再犯率が低いことが明らかにされた。また，長期にわたり（18ヵ月以上）グレンドンで治療を受けた者のほうが，短期の者よりも，再犯率が低いことも示された[5]。

V イギリスにおける今後の精神障害犯罪者への対応[6]
―― 内務省の訪問から

われわれは，内務省（Home Office）の Mental Health & Criminal Cases Unit を訪問し，Mike Boyle 氏（Head of the Unit）から現在のイギリスにおける精神障害犯罪者に関する問題，今後の対応策について話を伺った。以下は，その概略である。

イギリス政府は，精神障害犯罪者は，可能な限り，刑務所ではなく，医療機関，社会サービスなどによってケアされるべきであるという方針を打ち出している[7]。しかし，この政策も，国民の安全と比較衡量した場合には，制限されざるを得ないことがある。近年，精神病質者，とくに，重篤な人格障害者（Severe Personality Disorder）が放置された結果，再犯に至るケースが報告されており，国民の安全を確保するために適切な対策を講じることが求められている。

殺人，放火，性犯罪などの重大犯罪は，重篤な人格障害者により引き起こされることが多い。現在，重篤な人格障害者は，イギリスの刑務所内に約1,400人，特別病院[8]や地域保安病棟などの保安病院に約400人，そして地域社会に約300〜600人程度存在すると推定されている[9]。

1983年精神保健法に従えば，有罪とされた人格障害を有する犯罪者は，治療可能性がある場合にのみ病院命令を言い渡される（37条）。ただし，病院命令によって病院に収容されたとしても，病状が良くならない場合には退院させられる。他方，治療可能性がないと判断された場合は，拘禁刑を科され刑務所に収容される。さらに，服役中に罹患したときには，治療可能性が認

められる場合にのみ，内務大臣の権限によって病院への移送が行われる（47条）。但し，仮に認められたとしても，重篤な人格障害の場合には病状が改善されないことが多く，その場合，結局は病院から刑務所に戻されることになる。拘禁刑が科された犯罪者の中には，グレンドン治療刑務所で治療を受ける機会が与えられる者もいる。しかし，大多数の者は，刑務所で適切な治療を受けられないまま釈放され，その後も社会で十分なアフターケアを受けることなく，再犯を行う危険性が高い状態で放置されている。このように，重篤な人格障害を有する犯罪者が，刑務所あるいは病院から出所，退院した後に，再犯の危険性を有しているにもかかわらず，何の拘束も受けずにいることは，国民の安全の保護という観点から望ましくない。

そこで政府によって，この問題への対応策を検討する審議会が設置され，「重篤な人格障害を有する危険な人々の管理」（Managing Dangerous People with Severe Personality Disorder）と題する報告書が作成された。審議の中心は，社会にとって危険である重篤な人格障害者を，いかに長期にわたり拘束し，国民の安全を確保するかという点にあった。

報告書では2つの提案がなされている。まず，1つは，人格障害を有する犯罪者への病院命令を廃止し，終身刑の言い渡しを促進することである。ただし，拘禁刑が科された場合でも，内務大臣の権限による病院への移送は認められる。この案によれば，重篤な人格障害を有する犯罪者を刑務所へ長期にわたって拘束することが可能となる。

もう1つは，危険かつ重篤な人格障害者を拘束するための特別な施設を設置し，犯罪を行ったか否かにかかわらず，他害の危険があればそこに収容するという案である。収容は，社会への危険性が除去されたと判断されるまで継続し，退院した場合でも，常に再収容が可能となる。この案については，人権侵害が問題となりうるが，この場合も，政府は「国民の保護（protection of the public）」が最優先の課題だと考えている。

また，1999年11月には，1983年精神保健法改正へ向けての提案をまとめた報告書が公刊された。その中でも，「国民の保護」を最優先に，精神障害犯罪者対策が講じられるべきだと主張されている[10]。

そして，2000年2月10日には，受刑者が，"危険かつ重篤な"人格障害者であるか否かを判断するためのプロジェクトが，試験的に実施されることが

発表された[11]。

　イギリス政府にとって，何よりも今考えるべきは，危険で重篤な人格障害者からの「国民の保護」である。危険で重篤な人格障害者が病院や刑務所から退院，釈放された後に，適切な受け皿が用意されていない現実を考えるとき，他省庁と協力しつつ一刻も早く制度を整備することが重要だと思うのである。

(1) Ricky Taylor, A Seven Year Reconviction Study of Grendon Therapeutic Community - Research Findings No. 115, 4 (2000).
(2) Eric Cullen, Grendon and Future Therapeutic Communities in Prison (1998).
(3) Id. at 4.
(4) Id. at 5.
(5) Taylor, *supra* note 1.
(6) イギリスにおける精神障害者の処遇については，川本哲郎「イギリスにおける精神障害犯罪者の処遇」法と精神医療14号（2000年）1頁以下を参考とした。
(7) Home Office, Provision for Mentally Disordered Offenders - Circular 66/1990 (1990).
(8) 現在は，高度保安病院（high security hospital）と呼ばれている。
(9) Home Office & Department of Health, Managing Dangerous People with Severe Per-sonality Disorder : Proposal for Policy Development (1999).
(10) Department of Health, Reform of the Mental Health Act 1983 Proposals for Consultation (1999).
(11) Home Office, Pilot Project To Assess Dangerous Severe Personality Disorder (2000), 〈http://wood.ccta.gov.uk/homeoffice/hopress.nsf.〉

第7章 カナダ

1 ケベック州の司法精神医療

中谷陽二・小泉義紀

モントリオールはカナダ南東部のケベック州の中心都市である。われわれはそこで，危険性を持つ精神障害者の専門的治療と研究を行うユニークな施設であるフィリップ・ピネル・インスティテュートおよび基幹的医療施設であるモントリオール総合病院の中の精神医学部門を訪問した。本報告では，ケベック民法[1]，カナダ刑法[2]の強制治療に関する規定を概説したうえで訪問施設について紹介することにしたい。民法の規定は日本の措置入院とある程度共通点を持つが，刑法の規定に当たるものは日本には存在しない。なお本文中の［　］内の数字は法律の該当する条項を指す。

I　民法上の強制治療

ケベック民法（州法）は第26条から第31条で，施設への保護収容（confinement，フランス語ではgarde）と精神鑑定（psychiatric assessment）を定めている。ここでいう施設とは健康もしくは社会サービスのための施設である。保護収容には，精神鑑定を行うためのものと精神鑑定の結果に基づいて行われるものがある。

裁判所は，精神状態のために患者自身もしくは他人に対して危険であると信ずる十分な理由があるとき，医師または利害関係者の申請により，本人の同意なしに精神鑑定のために一時的保護収容を命ずることができる。危険が重大で差し迫っている場合，裁判所の許可を得ずに予防的保護収容（preventive confinement）がなされる［27］。

裁判所が精神鑑定を命じると，入院から24時間以内（すでに予防的保護収容の下にある場合は裁判所命令から24時間以内）に診察が行われる。診察により保護収容の必要性が認められると，さらに1名の医師の診察が入院から

96時間以内（予防的保護収容の場合は裁判所命令から48時間以内）に行われる。2名の医師双方が必要と認めると，本人の同意なく，また裁判所の許可を待たずに，48時間以内の収容ができる［28］。

　診察報告書は以下の点について述べる。自他に危険であることによる保護収容の必要性，自身をケアし財産を管理する能力，保護監督（protective supervision）に付することの当否である。報告書は裁判所命令から7日以内に提出されなければならない。2名の医師が診察報告書で必要性を認めた場合に限り，裁判所は保護収容を命じ，その期間についても決定する。ただし期限前であっても，必要性がなくなれば解除される［30］。ケアのプログラム内容について，また生活条件に重大な変更がある場合は，患者に対して告知しなければならない［31］。

　日本の措置入院と比較すると，自傷他害の恐れが要件であることは共通しているが，裁判所の命令で適用される点が異なっている。ただし，緊急を要する場合は裁判所の許可を待たずに医師の判断で行われ，柔軟性が保たれている。

II　刑法上の処分

　処分決定の流れを概観するために注（3）文献から図を引用する（図1）。

　刑事責任能力に関して，カナダ刑法（連邦法）の第16条第1項は精神障害の抗弁（defence of mental disorder）を次のように規定している。

　「精神障害に罹患し，それによって犯罪行為もしくは不作為（omission）の性状と質を弁別できないか，それが悪であることを理解できない場合，何人も犯罪行為もしくは不作為に関して刑事上の責任を負わない（not criminally responsible）」。

　裁判所は次の事柄を明らかにするために鑑定を命じる［672.11］。

(a)　訴訟無能力（unfit to stand trial）か。
(b)　犯罪の遂行時に，第16条第1項に該当する精神障害に罹患していたか。
(c)　嬰児の死亡に関する犯罪により訴追された女性の被告人において，犯罪の遂行時に精神の平衡が損なわれていたか。
(d)　精神障害による刑事責任無能力もしくは訴訟無能力の評決が下された

第2部　諸外国における触法精神障害者の処遇決定システム

図1　カナダ連邦刑法における処分
(注(3)文献より改変, 引用)

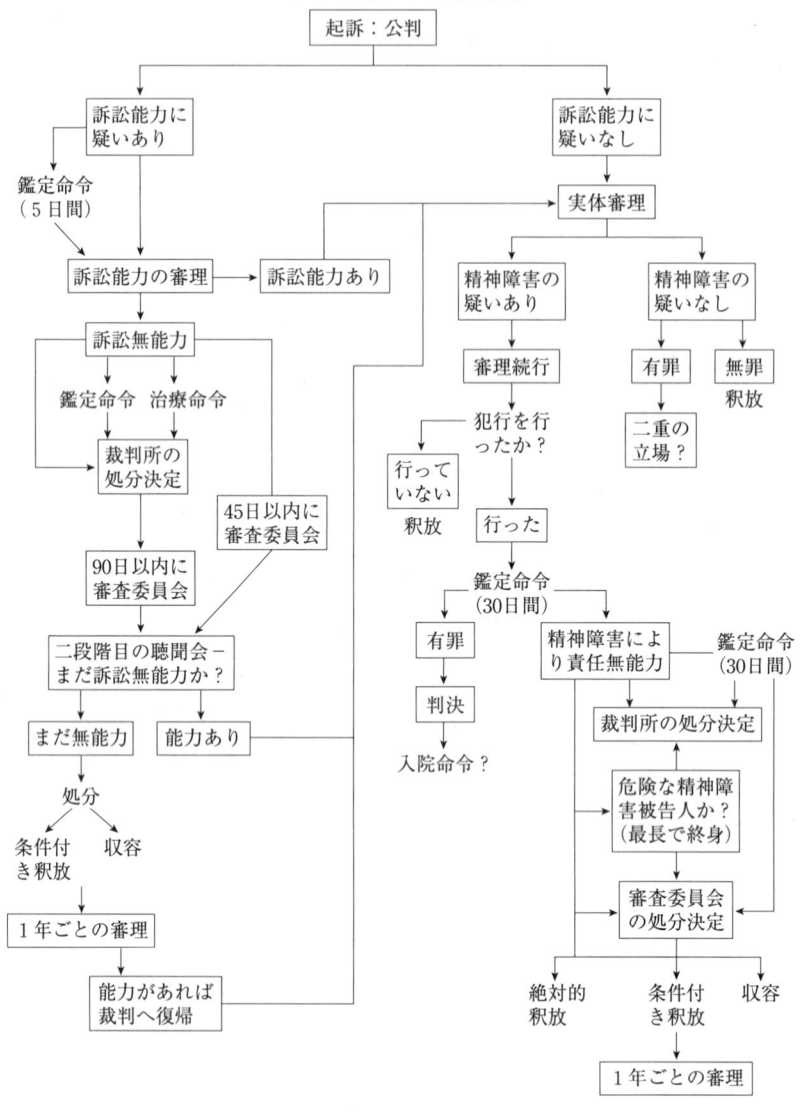

場合，どのような処分を行うべきか。
  (e) 被告人が有罪判決を受けた場合，治療施設（treatment facility）への収容命令［747.1］がなされるべきか。

裁判所は訴訟手続きのどのような段階においても，被告人または検察官の請求により鑑定を命令することができる［672.12］。

鑑定命令は以下の事項について特定する［672.13］。

  (a) 鑑定を行う人と病院。
  (b) 鑑定命令の期間における拘禁の必要性。
  (c) 命令が効力を持つ期間。

責任能力の鑑定命令の有効期間は30日である。訴訟無能力の鑑定では5日以内で，被告人と検察官が同意した場合には最長30日まで延長できる。その他，鑑定期間の延長，収容の条件などについて種々の規定がある［672.14］。

鑑定は書面で裁判所に報告され，裁判所は写しを遅滞なく審査委員会（後述）に送付する［672.2］。鑑定の経過中になされた供述は証拠として利用できないという保護供述（protected statements）の規定およびその例外規定も定められている［672.21］。

裁判所は被告人を訴訟無能力とみなす十分な理由があるとき，職権もしくは被告人と検察官いずれかの請求によって，訴訟能力の検討を指示できると規定されている［672.22～672.33］。挙証責任は請求した側にある。

被告人が起訴の原因となった犯罪行為もしくは不作為を行ったが第16条に該当する場合，陪審もしくは裁判官は被告人が刑事責任を負わないとする評決を下し，被告人は有罪とされない［672.34～672.37］。

訴訟無能力もしくは責任無能力の評決が下された被告人の処分（disposition）の決定およびその審査のために，審査委員会（Review Boards；commission d'examen）が設けられている。州ごとに州法の下で設置され，州の副知事により任命される5名以上の委員から構成される。最低1名は州法の下で資格を有する精神科医である。精神科医が1名の場合，他の1名以上は精神保健の訓練と経験を有し，医学または心理学の実務資格を持つ人でなければならない。議長は連邦裁判所，上位裁判所，郡裁判所のいずれかの判事，もしくはその資格を有するか，その職から退職した人が務める。委員会の決

定は多数決でなされる［672.38～672.44］。ちなみに，視察の参考資料として入手した被聴聞者への告知文によると，ケベックの審査委員会の管轄はケベック行政裁判所（Tribunal administratif du Québec）である。

　裁判所では処分の決定に先立って聴聞会（disposition hearings）が開かれる。責任無能力もしくは訴訟無能力の評決に引き続き，職権もしくは被告人または検察官の請求によって処分決定のために行われる。裁判で処分が決定されると審査委員会に移される。裁判所が処分を決定しないときは審査委員会が聴聞会を開き，処分について検討する。裁判で訴訟無能力とみなされた人については，審査委員会の聴聞会においてあらためて訴訟能力を判定し，能力があると認めた場合，裁判所へ送り返す。聴聞会の形式，構成員，費用，情報の取り扱い等に関しても詳細な規定がある［672.45～672.53］。

　処分は裁判所もしくは審査委員会によって決定される。危険から公衆を守る必要性，被告人の精神状態および社会復帰を考慮し，下記の中から被告人にとって最も負担と制限の少ない方式が選ばれる［672.54］。

(a)　責任無能力の評決が下され，裁判所もしくは審査委員会により公衆に対する著しい脅威は存在しないと判断された場合，完全に釈放される。

(b)　裁判所もしくは審査委員会が適切とみなす条件の下で釈放される。

(c)　病院に強制収容される（detained in custody）。

処分は裁判所または審査委員会が正当かつ必要とみなす条件の下でなされなければならない。自由の制限を変更する権限は審査委員会から病院管理者に委託される。

　なお，訴訟無能力の評決が下された場合，裁判所が上記の処分を決定していない段階で，60日を超えない期間で治療処分（treatmant disposition）の命令を下すことができる（図1の「治療命令」）。これは短期間で訴訟能力が回復する見込みがある場合に適用されると思われ，医師による以下の証言が条件とされている［672.59］。

(a)　鑑定の時点で訴訟無能力であった。

(b)　治療を施せば60日以内に訴訟能力が回復し，施さなければ無能力が持続すると予想される。

(c)　治療により期待される利益と不均衡なほどのリスクが生じない。

(d)　制限と侵襲が最も少ない治療である。

この処分は精神外科，電気けいれん療法を含まない［672.61］。処分は治療が予定されている病院の管理者もしくは治療に関する責任者として指定された人の同意を要するが，被告人本人の同意を得なくてもよい［672.62］。

裁判所もしくは審査委員会が下した処分および収容場所の決定（placement decision）に対して上訴（appeal）が保証されている。当事者の誰でも州の上訴裁判所に上訴できる。上訴裁判所は，処分を支持する証拠がない，誤った決定に基づいている，誤審があるなどの理由により処分命令を無効にできる［672.72〜672.8］。

処分の再審査（review of disposition）は，審査委員会が決定から12カ月以内に，またそれ以降は12カ月ごとに行うものである。それ以外にも，収容先の施設で自由制限が著しく強められたか，管理者から要請がなされた場合も再審査が行われる。また被告人その他の当事者から請求があれば，再審査の聴聞会を開くことができる［672.81〜672.85］。

ある違法行為について懲役刑の判決，他の違法行為について［672.54］の処分の決定を受けた二重の立場の犯罪者（dual status offender）に関する規定がある［672.67〜672.7］。

その他，追加条文として以下のものがある（注（2）文献ではProposed Additionとして記載）。

① 処分の最長期間（capping）について。犯罪の種類により終身，10年，2年と分ける。終身の処分は大逆罪（high treason），謀殺など通常は終身刑に当たる犯罪に適用される。

② 危険な精神障害被告人（dangerous mentally disordered accused）について。重大な人的侵害（serious personal injury offence）で通常は10年以上の懲役刑に当たる犯罪，すなわち性的暴行や生命への危険，重い心理的傷害を与える犯罪が対象である。被告人が責任無能力の評決を受け，処分の決定に先立って検察官が裁判所に請求する。裁判所は行動の反復性や残虐性などに基づいて認定を行う。認定されると，処分の期間を終身まで延長できる。

③ 入院命令（hospital order）について。これは有罪判決を受ける被告人が対象である。判決の際に精神障害の急性期にあり，治療が即刻必要と認められる被告人について，医師の報告書に基づき裁判所が命令し，懲

役刑の最初の部分を構成する。州により指定された治療施設に60日を期限として収容される。

錯綜してわかりにくいところを要約すると，訴訟無能力と刑事責任無能力が処分の要件であり，裁判所と審査委員会の二段構えでその決定が下される点が特徴と考えられる。裁判所が処分を決定し，これを審査委員会が審査する場合と，裁判所の決定を経ないで審査委員会が決定する場合とがあり，この違いの理由は法文上には記載されていない。いずれにしても審査委員会を必ず通過することになる。審査委員会は州の行政裁判所の機関であり，裁判官と精神保健専門家などの合議体である。責任無能力の処分は釈放，条件付きの釈放，強制収容の3つの形式があり，1年ごとに再審査が行われる。訴訟無能力者に対しては条件付き釈放，収容の2種があり，能力が回復すれば裁判が再開される。ちなみに最近のある報告[4]によると，ケベック州において刑事裁判所が命令する精神鑑定のなかで最も多いのが訴訟能力の鑑定であり，これに関して5年間で1,102件の決定が下された（精神病圏が過半，暴力犯が7割弱，治療歴を持つ人が約8割）。この点は訴訟能力が稀にしか問題にされない日本の状況と著しい違いである。なお，有罪判決を受けた者に対しても入院命令の制度がある。

III 施設訪問から

1 フィリップ・ピネル・インスティテュート

Philippe Pinel Institute（以下，PPIという）はモントリオール市街から北西へ車で約40分の郊外に位置する。住宅地から離れ，林や畑に囲まれた閑散とした場所に建てられている。高い外壁があるわけでもなく，外見的には最重警備（maximum-security）の施設らしからぬ普通の鉄筋の建物である（写真1）。所長のPaul-André Lafleur博士からの歓迎の挨拶の後，講堂で英語版の紹介ビデオの放映があった。機構の無味乾燥な説明ではなく，危険性を持つ精神障害者への人間的ケアを強調する内容で，患者を鉄鎖から解放したピネルの名を冠する施設にふさわしいビデオであった。次いで会議室に集まり，各部署の責任者からケベック州の精神保健システム，関連する法律，組織とマネジメント，セキュリティなどについて順次説明があり，質疑応答が行われた（写真2）。昼食の後，2班に分かれて所内を見学し，総括の質疑で一日

写真1　フィリップ・ピネル・インスティテュート外壁

写真2　施設を紹介する Lafleur 博士

の日程を終えた。以下，提供された資料に見聞した情報を加えて概要を述べたい。

(1) 施　　設

　病棟は各20床程度の15ユニットに分かれ，急性期ユニット，男女混合ユニット，思春期ユニット，性犯罪者ユニットなどがある。計277床で，年間約500人が入院する。病室は個室と2人部屋があり，内部も最重警備とは思えない明るく清潔な雰囲気である。看護スタッフは1ユニットに日勤が4名，夜勤が1名で日勤帯での患者と看護スタッフの比率は5：1である。カルテ

には危険度に合わせて3段階の色分けをしたラベルが貼られている。各ユニットへの振り分けは入院のルートよりも危険度を基準にしている。作業所のメニューは袋詰，工作などである。運動場，サロン，体育館，プール，教会，16歳未満の患者用の教育施設などに十分なスペースが取られている。社会復帰に備えた料理教室用の部屋もある。

スタッフは670人で，うち約400人が常勤である。臨床スタッフは，精神科医，心理士，犯罪学者，ソーシャルワーカー，看護師，教育士である。

入院患者と外来患者を対象として，次のように高度に専門家されたプログラムが行われている。

①裁判所のための精神鑑定，②隔離患者に対する濃厚な精神科的治療，③急性，慢性を問わない重症患者の治療のための専門チーム，④リハビリテーションと社会復帰のためのチーム，⑤（外部の）病院に対する相談とリエゾンサービス，⑥精神科的問題や性的非行歴を持つ非行少年のためのプログラム，⑦成人の性犯罪者のためのプログラム，⑧女性のための専門的サービス。

(2) 沿　革

大学と提携する最重警備の精神科病院として，以下の4つの目的を掲げ，1970年に設立された。

1）病と症状の緩和を目指す理念の下で，危険で暴力的な精神科患者に確実な治療を与え，可能な限り社会への再統合を図る。

2）行政裁判所（Tribunal）と裁判所が患者に対して最良の決定を下せるように，患者と家族および社会との利害の釣り合いを取りながら，最も質の高い精神鑑定を提供する。

3）国際交流と研究を通じて，危険な行動の治療に関する知識の発展を促す。

4）鑑定や得られた経験を他の病院や地域クリニックなどの施設と共有する。

設立当初，患者は主に連邦や州の刑務所から移された男性患者であった。重い人格障害を持つ患者に対して特別な治療プログラムが試みられた。その成果に基づく専門プログラムは今日も続けられている。

1972年以降，暴力的で精神的問題を持つ思春期患者を受け入れている。25年以上にわたり，これらの患者への人間的治療を通じてケベック州の非

行少年の治療に貢献している。1991年からは政府等の要請により思春期専門の外来治療プログラムを発展させてきた。

　1985年に初めて女性患者を受け入れ，19床のユニット，さらに外来サービスを導入した。女性の犯罪者に限らず，ケベック州の病院から危険性のある女性患者を受け入れ，治療により改善すると，看護師が患者に付き添って元の病院へ行き，スタッフに訓練を施す方式を取るようになった。1989年から，この移送／訓練プログラムは男性患者に対しても行われるようになった。これは公的資源の不足と短期入院優先の状況の下で発展し，精神科治療ネットワークの地ならしの役目を果たした。

　1987年には危険性治療クリニック（Dangerousness Clinic）が設立された。このプログラムでは，専門家を他の病院に派遣し，相談サービスを行っている。最近では遠隔医療（telemedicine）が危険性治療クリニックの新たなフロンティアを開いている。

　長年にわたり，臨床的，心理社会的分野で重要な研究がなされてきた。1994年に生物学的，薬理学的分野での研究に重点を置いた施設が増設された。

　この数年間での最大の変化は，1996年に女性専用ユニットが閉鎖され，代わって4つの混合病棟がより幅広いプログラムのために設立されたことである。近い将来，2つの混合病棟が加わる予定である。1997年には，精神疾患，精神遅滞，嗜癖など複数の診断を持つ患者や社会復帰に先立って特別な注意を要する患者のために新しいプログラムが設けられた。外来患者に対する特別なサービスもこの4年間に発展している。1998年以降，他のカナダ各州からも高度に専門的なサービスが必要な12～15人の患者を受け入れている。

　(3) 患　　者

　患者は成人の男女および思春期の男性で，刑務所，裁判所，病院，地域センター，家庭などから来る。送られてくる地域は，ケベック州全体およびカナダ国内のいくつかの州である。下記のように法的には一様でないが，自分と他人への危険性を持ち，他の病院では適切な治療を施せないという点は共通している。平均入院期間は，治療目的の患者が72日，鑑定目的の患者が20日である。

入院の法的背景は以下のように分けられる。
1) 連邦法による収容 (federal detention)：重大犯罪により有罪判決を受け，精神科治療を要する患者
2) 州法による収容 (provincial detention)：犯罪により有罪判決を受け，精神科治療を要する患者
3) 予防 (prevention)：公判開始を待つ間の精神科患者
4) 精神疾患を理由とする無罪宣告：精神科治療のために法廷から委託された患者
5) 訴訟無能力：患者の精神状態が当面の訴訟手続きを妨げる場合
6) 予防的収容命令 (preventive commitment order)：犯罪を行っていないが，危険性を有し，治療が必要な患者
7) 自発的入院

ⅠとⅡで述べた制度に当てはめると，1) と2) は有罪判決を受けた者の入院命令，3) は公判開始前の治療，4) は責任無能力者に対する処分としての収容，5) は訴訟無能力に対する治療命令および収容，6) は民法上の保護収容に該当するであろう。

次に1999～2000年の入院患者446名の内訳を示す。

① 移送元

司法システムによる収容
州刑務所　　　　　　217 (46.6%)
連邦矯正施設　　　　 19 (4.3%)
移民の際の収容　　　　4 (0.9%)
計　　　　　　　　　240 (53.8%)

保健システム
精神科病院　　　　　 12 (2.7%)
総合病院　　　　　　 66 (4.8%)
未成年者センター　　 26 (5.8%)
計　　　　　　　　　104 (23.3%)

その他
単身者　　　　　　　 28 (6.3%)
ホームシェルター　　 74 (16.6%)

計　　　　　　　　102（22.9％）
　②　地域
　　　モントリオール　　　53％
　　　ケベックの他の地域　43％
　　　カナダの他の州　　　3.7％
　　　カナダ在住外国人　　0.3％
　③　入院時の犯罪
　　　なし　　　　　　　　106（23.8％）
　　　人に対する犯罪　　　206（46.2％）
　　　財産に対する犯罪　　 74（16.6％）
　　　性犯罪　　　　　　　 14（3.1％）
　　　薬物関連　　　　　　 4（0.9％）
　　　その他　　　　　　　 42（9.4％）
　(4)　ケベック州における役割
　被告人，州と連邦の受刑者，裁判所の命令による収容患者，地域の病院で対処できない攻撃的患者など，年に500名余が入院する。大精神疾患，暴力，危険性，治療困難性という特徴を持つ患者に対して高度に専門化されたサービスを施す地域の唯一の機関であり，あらゆる活動の局面でケベックの地域社会に奉仕することを目指している。
　他の病院から患者を受け入れる場合，入院の条件と期間は双方の協議で決定される。年間約60人の患者がこの契約方式（contractual）と呼ばれるシステムで入院する。これはとくに遠隔地の小病院で歓迎されている。より少ないスタッフと短期間のセッティングで行われる濃厚なケアはより経済的でもある。
　(5)　司法システムとの関係
　大精神疾患の患者がさまざまな司法上の問題を起こしやすいことが明らかにされ，カナダ刑法が修正されてきた。PPIは司法システムのあらゆる段階に関与している。スタッフはPPIもしくはいくつかの州刑務所の中で年間に約500件の鑑定を行っている（図1に示す各段階での鑑定を指す）。とくに刑事責任能力に関わる事例や，長期犯罪者に関する刑法の規定が問題になる最も複雑で難しい鑑定を要請されている（長期犯罪者 long-term offender は，2年以

上の刑に当たる犯罪を犯し，再犯の危険性が高く，地域でのリスクのコントロールが必要な者）。また州と連邦の刑務所の受刑者を引き受けて治療し，裁判所で訴訟無能力もしくは刑事責任無能力を宣告された患者も入院させている。他の施設へ送るか，PPIの外来クリニックに移すことができる状態になるまで治療が継続される。さらに司法システムから委託された10代の男性患者も受け入れている。

(6) セキュリティ

きわめて危険な患者のために高度のセキュリティを備えている。1970年代は刑務所をモデルにしたが，1980年代には個別的，予防的な方法に修整され，1990年代は臨床的介入に役立つ看護／医学／薬理学的モデルが発展した。保安職員として教育士や女性スタッフも採用し，非抑圧的で患者個人のニーズに合致した方法を取っている。

セキュリティ部門は独立しており，施設内での危険予防，施設外での裁判所や病院との間の患者移送を担っている。施設内には10名のスタッフが常駐し，管理室からすべての場所をカメラで監視している。窓を打っただけでも警報が鳴る装置が施され，迅速な対応が可能になっている。危険な患者を保護するために手錠，拘束具，防御盾など多種の用具が備えられている。盾は凹型で，壁に押し付けると隙間が生じ，患者の動きを抑制できる仕組みになっている。各ユニットはいずれも二重扉で厳重に旋錠されている。2つの扉の間には空間があり，一方のドアを閉めるまで他方のドアを開けない構造である。入り口を通過する際は金属探知機によるボディチェックが行われる。いくつかの運動場は高い塀で囲まれ，サロン，プール，体育館も高い場所から窓で観察できるかたちになっている。

(7) 教育・研究活動

毎年6〜12カ月の期間で12人の精神科レジデントを受け入れている。すでに2年間の研修を終了したレジデントを対象としている。研究，看護，教育，心理学，犯罪学の分野で多数のインターン生を受け入れている。長年にわたり，主に精神医学と心理学の分野での外国人インターン生が母国に戻り，司法精神医学のリーダーとして活躍している。スタッフはモントリオール大学の教育を分担し，ケベック州の他の4つの大学の精神科レジデントを対象に一日研修を毎年設けている。その他，所内で頻繁にセミナーが開催され，

写真3　モントリオール総合病院正面

多数の資料を出版している。PPIのスタッフおよび他施設の専門家に対して継続的な教育プログラムが設けられている。毎年，モントリオール大学，ケベック精神医学会などの組織との連携により会議を開催している。司法精神医学と生物医学倫理に主導的役割を果たし，法と精神保健国際学会（International Academy on Law and Mental Health ; IALMH）の年次大会に参加するなど，国際的活動もさかんである。

　ここでIALMHについて簡単に触れておく。精神医学・医療と法学の学際的な国際組織で，毎年世界各地で大会を開催している。2001年の第26回大会はPPIおよびケベック州政府との共催で7月にモントリオールで開催され，日本からは筆者（中谷）と筑波大学大学院の本間が出席した。会長はモントリオール大学のDavid N. Weistub教授，副会長はクイーンズ大学のJulio Arboreda-Flórez教授ならびにPPIのPaul-André Lafleur教授が務めた。参加者は多数で8会場に分けられ，予想されるように北米からの参加者が多かった。ケベックという土地柄により英語／フランス語のバイリンガル・セッションがいくつも組まれていた。トピックスの一つは最近改正されたカナダ・オンタリオ州の精神保健法であった。

2　モントリオール総合病院

　Montreal General Hospital（MGH）はモントリオール市街にあり，1,356の病床を持つ総合病院である（写真3）。年間42,888人が入院し，平均入院期間

第 2 部　諸外国における触法精神障害者の処遇決定システム

は 9.36 日である。

　われわれが訪問したのはその精神医学部門である。病棟，外来などを見学した後，講堂で開かれた地域の医師，看護師，ソーシャルワーカー，法律家らの研修会に合流した。MGH での司法精神医学の活動，ロイヤル・ヴィクトリア病院など関連施設でのサービスの紹介があり，精神保健のさまざまな問題について討論が交わされた。

　MGH の精神科病棟は 35 床で，33 人が入院していた。年間で約 100 人の入院がある。4 床がアルコール依存症に当てられ，隔離室は 4 室であった。病室の壁は明るい水色で彩色されている。一室について患者は 3 人で，スペースはゆったりしている。音楽室，プレイルーム，スタッフミーティング用の部屋など，専用の部屋が 10 室設けられている。プレイルームは 20 m×16 m の広いスペースで，料理や工作などのプログラムに使われている。外来部門には 2 部屋の救急室も備えられ，24 時間体制で稼動している。

　精神科スタッフは医師 25 名，MSW 7 名，心理士 3 名，レジデント 5～10 名，日勤帯の看護師 5 名であり，マンパワーは充実している。医師，MSW のために一人一室が割り当てられている。週 1 回カンファレンスが開かれている。治療プログラムとしては，作業療法，レクリエーションなどのデイ・プログラムが週に計 25 時間行われている。その他，アルコール依存症の専門プログラム，小児性愛やレイプなどの性的異常に対する治療プログラムも行われている。

　司法と行政のルートからの入院，自発的入院と非自発的入院など，入院の形式はさまざまである。危険性の高い患者は上述の PPI に入院するため，MGH は比較的安全な患者を受け入れている。統合失調症の患者が多いが，薬物・アルコール依存症の患者も入院する。

　総合病院であり，セキュリティ・スタッフは精神科専門ではなく病院全体に配属されている。彼らは警報装置を携帯し事故に備えている。精神科病棟につながる入口はすべて自動ドアで旋錠されているが，PPI のドアのような物々しさはない。窓ガラスは安全な硬化プラスチックで作られている。看護室にはモニターが備わり，病棟内をくまなく見ることができる。痴呆などのために徘徊する患者にはセンサー付きのブレスレットをあてがい，ドアに近づくと警報が鳴るというユニークな仕組みがある。

IV　おわりに

　2日間の日程でケベックの司法精神医療を瞥見するにとどまったが，有意義な知識が得られた。とくに印象的であったのは，人間的ケアの高い理想を掲げ，存在意義を外部にアピールし，教育・研究面でもパイオニアを目指すフィリップ・ピネル・インスティテュートの積極的な姿勢であった。おそらく社会復帰や地域の病院との連携，保安と医療のバランス，財政などについて多々問題を抱えているであろうし，見学した限りでも，いささかセキュリティ過剰ではないかと感じられる面があった。法律上は触法精神障害者の処遇がかなり厳格であることを考えると，そのような制度的な条件の下で確固とした治療理念を維持するため相当なエネルギーを注いでいると想像される。

　制度面では，訴訟能力の評価の重要性，処分決定のプロセスでの裁判所と審査委員会の役割などが参考になる。運用の実態について，機会があれば詳しく調べることにしたい。

　（ 1 ）　Civil Code of Québec 2000-2001, Wilson & Lafleur, Montréal, 2000.
　（ 2 ）　Pocket Criminal Code 2001. Carswell, Scarborough, 2001.
　（ 3 ）　Gunn J, Tayloy PJ（ed.）: Forensic Psychiatry. Clinical, Legal, Ethical Issues. Butterworth-Heinemann, Oxford, 1993.
　（ 4 ）　Crocker A : Une analyse du processus et des facteurs associés aux évaluations de l'aptitude à subir son procès. XXXIth International Congress on Law and Mental Health, 2001. 7. 6, Montréal, Canada.

2 カナダ連邦，ブリティッシュ・コロンビア，ケベックの触法精神障害者処遇法

中 谷 陽 二・山 本 輝 之
東　　雪 見

I はじめに

カナダにおいて，一般の精神障害者に対する強制入院の要件，手続は，各州の民事法で定められている。他方，触法精神障害者に対する強制処分については，連邦法である刑法（Criminal Code 1985年）が「20.1章　精神障害（MENTAL DISORDER）」の箇所に，詳細な規定を置いている（672.1～672.95）。以下では，触法精神障害者に対する強制処分の要件，手続について述べる[1]。なお，本文中のカッコ内の数字は，刑法の該当する条項である。

II 触法精神障害者に対する強制処分

1 訴追と精神障害

(1) 訴追手続

刑事訴訟手続は，犯罪事実を認知した者，あるいは令状のない逮捕を行った者が，治安判事に対し情報を提供（訴追請求）することによって開始する。訴追請求は，私人でも行うことができるが，実際にはほとんどの場合警察官が行う。この訴追請求を行った訴追人（prosecutor）は，司法長官（Attorney General）が代理人である検察官（Crown Attorneys, Crown Prosecutors）を通じて訴訟手続に介入しない限り，訴追を継続して行う（2条）。検察官は手続に介入する法律上の義務はなく，ただ権利を有するだけである。もっとも，実際上は，ほとんどの場合検察官が介入し，その後の訴訟手続を引き継ぐようである。

治安判事は，被訴追人（accused）の審理を正当化する根拠の有無を判断し，根拠ありと判断した場合には，訴訟手続が開始される。こうして，治安

判事は逮捕状，召喚状を発行することができることになる。

裁判所が出した逮捕状により警察官が被訴追人を逮捕した場合には，逮捕後24時間以内に治安判事に会うことが可能であれば，その時間内に，それが不可能であれば，可及的速やかに，治安判事の前に連れて行かなければならない（503条）。その後，治安判事は，保釈聴聞を行うことになるが，彼は手続を延期し，3日間に限り被訴追人を勾留することができる（516条1項）。この勾留の間，被訴追人の精神状態について簡易な鑑定が行われ，それによって被訴追人の精神状態の判断，さらなる鑑定の要否の判断がなされることがある。この鑑定が行われた場合には，予備審問（preliminary inquiry）または裁判が開始される前に，鑑定を行った精神科医から，被訴追人の精神状態についての報告書が裁判所に提出される。

(2) 訴追裁量

訴追人は，訴追請求後，正式起訴状が提出されるまで，または略式起訴裁判が開始されるまで，いつでも訴追請求を撤回する裁量権を有している。どのような場合に，撤回するかについては，州の司法省にマニュアルがあり，それによって決められているようである。一般的には，軽微な犯罪については訴追が撤回されることもあるが，公共の安全を害すると認められる犯罪については，撤回されることはないとのことであった。したがって，犯罪が軽微である場合に，そのことと行為者が精神障害であることを考慮して，訴追請求の撤回が行われることはあっても，精神障害のみを理由として訴追を撤回することはないようである。行為者が精神の障害により自傷他害のおそれがあると認められる場合には，民法上の強制入院の対象にもなるが，その入院が予想されるという事情は，訴追請求を撤回する理由となるものではなく，実際上それを一時的に見合わせることがあるにとどまるという。

2 訴訟能力，責任能力

(1) 訴訟能力，責任能力の概念

刑法2条は，訴訟無能力について以下のように定めている。すなわち，訴訟無能力とは判定（verdict）が下される以前の訴訟手続のどの段階であれ，精神障害のために，防御を行うことができない場合，または，弁護人に防御のための指示を与えることができない場合であり，精神障害のために，とりわけ，(a)訴訟手続の性質または対象を理解すること，(b)訴訟手続から生じる

帰結を理解すること，あるいは(c)弁護人と意思の疎通をすることができないことを意味する（"unfit to stand trial "means unable on account of mental disorder to conduct a defence at any stage of the proceedings before a verdict is rendered or to instruct counsel to do so, and, in particular, unable on account of mental disorder to (a) understand the nature or object of the proceedings (b) understand the possible consequences of the proceedings, or (c) communicate with counsel;)。責任能力については，刑法16条1項が，行為時に精神障害を患っており，そのために作為もしくは不作為の性質および属性を弁別する能力を欠いているか，あるいはそれらが悪いものであることを認識する能力を欠いている間になされた作為もしくは不作為については，刑事上の責任を負わない（No person is criminally responsible for an act committed or an omission made while suffering from a mental disorder that rendered the person incapable of appreciating the nature and quality of the act or omission or of knowing that it was wrong.）と規定している。

　訴訟無能力，責任無能力に共通する「精神障害」（mental disorder）とは，「精神の病気」（disease of the mind）のことである（2条）。これは，医学上の精神病の概念に拘束されず，法律的な観点から評価されるもので，内的な条件によって引き起こされた精神の異常な誤機能であると解されている。薬物の効果によるものや，頭部への衝撃によって引き起こされた精神の不調は，内的な条件によって引き起こされたものではないから，精神障害にはあたらない。また，引き起こされた精神の誤機能は異常なものでなければならないから，健常人にも起こりうる精神の誤機能は，精神障害には含まれない。たとえば，自分の子どもがAに殺されそうになっているのを発見した母親が頭が真っ白になって，手近にある物を掴み，それでAを殴り殺したというような場合，母親の反応は通常の予期されうる反応であり，異常なものではないから，精神障害にはあたらないのである。

　責任無能力であるためには，精神障害により，行為の性質および属性について評価する能力，あるいは行為が悪いものであることを認識する能力のいずれかを喪失していることが必要である。ここでは，実際に行為の性質，属性を評価していたか否か，行為が悪いと認識していたか否かではなく，そのような能力が失われていたか否かが問題となるのである。行為の性質，属性

を評価する能力とは，行為の性質，属性に関する情報を受け取り，それを理解する能力をいう。たとえば，行為者が心臓を突き刺していると認識する能力は有しているが，その行為が死の結果を引き起こすことや，死の意味を理解する能力を欠いている場合には，行為の性質，属性を評価する能力を喪失していると認められる。また，「作為または不作為が悪いものであること」とは，それらが法的観点または道徳的観点から悪いものであるということを意味する。行為者が，そのいずれかの観点から行為を行うべきではないと認識する能力を失っていた場合に，「作為または不作為が悪いものであることを認識する能力を欠いている」ということになる。なお，限定責任能力の規定は存在しない。

(2) 訴訟能力・責任能力の推定，証明責任

訴訟能力，責任能力については，無能力である可能性が，能力がある可能性に優越する程度にまで証明され，かつ，裁判所がその優越を確信するまでは，能力があるものと推定される（16条2項，672.22条）。訴訟能力については，裁判所は，被訴追人，訴追人の申立て，または職権により，その不存在を信じるに足る合理的な理由がある場合に，審理を指示する（672.23条）。責任能力については，被訴追人あるいは訴追人が争点として提起した場合にはじめて，裁判所は審理を指示する。被訴追人または訴追人が訴訟無能力，責任無能力の申立てをした場合には，その申立てをした側がその不存在の可能性が優越することを証明しなければならない（16条3項，672.23条2項）。このように責任能力の不存在について被訴追人に証明責任を負わせることが，被訴追人の無罪推定原則に反しないかが問題となる。これについて，カナダ連邦最高裁判所は，被訴追人に責任無能力の証明責任を負わせることは，無罪を推定される被訴追人の権利を侵害するものではあるが，カナダ憲章1条「権利と自由に関するカナダ憲章は，ここに規定する権利と自由を保障するものであり，それらは，法律によって規定された，自由かつ民主的な社会において明白に正当化される合理的な制限にのみ服する」にいう「法律に規定された，自由かつ民主的な社会において正当化される合理的な制限」として許容されると判示している（R. v. Chaulk, [1990] 3 S. C. R. 566）。

第 2 部　諸外国における触法精神障害者の処遇決定システム

3　鑑　　定
(1) 鑑定命令

裁判所（これには，陪審によらない，略式手続を行う裁判所および控訴裁判所も含まれる。672.1条。以下同じ。）は，被訴追人が①訴訟無能力であるか，または②犯罪行為時に，責任無能力であったかを決するのに証拠が必要であると信ずるに足る合理的な理由がある場合には，職権により，被訴追人の精神状態の鑑定を命じることができる（672.11条）。裁判所は，訴訟手続のどの段階においても，この命令を出すことができる（672.12条1項）。さらに裁判所は，①被訴追人が訴訟能力あるいは責任能力を争点として提起したとき，または②訴追人が，被訴追人の訴訟能力または責任能力の存在を疑わせる合理的根拠があると裁判所に確信させた場合には，鑑定を命じることができるとされている（672.12条2項，3項）。

裁判所は，①鑑定の内容，②鑑定を受けるべき人，③鑑定を行う医師または病院，④拘束の必要性，および⑤命令の有効期間（鑑定が行われる場所への移動時間を含む）を特定して命令を出さなければならない（672.13条）。③の医師とは，州法により資格を与えられた医師であることが必要である。また，病院とは，州にある病院で，州の保健局の長（Minister of Health）が裁判所により出された鑑定命令に基づいて被訴追人を鑑定するものとして指定した治療施設のことをいう（672.1条）。鑑定期間は，訴訟能力の場合には，原則として5日間（休日，鑑定のための移送に要する時間を除く。）である。ただし，被訴追人と訴追人が合意した場合には，30日を超えない範囲でより長い期間を定めることができる（672.14条2項）。責任能力の場合には，原則として30日間（休日，鑑定のための移送に要する時間を差し引く。）である。（672.14条1項）。ただし，いずれの鑑定についても，裁判所がやむをえない事情があると認めた場合には，60日まで延長することができる（672.15条）。また，やむをえない事情があると認めた場合には，最初から60日を超えない範囲で鑑定期間を定めることもできる（672.14条3項）。さらに，訴追人または被訴追人が理由を示した場合には，状況を考慮した上で，指定した鑑定期間を変更することができる（672.18条）。

鑑定のために被訴追人を拘束（custody）しないのが，原則である。だが，裁判所が，証拠または医師の証言に基づいて，拘束することが必要であると

認め，かつ被訴追人がそのことに同意した場合には，拘束することができる（672.16条）。もっとも，被訴追人が逮捕されている場合のように，すでに拘束されているときには，その拘束を継続することが不当であることを被訴追人の側で示さない限り，拘束した状態で鑑定を行ってよい，とされている（672.16条3項）。

鑑定の間に被訴追人が行った供述は，訴訟能力および責任能力の有無を判定する目的の場合を除いて，被訴追人の同意がない限り，証拠として採用することができないとされている（672.21条）。なお，鑑定命令によって治療を強制することはできない。治療を強制する場合には，ブリティッシュ・コロンビア州では，Mental Health Act により通常の強制入院手続がとられなければならない。また，ケベック州では，上位裁判所による強制治療の許可を得る必要がある。

鑑定が終了した後，被訴追人は速やかに命令を発した裁判所に出廷しなければならない（672.191条）。

(2) 鑑定の報告

鑑定が終了した後，鑑定を行った医師は，被訴追人の精神状態に関する報告書を，鑑定命令を発した裁判所に，指定された期間内に提出しなければならない。裁判所は，その報告書の写しを，遅滞なく，審査委員会（訴訟無能力者／責任無能力者の処分の決定，事後審査を行う機関である。詳しくは後述参照），検察官，被訴追人および被訴追人の代理人に送付する（672.2条3項，4項）。

複数の鑑定が行われることがあるかについては，州によって実情が異なるようである。ブリティッシュ・コロンビア州では，裁判所が鑑定命令において施設を指定することになっているが，拘束して鑑定を行う場合，その施設は1つしかないので，実際上複数の鑑定が行われることはない。また，拘束しないで鑑定を行う場合にも，6つある外来クリニックのうち最も近い場所にある施設で鑑定を行うことになっているので，複数の鑑定が行われることはないようである。これに対し，ケベック州においては，拘束して鑑定を行う場合であっても，そうでない場合であっても，複数の鑑定を裁判所が要求することがあり，鑑定結果が分かれた場合には，裁判所が最終的に判断を下すとのことであった。

4 判定 (verdict)

当事者の証明あるいは鑑定により，被訴追人について訴訟無能力，責任無能力の可能性が優越する程度に証明された場合には，裁判所は訴訟無能力の判定 (672.31 条)，責任無能力の判定 (672.34 条) を下さなければならない。

(1) 訴訟無能力の判定とその効果

予備審問あるいは陪審なしの裁判では，すべての証拠を調べた後，裁判長が被訴追人の訴訟能力の有無を決定する (672.27 条)。陪審を要する裁判では，裁判開始前に，訴訟能力の有無が争点として提起されたときには，訴訟能力を判断するための特別な陪審が形成され，判断する (672.26 条(a))。これに対し，裁判の途中でこの争点が提起された場合には，特別な陪審は形成されず，当該事案を審理している陪審がそのまま訴訟能力を判断する (672.26 条(b))。

被訴追人が訴訟能力を有していると判断された場合には，罪状認否手続，予備審問，正式事実審理，その他の通常の手続が進められることになる (672.28 条)。これに対し，訴訟無能力と判断された場合には，被訴追人によってすでに行われたいかなる答弁も無効となり，それ以後の手続は行われない (672.31 条)。被訴追人の訴訟能力が回復した場合には引き続き被訴追人について審理が行われる (672.32 条 1 項)。

裁判所が被訴追人に訴訟無能力の判断を下した場合には，5 以下で述べる処分が行われることになる。

(2) 責任無能力の判定とその効果

裁判所が，被訴追人は犯罪行為を行ったが，その行為時に，刑法 16 条 1 項に規定されている責任能力を排除する精神障害を患っていたと判断した場合には，責任無能力であるという判定を下さなければならない。責任能力の有無については，陪審員か，あるいは，陪審員がいない場合には，裁判官が判断を下すとされている (672.34 条)。

責任無能力の判定は，被訴追人は行為は行ったが，それについて刑事上の責任は負わないという内容のものであり，guilty を意味するものでも，convicted を意味するものでもない，とされている。カナダ連邦最高裁判所の判断は，それは，有罪でもないが，無罪放免 (acquittal) でもなく，第三の判定であり，犯罪構成要素が欠如し無罪放免となるコモンローにおける insanity の判定とは異なると解している（Winko v. Britisch Columbia［1999］2 S. C. R.（1999. 6. 17.） para. 31, 32. 以下「Winko 判決」として引用する）。その効果としては，1つには，同じ犯罪で再び訴追することを妨げるということ（672.35条）であり，いま1つは，前科とはならないということである。なお，訴訟無能力，責任無能力の判定に対しては，控訴を行うことができ，最高裁判所に上訴することもできる。

5　訴訟無能力者／責任無能力者の処分

(1)　処分の種類

訴訟無能力，責任無能力の判定が下された者に対しては，続いて処分が決定される。

訴訟無能力者には，条件付き釈放，病院収容処分，治療処分のいずれかが命じられる（672.54条(b), (c), 672.58条）。責任無能力者には，絶対的釈放，条件付き釈放，病院収容処分という3つの処分のうち1つが命じられる（672.54条(a), (b), (c)）。絶対的釈放が命じられた場合には，それによって刑事手続は完全に終了する。条件付き釈放は，適切なものと考えられる一定の条件のもとで釈放する処分である。付けられる条件は，一般的な善行を命じるものから，グループ・ホームなどを含む居住地の指定，一定の場所への立入り禁止，一定の人物との接触禁止，また，アルコールやドラッグの問題を抱えている場合にはその摂取の禁止などである。病院収容処分は，適切なものと考えられる一定の条件を付して，病院に収容するものである。

治療処分以外の処分は，裁判所と審査委員会のいずれも命じることができるが，治療処分は裁判所しか命じることができない（672.58条）。

条件付き処分，病院収容処分は，刑法上は当然には治療を含まない。裁判所または審査委員会が治療についての条件を付し，被処分者がその条件に同意した場合に限って，処分に治療が含まれることになる（672.55条1項）。したがって，刑法上の処分はそれ自体によっては，被処分者に治療を強制することはできない。

しかし，刑法上の処分中に，治療の強制がなされないというわけでは必ずしもない。その間の治療の強制の可否は，州法に依っているのである。ブリティッシュ・コロンビア州では，州法である Mental Health Act が，刑法上の病院収容処分を受けた者に治療を受けることを義務づけている（Mental

Health Act 30条)。ケベック州では，上位裁判所の許可を得て初めて，強制治療が可能である。したがって，ブリティッシュ・コロンビア州では，病院収容処分を受けている限りは，自動的に治療も強制しうることになるのに対し，ケベック州では刑法によって病院に収容されていても，被処分者が治療を拒否し，また，上位裁判所の治療の許可も得られないと，治療なき収容という事態が生じうる。実際，後者のようなことは，それほど稀なことでもない。このような事態は，病院側のスタッフが，自分たちの精神科治療という本来の職務を果たせず，刑務所の看守のようだといって嫌う状況ではあるが，治療を拒否する権利にことのほか重点をおく，1つの社会的選択であるということであった。

　他方，裁判所が訴訟無能力者に命じる治療処分においては，治療を強制することが可能である(672.62条2項)。この処分は，裁判所が，医師の証言に基づいて，一定の治療が訴訟能力を回復するためになされるべきであると確信した場合に命じることができる(672.58条)。ケベック州で聞いたところでは，治療処分が課されることはかなりあり，また印象では治療処分を命じられた者のうち，80％ほどが訴訟能力を回復するとのことであった。このような高い回復率の理由は，そもそも治療の効果が得られると思われる者にのみ，治療処分が命じられていること，訴訟無能力は，話し合われている事項がお天気の話なのか，自分の行為についての話なのかわからない，自分の前に座っている人が裁判官であるとわからない，弁護人が自分を援助してくれる人であるということがわからないなど，よほどのことがなければ認められないことにあると思われる。治療処分の期間は60日を超えない一定期間であり(672.58条)，延長できないものと解されている。もっとも，ケベック州では治療処分期間が終了した後，訴訟能力が回復しない場合において，上位裁判所から強制治療の許可が得られたならば，それによって治療を継続し，能力が回復したところで裁判所に戻すこともあるそうである。

　処分の内訳は，審査委員会の機能を果たすケベック州の行政審判所で聞いたところによると（したがって，裁判所しか命じることのできない治療処分は含まれていない），印象では，絶対的釈放30％，条件付き釈放が50％強，収容処分が20％ほどであり，全体の12％が訴訟無能力者，88％が責任無能力者についての判断である[2]。

(2) 処分決定において考慮される事情
(a) 処分決定において考慮される事情
　絶対的釈放，条件付き釈放，病院収容処分のいずれを命じるかを決定する際考慮すべき事情として，法律は危険な者からの公共の保護の必要性，被処分者の精神状態，被処分者の社会への再統合，被処分者のその他のニーズを列挙している。そして，裁判所または審査委員会は，これらを考慮しつつ，被処分者にとってもっとも負担が少なく，もっとも制限的でない処分を命じなければならない（672.54条）。
(b) 危険性の評価
(i) 「重大な脅威」
　絶対的釈放について，刑法典672.54条(a)は，被処分者が公共の安全に対して重大な脅威でないという意見である場合には，絶対的釈放を命じるものと規定している[3]。カナダ連邦最高裁判所は，もっとも負担が少なく，もっとも制限的でない命令を下す義務が裁判所や審査委員会に課されていること，また，有罪でない者に対して刑法の管轄を肯定する唯一の根拠は公共の安全であるという憲法的背景を併せ考慮すると，この規定は，証拠に基づいて重大な脅威があると積極的に結論されない限りは，絶対的釈放が命じられなければならないと解釈されるべきであると判断している（Winko判決para. 47等参照）[4]。
　なお，「重大な脅威」とは，個人に対する身体的・精神的な害を生じさせる現実的な危険であり，かつ，予想される害は深刻なものでなければならず，重大な害の極めて小さな危険や，些細な害の高度な危険では十分ではない。また，害を生じさせる行為は，犯罪的性質のものでなければならない（Winko判決para. 57他）。
(ii) 危険性は推定されるか。
　カナダ連邦最高裁は，被処分者の危険は推定されないとしている。Winko判決の多数意見は，前述の通り重大な脅威の存在が証明されない以上，絶対的釈放しか命じることはできないと解しており，被処分者が（重大な）危険を有することの推定はなく，被処分者は危険の不存在について証明の負担も負わされていないとしている（para. 52その他）[5]。処分決定手続は職権主義的なものであり，危険性を証明し，処分を正当化する責任は常に裁判所また

は審査委員会にある（para. 54）。そして実際，裁判所や審査委員会は，記録の収集，証人の召喚を行い，専門家に事案を検討させ，情報を提供させることができる。また，実際上ほとんどの処分を決定している審査委員会に関して言えば，そのメンバーは後述の通り医学的・法的・社会的要因を評価することのできる経験を有する者である。これらのことから，裁判所または審査委員会は危険性についての証拠を集め，検討する能力を有していると述べられている（para. 55）。

(iii) 危険性評価における過去の（犯罪）行為の意味

責任無能力者に対する処分は，行為は行ったが，刑事責任は問わないとする責任無能力の判定を基礎として下されるものであるが，カナダ連邦最高裁によると，その目的は公共の安全の保護と責任無能力者の治療であって，行為についての制裁的意味合いはない（Winko判決para. 93以下参照）。したがって過去の行為は，この意味では処分決定の際考慮されない。

他方，責任無能力者の「危険性」を評価するにあたって，過去の行為をどのように評価すべきかは問題となるところである。カナダ連邦最高裁は次のように述べている。まず，過去の行為が，とくに被処分者が治療に応じている場合には，再犯の可能性とほとんど結びつかないことに注意を払うべきである。しかし同時に，過去の行為は，ある一定の状況が連鎖した場合において，意図なく害を生じさせる傾向を示していることもある。これらを考慮すると，過去の行為は，それ単独では公共に対する脅威があることの証拠とはならないが，当該責任無能力者の行為のパターンを確定することにあたっては意味を有する。そして，それがひいては公共の脅威に意味を有することになるならば，その他の事情とともに考慮される（Winko判決para. 60, 62. 参照）。

(3) 処分決定機関

(a) 裁判所による処分決定

訴訟無能力／責任無能力の判定がなされた後，裁判所は，職権で処分決定のためのヒアリングを開くことができる。被処分者，または，検察官から申請があった場合には，ヒアリング開催が義務づけられる（672.45条1項）。そして裁判所は，ヒアリングにおいて，処分決定が容易であり，また，遅滞なくすべきであると確信した場合には，処分を決定することができる（同条2項）。裁判所は処分決定のための精神鑑定（30日以内）を命じることができ

る（672.11条(d)）。精神鑑定命令は，前述の訴訟能力判断，責任能力判断のためのそれと同様のものである。

　裁判所が条件付き釈放または病院収容処分を命じた場合，その処分に90日以内の期限が付されていたときにはそれが効力を失う日以前に，それ以外のときには裁判所の処分決定後90日以内に，審査委員会はヒアリングを開催して事後審査を行い，被処分者の現状にあった処分を決定する（672.47条3項）。裁判所が処分を決定しなかった場合には，審査委員会は45日以内にヒアリングを開き処分を決定する（同条1項）。

　裁判所が処分を決定するのは，それが容易であり，遅滞なく行われるべき場合であると規定されている。第一には，処分を決定するのに十分な情報を裁判所がすでに有している場合がこれに当たる。しかし実際には非常に稀である。ブリティッシュ・コロンビア州で現実にあった事案としては，安定した生活を送っており，前科もなく，精神病の病歴もない者が，ダイエットのための薬を服用し，それによって精神病が引き起こされ，その状態で，人を殺害してしまったという場合において，その薬を服用しなければそのような状態は起こらないことが明らかであり，本人もそのことを知らなかったという事情を考慮して，裁判所が絶対的釈放を命じたものがあるそうである。裁判所が処分を決定する第二の場合は，審査委員会が45日以内にヒアリングを開くのが困難な場合である。裁判所が処分を決定しても審査委員会が事後審査を行うが，その場合には90日以内にヒアリングを開けば良いからである。もっとも，このようなこともほとんどない。

　したがって裁判所が処分を決定するのは例外的で，ほとんどの場合審査委員会が処分を決定している。その割合はブリティッシュ・コロンビア州では90％以上である。裁判所が処分を決定しなかった場合には，身柄を拘束されている責任無能力者や訴訟無能力者は，審査委員会が彼らに対する処分を決定するまで，原則として拘束を継続される（672.46条1項）。その間，裁判所は状況に応じて，一時的釈放や病院収容を含むその他の命令を出すことができる（同条2項）。

(b)　審査委員会（Review Board）

　刑法典は，各州に対して，責任無能力者や訴訟無能力者の処分を決定し，事後審査を行う審査委員会の設立を義務づけている（672.38条1項前文）。審

査委員会は州の副総督（実質的には州政府）によって指名される5人以上のメンバーから構成される（同項，後文）。メンバーの少なくとも一人は，州法の下で，精神科医療を行う権限を有する者である。精神科医療を行う者が一人しかいない場合には，その他に少なくとも精神保健の分野において訓練を受け，経験を持ち，かつ，州法の下で，薬学または心理学を行う権限を有する者が一人はいなければならない（672.39条）。審査委員会の議長は，判事，判事に指名される資格を有する者，または，元判事である（672.4条1項）。審査委員会の定足数は，議長，精神科医療を行う者，およびその他のメンバーの3名である（672.41条1項）。審査委員会のメンバーの意見が分かれた場合には，過半数によって決定する（672.42条）。

　審査委員会における法律家の役割は，主にヒアリングを指揮すること，そして，被処分者の権利を侵害しない形で適正に処分決定が行われることを確保することにある。その他，医療サイドは，被処分者の危険がさほどのものでなくても，集中的な治療を行って病気を治したいという意欲から，自由をより制限する方に傾きがちであるので，法律家がそれを抑制するという役目を果たすこともあるそうである。

　刑法典は審査委員会の設立を各州に委ねているため，そのあり方は州によって異なっている。

　ブリティッシュ・コロンビア州の審査委員会は，独立の審判所として存在しており，総人員は20名である。予算は司法省から出ているようである。

　ケベック州では，1998年以前は，ブリティッシュ・コロンビア州と同様に独立の審判所としてのcomission d'examenが存在していたが，現在は，裁判所組織の一部である行政審判所の社会事業部が審査委員会の機能を果たしている。総人員は34名，うち11名が法律家，10名が精神科医，4名が心理学者，9名がソーシャル・ワーカーである。ケベック州の行政審判所社会事業部は刑法典上の審査委員会の機能の他，一般の強制入院の不服申立てを受理，審査するなど異なる多くの機能を有している。1999，2000，2001年のケベック州審査委員会のケース処理状況については具体的な数字を得ることができたので，グラフ①を参照されたい。2000年における絶対的釈放は増加しているが，行政審判所の方は，これは，重大な脅威が確信されない限り絶対的釈放を命じなければならないとした，Winko判決の影響によるものでは

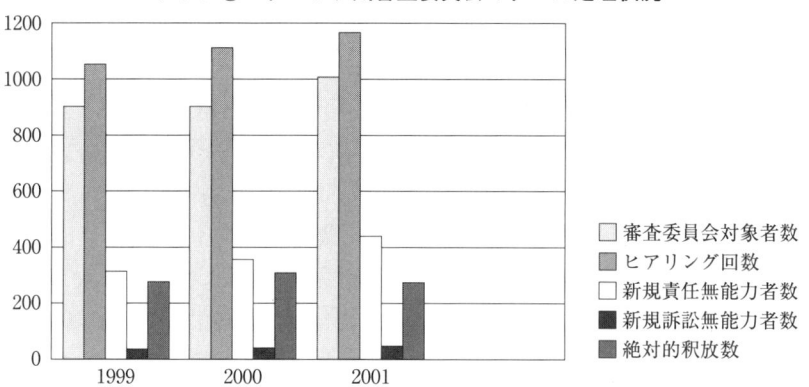

グラフ①　ケベック州審査委員会のケース処理状況

□ 審査委員会対象者数
■ ヒアリング回数
□ 新規責任無能力者数
■ 新規訴訟無能力者数
■ 絶対的釈放数

ないかと推測されていた。

(4) 処分の決定
(a) ヒアリングと処分の決定

　処分決定の際に裁判所または審査委員会によって開かれるヒアリングは，状況に応じた非形式的な方法で行われる（672.5条2項）。非形式的な方法とは，具体的には，証人は宣誓することを必要とせず，伝聞証拠も許容されることを意味している。発言の順番なども公判審理のように硬直的でなく，比較的自由である。ブリティッシュ・コロンビア州では，主治医が電話でヒアリングに参加することもある。しかし，ケベック州では必ず立ち会うとのことだった。ブリティッシュ・コロンビア州ではヒアリングの所要時間は1件につき2時間程度であり，1日に2, 3件が処理され，ケベック州は所要時間が約1時間，1日に6, 7件が処理されている。審査委員会のヒアリングは病院で行われることも多い。

　ヒアリングは原則公開である。しかし，公開にしないことが被処分者の最善の利益であり，かつ，公共の利益に反しない場合には非公開にし，または，一定の人物を排除することができる（672.5条6項）。

　被処分者は，弁護士によって代理される権利を有する（672.5条7項）。被処分者に弁護士がおらず，彼が訴訟無能力者であるか，または，正義に係る諸々の関心から弁護士が必要とされる場合には，裁判所または審査委員会は，被処分者のために弁護士を任命しなければならない（同条8項）。

第2部 諸外国における触法精神障害者の処遇決定システム

　被処分者は原則としてヒアリングの初めから終わりまで在席する権利を有するが（同条9項），裁判所または審査委員会は適当と考えられる条件を付けた上で，被処分者が欠席することを許容することができる。また，被処分者の在席が，ヒアリングの進行を妨げ，他者の安全を危険にさらし，あるいは，被処分者自身の治療・回復を妨げると確信した場合には，被処分者をヒアリングから排除することができる（同条10項）。被処分者がヒアリングから排除された場合には，その手続の記録の公表は禁止される（同条11項）。

　裁判所または審査委員会は，州の司法長官（実質的にはその代理人である検察官）をその申立てに基づいて当事者としなければならず（672.5条3項），また，正当と考える場合には，被処分者の利益の保護に実質的な関心を持つ者を当事者とすることができる（同条4項）。ヒアリングに関する通知は，司法長官の他，各当事者になされなければならない（同条5項）。

　当事者は，弁護士によって代理される権利を有し（同条7項），証拠を提出し，意見を述べ，証人を呼び，また対立当事者の証人や鑑定医を反対尋問することができる（同条11項）。当事者は証人の出席を強制することはできないが，裁判所または審査委員会にそうすることを請求することができる（同条12項）。

　各当事者および被処分者の弁護士は，裁判所や審査委員会に提出された鑑定書その他の処分決定に関わる書面の情報，すなわち「処分情報」を入手することができる（672.51条1項，2項）。ただし，処分情報を開示することが，他者を危険にさらし，あるいは，被処分者の治療・回復を著しく害すると確信した場合には，被処分者に対して処分情報を与えてはならない（同条3項）。また，被処分者や司法長官以外の当事者に対しては，手続上処分情報を開示する必要はなく，開示することによって被処分者に対し先入観を抱かし得ると考える場合には，処分情報を与えてはならない（同条5項）。当事者に対して処分情報が与えられない場合には，当事者以外の者に与えることも許されず（同条7項），また，新聞等において公表することも許されない（同条11項）。

　以上のような方法によって開かれるヒアリングが終了すると，裁判所または審査委員会のメンバーは，すぐにどのような処分が適当かを検討し，処分を決定する。処分の内容，理由はその場において口頭で告げられるが，それ

らを記載した決定書のコピーが各当事者に送付される（672.52条3項）。
　(b)　訴訟能力の有無の決定

　訴訟無能力の判定を受けた者については，審査委員会は，処分の決定や事後審査のヒアリングの際，その訴訟能力の有無も判断しなければならない（672.48条1項）。審査委員会は，訴訟能力があると判断した場合には被処分者を裁判所に送致し，さらに裁判所が訴訟能力の有無を判断する（同条2項）。被処分者を社会に戻すと再び訴訟無能力になってしまうと信じる合理的根拠がある場合には，審査委員会またはその議長は，裁判所が訴訟能力の有無を判断するまで，被処分者を病院に収容させておくことができる（672.49条1項）。

　(c)　処分の事後審査

　審査委員会が命じた絶対的釈放以外の処分については，審査委員会は1年以内に再度ヒアリングを開催して処分を事後審査する。そして，訴訟能力ありという判断を下す場合を除き，適切と思われる処分を命じる（672.81条1項，672.83条1項）。また，被処分者を担当する施設の責任者から，処分の見直しが請求された場合や，被処分者の自由の制限を7日間を超えて著しく増加させたという通知があった場合には，すみやかに処分の事後審査がなされなければならない（672.81条2項）。さらに，被処分者やその他の当事者から請求があった場合には，いつでも処分の事後審査をすることができる（672.82条1項）。当事者の処分の事後審査請求によって，処分に対する不服申立て（後述参照）は中止したものと見なされる（同条2項）。

　事後審査が行われる時点において，被処分者は，病院等の治療チームの監督下にある。被処分者を担当しているこれらの治療チームは，ヒアリングの際，被処分者に関する報告書を提出し，口頭で意見を述べる。

　自由を制限する処分は，事後審査において絶対的釈放が命じられない限りは継続する。この意味で処分の期間に上限はない。

　訴訟無能力者には絶対的釈放が命じられることはないので（672.54条(a)参照），原則として訴訟能力を回復するまで自由を制限され続ける。このことについては，訴訟無能力者が，訴追の対象となった犯罪について無罪であるかもしれないことに鑑みると不当であるという批判がある。訴訟無能力者の自由の制限が，能力を回復しないにも関わらず，例外的に終了するのは以下

の場合である。すなわち，裁判所は，訴訟能力者について公判審理にもっていくだけの十分な証拠が提出されうるかを判断するために，2年毎に証拠調べを行わなければならず（672.33条1項），十分な証拠が提出され得ないと確信した場合には，被処分者を無罪放免としなければならない（同条6項）。これが，自由制限の不当な継続に対する一定の歯止めとなりうる。

(d) 処分決定に対する不服申立て

当事者は，命じられた処分について，州の控訴裁判所に不服申立てをすることができる。その申立て事由は，法律問題，事実問題，両者の混合したもののいずれでもかまわない（672.72条1項）。申立て期間は，控訴裁判所またはその判事がより長い期間を指定しない限り，処分決定書のコピーを受け取ってから15日以内である（同条2項）。申立てが受理されると，判断がなされるまで，絶対的釈放や治療処分の執行は自動的に停止される（672.75条）。また控訴裁判所の判事は，当事者の申立てに基づき，被処分者の精神状態が正当化すると確信する場合には，自動的に停止された絶対的釈放や治療処分の執行を命じ（672.76条2項(a)），あるいは，条件付き釈放，病院収容処分の執行を停止することができる（同条2項(b)）。さらに，処分の執行が停止されている場合において，被処分者の状態に応じて，絶対的釈放，治療処分以外の処分を命じることもできる（同条2項(c)）。

控訴裁判所は，処分が不合理であるか，証拠によって裏付けられていない場合，法律問題についての誤った判断に基づいており，それが実質的な害をもたらす場合，または，誤審があったと判断した場合には，申立てを認容し，裁判所または審査委員会の命令を無効とすることができる（672.78条1項，2項）。そして，控訴裁判所は自ら正当と思われる処分を命じ，あるいは，下級裁判所または審査委員会に再度ヒアリングを行わせることができる（同条3項）。

(5) 処分の実態

(a) 収容施設，通院施設

被処分者が病院収容処分とされたときには，「病院」に収容される。「病院」とは，州の保健局長によって指定された，収容処分の命じられた者の拘禁，治療のための州の施設である（672.1条）。通院施設については刑法典にはとくに規定がない。これらの実態は州によって異なっている。

(b) ブリティッシュ・コロンビア州
(i) 運　営

ブリティッシュ・コロンビア州では，司法精神科サービス委員会が収容施設，通院施設の双方を運営している。委員会のメンバーは副総督（実質的には州政府）が指名しており（Forensic Psychiatry Act 2条1項），予算は州の保健局から出ている（年46,600,000カナダドル）。収容施設，通院施設双方のスタッフは，看護師，ソーシャル・ワーカー，セラピスト，心理学者，精神科医等を含む500名ほどである。

(ii) 収容施設

ブリティッシュ・コロンビア州では，司法精神科病院は1つしかない（写真1，2，3）。病床数は229床である。収容処分となった訴訟能力者・責任無能力者や，拘束下での鑑定命令が出された者などはすべてここに収容されている。そのほかにも，受刑施設から一時的に治療が必要であるために移送されてきた者（受刑能力を回復すれば受刑施設に戻される），Involuntary patient（精神鑑定のために病院に収容された際，州法であるMental Health Actの強制入院・治療の要件を満たす者と認定されており，裁判では責任能力ありとされたが，刑の執行猶予を得た者が，病院に収容されて治療を受けているなどの場合），Dual Status Offender（ある犯罪について病院収容処分とされ，別の犯罪について刑罰を科された者。これらの者については，審査委員会が彼の精神保健上の必要性と，他者の福祉の保護を考慮して病院に収容するか，受刑施設に収容するかを決定する。672,67条以下参照）が収容されている。このように収容者はすべて，刑法に何らかの関わりを持った者であり，純粋に民事法上入院している者はいない。収容者の内訳は，約80％が責任無能力者であり，訴訟無能力者が5％，鑑定が10％，Involuntary patientが5％ほどである。病院への新規受入者の具体的数についてはグラフ②を参照されたい。

受刑者の当病院への移送手続については，州法であるMental Health Actが規定をおいている。受刑者は，2人の医師の診断証明書に基づいて，副総督か拘禁施設の長が命じた場合には，精神保健施設に移送することができる。精神保健施設に収容することが不要となった後には，副総督か拘禁施設の長が，釈放か，拘禁施設への移送を命じる（Mental Health Act29条）。

治療は，精神科医，ソーシャル・ワーカー，ケア・マネージャー，看護師

第 2 部 諸外国における触法精神障害者の処遇決定システム

写真 1　BC 州司法精神科病院通用門付近

写真 2　BC 州司法精神科病院通用門前

写真 3　BC 州司法精神科病院独立棟

グラフ②　BC 司法精神科病院新規受入数

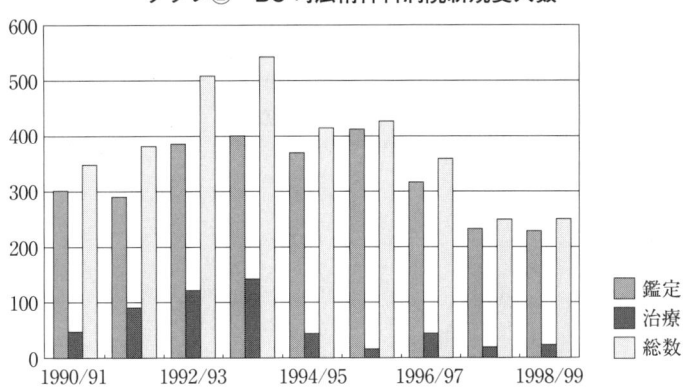

凡例：鑑定／治療／総数

などから構成される治療チームで行われる。入所から，退所まで同じ治療チームが患者を担当する。このチームが審査委員会のヒアリングの際に報告書を提出し，また，口頭で意見を述べる。

セキュリティ・スタッフは，特別なエスコートが必要な場合にそれを行うほか，病棟の見回りをするにとどまり，病棟内においては看護師やソーシャル・ワーカーがセキュリティの役割も兼ね備えている。

平均の入院期間は2～3年であるが，長い者では30年ほど入院し，病院で亡くなった者もいる。

病院内の自由度は6段階に分かれており，自由度が上がるに連れ，病院外へ外出することも可能になる。6段階にもなれば，収容処分中の外出という扱いで，コミュニティ内に居住することもできる。スタッフに付き添われての外出は，病院の裁量の範囲内で行うことができるが，スタッフの付き添いなしの外出については審査委員会の許可を取る。外出等の適否は，院内の委員会によって判断されている。ブリティッシュ・コロンビア州では，外出の際には地域のクリニックと連携をとり，必要に応じて警察に連絡をいれ，また，被処分者が帰宅しなかった場合にどのような形で再収容するかなどについて予め緊急対応計画を立てておくということである。再収容は，スタッフの充実したバンクーバ近辺であれば，病院スタッフが対応するが，僻地などでは警察に依頼することもある。

第2部　諸外国における触法精神障害者の処遇決定システム

図1

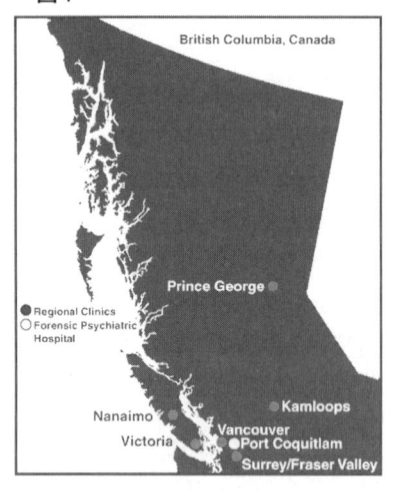

British Columbia, Canada

● Regional Clinics
○ Forensic Psychiatric Hospital

Prince George
Kamloops
Nanaimo
Victoria
Vancouver
Port Coquitlam
Surrey/Fraser Valley

(iii)　通院施設

　条件付き釈放中は，被処分者は地域のクリニックなど病院の監督下におかれている。

　ブリティッシュ・コロンビア州には司法精神患者のための6つの地域クリニックが存在し（図1参照），そこで，条件付き釈放の者を治療，監督している。これらのクリニックはそのほか，鑑定命令に基づいて，拘束下にない者の精神鑑定も行っている。地域クリニックへの新規受入者数については，グラフ③を参照されたい。

　重大な条件違反があったときには，病院スタッフなどにより病院に再収容することも可能である。ただし，7日間を超えて収容する場合には，自由の拘束度が増加した場合に義務づけられる，審査委員会の事後審査を受けなければならない。再収容のための移送は，説得等が可能な場合には病院スタッフが行う。危険を伴う場合には警察の手を借りることもあるという。また，警察官は，条件に違反した者の身柄を拘束するに当たっては，令状なしで逮捕することができる（672.91条）。警察官は逮捕後，被処分者を裁判官の前

グラフ③　BC 地域クリニック新規受入数

■ 鑑定
■ 治療
□ 総数

574

に連行し，裁判官は被処分者が条件に違反したと信じる合理的理由がない限り，被処分者を釈放する（672.93条1項）。合理的理由がある場合には，裁判官は，審査委員会がヒアリングを開催するまでの間，被処分者の状態に応じた処分を命じることができる（同条2項）。

(c) ケベック州[6]

(i) 運　営

ケベック州において，収容施設，通院施設の運営は健康省によってなされている。とくに危険度の高い患者を収容するフィリップ・ピネルの予算は，2001年で主に州の保健局（30,294,027カナダドル）と，カナダ矯正サービス（2,140,270ドル）から支出されている。

(ii) 収容施設

ケベック州では，訴訟無能力者や責任無能力者でも，危険が高度でなければ一般病院に収容される。訪問したケベック州のフィリップピネル病院（写真4）は，高度な危険性のある訴訟無能力者，責任無能力者，被鑑定者，刑事施設からの移送者のほか，刑法がらみでない者も，危険である場合には，病院同士の一種のサービス契約に基づき収容している。フィリップピネルの病床数は277床である。新規受入者の具体的数についてはグラフ④を参照されたい。

受刑者の病院への収容手続は不明であるが，おそらく，任意入院の他，2人の医師による鑑定と裁判所の命令に基づく一般の強制入院手続により，フィリップピネルに受け入れられているのではないかと推測される。治療の

写真4　フィリップピネル病院全景

第2部　諸外国における触法精神障害者の処遇決定システム

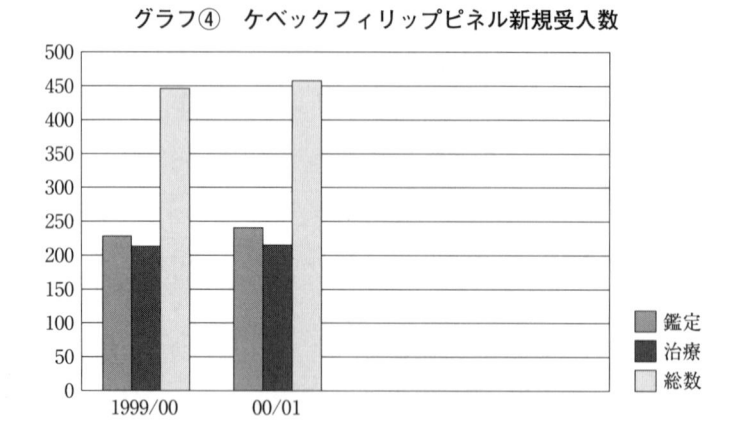

グラフ④　ケベックフィリップピネル新規受入数

（■鑑定　■治療　□総数）

ための収容が不要となった後については，民法典に規定があり，退院予定者が，拘禁されなければならない場合には，入院施設が適切な拘禁施設の担当者の管理下に入るよう，必要な措置をとらなければならないとされている（ケベック民法典13条）。

　フィリップピネルでは刑法上の処分を受けた者，受刑者，一般の強制入院患者と様々な者が一緒に収容されているわけであるが，施設内においても刑法上収容されている者と，そうでない者とを区別することは義務づけられていない。ただ，実際上は，刑務所にいたことのある者とそうでない者は，努めて同じ部屋にしないようにしているということである。もっともそれは，刑務所には行ったことのない者が弱い立場に置かれやすいという理由によるのであり，統合失調症の者は一緒に扱う，あるいは，成人，青年を区別するのと同様に，臨床上の見地に基づくものである。

　スタッフは670名で，そのうち約400名が常勤である。精神科医，心理士，犯罪学者，ソーシャル・ワーカー，看護師，教育士などから構成される。治療がチーム体制で行われるのは，ブリティッシュ・コロンビア州と同様である。独立のセキュリティ部門を持ち，施設内での危険予防や，患者の移送も担っている。

　収容処分中に院内の委員会の判断により，患者を外出させることのできるのもブリティッシュ・コロンビア州とほぼ同様である。

(iii) 通院施設

フィリップピネルも条件付き釈放の患者を受け入れているが，他にも一般病院などで受け入れているようである。

重大な違反があったときの再収容，7日を超える収容に関する審査委員会の事後審査，警察官の令状なし逮捕等についてはブリティッシュ・コロンビア州における記述を参照されたい。

（1） 本稿は，2002年1月（ブリティッシュ・コロンビア州），2002年3月（ケベック州）の視察調査から得られた知見によるものである。
　ブリティッシュ・コロンビアの調査の際には，故Prof. Stephen Salzbergや鈴木淳子氏に大変お世話になった。この場をかりて心からお礼を申しあげる。

（2） 後述の通り，裁判所が処分を決定することはほとんどないので，この割合はそのままケベック州全体の（治療処分を除く）処分の割合と解して誤りのないものと思われる。また，本文中の数字は事後審査による処分も含むものであるが，初回の処分決定と事後審査のそれとで割合はほとんど変わらないというお話しであった。

（3） 672.54条(a)：精神障害ゆえに刑事上の責任がないという判定がなされ，かつ，裁判所または審査委員会が，被告人が公共の安全に対して重大な脅威でないという意見である場合には，被告人に絶対的釈放を命じる。

（4） これに対してL'Heureux-Dube裁判官とGonthier JJ.裁判官は，責任無能力者に対して刑法の管轄を肯定するには，彼が公共の安全に対して脅威（危険）であることが証明されれば足りるのであり，672.54条(a)はその文言通り，公共の安全に対する「重大な」脅威が「ない」という確信が得られた場合に限り，裁判所または審査委員会に絶対的釈放を命じる義務が生じると解すべきとしている。para. 104他参照。

（5） 危険性の存在が証明されれば，重大な脅威の存在が証明されなくても絶対的釈放以外の処分を命じることができるとするL'Heureux-Dube裁判官とGonthier JJ.裁判官の意見からも，「危険」の推定はなく，被処分者に「危険」の不存在についての証明の負担もない。para. 153, 181参照。

（6） フィリップ・ピネル病院についての記述は，中谷陽二・小泉義紀「カナダ・ケベック州の司法精神医療」日本精神病院協会雑誌20巻（2001年）1296頁（本書544頁）以下を多く参照させていただいた。

第8章 ニューヨーク

1 ニューヨークの触法精神障害者処遇

近 藤 和 哉

Ⅰ はじめに

本報告書では，ニューヨーク州（とりわけニューヨーク市）について，触法精神障害者の処遇の実情および諸規定の運用状況を中心に紹介する。

ニューヨーク州には，責任無能力・訴訟無能力者のほか，受刑者，未決拘留者など，犯罪に関係した精神障害者のケアのための特別の精神医療システムがある。

ニューヨーク州でこの「司法精神医療」が確立したのは，1960年から70年にかけて，いくつかの判例が契機となってのことだという。かつては，受刑者らも一般の精神病院で医療を受けていたが，まず一般の患者の側から犯罪を犯して受刑者と一緒に医療を受けることに対する反発が起こり，他方でまた受刑者の権利（プライバシー等）の観点からも，両者は分けて処遇するのが適切だと考えられたことから，受刑者に対する精神医療サービスを一般患者に対する精神医療と分離して行うシステムが作られたということのようである。

本報告書の作成に当たって訪問した機関およびインタビューに応じて下さった主な方々は以下の通りである（「2」以下における「①」「②」等の記号は，以下の「①」〜「⑤」のインタビューから得た情報であることを意味する）。

① ニューヨーク市刑事裁判所（New York City Criminal Court）Coin 判事
② ニューヨーク郡最高裁判所（New York County Supreme Court）Murphi 主席書記官（Chief Clerk）
③ ニューヨーク郡地方検事局（New York County District Attorney's Office）Galperin 検事補（Assistant District Attorney, Chief）

第 8 章　ニューヨーク

④　ニューヨーク州精神衛生局 Lazar ディレクター（Director），Kovasznay クリニカル・ディレクター（Clinical Director, Bureau of Forensic Services）
⑤　セントラル・ニューヨーク精神医療センター（Central New York Psychiatric Center）Smith センター長（Executive Director）

Ⅱ　刑事手続の概略

1　裁判所の管轄

ニューヨーク州における裁判所システムはかなり複雑であるが（複数のインタビューで，裁判所の機構改革の必要性を熱心に説かれた），軽罪（misdemeanor. 15 日を超え 1 年を超えない拘禁刑を科され得る犯罪。ニューヨーク州刑法［New York State Penal Law. 以下，「刑法」という］10 条）と重罪（felony. 1 年を超える拘禁刑が科され得る犯罪。刑法 10 条）とで，第一審裁判所が異なる。ニューヨーク市においては，ニューヨーク市刑事裁判所が軽罪事件の第一審裁判所であり，重罪事件については，ニューヨーク州最高裁判所（"Supreme Court" であるが，最上級裁判所ではない。ニューヨーク州レベルでは，Court of Appeals が最上級裁判所である）が第一審裁判所である。

2　軽罪／重罪事件の起訴手続，アレインメント（arraignment）

(1)　起訴手続

軽罪事件においては，検察官（通常は Assistant District Attorney）が軽罪告発状（misdemeanor complaint）に引き続いて起訴状（information）を提出することにより（ニューヨーク州刑事手続法［New York State Criminal Procedure Law. 以下，「刑訴」という］170.65 条），また重罪事件においては，検察官による重罪告発状（felony complaint）の提出に引き続いて，23 名の陪審員で構成される大陪審（grand jury）が 16 名以上の出席を得て 12 名以上の賛成により（刑訴 190.25 条 1 項）起訴（indictment）を行うことにより（刑訴 210.05 条），判決裁判所における裁判手続が開始される。なお，身柄を拘束されている被疑者については，起訴が行われるまでの猶予期間は，軽罪については原則として「5 日間」（刑訴 170.70 条），重罪について原則として「120 時間」とされており（刑訴 180.80 条），起訴が行われないままこれらの機関を途過した場合には，被疑者は原則として釈放される。

579

第 2 部 諸外国における触法精神障害者の処遇決定システム

(2) アレインメント

　起訴された被疑者は，当該裁判所においてまずアレインメントの手続に入るが（刑訴170.10条［軽罪］，210.10条［重罪］。起訴事実の告知を受け，有罪／無罪の申し立て［plea］を求められる），犯行当時責任無能力であったことはもとより，現時点で訴訟無能力であることもアレインメントの実施の妨げにはならないと考えられているため（訴訟能力は "competency to stand trial" であって，"to stand arraignment" ではない），入院中の被告人について，裁判官が病院に出向いてアレインメントを行うこともあるようである（③，⑤）。もっとも，明らかに様子が異常で訴訟無能力の疑いが濃厚である者が有罪の答弁をした場合の取り扱いについて裁判官に質したところ，その答弁を前提に手続を進めることはしないだろうとのことであった（⑤）。なお，後述するように，アレインメント以前の段階で検察官が責任能力に疑いがある者の訴追を断念することは，少なくともニューヨーク州においてはほとんど考えられないようである。

Ⅲ　訴訟無能力

1　全般的状況
(1) 訴訟無能力と責任無能力

　わが国とは異なり，合衆国においては，責任無能力の主張は触法精神障害者の主要な抗弁ではなく，訴訟無能力の主張が「主役」の座を占めているようである。統計は入手できなかったが，訴訟無能力についてみると，ニューヨーク郡地方検事局の管轄であるマンハッタンにおいては，1999年1月1日から2001年12月末までの3年間に，約2,500件の鑑定命令が出され，うち，約360件が訴訟無能力とされたという（③。軽罪事件におけるものと重罪事件におけるものとの合計である）。また，重罪事件の一審裁判所であるニューヨーク州最高裁判所では，約10,000人の被告人のうち，約250から300名程度について訴訟能力に関する鑑定が行われ，100名から150名程度が訴訟無能力とされたということであった（②）。

　これに対して，責任無能力については，同じく地方検事局で調査したところ，1988年から1997年までの10年間において，重罪事件について起訴された96,000人以上のうち，責任無能力を主張した者は96名，うち，41が成功

したが，その中の29は検察官が無罪の抗弁に同意したものであり，審理を経てこれを認められた者は12名であったという（③）。最高裁判所でのインタビューでも，10年間で60件から65件程度，年間5，6件であるが，2001年は1件しかなかったとのことであった（②）。

(2) 訴訟無能力を主張することのメリット

訴訟無能力の主張が認められると，後述のように，被告人は有罪判決を先延ばしにすることができるが，そのメリットは，わが国において触法精神障害者が不起訴処分または無罪判決を得て措置入院とされた場合と比較すると，それほど大きなものではないようである。すなわち，たとえ訴訟無能力が認められても，その圧倒的多数（"overwhelming majority"[④]）は入院後1年も経たずに訴訟能力を回復して裁判所に送り返され，手続が再開される（③，④）。それでも，触法精神障害者は，証拠・証人の散逸により検察官の訴追が困難になることを狙って，または病院への収容期間が刑期に算入されることから（条文は未確認である）少しでも長く「楽」な環境で過ごすことを狙って，さらには，将来再び犯罪を犯して刑事裁判にかけられた場合に訴訟無能力を認めてもらい易くする「実績」を作るために，しばしば訴訟無能力を主張し，これが，当局の目には制度の乱用と映っているようである（④）。

2 個別的手続

(1) 刑訴730.30条

(a) 概　要

重罪告発状以外によってアレインメントを受けた者，または，重罪告発状を提出されているが未だ大陪審の手続に付されていない者が訴訟無能力である可能性があると認められる場合には，裁判所（ニューヨーク市の場合には，ニューヨーク市刑事裁判所）は，鑑定命令（order of examination）を発しなければならない（刑訴730.30条1項。鑑定は，2名の鑑定人によって行われる［刑訴730.20条1項］）。

鑑定結果が訴訟無能力ではないという結論で一致している場合には，裁判所は職権でヒアリング（hearing）を開くことができ，被告人等（軽罪事件の被告人，および重罪事件について重罪告発状を提出されているが大陪審の手続に付されていない者）または地方検事（以下，「当事者」という）からの申し立て（motion）がある場合には，これを開かなければならない。裁判所が，なお

訴訟能力に疑問をもつ場合には再鑑定命令を発しなければならない（刑訴730.30条2項）。

鑑定結果が訴訟無能力で一致している場合にも，裁判所は職権でヒアリングを開くことができ，また，当事者からの申し立てがある場合には，これを開かなければならない。しかし，前項の場合と異なり，法は，裁判所がなお訴訟無能力という鑑定結果に疑問をもっている場合でも再鑑定を命じていない（同条3項）。

鑑定結果が不一致である場合には，裁判所は申し立ての有無に関わりなくヒアリングを開かなければならないが，再鑑定を命じる義務はない（同条4項）。

(b) 鑑定について

被告人等について鑑定を命じるか否かの判断は裁判官の判断に委ねられており，鑑定の要否について裁判官が専門家からのアドバイスを受けるということは，特にないようである（②）。鑑定に要する時間はきわめて短く，せいぜい2,30分ということであった（④，⑤）。これは，訴訟能力が，手続を理解することができるか，弁護人に協力することができるか等の限定された能力の有無を調べることが目的であって，診断を行うものではないこと，訴訟能力の有無の判断が，規格化されたチェックリストを利用して行われていることによる。もっとも，まれには（"probably less than 1 percent"）時間がかかる場合があるが，これは精神像が複雑であるという理由によるものではなく，メンタルヘルス・サービスが不十分な地方にいる被告人等を他の地域の病院に移動させる必要が生じた場合にそうなる場合があるにすぎない（⑤）。

調査は，命令を受けた病院等のディレクターが任命する2名の，資格を有する精神鑑定人によってなされる。ここでいう「資格」は，アメリカ精神医学および神経学委員会（American board of psychiatry and neurology）の資格取得者またはそれにふさわしい者，あるいはアメリカ・オステオパシー神経学及び精神医学委員会（American osteopathic board of neutrology and psychiatry）の認定医またはそれにふさわしい者であることによって充たされる。裁判所の許可があれば，被告人側の精神科医あるいは心理学者も鑑定に同席することができる。

調査命令の時点で被告人が勾留されている場合には，調査は被告人が勾留されている場所で行われる。しかし，命令を受けたディレクターが病院への入院が必要と判断した場合には，ディレクターの権限で被告人を病院に移送する。調査命令のときに被告人の身柄が拘束されていない場合には，裁判所の指示に基づき，調査を外来で行うことができる。入院が必要と判断される場合は，ディレクターの報告に基づき，裁判所が被告人の入院を指示することになる。いずれの場合も，入院期間は30日が限度とされているが，ディレクターの申請があれば，裁判所はやはり30日を限度とする期間延長を認めることができる。入院期間中の治療等は，当該病院の精神科医が担当することになる。

鑑定結果の一致率は非常に高いとされ（"maybe 95 to 98 percent, agree"），この場合には，これが訴訟能力を肯定するものであっても，否定するものであっても，裁判所，被告人等，地方検事ともに，ほとんどの場合，これに異議を唱えないようである（③，⑤）。

被告人の訴訟能力について2名の鑑定人の意見が一致しない場合は，裁判所が審理を行うことになる。2名の意見が一致した場合であっても，被告人ないし地区検事の請求があった場合には審理を行わなければならず，また裁判所は職権で審理を行うこともできる（審理が行われなかった場合には，刑事手続が続行される）。鑑定人が被告人に訴訟能力があるという意見で一致しているにもかかわらず，審理を行ってもなお裁判所が被告人の訴訟能力を確信できないという場合は，裁判所は他の鑑定人による再鑑定を命令しなければならない。しかし，鑑定人の意見が訴訟無能力で一致していた場合には，裁判官が納得できなくても再鑑定は許されない。

(c) ヒアリングについて

上記のように，ヒアリングが開かれることはまれであるが，開かれた場合でも，ほとんどの場合は1回で終了する（⑤）。ヒアリングには，裁判官，被告人等弁護人，検察官が出席し，鑑定人は，裁判官が特に要請したのでない限り，一般的には出席しない（⑤）。ただし，ニューヨーク郡地方検事局の管内では若干事情が異なり，同検事局は同じ建物内に司法精神医学クリニック（forensic clinic）をもっているので，一般的に鑑定人も出席した上でヒアリングを開いているようである（③，⑤）。

ヒアリングに要する時間は，鑑定人の証言が行われる場合（"That happens in very few cases. Maybe, less than 10 percent of the cases..."）でも1時間以内であり，証言がなければ10分程度で終了するようである（④，⑤）。

(2) 刑訴 730.40 条

(a) 概　　要

被告人等の訴訟能力に問題がないということになれば，刑事手続が継続される。これに反して，訴訟無能力と判断されれば，地方刑事裁判所（local criminal court。ニューヨーク市ではニューヨーク市刑事裁判所）は，被告人等を入院させる観察命令（order of observation）を発する。この命令は，重罪告発状が提出されている場合以外（軽罪で起訴されている場合）には終局命令（final order）であり，重罪告発状が提出されている場合には，暫定命令（temporary order）である（ともに90日を上限とする）。ただし，地方検事の同意があれば（もっとも，後述するように，この同意はほとんどあり得ないようである），後者の場合にも終局命令を発することができる（刑訴 730.40 条 1 項）。

被疑者等が終局命令によって入院させられた場合には（つまり，主として軽罪事件である場合には），以後の刑事訴追は許されない（bar to any further prosecution）（同条 2 項）。

入院が暫定命令による場合（つまり重罪事件である場合）には，同命令は大陪審による起訴を妨げないが，暫定命令の上限である90日を過ぎて起訴が行われていなければ当該重罪被疑者は釈放され（一般強制／任意入院の可能性はある），さらに，暫定命令の失効期日を6ヶ月経過しても起訴が行われていない場合には，当該事件の訴追はもはや許されない（同条 4 項，5 項）。

(b) 終局命令の運用

上記のように，軽罪事件の被告人が訴訟無能力とされた場合には，90日を限度とする強制入院による「観察」の後，刑事手続が終了する（一般強制入院の可能性はある）とするのが法の規定である。しかし，ウエストチェスター（Westchester）郡最高裁判所が，刑事訴追から解放されたはずの者について自動的強制収容（automatic commitment）を行うのは憲法違反であるとして以降（Ritter vs. Surles 事件。判例集中の所在は未確認である），ニューヨーク州精神保健局は，終局命令を，当該患者の法的地位を変更する（具体的には，一般強制入院，一般任意入院，または完全な退院とする）ために必要な評価

を行う期間ととらえるとともに，この評価を命令発出後72時間以内に終了するという運用を行っている（New York State Commission of Correction, *The Mental Health Resource Handbook for Human Service Personnel*, rev. 1993, Appndix. E, ⑤）。

(c) 地方検事の同意による終局命令

上記のように，裁判所は，重罪被疑者についても，大陪審による起訴が行われる以前であれば，地方検事の同意によって，終局命令を発することができる。しかし，地方検事が，重罪事件としての訴追に障碍がないにも拘わらずこの同意を行うことは，ほとんど考えられないとのことであった。すなわち，この同意がなされる状況として考えられるのは，重罪告発状が提出されているが，証拠からすれば軽罪が成立しているに過ぎないことが明白である場合に限られ，地方検事が，重罪が成立すると考えていながら大陪審による起訴を放棄するという事態は想像できないとのことであった（"Because if it is a real felony, and we do this, we lose the control of the defendant. We want control of the defendant... That is very very rare. 99. 9 percent, misdemeanor, or indictment." ③）。

(3) 刑訴730. 50条

(a) 概　　要

重罪事件について大陪審による起訴が行われると，事件は判決裁判所（ニューヨーク市ではニューヨーク郡最高裁判所）に係属する。ここで被告人が訴訟無能力である場合には，裁判所は「ケアと治療のために」（for care and treatment）1年を超えない期間の施設収容命令（order of commitment）を発する（730.50条1項）。

この収容中に被告人の訴訟能力が回復すれば（すでに述べたように，"overwhelming majority" はこの期間内に回復するとされる），裁判所は被告人を施設から連れ戻して刑事手続を再開するが，訴訟能力の回復がみられない場合には，施設の長（superintendent）は，裁判所に対して収容の継続を申請しなければならず，裁判所は，収容継続命令（order of retention）を発しなければならない。同命令による収容継続は，初回は1年であるが，2回目以降は2年であり，法律上は，これが，起訴された罪について定められている刑の上限の3分の2まで繰り返される（同条2～5項）。

なお，仮観察命令・継続収容命令の期間満了前であっても，被告人が正式起訴状廃棄を申請しかつ地区検事の同意があれば，命令を発した上位裁判所は，(a)被告人が他州あるいは他国の住人・市民であり，正式起訴状廃棄後には他州・他国に戻るであろうこと，あるいは(b)被告人がすでに2年以上の間継続して施設に収容されていたことのいずれかを前提条件として，正式起訴状を廃棄し，施設から解放することができる。その際，裁判所は，正式起訴状の廃棄が正義の目的に適うものであること，被告人の施設収容が一般市民の保護のために不要であること，さらに施設収容を行わなくても被告人に対する必要なケアとトリートメントが行われるであろうことを判断する。

(b) 施設収容命令の運用

上記のように，訴訟能力が回復しない被告人は，法律上は，非常に長期間収容されることとなっている（被告人であるので，収容先は警備が厳重な司法病院forensic hospitalである）。しかし，これについても，現在の運用は異なる。すなわち，1972年の連邦最高裁のジャクソン判決（Jackson vs. Indiana, 406 U. S. 715-738, (1972)。訴訟能力の回復が絶望的であったジャクソンが，訴訟無能力を理由に無制限の収容に付されていたことについて，連邦最高裁は，「デュー・プロセスは，強制収容の性質と継続期間とが，当該強制収容の目的と一定程度合理的な関係にあることを要請する」とした）以来，訴訟能力の回復に疑問がある者については，必要に応じてヒアリングを実施して（Jackson hearing といわれる），刑事訴訟法による施設収容ではなく，精神衛生法による一般入院へと入院形態を変更する運用が行われているとのことである（④，⑤）。もっとも，一般強制入院には期限がないため，理屈の上では刑期の3分の2を超えて医療施設に収容されることも考えられないではない。しかし，第一に，すでに述べたように，訴訟能力が1年の治療を経ても回復しないということはあまり考えられず（精神障害に加えて脳卒中等の器質性疾患を有している者が中心であるという），また，司法病院ではなく，より自由度の高い一般病院に収容することは，患者の利益であると考えられているようである。ジャクソン・ヒアリングが刑事訴訟法に基づく強制収容がどの程度継続した後で行われるかはケース・バイ・ケースであるが，経験的には，おおむね1，2年後に行われることが多いのではないかとのことであった（⑤）。

(c) 収容施設の指定，変更

　観察命令・施設収容命令を発するのは裁判所であるが，命令に基づいて被告人を収容する施設を指定するのは，州の精神保健委員 (state commissioner of mental health)，または，州の精神遅滞・発達障害委員 (state commissioner of mental retardation and developmental deisabilities)（以下，この両者を「精神保健委員等」という）である。収容施設の変更も精神保健委員の権限で行われる。精神保健委員はまた，終局観察命令に基づいて施設に収容されている被告人を期間満了前に釈放し，あるいは通常の患者として一般の医療施設に移す権限も有している。

(d) 最終期限終了後の処遇

　終局観察命令，仮観察命令，施設収容命令，または最後の継続収容命令の期限満了後もなお，被告人の福祉のための強制収容の可能性が残されている。期限終了後30日間は被告人が収容されている施設の長の判断で，ケアとトリートメントのために被告人を継続収容することができるが，それでもなお引き続き施設におけるケアとトリートメントが必要であると思われた場合，施設の長は，刑事訴訟法上の収容施設長としてではなく，精神衛生法上の病院長として，精神衛生法9条33項に基づいて裁判所に継続収容の許可を申請する。この規定は，任意・非任意を問わず精神衛生法に基づいて精神病院に入院している患者について，強制的な入院の継続を認める趣旨のもので，その実体的要件は，一般の強制入院と同じである。この規定に基づき，裁判所は6カ月以内の継続収容を認めることができる。この期間終了後も1年を限度とした再継続収容，さらにその後も1回の命令にあたり2年を限度とした継続収容が可能である。

IV 責任無能力

1 全般的状況

(1) 訴訟無能力と責任無能力

　すでに述べたように，合衆国においては，触法精神障害者がいわゆるインサニティー・ディフェンスを主張することは非常に少ないようである。この理由として各機関の専門家が共通してあげていたのは，やはり，この抗弁が認められた場合の病院収容が非常に長期にわたることであった（"Almost for sure, you will be in a hospital for many many years." ③, ④, ⑤)。それでも，中にはこれを主張する者があるが，検察官は，これには強硬に抵抗するという ("We are very reluctant to agree to insanity plea." ③)。

(2) 訴追の断念

このように，検察官はインサニティー・ディフェンスに強い抵抗感を覚えるようであり，これに応じて，相当に重度な精神病歴があることも，訴追を妨げる大きな要因とは認識されていないようである ("It only happens if the prosecutor believes that, because of the history, that he is in fact insane. We have many cases where the defendant has a long psychiatric history, but that does not end our investigation … So, we will often go to trial even though there is a big history. History of its own is not big enough." ③)。

なお，1980年以前は，責任無能力と判断された者は，裁判所の命令により自動的にコミッショナーの監護下におかれ，精神保健委員等が自傷他害のおそれがないと判断するまで施設に収容されていた（いわゆる automatic commitment）。しかし，裁判所の審理も経ずに長期収容が可能なこのような手続きには批判が強く，1980年の刑訴法改正により現在のような手続が整えられた（林美月子「責任無能力後の入院と精神医療審査会」産大法学34巻3号（2000年）212頁以下）。

責任無能力の挙証責任は，かつては検察側にあったが，いわゆるヒンクリー事件を直接のきっかけとして，被告人側に転換された。

2 個別的手続（刑訴330.20条）

(1) 概　要

被告人の責任無能力の主張が認められると，裁判所は直ちに鑑定命令（examination order）を発し，命令を受けた精神保健委員等（330.20条1項(a)）は，2名の鑑定人に鑑定を実施させ，同人が現時点において危険な精神障害（dangerous mental disorder）（精神病のために自己または他人に対して物理的に危険［同条1項(c)]）であるか，または入院による精神医学的治療の必要性を理解できないような精神病（mentally ill）であるか（同条2項）を判断させる。

鑑定は原則として精神保健委員の指定する施設で行われ，必要な場合には裁判所の指示に基づき，鑑定終了まで，30日間を限度として収容すること

ができる（裁判所の許可を得ればさらに30日間の延長が可能となる）。

　鑑定報告書はまず精神保健委員等に提出されるが，これらの鑑定報告書の結論が異なっている場合には，精神保健委員等は，もう1名の鑑定人を指名しなければならない。これらの報告書を受け取った裁判所が，なお鑑定報告書の結論に満足できない場合には，裁判所は，自ら1名または複数名の鑑定人を指名することができる。これら鑑定報告書のコピーは，各当事者に配布される（同条5項）。

　裁判所は，報告書が提出された後，10日以内に最初のヒアリングを開催して，被告人の現在の精神状態について判断しなければならない。ここでは，地方検事が，裁判所が納得できる程度に，被告人が危険な精神障害を有すること，または入院治療の必要性を理解できない精神病であることを示さなければならない（must establish to the satisfaction of the court that the defendant has a dangerous mental disorder or is mentally ill）。前者の精神状態が認定された場合には，被告人に対して収容命令（commitment order）が発せられて，保安精神病院（secure facility［330.20条1項(f)］）に収容され（期間は6ヶ月である［同条1項(f)］），後者の精神状態が認定された場合には，精神衛生法の規定に基づいて一般病院へ収容され（同条6項，7項），さらにいずれの精神状態も認定されなかった場合には，場合によっては条件付加命令（order of conditions. 合理的かつ適切な治療計画の遵守等を内容とし，原則5年間有効である［同条1項(o)］）が付されるものの，釈放される（同条6項，7項）。

　精神保健委員等は，収容命令を発せられた者について，収容命令の失効期限の少なくとも30日前に，同命令を発した裁判所または収容施設の所在地の上級裁判所に対して，収容継続命令（retention order）または釈放命令（release order）を申請しなくてはならない。裁判所は，この申請を受けてヒアリングを開くことができ，精神保健委員等は，前者の命令を申請する場合には，裁判所の納得を得られる程度に当該患者の危険性等を示さなければならない。この場合には，地方検事もヒアリングに出席して，この申請に沿う証拠を提示することができる。他方，精神保健委員等が釈放を申請する場合には，地方検事が（収容の継続を主張するのであれば），当該患者の危険性等を示さなければならない。裁判所は，当該患者がなお危険であると判断すれば，収容継続命令（上限は1年である［同条1項(g)］）を発し，危険ではない

が治療の必要性を理解できない精神病であると判断すれば，一般病院への移送命令および条件付加命令を発し，さらに，危険でも精神病でもないと判断すれば，釈放命令および条件付加命令を発する（同条8項）。

収容継続命令は，その後も繰り返して発することが可能であるが，2回目以降の継続命令は，上限が2年となる（同条1項(h)）。

(2) 危険性評価の能否，政策的判断

保安治療施設への強制収容の要件とされている「危険性」は物理的（physical）な危険性であるが，わが国では，これを判断することは困難ではないかという意見が優勢であると思われる。しかし，合衆国では必ずしもそのような認識は一般的ではないようである。すなわち，確かに，鑑定人の直感に従っていたかつての時代はそうであったが，現在では，Psyhopathy Check ListやHCR20等のかなり信頼性の高い評価ツール（assessment instrument）がある。たとえば，前者を用いて，30の中盤から後半のスコアを示す者については，再犯のリスクがかなり高いことはここ10年ほどの間にかなり明らかになってきたとのことであった（④，⑤）。

すでに述べたように，責任無能力とされた者の収容期間は，合衆国においてはなかり長い。この背景には，精神状態が表面的に安定しているということと危険性が除去されたということとは同じではないという基本的な認識と，これに応じて，保安病棟から一般病棟，そしてコミュニティーへの解放への移行がかなり慎重に行われているという事情が存在するようである（④，⑤）。そして，合衆国においても，責任無能力とされた触法精神障害者のコミュニティーへの解放の是非を判断するにあたっては，必ずしも危険性の有無だけが決定的なのではなく，政治的配慮も一定の重要性を有しているということであった（"I think emotion and politics still play their roles." ④）。

(3) 裁判所の不満足（not satisfied）による再鑑定

上記のように，裁判所は，鑑定報告書の内容に不満足であれば再鑑定を命じることができるが，これは，訴訟能力についての判断がそうであったのと同様，裁判官の判断に委ねられている。中には，メンタル・ヘルス・サービスが，危険である，と主張しているにもかかわらず，危険でない，として彼らを慌てさせる裁判官がいるとのことであったが（④），おおかたは，精神科医の意見に従うようである。検察官はヒアリングの際に危険性について主

張する場合があるが，精神科医も危険であるという意見であれば，彼らの報告書に基づいて主張すればよく，これと異なる主張をしようとする場合には，大学教授，開業医等に鑑定を依頼することもあるようである（④）。

(4) 収容期間中の賜暇，施設の変更，釈放

収容期間中の賜暇，セキュリティを備えた施設からそうでない施設への変更，および釈放は，いずれも精神保健委員の申請に基づき，裁判所の命令によって行われる。釈放時にはつねに条件が付せられなければならないことになっている。条件命令には，触法者の病歴に精通した精神科医による処遇計画書が付せられる。

(5) 釈放後の再収容

釈放後も，条件命令の有効期間内であればいつでも，精神保健委員ないし地区検事の申請に基づいて裁判所は触法者に再収容命令を出すことができる。この場合も，彼が危険な精神障害を有するかどうかを判断するための審理が行われ，そこでの挙証責任は申請者が負う。

(6) 再審理とレビュー

上記の手続に基づいて施設に収容されている触法者がその処分に納得できない場合は，収容を命じた裁判所の命令の日から30日以内に諸手続及び命令についての再審理とレビューを受けることができる。これはニューヨーク精神衛生法（New York State Mental Hygene Law）に基づく手続であるとされる。

V 有罪判決を受けた受刑者

Ⅳで述べたように，ニューヨーク州では責任無能力の抗弁があまり用いられない結果，軽微な精神病・精神障害の者はもとより，相当に重度の精神病者・精神障害者であっても有罪判決を受けて受刑者となることがある。そのため，受刑者に対して適切な精神科医療を提供することがことのほか重要視されている。矯正施設内での処遇が可能な者には施設内で精神科のサービスを受けるが，ここでは入院を必要とする者についての手続を概観する。入院による治療の目的は，受刑者を矯正施設に戻すことにあり，したがって受刑者に対する精神医療についてはニューヨーク矯正法（New York State Correction Law）が定めている。

第 2 部 諸外国における触法精神障害者の処遇決定システム

1 鑑定

手続は，矯正施設の医師が施設の長に，被収容者が精神病と思われることを書面で報告することから始まる。報告を受けた施設の長は，郡裁判所あるいは郡最高裁判所の判事に鑑定を申請する。申請を受けた判事は 2 名の鑑定医を任命するが，ここでいう鑑定医は訴訟無能力・責任無能力の判断の場合とは違って資格を持った精神科医である必要はなく，ニューヨーク州の医師の免許を持つ者であればよいとされている（ただし当該被収容者のいる施設の医師が鑑定に関与することはできない）。

なお，ニューヨーク市内においては法律上，施設の長から裁判所への申請の手続が省略され，施設の長は鑑定のため被収容者を Bellevue Hospital または Kings County Hospital に移すか，あるいは施設内において鑑定医を確保することとされている。2 名の医師免許保持者によって鑑定がなされなければならない点は同様である。

2 入院命令

いずれかの医師が，彼は精神病であり，入院を伴うケアとトリートメントが必要だという証明を出せば，裁判官は証明書を付した施設長から申請に基づき，自らの判断で入院命令を出すことができる（判断にあたっては，当該受刑者あるいはその関係者からの要請があった場合には必ず，そうでなければ裁判官の職権で審理が行われる）。

入院施設の指定は，精神衛生委員が行う。

命令に基づく入院期間の上限は 6 月であるが，ケアとトリートメントの必要性が失われるか，あるいは刑期満了等により釈放されるまでは，裁判官の命令に基づく継続収容が可能である。収容期間は刑期に数えられるため，服役期間を差し引いた刑期が矯正法に基づく入院の上限となる。釈放後もなお入院が必要と思われる場合は，精神衛生法上の強制入院の手続きが取られることになる。

3 緊急入院

ニューヨーク市内においては，施設の長が裁判官の許可を得ないで被収容者を大病院に移すことができるため，緊急の入院が必要な場合にも対応できるが，他の区域においては問題が生じる。そこで，ニューヨーク市以外については緊急入院の手続が特別に規定されており，2 名の鑑定医（施設内の医

師でもよい）が，当該被収容者は精神病であり，かつ自己または他人に深刻な危害を及ぼす虞があるという旨の証明書を出した場合には，Central New York Psychiatric Center への受け入れが認められることとされている。緊急入院者は 24 時間以内に州の精神衛生局の管理下にある病院に移され，そこからは通常の手続が開始する。

Ⅵ　未決勾留中の被疑者・被告人（Pre-Trial Jail Detainees）

　未決拘留中の被疑者・被告人に対する精神医療は，病状を安定させ，拘置所に戻すことを目的として行われる。入院が必要な場合の手続は，有罪判決を受けた受刑者の場合と同じである。

Ⅶ　危険な一般患者（Dangerous Civil Patient）

　ニューヨーク州精神衛生法には，一般患者の強制入院制度が規定されている。その実体的要件は，患者が精神疾患を有しており，当該患者の福祉のために彼が入院患者としてケアとトリートメントを受けることが必要であること，そして判断能力が損なわれているためにそのようなケアとトリートメントの必要性を理解できないことである。緊急入院の場合は，自傷他害のおそれが要件となる。
　これらの患者は，一般病院に収容されるのが通常であるが，患者がとくに危険な状態であるときは，司法精神医療施設が受け入れることがある。

2 ニューヨーク州の司法精神医療

辰 井 聡 子

　ニューヨーク州には，責任無能力・訴訟無能力者のほか，受刑者，未決勾留者など，犯罪に関係した精神障害者のケアのための特別な精神医療システムがある。

　この「司法精神医療」は，1960年から1970年にかけて，いくつかの判例が契機となって確立された。かつては受刑者らも一般の精神科病院で医療を受けていたが，まず一般の患者の側から犯罪を犯した受刑者と一緒に医療を受けることに対する反発が起こり，他方でまた受刑者の権利（プライバシー等）の観点からも，両者は分けて処遇するのが適切だと考えられたことから，受刑者に対する精神医療サービスを一般患者に対する精神医療と分離して行うシステムが作られたということである。今回の訪問では，受刑者・未決勾留者などを専門に扱う司法精神科病院としてセントラル・ニューヨーク精神医療センター，カービー司法精神医療センターの2つ，さらに少数ではあるが司法患者も扱っている一般病院としてサウスビーチ精神医療センター，クリードモア精神医療センターを見学することができた。

　ここでは，まず，犯罪を犯した精神障害者に関する法制度を概観し，訪問した施設の概要は3以下で紹介したい。制度の詳細や，具体的な運用については施設紹介の箇所にも書かれているので，併せて参照していただきたい。

　ニューヨーク州において司法精神医療の関与がある精神病患者は，以下の5つのカテゴリーに分けることができる。

1．訴訟無能力（incompetency to stand trial）
2．責任無能力（not guilty by reason of insanity）
3．有罪判決を受けた受刑者（convicted, sentence-serving）
4．未決勾留者の被疑者・被告人（pre-trial jail detainees）
5．危険な一般患者（dangerous civil patients）

　それぞれの具体的な手続き・処遇については以下で紹介するが，いずれの場合も，入退院等の決定は裁判所が行い，医療等については精神保健局が責

任を有する。

Ⅰ　訴訟無能力

　刑事被告人は，精神病（mental disease）あるいは精神障害（mental defect）のために，自らに対する刑事訴訟を理解する能力を欠くとき，あるいは自らの防御のために行動する能力を欠くときには，訴訟無能力とみなされる。訴訟無能力の判断およびその後の手続きについては，ニューヨーク州刑事訴訟法730条が詳細な規定を置いている。

1　調査命令

　被告人が訴訟無能力者である疑いがある場合，まず事件を担当する裁判所から，裁判所が適切と判断する公立病院あるいは地域精神保健サービスのディレクターに対して調査命令が出される。裁判所は自ら被告人が訴訟無能力者だと考えたときには調査命令を発しなければならないこととされているが，実際には被告人側弁護士の申し出によることが多いようである。命令が発せられるのは，重罪の場合にはアレインメント（罪状認否手続き）後から大陪審による起訴までの間，それ以外の場合にはアレインメント後から刑の言い渡しまでの間の随時となっている。

2　調　査

　調査は，命令を受けた病院等のディレクターが任命する資格を有する精神鑑定人2名によってなされる。ここでいう「資格」は，アメリカ精神医学および神経学委員会（American board of psychiatry and neurology）の資格取得者またはそれにふさわしい者，あるいはアメリカ・オステオパシー神経学および精神医学委員会（American osteopathic board of neurology and psychiatry）の認定医またはそれにふさわしい者であることによって充たされる。裁判所の許可があれば，被告人側の精神科医あるいは心理学者も鑑定に同席することができる。

　調査命令の時点で被告人が勾留されている場合には，調査は被告人が勾留されている場合で行われる。しかし，命令を受けたディレクターが病院への入院が必要と判断した場合には，ディレクターの権限で被告人を病院に移送する。調査命令のときに被告人の身柄が拘束されていない場合には，裁判所の指示に基づき調査を外来で行うことができる。入院が必要と判断される場

合は，ディレクターの報告に基づき裁判所が被告人の入院を指示することになる。いずれの場合も入院期間は30日が限度とされているが，ディレクターの申請があれば裁判所はやはり30日を限度とする期間延長を認めることができる。入院期間中の治療等は当該病院の精神科医が担当する。

3 審理・再調査

被告人の訴訟能力について鑑定人2名の意見が一致しない場合は，裁判所が審理を行う。2名の意見が一致した場合であっても，被告人ないし地区検事の請求があった場合には審理を行わなければならず，また裁判所は職権で審理を行うこともできる（審理が行われなかった場合には刑事手続きが続行される）。鑑定人が被告人に訴訟能力があるという意見で一致しているにも関わらず，審理を行ってもなお裁判所が被告人の訴訟能力を確信できないという場合は，裁判所は他の鑑定人による再鑑定を命令しなければならない。しかし，鑑定人の意見が訴訟無能力で一致していた場合には，裁判官が納得できなくても再鑑定は許されない。

これらの審理の結果，被告人に訴訟能力があると判断された場合，刑事手続きが続行される。

4 観察命令・施設収容命令

鑑定・審理を基に裁判所が被告人を訴訟無能力者であると判断した場合，裁判所は観察命令を出す。観察命令を受けた被告人は，コミッショナー（commissioner for care and treatment. 精神保健局長がなるものと規定されている）の監護下で適当な施設に収容される。収容期間は命令の日から90日が上限である。嫌疑が軽罪である場合（上位裁判所段階においては重罪であって正式起訴がなされなかった場合を含む。正式起訴とは大陪審による起訴相当との判断を経てなされる起訴で，検察官が直接行う略式起訴と対置されるものである）には，観察命令は終局的観察命令として出される。したがって軽罪の場合には，90日間の施設収容が刑事訴訟法上最大限の処分であることになる。命令とともに被告人に対する起訴状が廃棄（公訴棄却）され，被告人はその件では二度と訴追されることがない。

重罪の場合，地方刑事裁判所の段階では，仮観察命令（temporary order）が出される（ただし，地区検事の同意があれば終局命令を発することができる）。仮観察命令に記載された期間を満了すると，命令を発した地方刑事裁判所に

おける手続きは終了し，被告人に対する重罪の嫌疑は当該裁判所においては棄却されるが，なお大陪審による正式起訴の可能性が残る（正式起訴の最終期限は仮観察命令の期間満了後6ヵ月である）。正式起訴がなされ罪状認否が終了すると，仮観察命令あるいは仮観察命令の期間終了後に精神衛生法に基づいて発せられたあらゆる命令は効力を失う。

　重罪について正式起訴がなされた場合，あるいは地方刑事裁判所ですでに重罪の有罪決定を受けている場合，事件が係属している上位裁判所は，命令の日から1年を限度とする施設収容命令を発する。

　5　仮観察命令後の継続収容

　仮観察命令に記載された期日が満了する直前になってもなお被告人が訴訟無能力であると思われる場合には，被告人が収容されている施設の長の申請に基づき，裁判所はさらに1年を限度とする継続収容命令（retention order）を発することができる。もちろん，訴訟能力ありと判断された場合には，被告人に対する刑事手続きが再開されることになる。判断に際し，裁判所は職権で審理を開くことができ，被告人あるいは司法局所管の精神衛生リーガルサービス（mental hygiene legal service）から要請があった場合には必ず審理を行わなければならない。

　一度目の継続収容命令の期間満了後の再継続収容も，これと同じ手続きによって行われるが，1回の再継続収容命令の期間の上限は初回の継続収容命令よりも長い2年間とされている。ただし，仮観察命令，継続収容命令，一度ないし複数の再継続収容命令のすべてを合わせた被告人の施設収容期間は，正式起訴あるいは有罪決定の対象となった重罪のうち最も重い罪の法定刑の上限3分の2を超えてはならない。その期間が満了すれば，被告人に対する上位裁判所での刑事手続きが終了し，その件に関し再起訴がなされることはない。なお，仮観察命令・継続収容命令の期間満了前であっても，被告人が正式起訴状廃棄を申請しかつ地区検事が同意した場合には，命令を発した上位裁判所は，(a)被告人が他州あるいは他国の住人・市民であり，正式起訴状廃棄後には他州・他国に戻ること，あるいは，(b)被告人がすでに2年以上の間継続して施設に収容されていたことのいずれかを前提条件として，正式起訴状を廃棄し施設から解放することができる。その決定は，正式起訴状の廃棄が正義の目的に適うものであること，被告人の施設収容が一般市民の保護

のために不要であること，さらに施設収容を行わなくても被告人に対する必要なケアとトリートメントが行われるであろうことを確認した上でなされる。

6 収容施設の指定，変更

観察命令・施設収容命令を発するのは裁判所であるが，命令に基づき被告人を収容する施設を指定するのは州の精神保健委員（state commissioner of mental health）か州の精神遅滞・発達障害委員（state commissioner of mental retardation and developmental disabilities）（以下，この両者を精神保健委員という）である。収容施設の変更も精神保健委員の権限で行われる。精神保健委員はまた，終局観察命令に基づいて施設に収容されている被告人を期間満了前に釈放し，あるいは通常の患者として一般の医療施設に移す権限も有している。

7 最終期限終了後の処遇

終局観察命令，仮観察命令，施設収容命令，または最後の継続収容命令の期限満了後もなお，被告人の福祉のための強制収容の可能性が残されている。期限終了後30日間は被告人が収容されている施設の長の判断で，ケアとトリートメントのために被告人を継続収容することができるが，それでもなお引き続き施設におけるケアとトリートメントが必要であると思われた場合，施設の長は，刑事訴訟法上の収容施設長としてではなく精神衛生法上の病院長として，精神衛生法9条33項に基づいて裁判所に継続収容の許可を申請する。この規定は，任意・非任意を問わず精神衛生法に基づいて精神科病院に入院している患者について，強制的な入院の継続を認める趣旨のもので，その実体的要件は，Ⅴで述べる一般の強制入院と同じである。この規定に基づき，裁判所は6ヵ月以内の継続収容を認めることができる。この期間終了後も1年を限度とした再継続収容，さらにその後も1回の命令あたり2年を限度とした継続収容が可能である。

Ⅱ 責任無能力

裁判で犯行当時責任無能力であったとして罪に問われなかった者は，その後現在の精神状態について鑑定を受け，現在精神病であるか，あるいは危険な精神障害を有すると判断された場合には，施設収容処分を受ける。この場合の施設収容には期間の限定はない。

1980年以前は，責任無能力と判断された者は裁判所の命令により自動的にコミッショナーの監護下に置かれ，コミッショナーが自傷他害のおそれがないと判断するまで施設に収容されていた（いわゆる automatic commitment）。しかし，裁判所の審理も経ずに長期収容が可能な手続きには批判が強く，1980年の刑訴法改正により現在のような手続きが整えられた（林美月子「責任無能力後の入院と精神医療審査会」産大法学34巻3号（2000年）212頁以下）。

　責任無能力の検証責任は，かつては検察側にあったが，いわゆるヒンクリー事件を直接のきっかけとして被告人側に転換された。この点については，証明にかかる費用のために貧しい被告人には非常に不利になるといった問題も指摘されている。しかし，そもそもこの手続きには大変な手間がかかるうえ，免責される可能性はごく小さく，しかも免責されたとしても無期限の施設収容処分の可能性がある。一般に施設収容処分になった場合の収容期間のほうが有罪とされた場合の刑期よりも長いため，軽微な犯罪について責任無能力の抗弁が用いられることはほぼ絶対になく，また重大犯罪についてもかなり稀だといわれている。重度の精神障害者もこの例に漏れず，彼らは一つには自らを精神病だと思っていないという理由から，そうでない場合には，拘禁刑よりも長期間の病院収容処分のほうが負担が大きいと考えているために，弁護人が責任無能力の抗弁を用いることを拒否することが多いという（ニューヨーク市の精神保健に関する職業訓練用マニュアルである Understanding and Navigating the Criminal Justice System in New York City, 2000. を参照）。

1　鑑　　定

　手続きは，責任無能力と判断した裁判所の発する鑑定命令から始まる。命令を受けた精神保健委員が資格を有する精神鑑定人を2名任命する（資格は訴訟無能力判断の際の鑑定人と同じである）。鑑定は原則として精神保健委員の指定する施設で行われ，必要な場合には裁判所の指示に基づき，鑑定終了まで30日を限度として収容することができる（裁判所の許可を得ればさらに30日の追加が可能となる）。

　鑑定人2名の意見が一致しなかった場合には，精神保健委員がもう1名鑑定人を任命し，さらに鑑定が行われる。裁判所がこれらの鑑定結果に満足しなかった場合には，裁判所が自ら1名ないし複数の鑑定人を任命し，鑑定を行わせることができる。鑑定結果に納得していても裁判所は職権で追加の鑑

定人を任命でき，また当事者の要請に基づいて追加鑑定人を任命することもできる。地区検事は鑑定人を特定して申請することができ，その鑑定人は鑑定終了後の審理において証言することができる。

2　審　理

鑑定が終了した報告書が裁判所に提出されると，それを受領した日から10日以内に被告人の現在の精神状態を判断するための審理が行われる。審理において被告人が危険な精神障害を有すること，あるいはまた精神病であることを証明する責任は地区検事にある。

3　施設収容処分──危険な精神障害

審理の結果，裁判所が被告人は危険な精神障害を有すると判断した場合には，裁判所は施設収容命令を発する。被告人は，まずは命令の日から6ヵ月間，精神保健委員の監護下で，ケアとトリートメントのために保安のためのスタッフおよび設備を整えた州の施設に拘禁される。

危険な精神障害は有しないが精神病であると判断されたときは，その後は精神衛生法に基づいた処遇となる。精神病であると判断した裁判所は条件を付して精神保健委員の監護下に置く旨命令するが，この命令は精神衛生法に基づくものとみなされ，その後起こりうる継続収容，条件付き釈放，釈放は精神衛生法の規定に基づいて行われる。

危険な精神障害を有せず，かつ精神病でもないと判断された場合は，場合によっては条件が付せられることもあるが（治療計画に従う等，裁判所が必要ないし適切と判断したあらゆる条件を守るよう要求するもの。有効期間は5年だが，十分な理由がある場合はさらに5年間延長される。以下同じ），いずれにせよ釈放される。

条件付き釈放の場合，その期間内は一般の精神科病院がアフター・ケア・クリニックとして患者のケアを行う。これは患者と裁判所，病院の三者契約に基づいており，その間の患者の様子については病院が裁判所に報告することになっている。

4　継続収容

施設収容後6ヵ月が経過した後，触法者を釈放するか継続して収容するかは，精神保健委員の申請に基づいて裁判所が決定する。精神保健委員がいずれの申請を行ったかは当事者および精神衛生リーガルサービスに書面で報告

され，彼らのいずれかから要請があった場合には必ず審理が行われる（裁判所が職権で行うこともできる）。この審理では，精神保健委員が継続収容を申請した場合には精神保健委員が，釈放を申請した場合には地区検事が，触法者が危険な精神障害を有していることあるいは精神病であることについての挙証責任を有する。

触法者が危険な精神障害を有すると決定された場合には，継続収容命令が出される。継続収容の期間の上限は1年である。危険な精神障害は有しないが精神病であるとされた場合も，やはり継続収容命令が出されるが，これまで収容されていた高セキュリティ施設からそうでない施設に移される。

危険な精神障害を有せず，かつ精神病でもないとされた場合は，条件を付したうえで釈放される。

再継続収容，およびそれ以降の継続収容も同様の手続きに従って行われるが，1回の命令による収容期間の上限は2年となる。

5　収容期間中の賜暇，施設の変更，釈放

収容期間中の賜暇，高セキュリティ施設からそうでない施設への変更，および釈放は，いずれも精神保健委員の申請に基づき裁判所の命令によって行われる。釈放時には常に条件が付せられなければならないことになっている。条件命令には，触法者の病歴に精通した精神科医による処遇計画書が付せられる。

6　釈放後の再収容

釈放後も，条件命令の有効期間内であればいつでも，精神保健委員ないし地区検事の申請があれば裁判所は触法者に再収容命令を出すことができる。この場合も，彼が危険な精神障害を有するかどうかを判断するための審理が行われ，そこでの挙証責任は申請者が負う。

7　再審理とレビュー

上記の手続きに基づいて施設に収容されている触法者がその処分に納得できない場合は，収容を命じた裁判所の命令の日から30日以内に諸手続きおよび命令についての再審理とレビューを受けることができる。これは精神衛生法に基づく手続きであるとされる。

Ⅲ 有罪判決を受けた受刑者

Ⅱで述べたように，ニューヨーク州では責任無能力の抗弁があまり用いられない結果，軽微な精神病・精神障害の者はもとより，相当に重度の精神病者・精神障害者であっても有罪判決を受けて受刑者となることがある。そのため，受刑者に対して適切な精神科医療を提供することがことのほか重要視されている。矯正施設内での処遇が可能な者は施設内で精神科のサービスを受けるが，ここでは入院を必要とする者についての手続きを概観する。

入院による治療の目的は受刑者を矯正施設に戻すことにあることから，受刑者に対する精神医療については矯正法が定めている。

1 鑑　　定

手続きは，矯正施設の医師が施設の長に，受刑者が精神病と思料される旨を書面で報告することから始まる。報告を受けた施設の長は，郡裁判所あるいは郡最高裁判所の判事に鑑定を申請する。申請を受けた判事は2名の鑑定医を任命するが，ここでいう鑑定医は訴訟無能力・責任無能力の判断の場合とは異なり資格を持った精神科医である必要はなく，ニューヨーク州の医師の免許を持つ者であればよいとされている（ただし当該被収容者のいる施設の医師が鑑定に関与することはできない）。

なお，ニューヨーク市内においては法律上，施設の長から裁判所への申請の手続きが省略され，施設の長は鑑定のため受刑者をBellevue HospitalまたはKings Country Hospitalに移すか，あるいは施設内において鑑定医を確保することとされている。2名の医師免許保持者によって鑑定がなされなければならない点には違いがない。

2 入院命令

いずれかの医師が，受刑者は精神病であり入院を伴うケアとトリートメントが必要だという証明書を出せば，裁判官は証明書を付した施設長からの申請に基づき，自らの判断で入院命令を出すことができる（判断にあたっては，当該受刑者あるいはその関係者からの要請があった場合には必ず，そうでなければ裁判官の職権で審理が行われる）。

入院施設の指定は，精神衛生委員が行う。

命令に基づく入院期間の上限は6ヵ月であるが，ケアとトリートメントの

必要性が失われるか,あるいは刑期満了等により釈放されるまでは,裁判官の命令に基づく継続収容が可能である。収容期間は刑期に数えられるため,服役期間を差し引いた刑期が矯正法に基づく入院の上限となる。釈放後もなお入院が必要と思われる場合は,精神衛生法上の強制入院の手続きが取られる。

3 緊急入院

ニューヨーク市内においては施設の長が裁判官の許可を得ないで受刑者を大病院に移すことができるため,緊急入院が必要な場合にも対応できるが,他の区域においては問題が生じる。そこで,ニューヨーク市以外については緊急入院の手続きが特別に規定されており,2名の鑑定医(施設内の医師でもよい)が,当該被収容者は精神病であり,かつ自己または他人に深刻な危害を及ぼすおそれがある旨の証明書を出した場合には,Central New York Psychiatric Center への受け入れが認められることとされている。緊急入院者は24時間以内に州の精神衛生局の管理下にある病院に移され,そこからは通常の手続きが開始する。

Ⅳ 未決勾留中の被疑者・被告人 (pre-trial jail detainees)

未決勾留中の被疑者・被告人に対する精神医療は,病状を安定させ拘置所に戻すことを目的として行われる。入院が必要な場合の手続きは,Ⅲの有罪判決を受けた受刑者の場合と同じである。

Ⅴ 危険な一般患者 (dangerous civil patient)

ニューヨーク州精神衛生法には,一般患者の強制入院の制度が規定されている。その実体的要件は,患者が精神疾患を有しており,当該患者の福祉のために彼が入院患者としてケアとトリートメントを受けることが必要であること,そして判断能力が損なわれているためにそのようなケアとトリートメントの必要性を理解できないことである。緊急入院の場合は,自傷他害のおそれが要件となる。

これらの患者は,一般病院に収容されるのが通常であるが,患者がとくに危険な状態であるときは,司法精神医療施設が受け入れることがある。

3　セントラル・ニューヨーク精神医療センター

辰　井　聡　子

I　概　要

　Central New York Psychiatric Center（以下，CNYPCという）は，ニューヨーク州に4つあるマキシム・セキュリティの司法精神医療専門病院のうちの一つである。州の精神保健局司法サービス部門の運営で，1977年に設立された。主として有罪判決を受けた受刑者と未決拘禁中の被疑者・被告人が急性の精神科的症状を呈した場合に，ケアとトリートメントを提供することをその役割としているが，わが国でいう医療刑務所とは異なり，あくまでも「病院」である。したがって，刑務所から来た患者に対しても義務的な作業を課するといったことはなく，精神病の患者として必要な処遇を与えるのみである。しかし入院期間は刑期に算入される。

　CNYPCはわれわれのために，スタッフ外の研究者も交えた意見交換会を開いてくれた（写真1）。以下の記述は主としてそこでの報告，意見交換に基づくものである。

写真1　セントラル・ニューヨーク精神医療センター（CNYPC）での研究会

第 8 章　ニューヨーク

写真 2　CNYPC のフェンス

写真 3　CNYPC 内の保安センター

II　施設とセキュリティ

　病院は，ニューヨーク州のほぼ中心にあるマーシー（Marcy）という町にある。ニューヨーク市内から飛行機で 1 時間強かかるシラキューズ（Siracuse）から，さらに車で 40 分ほどのところである。建物はもともとは一般病院だったものを利用したものだという。ごく近くに 2 つのミディアム・セキュリティの刑務所があり，物々しい雰囲気であるが，病院と特別な関係があるわけではないそうである。

　建物は三重のフェンスと四重のアラーム・システムによって厳重に警備されている。とくに一番外側は，レーザーショックのシステムを備えた 16

605

フィートもある有刺鉄線で取り囲まれており，パトロールも始終行われていて訪問者には非常に威嚇的な印象を与える（写真2）。しかし逃亡の予防という意味では，患者がけがをすることのないように作られている一番内側のフェンス（アラーム・システムとビデオカメラを備える）とセキュリティスタッフの活動だけで十分であり，他の厳重さはむしろ周囲を安心させるためのものということである。実際，設立からの23年間，逃亡者は1人もいないという。

セキュリティスタッフは病院の中に212名，外側に45名が，3交替で勤務している。病院内のスタッフは私服である。病院の内部には，ところどころにRed Dotとよばれる非常ベル兼非常電話があり，トラブルが起こったときにはナース等の病院のスタッフが交替で組織するRed Dot Teamが対応する（写真3）。

Ⅲ 病 床 数

病床数は250であり，通常はおよそ220名ほどの患者が入院している。1990年の数字では，1年間の受け入れ患者は約1,400名であった。

Ⅳ 患 者

患者の約80％はニューヨーク州内の矯正施設からの受け入れ患者である。ニューヨーク州および地方自治体の矯正施設にいる受刑者の患者については，すべてCNYPCが受け入れることになっている。未決勾留中の者もCNYPCに来るが，彼らはCNYPCという「病院」ではなく，CNYPCの中にあるNortheast Central Regional Forensic Unitという拘禁施設で，医療を受けながらなおSheriffの保護下で拘禁されているという建前である。ここでは周辺の24郡から未決勾留中の者を受け入れているが，未決勾留中の者に対する医療システムは郡によってかなり幅があり，小さな郡ではあまり整っていないという。

数としては少ないが，訴訟無能力ないしは責任無能力と判断された患者も収容されている。また，精神衛生法に基づいて強制的に入院している一般患者のうち，一般病院では対処できない非常に危険な患者が来ることもある。

28歳のマイノリティの男性で，身体は健康で活発，しかし教育と職業技術を十分に備えていない，というのがCNYPCの平均的な患者像である。州

全体の統計と比べると，CNYPCの患者には薬物犯罪者が著しく少なく（おそらく専門施設があるのであろう），その他の重罪，とりわけ性犯罪，銃器犯罪，強盗が目立って多い。

図4　拘束具の使用を説明する職員

V　入院期間

矯正施設から来る者に対する医療の目的は彼らを矯正施設に戻すことであり，急性患者の一時的受け入れも多いため，入院期間は一般に短い。平均は，観察病棟・一般病棟を合わせ42日間であるという。未決勾留中の者の平均は30日以下，また訴訟無能力のために来る者の平均が2～3週間であるというだけで，他の類型については聞くことができなかったが，受刑者・責任無能力者には長期間入院している者もいるようである（1981年にレーガン大統領に対する発砲事件を起こしたHincklyは現在もこの病院にいるということであった）。

VI　急性症状への対応

急性の症状を示した患者に対する隔離等の問題は，ニューヨーク州でも議論の多い問題だという（図4）。州の規定では，医師の判断があれば2時間までの隔離・拘束が認められているが，この病院では1時間を限度としている。医師がいない場合には，資格を有するナースによる15分の隔離・拘束が認められている。この病院の場合には24時間常に医師がいるため，この15分の間に医師を呼ぶことになる。

VII　医療の体制

病院内の医療に関する最高責任者は，Commission on Correctionsの中のMedical Review Boardの認可を受けた司法精神科医である医療主任（Clinical Director）である。

院内はそれぞれ3つの病棟（平均的な病棟は20～30床）を持つ3つのユニットに分かれており，ユニット内での医療についてはそれぞれのユニットのチーフが，医療主任に直接報告を行う。実際の医療を担当する医療チームはそれぞれのユニットのチーフの指示の下で活動し，チーム医療の責任者であるチームリーダーは，ユニットのチーフを間において医療主任に責任を負うという形になっている。

医療チームは精神科医，心理学者，ナース，ソーシャルワーカー，職業・レクリエーションセラピーの専門家とチームリーダー，治療のアシスタントでもあるセキュリティスタッフからなり，患者にそれぞれの病状に合わせたケアを提供している。それ以外の特別なサービスも，顧問である専門家から提供される。医療スタッフはすべて，連邦，州および地方自治体の要求するライセンス等を有する専門家である。

Ⅷ　サテライト・ユニット

CNYPCはニューヨーク州内の22の刑務所に，受刑者に中間的な治療プログラムを提供するためのユニットを有している。それらはスタッフの数，病床数などによってサテライト・ユニット（Satelite Unit）および精神保健ユニット（Mental Health Unit）に区別され，より本格的な治療を提供するサテライト・ユニットは12の刑務所に置かれている。

Ⅸ　精神保健法廷

CNYPCのスタッフとの話のなかで，犯罪を犯した精神障害者に関する最近の動きとして，精神保健法廷（Mental Health Court）と呼ばれている実験的な試みが話題になった。1997年にフロリダ州のブロウォード郡（Broward）で始まり，現在ではニューヨーク州，テネシー州などでも行われているという。暴力的ではないが比較的重大な精神疾患を有する軽罪の容疑者に対するダイヴァージョンの一種で，本人が希望した場合に，裁判所内に設置された特別法廷（精神保健法廷と呼ばれる）における比較的簡易な手続きにより，刑罰に代えて必要な治療を命じるものだという。現在はインフォーマルなシステムであるが，これまでのところうまく機能しており，フォーマルなものにする動きがあるという。

4 カービー司法精神医療センター・サウスビーチ医療センター

柑本美和

I カービー司法精神医療センター

1 概要

カービー司法精神医療センター(Kirby Forensic Psychiatric Center. 以下, カービーという)は, 1985年2月に開設された, ニューヨーク州精神保健局(NY State Office of Mental Health. 以下, OMHという)の運営するマキシマム・セキュリティの州立病院である。ニューヨーク市のマンハッタンとブロンクスの間にあるワーズ島(Wards Island)という小さな島に, 周囲から隔離された形で建設されている。病院の周囲にはフェンスと電気有刺鉄線が張り巡らされ, 病院というより刑務所という雰囲気である(写真1, 2)。

写真1 カービー司法精神医療センター(カービー)正面

カービーには, 裁判所によって治療を命じられた責任無能力者(Criminal Procedure Law 330. 20, 以下, CPLという), 訴訟無能力者(CPL 730. 40, 730. 50), 危険な一般患者(New York State Code of Rules and Regulations Title 14, Part 57. 以下, NYSCRRという)のうち, ニューヨーク市とロングアイランド市に居住する18歳以上の男女が収容されている。州立病院であるため, すべての経費はニューヨーク州精神保健局が拠出している。

2 患者

ここでは, カービーに収容されている責任無能力者, 訴訟無能力者, 危険

第2部　諸外国における触法精神障害者の処遇決定システム

写真2　カービーの有刺鉄線

な一般患者のそれぞれについて若干の説明を行う。なお，各患者がカービーに送致される際の法律的な手続きの詳細については，「2　ニューヨーク州の司法精神医療」を参照されたい。

(1)　責任無能力者

責任無能力ゆえに無罪とされた犯罪者は，まず精神鑑定のためにニューヨーク州のマキシマム・セキュリティ病院であるカービーかミッドハドソン司法精神センター（Mid - Hudson Psychiatric Center. 以下，ミッドハドソンという）に送致される。裁判所は，殆んどの場合，ここで出された鑑定意見に従って患者の治療機関を決定する。精神病ゆえに危険だと判断された者は，そのままカービーかミッドハドソンに収容される。責任無能力者はカービーの収容患者の約30％を占める。他方，カービーやミッドハドソンへの収容を要するほど危険ではないと認定されれば，サウスビーチ精神医療センター（Southbeach Psychiatric Center. 以下，サウスビーチという）などの地域病院に送致される。また，入院の必要がないと判断されれば地域社会に戻し外来治療を受診させる。さらに，治療の必要性が全くないと認められる患者も稀におり，その場合は完全に自由の身となる。患者の治療機関は，患者の危険性の減少に応じて，マキシマム・セキュリティの病院からサウスビーチのような地域病院，地域病院から外来治療へと移行することが可能である。

OMHの司法サービス課（Division of Forensic Service）の副ディレクター（Deputy Director）であるチャールズ・ジリオ氏（Mr. Charles Giglio）の説明によれば，ニューヨーク州で責任無能力を申し立てるのは全刑事事件の被告の約1％で，抗弁が認められ責任無能力者とされるのは，そのうちの約25％にすぎない。ニューヨーク州全体で，責任無能力の患者は約1,000名いるが，

610

その約3分の2は，カービーのようなマキシマム・セキュリティの病院へ収容され，残りの3分の1はサウスビーチのような地域病院で治療を受けている。病院への収容期間に上限はなく，徐々に長期化する傾向にあるという。

(2) 訴訟無能力者

裁判所で精神病ゆえに訴訟を遂行する能力がないと判断された訴訟無能力者は，精神状態の回復のためにジェイルからカービーへ送られる。患者が回復すればジェイルに戻され刑事手続きが再開されるが，回復の見込みがない場合には，刑事手続きは打ち切られ民事収容手続きが取られる。カービーに収容されている患者が民事収容手続きを取られた場合，カービーでの収容が継続されることが殆んどである。訴訟無能力者はカービーの収容患者の約60%を占めている。

(3) 危険な一般患者

サウスビーチなどの地域病院に入院している犯罪歴のない一般患者のうち，暴力的で自傷他害の危険性がある患者については，地域病院の保安システムによる対応では限界がある。そのような患者は，地域病院からカービーやミッドハドソンなどのマキシマム・セキュリティの病院に民事収容患者として送致されてくる。カービーで特に処遇困難なのが，収容者の約10%を占めるにすぎないこの民事収容の患者だという。そのような患者の多くは，人格障害，とくに境界性人格障害に罹患しているとのことである。

2000年度のカービーの患者総数は279名で，そのうち，87%が男性，13%が女性である。また，患者を人種別に分類すると，59%が黒人，21%がヒスパニック，16%が白人，4%がアジア人その他であった。また年齢別にみてみると，20歳未満が3%，20～29歳が22%，30～39歳が24%，40～49歳が25%，50～59歳が19%，60歳以上が7%である。2000年度に退院した患者の平均入院期間は約400日である。これを入院経路別にすると，責任無能力の患者は約1,200日，訴訟無能力の患者は約200日，そして危険な一般患者は約1,000日であった。患者の中には，カービーが開設されて以来16年近く入院している者もいる。男女の比率は，約6：1ということである。

3 セキュリティ

病院への入り口のすぐ脇にセキュリティルームがあり，エレベーター付近，

ロビー，主要な鍵の開閉場所，庭など病院内52ヶ所に設置された監視カメラの映像を，16のモニターでチェックしている。プライバシーの問題があるため，監視カメラは病棟内には設置されていない。

セキュリティスタッフは40名で，全員が警察官（police officer）である。日中は約14名，夜間は最低でも5名のスタッフが勤務についており，そのうち2名が巡回パトロールを行っている。病院内には各所に通報電話が備え付けられ，緊急時には，その通報電話でセキュリティルームと連絡が取れるようになっている。

スタッフへの暴行事件は平均すると月に15回程度発生している。患者同士の暴力事件も，入院治療に至るケースは非常に稀なものの頻繁に生じているという。

4　スタッフ

全ての病棟には，精神科医，サイコロジスト，ソーシャルワーカー，看護師，メディカルスペシャリスト，セキュアホスピタル・セラピーエイド（Secure Hospital Therapy Aids）という保安スタッフ，トリートメントチームリーダー（行政職）で構成されるチームがある。チームの人数は約25名である。

5　医療体制

カービーは，201病棟，202病棟，301病棟，401病棟，402病棟，601病棟，602病棟の全7病棟を有し，2001年3月21日の時点での患者数は162名であった。以下では，各病棟について簡単な説明を行う。

(1) 201病棟

201病棟は名誉病棟と呼ばれ，主に責任無能力，訴訟無能力の患者が収容されている。この病棟の患者には，所有できる洋服の数，食事の種類，電話でのアクセスなど，他の病棟の患者と比べ，より多くの特典が与えられている。このような特典を与えることで，患者の治療に対する動機づけを高めているのだという。この病棟には隔離や拘束の必要な患者は収容されないため，保護室はなく拘束も行われない。2001年3月21日時点の収容者数は24名であった。

(2) 202病棟

202病棟は医療病棟で，身体合併症の患者や老人が収容される。そのため，

他の病棟に比べて全体的に静かである。訪問時の収容者数は 26 名であった。ここでの治療が困難なほど患者の身体的状況が悪化した場合には，外の病院に救急車で運ばれることになる。

　(3)　301 病棟

　301 病棟はカービー唯一の女性病棟である。男性であれば患者が抱えている問題に応じて病棟を分けることが可能だが，女性の場合はこの一病棟ですべてに対処しなければならず，それはとても難しいという。収容者数は 23 名であった。

　(4)　401 病棟

　401 病棟には処遇困難者が収容されている。ここはワンフロアの病棟で，訪問時の収容者数は病床数と同じ 15 名であった。患者は危険だという理由からではなく，自殺企図がある，性的逸脱傾向がある，治療に従わない，身の周りのことを行わない（シャワーを浴びないなど）など，何らかの行動上の問題を呈している場合に収容される。かつては，このような処遇困難の患者が一病棟に 1〜2 人収容されていたため，彼らが暴れ出すたびに病棟中がパニックになり，他の患者の治療にも悪影響を及ぼしていた。しかし，現在では，そのような処遇困難者をこのように一ヵ所に集めることで，彼らの抱える問題に効果的に対応できるようになった。処遇困難者には他の患者と同様の治療に加え，行動療法や learning theory などの治療が行われる。病棟には広めに作られた各患者の病室のほかに，ダイニングキッチン，デイルーム，ランドリールーム，診察室，保護室，観察室がある。観察室にはスタッフが常駐し，病棟内をくまなく観察している。夜間は 3 名のスタッフが勤務についている。

　(5)　402 病棟

　402 病棟はトークンエコノミー（Token Economy，いわゆる"ご褒美"病棟）と呼ばれ，サウスビーチなどの地域病院へ移送可能なほど精神状態が回復している患者が収容される。患者が所持を許可される私物の数や種類は，他の病棟に比べはるかに多い。また，スタッフの監視付きではあるものの，電話で外部と連絡を取り合うことも可能である。この病棟の収容者数は 25 名であった。

(6) 601病棟・602病棟

601病棟と602病棟には，新入院患者とそ訴訟無能力の患者が収容されている。収容者数は，それぞれ24名と25名であった。

なお患者の病棟間移動は，治療チーム全員が承認し，さらに臨床ディレクター（Director of Clinical Services）が同意した場合に行われることになっている。

6 精神鑑定のプロセス

カービーの役割は2つに大別される。一つは患者の治療で，もう一つは精神鑑定である。以下では，責任無能力の患者を地域病院へ移送させる際の精神鑑定のプロセスについて若干説明する。

責任無能力の患者は，危険性が減少したと認められればマキシマム・セキュリティの病院であるカービーから，サウスビーチといった地域病院へ移送されることになる。そして，危険性が軽減したかどうかを判断する精神鑑定のプロセスは，病棟内の治療チームによるミーティングから始まる。治療チームがサウスビーチなどの地域病院へ移送しても危険ではないだろうと判断したケースは，病院内の司法評価グループ（Forensic Evaluators）に送られ，そこで包括的な報告書が作成される。この司法評価グループは，精神科医，サイコロジスト，トレイニー（フェローシップ中で患者の治療には関与していないインターン）で構成されている。司法評価グループの作成した報告書は，その後，精神科医，サイコロジスト，ソーシャルワーカーの3名で構成される院内司法委員会（Hospital Forensic Committee）に送られる。委員たちは患者と30分から1時間ほど面接を行い，必要な場合には患者の弁護士とも面接を行う。さらに司法評価グループが提出した報告書を再審査し，その患者を地域病院に移送しても危険はないかどうかについて判断を行う。そして，これらの報告をふまえ臨床ディレクターが最終決定を下すのである（NYSCRR 540, 541）。臨床ディレクターはこの段階で，必要だと感じれば他の専門家の意見を求めることも可能である。臨床ディレクターの下した決定は報告書とともにOMHに送られ，臨床的要件と法律的要件を満たしているかについての審査が行われる。OMHが両者の要件を満たしていると判断した場合，そのケースは裁判所に送致され，そこで，カービーからサウスビーチなどの地域病院への移送が可能なほど患者の危険性が減少したか否かが正式

に決定される。OMH司法サービス課のジリオ氏によれば，この手続きは，移送が考えられている責任無能力の患者全てに対して行われているという。

　カービーは他の病院と異なり，精神科医であると同時に弁護士でもある臨床ディレクターを擁している。そのため，全医師に裁判等で必要となる法的な手続きを周知徹底させる教育が行われている。

7　隔離と拘束

　カービーでは暴れている患者に対して，保護室への隔離，4～5ポイントの拘束具（four point and five point restraint）付ベッドへの拘束，そして暴力的な行為を防ぐ道具であるパッド（Pad）の使用が行われる。隔離は1回につき2時間を限度とし，4～5ポイントベッドの使用は最高2時間までと定められている。パッドの使用についてはとくに時間の規定はない。2000年度にカービーで隔離または拘束が行われた件数は599に上る。そのうち，64％が日中，27％が夕方，9％が夜間に生じている。最も処遇困難といわれる患者15名が，病院全体の隔離・拘束件数の約80％を占めている。

8　投薬について

　カービーに患者を収容することと，その患者に投薬を行うことはまったく別の問題である。患者が裁判所からカービーに送られてきた場合，それは危険だから収容が認められたにすぎず，投薬を行うことまでも許可されているわけではない。つまり，通常，患者は服薬を拒否する権利を有しているのである。ニューヨーク州では，投薬の目的について説明を受けた患者が，その必要性を理解できた場合にのみ投薬が行われる。ただし，病識がないほど患者の状態が悪く投薬が必要な場合には，患者の同意なしで投薬を行えるよう裁判所が許可を出せることになっている。なお数年前までは，投薬を行うか否かについての判断はすべて医療側に任されていた。しかし，患者の権利擁護団体が病院関係者以外の者に投薬についての判断を行わせるべきだと強硬に訴え，現在のようなルールが出来上がったという。

II　サウスビーチ精神医療センター

1　概　　要

　サウスビーチは，OMHの運営する州立の地域病院である（写真3）。ここには，ブルックリンとスタッテンアイランドに居住し中等度の治療を要する

写真3　サウスビーチ精神医療センター

12歳以上18歳未満の児童と，18歳以上の成人男女が収容されている。患者のほとんどは一般患者であり，司法患者はごく少数にすぎない。ここに「司法患者」として収容されるのは，裁判所の判断によりマキシマム・セキュリティの州立病院から移送されてきた，精神状態の回復が認められた訴訟無能力者，あるいは危険性が軽減した責任無能力者である。州立病院であるため，すべての経費はニューヨーク州精神保健局が拠出している。中国系の移民が州内で増加していることに配慮し，中国系患者のための特別な病棟を設置していることがここの特徴として挙げられよう。

　2　施設とセキュリティ

　病院は，マンハッタンから南へ車で1時間程度のスタッテンアイランドにあり，海沿いの広大な敷地に病棟が点在している。サウスビーチでは，司法患者は他の一般患者と区別されることなく病棟に収容されている。病棟，病室ともに施錠されるため，司法患者の特別な保安システムは存在しない。しかし身体合併症の治療のため司法患者を別の病院に移送する場合には，逃亡や事故発生の危険を考慮し一般患者の場合に比べて多少監視が厳しくなる。また，この移送の場合のように司法患者がサウスビーチの敷地を離れる際には，毎回ディレクターの許可が必要とされる。

　3　患　者

　サウスビーチに収容されている全入院患者の数は，2001年3月21日の時点で335名，外来患者の数は約4,000名であった。入院患者のうち，司法患者は15名と非常に少ない。司法患者のほとんどは，カービーやミッドハド

第 8 章　ニューヨーク

ソンなどのマキシマム・セキュリティの州立病院から送られてくる。このような司法患者には入院治療が行われるか，あるいは入院の必要なしと判断された場合には外来治療が行われる。

　なお，カービーに収容されている危険な一般患者の多くは，もともとはこのサウスビーチのような地域病院に収容されていた。しかし重大な他害の危険性が認められたため，カービーのようなマキシマム・セキュリティの州立病院へ送られたのである。危険な一般患者が，サウスビーチのような地域病院を経由せずにマキシマム・セキュリティの州立病院へ収容されることはないということである。

4　医療体制

　サウスビーチは全13病棟からなり，そのうち9病棟に成人患者，1病棟に児童，1病棟に中国系の患者，2病棟に精神状態がかなり回復した患者が収容されている。

5　司法患者の退院手続き

　司法患者は入院後のある時点において，外来治療に移行できるか否かを判断するため，病棟で社会鑑定，心理鑑定，精神鑑定，回復状況に関する鑑定が行われる。鑑定に基づき病棟内で患者の現在の服薬状況や精神状態，行動状況などがまとめられ，院内司法委員会に報告書が提出される。サウスビーチの場合，委員会は精神科医，サイコロジスト，ソーシャルワーカー，病院の弁護士（病院が独自の弁護士を擁しているのは，きわめて稀と思われる）で構成される。また，黒人の患者が対象となる際には，そのような患者を代表するために黒人のスタッフが委員に選ばれることもある。委員会は，現在の状況や犯罪を行った理由などについて患者と面接を行い，患者の処遇について判断を行う。ここで患者の状態が安定していると認められれば，さらにOMHの司法サービス課の判断を仰ぐ。そしてOMHの司法サービス課が了承すれば，さらに検察官の許可を求めることになる。OMH，検察官の双方が退院を認めた場合，裁判所に申し立てが行われ，裁判所で了承されれば条件付きで患者は地域社会へ仮退院となる。ただし，仮退院の条件に違反するようなことがあれば，すぐに再入院させられる。仮退院の期間は5年間で，更新が可能である（この部分の法律的な手続きについては，「2　ニューヨーク州の司法精神医療」を参照されたい）。

このように司法患者の退院については，たとえそれが財布を盗んだだけの患者であっても，殺人を犯した患者と同様の手続きを経なければならない。そして，OMHが退院に賛成しても検察官は異議を唱えることが可能で，その際には検察官は独自の鑑定人を立てOMHに対抗しようとする。検察官の多くは一般市民の安全を保護するという観点から司法患者を退院させることには反対であり，これが患者の退院を遅らせる大きな原因となっている。病院側の説明によれば，「司法患者は重大な問題集団だ」と言われることが多いが，それは真実ではないという。ニュースの見出しになるような事件を引き起こす精神病患者は一般的に司法患者ではない。むしろ一般患者のほうが危険で暴力的だということである。

6　不服申し立て

ここ5年ほどの間に，州レベルでも地方レベルでも，患者の人権がきわめて重要な問題となってきている。その結果，患者による不服申し立ての制度が整備されるようになり，患者は以前よりも声高に発言し治療などの選択を行えるようになっている。

司法患者は，一般患者と同じ不服申し立ての権利を有しており（Mental Hygiene Law 33.02(a)12)，患者からの不服申し立ては主に次の3つの経路によって行われる。まず，患者がOMHに直接不服申し立てを行う場合である。この場合，OMHは不服申し立ての対象となった病院のディレクターにその旨を連絡するのみで，その後の問題解決過程には関与しない。問題解決は病院に任されることになる。次に，このように病院がOMHから連絡を受けた場合，あるいは病院内で不服申し立てが行われた場合には，病棟でチームリーダーやセラピストにより解決が図られる。しかし，その対応にも患者が不満の場合には，ディレクターやカスタマーリレーション部（Customer Relation Department）に本人または家族，あるいは患者の弁護士が直接連絡を行う。病院では院内調査を行い，報告書を作成する。その報告に対しても本人や家族等が納得しないときには，OMHのコミッショナーあるいは裁判所に訴えがなされることになる。なお，サウスビーチ独自の制度としては，月に一度，ディレクターが院内TVを通じて入院患者と直接話を行うタウンミーティングがある。とくに，司法患者や急性期の患者にとっては，このミーティングが貴重な不服申し立ての機会となっているということである。

第8章　ニューヨーク

最後に，病院外の不服申立制度としてニューヨーク州の治療の質に関する委員会（Commission of Quality of Care. 以下，CQC という）が挙げられる。CQC はニューヨーク州議会が設置した独立機関であり，OMH とは関係がない。不満のある患者は誰でも CQC に連絡を取ることができ，その不満は病院に伝えられる。病院は調査を行い，その結果を CQC に報告する。もし CQC が病院の対応に満足しない場合には，病院を訪れ患者か患者の家族と直接話を行う。

5　クリードモア精神医療センター

　　　　　　　　　　　　　　　　　　　　　東　　雪　見

I　概　要

　クリードモア精神医療センター(Creedmoor Psychiatric Center)は1912年に開設され，OMH（New York State Office of Mental Health）の下で運営されている。医療提供地域は300 km²，人口約250万人のクイーンズ郡（New York City borough of Queens）である。入院治療，外来治療といった精神科治療を行う他，居住環境に関して配慮が必要な者には居住プログラム（residential program）を用意しており，病気からの回復と自律的な生活を目標として，精神科医療サービスを提供している（写真1，2）。

II　施設とセキュリティ

　病院はマンハッタンの中心部から車で1時間ほどのところにある。約1.2 km²の敷地に50以上の建物が点在している。入院治療用の建物はそのうちの1つであり，19病棟（このうち入院審査病棟が2つ），470病床からなっている。本施設はマキシマム，ミディアム・セキュリティという分類はなされていない。セキュリティは，基本的に構内や患者のいるエリアへのアクセスをコントロールすることによって維持されており，たとえば，入院治療用の建物はカードによって入出が管理されている。

III　患　者

　患者の67％が男性，33％が女性，主な年齢層は25～50歳，診断名で最も多いのは統合失調症である。35歳の黒人男性，診断名は統合失調症というのが平均的な患者像である。
　2001年1月～12月の新規入院者数は548名，退院者数は574名，クリニックおよびデイプログラム受診者数は約1,800名，ケースマネージメントを行った患者の数は約570名である。新規入院者のうち精神衛生法に基づく民

第8章　ニューヨーク

写真1　クリードモア精神医療センター

写真2　クリードモアの管理棟とニューヨーク州精神保健局のジリオ氏

事収容者（civil commitment）289名，司法患者11名，緊急入院者6名，その他はすべて任意入院である。現在，平均入院期間は71.5日である。

　司法患者とそれ以外の患者は区別されておらず，すべての患者が同じ病棟で同じように治療を受ける。スタッフの説明では，監督は司法患者という地位に基づくものであるが，治療はそうではないからであるとのことであった。

Ⅳ　スタッフ

　スタッフの総数は1,220名である。内訳は精神科医54名，メディカルドクター 16名，心理学者27名，看護師135名強，ソーシャルワーカー 75名強，セキュリティスタッフのうち，セーフティオフィサー 30名強，メンタルヘルスセラピーエイド450名強，その他薬剤師，フィジカルセラピスト，メンテナンス担当のスタッフなどがいる。

　精神科治療には，精神科医，メディカルスペシャリスト，看護師，心理学者，ソーシャルワーカー，リハビリテーションスタッフ，メンタルヘルスセラピーエイド，ダイエティシャンのほか，必要に応じてフィジカルセラピストなどを加えたメンバーからなるチームで当たっており，1つのチームが状況に応じて8〜26名の患者の治療に従事している。

Ⅴ　入　　院

　入院は，任意入院の場合は患者と病院の契約に基づくものであり，司法患者や民事収容者については裁判所の命令によることになるが，短期間であれば裁判所の命令がなくても以下の2つの手続きにより強制入院が可能である。

　第1に，2名の医師が，精神病であり，強制的なケアとトリートメントが必要である旨の証明書を出し，入院申請を行った場合，病院のディレクターは患者を強制入院させることができる（精神衛生法9条27項）。このような強制入院がなされた場合，患者や近親者，友人あるいは精神衛生リーガルサービスは，いつでも裁判所におけるヒアリングを求めることができる（同法9条31項）。入院を継続させる必要があり患者の同意が得られない場合には，強制入院開始日から60日以内，あるいはヒアリングがなされ，裁判所が退院申請を拒否した場合には，その日から30日以内のどちらか長い期間内に，病院のディレクターは郡裁判所あるいは郡の最高裁判所に対して入院継続の申請を行う。そして裁判所が必要と認めた場合には入院継続命令が出されることになる（同法9条33項）。

　第2のものは緊急入院である。病院のスタッフである医師が，精神病であるために緊急に観察，ケアおよびトリートメントを行うことが必要であり，かつ自傷他害のおそれがあると判断した場合には，病院のディレクターは

15日を超えない範囲で患者を入院させることができる。ただし入院後48時間以内に，最初の判断を行った医師とは別の病院スタッフである医師によって最初の判断が追認されなければ，入院は継続できない。15日を超える入院については，第1のような通常の強制入院の手続きによることになる（同法9条39項）。

VI 隔離と拘束

急性期症状に対応するにあたっては，保護室（seclusion room），4～5ポイントの拘束具を使用している。双方とも1回につき1時間が限度である。隔離，拘束された患者に対しては，それぞれ1人のスタッフが担当となり継続的に監視し，安全を確保する。これは「1対1監視（システム）」（one-to-one observation）と呼ばれている。隔離，拘束は看護師でも行うことができるが，その後直ちに精神科医に報告し，精神科医が30分以内に隔離，拘束を命じる文書を出さなければ継続できない。

VII ケンドラ法

精神衛生法9条60項の「通院治療援助」（Assisted Outpatient Treatment）は，ある精神病患者が電車のホームから人を突き落とし死亡させたことがきっかけとなって立法されたものであり，その被害者の名前をとって「ケンドラ法」（Kendra's Law）と呼ばれている。

「通院治療援助」は，裁判所の命令に従って行われる通院治療である。その対象者は，①18歳以上であること，②精神病と診断されたこと，③監督なしにはコミュニティで安全に生活できないおそれのあること，④治療に応じなかったために，(i)過去36ヵ月内に少なくとも2回病院へ入院し，あるいは司法精神科ユニットあるいは矯正施設の精神保健ユニットのサービスを受けることになったこと，または(ii)過去48ヵ月内に自他に対して深刻な暴力行為が1回以上あったか，自他に対して深刻な身体的害を与えるとの脅迫，あるいはその企てがあったこと，⑤精神病ゆえに治療への任意の協力が得られそうにないこと，⑥過去あるいは現在の行為から判断して，病気の再発，悪化により自他への深刻な害を引き起こすことを避けるためには，通院治療援助が必要であること，⑦通院治療援助が患者の利益となること，という以

上の要件を満たす者である。

　この治療には薬物治療，個人・グループセラピー，教育および職業訓練，アルコールやドラッグの検査，居住環境の監督などが含まれうる。裁判所は，要件が満たされ，他により適切で制限的でない代替手段がないことを明白かつ確信させる証拠（clear and convincing evidence）によって認定した場合には，通院治療援助を命じることができる。最初の命令の期間は 6 ヵ月を超えることができないが，期間終了後なお通院治療援助が必要であろうと思われる場合には，裁判所は 1 年を超えない期間の通院治療援助をさらに命じることができる。命令の回数には制限はない。治療の内容は，医師に作成させた治療計画の範囲内で，裁判所が決定する。

　患者が裁判所によって命じられた治療に応じなかった場合であって，強制入院が必要であるときには，Vで述べたような強制入院の手続きによることになる。患者が治療を拒否した場合，医師は，強制入院の必要性を判断するために，必要ならば警察官やシェリフ，救急サービスなどに患者の病院への移送を要請することも可能である。医師は，裁判所に命じられた服薬，アルコール・ドラッグ検査の拒否といった事情を，精神病の有無や入院の必要性を判断するための診断が必要であるかを決定する際に考慮することができる。しかし，命令に従わなかったことのみを理由として，民事収容や裁判所侮辱が認められることはない。

　クリードモア精神医療センターにはケンドラ法の適用患者は，訪問時現在30 名いる。

　センターを訪問した際，居住プログラムの一環である病院の敷地内の移行期居住施設（Transitional Residence）を見せていただいた。この施設を利用しているのは任意に治療を受けている患者のほか，ケンドラ法の適用患者である。6 ヵ月〜2 年ほど滞在して病院外での生活に備える。

　スタッフと患者が一緒になってこの居住施設を切り盛りしており，役割を分担して自分たちで買い物や料理，掃除などを行っている。

第 9 章　カリフォルニア

1　カリフォルニアの触法精神障害者処遇制度

柑 本 美 和

I　はじめに

　カリフォルニア州では，精神障害に罹患した犯罪者に対して，強制的に精神科の治療処分を行う制度が整備されている。さらに，最近では，暴力的性犯罪者（sexually violent predator）と認定された刑務所からの釈放者に，精神科の強制治療を施す制度も新たに創設された。
　カリフォルニア州で精神科の治療処分が命じられる患者は，以下の6つのカテゴリーに分類することができる。

　　1　訴訟無能力者（Incompetency to stand trial）
　　2　責任無能力者（Not Guilty by Reason of Insanity）
　　3　受刑者（Sentenced Prisoner）
　　4　精神障害犯罪者（Mentally Disordered Offender）
　　5　暴力的性犯罪者（Sexually Violent Predator）
　　6　精神障害の性犯罪者（Mentally Disordered Sex Offender）

これらの者に対する治療処分制度の基本部分となる，強制入院の要件，入退院の手続き，外来治療への移行，治療期間については，カリフォルニア州刑法典（California Penal Code. 以下，PCという），そして，カリフォルニア州福祉施設法典（California Welfare and Institution Code. 以下，WIという）に詳細な規定が置かれている[1]。

II　司法仮退院プログラム

　各患者の処遇に関する法制度を概観する前に，カリフォルニア州の治療処分制度の特色である司法仮退院プログラム（Forensic Conditional Release

Program. 以下，CONREP という）について若干の説明を行う[2]。CONREP とは，カリフォルニア州精神保健局（State Department of Mental Health）が管轄する，1986年に開始された司法患者（forensic patients）・仮釈放者のための特別な外来治療・監督システムである（WI 4360 (a)）。その目的は，入院治療に引き続き，木目細かな外来治療を一貫して行うことによって，患者による再犯を防止し市民の保護を図ることにある。運営は，州の精神保健局が直接に，または精神保健局と委託契約を結んだ郡の精神保健局，民間団体が行い，資金は州の精神保健局が拠出する（WI 4360 (b)）。CONREP による治療は，主に，個人セラピー，グループセラピー，週一度の薬物検査，家庭訪問，服薬などによって構成され，その他に，旅行制限，夜間外出禁止，運転禁止などの条件が課されることがある。

各 CONREP の責任者は，地域プログラム責任者（community program director）と呼ばれ，州の精神保健局が任命する（PC 1605 (a)）。地域プログラム責任者は，精神科医，認定サイコロジスト（licensed psychologist）[3]，認定臨床ソーシャルワーカー（licensed clinical social worker），マリッジ・ファミリーセラピスト（marriage & family therapist），または修士の学位を有する精神科看護師（psychiatric nurse）のいずれかであることを要する。CONREP は，地域社会に犯罪者を受け入れるかどうかの判断は，その地域の事情に精通した者の方がより的確に行えるという考えに基づき，犯罪者である患者の外来治療・監督を行うと同時に，地域社会への犯罪者受け入れを判断する役割をも担っている。そして，鑑定や入院中の患者の訪問を通じて，いずれ自分たちの地域に戻ってくる犯罪者の病状を詳細に把握するよう努めているのである。

III 訴訟無能力者

ここでは，まず，被告人が重罪で訴追されている場合の手続きについて説明し，次に，軽罪で訴追されている場合について7で若干補足を行う。

1 定 義

精神障害または発達遅滞のため，手続きの本質を理解できない，また自身の防御活動において，合理的な方策で弁護人に協力できないとき，その者は訴訟無能力であるという（PC 1367）。

2 鑑　　定

　訴訟能力の審理に関する手続きは，被告人が精神障害と発達遅滞の場合とで異なるが，以下では，被告人が精神障害に罹患している場合の手続きについて概観する。

　裁判所が，被告人の訴訟能力に疑いを抱いた時には，その旨を訴訟記録に記録し，まず弁護人の意見を確認する。弁護人が，「訴訟無能力の可能性がある」と述べた場合，裁判所は審理を行わなければならない。一方，弁護人が訴訟能力ありとの意見を述べた場合であっても，裁判所は裁量によって審理を命じることができる（PC 1368(b)）。また，裁判所は，訴訟能力に疑いを抱かない場合であっても，被告人の訴訟無能力を示す重大な証拠が存在すれば，裁量の余地なく審理を行う[4]。裁判所は，一旦，被告人の訴訟能力の審理を命じた以上，必ず審理を行わなければならない[5]。裁判所が審理を行うことを決定すれば，訴訟能力の有無が明らかになるまで手続きは停止される（PC 1368(c)）。

　裁判所は，審理に際し，精神科医または認定サイコロジストを1名，さらに，その他必要と思われる専門家を指名し，被告人の訴訟能力を鑑定させる[6]。但し，被告人が訴訟無能力との認定を求めていない場合には，精神科医あるいは認定サイコロジストのいずれかを2名，あるいは各1名の計2名を指名しなければならない（PC 1369(a)）。

　訴訟無能力は，証拠の優越によって証明されなければならない（PC 1369(f)）。被告人は希望により陪審裁判を受けることが可能であり（PC 1369），その際の評決は全員一致による（PC 1369(f)）。そして，裁判所または陪審が訴訟無能力と判断すれば，刑事手続きは訴訟能力が回復するまで停止される（PC 1370(a)(1)(B)）。

3 治療機関

(1) 治療機関の選定

　訴訟無能力と認定された被告人に対しては，治療機関の選定が以下の要領で行われる。

　裁判所は，治療機関を決定するため，CONREPの地域プログラム責任者又はそのスタッフに被告人の鑑定を行わせ，15日以内に処遇意見を提出させる（PC 1370(a)(2)）。この鑑定では，まず，法律的及び医学的な書類を再審査

し，臨床上そして保安上のニーズを明らかにする。被告人を，直接，外来治療に付そうとしている場合には，本人や家族，あるいは被害者へのインタビューも実施する。こうして，現在の精神状態，服薬の必要性などを踏まえた上で，最も適切と思われる治療機関を推薦するのである。裁判所は，ほぼこの報告に従う形で，州立病院又は地域病院での入院治療，あるいは外来治療のいずれかを命じる（PC 1370 (a)(1)(B)(i)）。

被告人の治療は，原則として，保安の要請が高い場合にはサン・ルイ・オビスポ郡にあるアタスカデロ州立病院（Atascadero State Hospital），サンベルナルディノ郡にあるパットン州立病院（Patton State Hospital）で，保安の要請が中程度以下の場合には，ナパ郡にあるナパ州立病院（Napa State Hospital）またはロスアンゼルス郡にあるメトロポリタン州立病院（Metropolitan State Hospital）で行われる（WI 7230）。

裁判所は，州立病院の医療責任者（medical director）または地域プログラム責任者の書面による推薦があれば，州立病院から地域病院へ，あるいは地域病院から州立病院へと患者の入院治療機関を移すことができる（PC 1370 (a)(6)(A)）。裁判所は，治療機関移行の命令を出す前に，患者，患者の弁護人，検察官，地域プログラム責任者またはそのスタッフに，その旨を通知する必要がある。この命令に対しては，患者，検察官ともに異議を申し立てることが可能であり，裁判所が申立てに十分な理由があると判断すれば審理が行われる（PC 1370 (a)(6)(A)）。

また，裁判所は，審理を行い，患者を入院治療からCONREPの外来治療に移すことも可能である（PC 1603）。但し，外来治療中に，地域プログラム責任者が更なる入院治療が必要と考えた場合，あるいは，検察官が他害の危険があると判断した場合には，裁判所の審理を経て，再入院の措置がとられうる（PC 1608, PC 1609）。

(2) 治療機関に関する制限

以下のような犯罪で訴追されている者は，治療機関選定に際して制限が課される。

(a) 入院治療を原則とする罪種

以下のような暴力的重罪（violent felony）で訴追されている者については，保安設備が整い，公衆の安全が確保される州立病院又は地域病院への収容が

原則である（PC 1370(a)(1)(D)(E)）。但し，裁判所が，外来治療を行っても他害の危険がないと判断した場合にはこの限りではない（PC 1370(a)(1)(F)）。

〈対象となる罪種〉

謀殺罪又は故意故殺罪，重傷害罪，強姦罪（配偶者に対するものも含む），暴行脅迫等を伴うソドミー罪，暴行脅迫等を伴うオーラルな性交罪，14歳以下の児童に対する猥褻罪，死刑または終身刑で処罰可能な重罪，強盗罪，放火罪，謀殺未遂罪，誘拐罪，児童への継続的な性的虐待罪，カージャック罪，被害者・証人威迫罪，恐喝罪など（PC 667.5, PC 1370(a)(1)(E)）。

(b) 外来治療移行前に180日間の入院治療を原則とする罪種

以下に挙げるような犯罪で訴追され，訴訟無能力と認定された者は，入院治療を180日間行った後でなければ，外来治療に移行できない（PC 1601(a)）。

〈対象となる罪種〉

謀殺罪，傷害罪，重傷害罪，重傷害を伴う誘拐罪，重傷害を伴う身代金目的誘拐罪，強姦致傷罪，強姦罪（配偶者に対するものも含む），準強姦罪，児童に対する淫行罪，放火罪，現住建造物放火罪，第1級住居侵入窃盗罪，爆発物所持・携帯罪，持凶器強盗罪，人の死・重傷害・重大な他害を及ぼす行為を伴う重罪，など。

上記以外の重罪と，軽罪で訴追されている被告人については，裁判所は，直接外来治療に付すことができる（PC 1601(b)）。

4 訴訟能力回復と刑事手続再開

(1) 概　要

カリフォルニア州では，1974年以前は，刑法の規定によって，訴訟能力が回復するまで無期限に患者を病院へ収容することが可能であった。しかし，合衆国最高裁判所によるジャクソン判決[7]を受けて1974年に刑法が改正され，訴訟能力が回復する見込みのない患者を不当に長期入院させないため，また，訴訟能力の回復した患者を迅速に刑事手続きに戻すために，回復状況の定期的報告，必要的再審理，そして収容期間の上限の規定が設けられた。

(2) 回復状況の定期的報告

入院患者の場合には，病院の医療責任者が，治療開始から90日以内に，患者の訴訟能力の回復状況を裁判所と地域プログラム責任者に書面で報告す

る。外来患者の場合には，地域プログラム責任者によって，治療開始から90日以内に裁判所に書面で報告される。この時点で，訴訟能力はまだ回復していないが，近い将来回復するという実質的な可能性が認められれば，患者の治療は継続される。治療継続となった場合，患者の訴訟能力の回復状況は，その後6ヵ月ごとに，あるいは，訴訟能力が回復したと認められるまで裁判所に報告される。一方，近い将来の回復可能性なしと報告された場合には，患者は民事の後見手続き開始のために裁判所に送致される（PC 1370(b)(1))。後見手続きについては5の訴訟無能力者に対する後見制度の箇所を参照されたい。

(3) 必要的再審理

治療開始から18ヵ月を経過しても患者の訴訟能力が回復しない場合，裁判所は，訴訟能力の再審理を行うことが義務づけられている。再審理では，最初の訴訟能力の審理と同様，精神科医または認定サイコロジストが被告人の訴訟能力を鑑定し，裁判所または陪審が決定を行う（PC 1369, PC 1370(b)(2))。この場合，訴訟能力が回復していれば刑事手続きが再開され，回復していなければ治療が継続される。さらに，近い将来，訴訟能力が回復する可能性がないと認められる患者については，裁判所によって民事の後見手続き開始が命じられうる（PC 1370(c)(2))。

(4) 収容期間の上限

訴訟無能力の患者の場合，3年あるいは起訴された犯罪のうち，最も重い犯罪に対する法定刑の上限のいずれか短い方を超えて，刑法の規定による治療を継続することはできない（PC 1370(c)(1))。その期限までに患者の訴訟能力が回復しなければ，裁判所は，公訴を棄却[8]するか（1370(d))，あるいは，民事の後見手続き開始を命じることになる（PC 1370(c)(2))。

(5) 訴訟能力回復の審理

裁判所の審理によって，訴訟能力の回復が認められれば，患者の治療は終了し刑事手続きが再開される。訴訟能力回復の審理は以下の要領で進められる。

病院の医療責任者，あるいは地域プログラムの責任者は，患者の訴訟能力が回復したと判断すれば，直ちに裁判所に訴訟能力回復証明書を提出する（PC 1372(a)(1), 1374)。裁判所は，証明書受理から10日以内に患者の身柄を

裁判所に移し，訴訟能力の回復を承認すれば刑事手続きを再開する。但し，訴訟能力回復に対して異議が申し立てられれば審理を行う（PC 1372(c)）。審理では，被告人には弁護人が選任されるが，陪審裁判の権利は認められない[9]。そして，被告人は訴訟能力を有すると推定されるため，被告人の訴訟無能力を申し立てる者は，証拠の優越によって証明する責任を負う[10]。なお，入院していた患者については，保釈するか誓約によって身柄の拘束を解くかを決定する審理も併せて行われる（PC 1372(d)）。刑事手続きが再開された患者で，身柄の拘束が解かれていない者については，裁判所が，訴訟能力維持のために入院治療が必要と考えれば，入院が継続される（PC 1372(e)）。

一方，訴訟能力の回復が認められない患者に対しては，再び入院治療又は外来治療が継続される。

5 訴訟無能力者に対する後見制度

(1) 概　　要

近い将来，訴訟能力が回復する実質的可能性がないと認められるか，あるいは，収容期間の上限を経過しても訴訟能力が回復しない患者は，民事の後見手続きによって入院治療の延長が可能となる。訴訟無能力者を対象とする民事の後見制度には，マーフィー後見（Murphy Conservatorship）[11]とLPS後見（LPS Conservatorship）の2種類がある。マーフィー後見が，訴訟無能力者のみを対象とする制度である一方（WI 5008(h)(1)(B)），LPS後見は，必ずしも訴訟無能力者だけが対象ではなく，精神障害または慢性アルコール中毒によって，自らの衣食住のケアも行いえない者に対して広く用いられる（WI 5008(h)(1)(A), (h)(2)）[12]。これらの制度については，WIを構成し，精神障害者の任意入院，および強制入院と強制治療，患者の権利等について定めたランターマン・ペトリス・ショート法（Lanterman-Petris-Short Act. 以下，LPSという）に規定が置かれている。以下では，訴訟無能力者のみが対象となるマーフィー後見について概観していく。

(2) 史的概観

カリフォルニア州では，マーフィー後見制度以前，刑法の規定によって，訴訟能力が回復するまで訴訟無能力者を無期限に州立病院に入院させておくことが可能であった。しかし，合衆国最高裁判所のジャクソン判決を受けたカリフォルニア州最高裁判所のデービス判決[13]は，以下の2点をあげて，

この入院制度を不当とした。まず第一は,「訴訟無能力を唯一の根拠に州立病院へ収容されている患者は,訴訟能力回復の実質的可能性を見極めるために必要とされる合理的期間を超えて収容されてはならない」という点である。第二は,「合理的期間内に訴訟能力を回復する可能性がない場合,患者は釈放されるか,刑法以外の手続きによって病院へ収容されなければならない」という点であった。

　この判決を受けて 1974 年に法改正[14]が行われ,訴訟無能力者に関する新たな 2 つの制度が創設された。まず,回復状況の定期的報告,訴訟能力の必要的再審理,そして収容期間の上限が刑法に規定された(PC 1370)。さらに,収容期間の上限を過ぎてもなお訴訟能力を回復しない者に対して,民事後見制度での入院延長を可能にした(WI 5008(h)(1)(B))。この制度による後見期間は 1 年であるが,更新回数の制限なく延長が可能である。

(3)　後見の決定

　マーフィー後見制度による入院延長は,以下の手続きに従って行われる。

　裁判所は,近い将来,訴訟能力が回復する実質的可能性がないと認められるか(PC 1370(b)(1)(2)),あるいは,収容期間の上限が経過した患者について(PC 1370(c)(1)),

(i)　人の死・重傷害・他者への重大な脅威をもたらす重罪で正式起訴又は略式起訴されている,

(ii)　公訴が棄却されていない,

(iii)　訴訟無能力状態である,

と思われる時には,郡の後見調査官(conservatorship investigator)に後見手続きを開始するよう命じなければならない(PC 1370(c)(2), WI 5008(h)(1)(B))。

　後見調査官は,後見の必要性について調査を行い,患者を後見に付すのが適切だと考える時には,裁判所にそのように進言する。その際には,患者の身体状況,心理状態,経済状態,家族状況,就労状況,そして社会状況にわたる包括的な報告書を裁判所に提出する(WI 5354)。報告書には,後見人として最も適切な人物または機関(WI 5355),後見人に付与すべき権限,課すべき義務,適切な後見場所などに関する意見も含まれなければならない。後見人の引き受け手が見つからない場合には,郡の公的後見人がその役割を担うことになる(WI 5356)。裁判所は,後見調査官から後見の申し立てを受け

ると審理を行う（WI 5365）。審理において，患者には，陪審裁判を受ける権利と弁護人を依頼する権利が与えられる（WI 5350(d)）。そして，WI 5008(h)(1)(B)に掲げられている，

　(i) 人の死・重傷害・他者への重大な脅威をもたらす重罪で正式起訴又は略式起訴されている，

　(ii) 公訴が棄却されていない，

　(iii) 訴訟無能力状態である，

の3つの条件に加え，

　(iv) 他害の重大な危険性，

という条件を満たしていることが，合理的な疑いを超えて証明されれば後見の決定がなされる[15]。但し，この場合でも，訴訟無能力自体の証明は，証拠の優越で足りる[16]。裁判所は，後見人を指名し，患者の治療と公衆の保護という目的に最も適った施設を決定する（WI 5358(c)(2)）。そして，患者は後見人によってその施設に収容される（WI 5358(a)(1)(B)）。

　患者は，後見期間を通じ，いつでも被後見人としての地位について裁判所に再審理の申し立てを行うことが可能である。但し，申し立てを行ってから6ヵ月が経過しなければ，次の申し立てを行うことはできない（WI 5364）[17]。

(4) 治療施設の移動

　治療施設を移動する場合には，次のような手続きが必要となる。

　後見人は，前もって理由を添え，その旨を裁判所，患者の弁護人，患者の権利擁護人，検察官，その他裁判所に指定された者に通知する（WI 5358(d)(2)）。但し，保安体制の緩い施設へ移動させる場合には，証拠の優越によって，公衆，患者自身，その他個人の安全に対する脅威とならないことを証明しなければならない（WI 5358(d)(3)）。

　さらに，後見人は，外来治療施設の責任者の同意を得て，入院患者を外来治療に移行させるよう申し立てることも可能である。患者が外来治療に移された場合，患者のスーパーバイザーは，治療開始後90日ごとに，患者の回復状況について後見人と施設責任者に報告しなければならない（WI 5358.6）。なお，患者は，自身の収容施設・治療環境等に不服がある場合には，裁判所に対して人身保護令状による申し立てを行える（WI 5358.7, WI 7250, PC 1473）。

⑸　後見の延長

後見は1年が経過した時点で自動的に終了する（WI 5361）。しかし，以下のように，後見人の申し立てによって回数の制限なく延長が可能である。

後見人は，後見期間終了の時点で，引き続き後見が必要だと考えれば，さらに1年間，後見期間を延長するよう裁判所に申し立てる。その際には，2名の医師，または認定サイコロジストによる，「患者は未だ精神障害ゆえに被後見人の要件に該当する」旨の意見を添えることが要求される[18]。この医師とは，必ずしも精神科医であることを要しない。ただ，後見人が2人の医師，または認定サイコロジストを確保できない場合には，裁判所が任命する。

後見人は，後見期間延長の申し立てを行った場合，患者，患者の収容機関の責任者，患者の弁護人，さらに，必要に応じて，郡の精神保健局長・後見調査官にも，その旨を通知する（WI 5362(a)）。これらの者は，後見期間延長の申し立てに対し，被後見人該当性と後見必要性について裁判所による審理または陪審による裁判を求めることできるからである（WI 5362(a)）。後見期間延長申し立ての通知が遅滞なく行われ，患者も含めて誰からも裁判所の審理または陪審による裁判の要求がない場合には，裁判所は審理を行うことなく後見期間延長を決定できる[19]。なお，後見期間延長についての審理・裁判が行われた場合，後見人は合理的な疑いを越えて患者の被後見人該当性を証明しなければならない[20]。

一方，後見人が，後見期間終了までに延長の申し立てを行わなければ，裁判所は後見を終了する判決を下し，後見人と患者にその旨を文書で通知する（WI 5362(b)）。

また，後見に付された患者が訴訟能力を回復した場合，後見人は，シェリフ，検察官，患者の弁護人，裁判所に対してその旨の証明を行い（PC 1372(b)）（WI 5369），裁判所が訴訟能力の回復を認めれば刑事手続きが再開される（PC 1372(c)(d)）。

6　公訴棄却後の治療

上述したように，裁判所は，収容期間の上限までに患者の訴訟能力が回復しなければ，後見人手続きを開始するか，重罪で訴追されておらず他害の危険性もない者については公訴を棄却し釈放する。公訴を棄却した場合には，

必要があればLPSに従い民事収容の手続きがとられる（PC 1370 (d)(e), PC 1370 (c)(2), WI 5350 以下）。

　7　軽罪で訴追されている者についての手続き

　軽罪で訴追されている者については，PC 1370.01 に従い処遇が行われる。治療機関決定のための鑑定が，CONREPの地域プログラム責任者ではなく郡の精神保健責任者（county mental health director）により行われる点，また，患者は原則として州立病院ではなく地域病院に収容される点（PC 1370.01 (a)(2)），外来治療の監督責任が地域プログラム責任者ではなく郡の精神保健責任者にあり，軽罪で訴追されている者の外来治療にCONREPは関与しない点（PC 1370.01 (a)(4)），そして入院期間の上限が1年または起訴された犯罪のうち，最も重い犯罪に対する法定刑の上限のいずれか短い方と定められている点（PC 1370.01 (c)(1)），マーフィー後見の対象とならない点などが，重罪で訴追された患者の処遇と異なっている。

IV　責任無能力者

1　定　　義

　カリフォルニア州刑法（California Penal Code。以下，PCという）25条(b)によれば，責任無能力と認められるためには，「実行行為の時に，行為の性質（nature and quality）を知らず，そして（または），行為の正邪を識別（distinguish）できなかった」ことを，被告が証拠の優越によって証明しなければならない。法文上は，行為の性質を知らなかったこと，行為の正邪を識別できなかったことの双方が要求されているが，カリフォルニア州最高裁判所の判決では，いずれかを満たせば良いとされている[21]。なお，責任無能力は，人格障害，適応障害，発作障害，薬物・アルコールなどの嗜癖・乱用のみに基づいて認定されてはならない（PC 25.5）。

2　鑑　　定

(1)　責任無能力の答弁

　カリフォルニア州では，重罪・軽罪にかかわらず責任無能力を申し立てることが可能である。そして，責任能力については分割審理（bifurcated trial）[22]を採用している。

　重罪の場合，被告人が無罪答弁をせずに責任無能力のみを裁判所に申し立

てると，その被告人は当該犯罪を行ったものと認められ，直ちに責任能力に関する審理（sanity phase of trial）がなされる。しかし，無罪と責任無能力とを一緒に申し立てた場合，まず行われるのは犯罪行為の有無に関する審理（guilt phase of trial）であり，被告人は責任能力を有するものと推定される。そして，ここで犯罪行為が認められた場合にのみ，責任能力に関する審理に移るのである　（PC 1016, PC 1026 (a)) [23]。責任能力の審理において，被告人は証拠の優越によって自己の責任無能力を証明する責任を負う。被告人には陪審裁判[24]を受ける権利があり，陪審裁判が選択された場合，評決は全員一致でなされなければならない[25]。

　なお，軽罪の場合にも，基本的に重罪の場合と同様に審理が行われる（PC 1429.5）。

(2)　検察官の訴追裁量

　重罪，軽罪ともに，原則として責任無能力を理由に訴追しないということはない。但し，軽罪の場合，あるいは重大でない重罪の場合，犯行時の被告人の精神状態が明らかに異常であれば，例外的に，検察官は，答弁の取引を行い被告人による責任無能力の申し立てを受け入れることもあるという[26]。例えば，不法目的の住居侵入罪によって現行犯逮捕したが，逮捕時の被告人の精神異常が顕著であった場合などである[27]。一方，精神病・精神障害を理由として，矯正施設への収容ではなく保護観察にするというような答弁の取引を行うことも稀にありうる。ただ，この場合であっても訴追は行われ有罪にはされているわけである。また，重罪の場合にこのような取引が行われることは極めて稀だという。

(3)　責任能力の鑑定

　裁判所は，責任能力の審理に先立ち，精神鑑定のために2名以上3名以下の精神科医，または認定サイコロジストを任命しなければならない。こうして任命された精神科医，または，認定サイコロジストは，被告人の精神状態が問題となる時には鑑定・調査を行うこと，そして，召喚された場合には証言を行うことが義務付けられる（PC 1027 (a)）。鑑定書には，最低限，被告人の心理史（psychological　history）や，鑑定の基礎とされた犯罪行為に関する事実，現在の精神症状についての記述が含まれなければならない（PC 1027 (b)）。被告人の責任能力の鑑定は，裁判所の任命した医師・サイコロジスト

以外に，弁護側・訴追側が独自に依頼することも可能である（PC 1027(d)）[28]。これらの精神科医または認定サイコロジストに対しては，裁判所のみならず，訴追側，弁護側双方ともに証人尋問を行うことができる（PC 1027(e)）。

3 治療機関

(1) 治療機関選択の鑑定

裁判所または陪審によって被告人の責任無能力が認められると[29]，裁判所は，被告人の精神状態が完全に回復したと考えない限り，州立病院または地域病院への入院，あるいは CONREP による外来治療を命じる（PC 1026(a)）[30]。この治療命令に対しては，被告人は上訴することが可能である（PC 1237）。一方，被告人の精神状態が完全に回復していると考える時には，後述する精神状態の回復に関する審理が行われる。

裁判所は，責任無能力の認定後，地域プログラム責任者またはそのスタッフに被告人の鑑定を行わせ，適切な治療機関についての意見を15日以内に提出させる（PC 1026(b)）。この鑑定では，法律的及び医学的な書類が再審査され，臨床上・保安上のニーズが検討される。被告人を，直接，外来治療に付そうとしている場合には，本人やその家族の面接，被害者へのインタビューなども行われる。裁判所は，通常，この報告に従って治療機関を決定する。

被告人の治療は，原則として，保安の要請が高い場合にはアタスカデロ州立病院，パットン州立病院で，保安の要請が中程度以下の場合には，ナパ州立病院またはメトロポリタン州立病院で行われる（PC 1026(g), WI 7230）。

なお，訴訟無能力の患者と同様，以下に挙げるような暴力的重罪を犯した者については，入院治療を180日間行った後でなければ，外来治療を行うことはできない（PC 1601(a)）。

〈外来治療移行前に180日間の入院治療を原則とする罪種〉
謀殺罪，傷害罪，重傷害罪，重傷害を伴う誘拐罪，重傷害を伴う身代金目的誘拐罪，強姦致傷罪，強姦罪（配偶者に対するものも含む），準強姦罪，児童に対する淫行罪，放火罪，現住建造物放火罪，第1級住居侵入窃盗罪，爆発物所持・携帯罪，持凶器強盗罪，人の死・重傷害・重大な他害を及ぼす行為を伴う重罪，など。

そして，上記以外の重罪と軽罪を犯した被告人については，裁判所は，入院治療を命じることなく直接外来治療に付すことができる（PC 1601 (b)）[31]。

(2) 治療機関の移行

裁判所は，医療責任者または地域プログラム責任者の書面による推薦があれば，州立病院から地域病院へ，あるいは地域病院から州立病院へと患者の入院治療機関を移すことができる（PC 1026 (c)）。そして，治療機関移行に際しては，裁判所は命令を出す前に，患者，患者の弁護人，検察官，地域プログラム責任者またはそのスタッフにその旨を通知する必要がある（PC 1026 (d)）。なお，この治療機関の移行に対しては，患者，検察官ともに異議を申し立てることが可能であり，申し立てに十分な理由があると判断すれば裁判所は審理を行う（PC 1026 (c)）。

さらに，裁判所は審理を行い，患者を入院治療から CONREP の外来治療に移すこともできる（PC 1603）。また，裁判所は，外来患者について，地域プログラム責任者または検察官の申し立てがあれば，審理を行い，病院へ再収容することも可能である（PC 1608, PC 1609）。

(3) 報　　告

入院患者の場合，病院の医療責任者は，6ヵ月ごとに裁判所と地域プログラム責任者に患者の回復状況を書面で報告しなければならない。そして，裁判所は，この報告書の写しを検察官と患者の弁護人に送付する（PC 1026 (f)）。一方，外来患者の場合には，地域プログラム責任者が3ヵ月ごとに，裁判所，検察官，弁護人に報告を行う（PC 1605 (c)(d)）。

4　入院期間

責任無能力者の入院期間は，責任能力があったなら有罪とされたであろう犯罪に対して宣告しえた刑期の上限である最高収容期間（maximum term of commitment）を超えることはできない（PC 1026.5 (a)(1)(3)）。しかし実際は，被告人が重罪を犯し，精神疾患・精神障害のため他害の重大な危険がある場合には，後述するように無制限に入院が延長されることになる（PC 1026.5 (b)(1)）。なお，この最高収容期間に，外来での治療期間は算入されない[32]。

5　退院手続き

責任無能力の患者は，他害の危険性が完全に消失したとして精神状態の回復（restoration of sanity）が認められるか，後述する延長手続きがとられず最

高収容期間を経過すれば退院となる。

(1) 精神状態の回復による退院

精神状態の回復による退院を申し立てることができるのは，入院患者の場合には患者本人[33]または病院の医療責任者，外来患者の場合は患者本人または地域プログラム責任者である（PC 1026.2(a)）。そして，基本的には，CONREPによる1年間の仮退院プログラムを経て，他害の危険性が完全に消失したと判断されれば，精神状態の回復による退院が認められる。

① 仮退院プログラムへの移行手続き

精神状態の回復による退院が申し立てられた場合，裁判所はまず，患者の治療・監督を地域社会で行っても，精神疾患・精神障害による他害の危険性がないか否かについて，陪審によらない審理を行わなければならない（PC 1026.2(e)）[34],[35]。この審理において，患者は，治療・監督が地域社会で行われても，精神疾患・精神障害による他害の危険性がないことを証拠の優越によって証明しなければならない（PC 1026.2(k)）[36]。なお，審理は，患者が入院あるいは外来治療を開始してから180日を経過しないと行うことができない（PC 1026.2(d)）。

患者は，裁判所の審理において地域での治療適合性を認められれば，原則としてCONREPによる1年間の仮退院プログラム（外来治療と監督から構成される）を受けるよう命じられる（PC 1026.2(e)）[37]。一方，地域での治療適合性がないと判断された場合，さらに1年を経過するまで，患者は新たな申し立てを行うことができない（PC 1026.2(j)）。仮退院プログラム中の患者は，地域プログラム責任者が再入院の必要性を裁判所に申し立てれば，審理を経て入院治療に戻されうる（PC 1026.2(g), PC 1608）。また，検察官が患者による他害の危険性を裁判所に申し立てた場合にも，審理で危険性が認められれば入院医療に戻される（PC 1026.2(g), PC 1609）。

② 無条件退院の手続き

裁判所は，患者が仮退院プログラムに付されて1年が経過した時点で，精神状態が回復したか否か，言い換えれば，精神疾患・精神障害による他害の危険性が完全に消失したか否かの裁判を行う（PC 1026.2(e)）[38]。但し，この裁判は，地域プログラム責任者から申し立てがあった場合に限り，1年を経過しない時点でも行うことが可能である（PC 1026.2(h)）。患者は，陪審裁

判[39]を要求することもでき，精神疾患・精神障害による他害の危険性がないことを証拠の優越によって証明しなければならない（PC 1026.2(k)）。裁判の結果，他害の危険性が全くないと認められると，治療は全て終了し患者は無条件退院となる。一方，他害の危険が認められた患者には外来治療が継続される（PC 1026.2(i)）。そして，患者は，さらに1年を経過しないと新たな申し立てを行うことができない（PC 1026.2(j)）。なお，この審理は，公衆の安全を保護しなければならないといった特別な理由がない限り，原則として公開される。アメリカでは，一般の人々はメンタルヘルスの問題に対して恐怖感を抱いているため，手続きを非公開にすることは認められないという。また，鑑定証人である医師も，手続きの公開は，決まっていることなので仕方ないとあきらめているとのことであった[40]。

(2) 延長手続き

　重罪を犯し，他害の重大な危険がある者については，以下の手続きに従って最高収容期間を超えた収容が可能となる（PC 1026.5(b)(1)）。

　重罪を犯した患者の最高収容期間が満了する180日以上前に，病院の医療責任者あるいは地域プログラム責任者は，当該患者の入院延長の必要性について検察官に報告を行う。検察官は，必要と考えれば，最高収容期間が満了する90日前までに，理由を添えて患者の入院延長を裁判所に申し立てる（PC 1026.5(b)(2)）。申し立てを受けた裁判所は，患者に，弁護人を選任する権利，陪審裁判を受ける権利の通知を行う（PC 1026.5(b)(3)）。裁判は，患者あるいは検察官が放棄しない限り陪審裁判で行われ，原則として，最高収容期間満了の30日前までに開始される（PC 1026.5(b)(4)）。この裁判では，精神疾患・精神障害のため患者に他害の重大な危険性があることの挙証責任は訴追側にあり，合理的な疑いを超えて証明がなされなければならない。また，陪審裁判の場合，全員一致の評決であることを要する。なお，患者には，合衆国憲法および州憲法上，刑事被告人に保障される全ての権利が認められる（PC 1026.5(b)(7)）。また，患者は決定に対して上訴を行うことが可能である[41]。

　裁判所または陪審による裁判の結果，患者に危険性が認められれば入院は2年間延長され，その更新回数に定めはない（PC 1026.5(b)(8)(10)）。延長された入院期間中であっても，病院は外来治療の申し立てを行えるし，患者本人

も精神状態の回復による退院を申し立てることができる。そして，いずれの場合も，裁判所が審理を経て了承すれば，患者はCONREPによる外来治療へと移される（PC 1026.5(b)(9), PC 1603）。しかし，このような外来での治療期間は，延長された2年という期間には算入されない（PC 1026.5(b)(8)）。そして，外来治療中に，地域プログラム責任者が，患者には更なる入院治療が必要と考えるか，検察官が，他害の危険性を認めれば裁判所に審理が申し立てられ，了承されれば病院に再収容される（PC 1608, PC 1609）。

6 統　計

カリフォルニア州では，心神喪失を申し立てる者は全刑事被告人の約1％で，そのうち約25％が責任無能力と認められるとのことである[42]。

責任無能力者の平均入院期間は，カリフォルニア州精神保健局の統計によれば，約4.5年，その後のCONREPでの治療期間は，約3.4年である。そして，CONREPによる社会内での治療を経た後の再犯率は，4年後の段階で20％であるという。

V　受刑者

1　州刑務所から州の矯正局の治療施設への移送

州刑務所の受刑者は，精神科の入院治療のために州の矯正局（State Department of Corrections）所管の治療施設へ移送されることがある（カリフォルニア行政命令集（California Code of Regulations，以下，CCRという。）3379(d)）。移送に異議のある受刑者は，分類委員会（classification committee）に審理を申し立てることが可能である（CCR 3379(d)(2)）。審理は移送から7日以内に行われ，受刑者には証拠提出等の機会が与えられる（CCR 3379(d)(3)(A)(B)）。決定に不服がある受刑者は，州の矯正局長（Director of Corrections）に対して審理の日から30日以内に，さらに申し立てを行うことも可能である。その場合，申し立てから20日以内に決定が言い渡される（CCR 3379(d)(3)(E)）。

2　州刑務所から州立病院への移送

州の矯正局長は，州立病院で治療を行うことで受刑者の精神疾患の回復が促進されると考えた場合，州の精神保健局長にその旨の証明を行う。精神保健局長が鑑定を行い同様の結論に至れば，治療の必要がなくなるまで受刑者は州立病院に収容される（PC 2684(a)）。

この移送について裁判所の関与は必要ないが，受刑者には審理を申し立てる権利が与えられる（CCR 3369.1 (a)）。また，受刑者には証拠提出，証人喚問，そして反対尋問の機会が与えられ（CCR 3369.1 (a)(3)），その準備のためのサポートスタッフも配置される（CCR 3369.1 (a)(2)）。そして，決定が行われたら，72時間以内に，決定理由および依拠した証拠を明記した書面が渡される（CCR 3369.1 (a)(5)）。

州立病院での治療期間中も，受刑者の身柄の責任は矯正局にあるため，矯正局長の許可なく病院を離れることはできない（CCR 3369.1 (C)）。州立病院長は，治療の必要性がなくなったところで矯正局長に通知し，矯正局長は受刑者を刑務所に戻す。州立病院での治療期間は，受刑者の刑期に算入される（PC 2685）。

VI 精神障害犯罪者

精神障害犯罪者法（Mentally Disordered Offender Act）は，精神障害に罹患した，危険な受刑者が仮釈放されるときに，公共の安全を守るため，仮釈放の条件として強制治療を可能にする法であり，1985年に成立し，翌年から施行されている。治療命令・退院の決定が，裁判所ではなく仮釈放審査委員会（Board of Prison Terms. 以下，BPTという）によって行われる点が，訴訟無能力者や責任無能力者に対する治療処分制度と異なっている。BPTとは，受刑者の仮釈放に関する審査を行う独立機関である。州知事による任命後，上院から承認を受けた9名の委員で構成され，そのうちの1名が，州知事の任命により委員長を務める。任期は4年で再任を妨げない（PC 5075）。また，委員の殆どは，刑事司法機関あるいは矯正機関での職歴を有している。

1 鑑定
(1) 鑑定事項

州の矯正局と精神保健局の鑑定人は，仮釈放される受刑者が，次の5つのクライテリアすべてに該当するか否かについて鑑定を行う（PC 2962 (d)(1)）。

1 重篤な精神障害[43]に罹患している。
2 その重篤な精神障害が寛解期にない，あるいは，治療なしでは寛解を維持出来ない。
3 その重篤な精神障害が自由刑を言い渡された特定の犯罪[44]の原因で

あるか，犯罪を重大化させた要因である。
　4　仮釈放前の1年間に，重篤な精神障害の治療を90日以上受けている。
　5　その重篤な精神障害ゆえに，他害の重大な危険性を呈している。
　このすべてを満たす者は，「精神障害犯罪者」と認定され，BPTは仮釈放の条件として治療命令を言い渡す。
　矯正局と精神保健局の鑑定結果が一致しない場合には，BPTはさらに2人の独立した専門家(45)に鑑定を依頼し，双方の結果が一致すれば治療命令を言い渡す（PC 2962 (d)(2)(3)）。
　なお，治療は仮釈放の特別条件なので，受刑者には，①治療条件にサインし治療を受けるか，②治療条件へのサインを拒否し，仮釈放取消審理を受けるか，③治療条件にサインはするものの，以下のように不服申し立てを行うかの選択肢が与えられる（CRC 2575）。

(2)　不服申し立て

　BPTによる治療命令を不服とする仮釈放者には，次のような不服申し立ての機会が与えられる。
　まず，仮釈放者はBPTに対して，犯罪精神障害者該当性を争い，資格審理（Certification Hearing）を要求することができる。この審理では，仮釈放者が犯罪精神障害者のクライテリアに該当することが証拠の優越の程度に証明されなければならない。仮釈放者は，弁護人を依頼する権利，専門家2人にさらなる鑑定を依頼する権利を有する（PC 2966 (a)）（CCR 2576 (b)(1)(2)(4)(5)）。そして，ここでBPTが出した決定に不服がある仮釈放者は，BPTの上訴ユニット（Board Appeals Unit）に上訴することができる（CCR 2050，2576 (b)(8)）。
　また，BPTの決定にさらに不服がある仮釈放者は，資格審理が行われた時点での犯罪精神障害者該当性を争って裁判を申し立てることができる（PC 2966 (b)）。仮釈放者には弁護人を依頼する権利，陪審裁判を受ける権利が与えられる。裁判は，仮釈放者，検察官双方が放棄しない限り陪審裁判によるとされ，BPTは仮釈放者の犯罪精神障害者該当性を合理的な疑いを越えて証明しなければならない。なお，陪審裁判の場合，評決は全員一致でなければならない。そして，裁判所，または，陪審が，PC 2962のクライテリアに該当しないと判断すれば，仮釈放者は治療処分を科されずに仮釈放される（PC 2966 (b)）。

2 治療機関

精神障害犯罪者の治療は，原則として州立病院での入院治療によって開始される。しかし，州の精神保健局が外来治療でも危険性がないことを証明すれば，BPTは患者をCONREPによる外来治療に移すことを許可する（PC 2964(a)）。このように外来治療への移行がBPTによって決定される点が，裁判所の判断を要する訴訟無能力者・責任無能力者の場合と異なっている。なお，患者本人がBPTに対して外来治療を求めて審理を申し立てることも可能である（PC 2964(b)）（CCR 2578(a)）。州の精神保健局は，この審理で，仮釈放者に入院治療が必要なことを証拠の優越によって証明しなければならず（CCR 2578(b)(1)(2)），できない場合には，仮釈放者はBPTによってCONREPの外来治療に移される。このBPTの決定に不服がある場合，仮釈放者は上訴することができる（CCR 2050，2578(b)(8)）。なお，仮釈放者には，弁護人を依頼する権利，専門家2人に鑑定を依頼する権利が与えられる（CCR 2578(b)(4)(5)）。

地域プログラム責任者は，外来治療の継続が危険だと判断すれば，その時点で保安設備のある精神保健施設に仮釈放者を収容できる。施設への再収容が，地域プログラム責任者の判断のみで行われる点も，裁判所の判断を要する訴訟無能力者・責任無能力者の場合と異なっている。なお，仮釈放者は，精神保健局に対し，保安施設への収容取り消しを求めて審理を申し立てることができる（PC 2964(a)）。

さらに，精神障害犯罪者は仮釈放中の身であるため，治療に従わない，新たな犯罪を犯した等の遵守条件違反があれば，仮釈放が取り消され矯正施設に再収容される。

3 治療期間

(1) 概　要

精神障害犯罪者の治療は，原則として，仮釈放満了とともに終了する[46]。

しかし，仮釈放中に精神障害犯罪者の病状が回復すれば，その時点で治療は終了となる。その場合，州の精神保健局長はBPTにその旨を通知しなければならない（PC 2968）。

また，BPTが仮釈放を解除した場合にも治療は終了となる。

一方，一定の条件を満たせば，以下のように仮釈放期間を超えて治療の延

長も可能である。

(2) 延長手続き

仮釈放期間を超えた治療の延長は，以下の手続きによって行われる。

患者の仮釈放満了[47]の180日以上前に，州立病院長，地域プログラム責任者，矯正局長は，精神障害犯罪者の重篤な精神障害が寛解期にないと判断すれば，検察官にその旨を書面で報告する。

報告を受けた検察官は，次の3つのクライテリア，

1　重篤な精神障害に罹患している，
2　その重篤な精神障害が寛解期にない，又は，治療が継続されなければ寛解を維持出来ない，
3　その重篤な精神障害ゆえに，他害の重大な危険性を呈している，

をすべて満たしているか判断を行い，これらに該当していれば<u>1年間の治療延長</u>を求めて裁判所に申し立てを行う（PC 2970）。裁判は，仮釈放者，検察官双方が放棄しない限り陪審によるものとされ，検察官は仮釈放者の犯罪精神障害者該当性を合理的な疑いを越えて証明しなければならない。なお，仮釈放者には弁護人を依頼する権利および陪審裁判を受ける権利が与えられる。また，陪審裁判の場合，評決は全員一致でなければならない（PC 2972(a)）。そして，裁判所，あるいは，陪審が，仮釈放者の犯罪精神障害者該当性を認めれば，1年間の治療延長が命じられる（PC 2972(c)）。この治療延長は1年ごとに更新が可能で，更新回数に定めはない（PC 2972(e)）。

1年間の治療延長を命じられた入院患者は，裁判所に，外来治療を行っても危険ではないと認められれば，CONREPの外来治療に移行することができる（PC 2972(d)）。仮釈放期間中と異なり，延長期間の場合，CONREPによる外来治療への移行，および，再入院については，BPTの許可ではなく，裁判所の許可が必要となる。そして，外来治療期間継続中は，裁判所は，1年ごとに患者の外来治療適格性を再審理しなければならない（PC 1606）。また，外来治療中に，地域プログラム責任者が更なる入院治療が必要だと考えた場合，あるいは，検察官が他害の危険があると判断した場合には，裁判所の審理を経て，再入院の措置がとられる（PC 1608，PC 1609）。なお，この外来治療期間は，1年の延長期間には算入されない。

4　精神障害犯罪者に該当しない仮釈放者，満期釈放者についての手続き

精神障害犯罪者のクライテリアに該当しない仮釈放者，そして，満期釈放者に対しては，次のような手続きがとられる。

州の矯正局長が，上記の者につき，精神障害のために自傷他害のおそれがある，あるいは，衣食住に関する基本的なケアも行いえない状態だと考える相当な理由がある場合には，WI 5000 以下の規定に従いそれらの者を州立病院に収容させる手続きがとられる（PC 2974）。

Ⅶ　暴力的性犯罪者

暴力的性犯罪者法（Sexually Violent Predator Act）は，精神障害のために再び性犯罪を犯す危険性のある者を治療し，市民の保護を図ることを目的に 1995 年に制定され，翌年 1 月から施行されている（WI 6600 条以下）。矯正施設からの釈放者のうち，特定の性犯罪を犯して暴力的性犯罪者と認定された者が，裁判所によって 2 年間の民事収容を命じられる制度である。

1　鑑　定
(1) 矯正局・BPT・精神保健局による審査

まず，矯正局と BPT は，定期刑に服している受刑者，あるいは，仮釈放を取り消され再収容された受刑者について，原則として，刑務所から釈放される少なくとも 6 ヵ月前に，過去に凶悪な性犯罪を犯した[48]（被害者は 2 名以上で，全くの他人か殆ど知らない間柄であること，あるいは，その性犯罪のために構築・促進された関係であること）か否かの観点から，「暴力的性犯罪者」該当性を審査する（WI 6601(b)）。その可能性が高いと判断された収容者は州の精神保健局に送致され，精神障害と再犯危険性の観点から，鑑定人 2 名[49]による評価を受ける（WI 6601(c)(d)）。鑑定人 2 名の評価が一致し，精神障害のために，適切な治療・収容なしでは凶悪な性犯罪を再び犯す可能性があると認められた場合，精神保健局長は，検察官に対して，対象者の収容を求める（WI 6601(d)(i)）。検察官が，精神保健局長の要請を了承すれば，裁判所に申し立てを行う（WI 6601）。他方，鑑定人の意見が一致しなかった場合には，さらに鑑定人 2 名[50]による評価が行われる（WI 6601(e)）。ここでも意見が一致しない場合は，収容者は当初の予定通り釈放されるか，仮釈放される。

(2) 裁判所による審査

裁判所は，申し立てを審査し，その者を釈放した場合に，再び性犯罪を犯すと信じるに足る相当の理由の有無について審理（probable cause hearing）を行う。審理の際，対象者は弁護人を依頼することができる。裁判所が相当の理由なしと判断すれば，申し立ては却下される。一方，相当の理由ありと認められれば，さらに，精神障害のために再び性犯罪を犯す可能性があり，他者の健康と安全にとって危険であるか否かが審理される（WI 6602）。この場合，対象者には，陪審裁判を受ける権利，弁護人・鑑定人を依頼する権利などが与えられる（WI 6603 (a)）。また，検察官あるいは county counsel も陪審裁判を求める権利を有する（WI 6603 (b)）。陪審裁判の場合，評決は全員一致でなされなければならない（WI 6603 (f)）。そして，裁判官または陪審が，合理的な疑いを超えて暴力的性犯罪者該当性を認めれば，対象者は2年間の入院治療を命じられる。2年間の入院命令は，新たな鑑定を経て裁判所が許可すれば，回数の制限なく更新が可能である（WI 6604.1 (a)(b)）。一方，裁判官または陪審が暴力的性犯罪者該当性を認めなければ，その者は釈放される（WI6604）。

2 治療機関選定

治療は，原則として州立病院で行われ（WI 6600.05 (a)），現在のところ，男性はアタスカデロ州立病院，女性はパットン州立病院に収容される。

3 退院手続き

暴力的性犯罪者と認定された患者は，以下のように，仮退院手続き，理由開示の審理（show cause hearing），司法審査による退院，そして期限満了による退院のいずれかによって退院することができる。なお，暴力的性犯罪者として入院している者については，少なくとも年に1度は専門家による精神状態の鑑定が行われる（WI 6605 (a)）。

(1) 仮退院手続き

仮退院の手続きは，収容後1年を経過した後であれば，州の精神保健局長の推薦，または，患者の申し立てによっていつでも開始されうる。

まず，州の精神保健局長は，外来で患者の治療・監督を行っても性犯罪の再犯の心配がないほど精神障害が改善したと判断した場合，仮退院を裁判所等に推薦することができる（WI 6607 (a)）。この場合，裁判所は審理を行わな

ければならない（WI 6607(b)）。一方，患者には，州の精神保健局長の推薦や同意を得ずに，自ら裁判所に仮退院・退院の申し立てを行う権利が与えられている。患者が申し立てを行った場合，裁判所は，できる限り申し立てを審査し，それが取るに足らない理由（frivolous grounds）に基づいていると判断すれば，審理を行わずに却下する（WI 6608(a)）。そうでない場合であっても，州立病院長の推薦を得なければ審理を行うことはできない（WI 6608(j)）。そして，この審理は，患者が1年以上入院治療を受けている場合でなければ行うことができない（WI 6608(c)）。

仮退院の申し立てに基づく審理は，以下のように2段階のプロセスを経て行われる。

まず，裁判所は，外来で治療・監督を行った場合に性犯罪による他害の危険性があるか否かについて判断を行う。この場合，申立人は，証拠の優越によって，外来治療を行っても他害の危険性がないことを証明しなければならない（WI 6608(i)）。裁判所が危険はないと判断すれば，患者はCONREPの仮退院プログラムに1年間付される（WI 6608(d)）。1年間の仮退院中，地域プログラム責任者が更なる入院治療が必要だと考えた場合，あるいは，検察官が他害の危険があると判断した場合には，裁判所の審理を経て，再入院の措置がとられる（WI 6608(e)，PC 1608，PC 1609）。

次に，仮退院プログラムに付されて1年が経過した時点で，裁判所は，退院後の再犯危険性について審理を行わなければならない（WI6608(f)）。裁判所は，審理において，患者には危険性がないと認めれば無条件退院を許可する。一方，危険性を認めた場合には，CONREPの外来治療に留めおく（WI 6608(g)）。なお，この外来治療期間は，2年間という期間には算入されない（WI 6608(k)）。そして，裁判所が仮退院・退院の申し立てを否定した場合，患者は，その日から1年が経過しなければ新たな申し立てを行うことはできない（WI 6608(h)）。

(2) 理由開示の審理

裁判所は，入院患者が明示的に仮退院申し立ての権利を放棄しない場合，年に一度，患者を退院させた場合の他害の危険性について「理由開示の審理」（show cause hearing）を行わなければならない（WI 6605(b)）。そして，退院させても他害の危険および再犯のおそれがないほど精神障害が改善したと

信じるに足る相当の理由があると判断すれば，正式な審理を開始する（WI 6605(c)）。なお，相当の理由がないとされた場合には，入院がそのまま継続される。

　審理において，患者には，弁護人を依頼する権利，陪審裁判を受ける権利，鑑定人を依頼する権利などが与えられる（WI 6605(d)）。裁判所または陪審が，合理的な疑いを超えて，「患者の症状は改善しており，退院させても他害の危険がなく，暴力的な性犯罪を再び犯す可能性もない」と認めれば，患者は無条件に退院となる。逆に，裁判所が危険性を認定した場合には，患者はその決定の日から2年間収容を延長される（WI 6605(e)）。あるいは，外来治療に移される場合もある。

(3)　司法審査による退院

　州の精神保健局は，入院期間中に「患者は，もはや暴力的性犯罪者ではない」と信じるに足る理由があれば，WI 7250に従い司法審査を裁判所に求めることができる。そして，裁判所が申し立てを認めれば退院となる（WI 6605(f)）。

(4)　期限満了による退院

　2年の入院治療期間が満了し，期間の更新が行われない場合に，その者は退院となる（WI 6604）。

4　統　　計

　州の精神保健局の統計によれば，1996年1月1日の法施行以後，2005年の5月31日までの段階で，暴力的性犯罪者の可能性が高いとして，州の矯正局から，鑑定のために州の精神保健局に送られてきてケースは5,962名である。そのうち，各スクリーン段階を経て，最終的に強制治療命令が言い渡されたのは515名であった[51]。

Ⅷ　精神障害の性犯罪者

　カリフォルニア州では，有罪となった性犯罪者のうち，裁判所が精神障害性犯罪者と認定した者については，州立病院・地域病院での入院治療処分，あるいは外来治療処分が命じられていた（WI 6316）。その後，性犯罪それ自体は精神疾患の所産ではないことが認識されるようになり，1981年にこの治療処分は廃止となった。しかし，それ以前に治療命令を言い渡された患者

については，裁判所により再犯のおそれがないと認められるまで，州立病院，地域病院，CONREP での治療が継続されている。

（１）　カリフォルニア州の法令については，次の web サイトで閲覧可能である。〈http://www.leginfo.ca.gov/calaw.html〉
（２）　CONREP については，Reiko Homma True「アメリカに於ける触法精神障害者の処遇について」 日本精神病院協会雑誌　17巻2号（1998年）60頁以下，本間玲子「地域精神医療―カリフォルニア州 CONREP の試み」町野朔編『ジュリスト増刊精神医療と心神喪失者等医療観察法』168 頁以下（有斐閣，2004 年）も参照。
（３）　認定サイコロジストとは，心理学の博士号を有し，大学院終了後，感情障害・精神障害の診断と治療を，5年以上経験した者をいう。
（４）　People v. Pennington, 66 Cal. 2d 508, 58 Cal. Rptr. 374（1967）
（５）　People v. Hale, 44 Cal.3d 531, 244 Cal.Rptr. 114（1988）
（６）　「鑑定期間について法律上の規定はない。しかし，半年や1年を要するといったことはないようである。また，鑑定事項についても公式のフォーマットのようなものは存在しないと思われる。」Carl Elder, Chief Counsel of Office of Legal Services, California Department of Mental Health, interview by author, tape recording, Sacramento, California, 28 March 2002.
（７）　Jackson v. Indiana, 406 U. S. 715（1972）
（８）　すでに収容上限期間までを治療に費やした患者の場合，この段階で公訴棄却されないことは稀だという。In re Banks, 88 Cal. App. 3d 864, 152 Cal. Rptr. 111 (1979)
（９）　People v. Murrell, 196 Cal. App. 3d 822, 242 Cal. Rptr. 175（1987）
（10）　People v. Mixon, 225 Cal. App. 3d 1471, 275 Cal. Rptr. 817（1990）
People v. Rells, 22 Cal. 4th 860, 94 Cal. Rptr. 875（2000）
（11）　マーフィー後見は，法案起草者であるフランク・マーフィー（Frank Murphy）にちなんで名付けられた。
（12）　近い将来訴訟能力が回復する実質的可能性がないか，収容期間上限を経過した訴訟無能力者で，マーフィー後見の基準に該当しない者は，このLPS後見の対象となりうる。
（13）　In re Davis, 8 Cal. 3d. 798, 106 Cal. Rptr. 178（1973）
（14）　Assembly Bill No. 1529
（15）　Conservatorship of Hofferber, 28 Cal. 3d 161, 167 Cal. Rptr. 854（1980）
（16）　Id.
（17）　最初の申し立てについても，後見の決定後6ヵ月を経過しなければ行えない。
Henreid v. Superior Court, 9 Cal. App. 3d 552, 130 Cal. Rptr. 892（1976）
（18）　この医師あるいは認定サイコロジストの意見は，後見期間延長の審理を行うか否かを決定する際の参考とされる。従って，これらの意見から直ちに後見期間延長

第9章　カリフォルニア

が決定されるわけではない。
　Conservatorship of Delay, 199 Cal. App. 3d 1031, 245 Cal. Rptr. 216（1988）
(19)　Conservatorship of Moore, 185 Cal. App. 3d 718, 229 Cal. Rptr. 875（1986）
(20)　Conservatorship of Roulet, 23 Cal. 3d 219, 152 Cal. Rptr. 425（1979）
(21)　People v. Skinner, 39 Cal. 3d 765, 217 Cal. Rptr. 685（1985）
(22)　カリフォルニア州の責任能力制度については，林美月子・情動行為と責任能力（1995年，弘文堂）210頁以下を参照した。
(23)　責任能力についての審理は原則として公開される。
(24)　裁判所の裁量によって，犯罪行為の有無に関する審理と責任能力の有無の審理とで，陪審が交替する場合がある（PC 1026(a)）。
(25)　People v. Troche, 206 Cal. 35, 273 P. 767（1928）
(26)　責任無能力の申し立てが認められたケースの約80％で，検察官と弁護人との答弁取引が行われているという。Raymond M. Beland, CONREP Operations, California Department of Mental Health, interview by author, e-mail, 16 March, 2002.
(27)　Bruce Slavin, General Counsel of Youth and Adult Correctional Agency, interview by author, tape recording, Sacramento, California, 28 March 2002.
(28)　カリフォルニア州最高裁判所の最近の判例によれば，男女のカップルを殺害して第一級謀殺罪で起訴された被告人に対する責任能力の鑑定は，裁判所の任命による4名の精神科医（うち2名には責任能力鑑定のみ依頼，他の2名には訴訟能力鑑定と同時に責任能力鑑定も依頼）および，被告側が依頼した4名の精神科医そして3名のサイコロジストによって行われている。なお，被告人には，責任能力ありとの評決がくだされ，死刑が言い渡された。
　People v. Weaver, 26 Cal. 4th 876, 111 Cal. Rptr. 2d 2（2001）
(29)　「非常に凶悪な犯罪者が，責任無能力とされることはそれほど多くない。責任無能力で治療命令が言い渡されても，精神状態が回復すれば途中退院もありえ，陪審はそのような状況を危険だとして責任能力を認める方向にあると感じられる。」Bruce Slavin, General Counsel of Youth and Adult Correctional Agency, interview by author, tape recording, Sacramento, California, 28 March 2002.
(30)　責任無能力の審理と別に，処遇決定の審理が行われるわけではない。
(31)　「2001年6月30日時点でCONREPが外来治療を行っている責任無能力患者583名のうち，裁判所によって直接の外来治療を命じられていたのは47名（8.1％）であった。PC 1601(a)の規定が存在するため，暴力的重罪を犯した者は，この中に含まれていない。」Raymond M. Beland, CONREP Operations, California Department of Mental Health, interview by author, e-mail, 3 March, 2002.
(32)　外来治療期間は，1年間と定められている。1年が経過した時点で，裁判所は審理を行い，外来治療を更新するか，入院治療に戻すか，治療を終了し退院させるかを決定しなければならない（PC 1606）。そして，外来治療期間は最高収容期間や延長期間には算入されないため（PC 1026.5(b)(8)，PC 1600.5），外来治療の更新

第 2 部　諸外国における触法精神障害者の処遇決定システム

を繰り返すことによって，患者の治療を生涯にわたって継続することも可能である。なお，患者は，精神状態の回復による退院申立てが認められれば，外来治療を終了することができる（PC 1026.2）。
(33)　患者本人による申し立ての場合，病院の医療責任者あるいは地域プログラム責任者の推薦状を入手するまで，裁判所は審理手続きを開始することができない（PC 1026.2 (1)）。
(34)　Barnes v. Superior Court, 186 Cal. App. 3d 969, 231 Cal. Rptr. 158（1986）
People v. Tilbury, 54 Cal. 3d 56, 284 Cal. Rptr. 288（1991）
(35)　「なぜ他害の危険性を裁判官が判断するのか」という質問に対して，以下の回答が得られた。
「そのような判断は精神障害に罹患しているか否かの判断とは異なり，法律上の基準を満たしているか否かの法律判断である。その判断を行う際に参考にするのが鑑定書である。カリフォルニア州のシステムでは，被告・検察双方から幾つもの鑑定書が提出されるため，それらを比較検討し，どちらがより説得力を持つかを裁判官あるいは陪審が決定する。裁判官は医学の学位を持っているわけではないし，薬を処方することもできない。しかし，専門家の言っていることを聞き，その中から最もバランスのとれた価値判断を選択する能力は備えていると考えられる。」Carl Elder, Chief Counsel of Office of Legal Services, California Department of Mental Health, interview by author, tape recording, Sacramento, California, 28 March 2002.
(36)　People v. Sword, 29 Cal. App. 4th 614, 34 Cal. Rptr. 2d 810（1994）
仮退院の審理でも，無条件退院の審理においても，検察・弁護側双方から鑑定資料が提出され，証人尋問等も行われる。
(37)　仮退院プログラム中の患者には，PC 1605 〜 PC 1610 の規定が適用される。
(38)　外来患者として CONREP の治療を既に 1 年以上受けている者は仮退院プログラムを終了したものとみなされる。そのため，裁判所は，仮退院プログラムへの移行手続きを経ずに危険性判断の裁判を行うことができる（PC 1026.2 (f)）。
(39)　この場合は，全員一致の評決ではなく，4 分の 3 の評決で足りる。
(40)　Carl Elder, supra note 6.
(41)　People v. Angeletakis, 5 Cal. App. 4th 963. 7 Cal. Rptr. 2d 377（1992）
(42)　S. H. Behnke, J. Preis & R. T. Bates, The Essentials of California Mental Health Law（1998）．
(43)　ここでいう精神障害に，人格障害，適応障害，てんかん，精神遅滞，薬物・アルコール乱用などは含まれない（PC 2962 (a)）。
(44)　ここでいう特定の犯罪とは，以下のものを意味する（PC 2962 (e)(1)(2)）。
① 定期刑を言い渡されている
② 故意故殺罪，重傷害罪，誘拐罪，持凶器強盗罪，持凶器カージャック罪，強姦罪（配偶者に対するものも含む），暴行脅迫等を伴うソドミー罪，暴行脅迫等を伴うオーラルな性交罪，14 歳以下の児童に対する猥褻罪，14 歳以下の児童への

第 9 章　カリフォルニア

継続的な性的虐待罪，性器への異物挿入罪，放火罪・放火未遂罪，銃器を使用した重罪，謀殺未遂罪，など．

(45) この 2 人の専門家には，精神障害の診断と治療について少なくとも 5 年以上の経験を有する精神科医あるいは博士号を有する認定サイコロジストを含まなければならない（PC 2978 (a)）．毎年 7 月 1 日に，州の矯正局と精神保健局は，双方が合意した 20 名以上の専門家の氏名が掲載されているリストを BPT に提出する．2 人の専門家は，このリストの中から選ばれる（PC 2978 (b)）．なお，これらの専門家は州政府と雇用関係にある者であってはならない．

(46) 仮釈放者としての身分は，1 年ごとに審査される．従って，患者は，その際，精神障害犯罪者該当性について，BPT に対し再審査を求める権利を有する．再審査のための審理において，精神保健局は証拠の優越の程度に患者の精神障害犯罪者該当性を証明しなければならない．患者には，弁護人依頼権，2 名の鑑定人依頼権が与えられる．そして，再審査での決定に対しては，裁判所に不服を申し立てることが可能である（PC 2966 (c)，CCR 2580）．

(47) この治療延長命令の対象者には，精神障害犯罪者として治療命令に従っていた仮釈放者の他に，
① 仮釈放の条件としての治療命令を拒否したために仮釈放を取り消され，刑務所で服役を続けている者
② 精神障害犯罪者としての治療期間中に，仮釈放を取り消され刑務所に再収容された者
も含まれる．このような受刑者が刑期満了に伴い釈放される際に，矯正局長は治療命令を求めて申し立てを行うことができる．

(48) 過去の性犯罪歴の中には，有罪とされたものだけではなく，責任無能力ゆえに無罪とされたものなども含まれる．

(49) 鑑定人は，精神科医 2 名，または，認定サイコロジスト 2 名，あるいは双方 1 名ずつによって構成される（WI 6601 (d)）．

(50) この 2 人の専門家は，精神障害の診断と治療について少なくとも 5 年以上の経験を有する精神科医あるいは博士号を有する認定サイコロジストであること，政府の雇用者ではないことを要する（WI 6601 (g)）．

(51) この統計については，次の web サイトを参照した．
http://www.dmh.cahwnet.gov/SOCP/default.asp

2 各施設における処遇

小西聖子・柑本美和

I アタスカデロ州立病院 (写真1, 2)

1 概 要

　アタスカデロ州立病院は，州精神保健局運営のマキシマムセキュリティの病院である。サンフランシスコとロサンゼルスのほぼ真ん中に位置するカリフォルニア州サン・ルイ・オビスポ郡にあり，1954年に設立された。病院には全28の病棟があり，それらはさらに6つのプログラムに分かれている。プログラム1は全5棟で，新入院観察病棟が2つと病状が非常に重い患者，訴訟無能力者，責任無能力者用の病棟がある。プログラム2とプログラム6はそれぞれ4棟を有し精神障害犯罪者を収容している。プログラム3は全4棟，プログラム7は全7棟で暴力的性犯罪者を，プログラム5は4棟で治療のために刑務所から移送された受刑者を収容している。1つの病棟には，個室と5名程度収容の集団部屋とが混在し，全体で25～50名の患者が収容されている。施設の中には，病室の他に，内科・外科などの病院，体育館，映画館，理容室，学校，食堂，作業場，コンピューターセンターなどがある。

2 患 者

　この病院に収容される主な患者は，責任無能力者 (PC1026)，訴訟無能力者 (PC1370)，精神障害犯罪者 (PC2962)，暴力的性犯罪者 (WI6600)，精神障害の性犯罪者 (WI6316)，そして治療のために刑務所から送られてくる受刑者 (PC2684) である。2000年12月4日時点での収容者数は病床数と同じ，1,050名であり，その内訳は，責任無能力者が全体の3％，訴訟無能力者5％，精神障害犯罪者44％，暴力的性犯罪者29％，そして受刑者29％，その他1％であった。また人種別にみると，白人46％，アフリカ系アメリカ人31％，ヒスパニック系19％，その他4％である。ここに収容されるのは18歳以上の男性のみで，女性はサンベルナルディノ郡にあるパットン州立病院に送られている。収容者の平均年齢は約41歳で，徐々に高齢化してい

写真1　アタスカデロ州立病院全景

写真2　アタスカデロ州立病院入口

るということであった。

　患者の診断については，収容者全体では約85％が大精神病（major mental illness）と診断されている。主診断としての人格障害は少数であるが，副診断であれば殆んどの者が該当するそうである。暴力的性犯罪者では，大精神病と診断される者が10％程度で，残りの90％は小児性愛者である。

3　スタッフ

　各ユニットには，精神科医1名，その他の医師1名，サイコロジスト1名，ソーシャルワーカー1～2名，リハビリテーション・セラピスト1～2名，

看護師20〜30名が配置されている。

4　治　療

アタスカデロに収容された患者は，まず新入院観察病棟で7〜10日を過ごす。ここで身体症状，精神症状の診断が行われ，治療が開始される。この後，患者は，どの法律の規定で収容されたかによって各病棟に割り振られていく。

病棟では，主に投薬と認知行動療法によって治療が進められる。患者に自分の病気と服薬の必要性を認識させるためのグループワーク，暴力を抑制させるために怒りのマネジメント，そして薬物乱用を断つための再発防止のグループワークなどが集中的に行われている。また，職業訓練やソーシャルスキルを習得するためのプログラム，訴訟無能力者には模擬裁判による訓練なども採り入れている。治療の均質化を図るために，サイコロジスト，ソーシャルワーカー，リハビリテーション・セラピスト向けに，こうした治療の標準化マニュアルが作成されている。現在使用されている主たる薬物は，クロザピン，リスペリドン，オランザピンなどの新しい強力精神安定剤だということである。

5　財　源

病院の費用は全て州の精神保健局によって拠出されている。ただし，受刑者の治療費は州の矯正局が支出している。

6　保　安

スタッフは武器を携行していない。代わりにアラーム器具を所持しており，何か問題が生じればそれを作動させ，病院内の保安職員に連絡がつけられるようになっている。誤報も含め平均して1日1〜4回くらい鳴るという。

各病室は，基本的に緊急事態のとき以外に施錠されることはない。ただし患者が暴れているときには，部屋を施錠したり，患者をベットに拘束したり，保護室に収容することがある。患者を拘束するには医師の命令が必要で，4時間ごとに更なる必要性が審査される。

7　その他

現在，犯罪者が収容される州立病院の病床数はカリフォルニア州全体で約5,000しかない。ここ30年の間に6〜7の州立病院が閉鎖され，それまで病院に収容されていた患者の多くが外来治療に移された。その結果，犯罪を犯

した精神障害者が収容される施設はジェイルか刑務所以外になく，十分な治療が行われずに地域に戻され再犯を犯すという悪循環が生じたそうである。司法仮退院プログラム（Forensic Conditional Release Program. 以下，CONREPという）の創設は，そのような状況の改善のための策の1つであったという。

なお，州の精神保健局は暴力的性犯罪者を1,500名ほど収容する新たな施設を建設中であり，2004年の秋に完成の予定である。またアタスカデロ州立病院でも，どの司法患者にも対応可能な6病棟を新たに建設中である。

II　ゴールデンゲート地区仮退院プログラム

1　概　　要

CONREPは，州の精神保健局が，あるいは州の精神保健局と委託契約を結んだ郡の精神保健部または民間団体が，コミュニティの中で司法患者・仮釈放者審査委員会（Board of Prison Terms. 以下BPTという）から送致される仮釈放者に対して外来治療プログラムを提供するシステムである（WI4360 (a)(b)）。1986年に設立された，サンフランシスコの中心部にある民間団体運営のゴールデンゲート地区仮退院プログラムでは，サンフランシスコ郡，マリン郡，サンマテオ郡を管轄している。プログラム運営にかかる治療費，人件費などの経費は，州の精神保健局により拠出されている。

2　患　　者

CONREPの主な役割は，

(1) 裁判所から送致される責任無能力者（PC1026），訴訟無能力者（PC1370），暴力的性犯罪者（WI6600），精神障害の性犯罪者（WI6316），そして，BPTから送致される精神障害犯罪者（PC2962）の外来治療・監督

(2) 重罪で訴追された訴訟無能力者，および責任無能力者について治療機関を決定するための鑑定と処遇意見の提出（PC1370 (a)(2)）（PC1026 (b)）

(3) 州立病院の入院患者のうち，最終的に自分の地域に戻ってくると考えられる者の訪問ケアの3つに大別される。

ゴールデンゲート地区仮退院プログラムでは，このうち暴力的性犯罪者（WI6600）を除く患者の外来治療・監督・鑑定，州立病院に収容されている患者の訪問ケアを行っている。地域プログラム責任者の説明によれば，政治

的な理由から，ここでは暴力的性犯罪者の外来治療は行わないと決定されたそうである。このプログラムの外来治療・監督の対象者は常時約40〜50名で，訪問ケアを行っている州立病院の入院患者は約200名である。

3　スタッフ

精神科医，サイコロジスト，ソーシャルワーカー，レクリエーション・セラピスト，看護師，マリッジ・ファミリーセラピストがいる。CONREPのスタッフは治療者であると同時に仮釈放監督官でもあり，双方のバランスを保つのは非常に難しいそうである。

4　治　療

CONREPに送られた患者は，まず，スタッフから示される治療上の遵守条件に同意することが要求される。スタッフは，遵守条件が箇条書きされた10頁の書式を患者提示し，どの条件が課されているかを説明する。場合によっては，書式に載っていない条件が加えられることもある。たとえば，児童に性的暴行を加えた者であれば，「学校の周囲100ヤードには近づいてはいけない」といった条件が課されることが考えられる。患者はその説明を聞き，自分に課された条件に1つずつ同意のサインをする。どの条件が患者に課されたかについては，CONREPのスタッフによって裁判所に通知される。

また，患者はCONREPに送られてきた段階で，何が必要かによって4つの治療レベルに分類される。たとえば，重篤な精神病に罹患していた者，重い犯罪歴を有する者などは，一番重いレベルに置かれ最も厳重に管理される。このような患者は，毎日治療を受けに来るよう義務づけられる。そして，病状が改善されるに従い軽いレベルに下げられ，通院回数も減らされる。

ここでの治療の柱は，投薬，社会化プログラム，集団療法や個人療法，職業訓練などである。また，CONREPは，治療の他に患者が地域社会で問題なく生活していけるよう監督する役割も担っているため，薬物使用の有無をチェックする尿検査，処方された薬をきちんと服薬しているかを確認するための血液検査なども行っている。さらに，担当のスタッフが患者を個別訪問して凶器所持の有無を調べたり，日常行動を把握するために患者の家族，友人や知り合いに電話したりもする。さらに，ハーフウェイハウスでの治療も行っている。ただ，ゴールデンゲート地区仮退院プログラムは独自のハーフウェイハウスを有していないため，この場合には州内のCONREPプログラ

ムが共有する5つのハーフウェイハウスを利用している。ベッド数は全体で60とあまり多くない。患者は最高4月の収容期間中に3段階の治療プログラムを受け，地域社会に戻しても危険でないかどうかが判断される。なお，CONREPプログラムの中には，里親制（boarding care home）をもっているところもある。

5 治療期間

ゴールデンゲート地区仮退院プログラムに通っている患者の平均的な治療期間は3～20年である。長い患者の場合には終身ということもある。そして，1年あたり約1名がこのプログラムから退院していく。退院に際しては，治療に参加する意思の有無，行動の落ち着き具合，服薬の必要性の理解と受容，さまざまな自分の症状の理解などといった項目について判断が行われる。

6 財 源

1の概要でも説明したように，CONREPプログラム運営にかかる治療費，人件費などの経費は州の精神保健局が拠出している。1997年度の予算では，CONREPの患者1人あたり年間21,879ドルが計上されていた。これは，州立病院に入院している患者1人あたりの予算の約5分の1にあたる。

7 患者の権利の保護

患者の権利保障については，苦情申し立て制度（grievance process）がある。患者は弁護士や患者の権利擁護センターに連絡をとることができるし，州の精神保健局に申し立てを行うこともできる。また，オンブズマン制度も整備されている。

8 CONREPはなぜ成功しているのか

地域プログラム責任者の説明によれば，CONREPで外来治療・監督を受けた患者の1年以内の州立病院への再入院率は約20％である。また，退院後2年以内の再犯率は約6％である。再犯を犯す前にPC1608に従い再入院の措置がとれるため，CONREPを退院した患者の再犯率はかなり低いという。このようにCONREPが成功している理由の1つとして，スタッフ1人あたりの担当事例数の少なさがあげられる。1人のフルタイムのスタッフが担当する患者は約10名と少数のため，リスクアセスメントや鑑定がきめ細かく行え，症状悪化の兆候が見られれば直ちに介入できるとのことであった。2つ目の理由は，このプログラムが裁判所の命令によるものだということであ

写真3　SF County Jail No.8 および No.9 全景

る。CONREP に送られてくるような患者については，いかに治療を継続させるかが再犯防止の一番の課題であるため，裁判所の命令という強制力は不可欠であるという。

III　サンフランシスコ・カウンティジェイル No.9（写真3）

1　概　要

サンフランシスコ郡のシェリフ・デパートメント（Sheriff's Department）の説明によれば，警察に逮捕された被疑者の逮捕後の手続きを行う責任はシェリフにあるという。サンフランシスコ郡には，シェリフが管轄するジェイルが No.1 から No.9 まで9つある。ジェイルとは，未決囚と既決囚の双方が収容される場所である。裁判所や警察署が建ち並ぶサンフランシスコ中心部の一画にあるこのカウンティジェイル No.9 では，警察に逮捕された容疑者を収容し逮捕後の一連の手続きを行っている。このジェイルは，ワンフロアに，10人程度を収容するいくつかの房と，保護室，解毒室（detoxification room）がコの字型に配置されている。全ての部屋をくまなく監視できるよう，コの字の中央に情報コントロールセンターや医局が置かれている。男女は別々の房に収容され，各房にはテレビや外線電話が設置されている。約280名が収容可能だという。サンフランシスコでは，犯罪者の精神保健に配慮するために，ジェイルの中に郡の公衆衛生局（Department of Public Health）

が管轄する精神科サービス（Jail Psychiatric Services）を導入している。

　2　スタッフ

　精神科医2名，サイコロジスト，ソーシャルワーカー，看護師，薬剤師，マリッジ・ファミリーセラピスト，インターンが勤務する。精神科医は，1日16時間常駐しているとのことであった。

　3　手　続

　被疑者は，警察に逮捕されると，まずこのジェイルNo.9に連れてこられ，次のような手続きがとられる。最初に看護師が医療的な問題の有無（妊娠していないか，薬物乱用があるかなど）をチェックし，緊急に治療が必要とされる場合には病院に連れて行く。また，精神的な問題が認められる場合には保護室に収容し，24時間以内に他の適切な場所（サンフランシスコ総合病院など）に送致する。とくに医療上の問題がなければ，写真撮影・指紋採取などが行われる。最後にオレンジ色の囚人服に着替えさせられ，私物を預けさせられる。こうして手続きが終了するとジェイルNo.9に近接するジェイルNo.1に移され，未決期間をどのジェイルで過ごすのかが決定される。

　4　特　色

　ジェイルNo.9では，医療上の問題を抱えた被疑者は，訴追に持ち込むのではなく，できるだけ早い段階で釈放し医療につなげようとしている。とくに精神障害を有する被疑者に対しては，適切な処置を迅速に行えるよう病院や他の機関との連携を強化しているとのことだった。その連携策の一環として，1992年からではあるが郡の公衆衛生局のデータシステムをジェイルに設置し，患者の診療歴，投薬歴などを即座に把握できるようにしている。

IV　サンフランシスコ・カウンティジェイルNo.5
　　（サンフランシスコ総合病院内）（写真4，5）

　1　概　要

　サンフランシスコ総合病院は，サンフランシスコの中心部から車で南へ20分程度のところに位置する。この病院の中にあるジェイルNo.5には，他のジェイルの精神科サービスでは対応できないような状態になった未決囚が移送されてくる。たとえば暴れているが服薬を拒否するような未決囚に対しては，ジェイルの中では強制治療を行うことができない。そこでこの病院内

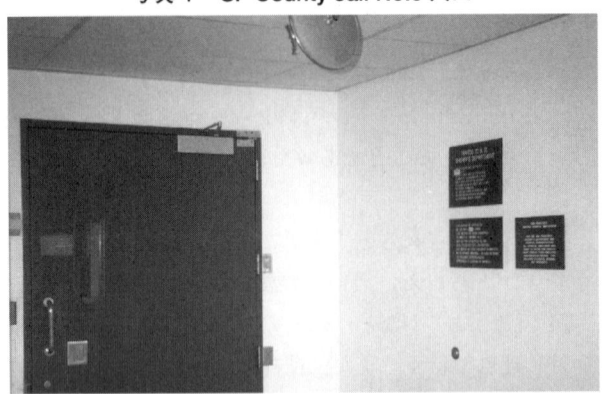

第2部　諸外国における触法精神障害者の処遇決定システム

写真4　SF County Jail No.5 入口

写真5　SF County Jail No.5 入口脇の説明

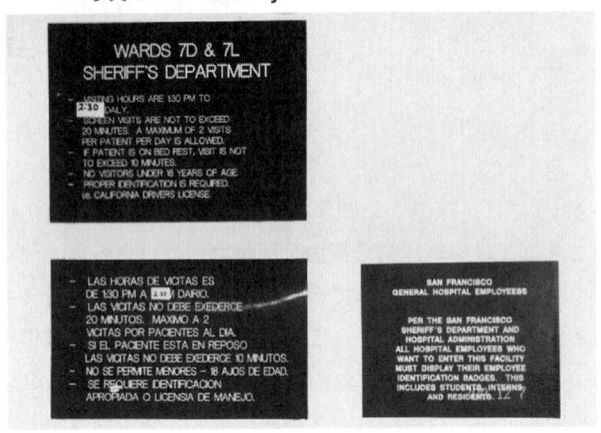

のジェイルNo.5で強制的に治療を行い安定させたうえで，元のジェイルに戻すのである。

全12床で3人部屋の他に保護室が2つあり，テレビを視聴したり，リラックスするためのデイルームもある。ここでは，男女が一緒に収容されている。

2　患　者

患者の多くは統合失調症または躁うつ病に罹患している。また，コカイン，アンフェタミンなどの薬物中毒，アルコール中毒問題を抱えている者もいる。人格障害の患者も数人いる。

3　スタッフ

精神科医2名，精神科のインターン，作業療法家，ソーシャルワーカー，看護師，事務員が勤務する。また，ここは病院であると同時にジェイルでもあるため，シェリフが常駐している。

4　手続き

ジェイル No.5 に収容される患者には，LPS（WI5000以下）と，精神障害に罹患しているジェイル収容者を，治療のため病院へ送致する際の規定であるPC4011.6が同時に適用される。

ジェイル収容者が精神障害に罹患していると考えられるとき，ジェイルの責任者（the person in charge of the jail）はWI5150に従って，治療とアセスメントのためにその者を病院（この場合にはサンフランシスコ総合病院）へ送致する（PC4011.6）。この移送はジェイルの職員によって行われる。WI5150によれば，精神障害のために自傷他害の恐れがある者，身の周りのことも行い得ないような状態に陥った者を，治療とアセスメントのために72時間を限度に病院へ送致することが可能である（WI5150，5151）。もし，患者に自傷他害のおそれが残っており，身の周りのこともできない状態のままで，それにも関わらず治療に積極的ではない場合，総合病院内のcertification review hearingにおいて必要性が肯定されれば，その後14日間の入院延長が認められる（WI5250，5256，2556.1）。14日間の入院の後，自殺・自傷の危険性が高い者には，さらに14日間の入院延長が（WI5260），他害の危険性が重大な者には裁判所での審理を経て180日間の入院延長が認められる（WI5300，5303）。後者の入院延長は更新が可能である（WI5304）。また，いまだ身の周りのことができず治療を受け入れられない患者の場合には，さらに30日間の入院延長が認められるか（WI5270.15），あるいは後見人が選任される（WI5353，5350）。

5　治　療

投薬治療の他に，作業療法を1日に2回行っている。また，薬物乱用についてのグループワークを行ったり，元のジェイルでの生活に対応できるようなスキルを身につけさせたりしている。患者には弁護士に週に1度面会する権利が与えられている。また，希望に応じて教誨師に来てもらうこともある。

6 入院期間

ジェイルNo.5に収容される患者1人あたりの平均入院期間は3〜10日で，1カ月の入院者数は65〜68人である。しかし，入院している患者を見る限りでは，とても10日程度で治療し安定させるのは無理なように感じられた。元のジェイルの雰囲気に耐えられないような患者については，刑が確定するまで3〜8カ月収容することがある。

7 保　安

このジェイルNo.5には2つの側面が存在する。1つは，治療者に代表される医療で，もう1つはシェリフに代表される保安である。異なる2つの役割が衝突することはないか医療者側に尋ねたところ，自分たちの仕事は治療することなので，その守備範囲を超えた場合には躊躇なく常駐しているシェリフに助けを求めるということであった。

病室には，自傷他害防止のために，ベッド以外はスタンドも家具も置かず，午後3時から4時の間と，夜10時から朝8時までは施錠される。患者が暴れている場合は薬物の経口投与で症状を抑え，注射はあまり行わないようにしている。全てのベッドに拘束ベルトがついているが，拘束は患者に自傷他害の恐れがある緊急時にのみ行い，その場合でも20分程度にとどめている。また，医療スタッフは全員が暴力事件を管理するスキルを習得している。

8 特　色

ジェイルNo.5の目標は，2つあるとのことであった。1つは患者の症状を早く安定させて元のジェイルに戻すこと，そしてもう1つは，本来であれば逮捕，訴追ではなく精神科の救急に送致されるべきだったと思われる患者について，元のジェイルに戻すのではなく後見人選任の手続きをとらせ治療を継続させることだそうである。

V　サンフランシスコ・カウンティジェイルNo.8

1 概　要

ジェイルNo.8には，裁判所でジェイル収容の刑を言い渡された犯罪者のうち，精神障害を有する受刑者が収容されている。円筒状の建物の中央にコントロールセンターがあり，それを囲む形で房が配置されている。男性用の房が4つ，女性用の房が1つ，そして保護室が2つあり，各房はガラス張り

で精神保健ワーカーが5分ごとに患者の状態を観察している。

2 治　療
投薬治療や作業療法などが行われている。

VI 特殊問題センター

1 概　要
1959年に創設された，サンフランシスコ郡の公衆衛生局地域精神保健サービス（Department of Public Health, Community Mental Health Service）が運営する公的な外来クリニックである。ここでは，1) 加害者，2) HIV感染者，エイズ患者，3) トラウマを抱えた人，虐待の被害者（性的虐待，DV，身体的虐待，災害の被害者），4) 性同一性障害の人々，への外来治療を行っている。

2 患　者
加害者プログラムを受けている患者のほとんどは，裁判所から保護観察の条件として治療を命じられた者である。2000年12月の時点で，加害者プログラムに通院している患者の数は約200名であった。インテイクの段階で，精神病に罹患しており服薬が必要な者は60～70％程度である。その中で統合失調症患者の割合は，DV加害者では約10％，加害者一般では約10～15％である。

3 スタッフ
スタッフは，精神科医，セラピスト，看護師，事務員など約35名（常勤，非常勤を含む）である。この他にセラピスト，サイコロジストのインターンもかなり多い。

4 手 続 き
治療を行うためには，患者が裁判所で保護観察の条件としての外来治療に同意することが必要となる。その際には裁判官，検察官，保護観察官（probation officer）が同席し，外来治療の概要が説明される。外来治療を受けることになった患者に対して，センターは，まず裁判所で，あるいは電話でスクリーニングを行う。「助けて欲しい」という姿勢のある患者でなければ治療効果は上がらないため，裁判所の命令といえども自分の問題を認識していない者は引き受けないということであった。

このクリニックは完全予約制である。最初の治療で，患者には遵守事項，

その違反，守秘義務などについて詳細な説明がなされる。このプログラムは保護観察の条件なので，患者が治療に来ない場合には保護観察官に連絡する。遵守事項違反とみなされた場合には裁判所に戻され，保護観察を取り消される可能性もある。

5 加害者プログラム

加害者プログラムは3つに分類される。まず，児童や少年（18歳未満）に性的虐待を行った加害者のためのプログラムである。このプログラムに通う99.9％が男性である。次にDV加害者プログラムがある。男性・女性ともにサービスの対象となっているが，現在治療を受けているのはほとんど男性である。女性のDV加害者にサービスを提供しているのは，サンフランシスコではこのセンターだけである。なお，DV加害者への治療プログラムは，保護観察命令を言い渡されたDV加害者を引き受けるプログラムとしての認可をサンフランシスコ市の成人保護観察局（Adult Probation Department）から受けている（PC 1203.097(c)(5)）。最後は，DV以外の，人に対する犯罪を犯した者に対するプログラムである。たとえば精神障害のために他人に暴行を加えたり，ストーカー，放火，嫌がらせ行為などを行った者が対象となる。

センターでは，この3つのグループに該当する加害者に集団療法や個人療法，自助グループ，投薬治療などを行い，彼らは，1週間に1度の割合で治療に通ってくる。患者のほとんどが精神病，人格障害，境界性人格障害などの問題を有していると同時に，薬物・アルコール乱用の問題も抱えている。そのため，センターでの治療を開始する前に，まず，薬物・アルコール乱用の治療機関に送る場合がある。

6 治療期間

治療期間は個人の保護観察の期間によって異なる。裁判所はとくに期間を定めずにセンターの判断に任せている。ほとんどの患者には1年以上治療が行われる。たとえばDVプログラムの場合，治療に必要とされる期間は約52週である。患者の中には，期間が終了しても治療を継続するためにセンターに通ってくる者もいる。

7 財源

ここの運営資金は，サンフランシスコ郡の公衆衛生局地域精神保健サービスが拠出している。ただし，治療費は必ずしも無料ではなく，金銭的余裕の

ある患者からは治療費を徴収している。

8 特　色

センターのカウンセラーである Schmidt 氏の説明によれば，ここのプログラムが比較的うまくいっているのは，裁判所の命令に基づいているからである。センターと裁判所・裁判官とは，非常によい関係を構築できている。裁判官も，ジェイルが過剰収容なため，精神的な問題を抱えた犯罪者はできるだけ外来治療を条件とした保護観察に付そうとしている。そこで，センターのスタッフがアセスメントのために裁判所まで足を運ぶと，とても感謝されるという。一方，保護観察官の担当事例数が多すぎるため，保護観察官とは相互理解が十分に出来ていないとのことであった。

第10章 イタリア

1 日本の精神科臨床から見たイタリアの精神医療

松 原 三 郎

I はじめに

平成15年11月2日から「精神医療法研究会（研究代表者：町野朔上智大学教授）」に同行してイタリアにおける精神医療を視察した。イタリアの精神医療については、これまで多くの報告がなされ、さまざまな評価がされている[1]～[8]。最近になって、わが国では入院医療から地域医療への転換が叫ばれており（厚生労働省精神保健施策改革本部中間報告，2003.7）、あらためてわが国の地域精神医療のあり方を見直す必要に迫られている。この時点で、イタリアにおける精神医療改革の内容を検討し、同時にわが国の精神医療が進むべき方向を探りたい。

II わが国の精神医療史

わが国では、1900年（明治33年）に「精神病者監護法」が制定され、精神病者を私宅、病院などに監置するには、警察署長を経て地方長官の許可が必要であった。1919年（大正8年）に制定された「精神病院法」では、入院させるべき精神病者は、市区町村長が監護すべき者、司法長官が罪を犯したためにとくに危険と認める者、地方長官が入院の必要を認める者とされた。このように、わが国では終戦直後まで、地方行政長官や司法長官の大きな影響を受けながら入院治療の管理が行われていた。1950年（昭和25年）になり、精神障害者に対する適切な医療・保護の機会を提供するために「精神衛生法」が制定され、入院形態として、同意入院や措置入院制度が始まった。1964年（昭和39年）には「ライシャワー事件」が発生し、これを機に保健所や精神衛生センターを中心とする地域精神医療の充実に力を注ぐようになっ

たが，他方，措置入院事項である自傷他害のおそれについては，行政の指針に影響されて拡大的に解釈をされるようになり，結果として，わが国では民間精神科病院を中心に急速な増床をうながす結果となった。1984年（昭和59年）に発生した「宇都宮病院事件」は，精神病院における入院患者の人権の確保が問題となり，1987年（昭和62年）には精神障害者の人権擁護と適正な精神医療の確保を目的とする「精神保健法」の制定へとつながった。その後，同法は改正を重ねて，現在では「精神保健及び精神障害者福祉に関する法律」と名を変えてきているが，この間も「大和川病院事件」「犀潟病院事件」などの事件が続き，精神科病院での管理の難しさが示されてきている。

III　わが国の精神医療の現状

2001年の厚労省統計[9]では，わが国には357,388床（人口1万人あたり28.1床）の精神科病床があり，このうち，約89％が民間精神科病院で占められている。実際に入院中の患者数は332,759人（人口1万人あたり26.1人）であり，病床利用率93.1％である。さらに，796,732人（実人数）が通院加療を受けている。入院患者のうち，痴呆性疾患患者は36,300人，アルコール・薬物等物質関連患者は49,400人，精神遅滞患者は10,400人である。これらの患者は欧米では精神科病床数からはずされることが多く，これらを差し引くと，約236,500人（人口1万人あたり，18.5人）となる。この数字は1980年代の，英・独・仏のそれに近い。

2003年に日本精神科病院協会が中心となって実施した「精神障害者社会復帰サービスニーズ等調査[10]」の結果をみると，在院患者のうち，10年以上入院は28.8％にのぼり（統合失調症では37.4％）（図1），また，在院患者のうち，65歳以上は30.7％であった（統合失調症では22.4％）（図2）。さらに，入院患者の精神症状の程度を6段階（院内寛解，軽度，中等度安定，中等度不安定，重度，最重度）で評価すると，比較的精神症状が安定している院内寛解・軽度が21.9％を占めていた（図3，4）[11]。

このように，諸外国と比較すると，わが国の精神科医療が多くの特徴をもっていることが分かる。①痴呆性高齢者，物質・薬物依存，知的障害者などを除いたとしても，わが国の精神科病床数は諸外国に比較して多く，入院期間についても長期（平均在院期間395日）である。②ハーフウェーハウス，

第2部　諸外国における触法精神障害者の処遇決定システム

図1　在院期間

a) 全体

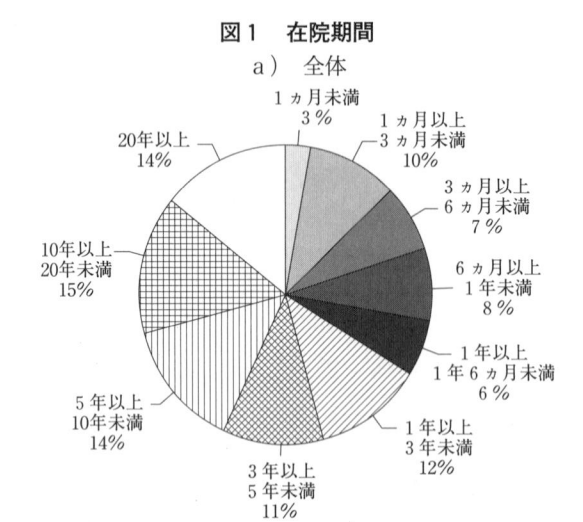

- 1ヵ月未満　3%
- 1ヵ月以上3ヵ月未満　10%
- 3ヵ月以上6ヵ月未満　7%
- 6ヵ月以上1年未満　8%
- 1年以上1年6ヵ月未満　6%
- 1年以上3年未満　12%
- 3年以上5年未満　11%
- 5年以上10年未満　14%
- 10年以上20年未満　15%
- 20年以上　14%

総数　12,009人

b) うち，統合失調症

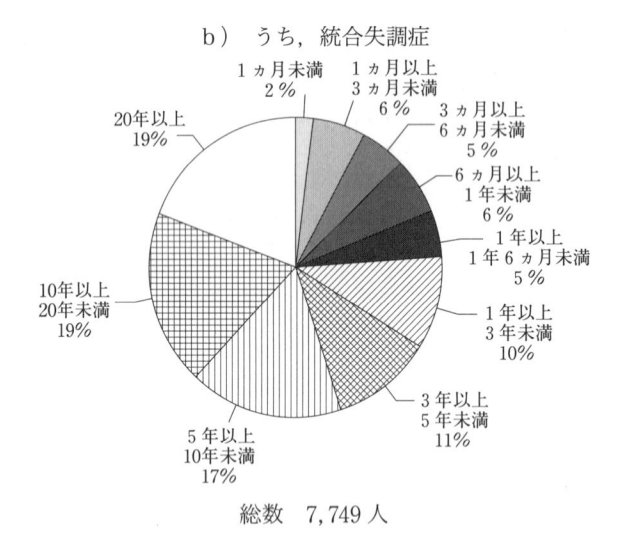

- 1ヵ月未満　2%
- 1ヵ月以上3ヵ月未満　6%
- 3ヵ月以上6ヵ月未満　5%
- 6ヵ月以上1年未満　6%
- 1年以上1年6ヵ月未満　5%
- 1年以上3年未満　10%
- 3年以上5年未満　11%
- 5年以上10年未満　17%
- 10年以上20年未満　19%
- 20年以上　19%

総数　7,749人

グループホーム，福祉ホームといった精神障害者のための入居施設が少ない。入院病床数とその他の入所施設数の総和は，諸外国に比較して大差はないが，95％以上が精神科病床で占められており，このことから，わが国では，精神科病床は急性期治療の役割を持つ部分と入居施設の機能とが共存していると

図2　年齢

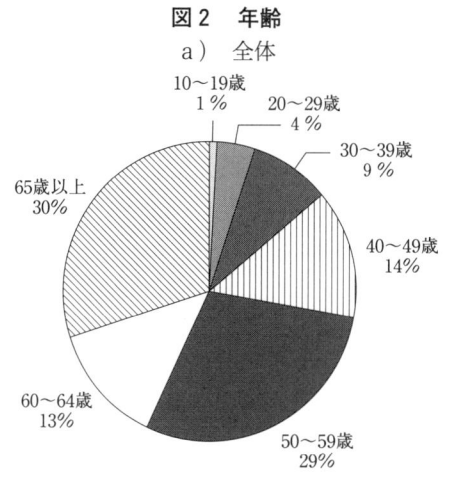

a）全体

- 10～19歳　1%
- 20～29歳　4%
- 30～39歳　9%
- 40～49歳　14%
- 50～59歳　29%
- 60～64歳　13%
- 65歳以上　30%

総数　12,009人

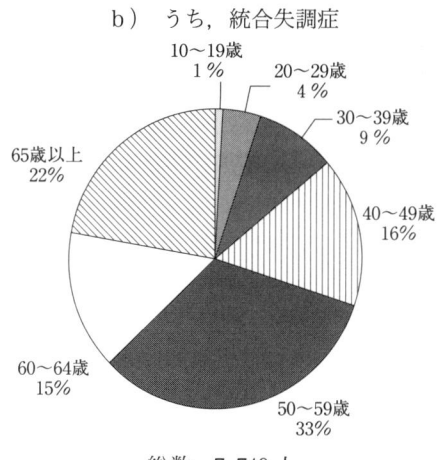

b）うち，統合失調症

- 10～19歳　1%
- 20～29歳　4%
- 30～39歳　9%
- 40～49歳　16%
- 50～59歳　33%
- 60～64歳　15%
- 65歳以上　22%

総数　7,749人

言える（図5）[*12]。③新規の入院患者の治療では，諸外国では2～3週間以内の短期治療であるのが，わが国では急性期治療であっても3ヵ月間の入院治療が標準である（実際には平均50日程度）。④社会復帰施設の建設，訪問看護，訪問介護など在宅医療に力を注いできたのは民間精神科病院である。⑤精神科医療が諸外国では公的機関により行われているが，わが国では，フリーアクセスが保障された医療保険制度による医療が基本である。⑥この結

第2部　諸外国における触法精神障害者の処遇決定システム

図3　精神症状(1)

a）全体

精神症状1　5％
精神症状2　16％
精神症状3　30％
精神症状4　28％
精神症状5　17％
精神症状6　4％

総数　12,009人

b）うち，統合失調症

精神症状1　3％
精神症状2　14％
精神症状3　31％
精神症状4　32％
精神症状5　17％
精神症状6　3％

総数　7,749人

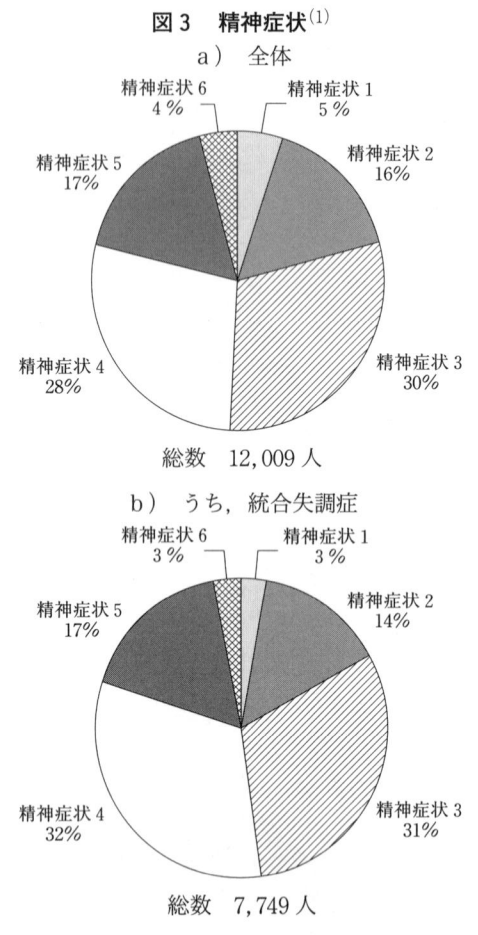

註　(1)は，日本精神科病院協会平成14年度マスタープラン調査で使用した尺度

果，在宅医療は少しずつ増加していても，それが各地域でネットワーク化された地域精神医療にまでは発展していない。

わが国の精神医療の改革については，過去何年にもわたって提言され，議論されてきた。今回のイタリア視察を機会に，もう一度基本的な問題点にまで立ち返って検討してみたい。

図 4　日常生活能力[(2)]

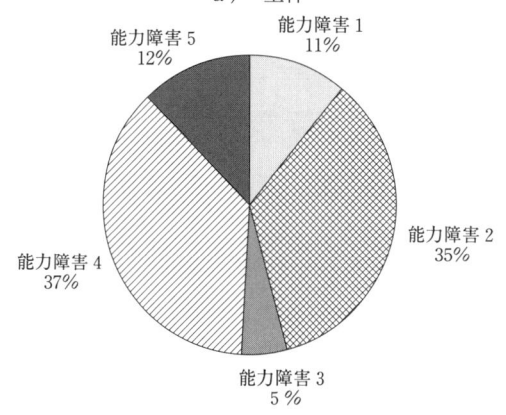

a）全体

能力障害 1　11%
能力障害 2　35%
能力障害 3　5%
能力障害 4　37%
能力障害 5　12%

総数　12,009 人

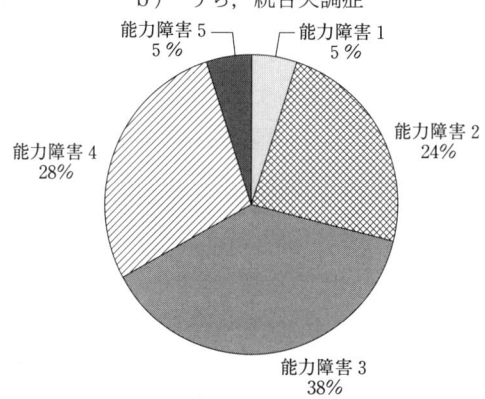

b）うち，統合失調症

能力障害 1　5%
能力障害 2　24%
能力障害 3　38%
能力障害 4　28%
能力障害 5　5%

総数　7,749 人

註　(2)は，日本精神科病院協会平成 14 年度マスタープラン調査で使用した尺度

IV　イタリアの精神科医療の特徴

1　精神医療改革以前のイタリアの状況

　1903 年に制定された法 36 号では，精神病院と精神障害者の処遇に関して規定されているが，この中では自傷他害の恐れ，公序良俗をおかす恐れのある精神病者への強制入院を規定している。入院は司法関係の強い影響を受け，

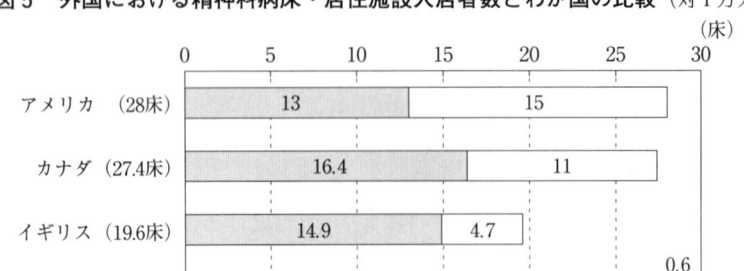

図5 外国における精神科病床・居住施設入居者数とわが国の比較 (対1万人)

国	精神科病床	居住施設
アメリカ (28床)	13	15
カナダ (27.4床)	16.4	11
イギリス (19.6床)	14.9	4.7
日本 (29.4床)	28.8	0.6

さらに，退院後の支援組織の整備も不十分であったために，多数の患者が古い施設の中で閉鎖的な状況で処遇されていた。わが国の戦前の処遇に似た状況が1960年代まで続いていた[*1]。

フランコ・バザーリア（1924～1980）はパトヴァ大学から1961年にゴーリーツィア州立精神病院長に赴任したが，当時は約800人の入院患者の殆どが強制入院のもとで閉鎖病棟におかれていた。1964年になり，ようやく改正法431号が制定され，自由入院や施設基準（看護者3対1など）も規定され，さらに，退院に向けての種々の試みも行われたが，退院の進行は不十分であった（それでも，入院患者数は800人から300人にまで減少した）。また，急激な改革に対する周囲からの反発もあったと言われている[*1]。

1971年になってバザーリアはトリエステ県立サンジョバンニ精神病院長に赴任した。彼は病院の改革を進めながら，前任のゴーリーツィア州立精神病院での経験をもとに，1972年に「民主精神科連合」を結成してイタリア全土に精神医療改革を進めた。1978年になりバザーリアの改革運動は実を結び法180号（バザーリア法）として公布された（この経緯については別章にゆずる）。

法180号とそれに続く法833号によって，イタリアの精神医療は世界で最も急進的な改革が行われる事になった。丁度，それまで，あまりにも旧態依然として偏りすぎていた振子が一気に解き放たれた感がある。1981年から実施に移された内容は，①新たな精神科病院への入院の禁止（1981年以降禁止），②新たな精神科病院建設の禁止，③入院を伴う治療は，総合病院に設

置された15床以内の精神科ユニット（SPDC：servizi psichiatrici di diagnosi e cura）で行う，④自発的入院が原則であり，強制入院はあくまでも例外的で「治療的介入」が必要な時にのみ許されるが，この時には，もう一人の医師が必要と認め，さらに，市長が命令を下し，48時間以内に後見裁判官に伝えられる。入院が7日を超える場合にも同様の手続がとられる，⑤地域精神医療センターが設置され，これらが核となって多くの看護師が活動を開始した。しかし，この法では，私立精神科病院と司法精神科病院は規定されていない。

2　トリエステにおける地域精神医療

イタリア北部の港湾都市であるトリエステ市を中心に，周辺の6市を含めてトリエステ県（約25万人）として地域精神医療が展開されている。視察団一行はトリエステ県精神保健局（Mental Health Department）を訪問し説明を受けた。この精神保健局の機能はトリエステ県全体の地域精神医療を統括することであり，その機能は，①地域精神医療サービス，②総合病院内のSPDCを利用した診断と治療，③精神科リハビリテーションと社会生活支援サービス，などである。県全体で，精神科医25名，看護師170名（以前には460名），心理士10名，PSW 9名である。医師数は人口1万人当り1名，看護師数は人口1,500人に1名の割合になる（表1）。県精神保健局の年間予算は約15億円程度と少ない。県は6区域に分けられて，それぞれに「地域精

表1　イタリアにおける精神保健関係施設

サービスの種類	全国の総数	人口当りの数
地域精神保健センター	695ヵ所	1.2／10万人
総合病院精神科ユニット	320病棟	0.55／10万人
総合病院精神科病床	4,084床	0.7／1万人
民間精神科診療施設	65ヵ所	
民間精神科病床	5,595床	0.96／1万人
大学病院病棟	19ヵ所	
大学病院精神科病床	404床	
デイホスピタル数	257ヵ所	
デイホスピタル病床	942床	0.1／1万人
病床以外の入居施設	1,377ヵ所	
病床以外の入居施設床数	17,343床	3／1万人

出典）参考文献＊5

写真1　トリエステ，地域精神医療センター

写真2　地域精神医療センタースタッフとの懇談

神医療センター(MHC)」がおかれており，これが地域精神医療の中核となる。全国では696ヵ所（15万人に1ヵ所）おかれている[*5]。われわれが訪れた地域精神保健センター（写真1）は，トリエステ市内の中心にあり，約66,000人の人口をカバーしているという。スタッフは医師4名，看護師25名，心理士3名，作業療法士1名，PSW 1名で，合計34名である。PSWに比較して看護師が多いのは，病院から移動してきた看護師が再教育をうけて継続雇用されていることによるのであろう。

このセンターは24時間365日活動しており，具体的には①デイケア活動

（約50人が通所），②訪問活動（1日約20人訪問），③ショートステー機能（6床），④グループ就労などの援助。これらの活動はすべて公費でまかなわれているが，看護師を中心に多くの人材が配置されていた。スタッフ等と懇談をもったが，いずれも明るくのびのびとして，活発な姿勢が印象的であった（写真2）。

3 総合病院精神科を訪れて

ローマ近郊のオステア市にある総合病院精神科ユニット（SPDC）を見学した。人口30万人を15床で支えていると言うが本当に可能なのか？ 担当の精神科医は，当病棟の目的は緊急に治療が必要な状態を改善させる効果はあるが，長期間の治療には向いていない施設であると言う。平均ではほぼ12日前後の入院であるが，時には2ヵ月間に及ぶ場合もある。医師，看護師，さらには，臨床心理士が配置されている。病棟の雰囲気は決して重苦しいものではなく，大部分が女性の看護師で占められていて，日本の公的病院の雰囲気と殆ど変わらなかった。入院患者の疾患を分類すると，統合失調症35％，気分障害40％，人格障害など25％である。年間の入院患者数は400人を超える。治療では，薬物療法と集団精神療法（心理教育）が主流であり，ECTは行われる事はない。また，隔離拘束はないと言うが，実際には倉庫には抑制帯がおいてあった。退院先では，デイケアやデイホスピタルに通う事を前提として自宅に戻る例が最も多い。さらに，15％前後は民間の精神科施設（カーサ・ファミリア）に入所すると言う。年間の入院患者が人口30万人当り400人とすれば，1万人あたり13人となる。実際に，わが国では年間約32万人が精神科病床に入院をしており，この数は，25人／1万人程度となる。入院患者の在院期間はわが国の30分の1と大きく異なるが，年間の入院患者数そのものはわが国の約半数となる。

V わが国の精神医療との比較

1 急性期入院治療

前述したように，SPDCでの治療は平均で約12日と極めて短期間であり，また，入院の要件も行動の危険性ではなく，疾患としての緊急性が問題となる。わが国の半数であるので，ほぼ，症状が重度の医療保護入院者に限っていると考えてよい。わが国においても，不穏で攻撃的な統合失調症患者につ

いては，平均値であれば2週間以内での退院も不可能ではない。しかし，十分に精神症状を安定させ，なおかつ心理教育や作業療法も含めて治療を実施すれば40日から50日間となり，このような期間の設定が，十分な薬物療法，個人精神療法，さらには，心理教育が可能であり，再燃を防ぐと言う意味からは適切な治療期間であると思われる。また，同時に，うつ病，適応障害，依存症等の治療では，ケースの特性によっては，回復まで十分に時間を掛ける必要がある。これらの例は，イタリアのSPDCでは十分な治療は施せなくなる。このために治療は治療期間の面からみても不十分な状態にあると言わざるを得ない。

2　精神科病院の存在そのものに対する問題意識

バザーリアは退院が促進しないのは，精神科病院そのものの存在に問題があるとし，その閉鎖こそが必要とされた。確かに，長期在院は，陰性症状を悪化させ，社会生活への回復も遅らせてしまう。地域社会に住むことこそ最も有効なリハビリテーションであると言われている。かといって，このことが精神科病院の存在そのものを否定することにつながるとは思えない。入院施設の療養環境が極めて劣悪であった当時のイタリアとは異なり，現在，わが国で精神科病院の療養環境は一段と向上し，人員基準（医師以外）についても，他科との差異は殆どなくなってきている。このような点からすれば，入院治療が多くの国民に受け入れられ，統合失調症ばかりでなく，うつ病や物質依存症なども含めて，個々の病状に応じて，最も効率の良い治療法が選択され，さらに，入院期間についても個々の病状に応じて検討されるべきである。

3　イタリアとわが国の地域精神医療の相違

イタリアの地域精神医療の特徴は，多くの医療関係の人材を地域医療に転換をしたことである。一つのセンターで35名前後のスタッフが比較的余裕をもって在宅支援を行えている状況は，思いきった病床削減そのものが原動力になっていると言える。わが国においても病床の削減と地域医療への人員の転換が動き出した感があるが，現実には，転換をすべき専門家の人件費を地域医療の中でまかなうことができるような財政構造にはなっていない。

さらに特徴の一つは，イタリアの地域精神医療では精神医療センターを中心として，地域の区割りが明確になっていることである。しかも，県精神保

健局がSPDCも含めて予算が総合的に執行されており，入院医療は地域医療の一部を構成しているに過ぎない。これに比較して，わが国では，現在においても地域精神医療の拠点となるべきところはなく，精神保健センターや各福祉保健センターであってもその機能は弱体な存在である。結果として，フリーアクセスを基本とする医療機関が地域医療をリードする役割を持つことになるが，精神障害者の生活支援も含めて本格的な地域精神医療を行えるのは，ごく限られた病院周辺（せいぜい，5km以内）にすぎない。

わが国で求められていることは，地域精神医療の拠点をどのように形成し，それらをどのようにネットワーク化して行くかという問題の解決である。このことによって地域での生活支援は充実し，地域での精神保健医療が現実の物となるであろう。さらに，精神科入院医療，とくに急性期治療の部分について質の向上を図り，短期入院治療を実現する必要がある。このことは，結果として精神科病床数の減少を招くことになるであろうが，このことによって，人員を地域精神医療活動に振り向けられるように，財政的な配慮が必要になろう。

今回，イタリアの精神医療を見学する機会を得たが，わが国の地域精神医療を如何に構築するかと言う大きなテーマを突きつけられた気がする。民間主導でフリーアクセスのわが国の精神医療を生かしながら，どのようにして地域精神医療に結び付け，転換を図って行くのかについて検討して行きたい。

〈参考文献〉

* 1　遠山照彦・分裂病はどんな病気か（1997年，萌文社）。
* 2　津久江一郎=馬場肝作=吉田延他「2002年イタリア精神科医療制度視察報告」日精協誌21巻12号（2002年）8～23頁。
* 3　水野雅文「改革15年後のイタリア精神医療事情——北イタリアの精神保健サービスの現状——」精神経誌98巻1号（1996年）27～40頁。
* 4　古関啓二郎=佐藤甫夫「外国の現況——イタリア」臨床精神医学16巻3号（1987年）311～314頁。
* 5　Piccinelli M, Politi P, Barale F : Focus on psychiatry in Italy. British Journal of Psychiatry 181 : 538-544, 2002.
* 6　Romanucci-Ross L : The deinstitutionalization movement in Italy. International Journal of Technology Assessment in Health Care, 12 (4) : 634-643, 1996.
* 7　Pirella A「イタリアにおける精神保健サービスの現状と将来」精神経誌89巻11号（1987年）897～976頁。

第2部　諸外国における触法精神障害者の処遇決定システム

＊8　樹神学「イタリア精神医療印象記」日精協誌8巻1号（1989年）40〜45頁。
＊9　精神保健福祉研究会・我が国の精神保健福祉（精神保健福祉ハンドブック）平成14年度版（2003年，太陽美術）。
＊10　日本精神科病院協会・精神障害者社会復帰サービスニーズ等調査事業報告書（2003年）。
＊11　日本精神科病院協会・平成14年マスタープラン調査データ集（2003年）。
＊12　新福尚隆＝浅井邦彦・世界の精神保健医療（2001年，へるす出版）。

2 イタリア精神医療の背景と思想

中 谷 陽 二

　イタリアとりわけトリエステを中心に1970年代から進められた大胆な精神医療改革はその輝かしい進歩性の面から日本でもたびたび話題にされてきた。しかし改革の背景にあるイタリアの精神医学・医療の歴史や特殊事情はあまり紹介されていないようである。1870年に国家統一の実現を見たイタリアは日本と同様に近代化の後発国であり，またほぼ同じ時期に精神医療の法制度をスタートさせた。1978年の法律180により大改革がなされるまで1904年の法律36によった。日本の精神病者監護法の施行は1900年で，1950年の精神衛生法が中間にあるが，イタリアでは1904年の法律が存続し，そこからラディカルな改革へと一気に飛躍した点が特徴的である。このようにイタリアと日本は興味ある相違点，共通点をもっている。小論では歴史的背景を概説して現在の医療状況を理解する一助としたい。

I　精神医学史

　われわれ日本の精神科医が思い浮かべるイタリアの医学者というと，ヴァルサルヴァ試験で知られる解剖学者のValsalva, A.M.（1666～1723），犯罪人類学の創始者Lombroso, C.（1836～1909），神経細胞の染色法を発明したGolgi, C.（1844～1926），1940年に電気ショック療法を開発したCerletti, U.などであろう。ここから想像されるようにイタリア精神医学は伝統的に生理学，解剖学の影響が強かった。フランスのPinelにやや先立つChiarugiが最初の精神医学教科書を著し，その中で精神疾患の病因を脳への一次的侵襲に求めた。19世紀の風潮に一致してドイツ医学の影響のもとで器質的理論や組織学の伝統がつくられた[6]。

　医療の面では，初期の狂人の収容施設は1352年に北部のベルガモ，1387年にフィレンツェに建設された。最古の精神病院は1548年にローマに建てられたSanta Maria della Pietaである[6]。他方で大学の精神科はベッドが僅かで，神経疾患の患者が主であり，力動精神医学はほとんど教えられなかった。

実験心理学は盛んであったが，精神分析はアカデミズムで受容されなかった。Cerletti の電気ショックは精神医学の流れを大きく方向付けた[6]。

イタリアの精神医学・医療の特色は，神経病理学に偏した大学アカデミズムと施設収容的な精神病院，いわゆるアサイラムの存在である。特に精神病院のあり方は 1970 年代の改革を理解するうえで欠かせない。精神医学と精神病院の関わりについて Guaridinieri, P.[5]は以下のように解説している。近代的アサイラムの建設は国家統一前から第二次大戦後まで主要な関心事であった。国家意識の高揚を背景に，19 世紀半ばから第一次大戦まで実証主義的な精神医学が上昇軌道にあり，アルプス以北からの影響を脱して独自性を模索した。精神医学のイタリア化はとりわけ 20 年間のファシズム体制下で進められた。Cerletti による電気ショック療法の国際的成功はそれに輪をかけた。他方，アサイラムの建設がその内部で起きていることを不問に付したまま称賛された。ところが 1960 年代に入り，状況が変化した。Foucault, M. の「狂気の歴史」が 1963 年にイタリア語に訳され，施設の問題に関心を向けさせた。それまで周辺に追いやられていた精神分析，人間学的精神医学，実存分析，Binswanger, L. の著作などが紹介された。イタリア語の Freud 全集の出版は，日本よりもかなり遅く，1967 年に開始された。こうした知的状況のもとでイタリア精神医学のアカデミックでコンパクトなイメージが粉々になった[5]。精神医療改革の前触れをなしたのもこの動向である。

II 1904 年の法律

国家レベルで精神医学を支えたのが 1904 年の法律である。法律 36 すなわち「精神病院および精神病者に関する法律 (Legge sui manicomi e sugli alienati)」はフランスの精神病者に関する法律（1838 年法）をモデルにしたとされる。第 1 条は「いかなる原因によるものであれ，精神異常に罹患し，病院外でケアされないか，され得ない人は，自身または他人への危険を呈し，もしくは公けの醜聞を引き起こすとき，公立精神科施設に隔離されなければならない」と規定した[10]。

Traverso ら[10]によればこの法律は治療よりも自他への危険の観念に著しく偏り，かつ危険性を非常に広義にとらえていた。公立精神科施設への入院は地方の司法官の命令により，診断書および近親者もしくは「精神病者および

社会の利益」に関わる人の申請により認可された。通常，救急患者は診断書のみで非自発入院とされ，裁判官はそれを3日以内に是認すればよかった。

法律36は入院患者の増加を促す一因となった。1874年と1914年の在院患者数を比較すると，南部諸州では1,200人から6,171人，中部・北部地域では10,529人から39,648人という著しい増加を示したという[3]。その後の実態は1950年のLemkau, P.V.らの報告[3]からある程度うかがわれる。在院患者数は1926年の約6万人からから1941年の10万人弱へと迅速に増加した。ただし南北差があり，ローマでの168（対10万人）に対して南部では95であった。戦争中にもとのレベルにまで急減したが，それは戦慄すべき状況によるという[6]。パレルモでは1942～43年に患者の40％が餓死した。オーストリア国境に近いペルジーニでは患者がガス室へ送られる光景が目撃された。シチリア島のアグリジェントでは進撃路の確保のため病院が空にされた。

精神病院の入院患者は戦後にふたたび増加し，1963年には91,868人に達した[6]。仮に戦禍がなければ，患者数はさらに大きく伸びていたであろう。ちなみにLemlaumらは各国の在院患者数を比較している。これを見ると戦争による直接の被害を受けなかった米国の374（対10万人，1946年）が突出しており，1960年代に脱施設化が謳われる以前の"施設化"[7]の厳しい現実がうかがわれる。イタリアでは同じ203（1941年）である。なお日本での2001年の在院患者は261（対10万人）である。

III　1978年の改革

よく知られるように精神医療改革の震源地はユーゴスラビアとの国境に近いトリエステである。Dell'Acqua, G.らの「精神病院の終焉」[4]というレビューからその経緯を見てみたい。

社会的背景として1960年代に始まる経済成長，労働運動の前進，公衆衛生問題への関心の高まりがあった。オーストリア・ハンガリー帝国の港として栄えたトリエステは多民族が混じり合う地理的条件にあり，特に第二次大戦後はバルカン半島からの移民が大挙して移住した。その後，ユーゴスラビアの危機や若年層の流出により人口減少と経済後退が重なった。人口は1971年の31万人から1981年の26万人に減少し，かつ65歳以上の高齢者が全国平均の14％に対して21％に及んでいる。

1971～75 年は改革への胎動の時期である。トリエステ精神病院は 1907 年に建設された施設で，1971 年に Franco Basaglia が院長に任命された。 1971 年には入院患者は 1,058 人で，うち 830 人が強制入院，残りは自発的入院であった（1968 年に自発的入院を可能にする 1904 年法の改正がなされた）。

Basaglia らはスタッフの増員，混合病棟への転換，拘束手段やショック療法の廃止を進め，最初の 2 年間ですべてを開放病棟とした。院内にグループホームを設け，市内のグループホームのモデルになった。治療の連続性の確保を目的とする院外活動プログラムを展開し，地区センターの基礎をつくった。1973 年に作業療法のための協力企業が設立され，住民と患者の交流をはかる行事も組まれた。

1972 年以降，トリエステ精神病院はゲストを置くようになった。ゲストとは「満足すべき状態にあり，院外で生活する潜在的能力を持つが，適する宿泊施設を見いだせなかった人びと」という。つまり病状からは入院が不要であるがサポートを欠くために病院に滞在をする人びとのようである。1975 年末には入院患者は 656 人で，うち 403 人がゲストであった。1976～81 年は精神病院の閉鎖と精神保健センターの開設の時期である。1975～77 年に市内に 6 ヵ所のセンターがオープンし，退院推進と再入院防止のための援助を主目的とした。病棟は漸次閉鎖され，病院の機能は地区のセンターへ移された。入院数は劇減し，危機状態にある患者はまず地区のセンターを利用した。1978 年の法律施行の時点でトリエステ精神病院には 423 名（すべてゲスト）が残っていた。1981 年に精神保健センターが満足すべき状況になり，病院の入院病棟は閉鎖され，総合病院の救急精神ケア・ステーションに置き換えられた。1980 年 9 月に精神病院としての機能の終了が行政によって確認された。1981 年には 7 番目のセンターが病院の区画にオープンし，15,000 人の住民とゲストとして病院に居住する 235 人の看護にあたっている。ゲストは疾患をもつ高齢者，グループホームの利用者，濃厚なケアを必要とする人などである。地区のセンター，大学クリニック，総合病院などがネットワークを構成した。1978 年の法律施行後，1984 年まで強制治療は住民 28,000 人に対して 18 人を数えるに過ぎなかった。自殺も 1967 年に年間 57 件から 20 件程度に減少している。また 1980 年から司法省の認可のもとでセンターの介入が刑務所にも拡大され，患者が刑務所から司法精神病院へ送られないた

めの活動を進めた。

　以上，Dell'Acqua らのレビューを要約した。彼ら自身が運動の推進者であるため明るい展望を強調しているように感じられるが，ともあれ次のような結論が出されている。この数年，患者との接近は容易になり，暴力的行動や，施設の枠組みで頻繁に生じる慢性的，退行的な行動の減少が観察されてきた。地区のリソースを支えるのは精神病院の廃止であり，「病院を閉じることは新しいリソースと知識の利用可能性の推進を意味する。これこそがあらゆる人の精神保健の予防と改善の必要な最初のステップである」と主張している。病院の閉鎖なくして改革はあり得ないというわけである。

　全国的には精神病院はどこまで廃止されたであろうか。de Girulamo[3]が示す統計によれば，全国76ヵ所の精神病院の入院患者は，ピーク時の1963年には91,868人，1978年には78,538人であったが，1998年には7,704人に減少した。ただ改革の成否を評価するには信頼できる基礎データがとぼしく，地域差もあり，全国規模での改革の成果についてはいまだ評価が定まっていないし，de Girulamo が述べているように，公表された数値から見えてこない部分が少なくない。またトリエステを基準にしてイタリア全体を推し量ることはできないであろう。いずれにしても一次資料がとぼしいので速断を慎みたい。

IV　Basaglia の思想

　1978年の改革に先だって，いくつかの州でラディカルな実践が試みられ，特にアレッツォ，トリエステ，ペルージャなどキャッチメント・エリアが35万人以下の比較的小さい都市で進められた。さらに遡って60年代には，Basaglia によってゴリツィア（トリエステに近い都市）で，Maxwell Jones らの治療共同体にもとづく基礎的な活動が実践された[9]。

　改革運動のリーダーであり，民主精神医学（Psychiatria Democratica）の創設者である Franco Basaglia（1924-1980）の思想について検討したい。彼の哲学的，思弁的な言説を解説することは容易ではない。ここでは彼の2つの論文[1][2]から紹介するにとどめる。

　1973年の論文は冒頭でいきなり詩人 André Breton を引用する。Breton や Jean Paul Sartre の知識人論，イデオロギー論から出発し，Sartre の「文学とは

何か」を捻って「精神医学とは何か」と問う。Sartre が言うようにイデオロギーはいったん作られてしまうと抑圧に変じる。ドグマチックな科学としての精神医学はまさに抑圧のイデオロギーである。それは対象を異質で了解不可能な存在と定義してきた。"対話の相手"を前にした精神科医が専門知識の鞄を開ける時から，対話者は"患者"に変じ，人間存在が消えてコード化される。それはラベリング，スティグマの付与を意味する。分類学や疾病学の権威的体系と，それが指示する現実には大きなギャップがある。その現実とはアサイラムの患者に他ならない。一方には疾患を"了解不能"とみなしてその病因を問う科学があり，他方に了解不能さゆえにアサイラムのシステムの中で抑圧され，辱められ，破壊された患者たちが存在する。我々にとっての"現実"とはアサイラムの収容者であり，精神医学は，彼らの了解不能で精神病理的なものすべてを，除去され消去されるべき社会生物学的奇形物とみなすことで，つねに否定的解決を見いだす。精神医学が精神病患者を探求の対象とするのであれば，それは施設化された患者たちの現実をどう正当化するのだろうか。

　アサイラムは全体が権威的－階層的関係の上に打ち立てられている。組織としての構造と役割の全体的意味を問い直すと，そこに逆説が見えてくる。システムとしての病院はそれ自体のために存在する。システム内部の相互作用を検討してみれば，そこには明確な役割が存在しないことが分かる。患者は受身の役割に埋めこまれ，他方で医師らの存在は権威と権力によってのみ正当化されている。

　従って，我々が取るべき最初のステップは患者の内在的価値を認め，否定された相互性を回復することである。こうした役割の相互性は医師らの権威的役割を疑問に付し，選択を迫る。つまり，症状を既存の症候学パターンの整理棚にしまい込むか，現実の次元で患者にアプローチするか，もしくは伝統的な精神医学にとどまるか，あるがままの患者に接近するか，である。患者を解放することなくして医師らはみずからを解放し得ないだろう。Binswanger, L. が指摘したように，科学的方法には現実の人間をバラバラにするという危険性が内在する。精神科医が患者を理解したい，援助したいと欲するなら，疾患，診断，症候群というラベルを括弧に入れなければならない。

　Sartre によれば「飢えた子どもを前にして文学に何ができるか」という問

いは文学にとってのチャレンジである。飢死に瀕した子どもが文学に対してそうであるように、アサイラムで我々が出会う患者たちは精神医学にとってチャレンジであり、現実である。また Sartre は飢えとの戦いでは政治と経済のシステムを変えねばならないと語ったが、イデオロギーに覆われた科学と戦うには、それを支えるシステムと闘わねばならない。Sartre のいう"プロパガンダの文学"と同じく"プロパガンダの精神医学"を通して、科学的でもあれば政治的でもある闘いに乗り出すのである。目標は精神療法的アプローチの上に築かれた新しい精神医学である。現存する権威的、階層的なシステムに代えて、力動的相互作用に関心を払うセンターが必要である。そのため病院を可能な限りコミュニティ原理に基づいたセンターに編成しなおす努力が払われる。治療共同体は発展の必要なステップであるが最終ゴールではない。今は何よりも諸矛盾に直面しなければならない。全体が施設化された社会の中で、患者は新たな不適応のリスクを負う。精神科医が患者を"疾患"ではなく"問題"として認識してアプローチするには、同時に社会を同じ方向に向かわせなければならない。

次に、Basaglia が 1980 年つまり法律の改正後に著した「法と精神医学の諸問題——イタリアの経験」という論文をみる。ここでも同様にアサイラムを問題の中心に据えている。

精神医学の根本的矛盾は、病いのケアとコミュニティを守ること、医学と法律・秩序の間にある。コミュニティへの危険性の概念が医学的カテゴリーによって正当化され、合理化される。アサイラム・システムのもとでの診断では、慢性疾患すなわち不良な予後であり、恒常的拘禁による労働市場からの駆逐を意味する。全ヨーロッパでアサイラムが精神医学の構造の要であり続けてきたが、第二次大戦後からイギリス、アメリカ、フランスでさまざまな形で危機が表面化した。

イタリアでも事情は似ているが、他のヨーロッパ諸国よりもテンポが遅れている。最初の法改革は 1968 年の法律 431 で、1904 年の法律を補充し、自発的入院の規定を設けた。しかし法的処置の根本性格は変っていない。強制入院であればやはり自他への危険、公的醜聞とみなされる。フランスのセクトゥール方式からアイデアを得た地区サービスも試みられたが、これらは薄っぺらな改革に過ぎず、ヨーロッパ諸国での広汎な改革は起きなかった。

精神病院の大多数は依然として刑務所的なアサイラム・モデルである。アサイラム・モデルの代替手段の擁護者たちは，精神医学全体を疑問に付し，1968～69年の学生・労働者の運動との政治的協力に向かった。ヨーロッパ諸国と較べたイタリアの特殊性は，問題が精神医学に固有の領域から，政治運動を通して間接的ながら国家の装置へ関わったことにある。

1970年代後半に現れたイタリアの経験はある意味でユニークであった。法律の関心は疾患の定義や分類よりも治療と利用可能なサービスに向けられた。法律の原理は患者の治療への権利を守ることにある。患者が社会的に危険とみなされなくなれば拘禁・隔離の場としてのアサイラムはもはや正当化されない。

以上のように，Basagliaの思想には1960-70年代の知的状況が色濃く反映している。精神医学をイデオロギーとみなし，その存在理由を，そして精神科医の役割を問いなおすことから出発する。精神医学は症候学や疾病学のラベルを付与することで人間としての患者を受け身の対象物に変える。精神科医が直面すべき現実とは，アサイラムの患者に他ならないという。ここでいうアサイラムとは，アメリカの社会学者 Erving Goffman が分析してみせた，権威的，階層的秩序を備えた微小社会であろう。精神医学が患者を理解し援助するためにはアサイラムの批判，解体を避けて通れないのであるが，それはさらにアサイラムを支える社会システム総体の批判につながる。精神医療改革は必然的に政治的でなければならないというわけである。

Basaglia自身は1980年に没してしまい，改革の長期的評価を彼に問うことはできない。ともあれ彼のきわめてラディカルな思想が現実に行政や制度を動かし，改革を実現させたことは驚きである。彼のカリスマ的な個性もさることながら，当時のイタリアの政治情勢も影響したのであろう。

特に注意しておきたいのは，精神障害の問題とアサイラムとが不可分の関係で捉えられていることである。つまり，一般的な意味での精神障害者ではなく，"アサイラムの患者"こそが問題なのである。1904年の法律のもとでの施設化の問題がどれほど強く意識されていたかが想像される。前述のDell'Acquaの主張からもうかがわれたように，改革運動は"病院を閉じること"を至上命題として，あえて言うなら，手段というよりも目的として，設定したように思われる。アメリカでの脱施設化政策は巨大化した州立精神病

院の縮小を強調するあまりさまざまな行き過ぎを生じさせたが[*7]，イタリアの場合もアサイラムを破壊すべきシンボルとして運動のバネにした点は共通する。

V　1978年の法律

1978年の精神医療改革は次の4つの原理に拠っている[*3]。①精神病院を漸次廃止し，新規入院を中止する，②急性期入院のために総合病院精神科（15床以下）を設置する，③強制入院を制限する，④コミュニティ精神保健センターを各地に設立する。

ここで1978年5月に国会を通過した法律180の主な条項を見てみたい（英訳[*1]をもとにしているので訳語は厳密ではない）。

第1条　「自発的および強制的な保健調査（health survey）と治療」

保健調査と治療は自発的である。

本法律で言及される場合および州法により明示的に予知される場合において，保健当局は強制的な調査と治療を，憲法により保証された人の尊厳，公民的，政治的諸権利，また可能な限り，医師と保健ケアセンターを自由に選択する権利を尊重して，命令し得る。

州，公的団体，施設が担う強制的な保健調査と治療は，公的な地区保健センターにおいて，また入院が必要であれば，公的または州により補助された病院設備において，実施される。

強制的な保健治療のあいだ，被治療者は，正当と思うどのような人とも連絡する権利を有する。

前節の強制的な保健調査と治療は患者の同意と関与を確実にする努力を伴わなければならない。

強制的な保健調査と治療は，1名の医師によりなされる正当な提案に基づいて，その地区の保健当局の能力の範囲において市長が命じる。

以下の条項については重要な点のみあげる。第2条は強制的な保健調査と治療の手続に関して，入院による強制治療が許される条件として，緊急の治療的介入が必要なこと，介入を患者が受け入れないこと，病院外では即時に時宜に適った保健ケア手段の条件も情況も存在しないこと，を定めている。第4条，第5条は，強制治療に対する患者の申し立てを規定している。第7

条は精神病院サービスの諸機能を地方行政へ移動すること，精神病院の新設や既存の病院を総合病院の専門精神科部門として利用することなどを禁じている。第8条は法施行時に精神病院に入院している患者の処遇を定める。病院長は強制治療の継続を要する入院患者の氏名を市長に知らせ，市長はこの法律に従って後見裁判官に通知する。法施行時に入院している患者は彼らが求める限りにおいて入院を継続できる。

VI 保安処分

イタリアで古典的な保安処分制度が存続することはあまり知られていない。保安処分についてはすでに論じ[8]，本視察報告でも詳しく紹介されるので，ここでは Traverso ら[10]などを参照して簡単に触れたい。

国家統一後の最初の刑法は1889年のZanardelli法である。「行為の認識または自由」を排除するか著しく減退させる精神障害（infermità）の状態での犯罪に関して特別な規則が設けられ，「精神病かつ危険な患者」は民事裁判所の裁判官により公立精神病院への収容が決定された。自由意思を強調した古典派の影響を受けたZanardelli法に対して，犯罪人類学派は道義的責任よりも社会への危険性を根本に据えた。両派の妥協が図られた結果，"責任－危険性"という複合的概念が導入され，責任を有する犯罪者には応報的刑罰，責任を有しない犯罪者には危険性に相応する保安処分（misure di sicurezza）が設けられた。後者は1930年のRocco法で具体化された。理解と意思が欠如もしくは限定されていると判断された場合，社会的危険性が検討される。完全な精神病では司法精神病院（ospedale psichiatrico guidiziario）に送られ，限定的に精神病かつ社会的に危険であれば，刑罰を緩和され，危険性が持続する限り療治保護院（casa di cure e custodia）へ送られる。危険性なしと判断されると特別の処置は受けない。司法精神病院と療治保護院は司法省の管轄で，社会的にもはや危険でないとみなされるまで収容される。ただし実際には最小限必要な期間とされ，その長さは精神障害の重さよりも犯罪の重さに対応する。社会的に危険とみなされなくなると，最短期限が終わらないうちに処分が変更もしくは中止される。

保安処分と精神医療との関係について見ると，さきに検討した精神医療改革は1904年の法律の強制入院とそれを支える精神病院の存在を標的とする

もので，保安処分の改廃を目的とするものではなかった。歴史的にも制度的にも両者が別個の文脈に属することを考えると，保安処分が医療改革の射程外に置かれたことはむしろ当然であろう。もちろん，両者の間にある種の力動関係が生じることは想像される。Traversoら[10]によると，かつて司法精神病院の非人間的環境などが批判され，これを閉鎖して公立精神病院に振り替える動きがあった。しかし1978年に改革により公立施設が閉鎖に向かうとこの動きは放棄された。また，さきに紹介したDell'Acquaのトリエステでの実践にうかがわれるように，予防的介入によって司法精神病院への収容，あるいは司法精神病院から公立精神病院への移送を減らす試みがなされている。しかしTraversoらによるとこうした努力はまだ不十分で，刑事司法システムの患者はイタリアの改革で抜け落ちた課題であるという。

VII　おわりに

文献をもとにイタリアの精神医療改革の背景を探ってきた。結論を述べるにはあまりに情報が不足しているが，少なくとも次のような指摘は許されるだろう。すなわち，精神医療改革の意義や成果を公平に評価するには，イタリアの特殊事情とりわけ改革以前の医療状況を詳しく知ることが不可欠である。それによって"病院を閉じる"というスローガンの意味も理解されるだろう。また今後の改革が現行の保安処分を軸にした司法精神医療にどこまで介入できるかという点も我々にとっての関心事である。

〈参考文献〉

- [1] Basaglia F: Problems of Law and Psychiatry: The Italian Experience. Int J Law Psychiatry 3: 17-37, 1980
- [2] Basaglia F: What is psychiatry? Int J Ment Health 14 : 42-51, 1985. Translated from F. Basaglia (ed.), Che cos'e la psichiatria? Turin: Einaudi, 1973.
- [3] de Girulamo G, Cozza M: The Italian Psychiatric Reform. A 20-year perspective. Int J Law Psychiatry 23 : 197-214, 2000
- [4] Dell'Acqua, G, Dezza MGC: The end of the mental hospital. A review of the psychiatric experience in Trieste. Acta Psych Scand., suppl. 316, 45-69, 1985
- [5] Guarinieri P: The history of psychiatry in Italy. History of Psychiatry 2 : 289- 301, 1991
- [6] Lemkau PV, de Sanctis C: A survey of Italian psychiatry, 1949. Am J Psychiatry

第 2 部　諸外国における触法精神障害者の処遇決定システム

107：401-408, 1950
* 7　中谷陽二「施設化と脱施設化の 100 年」臨床精神医学 28：1635（1999 年）
* 8　中谷陽二「触法精神障害者——問題の広がりと深層」ジュリスト 52 頁（2004 年 3 月）
* 9　Pirella A: The implementation of the Italian psychiatric reform in a large conurbation. Int J Social Psychiatry 33：119-131, 1987
*10　Traverso GB, Ciappi S, Ferracuti S: The treatment of the criminally insane in Italy. An overview. Int J Law Psychiatry 23：493-508, 2000

3 イタリアの保安処分制度と精神医療
――地域化と一般精神医療化の流れ――

柑 本 美 和

I はじめに

イタリアの憲法裁判所は、2003年に、刑法222条が、社会的に危険な責任無能力者に対して、保安処分施設である司法精神病院（Ospedali Psichiatrici Giudiziari[1]）への自動収容しか認めていない点を違憲とした[2]。そして、社会的危険性を抑制して適切な医療が提供可能であるならば、収容処分ではなく、社会内処遇を選択することも可能であるべきだとした。一般精神医療については、既に、1978年に制定された「強制的及び自発的な治療と診断に関する法」[3]（以下、1978年法180号という）によって、精神病院は漸次廃止され、地域精神科治療を原則とする精神医療制度が創設されていた。しかし、これまで、このような一般精神医療に見られる脱施設化の流れは保安処分には及ばず、一般精神医療とは隔絶された環境で収容主体の処分が行われていたのである[4]。この憲法裁判所の判決は、保安を重視した収容中心の保安処分制度、一般精神医療から隔絶された司法精神医療には限界があるべきだと宣言したと捉えることが出来るだろう。

我が国の「心神喪失等の状態で重大な他害行為を行った者の医療及び観察等に関する法律」（平成15年法律第110号。以下、医療観察法という）は、その処分として「入院による医療」に加え、「入院によらない医療」を規定し、対象者の社会復帰における地域精神医療の重要性を示した。今後、対象者への適切な地域精神医療のあり方を検討していかなければならない我が国にとって、今まさに、保安処分の地域化と一般精神医療化が進められているイタリアの状況を検討することは、意義があるものと思われる。

本稿では、まず、イタリアの一般精神医療における脱施設化の流れについて概観する。次に、保安処分制度について紹介を行う。そして、最後に、司法精神医療と一般精神医療との連携構築がどのように進められているのかを

考察していく。

II 一般精神医療における脱施設化の流れ[5]

1 史的概観[6]——1978年法180号誕生まで

1904年に制定された法律「精神病院および精神病者に関する処遇」[7]（以下，1904年法という）は，国家による統一的な精神病院への入院要件を掲げた[8]。ただ，法律は，患者の治療よりも，社会防衛に主眼を置いていたため[9]，その要件は，「自傷他害の危険が存在すること，または，世間を騒がせること」とされていた（1904年法1条1項）。そして，患者の親族や後見人ばかりでなく，「入院が患者と社会の利益に適う」と判断した者であれば，誰でも患者の入院を要求することができた（1904年法2条1項）。

入院は，まず，法務官裁判所（pretore）[10]が，診断書と，規則に従って作成された宣誓供述書に基づいて暫定的に承認した。そして，最長1ヵ月の観察期間の後，病院長の報告をもとに検察官が請求し，審議室における手続きを経て地方裁判所が正式に決定することとされていた（1904年法2条2項）。なお，緊急の場合には，公安警察が診断書に基づいて暫定的な入院を許可することもできたが，3日以内に共和国検事正にその旨を報告しなければならなかった（1904年法2条3項）。患者の退院は，病院長や親族などの要求に基づいて，地方裁判所長が許可した（1904年法3条1項）。回復の著しい患者については，病院長に，試験的退院を命じる権限が与えられていたが，その場合でも，直ちに，共和国検事正そして公安警察に連絡しなければならなかった（1904年法3条5項）。このように，1904年法では，入院手続きに検察官や警察官が関与していた。さらに，精神病院への入院は，当時の刑事訴訟法604条によって，犯罪に関する記録と同じように，裁判記録に編纂されることとなっていた[11]。1904年法が治安対策法としての性格を有していたことは明らかであった。

1909年には，「1904年法執行のための規則」である1909年勅令[12]（以下，1909年勅令という）が出され，精神病院の入院者数の制限，施設基準，衛生基準，入院申請手続き，入院中の強制措置手続き，不服申立て手続きなど，患者の人権に配慮した規定が設けられた。例えば，一部屋の定数を超える患者の収容が禁止され，男女別，症状別の収容が定められた（1909年勅令3条

1項)。また，拘束などの患者への強制措置は，廃止するか，極めて例外的な場合に限定すべきとされた。そして，限定的に用いる場合にも，強制の性質と期間を明記した，その施設の長あるいは医師の書面による許可を必要とした（1909年勅令60条）。さらに，自傷他害の危険が存在しない精神障害者は，精神病院とは異なる施設に収容されること，また，精神病院が存在しない，あるいは十分に設置されていない地域では，精神病院内の区別された病棟に収容されなければならないことも定められた（1909年勅令6条）。このように，1909年勅令には，患者の福利向上を目指した規定が多数含まれていた。しかし，「危険性」という入院要件は存置されたままであり，実際のところ，警察権限に基づく入院が一般的であった[13]。そして，拘束も，懲罰の手段として使用され続け，自傷他害の危険の有無に応じて患者が区別して収容されることはなかった[14]。

イタリアでは，第二次世界大戦後の民主国家への転換，新憲法の制定，精神医学の進歩等を契機に，1951年，1953年に1904年法の改正案が国会に提出されるなど，精神医療改革に向けた動きが少しずつ広がっていった[15]。1968年には，「精神科援助対策法」[16]（以下，1968年法という）が制定され，精神医療の地域化および巨大精神病院体制からの脱皮が初めて法律に掲げられた。この法律によって，患者の自発的入院が認められるようになり（1968年法4条)，外来治療を担う地域精神保健センターの設置（1968年法3条)，精神病院の規模縮小（最大5病棟までで，1棟は125床以下）や人員配置の新基準（3床に1人の看護師，100床に1名のソーシャルワーカーなど）が規定された（それぞれ1968年法1条，2条）。その結果，1968年法の制定から1978年法の制定までの間に，年間3500床の割合で精神病院の病床数は減少し，それに伴い入院患者数も減少していった[17]。さらに，入院の事実を裁判記録に編纂するという刑事訴訟法上の措置も廃止された（1968年法11条）。しかし，依然として，1904年法の危険性を根拠とした強制入院手続きは存置されており，ケア体制も不十分なままであった[18]。

1970年代に入ると，イタリアでは，精神医療改革を求める動きが大きくなっていった。その改革で中心的役割を果たしたのが，1961年からイタリア北東部ゴリツィアの州立精神病院長を務め，その後，トリエステに移り，そこで脱施設化運動を推し進めた医師のフランコ・バザーリア（Franco Basaglia) であった。彼の指導のもと，北イタリアの都市を中心に精神病院の廃止と患者の解放を求める運動が活発に繰り広げられ[19]，この運動は，国会の議席数の約34％を占め，精神医療改革を主要政策として掲げる第二党のイタリア共産党によって支持された。さらに，こうした流れの中で，人権擁護運動を繰り広げる少数政党の急進党が，「患者の強制的な精神病院収容」といった1904年法の主要規定廃止を訴え，国民投票を行うに十分な数の署名を集めた。時のキリスト教民主党政権は，国民投票の成功によって，精神医療に関して司法上の空白が生じることを危惧し，新たな精神医療改革法案を国会へ提出した[20]。「強制的及び自発的な治療と診断に関する法」は，こうした政治的な対立の下で1978年に成立したものである。

2　1978年法――現行制度

1978年法180号の目的は，精神病院の解体と，それに伴う包括的な地域精神医療体制の創設にあった[21]。この法律は，まず，診断と治療は自発的なものであることを宣言し（1978年法180号1条），入院の要件を危険性ではなく，純粋に医療上の必要性に限定し（1978年法180号2条2項），1904年法以後続いてきた，保安目的の精神病者収容制度を廃止した。そして，精神病院の「補完ではなく代替」となる地域保健機関を，各地域に設立することとした[22]。その後，この法律は，同年12月に制定された，「国民保健サービス制度に関する法」[23]（以下，1978年法833号という。また，以下，条数のみを示すときには1978年法833号のそれである）に若干の修正を経て統合された（33条，34条，35条）[24]。

この法律の最大の特徴は，「診断と治療は原則として自発的である」ことが明記された点にある（33条1項）。そして，強制的な精神科治療を実施するためには，緊急に治療的介入が必要であること，患者が必要な治療を拒否していること，さらに，病院外では，時宜を得た適切な医療が行われないことの3点が満たされなければならないとした（34条4項）。このような条件に加え，以下のような詳細な入院手続きも定められた。入院は，患者を診察した医師による入院の提案を公立病院の医師が承認し，その上で，保健衛生の最高権威者としての地位を有する市長が命じなければならない（33条3項，34条4項）。その命令は，公立病院の医師の承認から48時間以内に発せられる必要があり，さらに，市長は収容から48時間以内に後見裁判官（giudice tutelare) にその旨を通知しなければならない（35条1項）。後見裁判官は，その後，48時間以内に，情報を収集し，必要であればさらに調査を行った後，強制入院を承認するか否かを判断し，その結果を市長に伝える[25]。後見裁判官によって入院が認められなかった場合には，市長は，強制入院措置を中止する命令を出さなければならない（35条2項）[26]。

　治療が7日を超える場合には，医師は，更にどの程度，治療が必要かを明記した提案を市長に行う。そして，市長は，その旨を後見裁判官に報告し，入院承認の際と同様の手続きを経た上で，入院延長が行われる（35条4項）。患者が強制治療を必要とする状態ではなくなった場合（患者の退院，自発的入院への切り替えなど）にも，医師から市長への報告，後見裁判官への報告は行われる（35条5項）。なお，強制治療とその延長については，誰でも，その取り消しと修正を求めて市長に申し立てを行うことができ，これに対し，市長は，10日以内に決定を行わなければならないことになっている（33条7・8項）。さらに，患者や，この件に関心のある人は誰でも，後見裁判官が承認した入院措置に対して，管轄地方裁判所に不服申し立てを行うことができる（35条8項）。一方，市長も，強制入院を承認しなかった後見裁判官の決定に対して，30日以内に不服申し立てをすることが可能である（35条9項）。法律に規定された各報告がなされなかった場合には，強制入院が無効になると同時に，当事者は処罰される可能性が生じる（35条7項）。そして，これらの規定は，法施行後に新たに入院する患者のみならず，既に，強制的に精神病院に収容されている患者にも適用されることとなった。

　以上のような入院手続きに加え，入院・治療場所についての規定も設けられ，強制的な治療と診断は地域の公的保健機関が実施すること（33条4項），入院は，総合病院内に設けられた治療と診断のための精神科部門（servizi psichiatrici di diagnosi e cura，病床数15床以下の精神科病棟）だけで行うこととされた（34条5項）。

　さらに，精神病院についての改革も行われた。精神病院への新規入院が禁止され，精神病院の新規建設，既存の精神病院の一般精神病棟としての使用が禁止され，精神病院を段階的に閉鎖することが定められた。ただ，例外的措置として，1978年5月16日以前に入院しており，入院治療が必要な患者については，その自発的意思に基づいて，1980年12月31日までは再入院可

能とした（64条）[27]。しかし，この法律によって段階的な閉鎖が決定されたのは，公立精神病院のみであり，私立の精神病院や司法精神病院は法の対象外であった。

3　1978年法施行後の状況

1978年法180号成立前年の1977年の時点で70,070床あった公立精神病院の病床数は，1984年には38,928床にまで減少した[28]。しかし，1978年法833号は，今後の一般的な精神医療のあり方を示す法律ではあったが[29]，制度整備の期限や，スタッフの配置，予算などについて，具体的な基準を示しておらず各地域の裁量に委ねていたため，法の施行状況には地域ごとで格差が生じていた[30]。そこで，1989年には，法律の施行状況を評価するための特別委員会が設置された。そして，その委員会の調査によって，法の施行状況には地域差が一貫して継続していること，また，地域によってはまだ精神病院への入院が行われていることが明らかにされた[31]。

そのような状況を改善するために，1994年4月7日共和国大統領令で，「精神保健の保護1994－1996」[32]というターゲットプロジェクト（Progetto-obiettivo）が定められた。このプロジェクトによって，精神病院の閉鎖に関して特別な措置を講じる必要性が改めて明確にされた。そして，同じ年に成立した，「公的資金の合理化対策法」[33]（以下，1994年法という）で，各州は，1996年12月31日までに，精神病院閉鎖に向けた対策をとること，さらに，不要になった精神病院の動産，不動産を売却して得た収入は，このプロジェクトに掲げられた目的達成のために使用されることが規定された（1994年法3条5項）。しかし，精神病院の閉鎖は期待通りには運ばず，1996年の「公的資金の合理化対策法」[34]（以下，1996年法という）では，精神病院の閉鎖などに関する対策を講じない地域には，公的保健資金分配の減額という経済制裁を科すこととした（1996年法1条20項，23項）。さらに，1997年に制定された「公的経済安定対策法」[35]（以下，1997年法という）では，履行期限が1998年3月31日に延期された（1997年法32条4項）。このような経済的制裁をも含む精神病院の閉鎖推進政策によって，1996年から1998年までの間に，公立精神病院は75施設から39施設となり，入院患者数も11,803人から4,769人にまで減少した[36]。そして，その後，1999年11月10日の共和国大統領令で定められた，新たなターゲットプロジェクト「精神保健の保護

1998 - 2000」[37]において，公立精神病院，また，契約を締結している民間の精神病院の閉鎖手続きは，地域差はあるものの，終結に向かっていると発表された[38]。

III 保安処分制度[39]

1978年法は，司法精神病院の改革を目的とした法律ではなかった。従って，これまで述べてきたようなイタリアの精神医療改革は，保安処分執行施設である司法精神病院には及んでこなかった[40]。以下では，まず，イタリアの保安処分制度において，犯罪を行った精神障害者が，どのように処遇されているのかを概観し，その後，その処遇にどのような変化が生じているのかを考察する。

1 史的概観[41]

1889年に制定されたイタリア最初の刑法，いわゆるザナルデリ刑法典（Codice penale Zanardelli）は，既に，犯罪を行った精神障害者に対する特別の処分を規定していた。まず，犯行時に，自身の行為に対する認識または自由を奪うほどの精神疾患の状態にあった者は不可罰とされた（46条1項）。そして，裁判官がその者の解放を危険だと考えた場合には，観察のために民事精神病院へ仮収容し，その後，民事裁判所の長が，無期限の民事精神病院収容か解放かを命じた。なお，無期収容の理由が消滅した場合には，同じく民事裁判所の長が収容取り消しを言い渡すことができた（1889年12月1日勅令第6509号13条，14条）。次に，刑事責任能力が排除されるほどではないが減弱している場合，その刑は減軽された（47条1項）。そして，裁判官は，自由刑が言い渡された者には，監護所収容を命じることができ，その場合，残余の刑は，通常の方法で執行されることとした（47条2項）。しかし，ザナルデリ刑法典は，このように責任無能力や限定責任能力を制度化したが，その処遇先としての司法精神病院を規定するまでには至らなかった[42]。

現在の保安処分制度は，1930年に公布され，1931年から施行された，いわゆるロッコ刑法典（Codice penale Rocco）の下で誕生した。ロッコ刑法典は，刑罰と保安処分の二元主義を採用し，犯行時の精神障害ゆえに責任無能力とされ処罰できない者に対しては，社会的危険性を理由として特別の処分を科すこととした。

第 2 部　諸外国における触法精神障害者の処遇決定システム

2　責任能力制度と保安処分制度
(1)　刑事訴追制度
　責任能力制度について述べる前に，イタリアの刑事訴追制度について若干触れておく[43]。わが国が起訴便宜主義を採用し検察官に広い訴追裁量権を認めているのに対して，イタリアでは起訴法定主義がとられている（イタリア共和国憲法112条，刑訴法50条）。わが国で特に問題となる，明らかに心神喪失の状態で殺人を行った精神障害者についても，検察官による訴追は行われる。

　また，イタリアでは，殺人罪など一定の重罪事件は，重罪院，重罪控訴院の管轄となる（刑訴法5条）。重罪院では，参審制度が採用され，2名の職業裁判官に加えて，6名の市民裁判官である参審員（giudici popolari）によって裁判が行われる。参審員は，書面証拠を閲覧[44]し，裁判長を通じて証人や被告人に質問を行い，事実認定や量刑に関与し，責任能力や社会的危険性の判断も行う。しかし，一般市民から選出される参審員には，必ずしも法律的な素養があるわけではない。したがって，平易な言葉で法律事項や鑑定の内容などを説明することが，裁判官にとって重要な仕事になる[45]。

(2)　責任能力制度と保安処分
　イタリア刑法[46]は，「犯行時に，疾病により[47]，認識能力ないし意欲能力を欠くような精神状態にあった者には責任能力がない」と規定する（刑法88条）[48]。また，犯行時に，疾病により，認識能力ないし意欲能力が完全に欠如していたわけではないが，著しく減少したような精神状態にあった者については，限定責任能力として，必要的に刑を減軽する（刑法89条）[49]。これらの者については，さらに「社会的危険性」が認められれば，保安処分が言い渡される。つまり，保安処分が適用されるか否かは，社会的危険性の有無により（刑法202条1項），重大な犯罪を犯して責任無能力とされても，社会的危険性がなければ保安処分に付すことはできない[50]。また，限定責任能力であっても，社会的危険性が認められなければ，有罪として刑罰に処せられるのみである。社会的に危険な者とは，刑法203条1項によれば，犯罪を犯した者，不能犯（刑法49条2項），または共謀，教唆の失敗者（115条）であって，刑法で罪として定める行為を新たに犯す蓋然性がある場合を言う[51]。

かつては，精神障害を理由に無罪とされた責任無能力者，刑が減軽された限定責任能力者は，原則として，社会的危険性の存在が推定されていたため，保安処分施設に自動的に収容されていた（削除以前の刑法204条2項）。しかし，憲法裁判所による違憲判決を受けて[52]成立した1986年10月10日法律第663号[53]（いわゆるゴッチーニ（Gozzini）法）31条によって，刑法204条は削除され，さらに同法31条2項によって，「全ての対人的保安処分は，当該行為を行った者が社会的に危険であると認定された後に命じられる」こととなった。こうして，責任無能力者，限定責任能力者であっても，執行時に，改めて社会的危険性の審査が行われなければならなくなった。なお，憲法裁判所が違憲性を宣告した規定は，憲法136条1項により，判決の公布の日の翌日から効力が失われる点に留意する必要がある[54]。

　社会的危険性とは，刑法133条に規定された事情，すなわち，
① 犯罪の重大さ
　(a) 行為の性質，種類，方法，客体，時，場所，その他
　(b) 被害者に生じた損害または危険の軽重
　(c) 故意の強度，または過失の程度
さらに，
② 行為者の犯罪能力
　(a) 犯行の動機及び行為者の性格
　(b) 刑事上及び裁判上の先例並びに一般にその罪に先立つ行為者の行状及び生活
　(c) 犯行時，犯行後の行状
　(d) 行為者の個人的，家庭的，又は社会的な生活事情
から推定される（刑法203条2項）。

　責任能力および社会的危険性の鑑定（刑訴法220条）は，司法精神科医（司法精神医学を専攻した臨床精神科医）によって行われる。鑑定人は，裁判官が，鑑定人名簿から選定して任命する（刑訴法221条）。また，当事者側も独自の鑑定人に鑑定を依頼することができる[55]。鑑定人は，社会的危険性の判断の際に，特に，評価スケールなどを用いることはないが，対象者が自身の精神障害に対する認識を有し治療意欲を持っているか，地域の精神保健サービスと治療関係が築けているかなどは，重要な考慮事項となる。鑑定に

要する期間は，平均2～3ヵ月である。そして，イタリアでも，鑑定の合理性を検討し最終的な判断を行うのは，「鑑定人の鑑定人」と言われる裁判官である。ただ，そうは言っても，裁判官自身には精神鑑定を行う技術はないため，例えば，司法精神病院が関係するケースの約98％で，鑑定人の評価が正しいと考えられている[56]。

3　保安処分の執行

保安処分は，原則として，公判裁判官が刑の言い渡し，ないし無罪の判決において命じ（刑法205条1項，刑訴法530条4項，同533条1項），その後の，保安処分の執行監督や，社会的危険性の審査，保安処分の変更・解除判断などは，執行監督司法官（magistrato di sorveglianz）[57]が行う（刑訴法679条1項，2項，行刑法69条3項，4項）。保安処分に関する審理は，弁護人[58]と検察官出席のもと，執行監督司法官が単独で行う（行刑法69条4項）。必要に応じて鑑定人が呼ばれることもある。但し，この審理は，対象者の現在の精神状態や，これまでの治療の適切性などの判断が目的であり，弾劾的な性質を有するわけではない。そのため，対象者の出席は義務的ではないし（行刑法71条b），検察官が質問することも殆どない。なお，司法精神病院収容に関連する審理は，司法官が病院に出向き病院内で行われる。他方，保護観察所への試験委託や刑の執行の延期などに関する審理は，執行監督司法官単独では行えず，裁判官2名と精神医学，心理学，ソーシャルワークなどの専門家2名の計4名から成る執行監督地方裁判所によって行われる（行刑法70条1項，5項）。この裁判所による審理は審議室で行われ，非公開である（行刑法70条8項）。

保安処分は，対象者の社会的危険性が消失したと認められるまで継続される不定期処分である（刑法207条1項）。刑法の法文上は，各保安処分の最短収容期間が定められているが[59]，執行監督司法官は，その期間に関係なく，社会的危険性の再審査を行うことができ，社会的危険性が消失していれば，その時点で保安処分を解除できる[60]。社会的危険性の再審査は，職権で，又は検察官，対象者，弁護人の申し立てを受け，あるいは最短収容期間が経過した時点で行われる（刑訴法679条1項，刑法208条1項）。そして，このような執行監督司法官の裁判に対しては，検察官，対象者，弁護人は，執行監督裁判所に上訴を申し立てることができる（刑訴法680条1項，行刑法70条2

項)。
　4　保安処分の種類
　保安処分には，対人保安処分（刑法215条）と対財産保安処分（刑法236条）の2種類があり，対人保安処分は，さらに，拘禁的保安処分（刑法215条2項）と非拘禁的保安処分（刑法215条3項）とに分かれる。責任無能力者に言い渡されうる司法精神病院への収容処分，また，限定責任能力者に言い渡されうる治療看護所（Case di cura e custodia）への収容処分は，拘禁的保安処分に属する。拘禁的保安処分には，他に，農業コロニーないし労作所への配置，少年保安施設への収容があり，非拘禁的保安処分には，監視付自由，居住制限，酒場およびアルコール飲料販売所への出入禁止，外国人の国外追放がある。
　以下では，精神障害を理由として無罪とされた責任無能力者，刑を減軽された限定責任能力者に関係する範囲で，司法精神病院への収容（刑法222条），そして治療看護所への収容（刑法219条〜221条）について概観していく。
　(1)　司法精神病院[61]への収容
　この処分の対象となるのは，精神疾患（刑法88条），アルコールないし麻薬による慢性中毒（刑法95条），そして，聾唖（刑法96条）を理由に無罪とされた責任無能力者である（刑法222条1項）。かつては，18歳未満の未成年者も司法精神病院に収容されていたが，1998年に憲法裁判所判決は，未成年者を司法精神病院収容の対象とすることを違憲とした。その理由を憲法裁判所は，「精神障害に罹患した未成年者は，何よりも未成年者であり，刑事司法システムの領域においてもまた，そのような者として扱われ，形成過程にある人間として保護され，そして援助されなければならない」と述べている[62]。また，違警罪，過失犯罪，金銭刑，もしくは，2年以下の懲役に相当する罪が行われた際には，必ずしも司法精神病院収容が命じられるわけではなく，無罪判決が警察に通知されるだけの場合もある（刑法222条1項）[63]。先述したように，最高収容期間の定めはなく，社会的危険性が認められる限り収容が継続される。
　(2)　治療看護所への収容
　故意の犯罪を行い有罪とされたが，精神疾患（刑法89条），アルコールないし麻薬の慢性中毒（刑法95条），聾唖（刑法96条）を理由として，減軽さ

れた刑の言い渡しを受けた限定責任能力者が対象となる。原則として刑が先に執行されるが（刑法220条1項），裁判官は，対象者が精神疾患に罹患している場合には，その精神状態を考慮し，自由刑の執行開始前あるいは執行終了前に，保安処分施設への収容を命じることもできる（刑法220条2項）。司法精神病院収容と同様，最高収容期間の定めはなく，社会的危険性が認められる限り収容が継続される。実際には，治療看護所は司法精神病院の敷地内に併設され，責任無能力者と限定責任能力者は一緒に処遇されている[64]。

(3) 保安処分の場合以外の保安処分施設の使用

公判裁判所によって終局処分としての保安処分が言い渡された場合以外にも，以下のように，司法精神病院，治療看護所への収容が行われうる。いずれについても最高収容期間の定めはない。

① 未決勾留者に保安処分が仮適用される場合（刑法206条，刑訴法312条）

未決勾留者への保安処分の仮適用とは，手続きのあらゆる段階・審級において，検察官の請求により，裁判官が，精神疾患，常習酩酊，麻薬常習，アルコールないし麻薬の慢性中毒が認められる未決勾留者について，犯罪を犯した重大な疑いがあり，社会的危険性を有すると判断した場合に，仮に司法精神病院または治療看護所への収容を命じる制度である[65]。この場合，6ヵ月を経過する前に，新たに社会的危険性の評価を行う必要がある（刑訴法313条2項）。また，仮収容期間は，終局的に保安処分が言い渡された場合には，処分の最短期間に，刑罰が言い渡された場合には刑期に算入される（刑法206条3項）。

② 受刑者が精神障害に罹患した場合（刑法148条1項）

受刑者が突発的に精神疾患に罹患した場合には，執行監督司法官が，その精神疾患が刑の執行を妨げるほどの状態にあると判断すれば，刑の執行前，あるいは執行中に，その者を司法精神病院または治療看護所，または普通の精神病院に収容させる（行刑法69条8項）。法文上は，この収容期間中，「刑の執行は延期又は停止」と規定されているが，憲法裁判所は，刑法148条が，受刑者が司法精神病院，治療看護所，あるいは普通の精神病院への収容を命じられる場合に，裁判官が自由刑の執行停止を規定している部分を，憲法違反とした[66]。したがって，刑の執行は停止されず，収容期間は刑期に算入

される。

　③　保安処分対象者の保安処分が変更される場合（刑法212条2項）
　保安処分の変更とは，拘禁的保安処分に付された者が精神疾患に罹患した場合，裁判官がその者を司法精神病院または治療看護所へ収容させる制度である。
　①から③の処遇に先立ち，処遇実施の要否を判断する精神鑑定実施のために，各対象者は，30日を限度に，司法精神病院，治療看護所，民間精神病院や他の医療施設に収容されることがありうる（2000年6月30日大統領令第230号第112条）。
　このように，「保安処分」は，危険な犯罪者の隔離を目的としており，精神医療の提供という観点から構築された制度ではない。刑罰を科すことのできない責任無能力者に対して，その社会的危険性から社会を保護するために，司法精神病院や治療看護所への収容が命じられてきたのである。したがって，施設収容が中心とならざるを得ず，また，一般精神医療と同水準の医療を提供することなどは考えられてこなかった。
　しかし，以下に見るように，最近では，収容者への精神医療提供の重要性，それに伴う，司法精神医療の改革の必要性が認識されるようになってきた。

IV　司法精神医療と一般精神医療との連携

1　従来の対応

　社会的危険性が認められ保安処分の対象とされた責任無能力者が，一般精神医療と接点を持ちうる場面には，
　①　司法精神病院収容に代わる精神科医療処分
　②　司法精神病院収容中の精神科医療
　③　保安処分終了後の精神科医療
の3つが考えられる。このうち，司法精神病院収容中の精神科医療については，これまでも，行刑法上の制度によって次のような対応が可能ではあった。
　例えば，「休暇（Licenza）」という外泊制度によって，社会的危険性の再審査のために設定された期日に先立つ6ヵ月を，地域で過ごさせることが可能となる（行刑法53条1項）。この制度は，地域への社会復帰可能性を探るための手段として用いられ，執行監督司法官によって休暇が認められた対象者

は，その期間，保護観察官の監督を受ける監視付自由（libertà vigilata）に付される（行刑法53条4項，55条）。監視付自由に付された者には，遵守事項として「通院治療」が言い渡され，地域の精神科医療網との接触を図らせようとする。この場合，事前に，司法精神病院と地域の精神医療網との間で，対象者の病状，状況を踏まえた治療計画が作成され，その計画に従って治療は行われる。また，対象者は可能な限り出身地のコミュニティーに戻ることが望ましいとされる。対象者が，遵守事項違反や再犯もなく，症状が安定してくれば保安処分は解除となるが，遵守事項に違反すれば休暇を取り消される可能性が生じる（行刑法53条5項）。確かに，地域の精神医療網との連携が良好であれば，このような形で司法精神病院収容中の患者の治療を社会内で行うことも可能であろう[67]。

このように，あくまでも「休暇」期間という非常に限定された時間にのみ行われてきた一般精神医療との連携は，最近になり，司法精神病院における精神医療の見直し，そして，司法精神病院収容に代わる精神科医療処分の導入という形で議論の対象とされるようになってきた。

2　トスカーナ州とエミリオ・ロマーナ州による法案[68]

法律として成立することはなかったが，1996年に，トスカーナ州とエミリオ・ロマーナ州とが共同で国会に提出した法案は，イタリアの司法精神医療の改革に影響を及ぼしたものである[69]。この法案は，保安処分改革として，現在の司法精神病院に代わり，法務省（Ministero della Giustizia）と保健省（Ministero della Salute）とが共同運営する新たな対人保安処分施設の創設を提案した。法案は，「責任無能力という概念」と，「責任無能力者への保安処分」は存置したが，「限定責任能力の概念」と，「治療看護所への収容処分」は廃止することとした。

法案が規定する責任無能力者への新たな保安処分は以下の2種類であった。
① 最高刑が10年以上の犯罪を行った者は，精神科医療に加えて，拘禁を保障する施設への送致（4条1項(a)）
② 最高刑が10年以下の犯罪を行った場合には，保護観察への委託（4条1項(b)）

保護観察へ委託された者は，公的な精神保健機関によって作成された治療・社会復帰プログラムに従わなければならず，対象者の状況は，精神保健

機関から保護観察所に定期的に連絡される。軽犯罪，過失犯罪，あるいは，金銭刑のみが規定されている罪，そして，2年以下の懲役が定められている罪を犯した場合には，保安処分の適用はない。但し，この場合には，治療の可能性を保障するために，公的な精神保健機関に通知が行われる。

上記の新たな保安処分には，最短収容期間も最高収容期間も定められていない。ただ，原則として，①の処分であれば年に1度，②の処分であれば半年に1度，執行監督司法官によって社会的危険性の再審査が行われ，危険性がないと認められれば処分は解除される。また，この法案による精神科的処遇のための施設では，治療を公的医療機関（Servizio sanitario pubblico，つまり保健省）が，保安と施設管理は矯正局（l'Amministrazione penitenziaria，つまり法務省）がそれぞれ担当する。この施設は原則として各州に創設され，1施設あたりの収容者数は30人以下となる。

この法案は法律にはならなかったが，保安処分施設における精神医療を一般精神医療に近づけるという理念は，以下のように徐々に推進されていった。1999年6月22日政令第230号[70]は，「矯正施設収容者及び保安処分施設者の健康に対する権利」と題された第1条において，まず，矯正施設収容者，保安処分施設収容者にも，一般市民と同様に，効果的で適切な予防，診断，治療，社会復帰を享受する権利があることを明らかにした。そして，矯正施設・保安処分施設における保健サービスの提供は地域保健機構事業体（Azienda unita sanitaria locale）が，また，施設収容者の安全確保は矯正局が行うという権限分割の原則を規定した（2条3項）。

さらに，ターゲットプロジェクト「精神保健の保護1998-2000」は，今後，推進すべき課題として，「司法精神病院収容者の治療に関する精神保健機関と矯正局職員の協力についての規約および手続きの策定」を挙げた。そして，この策定は，保健省，法務省，州，自治県，市町村の間の協定によって行うこととした。また，2000年6月30日の共和国大統領令第230号[71]第113条では，矯正局と地域の公的精神保健機関が，司法精神病院収容者の治療と社会復帰を円滑に行うために，協力しながら受入れ態勢を整備していくことも定められた。司法精神医療の一般精神医療化，そしてそれを促進する法務省と保健省との協力関係構築は，現在のイタリアにおいて重要な政策課題となっているのである。

3　憲法裁判所の違憲判決

　司法精神医療の一般精神医療化への流れは，次の，憲法裁判所の判決によって確固としたものとなった。2003年に，憲法裁判所が，刑法222条が，裁判官に対し，社会的に危険な責任無能力者への処分として司法精神病院への収容言い渡ししか認めていない部分を，違憲としたのである[68]。確かに，刑法222条は，裁判官が，対象者の社会的危険性をコントロールしつつ適切な治療と保護を与えるという観点から，司法精神病院収容処分を言い渡すことは不適切だと考えている場合であっても，他の保安処分を採用する余地を認めていない。憲法裁判所は，この点をとらえ，精神病ゆえに，司法精神病院のような隔離処分を自動的に適用することは，憲法32条が規定する健康権の保護という本質的な要求を侵害し，憲法上不可欠な均衡を損なうものだとした。そして，このような場合には，法律で既に規定されている他の保安処分——適切な遵守事項を付された監視付自由処分——を選択することも可能だと示唆した。つまり，裁判官は，司法精神病院収容が適切でないと考えれば，「地域の精神保健機関での治療という遵守事項を伴った監視付自由処分」を言い渡すことができるようになった。この判決によって，社会的危険性のある責任無能力者にも地域精神医療の道が開かれたのである。

V　最後に

　近年のイタリアでの，保安処分における精神医療改革は，1978年に開始された一般精神医療の改革を推進した「脱施設化の論理」に基づいて行われているわけではない。しかし，双方の改革が目指したものは，結局のところ，収容者に提供される精神医療サービスの質の向上に他ならない。保安処分制度において，その問題解決は，第一に，一般精神医療への接近，具体的には一般精神医療との連携構築によって，第二に，司法精神医療の地域化という形で図られようとしている。社会的に危険な者を隔離拘束するために創設された保安処分制度においても，一般精神医療から切り離され，あるいは地域から切り離された形での対応は困難と考えられているのである。

　そして，イタリアの制度改革プロセスで，司法精神病院と地域の精神医療網との関係構築が強調されているように，我が国の医療観察法においても，制度の成否は，指定入院医療機関と地域の精神医療網との連携がどう図られ

第 10 章　イタリア

るかにかかっている。対象者のスムーズな社会復帰を促進するために，関係者の理解を得つつ，効果的に制度が運用されることが期待される。

　一方，我が国では，矯正施設における精神医療のあり方は，医療観察法の対象とはされず，手付かずのまま残された。しかし，保安処分施設であるイタリアの司法精神病院においてでさえ，一般精神医療への接近性が目指されていることを考えれば，我が国においても，一日も早く議論を開始する必要がある。

（1）　刑法上の規定では manicomio giudiziario とされているが（イタリア刑法 215 条 2 項 3 号，222 条），1975 年に制定された行刑法 62 条 1 項によって現在の Ospedali Psichiatrici Giudiziari（司法精神病院）に名称が変更されている。

（2）　憲法裁判所，2003 年 7 月 18 日判決第 253 号。

（3）　Legge 13 Maggio 1978, n. 180. Accertamenti e trattamenti sanitari volontari e obbligatori.

（4）　Angelo Fiorotto et al, *Crime and Mental Illness: an Investigation of Three Italian Forensic Hospitals*, 12 THE JOURNAL OF FORENSIC PSYCHIATRY, 36, 37（2001）.

（5）　イタリアの精神医療制度を紹介したものとして，小関啓二郎＝佐藤甫夫「外国の状況──イタリア」臨床精神医学 16 巻 3 号（1987 年）311 頁以下，半田文穂「イタリアにおける精神保健法」臨床精神医学 18 巻 6 号（1989 年）968 頁以下，水野雅文「改革 15 年後のイタリア精神医療事情──北イタリアの精神保健サービスの現状──」精神神経学雑誌 98 巻 1 号（1996 年）27 頁以下，同「イタリアの精神科医療の歴史と課題」社会福祉研究 84 号（2002 年）110 頁以下，馬場肝作他「2002 年イタリア精神科医療制度視察報告」日本精神病院協会雑誌 21 巻 12 号（2002 年）8 頁以下，沢温「イタリア」新福尚隆＝浅井邦彦編・世界の精神保健医療──現状理解と今後の展望──（2001 年，へるす出版）69 頁以下などがある。

（6）　1904 年法以前の状況については，Annamaria Tagliavini, *Aspects of the History in Italy in the Second Half of the Nineteenth Century, in* INSTITUTIONS AND SOCIETY, 175-196（W.F.Bynum et al.eds., 1985）が詳しい。

（7）　Legge 14 Febbraio 1904, n. 36. Disposizioni sui manicomi e sugli alienati.

（8）　Mario Maj, *Brief History of Italian Psychiatric Legislation from 1904 to the 1978 Reform Act*, ACTA PSYCH. SCAND., suppl. 316, 15（1985）.

（9）　MICHAEL DONNELY, THE POLITICS OF MENTAL HEALTH IN ITALY, 33（1992）, Paul v. Lemkau and Carlo de Sanctis, *A Survey of Italian Psychiatry, 1949*, 107 AMERICAN JOURNAL OF PSYCHIATRY 401, 403（1950）.

（10）　法務裁判官は，1999 年 6 月 2 日に施行された 1998 年 2 月 19 日政令第 51 号によって廃止された。

709

第 2 部　諸外国における触法精神障害者の処遇決定システム

(11)　この点については，"real shame for the Italian legal system" と評されている。Maj, *supra* note 8, at 18.
(12)　Regio Decreto 16 Agosto 1909, n. 615. Regolamento per l'esecuzione della legge 14 febbraio 1904, n. 36.
(13)　半田・前掲注（5）969 頁。
(14)　Maj, *supra* note 8, at 17-18.
(15)　Donnely, *supra* note 9, at 38, Maj, *supra* note 8, at 19.
(16)　Legge 18 Marzo 1968, n. 431. Provvidenze per l'assistenza psichiatrica.
(17)　Michele Tansella, *Community Psychiatry without Mental Hospitals-the Italian Experience: a review*, 79 JOURNAL OF THE ROYAL SOCIETY OF MEDICINE 664, 665 (1986).
(18)　Marco Piccinelli, *Focus on Psychiatry in Italy*, 181 BRITISH JOURNAL OF PSYCHIATRY 538, 538 (2002).
(19)　1973 年に合憲判断が出されたものの，1904 年法の合憲性を問う訴えが憲法裁判所に提起されるという事態も生じていた。Maj, *supra* note 8, at 20.
(20)　1978 年法制定の経緯については，Loren R. Mosher, *Italy's Revolutionary Mental Health Law: An Assessment*, 139 AMERICAN JOURNAL OF PSYCHIATRY 199, 200-201 (1982), Donnely, *supra* note 9, at 72-74. が詳しい。また，1978 年法の成立は，左派による「精神病者の解放」と右派による「国家財政の節約」という目的が一致したためとする論者もいる。Kathleen Jones and Alison Poletti, *The Italian Experience in Mental Health Care*, 37 HOSPITAL AND COMMUNITY PSYCIATRY 795, 797 (1986).
(21)　Michele Tansella, *The Italian Experience and its Implications*, 17 PSYCHOLOGICAL MEDICINE 283, 283 (1987).
(22)　Lola Romanucci-Ross, *The Deinstitutionalizaton Movement in Italy*, 12 INTERNATIONAL JOURNAL OF TECHNOLOGY ASSESSMENT IN HEALTH CARE 634, 634 (1996).
(23)　Legge 23 dicembre 1978, n. 833. Istituzione del servizio sanitario nazionale.
(24)　1978 年法 833 号によって，国民誰もが無料で医療サービスを受けられるようになった。
(25)　後見裁判官の役割は，患者の権利を擁護することと，必要であれば，さらなる検査を命じるなどして情報を収集し，入院が適切であるかを判断することにある。
(26)　ローマ近郊オスティア市 G. B. Grassi 総合病院，治療と診断のための精神科部門担当の Giorgio Guerani 医師によれば，1978 年法が規定する強制入院手続きは小規模の都市であれば遵守可能であるが，ローマやミラノなどの大都市では不可能だという。例えば，公共病院の医師による入院提案の承認は，事前にではなく，事後的に求められるという運用が頻繁に行われているようである。また，市長が入院命令を出した後，必ず，後見裁判官が介入するというわけではなく，市長が，許可について後見裁判官の承認が必要だと感じた場合，あるいは，患者が要求した場合に，後見裁判官に連絡される。Interview with Giorgio Guerani, MD, Ospedale di G.B.

第10章　イタリア

Grassi, in Ostia Lido, Italy (Nov. 7, 2003).
(27) 地域によっては，その期限が延期されたところもあった。Angelo Barbato, *Patterns of Aftercare for Psychiatric Patients Discharged after Short Inpatient Treatment*, 27 SOCIAL PSYCHIATRY AND PSYCHIATRIC EPIDEMIOLOGY 46, 46 (1992).
(28) Chiara Samele, *The Evolution of Italian Mental Health Care: Advancement or Inequality?*, 27 POLICY AND POLITICS 85, 88 (1999).
(29) Angelo Fioritti, *Reform Said or Done, The Case of Emilia-Romagna within the Italian Psychiatric Context*, 154 AMERICAN JOURNAL OF PSYCHIATRY 94, 95 (1997).
(30) Piccinelli, *supra* note 18, at 539, Michele Tansella et al, *The Italian Psychiatric Reform: some quantitative evidence*, 22 SOCIAL PSYCHIATRY 37, 38 (1987).
(31) Samele, *supra* note 28, at 91.
(32) Tutela della salute mentale 1994-1996.
(33) Legge 23 dicembre 1994, n. 724, Misure di razionalizzazione della finanza pubblica.
(34) Legge 23 dicembre 1996, n. 662, Misure di razionalizzazione della finanza pubblica.
(35) Legge 27 dicembre 1997, n.449, Misure per la stabilizzazione della finanza pubblica.
(36) Piccinelli, *supra* note 18, at 539.
(37) Tutela della salute mentale 1998-2000.
(38) イタリアで，実際に精神病院が閉鎖されたのかを知ることは困難である。公式統計上は現れてこないが，経済的制裁を回避するために，「精神病院」という名称を変更しただけの施設や，「患者」ではなく「ゲスト」と呼び方を変えただけの施設が存在すると言われているからである。Giovanni de Girolamo and Massimo Cozza, *The Italian Psychiatric Reform : A 20-Year Perspective*, 23 INTERNATIONAL JOURNAL OF LAW AND PSYCHIATRY 197, 209 (2000).
(39) 保安処分制度については，森下忠「イタリアの保安処分とその実情」判例タイムズ473号（1982年）30頁以下，同「イタリアにおける保安処分制度の改正動向」判例タイムズ519号（1984年）26頁以下を参照した。
(40) Fiorotto et al, *supra* note 4, at 37.
(41) イタリア刑法史については，森下忠『イタリア刑法研究序設』37頁以下（法律文化社，1985）が詳しい。
(42) 1876年にアベルサ（Aversa）に最初の司法精神病院が開設されていたが，それは，刑法に基づいて設立されたものではなかった。
(43) 刑事訴訟法上の用語は，法務大臣官房司法法制調査部編・イタリア刑事訴訟法典（1998年，法曹会）の訳による。

イタリアの刑事司法制度については，松田岳士「イタリアの刑事手続と参審制度」イタリア刑事司法制度調査報告書（2002年），ルイージ・ランツァ（松田岳士

711

第 2 部　諸外国における触法精神障害者の処遇決定システム

訳）「イタリア参審制度における裁判過程(1)(2)」判例タイムズ 1115 号（2003 年）46 頁以下，同 1118 号（2003 年）65 頁以下を参照した。
(44) 書面証拠は，職業裁判官だけでなく参審員も読むことができるが，内容が複雑なため全文を精読するということは殆どない。裁判官が審議室の中で必要な箇所を説明するという形式がとられることが多い。Interview with Mario Lucio, Pres. Dott. D'Andria, Corte di Assisse di Roma, in Roma, Italy（Nov. 6, 2003）.
(45) Id.
(46) 刑法上の用語は，法務大臣官房司法法制調査部編・イタリア刑法典（1978 年，法曹会）の訳による。
(47) この「疾病」に，神経症，精神病質は含まれない。また，精神病質者が限定責任能力者として保安処分の対象となることもなく，ただ，量刑の際に，刑の減軽事由として考慮される場合があるにすぎない。Interview with Mario Lucio, *supra* note 44.
(48) Id. さらに，犯罪を犯した時点において，偶然の事故や不可抗力による完全な酩酊（刑法 91 条 1 項）または麻薬の作用（刑法 93 条），あるいは，アルコールないし麻薬による慢性中毒の状態（刑法 95 条）で，犯罪を行ったが，認識能力ないし意欲能力を欠くような精神状態にあった者，疾病により，認識能力ないし意欲能力を欠くような精神状態にあった聾唖者（刑法 96 条），14 歳に達していない者（刑法 97 条）も責任無能力者とされる。なお，偶然の事故や不可抗力とは，お酒がたくさんある場所で空気を吸い酔っ払ってしまったような場合，普通の薬だと思って飲んだら中毒症状を引き起こしてしまったような場合である。
(49) さらに，犯行時，偶然の事故や不可抗力による酩酊（刑法 91 条 2 項）または麻薬の作用（刑法 93 条），あるいは，アルコールないし麻薬による慢性中毒の状態（刑法 95 条）で犯罪が行われ，認識能力ないし意欲能力が完全に欠如してはないが，著しく減少したような精神状態にあった場合には限定責任能力とされる。また，疾病により，認識能力ないし意欲能力が完全に欠如はしていないが，著しく減少したような精神状態にあった聾唖者についても同様である（刑法 96 条 2 項）。なお，激情ないし衝動の状態で犯罪行為を行った場合（刑法 90 条），また，酩酊が事故や不可抗力によりもたらされたのでない場合には，責任無能力あるいは限定責任能力とされることはない（刑法 92 条 1 項）。さらに，犯罪を犯すため，ないし犯罪の責を免れる目的で酩酊したような場合には，刑が加重される（刑法 92 条 2 項）。
(50) Interview with Mario Lucio, *supra* note 44. ただし，このようなケースは，保安処分の言い渡しと執行との間で時間が経過している場合にはともかく，公判段階ではあまり想定できない。
(51) 現在，責任無能力，限定責任能力以外の者に対して行われている保安処分は，この不能犯（刑法 49 条 2 項），そして，共謀，教唆の失敗者（115 条）に対するものである。
(52) 司法精神病院収容処分（222 条 1 項）と治療看護所収容処分（219 条 1 項，2

712

項）について，処分を適用する時点で，裁判官が社会的危険性を認定していない点が，それぞれ違憲とされた。（憲法裁判所，1982年7月27日判決第139号及び，憲法裁判所，1983年7月28日判決第249号）。
(53) 1986年10月10日法律第663号。
(54) 憲法上の用語は，樋口陽一・吉田善明編『解説世界憲法集第4版』158頁以下（三省堂，2001年）の訳による。また違憲とされた規定の立法上の扱いについては，森下・前掲注41, 35頁以下を参照されたい。
(55) 一般的に，弁護側は，責任無能力を主張し，有罪となり刑務所に送致されることを避ける傾向にある。Interview with Casciano Gianfranco, Giudice Dott., Sapere Vincenzo, Presidente Dott., Tribunale di Sorveglianza di Firenze, in Firenze, Italy (Nov. 5, 2003).
(56) Id.
(57) 執行監督司法官は，保安処分のみでなく行刑の監督・執行全般に関与する（行刑法69条1項，2項）。
(58) 対象者に弁護人がいない場合には，執行監督司法官によって官選弁護人が指名される（行刑法71条2項）。
(59) 司法精神病院収容処分の場合，最短収容期間は，一般的には2年以上とされ，ただし，犯した罪が終身刑にあたる場合には10年，犯した罪が10年以上の懲役にあたる場合には5年と規定されている（刑法222条2項）。また，治療看護所収容の場合は，法定刑が5年以上の懲役にあたる罪の場合は1年以上，法定刑が終身刑，または10年以上の懲役にあたる罪の場合は3年以上，その他の罪の場合は6ヵ月以上の期間と規定されている（刑法219条1～3項）。
(60) もともと，刑法207条2項によって，取り消しは，法律が各保安処分に関して定めた最短期間を経過しなければ行うことができなかったが，憲法裁判所はそれを違憲とした（1974年4月5日判決第110号）。
(61) 現在，イタリアには，6つの司法精神病院があり，うち5つは法務省管理の下で処遇が行われている。残りの1つの施設，カスティリオーネ・デッレ・スティヴィエレ司法精神病院は，法務省が建物を管理し，処遇自体は保健省の職員が行っている。後者の施設の詳細については，馬場他・前掲注(5)15頁以下を参照されたい。
(62) 憲法裁判所，1998年7月24日判決第324号。
(63) この場合，警察への通知に付随して精神科の治療介入が行われることはない。Interview with Mario Lucio, *supra* note 44.
(64) Interview with Casciano Gianfranco, Sapere Vincenzo, *supra* note 55.
(65) 法文上は，少年も保安処分の仮適用の対象となっているが，その措置に対しては，憲法裁判所によって違憲判決が出されている（憲法裁判所，1998年7月24日判決第324号）。
(66) 憲法裁判所1975年6月19日判決第146号。

(67) 実際，モンテルーポ・フィオレンティーノ司法精神病院でも，地域の精神科医療網と良好な関係が構築されているため，この制度が活発に用いられている。Interview with Casciano Gianfranco, Sapere Vincenzo, *supra* note 55.

(68) この法案は，法案作成に貢献した Dr. Sandro Margara にちなみ，マルガーラ法案とも呼ばれている。

(69) イタリア憲法 121 条 2 項後段は，州議会が両議院に法案を提出することができると定めている。

(70) Decreto Legislatiro 22 giugno 1999, n. 230.

(71) Decreto Presidente della Repubblica 30 giugno 2000, n. 230.

(72) 前掲注（2），憲法裁判所 2003 年 7 月 18 日判決第 253 号。

4　G. B. Grassi 病院内「診断と治療のための精神科部門」Servizio Psichiatrico di Diagnosi e Cura (SPDC)

廣　幡　小百合

I　施設概要

　G.B.Grassi 病院は Lazio 州 Roma 県 Ostia 市にある総合病院であり，その内部にある「診断と治療のための精神科部門」Servizio Psichiatrico di Diagnosi e Cura（SPDC）を視察した（写真1）。Ostia 市は Roma 市郊外の南西部に位置しており，近年は人口増加が著しく，近くに飛行場があることから不法移民が増加している地域でもある。SPDC は，1978年の法180（バザーリア法）により精神病院が漸次廃止されたことにより，その代替施設として設置された。精神科への偏見を避け，急性期の入院治療を行うために総合病院内に設置されたのである。SPDC は1998年の時点でイタリア国内に320施設4,084床あり[2]，精神保健センターが管轄している。

　視察した精神科病棟（SPDC）は G.B.Grassi 病院の一角にあり，病棟の裏口

写真1

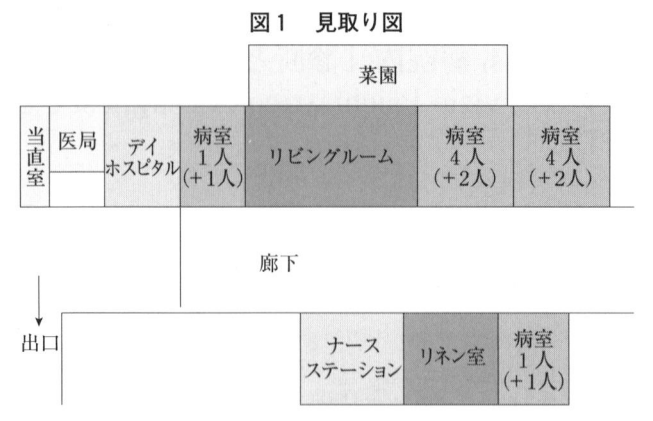

第 2 部　諸外国における触法精神障害者の処遇決定システム

図 1　見取り図

	菜園		
当直室	医局	デイホスピタル	病室 1人 (+1人)	リビングルーム	病室 4人 (+2人)	病室 4人 (+2人)

廊下

出口 ← | ナースステーション | リネン室 | 病室
1人
(+1人) |

には救急用の出入り口があって車から患者を搬送しやすい構造となっていた。内部の写真撮影は出来なかったため，病棟の見取り図を示す（図 1）。一般の廊下から精神科病棟へと通じる扉は 24 時間施錠されているが，自発的入院の患者は自由に出入りできる。デイホスピタルの部屋は施錠扉の外側にあり，誰でも自由に出入りできる。

　G.B.Grassi 病院の対象住民は 30 万人であるが，ベット定数は 10 床である。法律では SPDC のベット数は 15 床以下と定められているが，Lazio 州では地域計画に基づいて，ほとんどの SPDC はそれより少ない定数となっている。スタッフによると，住民 30 万人に対して 10 床というのは，必要数の 35％しかカバーできていない状態であるという。それでも患者 1 人につき 1 日 400～500 ユーロと高額の費用がかかる。

　精神科病棟には 2 つの個室と 2 つの 4 人部屋があり，どちらもかなり広い部屋であった。慢性的な入院者超過状態が続いており，個室に 2 つのベットが入れられていたが，それでもまだ余裕がある広さであった。4 人部屋も 6 人部屋として使用できる程の大きさである。病室のドアは施錠されていないが，窓は半分以上開かない構造になっており，通常は施錠されている。各病室には監視カメラが設置されており，ナースステーションからモニターで観察することができる。リビングルームでは日中患者が集まって過ごすことから，ゲーム台が置かれている。集団療法もそこで行われ，リビングルームから庭に出ることができ菜園もある。

　精神科病棟のすぐ隣にデイホスピタルの部屋があるが半日しか開いておら

ず，定員は1日4名と限られている。理由を尋ねると外来通院患者の治療は通常，精神保健センターが担当することになっており，病院の通院治療施設は制限されているという。

II　患　者

入院患者数は年間延べ400名で，定数10名のところ常時10名以上入院しており，観光客が多くなる夏場は18名に達することもある（占拠率100〜180％）。自発的入院と強制入院の両方を扱っており，強制入院の割合は約20％である。正確な統計はとっていないようであるが，平均入院期間は7日〜10日と短く，診断の内訳は統合失調症35％，躁うつ病40％，人格障害その他25％ということであった。入院期間が短く，長期の治療を必要とする患者に十分な治療を行えないことから，再入院率は高く，患者の20％は年2回，8％は年3-4回の入院をしている。スタッフが「改革当時は患者が精神科に入院することは『治療の失敗』という捉え方が主流であったが，やはり患者には十分な入院治療を与える必要があり，必ずしも入院＝治療の失敗とは言えないであろう。」と語っていたのが印象的であった。

III　スタッフ

スタッフ数は全31名で，精神科医10名（うちデイホスピタル専属1名），心理士2名（1名は病院全体，1名は精神科担当），看護師18名，ソーシャルワーカー1名から成る。24時間の救急サービスを提供しており，夜間は精神科医1名と看護師3名の体制となる。

IV　治　療

薬物治療は通常通り行われている。入院期間が短く患者のターンオーバーが速いので，精神療法は主に集団療法が行われている。その内容は音楽療法や絵画療法，菜園作りなどの作業療法，といった活動が中心である。午前診察した後に患者を3つ程のグループにわけ，午後に何をするかについて患者から提案させるようにしながら，精神科医，心理士が相談してプランをたて午後に活動を行う。スタッフによれば，これらの活動は治療というよりは，患者の不安感を取り除き，スムーズに薬物療法を導入できるようにするため

のプレリハビリテーションとして捉えているという。このような考え方は病院の構造やシステムにも現れており，例えば菜園の柵ひとつをとっても「患者が入院治療のため隔離されているというイメージを持たないように鉄の柵を取り去って自然に見える木の柵に変更する」などの配慮をしているということであった。また多くの募金により映画鑑賞やコンサート，オペラ，演劇上演などが定期的に行われており，家族や他科の患者とともに参加することもできる。

隔離は行われていない。身体拘束についてはイタリア国内で様々な議論があるものの，この施設では必要に応じて行っているということであった。ECT は禁止はされていないが，施行するには煩雑な手続きをふまなければならないので行っていない。

V　入退院の実際

SPDC への強制入院の手続きは以下のように定められている。
① 1 人の医師が，以下の 3 点を認めた上で強制入院を提案。
　a) 緊急に治療的介入が必要である。
　b) 必要な治療を患者が拒否している。
　c) 病院外では，迅速かつ適切な医療が行われない。
② さらに，もう 1 人の医師が，この要求を承認。
③ 市長が，治療とリハビリテーションを必要と認め，強制入院・強制治療を命令する。

しかし，スタッフによると，実際は（特に緊急時は）次のように行われているようである。

(1)　移　　送

移送は市警察が行うというガイドラインがあるが明文化されておらず，強制入院に使える車が Ostia 市に 1 台しかないため，病院のスタッフが患者を迎えに行く。

(2)　入　　院

1 人の医師が強制入院が必要と認めた場合，市長に承認を求めるための書類を FAX で送り，それとともに患者を入院させ，後にもう 1 名の医師の同意をえて（これは精神科医である必要はなく，同じ総合病院内の他科医師でもよ

図2　強制入院の手続き

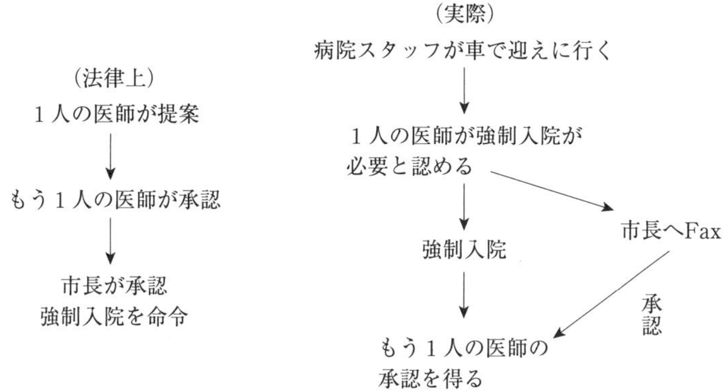

（法律上）
1人の医師が提案
↓
もう1人の医師が承認
↓
市長が承認
強制入院を命令

（実際）
病院スタッフが車で迎えに行く
↓
1人の医師が強制入院が必要と認める
↓　↘ 市長へFax
強制入院　↙ 承認
↓
もう1人の医師の承認を得る

い），市長からの承諾が後日届くといった順序になることもあるようである。医師は強制入院の手続をとる時は患者から後で訴えられるかもしれないという不安を抱えながら行っている状況であるという（図2）。

(3) 退院後

　退院患者の80％は自宅に戻り精神保健センターの管轄下となる。そのうちの20％はデイホスピタルに通院し、5％は民間のクリニックなどに通院する。退院した残りの20％はNon-Hospital Residencial Facilities（NHRF），イタリア語ではcasa di curaと呼ばれる施設に入所する。それは同じOstia市内になく，Roma市の施設まで行って入らなければならい。その施設は州との契約で運営されており，補助金が出ているが，精神保健センターの管轄ではないため，入所した患者をフォローアップすることができない。一方，自宅に戻った患者で通院施設に通わない75％は，一応精神保健センターの管理下におかれるようであるが，センターとの関わりはトリエステほど密ではなく，その後の転帰はやはり不明である（図3）。

VI　Non-Hospital Residencial Facilities（NHRF）

　これらの施設は①精神病院の代替入院施設と②慢性的な障害を有する若年者のリハビリテーション施設，を作るという2つのニーズを満たすために発展してきた[*3]。施設入所者は患者ではなくゲストやレジデントとして分類されるため，国全体の入院患者数の統計にあがってくることはなく，精神保

第2部　諸外国における触法精神障害者の処遇決定システム

図3　退院後

```
                        20%    ┌──────────────┐
                      ┌──────→│ デイホスピタル │
                      │        └──────────────┘
┌────────┐  80%  ┌──────┐
│ 退院患者 │─────→│ 自宅 │ 5%   ┌──────────────┐
└────────┘      └──────┘────→│ 民間クリニックなど│
     │                        └──────────────┘
     │ 20%            75%
     ↓                           ?
┌──────────────────────────────┐
│ Non-Hspital Residential Facilities│
│   "Casa di Cura" など          │
└──────────────────────────────┘
```

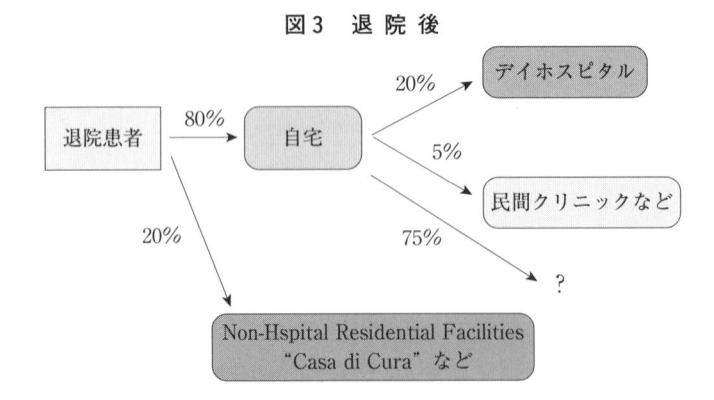

健センターの管轄外でもあり，その実態を把握することはこれまで困難であった。

G.B.Grassi病院のスタッフの話によると，NHRFの質は施設により様々であるが，casa di curaと呼ばれる施設は入所者が1施設70人〜100人に対して医師は1人，看護師は入所者40人につき2人，治療費も1日50ユーロとSPDCの10分の1しかかからず，どちらかといえば質の薄い治療が行われ，長期入所者が多く，ターンオーバーが悪い施設であるという。

近年ようやく，このNHRFを対象に全国調査が行われ，国内に1,370施設17,138床あり（2000年時点），施設の3分の2は都市部にあり，ベット数は地域間で10倍もの差がみられると報告された[*3]。NHRF入所者の40％は元精神病院の患者であり，長期入所者が多く，NHRFの7.1％は元の精神病院と同じ場所に存在していた。NHRFのベット数は地域のSPDCや私立病院のベット数と相関し，精神保健センターの数と逆相関していたという。

Ⅶ　問　題

病院スタッフの説明をまとめるとOstia市のSPDCには以下の問題点がある。

① 強制入院の手続きが現実に即していない。
② 慢性的な入院者超過。
③ 短期間の入院のため，長期の治療を要する患者に十分な治療ができない。

第 10 章　イタリア

写真 2

④　中間的治療施設（デイホスピタルなど）が不足しており，通院治療に繋げるのが困難。
⑤　高い再入院率と回転ドア現象。
⑥　退院患者の 20％が NHRF へ長期入所。
⑦　高いコスト（1 人 1 日 400 ～ 500 ユーロ）。

　Ostia 市が Trieste 地区のように精神医療改革が成功していない理由として，(1)人口が急激に増加しているため，精神保健センターの活動が追いついていない，(2)都市部であるため，家族のサポートが得られにくい，などが考えられる。しかし，実は原因と結果が逆で，都市部で周囲に NHRF が豊富にあるため改革時もそれに頼ってしまい，市として精神保健センターなどコミュニティベースの活動に対する政策に力を入れてこなかった可能性も考えられるだろう。しかし Barbato らの報告でも，異なる地域の 21 の SPDC を退院した 559 人の患者の再入院率が 43％と高いことから[*1]，この傾向は Ostia 市に限ったことではなく，全国的な問題である可能性がある。

　我々が視察に訪れた 2003 年はちょうど精神科民主化運動の 30 周年であり，SPDC の中にはそのポスターが張られていた（写真 2）。T シャツに書いてあるイタリア語の "sporcandosi le mani" は「手を汚しましょう」という意味で，つまり「手を汚しながら，様々なリスクを犯しながら頑張ってやったことでこのように花が咲いた」ということを唱っているようなのであるが，視察した印象では地域によってその花の咲き方は異なっているようである。バザーリア法はガイドライン法であり，精神病院を閉鎖することだけを定め，精神医療センターの設立，運営に関する詳細については各地方自治体の裁量に任せたため，異なる運営法がとられており，その結果地域差が生じてきていると考えられる。Trieste という特別な地域以外にも花が咲いているか，イタリア全体では精神医療改革が成功しているかについては，NHRF の入所者を含

第2部 諸外国における触法精神障害者の処遇決定システム

〈参考文献〉
* 1　A.Barbato, E.Terzian, B.Saraceno et al：Outcome of discharged psychiatric patients after short inpatient treatment: An Italian collaborative study. Social Psychiatry and Psychiatric Epidemiology（1992）, 27,192-197
* 2　G. de. Dirolamo, M.Cozza: The Italian psychiatric reform-A 20-Year Perspective, International J of Law and Psychiatry（2000）, vol23,197-214
* 3　G. de. Dirolamo, A.Picardi, R.Micciolo et al: Residential care in Italy -National survey of non-hospital facilities, British J. of psychiatry（2002）, 181,220-225

5 トリエステの地域精神医療——精神保健センター（Centre di Salute Mentale; CSM）の視察を中心に——

林　　志　光

I　はじめに

今回のイタリア訪問では，我々は以下の疑問点を抱きつつ視察に臨んだ。1.精神病院が閉鎖された以降，地域医療システムに戻されたといわれる精神障害者達は地域のどこに散らばったのか。たとえば浮浪者，自殺者の増加にはつながらなかったのか。2.精神病院なしに，精神科の急性期治療はどこで如何に行われ，また入院の需要は充足されているのか。3.変革を遂げたといわれる精神医療と従来の保安処分との関係はいかなるものなのか。

本稿では，このような疑問に焦点をあてたトリエステ県第1地区精神保健センターの視察を中心に報告させていただきたい。

II　イタリアの地域精神医療システム

イタリアでは，1978年から始まった精神医学改革運動の結果，地域精神医療サービスを提供する基幹公立施設として，精神保健センター（Centre di Salute Mentale; CSM）が各地で設立された。イタリア全土では707ヶ所（2002年12月）の精神保健センターが設置されており，人口15万人に対して平均1.81ヶ所となる。これは，管轄区域内における全ての精神保健サービスの需要に答えるべく，原則的に一日12時間，週6日開放され，地域及び在宅の援助を行う施設である。

精神保健局（Dipartimento di Salute Mentale; DSM）は県の精神保健サービス（予防・治療・リハビリテーション・社会復帰活動等）の行政調整機関であり（写真1），本邦の精神保健福祉センターと類似した位置付けである。異なる点は，児童思春期やアルコール・物質関連障害は別機関の管轄下に置かれていることであり，また，地域精神医療サービスのほとんどが公的資金によっ

第2部　諸外国における触法精神障害者の処遇決定システム

写真1

て運営されていることである。

Ⅲ　視察地トリエステについて

　トリエステはトリエステ県の県庁所在地であり，フリウリ・ヴェネツィア・ジューリア州の州都である。スロヴェニアと国境を隔てるイタリア半島の付け根部分の最東端に位置し，アドリア海に面する港湾都市である（図1）。地理的に軍事上重要な拠点として，様々な近隣国の支配下に置かれてきた歴史があり，県人口24万のうち，非イタリア系人口が一定の割合を示す。また，中央の強い援助を受けてきた歴史もあって，財政面では恵まれた地方だといえる。

図1

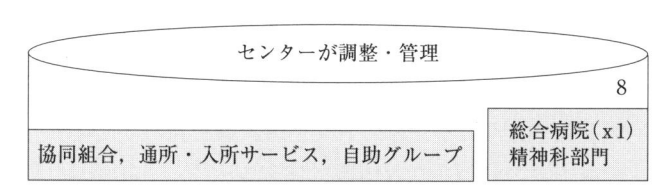

IV　トリエステ県の精神保健サービス

1　概要（図2）

　トリエステ県の精神保健サービスは，行政区とは異なる4地区に分割して提供されており，それぞれの地区に一つの精神保健センターが設けられている。精神保健局のスタッフは，事務・専門職（精神科医25名，看護師170名，心理士10名，ソーシャルワーカー7名）合わせて250名程度であり，人口1500人に対して1.4人のスタッフ数はイタリア全土平均の0.8人と比較して，人的資源にはかなり恵まれた県だといえる。

　トリエステ県第1地区の精神保健センターでは，35名のスタッフ（精神科医4名，心理士3名，看護師25名，作業療法士1名，ソーシャルワーカー1名）によって，管轄領域の人口66,000人に発生した全ての精神保健上の需要をカバーしている。

　当センターの主な業務内容として下記が挙げられる。1.地域・在宅における介入の計画及び調整，2.一般身体科医療機関，警察との連携，3.協同組合（Coop）の企画運営，4.デイ・センター（通所），居住型施設（入所）等のリハビリテーション・サービスの企画運営，5.自助グループの企画運営，6.外来医療そのものの提供，7.急性期危機の介入。

図2　精神保健サービス網

また，総合病院内精神科診断・治療部門（Servizio Psichiatrico di Diagnosi e Cura; SPDC）は県内に一つあり，トリエステ県ではその入退院の調整管理も精神保健センターが直接関与している。さらに，大学病院が一つあり，精神保健局と協同しながら運営されているようだ。

2 急性期危機の介入体制（図2）

急性期危機に対応する病床は，4つの精神保健センターにある32床の他，総合病院内精神科診断・治療部門にある8床，そして大学病院にある16床と合わせて合計56床である。つまり，24万人口を有する県内精神科急性期医療の全需要に対して56病床のみで対応していることになる。本邦の地方自治体病院と比較しても，かなり少ない病床数となる。

V　トリエステ県第1地区精神保健センター

1　歴史・外観・内観

トリエステ県第1地区精神保健センターは大通りに面しており，協同組合の経営しているホテルと隣接した2階建ての黄色い建物にある（写真2）。セキュリティーを担当する警備員や監視カメラはなく，周囲の敷地と隔てる壁や柵も見当たらず，一見普通の庭付き一軒家と変わらない。これは，バザリア法が出来る以前の1975年に設立されたイタリアのもっとも古い精神保健センターの一つであり，北イタリアを発端に始まったイタリアの精神医療改革運動の旗手を担ってきた。建物自体は2，3年前に改築されたばかりと伺った。

内部には診察室として使える部屋数室（写真3），デイ・ルームとして使える部屋2室（写真4，5），キッチン（写真6），休憩室（写真7），洗濯スペース（写真8）がある。滞在用の部屋にはテレビ・ラジオ・エアコン・椅子が備えてあり，天井が高く広々としていた（写真9）。施錠されている部屋は見当たらず，滞在用の部屋や休憩室を除いてほとんどの部屋にドアそのものがついていなかった。また，多くの部屋は用途が定まっておらず，利用者が自由に使える空間として用意されている。

2　利用者

センターの利用者はゲストと呼ばれており，多くはバスで15分圏内に住んでいる。ゲスト達の多種多様な需要に答えるべく，一日24時間，週7日

第 10 章　イタリア

写真 2

写真 3

写真 4

開放していると職員らが誇らしく語っていた。夜間でも常勤看護師 2 名とオンコール精神科医 1 名の体制が組まれている。

　アクセスのよさにより，直接来所するゲストが大多数を占めるが，自宅までスタッフが出迎えることも少なくないと言う。ゲスト数は平均一日 50 人

第2部　諸外国における触法精神障害者の処遇決定システム

写真5

写真6

写真7

写真8

第 10 章　イタリア

写真 9

にのぼり，自宅訪問も一日 20 件程度行われている。

　ゲストたちは，様々な目的でセンターを利用している。福祉制度や生活に関する情報を交換したり，仕事の合間に立ち寄ってスタッフと雑談したり食事をしたりする。疲れた場合は，ちょっと横になって休んだりと，くつろぎの場としてもよく利用している。スタッフが再三強調していたのは，センターがゲストにとって治療空間だけでなく，社交空間にもなるように努めていることであった。

3　活動内容

　スタッフミーティングは毎日午前，午後計 2 回行われ，スタッフ間の情報シェアリングがなされる。我々訪問団は，このミーティングの時間に参加し，スタッフの多くと意見を交換することができた（写真 10）。

　ミーティングでは，ゲストそれぞれ，その時期の需要に合わせ，適切な担当チームが編成される。つまり，ゲストの変動する需要に対応するために，チームの構成職種にもフレキシビリティーを持たせ，チームによってテイ

写真 10

ラーメイドの介入内容が決定される。チーム編成や介入内容を決定する際，担当スタッフとゲストの関係性を構築することを特に重視し，スタッフがリスクを背負って介入していく事が関係性を維持する上で必要だと強調した。一日の具体的な活動内容は毎日のミーティン

グでかなり柔軟に決められ修正されていくため，本邦の精神科デイケアのような固定した時間割りやプログラムが組まれていないことが同センターの特徴の一つであろう。

4　職業活動の援助

ゲストに何らかの生産的職業活動につかせることはセンターの大きな業務目標と語られた。同センターでは，ゲストの大多数がアルバイトにしろ，正職員にしろ，何らかの生産的職業活動に就いているという。スタッフがゲストの勤務している職場や協同組合に顔を出し，その場で必要な支援を行う場合も多いようである。ちなみに，精神障害者の多くが勤務しているトリエステの協同組合はれっきとした営利組織であり，精神障害者だけのための授産施設ではないことに留意されたい。勤務者には相場通りの賃金が支払われるため，失業率の高いイタリアでは，健常者にとっても人気の就職先である。職業活動につくのにまだ困難なゲストに対して，就職先の斡旋を含めて職業訓練が行われている。我々が訪ねた2003年度では，職業訓練を受けている者が50人であった。さらに地方政府（市，州）から一人あたり生活補助金として155ユーロ/月と，中央政府から600ユーロ/月といった経済的な援助を受けることもできる。

5　急性期危機介入

急性期危機介入のために，同センターには8つの滞在病床がある。隔離拘束や電気痙攣療法は一切行われず，そのような空間も見当たらなかった。来所経路は，直接訪ねてくる患者が中心となるが，家族や他の医療保健サービスの要請によりスタッフが出迎える事も少なくないそうだ。総合病院内精神科診断・治療部門から直接センターに転入所される者もいるし，一般医療施設からの転入者も少数ながらいると伺った。

注目すべきことは，同センターにおける極めて低い強制治療率である。2003年度にセンターが介入した急性期危機の内，700人は自発的に治療を受け，3人のみに強制治療（Trattamento Sanitario Obbligatorio; TSO）が適応された。自発的に治療を受けた者の中，600人は自宅で治療を受け，入所治療（一泊以上のセンター滞在）が必要となったのはたった100人であった。

スタッフの話によれば，既に関係性ができているゲストならば，治療を受けるように説得することはそう困難でないという。また，緊急治療介入が必

要であるが，来所や治療を拒否する対象者に対しては連絡を受けたスタッフが何度も自宅に訪ねていく。頑なに拒否する対象者に対しても対象者の心の鍵を開けられる親戚や友人を探して協力を仰ぎ，治療を押し付けないように最大限に心がけているという。

　センターでの低い強制治療率はそもそも強制治療の行える物理的環境でないことを反映したにすぎないかもしれない。しかし極力強制治療を避けようというスタッフらの姿勢がよく伝わってきた。

　ちなみに，視察時には，病床8床のうち6床が患者によって占拠されていた。1名が強制治療対象者であったが，普通に廊下を歩いている姿が印象的であった。

　6　精神科的診断・評価

　ゲストの精神科的診断の内訳についてスタッフに尋ねてみた。スタッフらは口をそろえて，「我々はゲストのニーズ評価を大事にしていて，単純化した評価基準や尺度を一切使わない」と熱弁した。外来治療機能も担っているはずだが，薬袋やカルテらしきものは見当たらなかった。診断をつけずに処方しているとは考えにくいが，我々が再三診断基準や処方薬について質問したとしても，明確な回答が得られなかった。挙句に「なんであなた方は診断にそんなに拘るのでしょうか」と訊き返された。結局きちんとしたデータは提示されなかったが，スタッフの話によれば，おおよその診断内訳が精神病40％，統合失調症15％，双極性障害50％，その他15％ということであった（合計100％にはならないことから，正確な統計データはとっていないと推測される）。また，ゲストのごくわずかしか自分自身の診断名を知らないと説明され，どんな診断基準が適用されたにしろ，スタッフらの診断名そのものへの強い抵抗が感じられた。

　1970年代に行われた精神医療改革運動によってイタリア精神医療は精神病院中心から地域中心に急激にシフトされた。しかし，数多くの批判を浴びつつも古典的な保安処分には改革のメスが入らないままであった。両者の関係についてスタッフに伺ったところ，一例をあげてくれた。ある対象者が自宅の窓から外に対して発砲し，通過者を負傷させた。その情報を受けたセンターはすぐに裁判所に対し，センターが責任を持って治療したいと申立てした。執行裁判官は鑑定の結果に基づき，8ヶ月のセンター内監視処分を下し

た。8ヶ月後に再鑑定の結果に基づき，処分が自宅監禁（外出制限）に変更されることになった。その後さらに再々鑑定が行われ，危険性の解消が評価され，自宅から職場までの外出が許可された。この間，責任能力あり有罪という判決で2年間の懲役が下された。しかし，犯行時から既に2年間が経過し，監視処分期間も刑期に算入された結果，対象者は司法精神病院（Ospedale Psichiatrico Giudiziario; OPG）や刑務所に行かなくて済んだ。

　つまり，同センターは触法精神障害者の裁判初期からリスクを背負って関与し，対象者に対する一貫した治療を提供しながら司法精神病院に送ることを意識して回避しようとしていたわけである。司法精神病院は対象者の出身地域と地理的に離れていることが多く，さらに一旦司法精神病院に送られて保安処分システムに流れると，精神医療側システムが全く関与できなくなるため，治療者と対象者の関係性が中断されてしまう。また，司法精神病院が治療的意義を全くなさないという認識も大きく働いているようである。

　司法精神病院を回避する方法の一つとして，センターが対象者は社会的危険性を持たないと裁判所を説得することがある。また，トリエステ県ではセンターが刑務所及び地方裁判所と合意を結んでおり，刑務所内でも治療的な関与ができるため，あえて対象者に有罪判決が下されるように工作することさえあると説明した。

VI　結　語

　トリエステ県では，精神保健センタースタッフや町全体の様々な工夫により，精神障害者と関わる多種のセクターの連携がうまくとられているようだ。浮浪者や自殺者の増加を直接示す調査データもなく，精神障害者の急性期危機介入に滞りなく対応しているように映った。触法精神障害者に対しても積極的に関与する試みがなされてきている。このようなシステムはトリエステ県の歴史的，財政的な特殊性及びスタッフの熱意に依拠するところが大きいように思われた。

6 モンテルポ・フィオレンティーノ司法精神病院

寺 本　　靖・水 留 正 流

I　はじめに

イタリアではよくあることだが，モンテルポ・フィオレンティーノへの我々の訪問が，直前になってイタリア司法省から突然不許可を通告された。関係者の粘り強い交渉のおかげで病棟の見学はできないが，院長のフランコ・スカルパ医師（Dr. Franco Scarpa）から話を伺うことができることになった。従って，この報告は院内の会議室でのスカルパ院長と他のスタッフへのインタヴュー（2003年11月5日）から得られた情報による（写真1）。議論は細部に及んだが雰囲気は和やかであった。彼らも現在の保安処分制度および司法精神病院のあり方への問題意識を持っており，逆に我々が日本における状況を詳細に尋ねられる場面もあった。

スカルパ院長はじめモンテルポ・フィオレンティーノ司法精神病院のスタッフの方々，ならびにこの訪問実現に骨を折っていただいた通訳の中島元

写真1　インタヴューの行われた会議室のある建物。会議室の撮影は許可されなかった。

子氏には，心から感謝の意を表する[1]。

II　司法精神病院

イタリア刑法には保安処分の規定があり，拘禁保安処分としての収容先の機関の1つが司法精神病院（Ospidale psichiatrico giudiziario）である。最初の司法精神病院は1876年にアヴェルサ（Aversa）に設立された。現在6カ所あり，うち5カ所が法務省の管轄，1カ所，カスティリオーネ・デッレ・スティヴィエレ（Castiglione delle Stiviere）司法精神病院のみ法務省と保健省の共同管轄下にある。収容人員の概数は全体で約1200名，各施設約200名である。約80名の女性入所者は全てカスティリオーネ・デッレ・スティヴィエレに収容されている。

拘禁保安処分には司法精神病院，農業コロニーないし労作所への配置，少年保安施設への収容があり，非拘禁保安処分には，監視付自由，居住制限，酒場およびアルコール飲料販売所への出入禁止，外国人の国外追放が定められている（刑法215条2項および3項）。責任無能力ゆえに無罪となり，かつ社会的危険性ありと認められた者は刑法上司法精神病院[2]に収容される。限定責任能力を理由に刑を減軽された者等は刑法上「治療看護所（Casa di cura e custodia）」に収容される。

以上のように刑法上は責任無能力者と限定責任能力者とで異なる施設における処遇を予定しているが，実際はいずれも同じように「司法精神病院」で処遇されている。すなわち，治療看護所は全て司法精神病院内に併設されている[3]。もっともすべての司法精神病院が治療看護所を有するのではなく，そのような司法精神病院はアヴェルサ，バルチェローナ，ナポリおよびモンテルポ・フィオレンティーノの4カ所に留まる。

その他司法精神病院には，後述するように，未決段階で保安処分を「仮適用」された者，精神障害のために受刑に耐え得なくなった受刑者が収容され，また未決段階または受刑中に精神障害のために特別な処分または決定を必要とするかどうか30日間「観察」する措置を受けた者を受け入れることもある。

第10章　イタリア

III　病院の概要

写真2　入り口。厳重に施錠されている。

モンテルポ・フィオレンティーノ（Montelupo Fiorentino）司法精神病院はフィレンツェから20km程離れたモンテルポ・フィオレンティーノという小さな村にある。かつてはメディチ家の別荘であったが，17世紀末から医療機関として使われ，1886年にイタリアで2番目の司法精神病院になった。その後イタリアにも保安処分が導入され，それ以後主として保安処分対象者を処遇する施設となった。なお，もともとは1930年代の書きぶりのままの刑法の条文と同じように「癲狂院（manicomio）」という名称であったが，1975年に他の同種の施設とともに「司法精神病院」と改称した。

建物は古く，欧州評議会拷問等防止委員会（Council of Europe Anti-torture Committee）から治療環境としての適切性に疑義が呈されている[4]。建物の塀は高く，入り口は厳重に管理されている（写真2）。建物の外には球技などができる運動場がいくつかある。敷地と外部との境界は低い柵で仕切られ，周りは住宅街である（写真3）。

写真3　敷地内，建物の塀の外側にある運動場。周辺との境界は厳重でない。

地名などにちなんで名付けられた「ペサ」「アルノ」「アンブロジァーナ」「トレ」という4つのユニットからなる。全体の定床は188床であり，主に精神症状によって各ユニットに振り分けられている。「ペサ」の名前はトスカーナ方言で「重い」を意味する

735

pesoに由来し，文字通り最重症患者が収容，観察される。犯罪の重さではなく精神症状の程度によって判断される。定床は43床で，対象は新入院患者・急性増悪の状態にある患者・合併症を有する患者などである。「アルノ」の名前はフィレンツェ市街を流れる美しいアルノ川に由来し，「トレ」は「塔」を意味する。「アルノ」及び「トレ」は治療看護所としても用いられている。また，公判中で未決の患者は「トレ」に収容される。「アンブロジャーナ」の名前はかつてこの建物が「ヴィラ・デランブロジャーナ（アンブロジャーナの家）」と呼ばれていたことに由来する。定床は44床で，社会復帰のための病棟である。

IV スタッフ

医師数は全体で20〜22名，看護師数は40名である。保安のための職員は司法警察からの刑務官など84名である。他に院内教育担当者がいる。

V 患者の入院まで

前述のように，患者が入院するまでの経路がいくつかある（詳細は本書700頁以下を参照されたい）。

1 終局的な保安処分を経て入院する者

終局的な保安処分を経た者が司法精神病院に入院する場合には2通りある。まず，行為時に責任無能力（刑法88条）であったとされ，かつ社会的危険性（刑法203条）ありと認められて，公判裁判所で「司法精神病院」へ収容するという終局的な保安処分の判決（刑法222条1項，刑事訴訟法530条4項）を受けた場合である。全イタリアの司法精神病院をあわせてみたときにこの経路をたどって入院する者は収容者中の68％ほどを占め，この類型が最も多いことになる[5]。

また，モンテルポ・フィオレンティーノ司法精神病院は「治療看護所」をも兼ねているため，行為時に限定責任能力（刑法89条）であるとされ，かつ社会的危険性（刑法203条）ありと認められて，公判裁判所で「治療看護所」へ収容するという終局的な保安処分の判決（刑法219条1項，刑事訴訟法533条）を受けた者もこの病院に入院している。この場合，（減刑された）刑が先に執行されるのが原則であるため，司法精神病院への入院はその後というこ

とになる。この経路をたどって入院する者は全司法精神病院の収容者中の12.7％であるという。

いずれの場合も公判裁判所が処分を言い渡すが，実際に執行の各段階で社会的危険性があるかどうかの判断は執行監督司法官が行う（刑事訴訟法679条1項）。したがって，たとえば限定責任能力者で保安処分を命じられた者が入院するのは，刑が執行された後もなお社会的危険性があると認められた場合だけである。社会的危険性がなくなったと判断されれば執行監督司法官の決定で保安処分が終了する。

責任無能力者と限定責任能力者との処遇の差は実際上ほとんどないという。両者が同じ場所に収容されることもあり，部屋を分けたりするなどの配慮はしていない。

2　未決段階で入院する者

逮捕され，身柄を拘束された被疑者・被告人に精神障害があると考えられ，かつ社会的危険性ありと認められて，公判裁判官が「司法精神病院」または「治療看護所」に収容する処分を「仮適用」する場合（刑法206条1項および2項）である。この経路をたどって入院する者は全収容者中の5.5％を占めるという。この場合にはもっぱら公判裁判官が処遇に関係する。このことと未決者であるという特殊性から，後述のような問題が起きているという。

また通常は，未決段階にある者に精神障害が認められた場合，保安処分の仮適用または手続の停止（訴訟無能力）を行う必要があるかどうか判断するために，拘禁施設の長の裁量で30日間の観察期間がおかれる（2000年6月30日大統領令230号（以下，「大統領令230号」という。）112条）。この観察のためにモンテルポ・フィオレンティーノに移送されてくる者もいる。

また稀ではあるが，刑事裁判における精神医学鑑定を保安機能の高い拘禁施設で行う必要がある場合に，司法精神病院に移送して行うことがあるという。

なお，司法精神病院が訴訟無能力のために手続停止の決定（刑事訴訟法70条）を受けた者の収容先になることには法文上妨げがないようであるが，実際には司法精神病院に移送されることはないようである[6]。

3　自由刑の執行過程で入院する者

行為時には完全責任能力であったがその後精神障害を発症したため刑の執

行に耐え得なくなった場合（刑法148条，大統領令230号111条），執行監督司法官の判断で司法精神病院に移送が行われる（刑事訴訟法678条1項）。この経路をたどって入院する者は全司法精神病院の収容者の8.5％を占めるとされる。

この場合にも未決者の場合と同様に，通常は拘禁施設の長の裁量で30日間の観察期間がおかれる（大統領令230号112条）。この観察場所としてモンテルポ・フィオレンティーノが指定され，受刑者が移送される場合もある。大統領令230号112条の観察措置の一環として移送される者は未決既決あわせて，全司法精神病院の収容者の2％とされる。

4　入院先の振り分け

対象者が司法精神病院に入院する決定があった際，どの司法精神病院に対象者を割り振るかということは，ローマの法務省の担当部局で決定される。割り振りに当たっては出身地域だけでなく犯罪の重度なども考慮に入れられる。このことからモンテルポ・フィオレンティーノの収容者には，この司法精神病院のあるトスカーナ州だけでなくその他比較的遠隔のイタリア中北部の各州の出身者も多いという。このことは，後述のように特に社会内処遇との関係で問題となっているという。

VI　患者の特徴

インタヴューによれば患者の診断名でみると統合失調症が40％ほどを占めているという。やや古いデータながら，モンテルポ・フィオレンティーノの収容者の診断名別分類は，統合失調症その他重大な精神病が約45％，アルコール中毒が約15％，精神病症状を伴う精神遅滞が約15％，人格障害が約25％，その他が約5％であるとされる[7]。

インタヴューによれば罪種からみると，70％が人の生命・身体を直接に対象とする犯罪であり，うちわけは40％が殺人罪で残りの30％が殺人未遂・傷害罪などである。

この施設に要する費用は人件費，施設管理費など全部あわせて1日1人あたり130〜140ユーロであって，うち，治療費は50ユーロであるという。なおスカルパ院長の話では，司法省と保健省の共同管轄下にあるカスティリオーネ・デッレ・スティヴィエレ司法精神病院では，医療費だけで1日1人

あたり 160 ユーロ，外部の協同組合（cooperativa）に委託した場合 1 日 1 人あたり 140 ユーロの予算があり，そのほかに行政的な費用も分配されているという。

Ⅶ　処遇施設および治療

1　各処遇ユニットにおける処遇

残念ながら内部を見学させていただくことはできなかったが，インタヴューその他で明らかになった限りでは施設における処遇は概要以下の通りである。

新入院患者は「ペサ」で精神医学的・身体医学的な評価，観察を受ける（内部規定によるものであって前述の大統領令 230 号 112 条の観察措置によるものを指すのではない）。観察期間は最大 30 日間である。また精神症状の急性増悪期にあり他のユニットでは対応できない患者，身体合併症を有する患者が治療，観察される。閉鎖処遇で，扉は終日施錠されている。隔離のための保護室，身体拘束を行うベッドを有している。

「アルノ」には観察期間が終了した患者の他，限定責任能力の判決を受けた者が収容される。「トレ」には未決拘禁者が収容される。この 2 つのユニットでは開放処遇が行われている。未決拘禁者には外出は許可されない。

「アンブロジャーナ」は，入院の終了段階にある患者を受け入れる。開放処遇で，社会復帰に向けた治療が行われている。患者の多くは定期的に外出を行っている。

院内での治療は薬物療法が中心である。「ペサ」以外の病棟では社会復帰のための作業療法が行われている。

なお，精神症状が重篤な場合は「ペサ」で治療，観察を受けるが，後述のように諸事情で治療が困難な場合は問題が複雑になる。

2　執行監督司法官，地域精神医療との連携

未決者をのぞいて，司法精神病院における処遇は執行監督司法官（magistrato di sorveglianza）の監督下にある。執行監督司法官は我が国にない制度であるが，司法精神病院のみならず行刑全般の執行を監督する司法官である。モンテルポ・フィオレンティーノ司法精神病院を管轄するのはフィレンツェ執行監督地方裁判所の執行監督裁判官である。執行監督司法官は，その裁判

の執行に関する関係では「執行監督裁判官」として規定される（刑事訴訟法659条）。フィレンツェ執行監督地方裁判所でのインタヴューによると，執行監督司法官には裁判所の判事があてられる。特に福祉や医療の専門職があてられるというわけではなく，フィレンツェ執行監督地方裁判所でインタヴューに応じていただいた方のひとりも前職は破産事件の裁判官であった。

　法律上保安処分の「最短期間」ごとに社会的危険性のレヴューが要求されている。また請求があった場合にもレヴューを行う。これらのレヴューは執行監督裁判官が行う。執行監督裁判官は社会的危険性の有無だけでなく，その程度に応じて外出・外泊などが可能かということも判断する。フィレンツェ執行監督地方裁判所でのインタヴューによれば，これらの許可について判断する裁判に当たって対象者がフィレンツェまで出向く必要はなく，ほとんどの場合は執行監督司法官の方が出向いてきて司法精神病院内でこの裁判が行われるという。社会的危険性が低くなったと判断されたときには，退院が許可される。

　外出許可を受けて行われる諸活動には，モンテルポ・フィオレンティーノ村のコミュニティーの協力に負うところが大きいという。たとえば，前述の「アンブロジャーナ」ユニットのように外出してモンテルポ・フィオレンティーノの村の協同組合（cooperativo）での作業に参加するという。また司法精神病院内の活動に地域の人が参画することも多いという。

　これと並行して，収容されると同時に出身地の地域精神医療ネットワークとの連携が図られ，個別の治療計画が立てられる。退院の前には執行監督地方裁判官の外泊許可を得て，出身地域に一時的に戻すこともされる。退院後のプログラムも同様にして検討される。

　退院と同時に完全に自由になるわけではなく，通院などの義務を伴う監視付自由（libertá vigilata）という別種の（非拘禁対人）保安処分に移行する。一般的な事例ではだいたい1年ぐらいの期間行われるという。退院後の監視付自由は司法精神病院の監督下ではあるものの患者の出身地のコミュニティーで執行されるために，地域精神医療ネットワークとの連携が重要になるのである。その後最終的に社会的危険性が消滅したと判断されれば，執行監督司法官によって保安処分が取り消される。

　前述したように患者の出身地が多岐にわたり，中には遠隔である場合もあ

ることから，フィレンツェ執行監督地方裁判所の話では，地域との連携はスムーズに行かない場合があり，場合によっては出身地域のコミュニティーに戻すことができない場合もあるという。

以上はすでに保安処分なり有罪なりの終局判決を経ている場合であるが，未決者の場合はこれとは完全に異なる。未決者の処遇には執行監督司法官はかかわらない。未決者の身柄を確保する必要もあることから，精神障害の未決者に治療上の必要から外出を許可するのに適した手続も存在しないようである。

3 一般の精神医療法との摩擦

精神医療の改革に関して「バザーリア法」または「法180号」として知られる1978年5月13日法律第180号[8]によれば，患者の同意が得られないが「緊急治療介入」が必要な場合は強制治療（Trattameto Sanitario Obbligatorio）が行われる。またこの治療は総合病院内の精神科入院病棟（SPDC: Servizio Psichiatrico di Diagnose e Cura）で行われなければならない。従ってこの法律による強制治療を行う場合はSPDCへ移送しなければならないことになる。実際「原則として」司法精神病院では強制治療を行わないことにしているという。

しかし実際にはSPDCが受け入れを拒むなどの事情で強制治療が必要な場合であっても移送は行われていない。SPDCが15床以下しか備えていない一方でこのような200人収容する施設ではほぼ毎日強制治療が必要な状況が出てくるということから，キャパシティーの点からみても実際上強制治療の必要な全例を移送させるのは困難だという。また，特に未決者の場合にはこのような場合に移送に適した手続はないものと思われる。

他方で，この司法精神病院を規律するのは行刑法であるところ，行刑法上も強制治療についての規定がない。

現状は粘り強く治療を説得し，どうしても同意が得られない場合は執行監督司法官に通告した上で強制治療を行っているとのことである（ただし「許可」までは要さないとのことである）。

強制治療の内容は具体的には持続性抗精神病注射薬（デポ剤）の筋肉注射である[9]。強制治療として電気痙攣療法が行われることはないという。

また，病状から隔離拘束が必要な場合があるが，この病院では，刺激遮断

が必要な場合などの隔離，自傷のおそれがある場合などの身体拘束は行刑法の規定によって行われる（行刑法33条，41条）。もっともいずれの場合にも行刑法にはそもそも病者の看護についての規定がなく（これらの隔離・拘束に関する規定は精神医療のそれとしてのものではなく，保安上のものにすぎない），法令上の根拠が曖昧であることは承知しつつ，結局は医師の判断で行っているのが現状であるという。

Ⅷ　おわりに

イタリアの精神医療について本邦に紹介された文献も多く，そのいくつかを参考にした[10]。

現在のイタリアの司法精神医療が抱える問題の概要についてはレヴューを参考にしていただきたい[11]。地域医療を中心とした開放的かつ自由な一般精神医療と，従来からの保安処分制度およびその執行機関としての司法精神病院での医療とのギャップがその大きな問題の一つである。スカルパ院長は，行刑法には医療の視点が欠けているため司法精神病院内での医療についての法律が必要であろう，触法精神障害者の問題は社会的注目を集めるため保護と制限とのバランスが難しい，一般精神医療と司法精神医療との間には壁がある，ことなどが現在の問題であり，今後は，かつて一般精神医療が歩んだように地域ネットワークとの連携を強化して行くことが重要であると指摘していた。

司法精神病院を廃止ないし縮小していくことを目的とする法案がいくつか提出されており，その一つはコルレオーネ法案で，責任無能力者のカテゴリーを廃止してしまおうという過激なものである。マルガーラ法案と呼ばれるものでは全ての司法精神病院を，現在カスティリオーネ・デッレ・スティヴィエレ司法精神病院で行われているように，法務省と保健省の共同運営にするよう提案している[12]。

（1）　また，この報告の一部は，2003年11月5日に行ったフィレンツェ執行監督地方裁判所における，Sapere Vincenzo 裁判官ならびに Casciano Gian Franco 裁判官へのインタヴューに基づく。急遽このインタヴューをセッティングして頂いた中島元子氏に重ねて感謝の意を表したい。

（2） 刑法の規定では manicomio giudiziario に収容すべきものとされている（刑法215条2項3号）。これはおそらく「司法癲狂院」と訳すのがふさわしい言葉だろう。1975年7月26日法律第354号（行刑法）62条1項4号では，「司法癲狂院」という言葉は登場せず，「司法精神病院（ospedale psichiatrico giudiziario）」という言葉に言い換えられている。

（3） 行刑法（注（1）参照）62条2項2号は，司法精神病院が治療看護所を付設することができる旨規定する。

（4） Rapport au Gouvernement de l'Italie relatif à la visite effectuée en Italie par la Comité européen pour la prévention de la torture et des peines ou traitements inhumains ou dégradants（CPT）（CPT/Inf（2003）16），2003, pp. 61-64.
　　　この報告書は http://www.cpt.coe.int/documents/ita/2003-16-inf-fra.pdf （as visited Aug. 31, 2004）で入手できる。

（5） Franca Scarpa, OPG, Ospidale Psichiatrico Giudiziario, 1998 のデータによる。モンテルポ・フィオレンティーノのみのデータは得られなかった。以下の数字とも同じ資料による。この論文は以下のサイトで入手することができる。http://www.pol-it.org/ital/180/opg.htm （as visited Aug. 31, 2004）

（6） 注（5）参照。

（7） 注（5）の資料による。

（8） この法律については，Franco Basaglia, Problems of Law and Psychiatry: The Italian Experence, International Journal of Law and Psychiatry, 1980 をも参照。

（9） 馬場肝作ら「2002年イタリア精神科医療制度視察報告」日本精神科病院協会雑誌21巻12号（2002年）8〜23頁。

（10） 古関啓二郎＝佐藤甫夫「外国の現況——イタリア」臨床精神医学16巻3号（1987年）311〜314頁。水野雅文「改革15年後のイタリア精神医療事情」精神神経学雑誌98巻1号（1996年）27〜40頁，馬場・前掲注（8）。

（11） Giovanni B. Traverso, et al: The Treatment of The Criminally Insane in Italy, 23 (5-6) : 493-508, 2000.

（12） 前掲注（5）の文献参照。また，マルガーラ法案に関しては，本書706頁に詳しく紹介されている。なお，欧州評議会拷問等防止委員会は司法精神病院を法務省管轄から保健省管轄に移すよう勧告している。注（5）のp.59を参照。

7　レビッビア刑務所（新混合区画）

　　　　　寺　本　　　靖・水　留　正　流

I　概　　要

　レビッビア刑務所[1]はローマ市のはずれ，レビッビア地区にあって，この地区には刑事施設4施設が集中している。この地区はムッソリーニ政権時の1938年に都市計画の一環として創設された。当初の計画によればこの刑務所地区には合計6500人の受刑者等を収容する予定であったという。戦後，この都市計画は規模を縮小して引き継がれ，現在の形になったのは1970年から1972年であった（写真）。

　訪問した新複合区画（NC; nuovo complesso）はそのようにして建設された4施設のうちのひとつであって，本来未決者を収容する目的でたてられた区画であるが，短期自由刑の受刑者をもあわせて収容している[2]。第一審段階の被告人が163人，上訴中の被告人が493人，刑が確定した受刑者が845人となっている。また再入所者が76人いる。外国人は462人収容されている。

　この区画の定員は，いただいたデータによれば1271人となっているが，

写真　レビッビア刑務所地図

施設見学を行っているときにスタッフにうかがったところでは900人程度であるという。またこのスタッフによれば4人部屋に7人収容するという事態も常態化している。それでもこの刑務所区画は他の施設より悪い状況ではないという。

II 施設（特に医療棟）

建物は保安上の理由から，後述の医療棟を除き2層以上にはなっていない。建物は星形に配置されている。これは建物の密集を避け空間をとる目的からであるという。緑が多く，植栽されている樹木は2000本以上であるという。また，収容者が独自の活動を行うことのできるスペースもある。

この区画のうち医療棟[3]だけが3層構造になっている。またこの棟だけにエアコンが備え付けられている。この医療棟で，受刑者等の身体疾患，精神疾患に対処している。

1階は診察室があり，その奥に歯科治療のための部屋，超音波診断装置や心電計といった装置が備わった小規模外科手術の行える部屋，超音波診断装置の備わった整形外科の治療室，レントゲン室が存在する。また，1階からは屋根のない中庭に出ることができ，ここで喫煙が可能である。

2階は精神科以外の患者の処遇施設，HIVおよび伝染病罹患者の処遇施設である。

3階は精神科，特に薬物およびアルコール中毒患者の処遇施設である。ここに収容される受刑者等は，精神病症状を有している。また，後述の大統領令による観察のための部屋もこの階にある。この観察対象者の部屋の定員は，所長の説明されたところでは5床ということであるが，スタッフから受けた説明では8床ということである。単独室と雑居室からなる。この区画に収容された場合には，1日あたり12時間戒護者がついている必要があるという[4]。

III スタッフと一般医療の態勢

この区画には刑務官が約1000人いる。刑務官の業務は，受刑者の監視のほか，面会の立ち会い，移送への付き添い，さらには後述のように病院に移送された場合にはその入口の警備である。面会に関して言えば，面会が行われる日にはこの区画で1日に700件以上が行われているため，面会の時間も

相当に制限されている。

その他教育職が13人，スタッフとしての心理学士が2人おり，そのほか刑務所の行政職員がいる。

医療スタッフについては，前述の4区画全体で常勤医師が7人いるが，いずれも精神科を専門としない医師である。これらの常勤医は医務部長1人のもとに各収容棟に1人ずつ配置されている。

嘱託医（精神科も含む）は16人おり，大学病院に所属する医師であることが多い。嘱託は医師個人に対して行うものであって，医療機関に対して行うものではない。

医療棟の看護師（おそらく精神科をも担当する）については，全員で1日225時間勤務することになっている。いただいたデータでは，報酬を払っている看護師は48人である。大体午前は10人くらいが勤務し，夜間にはより少ない人数になるという。

一般医療の治療態勢については，対象となる受刑者を刑務所内の救急の施設（前述の医療棟）に収容して，専門医と合同で治療を開始する。医療棟の医師はいずれも外部の嘱託医であり，全員で1日あたり27時間勤務することになっている。すなわち日中の8時間は2人で，残りの時間を1人で分担し，24時間をカヴァーしている。

レビッビア刑務所には通常の医療設備はあるが，高度な医療機器などは備えていない。イタリアではピサの施設に病院が付設され，CTやMRIなどを保有している。これらの設備を用いる必要のある受刑者等は，一日で往復できればピサに，それができなければ付近の一般病院において受診することになる。

IV 精神医療の態勢

レビッビア刑務所新混合区画には精神科医がいるが，刑務所の常勤医ではなく，外部の嘱託医である。訪問したときに勤務していた嘱託の精神科医は，エイズ脳症の専門医だった。

刑務所における処遇中に精神障害に罹患した受刑者または被告人の処遇としてはおおむね3通りがあり得る。第一に，2000年6月30日大統領令230号（以下，「大統領令230号」という。）112条1項が規定するところに従い，施

設の長の判断により刑務所内の特別な区画で30日間の観察を行うことがあり得る。第二に，大統領令230号の観察期間を経てなおも専門的な治療を施す必要があるときには，受刑者については執行監督司法官の許可を得て，被告人については公判裁判所の許可を得て，司法精神病院に移送することがあり得る。第三に，受刑者または被告人の精神障害を考慮して，大統領令230号の観察期間をおかずに，執行監督裁判官等の許可を得て直接司法精神病院に移送することもあり得る。最近は第一の措置を行い，どうしても必要なら第二の移送を行うことにすることが多いという。

司法精神病院への移送についてよりくわしくみると，大統領令230号112条2項によれば観察を司法精神病院等の医療施設で行うことが許容されているため，その一環として移送することがあり得る。もっともこの場合でも執行監督司法官等の許可が必要である。このような形で大統領令230号の観察が行われるときには，受刑者等を刑務所に還送することがあり得る。他方，最終的な決定があって司法精神病院に移送された場合には，刑務所への還送はないとのことである。被告人であれば刑法202条，大統領令230号111条3項により，保安処分の仮適用が司法精神病院においてなされることになる。受刑者であれば刑法148条，大統領令230号111条3項により，刑の執行を停止して司法精神病院で治療を受けるべきことが規定されている。たとえば受刑者に関しては，刑法148条3項によれば司法精神病院に収容する事由が消滅したときには再び刑の執行に服する旨規定されているが，カントーネ所長によればレビッビア刑務所新混合区画には最終的な決定を経て司法精神病院に送られた受刑者等の還送は行われないという。

刑務所には保安処分の執行を受けている者は存在しない。1975年7月26日法律第354号（行刑法）64条は，刑務所と保安処分施設とは兼ねあうことができない旨規定している。限定責任能力に併科された保安処分は刑罰の後に執行することが原則とされる（刑法220条1項）。刑の執行後に保安処分の執行がありうる受刑者であっても，特殊な処遇は行っていないという。なお，刑法220条2項によれば裁判官が刑の執行が終了する前に保安処分を執行すべきことを命ずることができるものとされているが，カントーネ所長によればレビッビア刑務所新混合区画にくる受刑者ではそのような例はないという。

精神障害に罹患した受刑者等を司法精神病院に送るかどうかについては，

病状の重さが判断の基準になるという。司法精神病院に身柄を移送する判断は，嘱託の精神科医と刑務所の常勤の医師とが合同で行う。

カントーネ所長の話では，本来治療施設に行くべきとも思われる精神障害受刑者が刑務所に来るため，困難を感じる点もあるという。特に刑期が数月といった短期自由刑の受刑者の場合には，刑務所に来る前には地域の医療センターのアパートメントで生活していくことができていたのに，結局もとのアパートメントで生活できなくなってしまうといったこともあるという。

医療棟に収容された受刑者等の精神疾患別の詳細なデータはいただけなかったが，カントーネ所長によると，薬物関連事犯による収容者が約800人いるという。この800人は薬物依存の患者とは限らず，純粋な営利犯も含まれた数字だという。薬物はヘロイン等の麻薬が多い。治療としては，メサドン置換療法に加えて心理療法を行っている。また，アルコール中毒が約60人収容されている。なお，HIV陽性者が80人以上おり，うちキャリアは77人，エイズ発症者が12人で，発症者は医療棟で治療を受けているという。

従来は自殺が発生することも少なからずあったが，最近は年1件程度に落ち着き，減少傾向にあるという。カントーネ所長によれば，これは生活環境が改善したものと考えられる。自殺対策として効果的なのは，警備担当者が自殺の危険性を普段から把握するようにしていて，危険が迫っていると感じたときには嘱託の精神科医等に相談し，カウンセリング等の処置を受けさせるようにすることであるという。

(1) この報告は，2003年11月6日にレビッビア刑務所新複合区画で行ったカルメロ・セントーネ（Carmelo Cantone）所長へのインタヴューに基づくものである。
(2) 法律では刑期が5年未満の自由刑受刑者を未決者と一緒に処遇することが許容されている。カントーネ所長の話では，なるべく既決者と未決者とは分離して収容したいが，場所や人数の問題から困難であるという。
(3) 1975年7月26日法律第354号（行刑法）65条は精神病を含む病者を特別の施設または区画に収容すべきことを規定している。
(4) 根拠規定は分らなかった。

〈編者紹介〉

町野　朔
　　上智大学法学研究科教授

中谷陽二
　　筑波大学大学院人間総合科学研究科教授

山本輝之
　　名古屋大学大学院法学研究科教授

触法精神障害者の処遇

2005年（平成17年）6月20日　初版第1刷発行		
編　者	町　野　　　朔	
	中　谷　陽　二	
	山　本　輝　之	
発行者	今　井　　　貴	
	渡　辺　左　近	
発行所	信山社出版株式会社	
〔〒113-0033〕東京都文京区本郷6-2-9-102		
	電　話	03(3818)1019
	ＦＡＸ	03(3818)0344

Printed in Japan.

Ⓒ町野朔・中谷陽二・山本輝之，2005．
印刷・製本／松澤印刷・大三製本

ISBN4-7972-2289-1 C3332